I0355239

www.ingramcontent.com/pod-product-compliance
Lightning Source LLC
Chambersburg PA
CBHW070039080526
44586CB00013B/863

9781595848772

احمدبن اسحاق یعقوبی

«ابن واضح یعقوبی»

تاریخ یعقوبی

جلد دوم

مترجم
محمد ابراهیم آیتی

شرکت کتاب
ketab.com

Jacobite history - Vol 2
Ahmad ibn Ishaq al-Yaqubi (Ibn Ja'far al-Yaqubi)
Translator: Muhammad Ibrahim Ayati
Subject: History of Iran
Copyright© 2025 By Ketab Corporation
.All right reserved
1st Edition by: Ketab Corporation

تاریخ یعقوبی - جلد دوم
احمدبن اسحاق یعقوبی(ابن واضح یعقوبی)
مترجم: محمدابراهیم آیتی
موضوع: تاریخ ایران
چاپ نخست شرکت کتاب: ۱۴۰۴ خورشیدی- ۲۵۸۴ ایرانی خورشیدی- ۲۰۲۵ میلادی

No part of this book may be reproduced in any manner without the express written
consent of the publisher,
except in the case of brief excerpts in critical reviews or articles.
For information about permission to reproduce selections from this book, write to
Permissions@Ketab.com Corporation

The Library of Congress Cataloging-in-publishing Data is available upon request.

ISBN: 978-1-59584-877-2
Ketab Corporation:
12701 Van Nuys Blvd., Suite H,
Pacoima, CA, 91331, USA

1 2 3 4 5 6 7 8 25

فهرست مطالب و مندرجات

دوران ابوبکر ۱

احتجاج فاطمه با ابوبکر ۱
لشکر اسامه ۱
مدعیان پیامبری ٤
جنگ ذی‌القصه ٤
جنگ باطلیحه ٥
اسود عنسی ٦
جنگ‌ با مسیلمه ۷
فتح یمامه و گریختن سجاح ۸
داستان مالك بن نویره ۹
جنگ با رومیان ۱۱
فتوحات شام ۱۳
جمع آوری قرآن بوسیلهٔ علی علیه السلم ۱٥
تعیین عمر برای خلافت ۱۷

دوران عمر بن خطاب ۲۰

بازدادن اسیران مرتدان ۲۰
فتوحات شام ۲۱
نماز تراویح ۲۲
فتوحات عراق و ایران ۲٤
تاریخ گذاری نامه‌ها ۲۹
فتح مصر ۳۲
طاعون عمواس شام ۳٦
آغاز بنای شهر کوفه ۳۸
دستور مساحی سواد عراق ۳۹
تأسیس دفاتر دولتی ٤۰
تعیین استانها ٤۲
مصادرهٔ دارایی کارمندان ٤٦
گفتگوی عمر با ابن‌عباس در موضوع خلافت ٤۷
داستان کشته شدن عمر ٤۹
شورای شش نفری ٥۰
فقهای دوران عمر ٥۱
کارمندان عمر در موقع مرگ ٥۲

دوران عثمان بن عفان ٥۳

سخنرانی مقداد در مسجد ٥٤

۲۴۷	مرگ ولیدبن عبدالملک	۲۰۱	قیام مختار بن ابی عبید
۲۴۷	فرزندان ولید	۲۰۲	کشته شدن ابن زیاد
۲۴۸	امیران حج در دوران عبدالملک	۲۰۳	کشته شدن عمر بن سعد
	فرماندهان غزوه ها در دوران ولید بن		دشمنی و کینه توزی عبدالله بن زبیر با
۲۴۸	عبدالملک	۲۰۵	بنی هاشم
۲۴۸	فقهای دوران ولید	۲۰۷	وفات ابن عباس در طائف
		۲۰۸	چهار پرچم در عرفات
۲۵۰	**دوران سلیمان بن عبدالملک**	۲۰۹	جنگهای مصعب و مختار
	وفات ابوهاشم عبدالله بن محمد بن حنفیه	۲۱۱	جنگهای عبدالملک و مصعب
	و وصیت او به محمد بن علی بن	۲۱۳	جنگ حجاج با ابن زبیر
۲۵۵	عبدالله بن عباس	۲۱۶	امیران حج در دوران ابن زبیر
۲۶۰	امیران حج در دوران سلیمان		
۲۶۰	فرماندهان غزوه ها در دوران سلیمان	۲۱۷	**دوران عبدالملک بن مروان**
۲۶۰	فقهای زمان سلیمان	۲۱۸	قیام عمرو بن سعید برای خلافت
		۲۲۳	حکومت یافتن حجاج بر عراق
۲۶۱	**دوران عمر بن عبدالعزیز**	۲۲۵	خروج شبیب بن یزید شیبانی در عراق
۲۶۳	وفات علی بن الحسین علیه السلام	۲۲۸	وفات عبدالله بن جعفر بن ابیطالب
		۲۳۰	بنای شهر واسط
۲۶۴	کلماتی از امام علی بن الحسین	۲۳۳	ولیمهدی ولید بن عبدالملک
۲۶۷	فرزندان امام علی بن الحسین (ع)	۲۳۳	فرزندان عبدالملک
۲۶۸	دادگری عمر بن عبدالعزیز	۲۳۴	امیران حج در دوران عبدالملک
	جلوگیری عمر از لعن امیرالمؤمنین		فرماندهان غزوه ها در دوران
۲۶۸	علیه السلام	۲۳۴	عبدالملک
۲۶۴	رد کردن خمس و فدک به بنی هاشم	۲۳۵	فقهای دوران عبدالملک
۲۷۳	مرگ عمر بن عبدالعزیز	۲۳۶	**دوران ولید بن عبدالملک**
۲۷۴	فرزندان عمر بن عبدالعزیز	۲۳۷	بنای جامع دمشق
۲۷۴	امیران حج در دوران عمر بن عبدالعزیز	۲۳۹	فتح اندلس
۲۷۴	فقهای زمان عمر بن عبدالعزیز		

فهرست مندرجات

وفات محمدبن علی بن عبدالله بن عباس ۳۰۷		دوران یزید بن عبدالملک	۲۷۵
کشته شدن ولیدبن یزید	۳۰۹	عزل کارمندان عمربن عبدالعزیز	۲۷۵
فرزندان ولیدبن یزید	۳۰۹	فتح بلنجر	۲۷۹
دوران یزیدبن ولید بن عبدالملک	۳۱۰	مرگ یزید بن عبدالملک	۲۸۱
دوران ابراهیم بن ولید	۳۱۲	امیران حج در دوران یزید	۲۸۱
دوران مروان بن محمد و دعوت		فرماندهان غزوه‌ها در دوران یزید	۲۸۱
بنی‌العباس		فقهای دوران یزیدبن عبدالملک	۲۸۲
	۳۱۳	دوران هشام بن عبدالملک	۲۸۳
قیام ابومسلم به نفع بنی‌هاشم	۳۱۶	حکومت یافتن خالدبن عبدالله قسری	
بیعت ابوالعباس سفاح	۳۲۳	بر عراق	۲۸۳
کشته شدن مروان حمار	۳۲۵	وفات امام محمدباقر علیه‌السلم	۲۸۹
فرزندان مروان حمار	۳۲۵	کلماتی از امام محمدباقر علیه‌السلم	۲۹۰
امیران حج در دوران مروان حمار	۳۲۷	فرزندان امام محمدباقر علیه‌السلم	۲۹۱
فقهای زمان مروان	۳۲۷	وفات علی بن عبدالله بن عباس	۲۹۱
دوران ابوالعباس سفاح	۳۲۹	فرزندان علی بن عبدالله بن عباس	۲۹۲
کشته شدن ابوسلمهٔ خلال	۳۳۴	شهادت زیدبن علی بن الحسین	۲۹۷
کشته شدن هشتاد مرد از بنی‌امیه بفرمان		یحیی بن زید در خراسان	۲۹۹
عبدالله بن علی	۳۳۷	مرگ هشام بن عبدالملک	۳۰۱
شکافتن گورهای بنی‌امیه	۳۳۹	امیران حج در دوران هشام	۳۰۱
امیران حج در دوران سفاح	۳۴۹	فرماندهان غزوه‌ها در دوران هشام	۳۰۲
فرماندهان غزوه‌ها در دوران سفاح	۳۴۹	فقهای زمان هشام	۳۰۴
فقهای زمان سفاح	۳۴۹	دوران ولیدبن یزید بن عبدالملک	۳۰۵
دوران ابوجعفر منصور	۳۵۱	عزل و شکنجهٔ کارمندان هشام	۳۰۵
کشته شدن ابومسلم خراسانی	۳۵٤	قیام و شهادت یحیی بن زید	۳۰۶

تاریخ یعقوبی

بنای شهر بغداد	۳٦٤
حبس بنی‌الحسن در زندان هاشمیه	۳٦٥
خروج و شهادت محمد بن عبدالله محض	۳٦٨
خروج و شهادت ابراهیم بن عبدالله محض	۳٦٩
ولیعهدی مهدی	۳۷۳
وفات امام جعفر بن محمد علیه‌السلم	۳۷۳
کلماتی از امام جعفر بن محمد علیه‌السلم	۳۷۳
فرزندان جعفر بن محمد علیه‌السلم	۳۷۸
عمال منصور در نواحی مختلف	۳۷۹
مرگ منصور	۳۸٦
قضات دوران منصور	۳۸۷
امیران حج در دوران منصور	۳۸۷
فرماندهان غزوه‌ها در دوران منصور	۳۸۸
فقهای زمان منصور	۷۷۸

دوران مهدی ۳۹۰

پس دادن آنچه منصور از مردم گرفته بود	۳۹۳
آزاد کردن زندانیان	۳۹٤
ولیعهدی هادی و رشید	۳۹٥
توسعه دادن مسجد الحرام	۳۹٥
فراخواندن پادشاهان به اطاعت و انقیاد	۳۹۸
تعقیب زنادقه	٤۰۱
قضات مهدی	٤۰۲
مرگ مهدی	٤۰٤
امیران حج در دوران مهدی	٤۰٤
فرماندهان غزوه‌ها در دوران مهدی	٤۰٤
فقهای دوران مهدی	٤۰٥

دوران موسی هادی ٤۰٦

خروج و شهادت حسین بن علی در فخ	٤۰۷
ادریس بن عبدالله در بلاد مغرب	٤۰۷
مرگ هادی	٤۰۹
فرزندان هادی	٤۱۰

دوران هارون رشید ٤۱۱

ولیعهدی امین	٤۱۳
وفات امام موسی بن جعفر علیه‌السلم ٤۱۹	
کلماتی از امام موسی بن جعفر علیه‌السلم	٤۲۰
فرزندان امام موسی بن جعفر علیه‌السلم	٤۲۱
ولیعهدی مأمون پس از امین	٤۲۱
عهدنامهٔ امین	٤۲۲
عهدنامهٔ مأمون	٤۲۷
نکبت برامکه	٤۳۰
ولیعهدی قاسم بن هارون پس از مأمون	٤۳٥
مرگ هارون	٤٤۳

فهرست مندرجات

٤٩١	خلق قرآن	٤٤٣	فرزندان هارون
٤٩٢	باز دادن فدك به بنی‌فاطمه	٤٤٣	امرای حج در زمان هارون
٤٩٣	مرگ مأمون	٤٤٤	فرماندهان غزوه‌ها درزمان‌هارون
٤٩٤	فرزندان مأمون	٤٤٤	فقهای دوران هارون

دوران معتصم ٤٩٥

دوران محمد امین ٤٤٦

٤٩٨	بنای شهر سامره	٤٥٠	خلع مأمون از ولیعهدی
٤٩٨	آغاز و انجام کار بابک	٤٥١	جنگ میان امین و مأمون
٥٠٢	فتح عموریه	٤٥٧	کشته شدن امین
٥٠٤	مرگ معتصم	٤٥٨	امیران حج در زمان امین
٥٠٥	فرزندان معتصم	٤٥٩	فرماندهان غزوه‌ها درزمان امین
		٤٥٩	فقهای دوران امین

دوران هارون واثق ٥٠٦

دوران مأمون ٤٦٠

٥٠٩	سختگیری واثق در موضوع خلق قرآن	٤٦٠	عمال مأمون از نواحی مختلف
٥١١	مرگ واثق	٤٦٥	آمدن امام رضا علیه‌السلم از مدینه به خراسان
٥١١	فرزندان واثق	٤٦٥	ولیعهدی امام رضا علیه‌السلم
		٤٦٨	بیعت مردم با ابن شکله
		٤٦٩	رفتن مأمون از مرو به عراق
		٤٦٩	کشته شدن فضل بن سهل سرخسی

دوران متوکل ٥١٢

وفات امام علی بن موسی علیه‌السلم ٤٧١

٥١٢	احضار امام هدی بسامره	٤٧١	کلماتی از امام علی بن موسی علیه‌السلم
٥١٣	جلوگیری متوکل از بحث در مسئلهٔ خلق قرآن	٤٧٢	ورود مأمون به بغداد
٥١٤	ولیعهدی منتصر و معتز و مؤید	٤٧٣	تزویج ام‌الفضل به امام جواد
٥٢٢	کشته شدن متوکل	٤٧٨	ظفر یافتن مأمون بر ابن شکله
٥٢٤	ایام منتصر		پافشاری و سختگیری مأمون در بارهٔ
٥٢٥	ایام مستعین		
٥٣٢	ایام معتز		

دوازده	تاریخ یعقوبی	
وفات امام علی بن محمد هادی	٥٣٥	فهرست اعلام قبایل و طوایف ٦٠٦
ایام محمد مهتدی	٥٣٨	فهرست اعلام امکنه ٦١٦
ایام محمد معتمد	٥٤١	فهرست منابع و مآخذ حواشی و مقدمه ٦٣٧
فهرست اعلام اشخاص	٥٤٩	

دوران ابوبکر [1]

بیعت با ابوبکر روز دوشنبه دوم ماه ربیع‌الاول سال یازدهم درهمان روزی که پیامبر خدا در آن وفات کرد، بانجام رسید ؛ و نام ابوبکر عبدالله بن عثمان ابن‌عامراست. واو را برای زیبائیش «عتیق» می گفتند.

مادرش : «سلمی» دخترصخر ازبنی تیم‌بن‌مرّه است. خانه‌اش بیرون مدینه در «سُنُح» بود و زنش : «حبیبه» دختر خارجه آنجا بود ؛ خانه‌ای نیز در مدینه داشت که « اسماء » دختر عُمیس درآن جای داشت؛ پس چون‌بخلافت رسید منزلش در مدینه بود.

فاطمه دخترپیامبرخدا نزد ابوبکرآمد ومیراث خود را ازپدرش خواستار گردید . پس باو گفت : پیامبر خدا گفته است : انامعشرالانبیاءلانورث، ماترکنا صدقة، «ما گروه پیمبران‌میراث نمی‌دهیم، آنچه بجای گذاریم صدقه است.» پس گفت : افی الله ان ترث‌اباك ولاارث ابی، اماقال رسول‌الله: المرء یحفظ فی‌ولده [2] ؟ «ایا حکم‌خداست که تو از پدرت میراث بری و من از پدرم میراث نبرم؛ آیا پیامبر خدا نگفته است : حق مرد در بارهٔ فرزندانش رعایت می‌شود؟» پس ابوبکر گریست .

و اسامة بن زید را فرمود تا لشکرش را گسیل دارد و از او خواست که عمر را برای او بگذارد تا در کار خویش از او کمک بخواهد ، پس گفت : در

---

۱ ـ ل ، ص۱۴۱.   ۲ ـ ل، یحفظ ولده.

دوازده	تاریخ یعقوبی		
وفات امام علی بن محمد هادی	۵۳۵	فهرست اعلام قبایل و طوایف	۶۰۶
ایام محمد مهتدی	۵۳۸	فهرست اعلام امکنه	۶۱۶
ایام محمد معتمد	۵۴۱	فهرست منابع و مآخذ حواشی و مقدمه	
فهرست اعلام اشخاص	۵۴۹		۶۳۷

دوران ابوبکر [1]

بیعت با ابوبکر روز دوشنبه دوم ماه ربیع‌الاول سال یازدهم درهمان روزی که پیامبر خدا در آن وفات کرد، بانجام رسید؛ و نام ابوبکر عبدالله بن عثمان ابن‌عامراست. واو را برای زیبائیش «عتیق» می گفتند.

مادرش: «سلمی» دخترصخر ازبنی تیم‌بن‌مرّه است. خانه‌اش بیرون مدینه در «سُنح» بود و زنش: «حبیبه» دختر خارجه آنجا بود؛ خانه‌ای نیز در مدینه داشت که «اسماء» دختر عُمیس درآن جای داشت؛ پس چون بخلافت رسید منزلش در مدینه بود.

فاطمه دخترپیامبرخدا نزد ابوبکرآمد ومیراث خود را ازپدرش خواستار گردید. پس باو گفت: پیامبر خدا گفته است: انامعشرالانبیاء لانورث، ماترکنا صدقة، «ما گروه پیمبران میراث نمی‌دهیم، آنچه بجای گذاریم صدقه است.» پس گفت: افی الله ان ترث اباك ولاارث ابی، اماقال رسول‌الله: المرء یحفظ فی‌ولده [2]؟ «ایا حکم‌خداست که تو از پدرت میراث بری و من از پدرم میراث نبرم؛ آیا پیامبر خدا نگفته است: حق مرد در بارهٔ فرزندانش رعایت می‌شود؟» پس ابوبکر گریست.

و اسامة بن زید را فرمود تا لشکرش را گسیل دارد و از او خواست که عمر را برای او بگذارد تا در کار خویش از او کمک بخواهد، پس گفت: در

---

۱ ـ ل، ص۱۴۱. ۲ ـ ل، یحفظ ولده.

بارهٔ خود چه می گویی ؟ گفت ای‌برادر زاده‌ام، می‌بینی که مردم چه کرده‌اند، پس عمر را بــرای من رها کن و راهت را در پیش گیر. اسامه لشکر را بــراه انداخت و ابوبکر وی را بدرقه کرد و بدو گفت : من تو را بچیزی وصیت نمی کنم و تو را چیزی نفرمایم بلکه تو را بهمانچه پیامبر خدا فرموده است دستور می‌دهم، رهسپار همانجا باش که پیامبر خدا تو را فرمان داده است . پس اسامه رو براه نهاد و از رفتنش تا بازگشتنش به‌مدینه شصت روز یا چهل روز کشید سپس با پرچم بسته به‌مدینه درآمد و بمسجد رفت و نماز خواند سپس با همان پرچمی که پیامبر خدا بسته بود بخانهٔ خویش آمد.

چون ابوبکر بزمامداری رسید برمنبر برآمد و یك پله پائینتر از نشیمن پیــامبر خدا نشست و پس از سپاس و ستایش خدا گفت : من اکنــون با اینکه بهتر شما نیستم برشما حکومت یافتم، پس اگــر راست بودم مرا پیروی نمایید،و اگر کج شدم راستم کنید، نمی گویم که من در فضیلت از شما برترم لیکن در کشیدن این بار بر شما برتری دارم . و انصار را بنیــکی ستود و گفت : ما و شما ای گروه انصار چنانیم که شاعر[1] گفته است :

جزی الله عنا جعفراً حین ازلقت   بنا نعلنا فی الواطئین فولّت[2]

ابــواان یملّونا و لــوان امنــا   تلاقی الذی یلقون منالملّت[3]

« خدا جعفر[4] را از ما پاداش نیك دهد ، هنگامی که پای ما در برابر دشمنان لغزانده شد پس پشت کرد. نخواستند که از ما خسته شوندو اگر آنچه از ما می بینند، مادر ما از ما دیده بودخسته‌می‌شد. »

انصار از ابوبکر کناره گرفتند ، پس قریش بخشم آمدند و کناره-

۱ـ طفیل غنوی. ۲ـ ب ۲: فزلت . ۳ـ جمهرة خطب العرب ص۷۴ ج ۱،نقل اززهر - الآداب ج ۱ ص ۳۹: هم‌اسکنونا فی ظلال بیوتهم ظلال بیوت ادفأت واظلت

۴ـ مراد بنی جعفر بن کلاب بطنی ازبنی عامراست.ر.ك. ایام العرب فی‌الجاهلیةص۳۰۰ - ۳۰۳ .

گیری انصار آنان را بر آشفته ساخت، و سخنوران ایشان سخن گفتند و «عمرو بن عاص» دررسید، پس قریش باو گفتند: برخیز و سخنی در بدگویی انصار بگو. عمرو چنان کرد و سپس «فضل بن عباس» بپا خاست و بآنان پاسخ داد. سپس نزد علی رفت وباو خبر داد وشعری راکه گفته بود برای او بخواند. پس علی خشمگین بیرون رفت تا بمسجد در آمد وانصار را بنیکی یاد کرد و گفتار عمرو بن عاص را پاسخ داد، و چون انصار از آن خبر یافتند، شادمانشان کرد و گفتند: باگفتار نیك علی از آنچه دیگری گفته باشد باك نداریم. آنگاه نزد «حسان بن ثابت» فراهم آمدند و گفتند: پاسخ فضل را بگو. گفت اگر بجز قافیه‌های خودش بدو پاسخ دهم مرا رسوا می کند.[1] گفتند پس تنها علی را یاد کن. پس گفت:

جزی‌الله عنا و الجزاء بکفه — ابا حسن عنا و من کابی حسن ؟
سبقت قریشا بالذی انت اهله — فصدرك مشروح و قلبك ممتحن
تمنت رجال من قریش اعزة — مکانك، هیهات الهزال من السمن
وانت من‌الاسلام فی کل منزل[2] — (بمنزلة الطرف[3]) البطین من الرسن[4]
وکنت[5] المرجی من لوی بن غالب — لماکان منه[6] والذی بعد[7] لم یکن
حفظت رسول‌الله فینا و عهده — الیك و من اولی به منك من ومن؟
الست اخاه فی الاخا[8] ووصیه — و اعلم فهر[9] بالکتاب وبالسنن[10]

«خدای که پاداش بدست او است، ابوالحسن را از ما پاداش نیك دهد و

---

۱ - شعر فضل در مدح انصار بدین قافیه بود ؛
قلت یا عمرو مقالا فاحشا — ان تعد یا عمرو والله فلك .
۲ - موطن . ۳ - الدلو .
۴- غضبت لنا اذ قام (قال(عمرو بخطبة (بخصلة) — امات بها التقوی و احیا بها الأحن
۵ - فکنت. ۶- منهم. ۷- کان. ر.ك. شرح نهج البلاغة ابن ابی الحدید، ج۲ ص۱۴، والغدیر ج۲ ص۴۳.
۸ - فی الهدی. ۹- منهم. ۱۰ - فحقك مادامت بنجد وشیجة — عظیم علینا ثم بعد علی الیمن
ر.ك. شرح ابن ابی الحدید ج۲ ص ۱۵.

کیست مانند ابوالحسن ؟ بآنچه تو اهل آن هستی بر قریش پیشی گرفتی ، پس سینه‌ات گشاده[۱] و دلت آزموده است[۲].

مردانی سربلند از قریش مقام تو را آرزو کردند، اما لاغری از فـربهی بدور است؛ و تو در هر منزلی از اسلام بمنزلهٔ طرف نیرومند ریسمانی، و از لوی ابن‌غالب امیدواری بتو بوده است، هم برای آنچه از او بانجام رسیده وهم برای آنچه هنوز انجام نیافته است . پیامبر خدارا درمیان ما حفظ کردی و وصیت او بتو است و که از تو باو سزاوارتراست ، که و که؟ آیا دربرادری، برادر او[۳] ونیز وصی او[۴] ودانـاترین فهر بکتاب و سنتها نیستی[۵] ؟؟

گروهی از عرب مدعی پیامبری شدند وگروهی مرتد شدند وتاجها بر سر نهادند. مردمی هم از دادن زکات به‌ابوبکر امتناع ورزیدند . از کسانی که به‌پیامبری سر بلند کردند یکی :

طلیحة‌بن خویلد اسدی بود در پیرامون خویش، و یاران او غطفان بودند ومهتر ایشان: عیینة بن حصن فزاری .

دیگر : اسود عنسی دریمن .

و مسیلمة بن حبیب حنفی در یمامه .

و سجاح دختر حارث تمیمی که‌سپس بامسیلمه‌ازدواج کردواشعث‌بن‌قیس‌مؤذن‌اوبود.

پس ابوبکر با لشکرش به « ذی القصّة »[۶] بیرون رفت و عمرو بن عاص را خواست و بدو گفت: ای‌عمرو تو صاحبنظر قریشی واکنون طلیحه مدعی‌پیامبری

---

۱ ـ اشاره‌است بآیهٔ :«افمن شرح‌الله صدره‌للاسلام» که دربارهٔ علی و حمزه نازل شده است .

۲ ـ اشاره است بحدیث نبوی در بارهٔ علی : انه‌امتحن الله قلبه بالایمان (للایمان ـ علی الایمان) .

۳ ـ اشاره است بحدیث برادری علی باپیغمبر که متواتراست . ۴ ـ اشاره است بحدیث وصی بودن علی که نیز مشهور ومتواتراست . ۵ ـ اشاره است باحادیث علم‌علی علیه‌السلام ازقبیل: اعلم‌امتی من بعدی علی بن ابیطالب . ر. ك. الغدیر ج۲ص ۴۳ ـ ۴۴. ۶ ـ بفتح‌ق وتشدیدص : جایی در بیست‌و چهارمیلی مدینه (مراصدالاطلاع) .

شده است پس در بارهٔ علی چه می‌بینی ؟

گفت: فرمان تورا نمی‌برد . گفت: زبیر چه؟ گفت نیکو پر دلی است[1] پرسید: پس طلحه؟ گفت: برای خوش گذرانی و زنان. گفت: سعدبن ابی وقاص چه‌طور؟ گفت: آتش افروزی است برای جنگ. گفت: عثمان چه؟ گفت: اورا بنشان و از نظرش کومك بخواه. پرسید : خالدبن ولید چه‌طور؟ گفت : بسوس[2] جنگ است و یاور مرگ ، مدارای سنگخور دارد و حملهٔ شیر پس چون پرچم او را بست، ثابت‌بن قیس بن شمّاس برخاست و گفت: ای گروه قریش، مگر درمیان ما مردی نبود که برای آنچه شما شایستگی دارید، شایسته‌باشد؟ بخدا قسم که ما از آنچه می‌بینیم کور و از آنچه می‌شنویم کر هستیم ،لیکن پیامبر خدا ما را شکیبایی فرموده است، پس شکیبایی‌می کنیم . و حسان بپا خاست و گفت :

یا للرجال لِخلفة الاطوار ولما اراد القوم بالأنصار
لم ید خلوامنارئیساواحدا یاصاح فی‌نقض ولاامرار

« ای مردان در این پیشامدهای گوناگون و آنچه این گروه در بارهٔ انصار خواسته‌اند، (فریادرسی کنید) . ای دوست، یکی از سروران ما را هم در حل و عقد امور راه نداده‌اند . »

این گفتار بر ابوبکر بس گران آمد و ثابت بن قیس را فرماندهی انصار داد و خالدبن‌ولید را بفرماندهی مهاجران گسیل داشت. پس آهنگ طلیحه کرد و لشکر او را پراکنده ساخت و مردمی از پیروان او را کشت و عیینةبن حصن را دستگیر کرد و او را که در بند آهن بود با سی نفر اسیر نزد ابوبکر

۱ـ ن :شجاعی‌است‌نیرومند . ۲ـ بسوس(به‌فتح باء)نام‌زنی‌است‌ازعرب‌که «اشأم‌من‌البسوس» دربارهٔ اواست، اودخترمنقذوخالهٔ جساس بود وشتری داشت بنام «سراب» که «اشأم‌من‌سراب» مثل شد و روزهای جنگ بسوس (۲۱جنگ‌مشهور) بواسطهٔ شتر و شتربچهٔ اوپیش آمد.ر.ك. ایام‌العرب فی‌الجاهلیة ص ۱۴۲– ۲۲۶.

فرستاد و چون به مدینه در آمد کودکان بر او فریاد می زدند: ای مرتد. پس می گفت: من هرگز چشم بهم زدنی ایمان نیاورده ام. ابوبکر از او توبه حواست و آزادش کرد. طلیحه به شام رفت و در جوار بنی حنیفه فرود آمد و شعری نزدابوبکرفرستاد تا ازاو پوزش بخواهد و باسلام باز گردد ودرضمن گفت:

فهل يقبل الصديق انی مراجع ومعط بمااحدثت من حدث يدی
و انی من بعدالضلالة شاهد شهادة حق لست[1] فيهابملحد

«آیا صدیق می‌پذیرد که من توبه کارم، و بکیفر آنچه ارتکاب کرده‌ام تسلیم؟ (و آیا باور می کند) که پس از گمراهی گواهی می‌دهم، گواهی حقی که در آن بالحاد سخن نمی گویم؟»

پس چون گفتارش به‌ابوبکر رسید بر او مهربان گشت و پی او فرستاد تا بازگشت، لیکن دیگر ابوبکر مرده و عمر بر گور او ایستاده بود. پس طلیحه را با سعدبن ابی وقاص به‌عراق فرستاد و او را فرمود که کاری باوندهد[1].

اسودبن (کعب) عنسی[2] هم در زمان پیامبرخدا ادعای پیامبری کرد وچون

۱ـ طلیحة‌بن‌خویلدبن‌نوفل اسدی مضری فقعسی‌که‌با هزارسوار برابرشمرده می‌شد درسال‌نهم هجرت با وفد بنی‌اسد به‌مدینه نزد رسول خداآمد و اسلام آورد و چون بازگشت ادعای پیامبری کرد و رسول اکرم ضراربن ازور اسدی را بجنگک او فرستاد، لیکن رسول خدا وفات کرد و کار طلیحه بالا گرفت و دو قبیلهٔ اسد و غطفان که هم پیمان بودند پیرو او شدند. پس‌ابوبکر خالد را برسر او فرستاد تا در حوالی سمیراء وبزاخه با او نبرد کرد و خالد، ثابت بن اقرم و عکاشة بن محصن را فرستاده بود، پس یکی‌ازآن دو طلیحه و دیگری برادرش را کشتند و عیینة بن حصن نیز همراه او بود و هنگام نبرد نزد او آمد و گفت: آیا جبرئیل فرود آمده است؟گفت: نه. پس دوبار تکرار کرد واو می‌گفت: نه. عیینه گفت شگفتا که هنگام بیچارگی تو را رها کرده است! پس طلیحه گفت: دینی در کار نیست، از شرافت خود دفاع کنید. طلیحه در جنگک قادسیه ونهاوند همراه مسلمین بود و درجنگک‌نهاوندکشته شد. ر.ك. اسدالغابه‌ج۳ ص۶۵، ایام‌العرب فی‌الاسلام‌ص۱۴۳ـ ۱۵۴،کامل‌التواریخ ج ۲ ص ۲۳۲. ۲ ـ اسود عنسی: عیهلة‌بن‌کعب بن عوف عنسی بنون، وعنس تیره‌ای است از مذحج، و لقب اسود «ذوالخمار» بود (کامل ج ۲ ص۲۲۷، سیرةابن‌هشام ج۴ ص۲۷۱).

بیعت ابوبکر بانجام رسید، کار او بالا گرفت و مردمی پیرو اوشدند. پس بدست قیس بن مکشوح[1] مرادی و فیروز دیلمی کشته شد، بدین ترتیب که بخانهٔ اودر آمدند و او را در حال مستی بکشتند.

ابوبکربرای شرحبیل بن‌حسنه پرچمی بسته واورا فرموده بود که‌آهنگ مسیلمهٔ کذاب کند، لیکن بنظرخود بر او نتازد. سپس پرچمی برای‌خالد بست و او را بر سر شرحبیل فرستاد. پس‌خالد به شرحبیل نوشت که: شتاب مکن تا برسم.وخالد باشتاب به‌یمامه بر سر مسیلمهٔ حنفی کذّاب تاخت، مسیلمه اسلام آورده و سپس در سال دهم مدعی پیامبری گشته بود و گمان می کرد که در پیامبری،شریك پیامبرخداست و به‌رسول‌خدا نوشته‌بود: من با توانباز شده‌ام پس نیمی از زمین تو را است و نیمی ازآن مرا، لیکن قریش مردمی بیدادگرند. پس رسول خدا باو نوشت: من محمد رسول‌الله الی مسیلمة الکذّاب، اما بعد فان الارض لله یورثها من یشاء من عباده والعاقبة للمتقین[2]، «از محمد پیامبر خدا به‌مسیلمهٔ کذّاب، وبعد،پس همانازمین برای خدا است، آن را بهر که از بندگانش‌خواهدمیراث دهد وانجام‌نیك برای پرهیزکاران است.»

خالد مجاعه[3] را با گروهی دریافت و آنان را دستگیر کرد و گردن زد ومجاعه‌را نگهداشت و برسر مسیلمه تاخت. مسیلمه نیز بیرون تاخت و همراه کسانی که از ربیعه و جزآن با او بودند، با خالد نبردی سخت داد و از مسلمانان مردمی بسیار کشته شدند و سپس مسیلمه در معرکهٔ جنگ کشته شد بدین‌ترتیب

۱ـ قیس بن عبدیغوث بن‌مکشوح‌که مشهوربه «قیس بن‌مکشوح» است. ر. ك. اسدالغابه ج ۴ ص ۲۲۲ وص۲۲۷ ۲ ـ کامل ج ۲ ص ۲۰۵ ؛ فالسلام علی من اتبع الهدی. ۳ـ مجاعة بضم میم و تشدید ج) بن مرارة بن‌سلمی و بقولی سلیم.ر.ك. اسدالغابه ج۴ص۳۰۰، کامل‌التواریخ ج ۲ ص ۲۴۵ـ۲۴۹، ایام‌العرب فی‌الاسلام ص ۱۶۵ـ۱۷۱.

بیعت ابوبکر بانجام رسید، کار او بالا گرفت و مردمی پیرو او شدند. پس بدست قیس بن مکشوح[1] مرادی و فیروز دیلمی کشته شد، بدین ترتیب که بخانهٔ او در آمدند و او را در حال مستی بکشتند.

ابوبکر برای شرحبیل بن حسنه پرچمی بسته واو را فرموده بود که آهنگ مسیلمهٔ کذاب کند، لیکن بنظر خود بر او نتازد. سپس پرچمی برای خالد بست و او را بر سر شرحبیل فرستاد. پس خالد به شرحبیل نوشت که: شتاب مکن تا برسم. و خالد باشتاب، به یمامه بر سر مسیلمهٔ حنفی کذاب تاخت، مسیلمه اسلام آورده و سپس در سال دهم مدعی پیامبری گشته بود و گمان می کرد که در پیامبری، شریک پیامبر خداست و به رسول خدا نوشته بود: من با تو باز شده ام پس نیمی از زمین تو را است و نیمی از آن مرا، لیکن قریش مردمی بیدادگرند. پس رسول خدا باو نوشت: من محمد رسول الله الی مسیلمة الکذّاب، اما بعد فانّ الارض لله یورثها من یشاء من عباده والعاقبة للمتقین[2]، «از محمد پیامبر خدا به مسیلمهٔ کذّاب، و بعد، پس همانا زمین برای خدا است، آن را بهر که از بندگانش خواهد میراث دهد و انجام نیک برای پرهیزگاران است.»

خالد مجاعه[3] را با گروهی دریافت و آنان را دستگیر کرد و گردن زد و مجاعه را نگهداشت و بر سر مسیلمه تاخت. مسیلمه نیز بیرون تاخت و همراه کسانی که از ربیعه و جز آن با او بودند، با خالد نبردی سخت داد و از مسلمانان مردمی بسیار کشته شدند و سپس مسیلمه در معرکهٔ جنگ کشته شد بدین ترتیب

1- قیس بن عبدینوث بن مکشوح که مشهور به «قیس بن مکشوح» است. ر. ک. اسدالغابه ج ۴ ص ۲۲۲ و ص ۲۲۷   ۲- کامل ج ۲ ص ۲۰۵، فالاسلام علی من اتبع الهدی.   ۳- مجاعة بضم میم و تشدید ج) بن مرارة بن سلمی و بقولی سلیم. ر. ک. اسدالغابه ج ۴ ص ۳۰۰، کامل التواریخ ج ۲ ص ۲۴۵-۲۴۹، ایام العرب فی الاسلام ص ۱۶۵-۱۷۱.

فرستاد و چون به مدینه در آمد کودکان بر او فریاد می زدند: ای مرتد. پس می گفت: من هرگز چشم بهم زدنی ایمان نیاورده ام. ابوبکر از او توبه خواست و آزادش کرد. طلیحه به شام رفت و در جوار بنی حنیفه فرود آمد و شعری نزد ابو بکر فرستاد تا ازاو پوزش بخواهد و باسلام باز گردد ودرضمن گفت:

فهل یقبل الصدیق انی مراجع ومعط بما احدثت من حدث یدی

و انی من بعد الضلالة شاهد شهادة حق لست[۱] فیها بملحد

«آیا صدیق می‌پذیرد که من توبه کارم، و بکیفر آنچه ارتکاب کرده‌ام تسلیم؟ (و آیا باور می کند) که پس از گمراهی گواهی می‌دهم، گواهی حقی که در آن بالحاد سخن نمی گویم؟»

پس چون گفتارش به‌ابوبکر رسید بر او مهربان گشت و پی او فرستاد تا بازگشت، لیکن دیگر ابوبکر مرده و عمر بر گور او ایستاده بود. پس طلیحه را با سعدبن ابی وقاص به‌عراق فرستاد و او را فرمود که کاری باو ندهد[۱].

اسودبن (کعب) عنسی[۲] هم در زمان پیامبرخدا ادعای پیامبری کرد وچون

۱ـ طلیحة‌بن‌خویلدبن‌نوفل اسدی مضری فقعسی‌که‌با هزارسوار برابرشمرده می‌شد درسال‌نهم هجرت با وفد بنی‌اسد به‌مدینه نزد رسول خداآمد و اسلام آورد و چون بازگشت ادعای پیامبری کرد و رسول اکرم ضراربن ازور اسدی را بجنگ او فرستاد، لیکن رسول خدا وفات کرد و کار طلیحه بالا گرفت و دو قبیلهٔ اسد و غطفان که هم پیمان بودند پیرو او شدند. پس‌ابوبکر خالد را برسر او فرستاد تا در حوالی سمیراء وبزاخه با او نبرد کرد و خالد، ثابت بن اقرم و عکاشة بن محصن را فرستاده بود، پس یکی‌ازآن دو طلیحه و دیگری برادرش را کشتند و عیینة بن حصن نیز همراه او بود و هنگام نبرد نزد او آمد و گفت: آیا جبرئیل فرود آمده است؟گفت: نه. پس دوبار تکرار کرد واو می‌گفت: نه. عیینه گفت شگفتا که هنگام بیچارگی تو را رها کرده است! پس طلیحه گفت: دینی در کار نیست، از شرافت خود دفاع کنید. طلیحه در جنگ قادسیه ونهاوند همراه مسلمین بود و درجنگ‌نهاوندکشته شد. ر.ك. اسدالغابه‌ج۳ ص۶۵، ایام‌العرب فی‌الاسلام‌ص۱۴۳ـ ۱۵۴، کامل‌التواریخ ج ۲ ص ۲۳۲. ۲ ـ اسود عنسی: عیهلة‌بن‌کعب بن عوف عنسی بنون، وعنس تیره‌ای است از مذحج، و لقب اسود «ذوالخمار» بود (کامل ج ۲ ص۲۲۷، سیرةابن‌هشام ج۴ ص۲۷۱).

نمی‌دهند نبرد کند، با آنان نبرد کرد و کنده را چندین پادشاه بود که‌عنوان پادشاهی داشتند و هریك از ایشان را علفچری بود که‌جزاو آن را نمی‌چرانید، پس هنگامی که در قرقگاههای خود بودند، زیاد شبانه بر ایشان تاخت و این پادشاهان: جمد[1] و مخوص و مشرح وابضعه[2] را دستگیر کرد و چارپایان و بردگان بسیاری بدست‌آورد. پس اشعث‌بن قیس سر راه بر ایشان گرفت‌واسیران را از دست آنان باز ستاند و چون خبر ارتداد اشعث و کاری که انجام داد به‌ابوبکر رسید، عِکرِمة بن ابی جهل را با لشکری برای جنگ ایشان فرستاد و هنگامی رسید که زیادبن لبید و مهاجربن ابی امیه‌آنان را در میان گرفته و بسیاری از ایشان را کشته و غنیمتهای بسیاری بدست آورده بودند؛ پس مهاجرو زیاد بهمراهان خود گفتند: برادران شما از حجاز رسیدند پس آنان را شریك خویش گردانید وبآنان ببخشید. اشعث خواستار صلح شد وبرای بستگان‌خویش امان گرفت و از خود فراموش کرد. پس چون عکرمه صلحنامه را خواند و نام اشعث‌راندید،تکبیر گفت واشعث راگرفت ودربند نزد ابوبکر آورد.پس ابوبکر بر اومنت نهاد وآزادش کرد و خواهر خویش‌ا‌ُم‌فروه را بدو تزویج کرد.

ابوبکر خواست به‌روم لشکر کشی کند و با گروهی ازصحابهٔ پیامبرخدا مشورت کرد. پس امر کردند و نهی کردند و سپس از علی بن ابوطالب مشورت خواست و او فرمود تا دست بانجام این کار شود و گفت: ان فعلت ظفرت، «اگر دست باین کار زنی ظفریابی.» پس ابوبکر گفت: نوید نیك دادی. و آنگاه در میان مردم بسخنرانی برخاست‌وآنان را فرمود تابرای رفتن به‌روم آماده گردند

۱ ـ قاموس: جمدبن معدی کرب از پادشاهان کنده است و شاید هم بتحریك باشد.

۲ـ قاموس: ومخوس (بروزن‌منبر) و مشرح وجمد وابضعه‌پسران معدی‌کرب چهارپادشاهی‌هستندکه پیامبر خدا ایشان وخواهرشان عمرده‌را لعنت‌کرد، اینان با اشعث‌نزدرسول اکرم‌آمدندواسلام‌آوردند وسپس مرتد شدندوروزنجیر کشته شدند و نوحه سرای ایشان‌گفت: یاعین بکی لی الملوك الاربعه.

بسوی ایشان رهسپارشد و گفته‌اند که او ایشان را ترسانیده و بیم داده بود. پس‌مالك بن‌نویره برای مناظره نزد خالد آمد و زنش نیز در پی او رسید وخالد که اورا دیدشیفتهٔ وی گردید، پس به‌مالك گفت: بخدا قسم بآنچه دردست داری نمی رسم تا تو را بکشم. پس نگاهی به مالك کرد و گردن او را زد و زنش را بهمسری گرفت.

پس‌ابوقتاده به‌ابوبکر پیوست و باو گزارش داد و سوگند یاد کرد که زیر لوای خالد بجهاد نرود چه او مالك را که مسلمان بود کشته است. پس عمربن‌خطاب به‌ابوبکر گفت: ای جانشین پیامبر خدا، خالد مردی مسلمان را کشته و زنش را در همان روز بهمسری گرفته است! پس ابوبکربه‌خالدنوشت و او را بحضور خواست. خالد گفت: ای جانشین پیامبرخدا من اجتهاد کردم وآن را صواب پنداشتم و خطا کردم. متمم بن نویره مردی شاعر بود و در بارهٔ برادرش مرثیه‌های بسیار گفت و برای دیدن ابوبکر رهسپار مدینه شد و نماز صبح را پشت سر ابوبکر بجای آورد و چون ابوبکر از نماز خویش فارغ گشت، متمم بایستاد و بر کمان خویش تکیه کرد و سپس گفت:

نعم القتیل اذا الریاح تناوحت خلف البیوت قتلت یاابن الأزور[1]

أدعوته بالله ثم غدرته لوهودعاك بذمة لم یغدر

«هنگامی که‌بادها درپشت خانه‌ها سخت وزیدن گرفت، چه نیکو کشته‌ای را کشتی، ای پسر أزور؛ آیا او را در امان خدا خواستی سپس با او بیوفایی نمودی! اما اگر اوتورا با امانی می‌خواست، بیوفایی نمی کرد.» ضرار گفت: نه‌او را خواستم و نه با او بیوفایی کردم.

ابوبکر به‌زیاد بن لبید بیاضی نوشت که با مرتدان یمن و کسانی که‌زکات

۱ـ کشندهٔ مالك بفرمان خالدبن‌ولید، ضراربن أزور بود.

سپس بشهر «کسکر»[1] روی نهاد و آن را نیز گشود؛ آنگاه رهسپار شد تا بیکی از پادشاهان عجم بنام «جابان» برخورد و او را شکست داد و یاران او را کشت، سپس رفت تا به «فرات بادقلی» رسید و آهنگ [حیره] داشت که پادشاهش نعمان بود، پس نبرد سختی کردند و نعمان شکست خورده تا مدائن گریخت و خالد در «خورنق» فرود آمد و راهش را دنبال کرد تا حیره را پشت سر گذاشت و مردم آنجا که در آغاز با او سر جنگ داشتند، خود خواستار صلح شدند و خالد بر هفتاد هزار و بقولی صد هزار درهم سرگزیت با ایشان صلح کرد.

ابوبکر خود را برای نبرد با مرتدان آماده ساخت، و از کسانی که از عرب مرتد شده و تاج بر سر نهاده، نعمان بن منذر بن ساوی تمیمی در بحرین بود، پس علاء بن حضرمی را فرستاد تا او را کشت.

دیگر: لقیط بن مالك (ذوالتاج) تاجدار عمان بود که ابوبکر حذیفة بن محصن را بر سر او فرستاد تا او را در صحار از نواحی عمان بکشت، و ذوالتاج.....[2] از بنی ناجیه و مردمی بسیار از عبدالقیس[3]. پس خدا ذوالتاج را کشت و مسلمانان زنان و کودکانش را اسیر گرفتند و آنان را نزد ابوبکر فرستادند. او هم ایشان را بچهار صد درهم فروخت، سپس برای نبرد با کسانی که زکات نمی‌دادند، لشکر فرستاد و گفت: اگر زانوبند شتری (یا زکات یکسال) را از من دریغ دارند با ایشان نبرد کنم. و به خالد بن ولید نوشت که بر سر مالك بن نویرهٔ یربوعی رود، پس خالد

۱ـ بفتح و سپس سکون، شهرستان وسیعی که مرکزش، واسط قصب میان کوفه و بصره است و پیش از آنکه حجاج واسط را شهر کند، مرکز آن، خسروشاپور بود (مراصدالاطلاع). ۲ـ لقیط بن مالك ازدی لشکریان خود را فراهم ساخت و «دبا» را لشکرگاه ساخت و جیفر و عباد در مقابلش «صحار» را لشکرگاه ساخته نزد حذیفة بن محصن حمیری و عکرمة بن ابی‌جهل و عرفجهٔ بارقی ازدی فرستادند تا بآن دو بپیوندند، و سپس در «دبا» نبردی سخت روی داد و هنگامی که کار مسلمانان بسختی کشیده و لقیط بپیروزی نزدیك می‌شد گروهی از مسلمانان رسیدند بفرماندهی خریت بن راشد (کامل، ج۲ ص ۲۵۲). ۳ـ بفرماندهی سیحان بن صوحان.

که ابودجانهٔ[1] انصاری نیزه‌ای باو فرو برد و مسیلمه در نیزه بطرف ابودجانه پیش رفت و او را شهید کـرد آنگاه وحشی زوبین خویش را بسوی او پراند و او را کشت و در آن روز صدوپنجاه ساله بود. مجاعهٔ حنفی نزد خالد آمد و پیش او چنان وانمـود کرد که در قلعه هنوز مردانی مانده‌اند و گفت: جز پیشاهنگان مردم با تو نبرد نکرده‌اند. و خالد را بصلح دعوت نمود. پس خالد بر زرو سیم و نصف اسیران با آنان صلح کرد. سپس نگریستند و دیدند که در قلعه جز زنان و کودکان کسی نیست، پس آنان را مسلح کرد و بر دژها گماشت، آنگاه به خالد پیشنهاد کرد که اینان پیشنهاد مـرا رد کردنـد و خوب است کـه یك چهارم را بگیری، خالد چنان کرد و از ایشان پذیرفت و چون دژها گشوده شد جـز زنان و کودکان در آن نیافتند. پس خالد گفت: ای مجاعه مرا فریب می‌دهی؟ گفت: اینان بستگان من‌اند.

پس خالد صلح را امضاء کرد و یمامه را فتح کرد و سجاح گریخت و در بصره مرد، پیروزی مسیلمه درسال یازدهم و کشته شدنش در ماه ربیع‌الاول سال دوازدهم بود. خالد دختر مجّاعه را خواستگاری کرد و مجاعه دخترش را بوی تزویج کرد. پس ابوبکر به خالد نوشت: هنوز پیرامون خیمه‌ات بخونهای مسلمانان رنگین است و تو با زنان عروسی می کنی!

ابوبکر خالد را فرمود تا رهسپار عراق شود. پس بهمراه مثنّی بن‌حارثه رو براه نهاد تا بشهر «بانقیا»[2] رسید و آن را گشود و مـردم آن را اسیر گرفت؛

---

۱ ـ ابودجانه (بضم‌دال)، سماك بن‌خرشه، و بقولی: سماك‌بن اوس بن خرشة‌بن‌لوذان خزرجی انصاری که در بدر و احد همراه رسول‌خدا بود و بزرگواریها داشت و در یمامه نیز مردانگی و دلیری فوق‌العاده نشان داد ودر همان روز بشهادت‌رسید. ر.ك. اسدالغابه ج۲ص۳۵۲، ج۵ ص ۱۸۴.

۲ـ بکسرنون، ناحیه‌ای از نواحی کوفه در کنار فرات (مراصدالاطلاع).

لیکن مـردم خاموش ماندند.پس عمر بپـا خاست و گفت:اگر بهره‌ای نزدیك و سفری بی‌رنج بود[1] پاسخی مساعد می‌دادید.پس عمروبن سعید بپا خاست و گفت: ای پسر خطاب،مثلهای منافقان را برای ما میزنی! تو خود از آنچه مـا را بدان نکوهش می کنی چه مانعی داری؟ پس خالد بن سعید سخن گفت و برادر خویش را خاموش ساخت و گفت : نزد ما جز فرمانبری نیست . ابوبکر بدو گفت : خدایت پاداش نیك دهد . و سپس در میان مردم فرمان بسیج داد و فرماندهی را به‌خالدبن‌سعید واگذاشت.خالداز عاملان‌پیامبر خدا دریمن بودوهنگامی‌به‌مدینه رسید که پیامبرخدا درگذشته بود، پس‌ازبیعت‌باابوبکرامتناع ورزید وطرفداری بنی‌هاشم نمود وچون ابوبکر فرماندهی را بدوداد، عمرباو گفت: آیا فرماندهی را به‌خالد میدهی با اینکه بیعت خویش را از تو دریغ داشت وسخنانی به‌بنی هاشم گفت که بگوشت رسید؟ بخدا قسم صلاح نمی‌دانم که او را بفرستی. پس ابوبکر پرچم او را گشود و یزید بن‌ابی سفیان و ابوعبیدة بن جراح وشرحبیل بن‌حسنه وعمروبن عاص‌را خواست و برای ایشان‌پرچم‌بست و گفت: هرگاه فراهم آمدید، امیر مردم ابوعبیده باشد . و قبیله‌های یمن بر او در آمدند و آنان را لشکری پس‌ازلشکری گسیل‌داشت. وچون‌لشکرها به‌شام رسیدند ، ابوعبیده باونامه‌نوشت و از رسیدن پادشاه روم با لشکری بـزرگ آگاهش‌نمود ، پس ابوبکر لشکری پس از لشکری ازقبیله‌های عرب که بر اووارد می‌شدند،قبیله‌ای‌پیش ازقبیله‌ای بسوی او گسیل می‌داشت ، سپس نامه‌های ابوعبیده که حکایت از فراهم گشتن رومیان می کـرد یکی پس از دیگری بدو رسید و ابوبکر عمرو بن عاص را بـا لشکری از قریش و جز ایشان گسیل داشت. سپس ابوبکر به‌خالدبن‌ولید نوشت که رهسپار شام گردد و مثنی بن حارثه را در عراق بجای گذارد، پس خالد بـا

[1] ـ لوکان عرضا قریباً و سفرا قاصداً، س ۹ ی ۴۲. ل ، غرضاً .

نیرومندانی که همراه داشت، رهسپار گردید و مثنی بن حارثهٔ شیبانی را بابقیهٔ لشکریان در عراق بجای گذاشت ، خالد رهسپار شام گردید و چون به «عین التمر» رسید بدسته‌ای از سپاهیان خسرو که فرماندهشان عقبةبن‌ابی هلال نمری بود برخورد و آنان در ابتدا در مقابل خالد سنگر گرفتند و سپس حکم او را گردن نهادند. خالد نمری را گردن زد و سپس رهسپار شد تا بگروهی از بنی تغلب زیر فرمان هذیل بن عمران برخورد و او را پیش داشت و گردن زد و از آنان بردگانی بسیار گرفت و به‌مدینه فرستاد وبه کنشت یهودیان فرستاد و ازایشان بیست‌پسراسیر گرفت[1] آنگاه به «انبار» رفت و راهنمایی گرفت که راه بیابان را بدو نشان دهد. پس گزارش به‌تدمر افتادو مردم آنجا متحصن شدندو چون‌آنان را محاصره کرد ، دروازه‌ها را بروی او گشودند و با ایشان صلح کرد و سپس رهسپار حوران گردید و با آنان نبردی سخت کرد.

گفته‌اند که خالد هشت روز در بیابان و بیراهه راه پیمودتا بآنان رسید. پس بصری‌و فحل[2] و اجنادین‌فلسطین راگشودندومیان ایشان‌ورومیان دراجنادین نبردهای سختی روی داد که در همه‌اش خدای رومیان را شکست می داد و پیروزی نهایی بامسلمین بود.

بعضی از ایشان روایت کرده‌اند که خالد بن‌ولید به‌غوطهٔ دمشق رفت و از آنجا با پرچم سفیدی که داشت و نامش «عقاب» بود بر پشته‌ای بر آمد که‌بدان جهت «ثنیة العقاب» نامیده شد و به‌حوران رفت وآهنگ شهر بصری نمود و با آنان نبرد کرد. پس از او خواستار صلح شدند و با ایشان سازش نمود و سپس رهسپار اجنادین گشت و آنجا گروهی از رومیان بودند، پس با ایشان جنگ

---

۱ ـ از ایشان‌بود: ابو زیاد مولی ثقیف ، نصیر پدر موسی‌بن‌نصیر ، ابو عمرة جد عبدالله بن عبدالاعلی شاعر ، سیرین پدر محمد بن سیرین، حریث ، علاثه،حمران غلام عثمان، عمیر، ابوقیس و پسر خواهرنمر (تاریخ طبری ج ۲ ص ۵۷۷) .

۲ ـ در ن افتاده است .

سختی کرد و گروه کافران پراکنده گشتند و جنگ اجنادین در روز شنبه دو شب مانده از جمادی‌الاول [سال] ۱۳ واقع شد.

ابوبکر عثمان‌بن ابی‌العاص را فرستاد و عبدالقیس را بهمراهی‌اوفراخواند، پس بالشکری رهسپار توّج[1] گردید و آن را گشود و مردم آنجا را اسیر گرفت و مکران و ماورای آن را فتح کرد.

ابوبکر، علاءبن حضرمی را نیز بالشکری گسیل‌داشت، پس‌زاره[2] وناحیهٔ آن‌را از زمین بحرین گشود وغنیمت نزد ابوبکر فرستاد ونخستین مالی بود که‌ابوبکر میان مردم، میان سرخ و سیاه و آزاد و برده‌بخش کرد وبهرنفری یك دینارداد.

أیاس‌بن عبدالله[3] بن‌فجاءهٔ سلمی برابوبکر درآمد و گفت: ای جانشین رسول خدا من بدین اسلام در آمده‌ام. پس ابوبکر سلاحی باو بخشید و أیاس از نزد اوبرفت و ابوبکر خبر یافت که او راهزنی می‌کند، پس‌به‌طریفة بن حاجز[4] نوشت که دشمن خدا پسر فجاءه از نزد من رفت و خبر یافته‌ام که او راهزنی کرده و رهگذران را ترسانیده‌است، پس بسوی او رهسپار شوتا دستگیرش کنی. طریفه‌رو براه نهاد وبسوی او رهسپارشد وگروهی ازیاران اورا کشت سپس‌او را دیدار کرد. ایاس گفت: من‌مسلمانم وبرمن دروغ بسته‌اند. طریفه گفت‌اگر راست می‌گویی تن به‌اسیری ده تانزد ابوبکر آیی واو راخبر دهی. أیاس تن به‌اسیری دادوچون طریفه او را پیش‌ابوبکر آورد، او را به‌بقیع برد و بآتش سوزانید و نیز مردی ازبنی‌اسد راکه باو شجاع بن ورقاء می‌گفتند و[.....] درمی‌آمیخت، بسوزانید.

---

۱ ـ بفتح ت و تشدید و فتح واو: شهری درفارس نزدیك کازرون که مجاشع بن مسعود در بارهٔ آن گفته است: و نحن و لینامرة بعد مرة بتوج ابناء الملوك الاکابر

۲ـ ن: الزوارة. عین الزاره دربحرین معروف است (مراصد الاطلاع). ۳ـ کامل ج ۲ص ۲۳۷: عبدیالیل. ۴ ـ ل: حاجزة.

عمربن خطاب به ابوبکر گفت : ای جانشین پیامبر خدا راستی که قاریان قرآن‌بیشترشان در روز یمامه کشته شدند، پس کاش قرآن را فراهم می‌ساختی چه من بیمناکم که حاملان قرآن ازمیان بروند. پس ابوبکر گفت: کاری کنم که پیامبر خدا نکرده است؟ لیکن عمر پیوسته باواصرار ورزید تا آن را فراهم ساخت و در برگهایی نوشت و پیش از آن در چوب خرما و جز آن پراکنده نوشته بود. ابوبکر بیست و پنج مرد از قریش و پنجاه مرد از انصار را نشانید و گفت : قرآن را بنویسیدو برسعیدبن عاص‌عرضه بداریدچه او مردی است‌فصیح.

برخی روایت کرده‌اند که علی بن ابیطالب پس از وفات پیامبرخدا آن‌را فراهم ساخت و بر شتری نهاده آورد و گفت : هذا القران قدجمعته، «این قرآن است که آن را فراهم ساخته‌ام.» وآن را بهفت جزء بخش کرده بود :

جزءِ اول : بقره، سورهٔ یوسف، عنکبوت، روم، لقمان، حم سجده ، ذاریات، هل اتی علی الانسان[1] ، الم تنزیل سجده، نازعات، اذا الشمس کوّرت ، اذا السماء انفطرت، اذا السماء انشقت، سبح اسم ربک الاعلی ، ولم یکن، این‌بود جزء بقره که هشتصد وهشتاد وشش آیه و پانزده[2] سوره است.

جزءِ دوم: آل‌عمران، هود، حج، حجر، احزاب، دخان، رحمان،حاقّه، سأل سائل ، عبس ، والشمس وضحاها ، انا انزلناه، اذازلزلت ، و یل‌لکل همزة لمزة ، الم تر، ولایلاف . این‌است جزءِ آل عمران که هشتصدو هشتادو شش آیه و شانزده[3] سوره است .

جزءِسوم : نساء ، نحل ، مؤمنون، یس، حمسق، واقعه، تبارك‌الملك ، یا ایها المدثر، ارأیت، تبت ، قل هوالله احد ، عصر، قارعه، والسماء ذات‌البروج ، والتین والزیتون، وطس‌نمل، این‌است جزءِ نساء که هشتصد وهشتاد وشش آیه و شانزده[4]

۱ـ ل ، علی‌انسان. ۲ ـ ل،ن ، شانزده . ۳ـ ل،ن ، پانزده. ۴ـ ل،ن، هفده.

سوره است .

جزءِ چهارم: مائده، یونس، مریم، طس، شعراء، زخرف،حجرات،ق،والقرآن المجید، اقتربت الساعة ، ممتحنه، والسماء و الطارق، لااقسم بهذاالبلد ، الم‌نشرح لك، عادیات ، انا اعطیناك الکوثر، وقل یا ایها الکافرون، این است جزء مائده که هشتصد و هشتاد و شش آیه و پانزده سوره‌است.

جزء پنجم : انعام ، سُبحان ، اقترب ، فرقان ، موسی و فرعون[1] ، حم مؤمن ، مجادله ، حشر ، جمعه ، منافقون ، ن والقلم ، انا ارسلنا نوحا ، قل‌اوحی الیّ ، والمرسلات، والضحی ، والهاکم ، این است جزء انعام که هشتصد وهشتادو شش آیه و شانزده سوره است .

جزءِ ششم: اعراف، ابراهیم، کهف، نور، ص ، زمرشریعت،[2] الذین کفروا ، حدید ، مزمل ، لااقسم بیوم القیامه ، عم یتسائلون ، غاشیه ، فجر ، واللیل اذا یغشی، واذاجاء نصرالله، این‌است جزءاعراف که‌هشتصدوهشتاد وشش‌آیه وشانزده سوره است .

جزء هفتم : انفال ، براءه، طه، ملائکه، صافات، احقاف، فتح ، طور، نجم ، صف ، تغابن ، طلاق ، مطففین ، و معوذتین ، این است جزء انفال که هشتصد و هشتاد و شش آیه و پانزده[3] سوره است.[4]

و بعضی گفته‌اند که علی گفت : نزل القرآن علی اربعةارباع : ربع فینا و ربع فی‌عدونا، و ربع امثال‌وربع محکم و متشابه، «قرآن به‌چهاربخش نازل شد، ربعی در بارهٔ ما و ربعی در بارهٔ دشمن ما و ربعی مثلها و ربعی محکم و متشابه».

---

۱ ـ سورهٔ طه را بنقل سیوطی از سخاوی در جمال القراء : سورهٔ‌کلیم‌هم می‌گویند (اتقان‌ج ۱ص ۵۶) و اینجا مراد سورهٔ قصص‌است. ۲ـ ن : جاثیه . سورهٔ جاثیه رابنقل سیوطی‌ازکرمانی‌در العجائب، سورهٔ شریعه و سورهٔ دهرنیز گویند(اتقان ج۱ ص ۵۶). ۳ ـ ل، ن : شانزده سوره .
۴ ـ همهٔ این سوره‌ها ۱۰۹ سوره است و ۵ سوره از نسخه افتاده است. ر. ك. مفاتیح الأسرار و مصابیح‌الأبرار شهرستانی .

ابوبکر در میان مردم یکسان بخش کرد و کسی را بر کسی برتری نداد وهر روزی ازبیت‌المال سه‌درهم مزدمی گرفت و«خلیفهٔ رسول خدا»نامیده می‌شد. ابوبکر در جمادی الآخرهٔ سال ۱۳ بیمار شد و چون بیماری او بسختی کشید عمربن خطاب را بجای خویش بر گزید و عثمان را فرمود که سندولایت عهدش‌را بنویسدونوشت: «بنام خدای بخشایندهٔ مهربان، این‌وصیت ابوبکرجانشین پیامبراست بمؤمنان‌ومسلمانان، درودبرشما ، همانامن ستایش‌خدارا باشما درمیان می‌گذارم، وسپس عمربن خطاب را برشما گماشتم، پس بشنوید و فرمان برید و راستی که من درخیرخواهی شماکوتاهی‌نکردم والسلام .»و به عمربن‌خطاب گفت ای عمر، دوستی تورا دوست می‌دارد ودشمنی باتو دشمنی می‌ورزد، پس اگر حق دشمن داشته شود از دیر زمانی چنین‌است واگردرباطل‌پافشاری‌شود پس بساکه .

عبدالرحمان‌بن عوف در بیماری مرگ ابوبکر در آمد و گفت: ای‌جانشین پیامبر خدا،بچه حالی صبح کردی؟ گفت : بامعرفی کردن جانشین‌خودصبح کردم و شما هم بر آنچه بدان گرفتارم افزودید، چه مرا دیدید که مردی از شما را بر گماشتم و اکنون همه‌تان برآشفته و خشمگین شده‌اید و آن را برای خود خواستارید . عبدالرحمن گفت : بخدا قسم برگزیدهٔ تو را جز شایسته و مرد اصلاح‌نمی‌دانم‌پس‌بردنیا افسوس‌مدار. گفت: بردنیا افسوسی‌ندارم جزبرای [سه] کار که آنها را انجام دادم و کاش انجام نداده بودم ، و سه کار دیگر که آنها را انجام ندادم و کاش انجام داده بودم ، و سه چیز که کاش خودم پیامبر خدا را از آنها پرسش می‌کردم؛ اما آن سه کاری که انجام داده‌ام : پس کاش من این کار را بعهده نمی‌گرفتم و عمر را برخویش مقدم میداشتم، و من وزیر می‌بودم بهتر بود تا امیر باشم ، و کاش خانهٔ فاطمه دختر پیامبر خدارا بازرسی نمی‌کردم و مردان‌رابدان‌راه‌نمی‌دادم اگرچه برای جنگ‌کانونی دربسته بود، وکاش من فجاءهٔ

سلمی‌را نمی سوزاندم ، یا او را روبراه می کشتم یا هم از او در گذشته آزادش می کردم؛ و سه کاری که کاش آنها را انجام می دادم : پس کاش اشعث بن قیس را پیش می‌داشتم و گردن او را می‌زدم چه گمانم چنان است که او شری را نمی بیند جز اینکه آن را یاری کند، و کاش ابوعبیده را بمغرب و عمر را بسرزمین مشرق می‌فرستادم تا دو دست خویش را در راه خدا پیش می‌داشتم ، و کاش من خالد بن ولید را به‌بزاخه نمی‌فرستادم [لیکن] خود بیرون می رفتم و در راه خدا یاور اومی‌بودم؛ وسه امری که دوست‌داشتم ازرسول‌خدا پرسیده باشم:این امرحق کیست تا با او گیرودار نکنیم، و آیا انصار را هم در آن حقی هست؟ و از عمه و خاله که آیا ارث می‌برند یا ارث نمی‌برند .

من از دنیای شما چیزی برنگرفتم و در مال خدا و مال مسلمانان چنان بودم که وصی در مال یتیم ، که اگر بی‌نیاز باشد پارسایی ورزد و اگر نیازمند باشد باندازهٔ متعارف بخورد ، و سرپرست کار خلافت پس از من عمر بن خطاب است، ومن از بیت‌المال مالی را قرض برداشته‌ام، پس هرگاه مردم، باغی که در فلانجا دارم فروخته وبه‌بیت‌المال داده شود . ابوبکر همسرش اسماء بنت عمیس‌را وصیت کرد که او را غسل دهد ، پس او را غسل داد و شبانه بخاك سپرده شد و ابوقحافه یك‌ششم مالش را ارث برد .

غالب بر ابوبکر عمربن خطاب بود و مرگ او روز سه شنبه هشت شب و بقولی دوشب از جمادی الآخره مانده، وازماههای‌عجم در آب درسال۱۳واقع‌شد[۱] و عمربن‌خطاب بر او نماز خواند و در حجره‌ای که قبر پیامبر خدا در آن است بخاك سپرده شد و روز مرگ شصت وسه ساله بود . فرزندان ذکور او سه نفر بودند که یکی از ایشان یعنی عبدالله در زندگی او در گذشت و دو نفر یعنی

---

۱ ـ ل ، ص ۱۵۶.

محمد و عبدالرحمان را بجای گذاشت. حاجب ابوبکر غلامش سدید بود. و زمامداری او دو سال و چهار ماه شد و در سال ۱۲ با مردم بحج رفت. کارمندان ابوبکر هنگامی که مرد، در مکه: عتاب بن اسید بود، و بر طائف: عثمان بن ابی العاص، و بر یمامه: مردی از انصار، و بر عمان: حذیفة بن محصن، و بر بحرین: علاء بن حضرمی و بر لشکر شام: خالدبن ولید، و بر کوفه: مثنی بن حارثهٔ شیبانی، و بر بصره: سوید بن قطبه.

شمایل ابوبکر

ابوبکر سفید و لاغر و سبک گونه و کوژپشت بود. که شلوارش را بر تهیگاهش نگه نمی‌داشت، روی لاغری داشت و چشمهایش بگودی رفته و بن انگشتهایش بر آمده و برهنه بود، ریش خود را با حنا و رنگ خضاب می‌بست.

کسانی که در دوران ابوبکر فقه از ایشان گرفته می‌شد، عبارت بودند از: علی بن ابیطالب، عمر بن خطاب، معاذ بن جبل، ابی بن کعب، زید بن ثابت و عبدالله بن مسعود.

دوران عمربن خطاب[1]

سپس عمربن خطاب بن نفیل بن عبدالعزی بن ریاح بن عبدالله بن قرط بن رزاح بن عدی بن کعب، که مادرش: حنتمه دختر هاشم بن مغیرة بن عبدالله بن عمر بن مخزوم بود، روز سه شنبه دو شب و بقولی هفت شب مانده از ماه جمادی الآخرهٔ سال ۱۳ بخلافت رسید، و از ماههای عجم مطابق بود با آب، خورشید در آن روز در اسد بود، ۱۶ درجه، و قمر در عقرب، ۲٤ درجه و ۱۰ دقیقه، و زحل در قوس ۳۰ درجه در حال رجوع، و مشتری در حوت ۹ درجه و ۳۰ دقیقه در حال رجوع، و مریخ در نور ۲۱ درجه و ۵۰ دقیقه، و زهره در حوت ۹ درجه، و عطارد در سنبله ۱۰ درجه و ۳۰ دقیقه، و رأس در قوس ۱۲ درجه و ۳۵ دقیقه.

عمر بالای منبر رفت و یك پله پائینتر از جای ابوبکر نشست و با مردم آغاز خطبه کرد و سپاس و ستایش خدای گفت و درود بر پیامبر فرستاد و از ابوبکر و برتری او یاد کرد و برای او طلب رحمت نمود، سپس گفت: من جز مردی ازشما نیستم و اگر ناخوش نمی‌داشتم که فرمودهٔ جانشین پیامبر خدارا رد کنم، امر شما را بعهده نمی گرفتم. پس مردم او را بنیکی ستودند.

نخستین کار عمر آن بود که اسیران مرتدان را بقبیله‌های ایشان باز گردانید و گفت من خوش ندارم که بردگی بر عرب معمول گردد و عمر باغلام خود یرفأ[2] نامه‌ای به‌ابوعبیدةبن جراح نوشت و او را از مرگ ابوبکر آگاه

---

۱ ـ ل ، ص۱۵۷. ۲ ـ بر وزن یمنع ، غلام‌عمربن خطاب (قاموس).

ساخت و نیز فرمان فرماندهی او را بر شام بجای خالدبن ولید باشداد بن اوس فرستاد و خالد را بجای ابوعبیده قرار داد، چه عمردربارهٔ خالد بااینکه پسردایی او است ، برای سخنی که در بارهٔ عمر گفته بود بد عقیده بود. خالد بن ولید و مسلمانان که همراه او بودند، چهار روز پیش از مرگ ابوبکرمرج صفر از اراضی دمشق را گشوده و شهر دمشق را محاصره کرده بودند.پس ابوعبیده خبر را از خالد پوشیده داشت تا نامهٔ دومی از عمر بدست ابوعبیده رسید و او را فرمان داد که رهسپار حمص ونواحی شام گردد.پس خالد رااز پیش آمد آگاه ساخت و خالد گفت: خدا ابوبکر را رحمت کند اگر او زنده بود مرا عزل نمی کرد. وعمربه‌ابوعبیده نوشت که اگرخالد بدروغ‌خوددرآنچه‌می گفته‌بوداعتراف کرد، بکارش گمارو گرنه عمامهٔ اورا بردار ونیمی از مال او را مصادره کن. پس خالد با خواهر خود مشورت کرد و او گفت :بخدا قسم پسر حنتمه را مقصودی جز آن نیست که بدروغ خویش اعتراف کنی سپس‌تو را از کارت بر کنار کند،پس البته‌زیر بار مرو.خالدخویش راتکذیب نکردوبلال برخاست‌وعمامهٔ‌اورابر گرفت وابوعبیده نیمی‌ازمالش‌رامصادره کرد تا آنجا که از کفش اونیزیك لنگهٔ آن‌راجدا کرد. یکسال‌کامل‌وچند روزبهمان حال‌محاصرهٔ دمشق‌بماندند، ابوعبیده‌دردروازهٔ جابیه‌بودو خالد دردروازهٔ‌شرقی ، وعمروبن عاص در دروازهٔ‌توما و یزید بن‌ابی - سفیان در دروازهٔ صغیر. پس چون کار محاصره برامیر دمشق بدرازا کشید نزد ابوعبیده فرستاد و با او صلح کرد و دروازهٔ جابیه را بروی وی گشود . خالد چون خبر یافت که ابوعبیده تصمیم گرفته است با مردم صلح کند ومردم دمشق برای صلح براو اعتماد کرده‌اند، در دروازهٔ شرقی پا فشاری کرد وآن‌را گشود. پس‌خالد به‌ابوعبیده گفت:آنان‌را برده گیرچه من‌بزور بشهردرآمده‌ام. گفت: نه، من‌ایشان‌راامان‌داده‌ام. مسلمانان‌بشهردرآمدندوصلح دررجب‌سال ۱٤ بانجام‌رسید.

واقدی روایت کرده است که خالد بن ولید با آنان صلح کرد و برای اسقف صلحنامه‌ای نوشت و بآنان امان داد، پس ابوعبیده نیز آن را امضا کرد.

در این سال، عمر قیام ماه رمضان را معمول ساخت[1] و فرمان آن را بشهرها نوشت و ابی بن کعب و تمیم داری را فرمود تا با مردم نماز بخوانند. پس باو گفته شد که پیامبر خدا این کار را نکرد و ابوبکر نیز آن را انجام نداد. گفت: اگر بدعت هم باشد چه نیکو بدعتی است.

ابوعبیده، عمرو بن عاص را بسوی اردن و فلسطین گسیل داشت. پس مردم آنجا لشکرهایی فراهم ساختند تا عمرو و همراهانش را برانند، لیکن ابوعبیده شرحبیل بن حسنه را نزد عمرو فرستاد و خود بسوی لشکر روم روی نهاد و اردن بزور گشوده شد بجز طبریّه که مردمش بر نیمی از خانه‌ها و کلیساهای خود با او صلح کردند و متصدی این کار شرحبیل بن حسنه بود. رومیان هنگامی که از رسیدن ابوعبیده آگاه شدند [بسوی] فِحل منتقل شدند و ابوعبیده مسلمانان را آماده ساخت و بر میمنهٔ خود معاذبن جبل، و بر میسره‌اش هاشم بن عتبه، و بر پیادگان سعدبن زید، وبر سواران خالدبن ولید را فرماندهی داد و لشکریان روم روی آور شدند و نخستین کسی که با ایشان روبرو شد خالد بود. خدای رومیان را درهم شکست و خواستار صلح شدند تا جزیه بپردازند. پس ابوعبیده پیشنهاد ایشان را پذیرفت و بازگشت و عمروبن عاص را بر بقیهٔ اردن جانشین گذاشت و خالد را بفرماندهی مقدمه‌اش بسوی بعلبك و زمین بقاع[2] فرستاد و

۱ ـ مراد بجماعت خواندن نافلهٔ شبهای ماه رمضان یعنی صلوة تراویح است که از بدعتهای عمر بشمار آمده و سیوطی هم درتاریخ الخلفاء (ص۱۳۶) آنرا از اولیات عمرشمرده‌است. ر.ك کامل‌التواریخ ج ۲ص ۳۴۰،صحیح بخاری ج۱ ص۲۱۸.

۲ـ بقاع جمع بقعه، جایی‌است نزدیك دمشق که بآن « بقاع کلب » گفته‌می‌شود وآنزمینی است وسیع میان بعلبك و حمص ودمشق که در آن قریه‌های بسیار و آبهای فراوانی است،وقبر الیاس علیه‌السلام درهمین‌بقاع‌است(مراصدالاطلاع).

خالد آن را فتح کرد و رهسپار حمص گردید و ابوعبیده هم باو پیوست. پس اهل حمص را سخت محاصره کردند و سپس خواستار صلح شدند. ابوعبیده با آنان صلح کرد که از همه سرزمینهای ایشان صرف نظر کند و در مقابل یکصد و هفتاد هزار دینار خراج بدهند، سپس مسلمانان بشهر در آمدند و ابوعبیده کارمندان خود را در نواحی حمص پراکنده ساخت، سپس خبر یافت که سرکش روم در همهٔ شهرها لشکرها فراهم ساخته و دشمنی را بر سر مسلمین فرستاده است که توانایی نبرد با او را ندارند، پس به دمشق باز گشت و پیش آمد را به عمر بن خطاب گزارش داد و عمر بایشان نوشت که باز گشتن ایشان را از سرزمین حمص بسوی دمشق ناخوش داشته است.

ابو عبیده مسلمانان را نزد خویش فراهم ساخت و یرموک را لشکرگاه ساخت، جبلة بن ایهم غسانی با لشکری از قوم خود بر مقدمهٔ لشکر رومیان بود و ابوعبیده نیز خالد بن ولید را بر مقدمهٔ خود گماشت و او با مشرکان نبرد کرد و با ماهان سردار رومیان روبرو شد و جنگ سختی در میان ایشان روی داد و ابو عبیده و مسلمانان نیز بدو پیوستند و نبردی بزرگ و مرگبار بانجام رسید و رومیان کشتاری عظیم دادند و خدای مسلمانان را پیروز نمود و آن در سال ۱۵ بود.

ابوعبیده فرستادگانی از جمله حذیفة بن یمان را نزد عمر فرستاد و عمر را چندین شب بود که خواب نمی برد و بشدت نگران رسیدن خبر بود، پس چون خبر بدو رسید بسجده افتاد و گفت: ستایش خدایی راست که فتح را بر دست ابوعبیده بانجام رسانید و اگر فتح نمی کرد البته گوینده ای می گفت: ایکاش خالد بن ولید می بود.

ابوعبیده به حمص باز گشت و خالد را در پی رومیان گسیل داشت تا به قنسرین رفت و به حلب رسید و مردم آن متحصن شدند و ابوعبیده نیز رسید و آنجا فرود آمد تا خواستار صلح و امان شدند، ابوعبیده پیشنهاد ایشان را پذیرفت و امانی

نوشت، و مالك بن حارث‌اشتر را بفرماندهی گروهی بر سر رومیان فرستاد و آنان درب[1] راپشت سر گذاشته بودند. مالك‌ازایشان کشتاری‌عظیم کرد وسپس باز گشت در حالی که او و همراهانش را خدای بسلامت داشت .

ابوعبیده بسوی اردن باز آمد ومردم ایلیاء[2] یعنی بیت‌المقدس را محاصره کرد،پس زیر بار او نرفتند و از در ناسازی در آمدند .

ابوعبیده عمرو بن عاص را به قنسرین فرستاد و او با مردم حلب و قنسرین ومنبج صلح کرد وچنانکه ابوعبیده بامردم حمص کرده بود، برایشان خراج نهاد.

غنیمتهای یرموك درجابیه فراهم شد وبه‌عمرنوشتند. پس‌بایشان نوشت که راجع بآنها اقدامی نکنید تا بیت‌المقدس را بگشائید .

جبلةبن ایهم غسانی پس از شکست وهزیمت رومیان در یرموك، باگروهی از قوم خود بجای خویش باز گشت. پس یزید بن ابی سفیان نزد او فرستاد که سرزمینت را با دادن خراج و پرداختن جزیه بازخر . گفت : جزیه را کافران عجم می‌دهند و من مردی از عربم .

عمر، ابوعبید بن مسعود ثقفی را با لشکری بهمراهی مثنی‌بن حارثهٔ‌شیبانی به‌عراق گسیل داشت ، خسرو مرده بود و بوران دخترش بپادشاهی رسیده و رستم و فیرزان‌را که ناتوان وفرومایه بودند بسرپرستی امرپادشاهی بر گزیده بود. پس ابوعبید ثقفی پیش رفت و بدسته‌ای از سپاهیان ایران برخورد و بر ایشان تاخت و نبردی سخت کردند. سپس‌خدای مسلمانان را برایشان ظفر دادو آنان را زبون ایشان ساخت .

رستم هنگامی که خبر یافت، مردی رابنام : جالینوس بسوی ایشان گسیل

۱ـ تنگنایی است میان طرسوس و سرزمین رومیان (مراصدالاطلاع). ۲ـ بکسرهمزه و لام ؛ نام شهر بیت‌المقدس است، لغتی است عبری و معنی آن بقولی،بیت‌الله است. فرزدق گوید،

و بیتان بیت‌الله نحن ولاته   و قصر باعلی ایلیاء مشرف

داشت و در جایی بنام : باروسما[1] بهم تاختند و پارسیان بهزیمت رفتند و ابوعبید باروسما را گشود . رستم ، ذوالحاجب[2] را بر سرایشان فرستاد و فیل همراه او کرد و نبردی سخت در گرفت و اسبان مسلمانان از فیل می‌رمیدند.پس ابوعبید باشمشیر برفیل حمله برد وخرطوم اوراقطع کرد وفیل اورا زیر گرفت و کشت و مثنی بن حارثه فرماندهی سپاه را بدست گرفت. پس چون خبر به‌عمررسید او را سخت غمنده ساخت و جریر بن عبدالله بجلی با گروهی از بجیله که سرورشان عرفجة بن‌هرثمة ازدی هم پیمانشان بود ، از یمن رسید. پس عمر آنان را فرمود تا رهسپار عراق گردند وعرفجه را امیر ایشان ساخت، لیکن جریر بخشم آمد و گفت: بخدا قسم این مرد از ما نیست وعرفجه گفت راست می گوید . پس عمر جریربن‌عبدالله‌را فرستاد واو به کوفه آمدوسپس‌ازآنجا بیرون رفت ودر« مَذار »[3] بر«مرزبان»[4] حمله برد واو را کشت ولشکرش‌رادرهم‌شکست وبیشترشان دردجله غرق‌شدند . سپس به‌نخیله رفت که مهران بالشکرش‌درآنجا بود، پس براوتاخت و نبردی‌سخت بانجام‌رسیدومنذربن‌حسان‌برمهران‌حمله برد واورا بانیزه‌ای ازاسبش در انداخت.پس جریر بشتافت و سر او را برید ودرجامه‌و سلاح او نزاع کردند، پس جریر سلاح و منذر کمربند را گرفت، و این واقعه در سال ۱۴ بود .

چون پارسیان ناتوانی و زبونی خود و پیروزی مسلمانان را بر خویش بدیدند، بر کشتن رستم و فیروزان همداستان شدند، سپس گفتند: نتیجهٔ این کار البته پراکندگی و پریشانی کار ما است. پس در جستجوی فرزند خسرو برآمدند تاآنکه یزدجرد پسر بیست‌سالهٔ او را بیافتند و او را برخود پادشاهی

---

۱ ـ دو ناحیه در سواد بغداد ، بالا وپائین (مراصد). ۲ ـ لقب بهمن جادویه (کامل ج ۲ ص ۳۰۱). ۳ـ شهری در میسان میان واسط وبصره که‌مرکز میسان است و تا بصره درحدود چهارروز فاصله دارد وآنجا مزاری است بزرگ که قبر عبدالله‌بن علی‌بن ابیطالب در آن است (مراصد). ۴ ـ ب : و بر مرزبان مذار .

دادند پس کارهای ایشان‌را منظم ساخت و تدبیری نیك در پیش گرفت و کشور نیرومند شد و کار پارسیان بالا گرفت و مسلمانان را از مرغزارها براندند و مردم سواد مرتد شدند و پیمان‌نامه هایی را که بدست داشتند پاره کردند و مسلمانان بکرانه‌ها رفتند. پس چون خبر به‌عمر رسید خواست تا خود به‌عراق رود،و سپس مشورت کرد ومصلحت در فرستادن سعدبن ابی وقاص دانسته شد و او را با هشت هزار فرستادتا در قادسیه فرود آمد.

عتبة‌بن‌غزوان‌رابشهرستانهای‌دجله و ابلّه و اُبرقُباذ و میسان فرستاد تا آنها را گشود و حدود بصره را تعیین کرد و مسجد آن را با نی‌ساخت و بقولی عمر او را برای این کار فرستاد:

سعد در قادسیه بماند و سپس مسلمانان بر دختر «آزادمرد» عروس یکی‌از پادشاهان که بخانهٔ شوهرش برده می‌شد، دست یافتند و هر چه اموال و بارو بنه بهمراه داشت گرفتند و بر مسلمانان‌بخش کردند پس خوشدل و نیرومند شدند.

سپس سعد، نعمان بن مقرن را بهمراهی جماعتی نزد خسرو فرستاد تا اورا باسلام‌بخوانند[1]. پس در بهترین‌هیئتی در حالی‌که بردها برتن و نعلین بپا داشتند براو درآمدندواورا بدانچه سعد آنان را برای آن گسیل داشته بود خبر دادند و باسلام و گواهی حق و پرداختن جزیه دعوتش کردند. خسرو از این‌پیشنهاد بخشم آمد و توبرهٔ خاکی خواست و گفت: این را بر سر سرورشان بار کنید و اگر نه بود که سفیران را نمی کشند، اینان را کشته بودم. پس عاصم بن‌عمرو تمیمی گفت :منم سرور قوم. پس خاك را بر او بار کردند و با شتاب رفت‌و گفت: بخداسوگند که ما برایشان ظفر یافتیم و زمینشان‌رادرنوردیدیم. و چون خبر به رستم‌رسید این پیشامد بر او گران آمد و گفت :پسر زن حجامتگررابا‌پادشاهی

1 ـ تاریخ طبری ج ۳ ص ۱۵، کامل التواریخ ج ۲ ص ۳۱۵ .

چه کار ؟ و گفته می‌شود که ما در یزدجرد زنی حجامتگر بوده است[۱].

سپس فرستادگانی [در] پی ایشان فرستاد لیکن بر آنان دست نیافتند. پس ترس خسرو و پارسیان از ایشان بسختی رسید و رستم را فرمود تا بسوی ایشان رهسپار گردد. رستم این کار را خوش نداشت لیکن خسرو آن همه اصرار ورزید که بانخواستن رو براه نهاد و چون به نجف رسید نزد سعد فرستاد که کسانی را از خود نزد من فرستید تا با آنان سخن گویم. پس سعد، مغیرة بن شعبه و بشر[۲] بن ابی رهم و عرفجة بن هرثمه و حذیفة بن محصن و ربعی بن عامر وقرفة بن زاهر[۳] ومذعور بن عدی[٤] و مضارب ابن یزید[۵] و شعبة[۶] بن مره را که از خردمندان عرب بودند نزد وی فرستاد. پس یکی پس از دیگری بر او در آمدند و هر یك از آنان همان سخن را می گفت که دیگری گفته بود، و او را باسلام و یا جزیه دادن دعوت می‌نمودند و چنان دریافتند که خود خواستار اسلام آوردن است و از همراهان خویش بیم دارد و هر گاه بیکی از ایشان پیشنهادی می کند روی مساعد نشان نمی‌دهد.

سپس رستم دست بکار آماده ساختن لشکر شد و بر تختی از زر نشست و جای صفهای خویش را استوار ساخت و لشکریان خود را منظم نمود و بمرگ یقین کرد، و او خود ستاره شناس بود. پس ببرادرش نوشت: «بنام خدای مهربان از سپهبد رستم ببرادرش، وسپس، همانا من مشتری را در نشیب و زهره را در فراز دیدم و این واپسین وصیت من بتو است و روزگار پیوسته درود بر تو باد.»

سعد بن ابی وقاص برای مسلمانان سخنرانی کرد و آنان را در کار جهاد تشویق نمود و از وعدهٔ نصرت و پیروزی دین که خدای بپیمبرش داده است

۱ـ ر.ك. ج۱ ص۲۱۵. ۲ـ طبری ج۳ ص ۳۳: بسر. ۳ـ ط: ج۳ ص۳۳: تیمی‌وائلی.
۴ـط: عجلی. ۵ـ ط: عجلی. ۶ـ ط: معبدبن‌مرة.

آگاهشان ساخت و هر یك از مسلمین دیگری را تشویق کرد و پس از نماز ظهر جنگ میان آنان درگرفت و جنگی سخت بانجام رسید و مسلمین بخوبی ازعهدهٔ آزمایش و گرفتاری بیرون آمدند.

سعد در آن روز بیمار بود، پس بقصر عُذَیب رفت و در آن فرود آمد و آنجا متحصن گشت. رستم خبر یافت و سوارانی فرستاد تا پیرامون قصر را فرا گرفتند و چون مسلمین خبر یافتند بسوی قصر روی نهادند و لشکریان رستم بهزیمت رفتند.

سپس بامداد فردا رسید و شش هزار از لشکر ابوعبیدة بن جراح، همانان که باخالدبن‌ولید بودند، پنج هزار از مضرور بیعه وهزار نفر از مسلمین ناشناخته بفرماندهی مرقال: هاشم بن عتبة بن ابی وقاص بدیشان پیوستند و فتح شام یکماه پیش از قادسیه بود. پس در بامداد روز سوم بر سر کار زار آمدند و رستم فیلها را بیاورد و چون اسبان بدانها نگریستند نزدیك بود که پراکنده گردند، سپس مسلمین بر فیلها حمله ور شدند وچشمهای آنها را شکافتند وخرطومها را بریدند.

در بامداد روز چهارم مسلمین بمیدان کار زار آمدند و پیروزی با ایشان بود و رستم کشته شد، بدین ترتیب که لنگهٔ باراستری بر او افتاد و او را کشت و آنکه لنگهٔ باررا بر او افکند: هلال بن علّفه بود و بالای تخت رستم بر آمد و فریاد زد: بپروردگار کعبه قسم که [رستم را] کشتم، بسوی من، بسوی من. و بقولی زهیربن عبد شمس برادر زادهٔ جریر بن عبدالله او را کشت و بسیاری از آنان کشته شدند و دیگران رو بگریز نهادند و مالها و جامه وسلاح کشته‌ها جمع آوری شد و جامه و سلاح رستم فروخته شد و سهم هر سواری بچهارده هزار و از هر پیاده‌ای بهفت هزار و صد رسید و بخانوادهٔ شهیدان و زنان چیزی ازاصل غنیمت بخشیده شد، اما بردگان که آزاد شدند.

سعد فرستادگانی را نزدعمر فرستاد وعمر بآنان هشتاد دینار، هشتار دینار جایزه داد. در قادسیه از اصحاب پیامبرخدا، ازاهل بدر هفتادمرد وازاهل‌بیعت رضوان و کسانی که درفتح مکه حاضر بوده‌اندصد و بیست‌نفر و از دیگر اصحاب رسول خدا صد نفر شرکت داشته‌اند. همهٔ پارسیان بسوی مدائن گریختند بی آنکه بچیزی باز نگرند، ویزدگرد پادشاه نیز آنجا بود. پس سعد مسلمین را در پی ایشان فرستاد و آنان را یك ماه و پانزده روز محاصره کرد، پس پارسیان گریزان بیرون رفتندومدائن گشوده شد وبقولی‌این فتح‌درسال ۱۶ بانجام‌رسید.

درهمین‌سال‌عمرنامه‌هاراتاریخ‌نهاد و می‌خواست تاریخ را از میلاد پیامبر خدا بنویسد، سپس گفت: از مبعث. پس علی‌بن ابیطالب بدو پیشنهاد کرد که تاریخ را از هجرت بنویسد، پس آن را از هجرت نوشت.

عتبة بن غزوان نزد عمر رهسپار گردید و مجاشع بن مسعود سلمی را در بصره و مغیرة بن شعبه را در لشکر جانشین گذاشت. پس چون عتبه رهسپار شد عجمهای میسان ونواحی دجله بفرماندهی «فیلکان» پیش‌تاختند. پس‌مغیرة بن‌شعبه دسته‌ای از مسلمین را برای نبرد با آنان فراهم ساخت و با ایشان رو براه نهاد تا در«میسان» باعجمها روبرو شد وآنان را شکست داد ومردم میسان را بزور، برده گرفت.[1] آنگاه مغیره مژدهٔ این فتح را به‌عمر بن خطاب نوشت. پس عمربه‌عتبه گفت: آیا مردم اعرابی بر مردم شهرنشین امیر شده‌اند[2]! و به‌مغیره نوشت که تو جانشین عتبة بن غزوان باش تا خود برسد. عتبه از نزد عمر بیرون رفت و چون

۱ ـ در همین جنگ مرغاب بود که زنان مسلمانان از روسریهای خود پرچمها ساختند و همدوش مردان خود قدم بمیدان کار زار نهادند و مشرکان با دیدن پرچمهای تازه چنان پنداشتند که مسلمین را مددی رسیده است و روبهزیمت نهادندو کار جنگ با پیروزی مسلمین بانجام رسید (کامل‌التواریخ ج۲ ص ۳۳۹). ۲ ـ عمر به‌عتبه گفت، چه‌کسی‌را بحکومت بصره گماشته‌ای؟ گفت: مجاشع‌بن مسعودرا. پس گفت .... (کامل‌ج ۲ ص۳۳۹).

میان مدینه وبصره رسید بدرود زندگی گفت. پس‌عمر به‌مغیره نوشت که اوخود والی بصره است و چون جنگ قادسیه پیش‌آمد مغیره به‌سعد پیوست وسپس بکار خود بازگشت و نزد زنی از بنی هلال که باو ام‌جمیل گفته می‌شد و زن حجاج ابن عتیك[1] ثقفی بود رفت وآمد می کرد. پس گروهی از مسلمین باو بدگمان شدند و ابوبکره ونافع بن حارث[2] و شبل بن معبد[3] و زیاد بن عبید مراقب او بودند تا بر اودرآمد وباد پرده را بلند کرد و ناگاه مغیره را روی اودیدند. پس نزد عمر برفت[4] وعمر آواز ابوبکره را شنید ومیان‌آندو پرده‌ای بود. پس گفت: ابوبکره؟ گفت: آری. گفت البته خبری خوش‌آورده‌ای؟ گفت: خبر خوش‌را مغیره آورده است. وسپس داستان را بدو بازگفت. پس عمر ابو موسی اشعری را بجای مغیره بحکومت فرستاد و او را فرمود که مغیره را به‌مدینه فرستد وچون براو درآمد میان او و گواهان جمع کرد وسه نفر گواهی دادند وزیاد پیش‌آمد، پس چون عمر او را دید گفت: چهرهٔ مردی را می‌نگرم که خدای بدست اومردی از اصحاب محمدرا رسوا نمی کند. وچون نزدیك آمد، گفت: ای که عقاب، نزد تو چیست؟ گفت: امری زشت دیدم و نفسی بلند شنیدم و پاهایی که پائین و بالا می‌رفت نگریستم لیکن آنچه را چون میل در سرمه‌دان باشد، ندیدم. پس عمر ابوبکره و نافع و شبل‌بن معبد را حد زد و ابوبکره بپاخاست و گفت: گواهی می‌دهم که مغیره زنا کار است. عمر خواست دوباره او را حد زند. پس علی بدو گفت: در این صورت‌مغیره سنگسار می‌شود. و عمر هر گاه مغیره را می‌دید می گفت: ای مغیره، من هر گز تو را ندیدم مگر آنکه ترسیدم که خدا مرا سنگباران کند.[5]

و در بصره از اصحاب پیامبر خدا شصت و هشت مرد می‌زیستند.

---

۱ ـ طبری: حجاج بن عبید. ۲ ـ طبری: نافع بن کلده. ۳ ـ طبری: بجلی.
۴ ـ ن: برفتند. ۵ ـ ر.ك. تاریخ طبری ج ۳ ص ۱۶۸ ـ ۱۷۰، الغدیر ج ۶ ص ۱۳۷ ـ ۱۴۴.

اکنون گفتار بداستان ابوعبیدة بن جراح و محاصره کردن او مردم بیت‌المقدس را بازگشت،چه ما هرقضیه‌ای را در سال آن و هنگام‌آن آورده‌ایم.[۱]

ابوعبیده به‌عمر نوشت تا او را از سرسختی و شکیبایی مردم ایلیاء آگاه کند و بعضی گفته‌اند که مردم ایلیا از او خواستند که خلیفه خود با آنان صلح کند. پس از ایشان عهدها و پیمانها گرفت و آنگاه به‌عمر نوشت. پس رهسپار شام گشت و عثمان بن عفان را در مدینه جانشین گذاشت و خالد را فرا خواند و از او دلجویی کرد و او را فرمود تا با گروهی برمقدمه باشد و این در رجب سال ۱۶[۲] بود، پس در جابیهٔ دمشق فرود آمد و سپس بسوی بیت المقدس رهسپار گردید و آن را با صلح گشود و برای ایشان صلحنامه‌ای نوشت: بنام خدای بخشایندهٔ مهربان، این‌نوشته‌ای است که عمربن خطاب آن را برای مردم بیت‌المقدس نوشته است، همانا شما از نظر خونها و مالها و کلیساهای خوددر امانید، نه کسی در آنها ساکن شود و نه ویران گردد مگر آنکه همگانی کاری تازه پدید آورید. و گواهانی برآن گرفت. عمروبن عاص شیرهٔ انگور نزد عمر آورد، پس گفت: این را چگونه می‌سازند؟ گفت: پخته می‌شود تا دو سوم آن برود و یك سوم آن بماند. پس گفت: بنظر من اشکالی ندارد.

مردم در صلح بیت المقدس اختلاف کرده‌اند؛ گفته‌اند که با یهود صلح کرد و گفته‌اند که بانصاری، وآنچه بر آن اجماع شده نصرانیان است. و بلال نزد عمر برخاست و گفت: ای امیرمؤمنان فرماندهان لشکرهای شام جز گوشت مرغ و نان پاکیزه نمی‌خورند و عموم مردم بآن دسترسی ندارند. پس عمر فرماندهان شام را گرفت تا خوراك مسلمین را بقرار هر روز برای هر مردی دو نان وآن مقدار سرکه و روغن (زیتون) که او را بکار آید، تعهد کردند؛ وعمر

---

۱ ـ ل: ص ۱۶۷. ۲ـ طبری: ج ۳ ص ۱۵۸: درسال ۱۷.

فرمود تا در آمدهای جنگی میان مردم بجز لخم و جذام یکسان بخش شود و گفت: کسی را که از راه دوربسوی [دشمنش] رهسپار شده است مانند کسی که از خانه‌اش بیرون آمده است قرار نمی‌دهم. پس مردی پیش او برخاست و گفت: اگر خدا هجرت را باختیار ما گذاشته است و ما از خانه‌های خودبسوی دشمن خویش بیرون آمده‌ایم، از بهرهٔ خود محروم می‌گردیم؟

عمر بازگشته رهسپار مدینه شد و بر مردمی گذشت که برای خراج شکنجه می‌شدند. پس عمر گفت: آنان را واگذارید وشکنجه ندهید چه من خود از پیامبر خدا شنیدم که می‌گفت: ان الذین یعذبون الناس فی‌الدنیا یعذ بهم - الله فی الآخرة یوم القیامة، «همانا کسانی که در دنیا مردم را شکنجه می‌دهند، خدای در آخرت و روز رستاخیز آنان را شکنجه می‌دهد.» پس نزد آنان فرستاد و آزادشان ساخت. جبلة بن ایهم نزد وی آمد و باو گفت: از من هم مانند عرب زکات می‌پذیری؟ گفت: بلکه باید جزیه دهی و گرنه نزد کسانی رو که بر کیش تو اند. پس با سی هزار از قوم خود بیرون رفت و بسرزمین روم پیوست و عمر بر آنچه در بارهٔ او انجام داد پشیمان شد.

عمر، عمرو بن عاص را گسیل داشت. پس باو گفت: ای امیرمؤمنان مرا اذن می‌دهی تا رهسپار مصر گردم؟ چه ما اگر آن را بگشاییم نیرویی برای مسلمین خواهد بود و ثروت مصر از همه سرزمینها بیشتر و در نبرد ازهمه زبونتر است. عمرو پیوسته ارزش مصر را در نظر عمر بزرگ می‌کرد و فتح آن را بر او آسان می‌نمود تا آنکه او را برچهار هزارنفر که همه از عک بودند فرماندهی داد و باو گفت: بزودی نوشته‌ام بتو می‌رسد، پس اگر پیش از آنکه بسرزمین مصر قدم نهی نوشته‌ام بتو رسید و در آن تو را فرمودم که از مصر صرف نظر کنی، پس بازگرد، لیکن اگر به مصر درآمدی و سپس نوشته‌ام بتو رسید، پس راه

خود را در پیش گیر و از خدا یاری بخواه .

عمرو باشتاب رهسپار شد وچون به رفح[۱] آخرین آبادی فلسطین رسید. فرستادهٔ عمر با نوشته‌ای رسید، پس نامه را باز نکرد و پیش رفت تا بقریه‌ای نزدیك عریش رسید و نامه را خواند و سپس پرسید : این قریه از کجا است ؟ گفتند : از مصر . گفت : پس امیرمؤمنان مرا فرموده است اگر پای من بزمین مصر رسیده باشد وآنگاه نامه‌اش بمن رسد راه خود را در پیش گیرم و از خدای یاری‌بخواهم. تاآنکه به‌فرما[۲] رسید ودرحدود سه‌ماه بااونبرد کردند. سپس خدای پیروزیش داد و پیش رفت تا آنکه به ام دُنَین[۳] رسید وبااو نبردی سخت کردند و فتحی بدست‌نیامد و به‌عمر نوشت و از وی کمك خواست. پس چهار هزار نفر فرستاد و باو نوشت که بر هر هزار مردی، مردی گماشته است که بجای هزار مرد است، ازجمله زبیربن عوّام و مقداد بن اسود و عبادة بن صامت وخارجة بن حذافه و بقولی مسلمة بن‌مخلد. پس نبردی سخت کردند، سپس زبیر گفت : من جان خودرا براه خدا می‌دهم وامیدوارم که خدا مسلمین را فاتح کند، پس شبانه نردبان را در کنار قلعه نهاد وسپس بهمراه گروهی بدرون قلعه ریختند ومسلمین تکبیر گفتند. پس چون جنگ بسختی کشید خواستار صلح شدند، بعضی گفته‌اند که مقوقس با عمروبن عاص بقرار پرداختن دو دینار برای هر مردی صلح کرد و بقولی صلحی نبود و بزور گشوده شد .

سپس عمرو پیش رفت تا به‌اسکندریه رسید ولشکریان روم در آنجا بودند و دارای سه قلعه‌بود. پس باعمرو نبردی سخت کردند وسه ماه جنگ میان‌آنان ادامه داشت و مقوقس از عمرو خواسته بود که با او صلح کند بدین ترتیب که

۱- بفتح اول و دوم، شهری درراه مصر بفاصلهٔ دو روز راه از عسقلان‌که اکنون ویران است (مراصدالاطلاع). ۲- بفتح اول ودوم ، شهری قدیمی و ویران میان عریش وفسطاط (مراصد ـ الاطلاع) . ۳ ـ جایی یا دهی درمصر میان قاهره و نیل (مراصد) .

از اسکندریه صرف نظر نماید و هر کس از اینان را که بخواهد بکشور روم رود آزاد گذارد و هر کس بماند دو دینار خراج گذار باشد. عمرو پیشنهاد او را پذیرفت لیکن چون خبر به‌هرقل‌پادشاه روم رسید در خشم شد. . . . . پس مقوقس گفت: من‌خیر ومصلحت رومیان را خواستم و آنان مرا خیانتکار شمردند اکنون آنچه را از من پذیرفتی از ایشان میپذیر.

عمر در سال ۱۷ رهسپار مکـه شد و عمرهٔ رجب را بجای آورد و مقام را وسعت داد و از خانه دور ساخت وحجر را نیز وسعت داد و مسجدالحرام را تعمیر کرد وبر وسعت آن افزود و از مردمی خانه‌های ایشان را خرید و دیگران زیر بار نرفتند، پس خانه‌هاشان را خراب کرد و بهای آنها را در بیت المال نهـاد. از جمله خانهٔ عباس بن عبدالمطلب را خراب کـرد، پس گفت: خانه‌ام را خراب می کنی؟ گفت: برای آنکه بدینوسیله مسجدالحرام را وسعت دهم. عباس گفت از پیامبر خدا شنیدم که می‌فرمود: ان‌الله امر داود ان یبنی له بیتا بایلیاء‌فبناه ببیت‌المقدس و کان کلماارتفع‌البناء سقط، فقال‌داود: یارب انك امرتنی‌ان أبنی‌لك بیتا وانی کلما بنیت سقط البناء. فاوحی الله الیه: انی‌لااقبل الاالطیب و انك بنیت لی‌فی غصب. فنظر داود فاذا قطعة ارض لم یکن شراها فابتاعها من صاحبها بحکمه ثم بنی فتم البناء، «خدا داود را فرمود تا برای او در ایلیا خانه‌ای بسازد پس آن را در بیت‌المقدس بنا نهاد و هر گاه بنای خانه بالا می‌رفت فرو می‌ریخت؛ پس داود گفت: پروردگارا، تو مرا فرموده‌ای که برایت خانه‌ای بسازم و من هرچه می‌سازم بنا فرو می‌ریزد. پس خدا بدو وحی کرد که من جز پاکیزه را نمی پذیرم و تو برای من در زمین غصبی خانه می‌سازی. پس داود نگریست و دانست که یك قطعه زمین‌را نخریده است، پس آن را از مالکش بهرچه گفت خرید و و سپس‌خانه را ساخت و بنای آن بانجام رسید.»

عمر گفت که گواهی می‌دهد که این سخن را از پیامبر شنیده است؟

پس مردمی برخاستند و گواهی دادند. گفت : پس ای ابوالفضل هرچه خواهی بفرما تاانجام دهیم و گرنه دست برمی‌داریم.

گفت : من هم برای خدا آن را واگذار کردم[۱].

عمر پس از بیست‌روز بازگشت وعباس همراه او می‌رفت وبراسب سرکشی سواربود، پس عمر از او پیش افتاد وسپس برای او ایستاد تاعباس بدو رسید، پس گفت: از تو پیش رفتم و کسی را نمی‌رسد که بر شما گروه بنی هاشم پیش‌رود، مردمی [....] در شما ضعفی است . گفت: خدا ما را دیده است که بر پیامبری نیرومند و از خلافت ناتوانیم .

سپس بقصد شام بیرون رفت تا به سرغ رسید وآنجا خبر یافت که طاعون بسیاراست، پس بازگشت وفرماندهان شام بحضور وی رسیدند و ابوعبیدة‌بن‌جراح سخت بتندی با او سخن راند و گفت: آیا از حکم خدا می گریزی؟ گفت : بلی از حکم خدا بحکم خدا می گریزم .

و در این سال عمر ام کلثوم دختر علی بن ابیطالب را که مادرش فاطمه دختر پیامبر خدا بود از علی‌بن ابیطالب خواستگاری کرد. پس علی گفت که‌او هنوز کودك است. عمر گفت: آنچه را پنداشتی نخواستم ، لیکن خود از پیامبر خدا شنیدم که فرمود : کل سبب و نسب ینقطع یوم القیامة الاسببی و نسبی و صهری، «هربستگی و خویشاوندی در روز رستاخیز بریده می‌شود جز بستگی و خویشی و دامادی من .»

پس خواستم که مرا بستگی و دامادی با پیامبر خدا باشد. پس او را بزنی گرفت و ده‌هزار دینار بدو مهر داد. و در این سال مسلمین در کوفه فرود آمدند وزمینهایی برای خویش برگزیدند وخانه‌ها درآن ساختند و بقولی آن در آغاز

۱ـ صورتهای مختلف روایت را در ج ۶ الغدیر ص ۲۶۲ ـ ۲۶۶ بنگرید.

سال ۱۸ بود وهشتاد مرد ازصحابهٔ پیامبر خدا در کوفه فرود آمدند.

مردم‌درسال‌رماده که‌همان [سال] ۱۸است بخشکسالی وقحطی و گرسنگی سختی گرفتار شدند. پس عمر برای نماز باران بیرون رفت ومردم را بیرون برد و دست عباس‌بن عبدالمطلب را گرفت و گفت: «خدایا ما بعموی پیامبرت نزد تو تقرب می‌جوییم؛ خدایا گمان مردم‌را دربارهٔ پیامبرت بی‌ثمر مگردان.» پس‌مردم شاداب‌شدند.

عمر دراین‌سال جیرهٔ خانواده‌های گروهی‌ازمسلمین‌را مقررداشت و فرمود تا جیره وشیر کودکان سرراهی از بیت‌المال تأمین شود.

ودر این‌سال عمر «امیرالمؤمنین» نامیده شدوپیش ازآن‌خلیفهٔ خلیفهٔ‌رسول خدا[1] گفته می‌شد وابوموسی اشعری باو نوشت: ببندهٔ خدا عمر امیرالمؤمنین. و چنین معمول شد. وبقولی مغیرةبن شعبه براو درآمد و گفت: السلام‌علیك یا امیرالمؤمنین. پس‌عمر گفت: بایدازعهدهٔ آنچه گفتی برون آیی. گفت: مگرما مسلمانان‌نیستیم؟ گفت: چرا. گفت: وتوهم‌امیرمایی. گفت:بخداهمین طوراست.

ابوعبیدةبن جراح، عیاض‌بن غنم فهری را بجزیره فرستاده بود واو پیوسته آنان را محاصره‌داشت وسپس رقه وسروج[2] و رها و نصیبین و دیگر شهرهای جزیره را گشود وهمگی باصلح انجام گرفت و برآنها خراج نهاد، هم برزمینها وهم برمردان بقرارهرنفری چهار یاپنج یاشش دینار، واین درسال ۱۸ بود، پس نزد ابوعبیده بازگشت.

طاعون درشام فراوان گشت واین همان طاعون عمواس[3] بود. پس‌ابوعبیدة

۱ـ ن: خلیفهٔ رسول خدا. ۲ـ شهری نزدیك حران (مراصد). ۳ـزمخشری‌آن رابکسراول‌ودوم وجزاوبفتح‌اول و دوم‌گفته‌اند، ناحیه‌ای‌ازفلسطین نزدیك بیت المقدس که در قدیم عمواس مرکزآن بوده است و شش میل تا بیت‌المقدس فاصله دارد و ابتدای طاعون زمان عمر از آنجا بوده است (مراصد الاطلاع).

ابن‌جراح‌در گذشت وعیاض‌بن غنم فهری را برحمص و آنچه ازقنسرین بدان وابسته بود، ومعاذبن جبل را برادردن بجانشینی خود گماشت. معاذبن جبل چند روزی بیش نماند و بدرود زندگی گفت و یزید بن ابی‌سفیان وشرحبیل‌بن‌حسنه نیزبمردند. پس عمر معاویه را بجای یزید نهاد. و در آن سال در طاعون عمواس بیست وپنج‌هزار بجز آنانکه بشمار نیامدند، مردند ونرخ گران شد ومردم دست باحتکار زدند، پس‌عمر از احتکار جلو گرفت.

ودر این سال فضل‌بن عباس‌بن عبدالمطلب در فلسطین وفات کرد و فلسطین فتح شده بود مگر قیساریه که معاویةبن ابی‌سفیان دست بکار فتح آن بود و در سال ۱۸ آن را گشود بااینکه بقولی هشتاد هزار مرد جنگی درآن بود، و دو مرد از جذام برای بشارت نزدعمر فرستاد، سپس مردی از خثعم بنام زهیر در پی آن‌دو گسیل داشت وباو گفت: اگر بتوانی از دومرد جذامی پیش روی چنان کن. پس خثعمی برآن دو که خوابیده بودند گذشت و برایشان پیشی گرفت و شبانه به‌مدینه درآمد و نزدعمر رفت و اورا خبر داد. پس تکبیر گفت وخدا را ستود، سپس بسوی مسجد رفت و فرمود آتشی آوردند آنگاه خدا را ستود وفتح قیساریه را به‌آنان اعلام نمود.

سعدبن ابی‌وقاص‌پس‌از سه‌سال اقامت، از مدائن به‌عمر نامه‌ای نوشت و او راازفراهم آمدن پارسیان درجلولا که قریه است از قرای سواد نزدیک حلوان آگاه ساخت و باو نوشت که با همراهان خویش نبرد با ایشان را آماده شود و عبدالله‌بن مسعود را فرستاد ودرمدائن بجای سعد نهاد وبقولی سلمان را فرماندار مدائن کرد وابن مسعود بآنان درس فقه و علم دین می‌آموخت. پس جنگ جلولا درسال۱۹[1] بانجام‌رسید، پس‌پیوسته باآنان‌نبردمی‌کرد تاخدای‌فتح‌رابردست

۱ ـ طبری ج ۳ص ۱۳۳ ؛ سال ۱۶، فتوح‌البلدان ص ۲۶۵، آخر سال ۱۶.

۳۸ تاریخ یعقوبی

وی بانجام رسانید واز پارسیان بسیاری کشته شدند و یزدگرد همراه کسانی که با او مانده بودند گریخت و به اصفهان رفت، سپس رهسپار ناحیه‌ای گردید وحاکم طبرستان نزد وی آمد و محفوظ بودن شهر های خود را بدو گزارش داد لیکن خسرو پیشنهاد وی را نپذیرفت ورهسپارمرو گردید[۱] وهزار افسر از افسرانش و هزارقهرمان و هزار نوازنده بهمراه داشت. پس با نیزك طرخان مکاتبه کرد و چون با گرزی براو حمله برد[۲] روبگریز نهاد تا بآسیایی درآمدواورا دریافتند و در آسیا بکشتند. پس افسران او به بلخ و نوازندگانش به هرات و قهرمانانش بدمرو افتادند[۳].

ولشکریان پارس پراکنده شدندوخدای پادشاهی آنان را ببرد وجمعشان را پراکنده ساخت، پس سعدبه کوفه بازگشت وجای مسجد وکاخ فرمانداری آن را برگزید، آنگاه اشعث جبانهٔ کنده[۴] را نشاندارساخت وکندیان پیرامون او زمین گرفتندویزیدبن عبدالله ناحیهٔ بیابان را برگزید وبجیله[۵] درپیرامون اوجای گرفتند.

۱ ـ طبری ج۳ ص۲۴۴.   ۲ ـ هنگامی که خسرو بحدود مرورسید ماهویه مرزبان مرو با تعظیم وتکریم ازاو استقبال کرد ونیزك طرخان براودرآمد وموردنوازش خسرو قرارگرفت ویکماه نزداو بماند و سپس رفت و نامه‌ای بخسرو نوشت و دخترش را خواستگاری کرد، یزدجرد براو خشم گرفت وگفت باو بنویسید که تو بنده‌ای از بندگان منی پس چه چیز تورا برخواستگاری دخترم گستاخ کرده است. ر.ك. فتوح البلدان ص ۳۱۲.   ۳ ـ ایران قدیم ص ۲۰۱ : آخرین پادشاه ساسانی بعداز شکست نهاوند ازری به اصفهان و از آنجا به کرمان و بعد به بلخ و مرو رفت، پس از آن سفیری به چین فرستاده ازفغفور کمك طلبید؛ دولت چین بواسطهٔ دور بودن ازایران خواهش اورا نپذیرفت؛ بعد یزدگرد باخاقان ترکها مذاکره کرد در ابتدا او راضی شد به یزدگرد کمك کند ولی بعد بواسطهٔ نارضامندی از رفتار او امتناع ورزید، پس ازآن یزدگرد از سوء نیت ماهوی مرزبان مرو نسبت بخود مطلع شده فرار کرد و در نزدیکی مرو به آسیابانی (که فردوسی اورا خسرو نامیده) پناه برد تاشب را در آنجا بگذراند و او یزدگرد را بطمع لباس فاخر و جواهرش کشت. بروایتی او را در پارس دفن کردند.   ۴ ـ جبانه بفتح و تشدید بمعنی بیابان و گورستان و چند محله در کوفه است ، از جمله :جبانهٔ کنده، جبانهٔ سبیع، جبانهٔ میمون، جبانهٔ عرزم، جبانهٔ سالم وجز اینها که همه درکوفه است (مراصدالاطلاع).   ۵ ـ ل ، ب : بجله .

عمر در بارهٔ سواد کوفه با اصحاب رسول خدا مشورت کرد و بعضی از ایشان گفتند : آن را در میان ما بخش کن، پس با علی مشورت کرد و گفت : ان قسمتها الیوم لم یکن لمن یجیٔ بعدناشیٔ ولکن تقرّها فیایدیهم یعملونها فتکون لناولمن بعدنا، «اگر امروز آن را بخش کنی برای کسانی که پس ازما باشند چیزی‌نخواهد بود ، لیکن آن را بدست ایشان می‌سپاری تا در آن کار کنند وبرای ما و آیندگان هر دو باشد.» پس عمر گفت: خدایت براین عقیده توفیق دهد.[1]

عمر عثمان‌بن حنیف وحذیفة‌بن یمان را فرستاد تا سواد را مساحی کردند وآنان را فرمود که برهیچکس بیش‌از توانایی او بار نکنند. پس خراج سواد به هشتاد هزار هزار درهم رسید وبرای عثمان‌بن حنیف روزی پنج‌درهم و یك انبان آرد معین کرد واورافرمود که نه‌پشته‌ای ونیزاری وباتلاقی ونه‌جایی را که آب بدان نمی‌رسد، مساحی نکند ونیز دستور داد که با ذراع سیاه مساحی کند وآن یك‌ذراع و یك قبضه است وشست خودرا اندکی بالای قبضه راست نگهداشت. پس عثمان هرچیزی را که از دامن کوه حلوان تا زمین عرب که پائین فرات است، مساحی کرد وآنگاه به‌عمر نوشت که من زمینهای آباد وبایری را که آب بآنها می‌رسد چه‌مالك آن‌را کشت کرده یا نه [......][2] درهمی وقفیزی[3] وبرتاکستان‌ده درهم‌وبریونجه‌پنج‌درهم،خراج‌نهاد وبرخودایشان بردارا چهل‌وهشت،وبر[آنکه] پائینتر بودبیست‌وچهار،وبرنادار دوازده‌درهم‌نهادو گفت درهمی‌درماه‌مردی رانادار نمی‌کند. پس‌ازخراج سواد درنخستین سال‌هشتاد هزارهزار درهم ودرسال آینده صدوبیست هزارهزار درهم بدست‌آمد، و دهگانان نزد عثمان بن حنیف آمدند و

---

۱ ـ ر. ك . فتوح البلدان ص ۲۶۶ . ۲ ـ سی‌و شش هزار هزار جریب یافتم پس بر هر جریبی. ر.ك. فتوح البلدان ص ۲۶۸. ۳ ـ قفیز، پیمانه‌ای‌است باندازهٔ هشت مکوك وهر مکوکی یك‌صاع ونیم (قاموس).

راجع بتاکستان گفتند که [در]نزدیکی مصر خوشه‌ای ازآن به‌درهمی‌فروخته می‌شود. پس قضیه را به‌عمربن خطاب گزارش داد و عمر باو نوشت که باندازهٔ دو جا از این بردارد و بر آن بنهد . و عمر از اهل هر صنعتی بقیمت آنچه باید می‌پرداختند از صنعت خودشان جزیه را می گرفت و علی نیز چنین‌می کرد. عمر به‌ابوموسی نوشت که همان خراجی را که عثمان‌بن حنیف برزمین کوفه نهاده است، اونیز براهل بصره بنهدوبه‌عثمان‌بن حنیف نوشت که بخششهای اهل‌مدینه را بسوی‌ایشان بفرست، چه‌اینان شرکای آنانند. پس از بیست‌میلیون‌تاسی‌میلیون می‌فرستاد و عمر دفترها را ترتیب داد و بخشش را درسال ۲۰ مقرر داشت و گفت: مالها فراوان‌شده‌است. پس [باو] پیشنهاد شد که دفتری ترتیب دهد.[1]

پس عقیل‌بن ابی‌طالب و مخرمة‌بن‌نوفل و جبیر بن مطعم‌بن‌نوفل‌بن عبدمناف را فرا خواند و گفت: مردم را بترتیب مراتب ایشان بنویسید و از بنی عبد مناف آغاز کنید. پس نخستین کس علی‌بن ابیطالب را نوشت در پنج هزار[2]، و حسن‌بن علی‌رادرسه‌هزار، وحسین‌بن علی‌را درسه‌هزار؛ وبقولی به‌عباس‌بن عبدالمطلب آغاز کرد در سه هزار، وهر که از انصار در بدر حاضر بوده است در چهار هزار ، و برای اهل مکه از بزرگان قریش مانند ابوسفیان بن حرب و معاویة بن ابی ـ سفیان در پنج هزار ، و سپس آنان از قریش که در بدر نبوده‌اند بترتیب مراتب ایشان ؛ و برای امهات مؤمنین (زنان پیامبر) شش هزار شش هزار، وبرای عایشه و[ام] حبیبه و حفصه در دوازده هزار، و برای صفیه و جویریه در پنج هزار پنج هزار، وبرای خودش درچهار هزار، وبرای پسرش عبدالله‌بن عمر در پنج هزار ، ودر مردم مکه آنان که هجرت نکرده‌اند در ششصد وهفتصد ، وبرای مردم یمن

۱ ـ ر.ك. فتوح البلدان ص ۴۳۵ـ۴۴۷.

۲ ـ پنج هزار درهم در سال ،و همچنین در بقیه.ر.ك. فتوح البلدان ص ۴۳۷.

۴۱ دوران عمر بن خطاب

درچهارصد، وبرای مضر در سیصد، وبرای ربیعه در دویست مقرر داشت.

ونخستین مالی که آن را بخشید، مالی بود که ابوهریره آن را از بحرین آورد ومبلغ‌هفتصد هزار درهم‌بود.[1] گفت: مردم‌رابرحسب مراتب ایشان بنویسید و بنی‌عبدمناف را نوشتند، سپس ابوبکر و بستگانش را، و سپس عمربن خطاب و بستگانش را چون خلیفه بود. پس چون عمر نگریست، گفت: دوست داشتم که درخویشاوندی باپیامبر خدا چنین بودم لیکن برسول خدا آغاز کنید وسپس نزدیکتر پس نزدیکتر باو تاعمررا همانجا که خدایش نهاده بنهید. و برای زنان هجرت کننده و جز آنان برحسب مراتب ایشان مقرر داشت و مقرری او برای ایشان در دوهزار و دو هزار وپانصد بود، وبرای اسماء دختر عمیس، وام کلثوم[2] دختر عقبةبن‌ابی معیط و خوله‌دخترحکیم‌بن اوقص[3] زن عثمان بن مظعون در دوهزارمقرر داشت، وبرای ام عبد[4] درهزاروپانصدنوشت، وبرای‌بزرگان‌عجمی‌نیز مقرر کرد، وبرای فیروزبن یزدجرد دهگان نهر ملك[5] ونخیر خان[6]، وبرای‌خالد وبرای جمیل پسران بصبهری دهگان فلوجه، و برای هرمزان وبرای بسطام پسر

---

۱ ـ مقریزی ج ۱ ص ۹۲ (بنقل جرجی زیدان در تاریخ تمدن ج ۲ ص ۱۴) ؛ پانصدهزار درهم.

۲ ـ خواهر ولیدبن عقبه وخواهر مادری عثمان بن عفان که‌پس از هجرت به‌مدینه زیدبن حارثه او را گرفت وپس‌از شهادت زیددرمؤته بعقد زبیربن عوام درآمد و از او دختری بنام زینب داشت و سپس که زبیر طلاقش داد بازدواج عبدالرحمن بن عوف درآمد و چند فرزند از او آورد وچون عبدالرحمن‌بمرد عمروبن‌عاص با او ازدواج کرد وپس از یکماه درگذشت. گوید، از پیامبر خدا شنیدم که می‌فرمود، لیس بالکاذب من اصلح بین‌الناس. (اسدالغابه ج ۵ ص ۶۱۴).

۳ـ دخترحکیم بن‌امیةبن حارثةبن اوقص. گوید، ازپیامبرخدا شنیدم‌که گفت؛ هرکس درمنزلی‌فرود آید وبگوید، اعوذ بکلمات الله التامـات من شر ماخلق. چیزی او را زیان نرساند تا از آن منزل کوچ‌کند (اسدالغابه ج ۵ ص ۴۴۴).

۴ـمادر عبدالله بن مسعود صحابی. ر ك. اسد الغابه ج ۵ ص ۶۰۰.

۵ ـ نهرملك ، شهرستانی است وسیع از نواحی بغداد پائینتر از نهر عیسی که گفته‌اند دارای سیصد و شصت‌قریه است (مراصد الاطلاع).

۶ ـ فتوح البلدان ص ۴۴۴ ؛ و برای پسرنخیرخان.

نرسی دهگان بابل[1] و جُفینهٔ‌عبادی دردوهزاردوهزار، و گفت: گروهی‌بزرگوارند ودوست داشتم که دیگران رابوسیلهٔ ایشان دلجویی کنم. عمر در واپسین سالهای خود گفت : من بآنچه می کردم و برخی را بردیگران برتری می‌دادم در مقام دلجویی مردم بودم واگر امسال زنده بمانم مردم را برابر خواهم نهاد و چنانکه پیامبرخدا وابوبکر کردندسرخی‌را برسیاهی‌وعربی‌رابرعجمی برتری‌نخواهم داد.

ودراین سال‌استانهارا معین کرد وگفت‌استانها هفت‌است، پس مدینه‌استانی است‌وشام استانی‌وجزیره‌استانی و کوفه‌استانی وبصره استانی [.....][2] و سپاهان را ترتیب داد، پس‌فلسطین‌راسپاهی‌وجزیره را سپاهی وموصل را سپاهی وقنسرین را سپاهی گردانید، و دراین‌سال عمروبن‌عاص اسکندریه ودیگربلاد مصررا گشود و چهارده هزار هزار دینار از خراج سرانهٔ آنها از قرار هرنفری یك‌دینار ، و خراج غلّات ایشان از هرصد اردبی[3] دو اردب، فراهم آورد و کارمندان هرقل را بیرون کرد، وهرقل پادشاه روم بمرد و آن بر سستی و زبونی ایشان افزود ، و وچون عمروبن عاص اسکندریه‌را گشود، معاویةبن حدیج کندی را نزد عمر بن خطاب‌فرستاد. پس معاویه بدو گفت: نامه‌ای با من بنویس. گفت: بابودن تو چه نیازی‌بنامه‌دارم؟ آنچه دیده‌ای بدو بازگوی و پیام مرا بوی برسان. پس چون نزد عمر رسید و پیشامد را بدو گزارش داد بسجده افتاد . عمر به‌عمروبن عاص نوشت که خوار وباری باندازهٔ کفایت عموم مسلمانان از راه دریا به‌مدینه حمل کند تا آن را به بندر جار[4] برساند پس خوار و باری به‌قلزم حمل کرد، سپس

---

۱ ـ فتوح ، و خطرنیه ، وبرای رفیل دهگان عال (استان عال عبارت است‌از طسوجهای انبار ، و بادوریا و قطربل و مسکن ، چون در بالاهای سواد است ـ مراصدالاطلاع).
۲ـ ومصر و موصل (تاریخ الخلفا ۱۳۷) . ۳ ـ اردب بکسر همزه و سکون راء و فتح دال و تشدید ب ، پیمانه‌ای است باندازهٔ ۲۴ صاع‌که هرصاعی چهار مد است . ۴ ـ شهری در ساحل دریای قلزم که میان آن و مدینه روزی و شبی، و تا ایله در حدود ده منزل، وتا بندر جحفه در حدود سه منزل راه‌است(مراصدالاطلاع) .

آن را از راه دریا در بیست کشتی که هریك سه هزار اردب و کمتر و بیشتر بار شده بـود فرستاد تا به جار رسید و عمـر از رسیدن آن خبر یافت پس بهمـراه بزرگان اصحاب پیامبر خدا بیرون آمد تا وارد جار شد و کشتیها را نگریست سپس کسی را وکالت داد که آن خواروبار را تحویل گیرد و در آنجا دو کاخ بنا نهاد وآن خواروبار را درآن دو انبار کرد ، سپس زیدبن ثابت را فرمود که مردم را برحسب مراتب ایشان بنویسد و او را فرمود کـه برای ایشان چکهایی از کاغذ بنویسد و پائین آنها را مهر کند ، پس عمر نخستین کس بـود که چك داد وپائین چکها را مهر کرد .

اکنون گفتار به‌سعدبن ابی وقاص بازگشت[۱] [سعد بن ابی وقاص برگشت] به کوفه‌وآنجا اقامت گزید ونقشه‌ها را طرح کرد و خانه‌ها و محله‌ها را ساخت. سپس اهل کوفه از سعد شکایت کردند و گفتند: نماز را درست بلد نیست. پس عمراورااز کارایشان‌برکنار کردوسعدبرآنان‌نفرین کرد که‌خدای عزوجل‌ایشان‌را ازامیری‌خوشنود وامیری‌را ازایشان خشنودنگرداند. عمر بجای‌سعدبن ابی‌وقاص عماربن یاسر را بفرمانداری گماشت ..... سپس مردم کوفه نزداوآمدند وپرسید کـه عماربن یا سر فرماندار خـود را چگونه گذاشتید؟ گفتند: مسلمانی است ضعیف . پس او را برکنار کـرد و جبیربن مطعم را فرستاد، لیکن مغیرةبن شعبه او را فریب داد و از او خبری نزد عمر بـرد و باو گفت: ای امیرمؤمنان مرا به فرمانداری برگزین. گفت: تومردی فاسقی. گفت: از فسق من چه زیانی داری؟ کاردانی و نیرومندی من برای تو وفسق من برخودم. پس او را فرماندار کـوفه ساخت و سپس رفتار او را از مردم کوفه پرسید ، گفتند : تو خود باو و فسق او داناتری. پس گفت: از شما مـردم کوفه چه کشیدم ، اگر مسلمانی پرهیز کار

---

۲ ــ ل ، ص ۱۷۷.

را بفرمانداری شما فرستم گویید: او ناتوان است. واگر گنهکاری را بر شما امیر سازم، گویید: او فاسق است. پس بقولی سعدبن ابی‌وقاص را باز گردانید.

ودر این سال یعنی سال ۲۰، میسرة‌بن مسروق عبسی را بزمین روم فرستادو نخستین لشکری که بخاك روم‌درآمد لشکر میسره‌بود[1] ونیز حبیب‌بن‌مسلمهٔ فهری رابجنگ رومیان فرستاد وبرای‌وی‌مدتی‌تعیین کرد، پس وقت او سپری شد و عمر سخت غمناك شد تا حبیب رسید و بدو گفت: چه چیز باعث شد که از وقتی که برای تو تعیین کرده‌بودم دیرتر رسیدی؟ گفت: مردی از مسلمین بیمار شد وچند روزی برسر او بماندیم تا حکم خدا بانجام رسید.

عمر دیگر پس از حبیب بسرزمین روم لشکر کشی نکرد وبس‌نبردبا روم را نمی‌خواست.هر گاه سخن از روم بمیان‌می‌آمد،می‌گفت: بخدا قسم دوست دارم که درب در میان ما وایشان آتشی افروخته باشد، این سوی آن برای ما وآن سوی آن برای آنان.

وعمر علقمة‌بن‌مجزز مدلجی را بابیست کشتی یادراین‌حدود[2] فرستاد،پس همگی تلف شدند وسوگند خورد که دیگرهرگز کسی را در کشتی گسیل‌ندارد.

و دراین سال زمین لرزه‌هایی بود که مانندآن دیده نشده‌بود. ودرسال ۲۱ نهاوند گشوده شد[3] وفرمانده لشکر نعمان‌بن مقرن مزنی‌بود وعجمها ازری وقومس و اصفهان و چندین شهر دیگر فراهم آمده بودند تا به‌نهاوند رسیدند و گفتند: راستی کشور ما را از دست ما می‌ربایند و در خانهٔ خود گرفتار زبونی شده‌ایم. پس عمر نعمان را بالشکری فرستاد تابه‌نهاوندرسید ودید که عجمها کسی‌را بنام دو ابرو[4] بفرماندهی خود بر گزیده‌اند. پس نبردی سخت کردند و نعمان بن مقرن

---

۱ ـ یا لشکر ابوبحریهٔ کندی عبدالله بن قیس. ر.ك. تاریخ طبری ج۳ ص ۲۰۲.
۲ ـ طبری ص۲۰۲: به‌حبشه.   ۳ـ ر.ك. طبری ج ۳ ص۲۰۲، وفتوح‌البلدان‌ص۳۰۰ـ۳۰۴.
۴ ـ طبری: ذوالحاجب.

کشته شد وسپس خدای عجمها را درهم شکست ونهاوند گشوده شد.

در جنگ نهاوند عمربن خطاب روی‌منبررسول‌خدا سخن می گفت و هنگام سخنرانی ناگاه گفت: ای ساریه، کوه، کوه. وساریه در نهاوند بود. روزی که ساریه از نهاوند باز آمد گفت: دشمن ما را فرا گرفت. پس آواز تو را ای امیرمؤمنان شنیدیم که می گویی: ای ساریه، کوه، کوه. پس خود را بطرف کوه کشیدیم وسلامت ماندیم.[1]

عمروبن عاص برقه را گشود[2] وباآنان برسیزده هزار دینار صلح کرد بدان شرط که دراین سال بابت جزیه‌شان هرکس از فرزندان خود را بخواهند بفروشند. سپس رهسپار شد تا به‌طرابلس‌افریقا رسید و آنجا را گشود[3] و به‌عمر نوشت و اجازه خواست تابقسمتهای دیگر افریقا لشکرکشی کند. پس بدونوشت که آنها پراکنده است وتا زنده باشم هیچکس بدانها لشکرکشی نخواهد کرد.

بسربن [ابی] ارطاة را فرستاد تابامردم ودّان[4] و مردم فزّان[5] صلح کرد.

عقبة بن نافع فهری را که برادر مادری عاص‌بن وائل سهمی بود، بزمین نوبه فرستاد و مسلمانان از نوبیان بنبردی سخت گرفتار آمدند[6] و چون‌مسلمین از سرزمین نوبه بازآمدند شهر جیزه[7] را خط‌کشی کردند و عمروبن عاص آن‌را به‌عمربن‌خطاب نوشت پس عمر بدو نوشت: میان من و خود آبی را قرار مده ودر جایی فرودآیید که هرگاه خواستم برشترم سوار شوم و نزد شماآیم، بتوانم.

در سال ۲۲ آذربایجان گشوده شد وامیر مردم مغیرةبن شعبه و بقولی هاشم‌بن‌عتبةبن ابی‌وقاص بود.[8]

۱ـ ل، ص۱۷۹. ۲ـ فتوح‌البلدان ص۲۲۵. ۳ـ فتوح البلدان ص ۲۲۷.
۴ـ شهری در جنوب آفریقا که میان‌آن وزویله ده‌روز راه است (مراصد). ۵ـ ولایتی وسیع میان فیوم وطرابلس غرب (مراصد). ۶ـ فتوح‌البلدان ص۲۳۸. ۷ـ شهرکی درغرب فسطاط (مراصد). ۸ـ فتوح‌البلدان ص ۳۲۱.

ابوموسی اشعری در سال ۲۳ شهرستان اهواز و اصطخر را گشود و عمر باو نوشت که مانند زمینهای عراق بر آنها خراج نهد. پس چنان کرد.[۱]

ودر این سال عبدالله بن‌بدیل‌بن ورقاء خزاعی همدان[۲] و اصفهان[۳] را گشود

وقرظة‌بن کعب انصاری،ری را[۴]

ومعاویة بن ابی‌سفیان، عسقلان را.

عمر خالد بن‌ولید را فرمانداری رُهاوحَرّان ورقّه و تل مَوْزَن[۵] و آمِد داد پس یکسال آنجا بماند سپس مستعفی شد و استعفای او را پذیرفت و خالد به‌مدینه‌آمد وچند روزی‌آنجا اقامت گزید وسپس خالد درمدینه بدرود زندگی گفت. بقول واقدی خالدبن ولید در حمص در گذشت و به‌عمر وصیت کرد وچون خبرمرگش به‌عمر رسید ، حفصه و خاندان عمر بر او گریستند و گریهٔ ایشان بر او بسیارشد. پس عمر گفت: این زنان را سزاوار است که بر ابو سلیمان گریه کنند و خود در مرگ او بی‌تابی کرد .

حبیب‌بن مسلمهٔ‌فهری‌را به‌ارمنستان گسیل داشت وسپس سلمان را بکومك وی‌فرستاد لیکن سلمان جزپس از کشته شدن‌عمر به‌حبیب نرسید .[۶]

عمر در این سال زنان پیامبر را اذن حج داد و همراه ایشان بحج رفت . کسی گفته است که زنان پیامبر خدا را در سال ۲۳ در میان هودج دیدم که روپوشهای کبود برتن داشتند و عبدالرحمن بن‌عوف پیشاپیش آنان و عثمان بن عفان در پشت سر می‌رفتند و کسی را نمی گذاشتند که نزدیك ایشان رود.

عمر نیمی ازدارایی گروهی از کارمندان خود را مصادره کرد که سعد[۷] بن ابی وقاص فرماندار کوفه و عمروبن عاص فرمانـدار مصر و ابو هریره فرماندار

۱ـ فتوح‌البدان ص۳۷۰. ۲ ـ فتوح ص ۳۰۶. ۳ ـ فتوح ص ۳۰۸.
۴ ـ فتوح‌ص۳۱۲. ۵ ـ شهری میان رأس عین وسروج که میان آن و رأس عین درحدود ده میل راه است (مراصدالاطلاع) . ۶ ـفتوح‌البلدان ص۲۰۰. ۷ـ ل، ن : سعید.

بحرین و نعمان بـن عدی بن حرثان فرمـاندار میسان ونافع بن عمرو خـزاعی [کارمنداو] در مکه ویعلی بن منیه فرماندار یمن را از آنـان شمرده‌اند[۱].

ابوبکره ازاین مصادره امتناع ورزید و گفت بخدا سوگند اگراین مال مال خدا باشد پس‌تورا روانیست که بعضی را بگیری و بعضی‌را رها کنی، و اگرمال ماست تو را نرسد کـه آن را بگیـری . پس عمر بـدو گفت : یـا مؤمنی هستی کـه خیانت‌نمی‌ورزی، یا منافقی که دروغ پرداز است . گفت مؤمنی هستم که خیانت نمی‌ورزم.

گروهی از قریش از عمر اذن بیرون رفتن بجهاد خواستند . پس گفت : شما با پیامبر خدا جهاد کرده‌اید . و گفت : من گلوهای قریش را بر دهانه های این سنگستان گرفته‌ام ، مبادا بیرون روید و مردم را براست و چپ گریزانید . عبدالرحمان‌بن عوف گفت : گفتم : ای امیرمؤمنان چرا مارا ازجهاد بازمی‌داری؟ گفت : راستی خاموش باشم و تو را پاسخ ندهم برای تو بهتر است تا تو را پاسخ دهم ؟ سپس سخن‌را راجع‌به‌ابوبکر دنبال کرد تا اینکه گفت : بیعت ابوبکر کاری بی اندیشه بود وخدا از شرآن حفظ کرد، پس هر کس دیگر بار چنان کند او را بکشید .

و از ابن عباس روایت شده است که گفت : پاسی از شب رفته عمر برمن در آمد و گفت : بیا برویم و اطراف مدینه را پاسبانی کنیم ،پس تازیانه‌ای بگردنش انداخته با پای‌برهنه بیرون رفت تا به‌بقیع غرقد آمد و آنجا بپشت افتاد و کف دو پای خود را با دست خویش می‌زد و آهی از دل برآورد. پس گفتم : ای امیر مؤمنان ، چه چیز تورا بدین نگرانی بیرون آورده است ؟ گفت : امر خدا ، ای پسرعباس . گفت : گفتم : اگر بخواهی تو را بآنچه در دل داری خبر دهم. گفت:

۱ـ ل ، ص ۱۸۱.

(بدریای اندیشه) فرو رو ای شناگر، آنچه می گفته‌ای درست‌می گفته‌ای . گفت: گفتم : باندیشهٔ همین زمامداری رفته‌ای که آن را بکه واگذاری. گفت: راست گفتی . گفت : گفتم : چرا عبدالرحمن بن عوف را برنگزینی؟ گفت : اومردی است ممسك و این امرشایسته نیست مگر کسی را که بدون اسراف ببخشد وبدون تنگ گرفتن جلو گیرد . گفت : گفتم : سعد بن ابـی وقاص ؟ گفت : مؤمنی است ضعیف. گفت: پس گفتم : طلحة بن عبیدالله[1] ؟ گفت : او مردی است در جستجوی آبرو وستایش که‌مال خودرا می‌بخشد تا بمال دیگران برسد ونیز به کبر گرفتار است . گفت : پس گفتم : زبیربـن عوام کـه پهلوان اسلام است ؟ گفت او هم روزی انسان است وروزی شیطان، مردی است تند و بدخوی[2] که برای پیمانه‌ای از بامداد تا ظهر چانه می‌زد تا نماز او از دست می‌رفت . گفت : پس گفتم : عثمان ابن‌عفان ؟ گفت : اگر فرماندار شود بنی‌ابـی معیط[3] وبنی‌امیه را بر مردم مسلط کند و مال‌خدا را بآنها بخشد واگر خلیفه شد البته خواهد کرد، بخدا سوگند که اگر چنان کند ، عرب براو بشورد تا او را در خانه‌اش بکشد . سپس خاموش شد. گفت: پس گفت : ای پسر عباس باز هم بگو، آیا علی را هـم شایستهٔ خلافت می‌بینی ؟ گفت : پس گفتم : با فضیلت و سابقه و خویشاوندی پیامبر ودانشی کـه دارد چرا شایسته نباشد ؟ گفت : بخدا سوگند که او چنان است که گفتی و اگر بر مردم حکومت یابد آنان را براه راست برد و راه روشن را در پیش گیرد جز اینکه دراو خصلتهایی است: شوخی کردن در انجمن، و استبدادرأی،وبی اعتنایی بمردم درعین جوانی. گفت : گفتم: ای امیر مؤمنان، چرا روز خندق اورا کم سن نشمردید ، هنگامی کـه عمرو بن عبدود بیرون تاخت و دلاوران را بیم گرفت و پیران از او عقب‌نشینی کردند ، و نیز روز بدر هنگامی که سر از تن حریفان

۱ـ ل، ن ، ب ؛ عبدالله. ۲ـ ل؛ ب ؛ وعفةنفس . ر.ك. نهایهٔ ابن اثیردروعق، ولقس.
۳ ـل؛ ابز ابی‌معیط.

برمی‌گرفت؛ وچرا در اسلام از او پیش نیفتادید.

پس گفت: بس کن ای پسر عباس مگرمیخواهی با من چنان کنی که‌پدرت و علی با ابوبکر کردند روزی که هردو نزد وی رفتند؟ گفت: پس نخواستم که او را بخشم آورم و خاموش گشتم. پس گفت: ای پسر عباس بخدا سوگند که پسر عمویت علی از همهٔ مردم بخلافت سزاوار تر است لیکن قریش زیر بار او نمی‌رود و اگربرمردم حکومت‌یابد البته ایشان را بمرحق وا دارد چنانکه راهی جز آن نیابند و اگر چنین کند البته بیعت او شکسته شود و سپس بااو بجنگند.

عمر در همه سالهای خلافت خویش حج گزارد مگر در سال نخستین یعنی سال ۱۳ که عبدالرحمن‌بن عوف بامردم بحج رفت.

عبدالله بن عباس و عبدالرحمن بن عوف و عثمان بن عفان در عمر نفوذ داشتند وبرخی‌روایت کرده‌اند که عبدالله بن عباس ریاست پلیس او را داشت و حاجب عمر غلام او یرفأ بود.

عمردر روز چهارشنبه چهار شب ازذی‌الحجه مانده در سال۲۳، واز ماههای عجم‌درتشرین دوم ضربت‌خورد و کسی که‌اورا ضربت‌زد ابولؤلؤه غلامی‌ازمغیرة‌بن شعبه بود که با خنجری زهرآلود او را از پا درآورد. درآن روز عمر شصت وسه ساله و بقولی پنجاه و چهار ساله بود و ده سال و هشت ماه خلافت کرد و چون ضربت زده شدبپسرش گفت: من ازبیت‌المال مسلمانان هشتادهزار قرض برداشته‌ام و باید از دارایی فرزندانم داده شود پس اگر مال ایشان نرسید از مال آل‌خطاب و اگر آن‌هم وفا نکرد مال بنی‌عدی و اگر نه مال عموم قریش و از آنان تجاوز نکنید[1] و چون مرگش فرا رسید مردم نزد او فراهم شدند، پس گفت: همانا من شهرها بنا کردم و دفترها منظم ساختم و بخششها مقرر داشتم و در بیابان و دریا

---

۱ ـ ن، تجاوز مکن.

(بدریای اندیشه) فرو رو ای شناگر، آنچه می گفته‌ای درست‌می گفته‌ای . گفت: گفتم : باندیشهٔ همین زمامداری رفته‌ای که آن را بکه واگذاری. گفت: راست گفتی . گفت : گفتم : چرا عبدالرحمن بن عوف را برنگزینی؟ گفت : اومردی است ممسك و این امرشایسته نیست مگر کسی را که بدون اسراف ببخشد وبدون تنگ گرفتن جلو گیرد . گفت :گفتم : سعد بن ابـی وقاص ؟ گفت : مؤمنی است ضعیف. گفت: پس گفتم : طلحة بن عبیدالله[1] ؟ گفت : او مردی است در جستجوی آبرو وستایش که‌مال خودرا می‌بخشد تا بمال دیگران برسد ونیز به کبر گرفتار است . گفت : پس گفتم: زبیربـن عوام کـه پهلوان اسلام است ؟ گفت او هم روزی انسان است وروزی شیطان، مردی است تند و بدخوی[2] که برای پیمانه‌ای از بامداد تا ظهر چانه می‌زد تا نماز او از دست می‌رفت . گفت : پس گفتم : عثمان ابن‌عفان ؟ گفت : اگر فرماندار شود بنی‌ابـی معیط[3] وبنی‌امیه را بر مردم مسلط کند و مال‌خدا را بآنها بخشد واگر خلیفه شد البته خواهد کرد، بخدا سوگند که اگر چنان کند ، عرب براو بشورد تا او را در خانه‌اش بکشد . سپس خاموش شد. گفت: پس گفت : ای پسر عباس باز هم بگو، آیا علی را هـم شایستهٔ خلافت می‌بینی ؟ گفت : پس گفتم : با فضیلت و سابقه و خویشاوندی پیامبر ودانشی کـه دارد چرا شایسته نباشد ؟ گفت : بخدا سوگند که او چنان است که گفتی و اگر بر مردم حکومت یابد آنان را براه راست برد و راه روشن را در پیش گیرد جز اینکه دراو خصلتهایی است: شوخی کردن در انجمن، و استبدادرأی،وبی اعتنایی بمردم درعین جوانی. گفت : گفتم: ای امیر مؤمنان، چرا روز خندق اوراکم سن نشمردید ، هنگامی کـه عمرو بن عبدود بیرون تاخت و دلاوران را بیم گرفت و پیران از او عقب‌نشینی کردند ، و نیز روز بدر هنگامی که سر از تن حریفان

۱ـ ل، ن ، ب : عبدالله. ۲ـ ل؛ ب : وعفةنفس . ر.ك. نهایهٔ ابن اثیردروعق، ولقس.
۳ ـل: ابزابی‌معیط.

برمی‌گرفت؛ وچرا در اسلام از او پیش نیفتادید.

پس گفت: بس کن ای پسر عباس مگر میخواهی با من چنان کنی که پدرت و علی با ابوبکر کردند روزی که هردو نزد وی رفتند؟ گفت: پس نخواستم که او را بخشم آورم و خاموش گشتم. پس گفت: ای پسر عباس بخدا سوگند که پسر عمویت علی از همهٔ مردم بخلافت سزاوارتر است لیکن قریش زیر بار او نمیرود و اگر بر مردم حکومت یابد البته ایشان را بمرحق وا دارد چنانکه راهی جز آن نیابند و اگر چنین کند البته بیعت او شکسته شود و سپس با او بجنگند.

عمر در همه سالهای خلافت خویش حج گزارد مگر در سال نخستین یعنی سال ۱۳ که عبدالرحمن بن عوف با مردم بحج رفت.

عبدالله بن عباس و عبدالرحمن بن عوف و عثمان بن عفان در عمر نفوذ داشتند و برخی روایت کرده‌اند که عبدالله بن عباس ریاست پلیس او را داشت و حاجب عمر غلام او یرفأ بود.

عمر در روز چهارشنبه چهار شب از ذی الحجه مانده در سال ۲۳، و از ماههای عجم در تشرین دوم ضربت خورد و کسی که اورا ضربت زد ابولؤلؤه غلامی از مغیرة بن شعبه بود که با خنجری زهرآلود او را از پا در آورد. در آن روز عمر شصت و سه ساله و بقولی پنجاه و چهار ساله بود و ده سال و هشت ماه خلافت کرد و چون ضربت زده شد بپسرش گفت: من از بیت المال مسلمانان هشتاد هزار قرض برداشته‌ام و باید از دارایی فرزندانم داده شود پس اگر مال ایشان نرسید از مال آل خطاب و اگر آن هم وفا نکرد مال بنی‌عدی و اگر نه مال عموم قریش و از آنان تجاوز نکنید[1] و چون مرگش فرا رسید مردم نزد او فراهم شدند، پس گفت: همانا من شهرها بنا کردم و دفترها منظم ساختم و بخششها مقرر داشتم و در بیابان و دریا

---

۱ ـ ن، تجاوز مکن.

لشکر کشی کردم پس اگر مردم، جانشین من بر شما خداست و بزودی مصلحت خویش را خواهید شناخت. من شما را در راه روشن رها کردم و تنها از یکی از دومرد برشما بیم دارم، یا مردی که خود را بزمامداری از دیگری شایسته‌تر داند و با او بجنگد [. . . . .] و من در کتاب خدا خوانده‌ام : الشیخ و الشیخة [اذا زنیا] فارجموهما البتة نکالا من‌الله والله علیم حکیم ، « پیر مرد و پیرزن را [هر گاه زنا کنند] البته سنگسارشان کنید ، عقوبتی است از خدا و خدا دانا و راست کار است. » پس‌از سنگسار کردن دریغ نکنید در حالیکه رسول خدا سنگسار کرد و ما هم سنگسار کردیم و اگر بیم آن نبود که مردم بگویند: عمر بر کتاب خدا افزود ، آن را با دست خود می‌نوشتم چه خود آن را در کتاب خدا خوانده‌ام.

عمر خلافت را میان شش نفر از اصحاب پیامبر خدا شوری قرار داد : علی ابن ابی‌طالب ، عثمان‌بن عفان ، عبدالرحمن‌بن عوف ، زبیربن عوام ، طلحة بن عبیدالله [1] و سعد بن ابی وقاص . و گفت : سعید بن زید را برای خویشاوندی که با من داشت بیرون کردم، پس پسرش عبدالله بدو پیشنهاد شد و گفت : آل خطاب را همانچه از خلافت برداشته‌اند بس است ، راستی عبدالله نمی‌تواند زنش را خوب طلاق دهد ؛ و صهیب را فرمود که با مردم نماز بخواند تا هنگامی که از شش‌نفر بیکی تن دهند ؛ و ابو طلحة‌بن زید بن سهل انصاری را بر این‌کار گماشت و گفت : اگر چهار نفر نظری دادند و دو نفر مخالف شدند ، آن دو نفر را گردن بزن و اگر سه نفر توافق کردند و سه نفر مخالفت نمودند سه‌نفری‌را که عبدالرحمن در میان ایشان نیست گردن بزن ؛ و اگرسه روز گذشت و بر کسی توافق حاصل نکردند همهٔ ایشان را گردن بزن . شوری در بقیهٔ ذی‌الحجهٔ سال ۲۳ بود وصهیب با مردم نماز می گزارد و همواست که بر عمر نماز خواند و ابو طلحه سر خود

۱ ــ ل ، ب ، ن : عبدالله .

را بسوی ایشان داخل می کرد و می گفت : شتاب کنید ، شتاب کنید ، که وقت نزدیك شد و مدت بانجام رسید .

عمر در پهلوی ابوبکر بخاك سپرده شد و شش فرزند نکوربجای گذاشت: عبدالله ، عبیدالله ، عبدالرحمن ، عاصم ، زید و ابو عبیدالله . و فرزندش عبیدالله دست یافت و ابولؤلؤه و دخترش و زنش را کشت و هرمزان رانیز غافل گیر کرد و کشت و خود عبیدالله می گفت که او را دنبال کرد و چون هرمزان احساس شمشیر کرد گفت : اشهد ان لااله الاالله و ان محمداً رسول‌الله . و بعضی روایت کرده‌اند که عمروصیت کرد که عبیدالله بجای هرمزان کشته شود وعثمان خواست چنان کند و پیش از آنکه زمامدار شود از همهٔ مردم برعبیدالله سخت‌تر بود تا آنجا که موی او را کشید و گفت: ای دشمن خدا مردی مسلمان‌و کودکی خردسال و زنی بی گناه را کشتی ! خدا مرا بکشد اگر تورا نکشم . پس چون بزمامداری رسید اورا به‌عمروبن‌عاص بازگردانید وبعضی‌از عبدالله بن عمرروایت کرده‌اند که گفت : خدا حفصه را بیامرزد که او عبیدالله را بر کشتن ایشان دلیر ساخت .[1]

شمایل عمر بن خطاب[2]

عمربلند قامت، پیش‌سر بی موی ، کژ چشم وسخت گندم گون‌بود،با هردو دست کار می کرد ، ریش خودرا رنگ زرد می‌بست و بقولی‌آن‌را با رنگ وحنا تغییر می‌داد .

فقیهان زمان او که دانش از آنان گرفته می‌شد عبارت بودند از علی بن ابیطالب ، عبدالله‌بن مسعود. ابی بن کعب ، معاذ بن جبل ، زیدبن ثابت ، ابوموسی

۱ـ ر.ك. اسدالغابه ج ۳ ص ۳۴۲، دلائل الصدق ج۳ص ۱۸۳ـ ۱۸۷. ۲ـ ل ، ص ۱۸۵ .

اشعری ، ابوالدرداء، ابوسعید خدری و عبدالله بن عباس .

کارمندان عمر هنگام مرگش سعد بن ابی‌وقاص و بقولی مغیرة بن شعبه بود فرماندار کوفه ، و ابوموسی اشعری فرماندار بصره و عمیربن سعد انصاری فرماندار حمص و معاویة بن ابی سفیان فرماندار بخشی از شام و عمروبن عاص فرماندار مصر و زیاد بن [لبید] بیاضی فرماندار بخشی از یمن و ابو هریره فرماندار عمان و نافع بن حارث فرماندار مکه و یعلی بن منیهٔ تمیمی فرماندار صنعاء و حارث بن ابی العاص ثقفی فرماندار بحرین و عبدالله بن ابی ربیعه فرماندار جند .[1]

۱ـ جند بتحریك ، ولایتی است در یمن ، ویمن سه ولایت است ؛ جند و مخلافهای آن ، صنعاء ومخلافهای آن، حضرموت و مخلافهای آن ، و جند شهری است از یمن(مراصدالاطلاع).

دوران عثمان بن عفان[1]

سپس عثمان بن عفان بن ابی العاص بن امیة بن عبد شمس که مادرش اروی دختر کریز بن ربیعة بن حبیب بن عبد شمس است، بخلافت بر گزیده شد، عبدالرحمن بن عوف زهری هنگامی که عمر بمرد و برای شوری فراهم آمدند از آنان خواسته بود که خود را ازحق خلافت بر کنار کند بدان شرط که مردی از ایشان را بر گزینند پس چنان کردند وعبدالرحمان سه روز بماند وباعلی بن ابی طالب خلوت کردو گفت: برای ماخدابر تو گواه باشد که اگر زمام این امر را بدست گرفتی در میان ما بکتاب خدا و روش پیامبرش و روش ابوبکر و عمر رفتار کنی. علی گفت در میان شما بکتاب خدا و روش پیامبرش تا آنجا که توانایی دارم رفتار می کنم. پس با عثمان خلوت نمود و بدو گفت: خدا گواه ما بر تو باد که اگر این کار بدست تو افتاد درمیان ما بکتاب خدا و روش پیامبرش و روش ابوبکر وعمر رفتار کنی، گفت: برای شمامتعهدمیشوم که درمیان شما بکتاب خدا و روش پیامبرش وروش ابوبکروعمر رفتار نمایم. سپس با علی خلوت کرد ومانند گفتار نخستین را بدو گفت وعلی همان پاسخ نخستین را باو داد، سپس باعثمان خلوت کرد ومانند گفتار نخستین را بدو گفت وعثمان همان پاسخی را که باو داده بود دیگربارباو داد. سپس باعلی خلوت کرد و گفتار نخستین را بدو باز گفت. پس گفت: همانا باکتاب خدا وروش پیامبرش نیازی بروش هیچکس نیست، تو کوشش داری که این امر را از من دور سازی. پس با عثمان خلوت کرد و دیگر بار همان سخن را بدو گفت

۱ـ ل، ص ۱۸۶

و همان پـاسخ را شنید و دست بدست او زد ، پس عثمان بیرون آمد و مردم او را تهنیت می‌دادند و آن در روز دوشنبه غرهٔ محرم سال ۲٤،و از ماههای عجم در تشرین دوم بود ، و خـورشید آن روز در عقرب بود ۱۳ درجه ، و زحل در حمل ۲۱ درجه و ۳۰ دقیقه در حال رجوع ، و مشتری در جدی ٤ درجه و ٤۰ دقیقه ، و مریخ در میزان ۵۰ دقیقه ، و زهره در عقرب ۱۱ درجه در حال رجوع،ورأس در ثور ۲٤ درجه .

پس عثمان بمنبر برآمد در همانجایی که پیامبر خدا در آن می‌نشست و نه ابوبکر و نه عمـر در آن ننشسته بـودند ، و عمـر از ابوبکر هم یك پله پائینتر می‌نشست ، پس مردم در این باره بسخن آمدند و برخی از ایشان گفتند : امروز شر پدید آمد . عثمان مردی کم‌رو بود پس زبانش گرفت و مدتی بی آنکه سخن بگوید ایستاد و سپس گفت : ابوبکر و عمربرای اینجا گفتاری آماده می‌ساختند و شما بپیشوایی دادگر نیازمندترید تا بپیشوایی که نیکو سخنرانی کند ، و اگر زنده ماندید سخنرانی‌هم می‌رسد . سپس فرود آمد . و بعضی روایت کرده‌اند که عثمان در همان شبی که بیعتش روز آن بانجام رسید برای نماز عشای‌پسین بیرون رفت و پیشاپیش او شمعی روشن شده بود پس مقداد بن‌عمرو باو برخورد و گفت : این بدعت چیست ؟

مردمی به‌علی بن ابی‌طالب گرویدند و زبان بیدگویی عثمان گشودند . از کسی روایت شده است که گفت : بمسجد پیامبرخدا درآمدم ومردی برسرزانوها ایستاده‌دیدم که‌افسوس می‌خوردچنانکه گویی‌دنیارابدست داشته و ازدست‌او رفته است و می گفت : شگفتا از قـریش و دریـغ داشتن ایشان خلافت را از خاندان پیامبرشان با اینکه در میان اینان است اول مـؤمنان و پسرعموی پیامبر خدا ، داناترین مردم وفقیه‌ترین ایشان در دین خدا و کسی که در راه اسلام بیش‌ازهمه رنج برد و رهشناستر ایشان وآنکه از همه بهتر براه راست هدایت می کند.بخدا

قسم خلافت را از هدایت کنندهٔ هدایت یافتهٔ پاك و پاکیزه ربودند و نه اصلاحی برای امت خواستند و نه حقی در روش، لیکن آنان دنیا را بر آخرت بر گزیدند، پس دوری و نابودی باد ستمکاران را. پس بدو نزدیك رفتم و گفتم: خدایت رحمت کند تو کیستی و این مرد کیست؟ گفت: منم مقداد بن عمرو، و این مرد هم علی بن ابی‌طالب است. گفت: پس گفتم: آیا بدین‌کار برنمی‌خیزی تا من هم تورا در آن کومك دهم؟ گفت ای پسر برادرم برای این‌کار یك‌مرد و دو مرد کافی نیست. سپس بیرون آمدم و ابوذر را دیدم و داستان را بدو گفتم. پس گفت: برادرم مقداد راست گفته است. سپس نزد عبدالله بن مسعود آمدم و قضیه را بدو گفتم. پس گفت: بما گفته شده و کوتاهی نکرده‌ایم.

مردم در بارهٔ خون هرمزان و نگهداری عثمان از عبیدالله بن عمر سخن بسیار گفتند. پس عثمان بمنبر برآمد و برای مردم سخنرانی کرد و سپس گفت: هان من خودم صاحب خون هرمزانم و آن را برای خدا و عمر بخشیدم و برای خون عمر آن را رها کردم. پس مقداد بن عمرو بپا خاست و گفت: هرمزان چاکر خدا و پیامبر او است و تورا نمی‌رسد که حق خدا و پیامبرش را ببخشی. گفت: پس می‌نگریم و می‌نگرید. سپس عثمان عبیدالله بن عمر را از مدینه به کوفه فرستاد و او را درخانه‌ای فرود آورد که آنجا بدو نسبت یافت و «کویفهٔ ابن عمر» نامیده شد. کسی[1] گفته است:

ابا عمرو عبیدالله رهن فلاتشکك بقتل الهرمزان

«ای ابوعمرو، شك مدار که عبیدالله در گرو کشتن هرمزان است.»

مغیرة بن شعبه همدان را گشود[2] و به‌عثمان نوشت که داخل ری شده و مسلمین را آنجا فرود آورده است، و ری در دوران عمر فتح شده بود، وبقولی فتح نشده

۱ ـ زیاد بن لبید انصاری خطاب به‌عثمان گفته است. ر.ک. دلائل الصدق ج ۳ ص ۱۸۷.
۲ـ فتوح‌البلدان ص ۳۰۶.

و همان پاسخ را شنید و دست بدست او زد ، پس عثمان بیرون آمد و مردم او را تهنیت می‌دادند و آن در روز دوشنبه غرهٔ محرم سال ۲٤،و از ماههای عجم در تشرین دوم بود ، و خورشید آن روز در عقرب بود ۱۳ درجه ، و زحل در حمل ۲۱ درجه و ۳۰ دقیقه در حال رجوع ، و مشتری در جدی ٤ درجه و ٤۰ دقیقه ، و مریخ در میزان ۵۰ دقیقه ، و زهره در عقرب ۱۱ درجه در حال رجوع،ورأس در ثور ۲٤ درجه .

پس عثمان بمنبر برآمد در همانجایی که پیامبر خدا در آن می‌نشست و نه ابوبکر و نه عمر در آن ننشسته بودند ، و عمر از ابوبکر هم یك پله پائینتر می‌نشست ، پس مردم در این باره بسخن آمدند و برخی از ایشان گفتند : امروز شر پدید آمد . عثمان مردی کم‌رو بود پس زبانش گرفت و مدتی بی آنکه سخن بگوید ایستاد و سپس گفت : ابوبکر و عمربرای اینجا گفتاری آماده می‌ساختند و شما بپیشوایی دادگر نیازمندترید تا بپیشوایی که نیکو سخنرانی کند ، و اگر زنده ماندید سخنرانی‌هم می‌رسد . سپس فرود آمد . و بعضی روایت کرده‌اند که عثمان در همان شبی که بیعتش روز آن بانجام رسید برای نماز عشای‌پسین بیرون رفت و پیشاپیش او شمعی روشن شده بود پس مقداد بن‌عمرو باو برخورد و گفت : این بدعت چیست ؟

مردمی به‌علی بن ابی‌طالب گرویدند و زبان ببدگویی عثمان گشودند . از کسی روایت شده است که گفت : بمسجد پیامبرخدا درآمدم ومردی برسرزانوها ایستاده‌دیدم که‌افسوس می‌خوردچنانکه گویی‌دنیارابدست داشته و ازدست‌او رفته است و می گفت : شگفتا از قریش و دریغ داشتن ایشان خلافت را از خاندان پیامبرشان با اینکه در میان اینان است اول مؤمنان و پسرعموی پیامبر خدا ، داناترین مردم وفقیه‌ترین ایشان در دین خدا و کسی که در راه اسلام بیش‌ازهمه رنج برد و رهشناستر ایشان وآنکه از همه بهتر براه راست هدایت می کند.بخدا

قسم خلافت را از هدایت کنندهٔ هدایت یافتهٔ پاك و پاکیزه ربودند و نه اصلاحی برای امت خواستند و نه حقی در روش، لیکن آنان دنیا را بر آخرت برگزیدند، پس دوری و نابودی باد ستمکاران را. پس بدو نزدیك رفتم و گفتم: خدایت رحمت کند تو کیستی و این مرد کیست؟ گفت: منم مقداد بن عمرو، و این مرد هم علی بن ابی‌طالب است. گفت: پس گفتم: آیا بدین کار برنمی‌خیزی تا من هم تورا در آن کومك دهم؟ گفت ای پسر برادرم برای این کار يك مرد و دو مرد کافی نیست. سپس بیرون آمدم و ابوذر را دیدم و داستان را بدو گفتم. پس گفت: برادرم مقداد راست گفته است. سپس نزد عبدالله بن مسعود آمدم و قضیه را بدو گفتم. پس گفت: بما گفته شده و کوتاهی نکرده‌ایم.

مردم در بارهٔ خون هرمزان و نگهداری عثمان از عبیدالله بن عمر سخن بسیار گفتند. پس عثمان بمنبر برآمد و برای مردم سخنرانی کرد و سپس گفت: هان من خودم صاحب خون هرمزانم و آن را برای خدا و عمر بخشیدم و برای خون عمر آن را رها کردم. پس مقداد بن عمرو بپا خاست و گفت: هرمزان چاکر خدا و پیامبر او است و تورا نمی‌رسد که حق خدا و پیامبرش را ببخشی. گفت: پس می‌نگریم و می‌نگرید. سپس عثمان عبیدالله بن عمر را از مدینه به کوفه فرستاد و او را درخانه‌ای فرود آورد که آنجا بدو نسبت یافت و «کویفهٔ ابن عمر» نامیده شد. کسی[1] گفته است:

ابا عمرو عبیدالله رهن فلاتشکك بقتل الهرمزان

«ای ابوعمرو، شك مدار که عبیدالله در گرو کشتن هرمزان است.»

مغیرة بن شعبه همدان را گشود[2] و به عثمان نوشت که داخل ری شده و مسلمین را آنجا فرود آورده است، و ری در دوران عمر فتح شده بود، وبقولی فتح نشده

۱ ـ زیاد بن لبید انصاری خطاب به عثمان گفته است. ر.ك. دلائل الصدق ج ۳ ص ۱۸۷.
۲ ـ فتوح البلدان ص ۳۰۶.

ولیکن محاصره بود و در سال ۲٤ فتح گردید.

عثمان به حکم بن [ابی] العاص نوشت که نزد وی آید و او تبعید شدهٔ پیامبر خدا بود و چون ابوبکر بزمامداری رسید عثمان با گروهی از بنی‌امیه‌نزد ابوبکر آمدند و آزادی حکـم را خواستار شدند پس باو اذن نداد، وچون عمر بخلافت رسید نیز چنان کردند و او هم حکم را اذن نـداد. بدین جهت مردم از اذن دادن عثمان او را بحرف آمدند، کسی می‌گوید: حکم بن ابی‌العاص را روزی که به‌مدینه رسید دیدم که جامه‌پارهٔ کهنه‌ای برتن و بزنری در پیش داشت تا بر عثمان درآمد و مردم او و همراهانش را می‌نگریستند سپس بیرون آمد در حالیکه جبهٔ خز و عبای فاخری برتن داشت.

اسکندریـه در سال ۲۵ سربنافرمانی برآورد[1] و عمروبن عاص باآنان جنگید تاآن‌را فتح کرد وزنان‌و کودکان‌را اسیر گرفت و آنها را به‌مدینه فرستاد پس عثمان ایشان‌را بهمان ذمهٔ اولشان[2] بازگردانید و عمرو بن عاص را عزل کرد و عبدالله بن ابی‌سرح را والی‌مصر نمود وهمین سبب دشمنی میان عثمان و عمروبن عاص بود و هنگامی که عمرو به‌مدینه رسید، عثمان باو گفت: عبدالله بن‌سعد را چگونه گذاشتی؟ گفت: همانطور که دوست داری. گفت: چه طور؟ گفت: در راه خودش نیرومند و در راه خدا ناتوان. گفت: او را فرموده‌ام که از تو پیروی کند. گفت: اورا بزحمت انداخته‌ای. عبدالله ازمصر دوازده هزار هزار دینار خراج جمع‌آوری کرد. پس عثمان به‌عمرو گفت: شتران شیرده پر شیر داده‌اند. گفت: اگر بانجام رسد، شتر بچه‌ها را زیان می‌رساند.[3]

عثمان در سال ۲۶ مسجد الحرام را وسعت داد و برآن افزود و از مردمی خانه‌های ایشان را خرید و دیگران زیر بار نرفتند، پس‌خانه‌هاشان را کوبید و

۱ ــ فتوح‌البلدان ص ۲۲۳، طبری ج ۳ ص ۳۱۰. ۲ ــ دمهم در دو نسخهٔ لیدن و نجف‌غلط است. ۳ ــ ل: ص ۱۸۹.

بهای آنها را در بیت‌المال نهاد. پس برسر عثمان فریاد کشیدند واودستور داد که آنها را زندانی کردند و گفت: شما را جز بردباری من برمن گستاخ نکرده است وهمین‌کاررا عمر کرد وفریاد نکشیدید. ونیز نشانه‌های حرم را تجدید کرد.

و در این سال عثمان بن ابی‌العاص ثقفی‌شاپوررا گشود[1].

و در این سال ولیدبن عقبة بن ابی معیط بجای سعد والی کوفه شد ونماز بامداد رابامردم‌درحال مستی‌چهار رکعت‌خواند ودرمحراب قی کرد وبکسانی که پشت سرش بودند برگشت و گفت: فزونتر برای شما بخوانم؟ سپس در صحن مسجد نشست و جادوگری بنام بطروی از کوفه آورد و مردم براو فراهم‌آمدند و از کون شتر داخل می‌شد و از دهانش بیرون می‌آمد و کارهای شگفتی انجام می‌داد. پس‌جندب بن کعب ازدی او را دید و نزد شمشیر سازی رفت و از او شمشیری گرفت وسپس در میان ازدحام مردم پیش آمد در حالی که شمشیر را پوشانده بود، پس گردن او را زد سپس باو گفت: اگر راست می‌گویی خودت را زنده کن. پس ولید او را گرفت و خواست او را گردن زند لیکن مردمی‌از قبیلهٔ ازد برخاستند و گفتند بخدا سوگند که جندب کشته نمی‌شود، پس او را بزندان انداخت و او تمام شب را نماز می‌خواند ، زندانبان که کنیه‌اش ابوسنان بود گفت : اگر تو را در زندان بخاطر ولید نگهدارم تا تورا بکشد ، عذرمن نزدخدا چیست؟ پس‌اورا رها کرد وجندب به‌مدینه آمد و ولید ابوسنان را گرفت و دویست تازیانه زد. پس جریربن عبدالله و عدیّ بن حاتم وحذیفة بن یمان واشعث بن قیس براو تاختند و بافرستادگان‌خود به‌عثمان نوشتند. پس او را برداشت وبجای او سعید بن‌عاص را نصب کرد، و چون ولید از راه رسید، عثمان گفت که او را حد می‌زند؟ پس مردم برای خویشاوندی او که برادر مادری

---

۱ ـ ل ، ص ۱۹۰، فتوح البلدان ص ۳۸۱ .

عثمان بود، پیش نرفتند و علی برخاست و او را حد زد. سپس عثمان او را برسر زکاتهای کلب و بلقین[۱] فرستاد.

عثمان در سال ۲۷ مردم را بفرماندهی عبدالله‌بن سعدبن ابی سرح بجنگ آفریقا فرستاد.[۲] عبدالله با جرجیس که لشکری عظیم داشت، برخورد کرد و او را باسلام یا جزیه دادن دعوت نمود لیکن زیر بار نرفت و خدای آن گروه را درهم شکست. پس جرجیس خواستار صلح شد و عبدالله نپذیرفت و او را شکست دادند تابشهرسبیطله رفت و جنگ بسختی کشید تا آنکه جرجیس کشته شد و غنیمتها فراوان گشت و به‌دو میلیون و پانصد و بیست هزار دینار رسید، وبعضی روایت کرده‌اند که عثمان دخترش را به‌مروان بن حکم تزویج کرد و یك پنجم این مال را بدو بخشید؛ و عبدالله‌بن سعدبن ابی‌سرح عبدالله بن زبیر را با مژدهٔ فتح نزد عثمان فرستاد واو بیست شب راه پیمود تا به مدینه رسید وعثمان‌را مژده داد، عثمان بمنبر برآمد و مردم را بدان خبر داد.

عبدالله بن سعد لشکری را بسرزمین نوبه فرستاد، پس از او خواستار متارکه و صلح شدند که در هر سال سیصد برده بدهند و برابر آن خوار و بار و نوشیدنی نزد ایشان‌بفرستد. پس پیشنهادشان را به‌عثمان‌نوشت وآن را ازایشان پذیرفت.[۳]

ومعاویة‌بن‌ابی سفیان قبرس را کشود[۴]

ودراین سال‌عثمان‌خانهٔ خود را ساخت وزوراء[۵] را بنا نهاد و درسال ۲۹ مسجد پیامبر خدا را وسعت داد و سنگ آن از بطن نخل[۶] آورده شد و در ستونهای آن قلع بکار برد و درازی آن را صدو شصت ذراع و پهنای آن را صد

۱ ـ اصل بلقین، بنوالقین است (قاموس). ۲ ـ ل، ص ۱۹۱، فتوح‌البلدان ص۲۲۷.
۳ ـ فتوح البلدان ص۲۳۸. ۴ ـ فتوح البلدان‌ص ۱۵۷. ۵ ـ سرای عثمان بن عفان (مراصدالاطلاع ، قاموس). ۶ ـ قریه‌ای نزدیك مدینه برراه بصره (مراصد).

و پنجاه ذراع و درهای آن را چنانکه در زمان عمر بود، شش در قرارداد.

و ابوموسی اشعری را از کار بر کنار کرد و بجای او عبدالله بن عامر بن کریز را که آن روز بیست و پنج ساله بود قرارداد. پس چون خبر فرمانداری عبدالله بن عامر به ابوموسی رسید بخطبه خواندن برخاست و خدا را ستود و سپاس گفت و بر پیامبرش درود فرستاد. سپس گفت: پسری نزد شما آمده است که در قریش عمه ها و خاله ها و جده های فراوان دارد و بیدریغ مال بشما می بخشد. پس چون پسر عامر به بصره رسید لشکرها را برای فتح شاپور و فساودارا بگرد[1] و اصطخر فارس گسیل داشت و فرمانده لشکری که اصطخر را گشود، عبیدالله بن معمر تمیمی بود، پس عبید [الله] بن معمر در پای دیوار شهر اصطخر کشته شد و عمر بن عبیدالله بجای او ایستاد تا شهر گشوده شد. سپس عبدالله بن عامر خودش رهسپار اصطخر شد و عبدالرحمن بن سمرة[2] صحابی را به سیستان فرستاد و او هم پس از گرفتاری سختی زرنج را گشود[3].

و چون عثمان ابن عامر را فرماندار بصره و سعید بن عاص را فرماندار کوفه ساخت بآندو نوشت که هر کدام از شما دو نفر به خراسان پیشدستی کند، هموامیر خراسان خواهد بود. پس عبدالله بن عامر و سعید بن عاص رهسپار شدند و دهگانی از دهگانان خراسان نزد عبدالله بن عامر آمد و گفت: اگر تو را پیش بردم بمن چه می دهی؟ گفت: خراج خود و خراج خاندانت تا روز قیامت از آن تو باشد. پس او را [بر] راه کوتاهی به قومس رسانید و عبدالله بن خازم سلمی فرماندهی یزک او را داشت. پس رهسپار نیشابور شد و شهر را محاصره کرد و عبدالله بن عامر او را دیدار کرد پس نیشابور را در سال ۳۰ بزور گشود و با مردم دو طبس

---

۱ ـ ل، ن، ب، درابجرد.   ۲ ـ بن حبیب بن عبد شمس بن عبد مناف بن قصی، روز فتح مکه اسلام آورد و نامش عبدالکعبه بود و پیامبر او را عبدالرحمن نامید و ساکن بصره شد. ر ک. اسدالغابه ج۳ ص ۲۹۷.   ۳ ـ فتوح البلدان ص ۳۸۶.

بر هفتادو پنج هزار صلح کرد.سپس رهسپار شد تابشهر ابرشهر رسید و آنان را چند ماه محاصره کرد، سپس آن را گشود و با ایشان صلح کرد و باهل هرات نوشت.پس بدو نوشتند که اگر تو ابرشهر را گشودی هرچه پیشنهاد کنی می پذیریم، و بوشنج وبادغیس در آن روزجزء هرات ، وطوس ونیشابورجزءِ ابرشهر بود . سپس آن راگشود وبا آنان برهزارهزار درهم صلح کرد و احنف بن قیس رابه هرات ومرو رودفرستاد،پس رهسپارهرات شدومهترآن باپذیرایی وفرمانبری بااوروبروشد،سپس به‌مرو رود رفت‌وآن‌رابزور گشودوطالقان‌وفاریاب‌وطخارستان را فتح کردوعبدالله بن عامربازنگشت تااز نهربلخ‌آشامید، وبعضی‌ازمردم خراسان گفته‌اند که عبدالله بن عامر هنگامی که نیشابور را گشود لشکرهایی فرستاد ، احنف بن قیس‌را به‌مرو رود، و اوس‌بن ثعلبهٔ تمیمی را به‌هرات، و حاتم بن نعمان باهلی را به‌مرو ، و عبدالله بن خازم سلمی را بـه سرخس گسیل داشت و اینان بهر کجا فرستاده شدند فتح کردند مگر مرو که با حاتم‌بر دو میلیون و دویست هزار اوقیه[1] و اینکه مسلمین را در خانه‌های خود درگشایش قراردهند، صلح کرد.[2]

وچون‌عبدالله‌بن‌عامراین‌شهرستانهارافتح کرد،نزدعثمان‌باز گشت ومیان‌ترك ودیلم‌خلاف‌انداخت‌وی‌خراسان‌راچهار بخش کرده، وقیس‌بن‌هیثم‌سلمی‌را بر بخشی و راشدبن‌عمرو جدیدی را بر بخشی وعمران‌بن فصیل برجمـی را بـر بخشی و عمروبن مالك خزاعی را بر بخشی فرمانروا ساخته بود . پس چون عثمان او را باز گردانید ، امیربن احمر یشکری را به‌خراسان‌فرستاد واو به‌مروآمد وآنجا بماند سپس زمستان او را دریافت و مردم مرو او را درآوردند و خبر یافت که

---

۱ ـ اوقیه : هفت منقال ، و چهل درهم (قاموس) ، یك دوازدهم رطل(المنجد) .

۲ ـ فتوح البلدان ص ۳۹۴ ـ ۳۹۶.

در نظر دارند بر او بتازند، پس شمشیر در میان ایشان گذاشت تا آنان را از میان برد و سپس نزد عثمان باز آمد و چون عثمان او را دید بیمش داد، پس خشمناك از پیش او برگشت و عثمان او را بکشتن اهل مرو توبیخ کرده بود.

عبدالله بن عامر به بصره بازآمد وسپس به کرمان رفت و آنجا بماند و آنان را گرسنگی سختی رسید تا آنجا که یك قرص نان بیك دینار بود. سپس او را خبر آمد که عثمان محاصره شده، پس باز آمد و قیس بن هیثم بن صلت را در خراسان بجای گذاشت و قیس طخارستان را گشود.

عثمان، حبیب بن مسلمهٔ فهری را به ارمنستان فرستاد وسپس سلمان بن ربیعهٔ باهلی را بکومك او گسیل داشت پس چون براو وارد شد میان ایشان ناسازی پدید آمد وعثمان کشته شد وهنوز ناسازی آنان ادامه داشت وحبیب بن مسلمه بخشی ازارمنستان را گشوده بود.[1]

عثمان فرمانداری ارمنستان را برای سلمان نوشت[2] واو رهسپارشد تا به بیلقان آمد و مردم آن بسوی او بیرون آمدند و با او صلح کردند و پیش رفت تابه برذعه رسید و مردم آنجا نیز بر چیزی معین با او صلح کردند؛ و بقولی حبیب بن مسلمه جرزان[3] را گشود. سپس سلمان تاشروان پیش رفت و شاه آن بااو صلح نمود، سپس رهسپارشد تابزمین مسقط[4] رسید ومردم آن بااو صلح کردند و شاه لکز[5] ومردم شابران[6] و مردم فیلان[7] نیز چنان کردند وخاقان پادشاه خزر با لشکرش و مردمی بسیار در پشت نهر بلنجر با او نبرد داد و خود و همراهانش

۱ ـ فتوح البلدان ص ۲۰۰. ۲ ـ ل، ص ۱۹۴. ۳ ـ ناحیه‌ای در ارمنستان که قصبهٔ آن تفلیس است (مراصدالاطلاع). ۴ ـ روستایی در ساحل دریای خزر نزدیك دربند، صنفی نیرومند از مسلمانان میان دربندولکز (مراصدالاطلاع). ۵ ـ شهر کوچکی پشت دربند. ۶ ـ شهری بفاصلهٔ سه روز راه تاشروان. ۷ ـ شهری وولایتی نزدیك درپند که شاه آنرا فیلانشاه می‌گفته‌اند (مراصد).

که چهار هزار نفر بودند کشته شدند. پس عثمان‌حذیفة بن یمان عبسی‌راامارت داد و سپس او را برداشت و مغیرة بن شعبه را بامارت ارمنستان فرستاد.

عثمان دخترش‌را به‌عبدالله بن خالدبن اسید تزویج کرد و فرمود تا ششصد هزار درهم باو داده شود و به‌عبدالله بن عامر نوشت که آن را از بیت‌المال بصره بپردازد. ابواسحاق از عبدالرحمن بن یسار روایت کرده است که مأمورزکاتهای مسلمانان را در بازارهای مدینه دیدم که هر گاه شب می‌رسید آنها را نزدعثمان می‌آورد و باو دستور می‌داد که آنها را به‌حکم بن ابی العاص تحویل دهد. عثمان هر گاه بیکی از خویشاوندان خود جایزه‌ای می‌داد، آن را مقرری از بیت المال می‌ساخت و خزانه‌دار امروز وفردا می کرد و باو می گفت: می‌رسد وخدابخواهد بتو پرداخت می کنیم. پس بر او اصرار ورزید و گفت: توخزانه‌دار مابیش‌نیستی پس هر گاه بتو بخشیدیم بگیر و هر گاه از تو خاموش ماندیم خاموش باش. گفت: بخدا قسم که من خزانه‌دار توو یا خویشاوندان تو نیستم، تنها من‌خزانه‌دار مسلمانانم. آنگاه روز جمعه درحالی که عثمان خطبه می‌خواند کلید را آورد و گفت: ای مردم [عثمان] گمان برده است که من خزانه‌دار او و خویشان او هستم با اینکه من خزانه‌دار مسلمین بودم و این هم کلیدهای بیت المال شما است. و آنهارا انداخت. پس عثمان کلیدهارا برداشت‌و‌به‌زیدبن ثابت سپرد.

و در این سال که سال ۳۱ باشد ابوسفیان بن حرب در گذشت و عثمان بر اونماز خواند[1].

ودرسال ۳۲ عثمان لشکری‌را که فرماندهشان معاویه‌بود بجنگ تابستانی فرستاد و بتنگهٔ قسطنطینیه‌رسیدند و فتوحات بسیار کردند.

عثمان معاویه را بجنگ رومیان فرستاد [بدین‌قرار] که هر کس راصلاح بداند برای جنگ تابستانی گسیل دارد، پس معاویه سفیان بن عوف غامدی را

۱ ـ ل ، ص ۱۹۵.

فرماندهی داد و تا عثمان زنده بود بر سر این کار بود [......] برای نزاعی که در خلافت عثمان میان آن‌دو پیش آمده‌بود.

روایت شده که عثمان ببیماری سختی گرفتار شد، پس حمران بن ابان را خواست و عهد نامه‌ای برای جانشین خود نوشت و جای اسم را خالی گذاشت، سپس با دست خود نوشت: عبدالرحمن بن عوف، و آن را بست و نزد ام حبیبه دختر ابوسفیان فرستاد، حمران در میان راه آن را خواند و نزد عبدالرحمن آمد و بدو خبر داد، پس عبدالرحمن که سخت بخشم آمده بود، گفت: من او را آشکارا بخلافت می‌گمارم و او مرا پنهانی بکار می‌گمارد! و خبر بمردم رسید و در مدینه پراکنده گشت و بنی‌امیه‌بخشم آمدند.پس عثمان غلام خود حمران را خواست و او را صد تازیانه زد و به‌بصره تبعید کرد و همین امر سبب دشمنی میان عثمان و عبدالرحمن بن عوف شد. عبدالرحمن بن عوف پسرش را نزد عثمان فرستاد و گفت باو بگو بخدا قسم با تو بیعت کردم در حالی که درمن سه خصلت است که مرا بر تو برتری می‌دهد: من در جنگ بدر بودم و تو نبودی، و دربیعت رضوان حاضر بودم و تو نبودی. و روز احد پایدار ماندم و تو گریختی. پس چون پسرش پیام را به‌عثمان رسانید گفت: باو بگو: اما نبودن من در بدر برای آن بود که پرستاری دختر[1] پیامبر خدا را بعهده داشتم و پیامبر خدا برای‌من سهمی و مزدی قرار داد، و اما بیعت رضوان که پیامبر خدا بجای بیعت من دست راست خود را بر دست چپ زد و دست چپ پیغمبر از دست راست شما ها بهتر است؛ و اما روز احد آنچه گفتی چنان بود جز اینکه خدا مرا بخشید و ما کارهایی کرده‌ایم که نمی دانیم آیا خدا آنها را آمرزیده است یا نه. عبدالرحمن هنگامی که بیماری او سخت شد، زنش تماضر دختر اصبغ کلبی را طلاق داد لیکن عثمان باو میراث

---

۱ ـ ل، ن، ب، «بیت» بجای بنت غلط است.

داد و بجای ربع ثمن، صدهزار و بقولی هشتاد هزار دینار گرفت و کنار رفت[۱].

عثمان قرآن را جمع آوری کرد و مرتب نمود و سوره‌های دراز را با سوره‌های دراز وسوره‌های کوتاه را با سوره‌های کوتاه‌پهلوی هم‌آورد وباطراف و اکناف نوشت که قرآنها را جمع‌آوری کنند تا همه جمع‌آوری شد. سپس آنها را با آب گرم و سرکـه جوشانید و بقولی آنها را سوزانید و جز مصحف عبدالله بن مسعود با همهٔ مصحفها چنین کرد. ابن‌مسعود در کوفه‌بودو زیربارنرفت که قرآن خود را به‌عبداللـه‌بن عامر بدهد و عثمان بدو نوشت که عبدالله را نزد من‌فرست چه تبـاهی باین دین وفساد باین امت راه ندارد.پس درحالی که عثمان خطبه می‌خواند عبدالله بمسجد درآمد وعثمان گفت : اکنون جانوری سیاه‌برشما درآمد.پس‌ابن‌مسعود سخنی درشت گفت و عثمان فرمود تااو را باپایش کشیدند ودو دندهٔ اوشکسته شد. پس عایشه بحرف آمد و بسیار سخن گفت.

عثمان‌نسخه‌های قرآن‌را بشهرهافرستاد: نسخه‌ای به کوفه ونسخه‌ای‌به‌بصره ومصحفی‌به‌مدینه ومصحفی‌به‌مکه‌ومصحفی به‌مصرومصحفی به‌شام ومصحفی‌به‌بحرین ومصحفی به‌یمن ومصحفی به‌جزیره.

ومردم را فرمود که ازیك‌نسخه قرائت کنند وسبب‌آن‌بود که‌خبریافت که مردم‌می گویند:قرآن‌آل‌فلان. پس‌خواست که یك نسخه‌باشد. وبقولی ابن مسعود این پیشنهاد را باو نوشت ولی‌چون‌خبریافت که‌عثمان قرآنهارا می‌سوزاند گفت: این‌را نخواستم. وبقولی حذیفةبن‌یمان این پیشنهادرا به‌عثمان‌نوشت. وابن مسعود رنجورشد،پس‌عثمان بعیادت‌وی آمدوباو گفت:چه سخنی‌است که‌ازتو بگوشم‌رسیده است؟ گفت: همانچه را بامن کردی گفته‌ام، تو فرمودی که اندرون مرالگدکوب کردندونمازظهر وعصر را بیهوش بودم‌و مقرری‌مرا باز گرفتی. گفت:اکنون‌برای

۱ـ ر.ك. مروج الذهب ج ۲ ص ۳۴۱ـ ۳۴۳.

قصاص آماده‌ام، پس همان کاری که باتو انجام شده‌است بامن انجام‌ده. گفت: من آنکس نیستم که درِ قصاص را بر خلفا بگشایم. گفت: این مقرری تواست، آن‌را بگیر. گفت: آنگاه که بدان نیازمند بودم آن را از من دریغ داشتی و اکنون که‌از آن بی‌نیازم آن را بمن می‌بخشی؟ نیازی بدان ندارم. پس عثمان بازگشت و ابن مسعود برعثمان خشمناك بود تا وفات کرد و عماربن یاسر بر او نماز خواند و [عثمان] در مدینه نبود، پس‌مرگ او را پوشیده داشتند و چون [عثمان] باز آمد قبر را دیدو گفت: این قبراز کیست؟ گفته شد: قبر عبدالله‌بن مسعود. گفت: چگونه پیش از اطلاع من دفن شده است؟ گفتند: عماربن یاسر بکار او رسید و گفت که خود وصیت کرده است که‌به‌عثمان اطلاع داده نشود. چیزی نگذشت که مقداد هم وفات کرد و عمار بر او نمازخواند، چه خودبه‌عمار وصیت کرده بود و عثمان را اطلاع ندادند. پس‌خشم عثمان بر عمار بالا گرفت و گفت: وای من بر پسرزن‌سیاه، راستی که اورانیك‌می‌شناختم.

عثمان خبریافت که ابوذر در نشیمن پیامبرخدامی نشیندومردم پیرامون او فراهم می‌شوند و احادیثی میگوید که باعث قدح عثمان است و نیز در درِ مسجد ایستاده و گفته است: ای مردم کسی که مرا شناخته، شناخته است و کسی که‌مرا نشناخته باشد، منم ابوذر غفاری، منم جندب بن جنادهٔ ربذی[1]، ان الله اصطفی آدم و نوحا وآل ابراهیم [وآل عمران] علی‌العالمین. ذریة بعضها من بعض والله سمیع علیم[2]، «همانا خدا برگزیده است‌آدم و نوح و خاندان ابراهیم [وخاندان عمران] را بر جهانیان. نسلی که از یکدیگر پدیده آمده‌اند و خدا شنوا و دانا است.»

محمد برگزیده از نوح است وآل ابراهیم[3] و سلالهٔ اسماعیل، و خاندان

---

۱ ـ نسخهٔ‌اصل، بدری ۲ـ س۳ ی۳۳ـ۳۴ ۳ ـ فالأول من‌ابراهیم در نسخه‌های ل. ن، ب غلط است.

هدایت کننده از محمد است، همانا که بزرگ ایشان بزرگوار است وبرتری را شایسته‌اند، گروهی که آنان در میان ما مانند آسمان بر افراخته و مانند کعبهٔ پوشیده شده یا چون قبلهٔ نصب شده یا چون خورشید درخشنده یا چون‌ماه‌رونده یا چون‌ستارگان هدایت کننده یا چون درخت زیتون که زیتونش روشنی بخشد و آتش زنه‌اش[1] مبارك باشد؛ و محمد وارث دانش آدم و برتریهای پیامبران است و علی بن ابی‌طالب وصی محمد و وارث علم او است. ای‌امت سرگردان پس از پیمبرش، هان که اگر شما کسی را که خدا پیش داشته مقدم می‌داشتید، و کسی را که خدا پس‌انداخته عقب می‌انداختید و ولایت و وراثت را در خاندان پیامبر خود می‌نهادید، البته از بالای سر و از زیر پای خود می‌خوردید ودوست خدا نادار نمی‌شد و سهمی از فرائض خدا از میان نمی‌رفت و دو نفر در حکم خدا اختلاف نمی‌کردند مگر آنکه علم‌آن را از کتاب خدا و سنت پیامبرش نزد اینان می‌یافتید، لیکن اکنون که چنین کردید پس بدفرجامی کارخود را بچشید و سیعلم الذین ظلموا ای منقلب ینقلبون[2]، «و زود است که ستمگران بدانند بچه بازگشتگاهی باز می‌گردند».

عثمان نیز خبر یافت که ابوذر از او بدگویی می‌کند و سنتهای پیامبر خداو روشهای ابو بکر و عمر را که تغییر داده و دگرگون کرده است، یاد آور می‌شود. پس‌او را به‌شام تبعید کرد ونزد معاویه فرستاد، لیکن‌ابوذردرمجلس می‌نشست و همچنان میگفت و مردم پیرامون او فراهم می‌شدند تا آنکه جمعیت شنوندگانش بسیار شدند؛ و هنگامی که نماز بامداد را میگزارد بر دروازهٔ‌دمشق می‌ایستاد و می‌گفت: شترانی که آتش بار دارند رسیدند، خدا لعنت کند امر کنندگان بمعروف و رها کنندگان‌آن را؛ و خدا لعنت کند باز دارندگان از

۱ــ زید درنسخه‌های ل، ن؛ و زبد در نسخهٔ ب غلط، و صحیح‌آن زند است. ۲ــ س ۲۶ ی ۲۳۷.

منکر و انجام دهندگان آن را.

و معاویه به‌عثمان نوشت که تو شام را بوسیلهٔ ابوذر برخود تباه ساختی. پس باو نوشت که او را بر جهازی‌بی روپوش سوار کن، بدین ترتیب اور ابه‌مدینه آورد در حالی که گوشت دو رانش ریخته بود، پس‌چون براو درآمد و گروهی‌نزد وی بودند، گفت: بمن گفته‌اند که تومی گویی: ازپیامبر خدا شنیدم که می گفت: اذا کملت بنوامیة ثلاثین‌رجلااتخذوا بلادالله دولا و عبادالله خولا و دین الله دغلا، «هرگاه‌شمارهٔ‌بنوامیه‌به‌سی‌مردرسید،سرزمینهای‌خدارا‌چون‌ملك‌شخصی زیرفرمان وبندگان خدارا چاکران ودین خدارا دغلبازی گیرند»؟ گفت: آری‌از پیامبرخدا شنیدم که‌آن رامی گفت. پس بآنان گفت: آیا شما ازپیامبرخدا شنیدید که‌آن را بگوید؟ آنگاه نزد علی بن ابیطالب فرستاد و علی نزد وی‌آمد. پس گفت: ای ابوالحسن آیا از پیامبر خدا شنیدی که‌این حدیثی راکه ابوذر حکایت می کند، بگوید؟ و قصه را برای علی باز گفت. پس علی گفت: آری. گفت: چگونه گواهی می‌دهی؟ گفت: برای گفتارپیامبر خدا: ما اظلت الخضراء ولااقلت الغبراء ذالهجة اصدق من‌ابی‌ذر، «آسمان سایه نیفکنده و زمین بر نداشته است راستگوتری از ابوذر را.» پس جز چند روزی در مدینه نماند که عثمان نزد او فرستاد که بخدا سوگند باید ازمدینه بیرون روی. گفت: آیامرا از حرم پیامبر خـدا بیرون می کنی؟ گفت: آری در حالی که خوار وزبون باشی. گفت: پس به‌مکه؟ گفت: نه. گفت: پس‌به‌بصره؟ گفت: نه. گفت: پس به کوفه. گفت: نه؛ لیکن به‌ربذه‌ای که‌از آن بیرون‌آمده‌ای تاهمانجا بمیری. ای مروان او را بیرون کن و کسی رامگذار که‌با او سخن گوید تا بیرون رود. پس اورا بر شتری همراه زن و دخترش‌بیرون کرد، پس‌علی و حسن و حسین و عبدالله بن جعفر و عمار بن یاسر برای دیـدن ابوذر بیرون‌آمدند و چون ابوذر علی را دید پیش‌رفت و دست اورا بوسیده‌سپس

گریست و گفت : من هر گاه تو را و فرزندانت را می‌بینم ، گفتار پیامبر خدا را بیاد می‌آورم ، و شکیبایی ندارم تا گریه کنم . پس علی‌رفت که با او سخن گوید لیکن مروان گفت : امیر مؤمنان نهی کرده است که کسی با او سخن گوید . پس علی‌تازیانه را بلند کرد و برروی شترمروان نواخت‌و گفت: دور شو خدایت‌بآتش کشاند . سپس او را بدرقه کرد و با او سخنانی گفت که شرح آن‌طولانی است[1].

و هر مردی از آنان با او سخن گفت و باز گشتند و مروان نزد عثمان باز آمد و در این باب میان او و علی گله مندی پیش‌آمدو سخنانی زننده بیکدیگر گفتند .

ابوذر پیوسته در ربذه بود تا وفات کرد و چون مرگ او فرا رسیددخترش باو گفت : من در اینجا تنهایم و می‌ترسم که درندگان تورا از من بربایند. گفت: هرگز ، بزودی کسانی با ایمان بر سر من حاضر شوند پس بنگر که‌آیا کسی را می‌بینی ؟ گفت : کسی را نمی‌بینم . گفت : هنوز وقت آن نرسیده . سپس گفت : بنگرآیا کسی را می‌بینی ؟ گفت : آری‌کاروانی‌را می‌بینم که‌رو بمامی‌آیند. گفت: الله اکبرخدا وپیامبرش‌راست گفتند[2]،روی مرا بقبله بگردان وهر گاه‌رهگذران رسیدند سلام مرا بآنان برسان و چون ازکار من فارغ شدند برای ایشان این گوسفند را بکش و بآنان بگو : شما را سوگند می‌دهم که نروید تا غذا خورید . سپس در گذشت و مردان کاروان رسیدند و دختر بآنها گفت: این ابوذر صحابی پیامبر خدا است که وفات کرده است. پس‌فرودآمدند و هفت نفر بودنداز جمله حذیفةبن یمان و اشتر ، و سخت گریه کردند و او را غسل دادند و کفن کردند و براو نمازخواندند واو را دفن کردند . سپس بآنان گفت : ابوذر شمارا سوگند می‌دهد که نروید تا غذا بخورید . پس گوسفند را سر بریدند وخوردند

۱ـ ر.ك. نهج‌البلاغه. ۲ـن ؛ پیامبر خدا راست گفت .

و سپس دخترش را بر داشتند و او را به‌مدینه رسانیدند.

چون وفات ابوذر به عثمان رسید، گفت: خدا ابوذر را رحمت کند. عمار گفت، آری از صمیم‌قلب ماخدا ابوذر را رحمت کند. این سخن بر عثمان‌دشوار آمد و از عمار سخنی بگوش عثمان رسید و خواست او را نیز تبعید کند. پس بنومخزوم نزد علی‌بن ابیطالب فراهم آمدند و از او کومك خواستند، علی گفت: لاندع عثمان و رأیه. «عثمان را با تصمیمش نمی گذاریم.» پس عمار درخانه‌اش نشست و سخنان بنومخزوم به‌عثمان رسید واز او صرف‌نظر کرد.

و عبدالرحمن‌بن حنبل [۱] صحابی پیامبر خدا را به قموص [۲] خیبر تبعید کرد و سبب تبعیدش آن بود که عثمان بخشنده بود و کومکهای مالی فراوان می کرد و خویشان وارحام خود را مقدم داشت و در میان مردم بخشش را برابر نهاد و مروان بن حکم بن ابی العاص و ابوسفیان بن حرب در او نفوذ داشتند و رئیس پولیس او عبدالله بن قنفذتیمی و حاجبش حمران بن ابان‌غلامش بود.

[۳] چون شش سال از خلافت عثمان سپری شد، مردم از او بد گویی کردند وکسانی در بارهٔ او بسخن آمدند وگفتند: خویشان خود را بر گزید [۴] و چراگاه را قرق کرد [۵] و با مال خدا و مسلمین خانه ساخت و مزرعه‌ها و مالها فراهم نمود، وابوذرصحابی پیامبرخدا [۶] وعبدالرحمن‌بن‌حنبل [۷] را تبعید کرد ودوتبعید شدهٔ‌پیامبر خدا حکم بن ابی‌العاص [۸] وعبدالله‌بن‌سعدبن‌ابی‌سرح راجای داد [۹] وخون‌هرمزان‌را

---

۱ ـ برادر کلدة‌بن حنبل و هر دو برادران مادری یا هم خواهر زادگان صفوان‌بن‌امیه‌بودند؛ عبدالرحمن درصفین‌با علی همراه بود (اسدالغابه ج۳ص۲۸۸). ۲ ـ ل، ب، قموس.

۳ـ ل، ص۲۰۱. ۴ـ دلائل‌الصدق ص۱۵۳ ج۳. ۵ـ دلائل‌ج۳ص۱۵۸. ۶ـ دلائل‌الصدق ج۳ص۱۷۶. ۷ـ اصابه‌ج۲ص۳۸۸؛ عبدالرحمن‌بن حسل‌جمحی‌شاعری بدگو بودوعثمان خبر یافت که او را هجو کرده است ... پس فرمود تا او را در خیبر حبس کردند ... و بقولی با شفاعت علی اورا آزاد کرد و در جمل همراه علی بود سپس در صفین بشهادت رسید.

۸ ـ دلائل‌ج ۳ ص ۱۵۰. ۹ـ دلائل‌ج ۳ ص ۱۴۲.

پا مال کرد و عبیدالله بن عمر را بجای او نکشت[1]، و ولیدبن عقبه راوالی کوفه کرد و در نماز چنان‌کاری کرد که کرد،لیکن عثمان را مانع نشد که‌باز او راپناه دهد[2] و (بناحق) سنگسار کردوآن چنان‌بود که زنی از جهینه‌را که بخانهٔ شوهر رفت و پس از شش ماه زائید سنگسار کرد ، عثمان دستور داد که او راسنگسار کنند و چون بیرون‌برده شد علی‌بن‌ابی‌طالب براودرآمد و گفت: خدای عز وجل می‌گوید : و حمله و فصاله ثلثون شهرا[3]، «وحمل انسان وازشیر گرفتنش سی‌ماه است.» و در شیر خوار گیش گفته است: حولین‌کاملین[4]، «دو سال‌کامل.» پس‌عثمان بدنبال زن‌فرستاد و معلوم شد که سنگسارشده‌و مرده‌است ومردهم بفرزنداعتراف کرد.مردم شهرها برعثمان وارد شدند و سخن گفتند و عثمان خبر یافت که‌مردم مصر مسلح رسیده‌اند. پس عمرو بن عاص را نزد ایشان فرستاد و با آنان سخن گفت و بایشان اطمینان داد که عثمان بآنچه می‌خواهید باز می گرددسپس آن‌را برای ایشان نوشت و باز گشتند . پس به‌عمروبن عاص گفت : بیرون رووتزدمردم مرا تبرئه کن. پس عمرو بیرون رفت و بمنبر برآمد و مردم‌را عموماً فرا خواند و چون مردم فراهم آمدند خدا راستایش کرد و او را سپاس گفت سپس محمد را بآنچه شایستهٔ‌آن است یاد کرد و گفت : خدای او را از راه رأفت و مهربانی بپیامبری برگزید پس پیام خدارا رسانید و مردم را نصیحت کرد و در راه خدا با حکمت و موعظهٔ نیکو جهاد کرد ؛ آیا [چنین] نبود؟ گفتند : چرا خدایش پاداش دهد بهترین پاداشی که پیامبری را از امتش داده است . سپس گفت:وپس از او مردی زمامداری یافت که در میان رعیت دادگری کرد و و بحق داوری نمود، آیا چنین نبود؟ گفتند : چرا، پس خدا جزای خیرش دهد . گفت : سپس اعسر[5] کاج ، پسرحنتمه بحکومت رسید و زمین پاره‌های جگرش را برای‌او آشکار

---

۱ ـ دلائل ج۳ص۱۸۳. ۲- دلائل ج۳ص۱۴۲ . ۳ـ س۴۶ی۱۵. ۴ـ س۲ ی۲۳۳. ۵ـ اعسر : کسی که بادست چپ کارمی‌کند.

ساخت و گنجهای پنهانش را برای او بیرون داد ، پس از دنیا رفت و عصای خود راهم عوض نکرد .آیا چنین نبود ؟ گفتند : چرا، پس خدایش جزای خیر دهد . گفت : پس عثمان حکومت یافت ، پس شما گفتید و او هم گفت ، شما او را سرزنش می کنید واو خود را معذور می شمارد ؛ آیا چنین نیست ؟ گفتند :چرا . گفت : پس بر او شکیبایی کنید چه کودك بزرگ می‌شود و لاغر فربه می گردد وشایدپس انداختن امری‌بهتر از پیش‌انداختن‌آن باشد. سپس فرودآمدوبستگان عثمان بر او درآمدند و باو گفتند : آیا هیچکس مانند عمرواز تو بدگویی کرد؟ و چون عمرو بر او درآمد، گفت : ای پسر نابغه ، بخدا سوگند جزآنکه مردم‌را علیه من تحریك کردی چیزی نیفزودی . گفت : بخدا سوگند که دربـاره ات بهترین چیزی که می‌دانستم گفتم ، تو حقوق مردم را پامال کردی و مردم حق‌تو را ، پس اگر عدالت نمی‌ورزی ازکار برکنار شو . گفت ای پسر نابغه، از روزی که تو را از مصر برداشتم زرهت شپش گرفته است.

مردمی که از مصرآمده بودند ، رهسپار مصر شدند و چون مسافتی‌پیمودند شتر سواری رادیدند و باوبدگمان شدند و اورا تفتیش کردند و نامه‌ای از عثمان بجانشینش عبدالله‌بن سعدبا اویافتند که هرگاه‌اینان به‌مصر رسیدند دستهاو‌پاهای ایشان را ببر . پس باز آمدند و بر نا فرمانی و ایستادگی همداستان شدند و از محمدبن ابی‌بکر ومحمدبن ابی‌حذیفه‌و کنانة‌بن بشر وابن عدیس[1] بلوی ، دستـور می گرفتند،پس‌به‌مدینه بر گشتند.

میان عثمان و عایشه رنجشی پدیده‌آمده بود چه عثمان مقرری او راکـه عمر می‌داد کم کردو دیگر زنان پیامبر خدارا با او برابر گردانید . عثمان‌روزی خطبه می‌خواند که عایشه‌پیراهن پیامبر خدارا بیاویخت و فریاد کرد : ای گروه

---

۱ ـ طبری ، عبدالرحمن‌عدیس بلوی . ودر جای دیگر ، عبدالرحمن بن‌عدیس تجیبی .

مسلمانان، این جامهٔ پیامبر خدا است که کهنه نگشته ولی عثمان سنت او را کهنه کرده است. پس عثمان گفت: پروردگارامکر این زنان‌را از من بگردان همانا مکر ایشان بزرگ است.

و ابن عدیس بلوی عثمان را در خانه‌اش محاصره کرد. پس آنان را بخدا سوگند داد،سپس کلیدهای خزینه‌ها راخواست، پس آنها را نزد طلحة‌بن عبیدالله آوردندو عثمان در خانه‌اش محاصره بود و بیش از همه طلحه وزبیر و عایشه‌مردم را علیه او تحریك می کردند.پس به‌معاویه نوشت و از او خواست که با شتاب نزد وی‌آید. پس معاویه با دوازده‌هزار رهسپار مدینه شد،سپس گفت: بجای خود در مرزهای شام بمانید تامن نزد امیرالمؤمنین بروم‌و ازکاراو نیك‌آگاه گردم.پس‌نزد عثمان آمد و چون از شمارهٔ لشکر پرسید، گفت: آمده‌ام که رأی تو را بدانم وآنگاه نزدآنان بازگردم وایشان را به‌مدینه‌آورم. عثمان گفت: نه بخدا قسم، لیکن تو خواستی که من کشته شوم پس‌بگویی که منم‌صاحب‌خون، برگردومردم را نزدمن برسان. پس بازگشت وبسوی او بازنیامدتا کشته شد.

مروان نزد عایشه رفت و گفت: ای ام‌المؤمنین،کاش بپا می‌خواستی‌ومیان این مرد و مردم سازش می‌دادی. گفت. من وسایل سفرم را آماده کرده‌ام و می خواهم بحج بروم. گفت: بجای هر درهمی که خرج کرده‌ای دو درهم بتو داده می‌شود. گفت: شاید تو گمان می کنی که من عثمان را نمی‌شناسم، بخدا قسم دوست داشتم که او پاره پاره در جوالی‌از جوالهای من بود ومی‌توانستم‌اوراحمل کنم و بدریا افکنم.

عثمان چهل روز محاصره بود و دوازده شب مانده از ذی‌الحجهٔ سال ۳۵ در هشتادوسه‌سالگی‌وبقولی‌هشتادوشش‌سالگی کشته‌شدو کشندگانش‌محمدبن‌ابی‌بکر ومحمدبن[ابی]حذیفه وابن‌حزم و گفته شده کنانة بن بشرتجیبی وعمرو بن حمق خزاعی و عبدالرحمن بن عدیس بلوی و سودان بن حمران بودند و سه روز بود

که بخاك سپرده نشد ودفن او بدست حکیم بن حزام و جبیربن مطعم وحویطب ابن عبدالعزی و پسرش عمرو بن عثمان انجام یافت و شبانه در مدینه در جایی معروف به حُش" کوکب دفن شد و این چهار نفر بر او نماز خواندند و بقولی کسی بر او نماز نخواند وبقولی یکی از چهار نفر بر او نماز گزارد؛ پس بدون نماز دفن گردید و دوران او دوازده سال بود.

عثمان در تمام دورانش با مردم حج گزارد مگر در سال اول که سال ۲٤ بود وعبدالرحمن بن عوف با مردم بحج رفت؛ وسالی که در آن کشته شد که سال ۳۵ باشد و عبدالله بن عباس امیر حاج بود.

عثمان دارای هفت فرزند ذکور بود: عمرو، عمر، خالد، ابان، ولید، سعید و عبدالملك.

شمایل عثمان بن عفان[1]

عثمان متوسط القامه و خوشرو بود، بشره‌ای لطیف وریشی پر مو و بزرگ داشت، گندم گون و استخوانهای مفاصل درشت و پر شانه، و پر موی سر بود، دندانهای خود را بطلا محکم کرده و ریش خود را زرد می کرد.

عمال عثمان بر یمن یعلی بن منیهٔ تمیمی[2] بود، و بر مکه عبدالله بن عمرو حضرمی، وبر همدان جریر بن عبدالله بجلی، وبر طائف قاسم بن ربیعهٔ ثقفی، و بر کوفه ابوموسی اشعری، و بر بصره عبدالله بن عامر بن کریز، و بر مصر عبدالله ابن سعد بن ابی سرح، و بر شام معاویة بن ابی سفیان بن حرب.

فقیهان دوران عثمان: امیرالمؤمنین علی بن ابیطالب بود و عبدالله بن مسعود و ابی بن کعب، وزیدبن ثابت و ابوموسی اشعری و عبدالله بن عباس و ابو الدرداء و ابوسعید خدری وعبدالله بن عمروسلمان بن ربیعهٔ باهلی.

۱ـ ل، ص۲۰۵. ۲ـ یعلی بن امیة بن ابی عبیدهٔ تمیمی حنظلی معروف به یعلی بن منیه، چون مادرش منیه دختر غزوان وخواهر عتبة بن غزوان است (اسدالغابه).

خلافت امیرالمؤمنین علی بن ابیطالب[1]

علی بن ابیطالب بن عبدالمطلب ، مادرش فاطمه دختر اسدبن هاشم بن‌عبد-مناف، روز سه‌شنبه هفت شب مانده از ذی‌الحجهٔ سال ۳۵، و از ماههای عجم در حزیران بخلافت برگزیده شد؛ وآن روز ، خورشید در جوزاء بود ۲۶ درجه و ۴۰ دقیقه، وقمر در دلو ۱۸ درجه و۴۰ دقیقه، وزحل‌در سنبله ۲۵ درجه ، ومریخ در جدی ۷ درجه ......

طلحه و زبیر و مهاجران و انصار با او بیعت نمودند و نخستین کسی که بااو بیعت کرد و دست بر دست وی زد ، طلحة بن عبیدالله بود. پس مردی از بنی اسد[2] گفت: نخستین دستی که بیعت نمود دستی‌فلج یا دستی ناقص است. واشتر بپاخاست و گفت : ای امیر مؤمنان با تو بیعت می کنم که بیعت مردم کوفه بر عهدهٔ من باشد . سپس طلحه و زبیر بپا خاستند و گفتند: ای امیر مؤمنان ما نیز باتو بیعت می کنیم برآنکه بیعت مهاجران در عهدهٔ ما باشد . سپس ابوالهیثم‌بن‌تیهان و عقبةبن عمرو و ابوایوب برخاستند و گفتند : با تو بیعت می کنیم بر آنکه بیعت انصارو سایر قریش بر ماباشد ، و مردم بیعت نمودندمگرسه نفر ازقریش[3]:مروان

---

۱ ـ ل؛ ص ۲۰۶.   ۲ ـ کامل؛ حبیب‌بن ذؤیب.   ۳ ـ مروج الذهب ج ۲ ص ۳۶۱ ، گروهی عثمانی از بیعت علی امتناع ورزیدند و جز کناره گیری از این کار را شایسته ندیدند ، از اینان بود سعد بن ابی وقاص و عبدالله بن عمر که بعدها با یزید و نیز با حجاج برای عبدالملك بیعت کرد و قدامةبن مظعون و اهبان بن صیفی و عبدالله بن سلام و مغیرةبن شعبهٔ ثقفی ، و از انصار کعب بن مالك و حسان‌بن ثابت که هر دو شاعر بودند و ابو سعید خدری و محمدبن مسلمه حلیف بنی عبدالاشهل [و یزیدبن ثابت و رافع‌بن خدیج‌ونعمان‌بن←

ابن‌حکم و سعید بن عاص و ولیدبن عقبه که زبان آنان بود، پس گفت : تو بر همهٔ ما ستم کرده‌ای، اما من ، پدرم را در روز بدر دست بسته گردن زدی؛ واما سعید پس پدرش را روز بدر کشتی و حال آنکه پدرش از برجستگان قریش بود ؛ واما مروان پس پدرش را دشنام دادی و از عثمان هنگامی که او را نزد خویش آورد بد گفتی [....] بر آن بنو عبد مناف پس بیعت ما را بپذیر بدان شرط که آنچه را بدست آورده‌ایم ازما بنهی و از آنچه در تصرف ماست مارامعاف داری و کشندگان عثمان را بکشی . پس علی بخشم آمد و گفت:

اما ماذکرت من وتری ایاکم فالحقّ و ترکم ؛ و اما وضعی عنکم ما اصبتم[1] فلیس لی ان اضع حق الله؛ و اما اعفائی عمافی ایدیکم فماکان لله و للمسلمین فالعدل یسعکم ؛ و اما قتلی قتلة عثمان فلولزمنی قتلهم الیوم لزمنی قتالهم غداً ؛ و لکن لکم ان احملکم علی کتاب الله و سنة نبیه فمن ضاق علیه الحق فالباطل علیه اضیق ؛ و ان شئتم فالحقوا بملاحقکم .

«اما آنچه یادآور شدی که من از شما کشته و بر شما تاخته‌ام پس حق با شما چنان کرده است؛ و اما نهادن من از شما آنچه را بدست آورده‌اید، پس مرا نمی رسد که از حق خدا بگذرم ؛ و اما معاف کردن من شمارا از آنچه در تصرف دارید ، پس آنچه مال خدا و مسلمانان باشد ، عدالت شما را فرا می گیرد؛ و اما

→بشیر] و فضالة‌بن عبید و کعب‌بن‌عجره و مسلمة بن خالد و دیگرانی از عثمانیان از انصار و جز آنان از بنی امیه و دیگران که آنهارا نام نبردیم . کامل ج ۳ ص ۹۸ ؛ پس از ذکر بیعت نکردن سعدبن ابی وقاص و عبدالله بن عمر می گوید: و انصار بیعت نمودند مگر چندنفری، از جمله؛ حسان بن ثابت و کعب بن مالك و مسلمة بن مخلد و ابو سعید خدری و محمدبن مسلمه و نعمان‌بن بشیر و زیدبن ثابت و رافع‌بن خدیج و فضالة ابن عبید و کعب بن عجره و اینان عثمانی بودند ..... و نیز عبدالله بن سلام و صهیب بن سنان و سلمة‌بن سلامة بن وقش و اسامة بن‌زید و قدامة‌بن مظعون و مغیرة‌بن شعبه بیعت نکردند، نعمان‌بن بشیر هم انگشتهای قطع شدهٔ نائله زن عثمان و پیراهنی که عثمان در آن کشته شده بود بر داشت و به‌شام گریخت .

۱ ــ ن : عمافی‌ایدیکم.

کشتن من کشندگان عثمان را ، پس اگر امروز کشتن آنان بر من واجب باشد ، فردا هم نبرد با آنان برمن واجب خواهد بود، لیکن شما راست که شما را بر کتاب خدا و سنت پیامبرش وا دارم ، پس هر که حق بر او تنگ آید باطل بر او تنگتر خواهدآمد و اگر هم بخواهید پی کار خود بروید .» پس مروان گفت: بلکه با تو بیعت می کنیم و باتومی‌مانیم تا ببینی و ببینیم.

و مردانی [از انصار] بپاخاستند و سخن گفتند ونخستین کس که سخن گفت ثابت بن‌قیس‌بن شماس انصاری خطیب انصار بود ، پس گفت : بخداسوگند ای امیر مؤمنان اگر در زمامداری از تو پیش‌افتادند پس در دین از تو پیش‌نرفتند ؛ واگر دیروز برتوسبقت گرفتند ، امروز بآنان رسیدی ؛ و آنان و تو چنان‌بودید که شأنت پنهان ومقامت ناشناخته نبود ، در آنچه نمی دانستند بتو نیاز داشتند و تو بادانشت بکسی نیاز نداشتی .

سپس خزیمة بن ثابت انصاری‌ذوالشهادتین برخاست و گفت : ای‌امیرمؤمنان برای این کار خود جز تو را نیافتیم وبازگشت جز بتو نبود و اگر در بارهٔ تو با خودمان راستی کنیم، توئی پیشترین مردمان در ایمان و داناترین مردمان بخدا و سزاوارترین مؤمنان بپیامبر خدا ، تو آنچه دارند داری و آنان آنچه تو داری ندارند .

و صعصعة بن صوحان بپا خاست و گفت: بخدا سوگند ای امیرمؤمنان که تو خلافت راآراستی وآن تو را نیاراست، و تو مقام آن را بالا بردی نه‌آن مقام تو را،وآن بتو نیازمندتر است تا تو بآن .

سپس مالك‌بن حارث اشتر ایستاد و گفت : ای مردم این است وصی‌اوصیاء و وارث علم انبیاء ،آنکه (در راه خدا) بس گرفتاری کشید و نیك امتحان داد، آنکه برای او کتاب خدا بایمان گواهی داد و پیامبرش ببهشت رضوان ، کسی که فضایل در او بکمال رسیده و در سابقه و علم وبرتریش نه اواخر شك دارند

و نه اوائل.

سپس عقبة بن عمرو ایستادو گفت: که راست روزی مانند روز عقبه و بیعتی چون بیعت رضوان ؟ وپیشوایی هدایت کننده تر [که] از بیداد او ترسی نیست و دانائی که بیم‌نادانیش نمی‌رود.

علی عمال عثمان‌را از شهرها برداشت مگرابوموسی اشعری که‌اشتر راجع باوباعلی سخن گفت، پس اورا سر کارش گذاشت. قثم‌بن عباس راوالی مکه ساخت و عبیدالله بن عباس را والی یمن و قیس‌بن سعدبن عباده را والی مصر و عثمان بن حنیف را والی بصره. وطلحه و زبیر نزد وی آمدند و گفتند: پس‌از پیامبرخدا برما جفا شد اکنون مارا درکارخود شریك گردان. گفت: انتما شریکای‌فی‌القوة والأستقامة عونـای علی‌العجز و الأود، «شما در نیرومندی و راستی دو شریك منید و بر ناتوانی و گرانباری دویاور من.» وبعضی روایت کرده‌اند که‌فرمانداری یمن‌را به‌طلحه وازیمامه وبحرین را به‌زبیرداد لیکن چون حکم‌ایشان را بایشان داد بدو گفتند: ازاین‌صلهٔ رحم‌جزای‌خیربینی. گفت: وانتما وصلتکمابولایةامور۔ المسلمین، «زمامداری برمسلمانان‌را باصلهٔ رحم‌چه‌کار!» و حکم را ازآن دو پس گرفت پس‌ازاین‌کاربرآشفتندو گفتند: (دیگران‌را) برما برگزیدی. گفت: اگر حرص‌شماآشکارنمی گشت‌مرادربارهٔ‌شماعقیده‌ای‌بود.وبعضی‌روایت کردند که‌مغیرة ابن‌شعبه باو گفت: ای‌امیرمؤمنان، طلحه‌را به یمن و زبیر را به بحرین فرست و حکم‌فرمانداری شام‌را برای معاویه‌بنویس وهرگاه‌کارها برایت روبراه شد هرچه دربارهٔ ایشان‌خواستی‌بکن. پس‌علی‌دراین‌موضوع باو پاسخی داد[1] ومغیره گفت: بخداسوگندپیش‌ازاین اورا نصیحت‌نکرده‌ام وبعدازاین‌هم نصیحت نخواهم کرد.

عایشه درمکه بودوپیش‌از کشته شدن‌عثمان رفته بودپس چون حج‌خودرا

---

۱ ـ ل، پ ص ۲۰۹، وهوکلام الله، و ماکنت متخذالمضلین عضداً. س۱۸ی۴۹

بانجام رسانید رهسپار مدینه شد ودر بین راه‌بود که ابن‌ام کلاب باو برخورد ، پس باو گفت : عثمان چه کرد ؟ گفت : کشته شد . گفت : دور ورانده باد . سپس گفت : مردم با که بیعت کردند ؟ گفت : باطلحه . گفت : آفرین برذوالأصبع. سپس دیگری باوبرخورد،پس گفت : مردم چه کردند؟ گفت: با علی بیعت کردند. گفت بخدا سوگند دیگر باك نداشتم که آسمان بزمین آید . سپس به‌مکه باز گشت .

چند روزی‌علی ماند و سپس طلحه وزبیر آمدند و گفتند : ما قصد عمره داریم ، ما را اذن ده بیرون رویم . و بروایت بعضی علی بآندو یا بکسی‌ازاصحاب خود گفت : و الله ماارادااالعمرة و لکنهما ارادا الغدرة، « بخدا قسم قصد عمره نداشتندلیکن‌قصدبیعت شکنی‌داشتند.» پس‌درمکه به‌عایشه پیوستندو اورابجنگ باعلی تشویق کردند.پس‌نزد ام سلمه دخترابی امیه همسر پیامبرخداآمد و گفت: پسر عمویم و شوهر خواهرم بمن خبر داده‌اند که عثمان بی گناه کشته شده و بیشتر مردم ببیعت علی راضی نبوده و گروهی از مردم بصره مخالفت ورزیده‌اند، پس اگرباما همراه می‌شدی شاید خدا امر امت محمدرا بدست مااصلاح‌می کرد. ام سلمه باو گفت : ستون دین با دست زنان بپا نمی‌شود ، ستوده‌های زنان فرو افکندن دیدگان و پنهان داشتن اطراف بدن و کشیدن دامنها است ، همانا خدا این‌کار را از من و تو برداشته است ، چه می گویی اگر پیامبرخدادر کناره های بیابان تورا سر زنش کند که حجابی را که خدا بر تو نهاده بود پاره کردی ؟ پس منادی او فریاد کرد بدانید که ام‌المؤمنین ماندنی است پس بمانید. وطلحه وزبیر او را فرا خواندند و از رأیش باز داشتند و بر خروج وا دارش کردند و بمخالفت باعلی همراه‌طلحه و زبیر و گروهی انبوه رهسپار بصره شد و یعلی‌بن منیه مالی‌از مال یمن‌آورد که گفته شده‌مبلغ آن چهارصدهزار دینار بود و طلحه و زبیر آن‌را از او گرفتند و بآن کومك‌جستند و رهسپار بصره شدند . لشکر شبانه بآبی‌رسید

که بآن ماءالحوأب[1] گفته‌می‌شد وسگهای آن بروی ایشان فریاد زدند. پس‌عایشه گفت: این چه‌آبی است ؟ کسی گفت : ماءالحوأب. گفت: اناالله و انا الیه‌راجعون، مرا بازگردانید ، مرا بازگردانید ، این همان‌آبی است که پیامبر خدابمن گفته است : لاتکونی‌التی‌تنبحك کلاب‌الحوأب ، « توآن زن مباش که سگهای حوأب بروی توفریاد زنند. » پس چهل مرد نزدوی‌آوردند وآنان بخدا سوگند خوردند که‌اینجاماءالحوأب‌نیست. ولشکریان به‌بصره‌رسیدندوعامل علی‌عثمان‌بن‌حنیف‌بود، پس‌عایشه وهمراهانش را از ورود به‌بصره‌جلوگرفت : طلحه‌و زبیر گفتند:مابرای جنگ نیامده بلکه برای صلح آمده‌ایم . پس میان خود و عثمان پیمان نامه ای نوشتند که تا رسیدن علی دست بکاری نبرند و هر دسته‌ای از دیگری در امان باشد؛ سپس پراکنده شدند و عثمان بن حنیف [سلاح را] نهاد.پس ریش وشارب و مژه‌های چشمان و ابروان او را کندند و بیت‌المال را بغارت بردند و هر چه درآن بود ربودند. پس‌چون هنگام نماز رسید میان طلحه و زبیر نزاعی‌درگرفت و هر یك ازآن دو جامۀ دیگری راکشید تاوقت نماز از دست‌رفت و مردم‌فریاد زدند: نماز ، نماز ، ای اصحاب محمد . پس عایشه گفت : روزی محمدبن طلحه و روزی عبدالله بن زبیر نماز بخوانند و براین سازش نمودند .

چون علی خبر یافت رهسپار بصره شد و در مدینه ابوحسن بن عبد عمرو یکی از بنی نجار را جانشین گذاشت و از مدینه بیرون رفت و چهار صد سواراز اصحاب پیامبر خدا همراه داشت . پس چون بزمین اسد وطیّ رسیدند ششصدنفر از ایشان همراه وی شدند؛ سپس به‌ذی‌قار رسید و حسن و عماربن یاسررا فرستاد تا اهل کوفه‌را براه اندازند ودرآن موقع‌عامل علی‌بر کوفه ابوموسی اشعری بود، پس‌مردم‌را از یاری‌علی باز داشت و فقط شش هزار نفر از کوفیان به‌علی‌پیوستند

۱ـ ل.: مرالحوأب.

و عثمان بن‌حنیف بر او در آمد و گفت: ای امیرمؤمنان مرا باریش فرستادی و بی ریش نزد تو باز آمدم، وداستان را بدو باز گفت. سپس امیرالمؤمنین وارد بصره شد وجنگ جمل درجایی بنام «خریبه» درجمادی‌الاولی سال ۳۶ روی داد.

طلحه و زبیر با همراهان خود بیرون آمدند و آماده بجنگ شدند پس علی نزد ایشان فرستاد که چه می‌جوئید و چه می‌خواهید؟ گفتند خون عثمان را می‌خواهیم. علی گفت: لعن‌الله قتلة عثمان، «خدا کشندگان عثمان را لعنت کند.» اصحاب علی نیز بصف ایستادند پس بآنان گفت: لاترموابسهم ولاتطعنوا برمح ولا تضربوا بسیف[....] اعذروا، «تیری نیندازید و نیزه‌ای بکار نبرید و شمشیری نزنید[....] اتمام حجت کنید.»

پس مردی از لشکر دشمن تیری انداخت و مردی از اصحاب امیرالمؤمنین را کشت و کشتهٔ او را نزد علی آوردند. پس گفت: اللهم اشهد، «خدایا گواه باش.» سپس مردی دیگر تیراندازی کرد و به‌عبدالله بن بدیل بن ورقاء خزاعی رسید و او را کشت پس برادرش عبدالرحمن اورا بر داشت و نزد علی آورد. پس گفت: اللهم اشهد، «خدایا گواه باش.» سپس جنگ آغاز شد وبنوضبه پیرامون شتر را گرفتند و پرچم را نیز بدست داشتند، پس دو هزار از آنان کشته‌شد و ازدپیرامون جمل را گرفتند و دو هزار و هفتصد کشته دادند و کسی مهار شتر را نمی گرفت مگر آنکه جان بر سر این کار می‌نهاد، پس طلحة بن عبیدالله درمعرکه کشته شد، مروان ابن‌حکم تیری بسوی او انداخت و او را از پا درآورد و گفت: بخدا سوگند پس از امروز خون عثمان را نخواهم خواست و من او را کشتم. پس طلحه چون بیفتاد گفت: بخدا سوگند هرگز مانند امروز پیر مردی از قریش را بیچاره تر از خود ندیدم، من بخدا سوگند هرگز در موقفی جز این موقف نایستادم مگر آنکه جای پای خودرا در آن شناختم.

و علی بن ابیطالب به‌زبیر گفت: یا ابا عبدالله ادن الی اذکرک کلا ماسمعته انا

و انت من‌رسول‌الله، « ای‌ابوعبدالله نزدیك من آی تا سخنی را که مـن و تو از پیامبر شنیده‌ایم بیاد توآورم.» زبیر به‌علی گفت: درامانم؟علی گفت: در امانی. پس زبیر نزد وی آمد و علی آن سخن را بیاد او داد. زبیر گفت: خدایا من جز در این ساعت‌این‌را بیاد نداشتم. و عنان اسب خود را بر گرداند تا باز گردد. پس عبدالله باو گفت: کجا؟ گفت: علی سخنی را که پیامبر خدا گفته بود بیاد مـن آورد. گفت: نه چنین است، بلکه شمشیرهای برندهٔبنی‌هاشم بدست مردانی‌دلاور چشم تو را خیره کرد. گفت: وای بر تو آیا مانند من بید دلی سرزنش می‌شود؟ برای من نیزه‌ای بیـاورید. پس نیزه را گرفت و بر اصحاب علی حمله برد. علی گفت: افرجواللشیخ فانه‌محرَج، « برای پیرمرد راه باز کنید که او را بـحرج افکنده‌اند.»

پس میمنه و میسره و قلب را شکافت،سپس بازگشت و بپسرش گفت: ای بی‌مادر،آیا بددل چنین کاری می کند؟ زبیر از معرکه کنار گرفت و گذارش به احنف‌بن‌قیس افتاد پس گفت: مانند این مردندیدم، ناموس رسول خدا را تاباینجا کشانید و حجاب پیامبر خدا را از او فرو هشت و ناموس خود را در خانهٔ خود پوشیده داشت سپس او را واگذاشت و کناره گیری کرد؛ آیا مردی نیست که حق خدا را از او بگیرد؟پس عمروبن جرموزتمیمی او را تعقیب کرد و درجایی که «وادی السباع» گفته می‌شود او را کشت. جنگ درچهار ساعت روز بـود و بعضی روایت کرده‌اند که در آن روز سی و چند هزار کشته شد سپس منـادی علی فریاد کرد: هان، زخمداری کشته نشود، وگریزنده‌ای را دنبال نکنند، و بروی پشت کننده‌ای نیزه‌نزنند، و هرکس سلاح را بیندازد در امان است، وهر کس در خانه‌اش را ببندد در امان است. سپس سیاه و سرخ را امان داد و ابـن عباس را نزد عایشه فرستاد و او را فرمود که بازگردد. پس چون ابن عباس براو درآمد گفت: ای پسر عباس دومـرتبه در سنت خطا کردی: بی‌اذنم بخانه‌ام در-

آمدی، و بی‌آنکه بفرمایم بروی فرشم نشستی. گفت: سنت را ما بتو آموخته‌ایم، همانااین خانه‌خانه‌ات نیست، خانه‌ات همان است که پیامبرخدا تورا درآن بجای گذاشت و قرآن تو را فرمود که در آن قرار گیری. و میان آندو سخنی پیش آمد که‌جای‌آن‌غیراینجااست. عایشه در خانهٔ عبدالله‌بن خلف خزاعی که [پسرش معروف] به «طلحة‌الطلحات» است بود که علی نزد وی آمدو گفت: ایهاًیاحمیراء، الم‌تنهی عن‌المسیر؟ «هان حمیراء، مگر از ره سپردن نهی نشدی؟» گفت:ای پسر ابی‌طالب ، اکنون که دست یافته‌ای ببخش[1]. پس گفت: اخرجی‌الی المدینة و ارجعی الی‌بیتك‌الذی امرك رسول‌الله‌ان تقری فیه، «برو به‌مدینه وباز گرد بهمان خانه‌ات که پیامبرخدا تورا فرموده است که درآن‌آرام گیری». گفت : می کنم. پس‌هفتاد زن‌ازعبدالقیس درلباس‌مردانه همراهش فرستاد تااورابه‌مدینه‌رسانیدند.

علی‌مردم‌را درعطا برابر نهاد و کسی را بر کسی برتـری‌نداد و موالی را چنان عطا داد که‌عرب اصلی را، ودر این باب با او سخن گفتند پس در حالی که چوبی از زمین برداشت وآن را میان دوانگشت خود نهاد گفت : قرأت مابین‌ـ الدفتین فلم اجدلولد اسماعیل علی ولد اسحاق فضل هذا ، « تمام قرآن‌را تلاوت کـردم و برای فرزندان اسماعیل بر فرزندان اسحاق باندازهٔ این‌چوب برتری نیافتم» .

چون‌علی‌ازجنگ‌جمل فراغت یافت، جعدة‌بن هبیرة بن ابی وهب‌مخزومی را به‌خراسان فرستاد و ماهویه مرزبان مرو بر او درآمد. پس برای او نوشته‌ای نگاشت وپیشنهادهای او را امضا کرد و او را فرمود که از خراج همانچه رادر عهدهٔ او نهاده بـود حمل کند، پس مـالی را بقرار همـان وظیفهٔ پیشین بسوی او حمل کرد .

علی‌ازبصره‌بیرون‌آمد ورهسپار کوفه‌شد ودر رجب سال۳۶ به کوفه‌درآمد[2]

۱ـ قدرت (ملکت) فاسجح. ر.ك. مجمع‌الأمثال، ونهایه . ۲ ـ ل ؛ ص ۲۱۴

وجریر بن عبدالله بجلی حکومت همدان داشت پس او را عزل کرد، آنگاه به‌علی گفت: مرا نزد معاویه فرست چه بیشتر همراهان او قبیلهٔ من‌اند و شاید من آنها را براطاعت توفراهم سازم. پس اشتر باو گفت: ای امیرمؤمنان او را مفرست چه هوا خواه آنان است. گفت: دعه یتوجه فان نصح کان ممن أدی امانته و ان‌داهن کان علیه وزرمن أوتمن ولم یؤدالامانة و وثق به فخالف الثقة، ویا ویحهم مع من یمیلون ویدعوننی فوالله ما اردتهم الا علی اقامة حق ولایرید هم غیری الاعلی باطل، «بگذار او را برود، پس اگر صداقت ورزید از کسانی خواهد بود که امانت خود را بانجام رسانیده است، و اگر خیانت ورزید گناه کسی براوخواهد بود که امین شمرده شود و امانت را نرساندو باو اطمینان شود و مخالف‌اطمینان رفتار کند. افسوس بر ایشان، بکه می گروند و مرا وا می گذارند؟ بخداسوگند ایشان را نخواسته‌ام مگر برای بپا داشتن حق و جز من ایشان را نمی خواهد مگر در راه‌باطل».

پس جریر برمعاویه درآمد و او نشسته و مردم پیرامون‌وی بودند، آنگاه نامهٔ علی را باو داد تا آن را خواند سپس جریر برخاست و گفت: ای مردم شام هماناکسی که کم او را سود ندهد، بسیار هم باو سودی نرساند، اندکی پیش در بصره جنگی بود که اگر دیگر بار چنان بلایی پیش آید اسلامی نماند، ازخدا بترسید ای مردم شام و در بارهٔ علی و معاویه نیك بنگرید[1] پس صلاح خویش را ببینید و البته برای شما از خودتان دلسوزتری نیست. سپس خاموش شد و معاویه نیز خاموش ماند و سخن نراند، پس گفت: ای جریر اندکی مرا مجال ده.

معاویه همان شب نزد عمروبن عاص فرستاد که پیش او آید و باو نوشت: اما بعد، در میان علی و طلحه و زبیر و عایشه همان پیش آمدی بانجام رسید که از آن خبر یافته‌ای و اکنون مروان با گروهی از مردم بصره مخالف حکومت

۱ـل، پ، ص۲۱۴: معاویه کجا، علی کجا، و مردم شام کجا، مهاجران وانصار کجا!

علی نزد ما آمده‌اند وجریربن عبدالله نیز رسیده‌است تابرای علی بیعت بگیرد، من خود را نگه داشته‌ام تا نزد من آیی پس بر برکت خدای متعال وارد شو. چون نامه باو رسید پسرانش عبدالله و محمد را فرا خواند و با آندو مشورت کرد. عبدالله باو گفت: ای پیرمرد، پیامبر خدا از تو خشنود درگذشت و ابوبکر وعمر از تو خشنود مردند و تو اگر دین خود را بدنیای اندکی که نزد معاویه بر آن دست یابی، تباه سازی، هر دو فردا در بستر آتش خواهید غنود. سپس به‌محمد گفت: چه نظر داری؟ گفت: در این کار شتاب کن و پیش از آنکه در آن کهتر شوی، مهتر باش. پس عمرو چنین سرود:

تطاول لیلی للهموم الطوارق ‌ ‌ و خوف‌التی تجلو وجوه‌العوائق[1]
فان[2] ابن هند سالنی ان ازوره ‌ ‌ وتلك التی فیها بنات البوائق
اتاه جریر من علی بخطة ‌ ‌ امرّت‌علیه‌العیش مع کل ذائق[3]
فان نال منه‌مایؤمّل ردّه ‌ ‌ وان[4] لم ینله ذلّ ذلّ المطابق
فوالله لاادری و انی‌لهکذا[5] ‌ ‌ اکون و مهما قادنی فهو سائقی
أأخدعه فالخدع فیه دنیّة[6] ‌ ‌ ام اعطیه من‌نفسی نصیحة وامق؟
امأجلس[7] فی بیتی و فی‌ذاك راحة ‌ ‌ لشیخ‌یخاف[الموت]فی کل‌شارق
و قد قال عبدالله قولا تعلقت ‌ ‌ به النفس ان لم تعتقلنی[8]عوائقی
و خالفه فیه اخوه محمد ‌ ‌ وانی لصلب العود عند الحقائق

«شبم‌برای اندیشه‌های شبانه‌و از ترس‌آن پیشامدی که روهای دوشیزگان را آشکار می‌سازد، بدرازا کشید، چه پسر هند از من خواست تا از او دیدن کنم و همان است که بلاها و بدیها را بهمراه دارد، جریر از نزد علی فرمانی بر سر

۱ـ شرح حدیدی‌ج ۱ص ۱۳۶ : العوائق. ۲ـ = وان. ۳ ـ ل، ب :دانق.
۴ ـل، ب : فان. ۵ ـ شرح‌حدیدی : و ماکنت هکذا. ۶ ـ = اخادعه ان الخداع‌دنیة.
۷ ـ — ام اقعد. ۸ ـ = تقتطعنی. ل، ب : یعتقلنی.

او آورد که زندگی را در کام او تلخ کرد، پس اگر بر آنچه از او آرزو دارد دست یافت او را باز گرداند، و اگر بآن نرسد چون فروتنی خواری کند. پس بخدا سوگند نمی‌دانم و من همچنین بوده‌ام و هرچه مرا بکشد پس همان رانندهٔ من است، آیا او را فریب دهم؟ پس فریبکاری پستی‌است، یا چون دوستی با او صداقت ورزم؟یا در خانه‌ام بنشینم و آسایش در همان است، آنهم برای پیرمردی که در هر بامداد بیم [مرگ] دارد. عبدالله سخنی گفت که اگر موانع مرا باز ندارد، نفس بآن‌دلبسته است، لیکن‌برادرش محمد درآن با او مخالفت‌ورزید و من‌نزد حقایق سخت و پایدارم».

چون عبدالله شعر او را شنید ، گفت: پیرمرد بر دو پاشنه‌اش پیشاب کرد و دین خود را بدنیای خودُ فروخت . پس چون بامداد شد غلام خود «وردان» را خواست و باو گفت: ای وردان جهاز بر شتر نه . سپس گفت: ای وردان، جهاز را فرو نه. پس سه بار جهاز فرود آورد و بر شتر نهاد و وردان گفت: ای ابو- عبدالله راستی که هذیان میگویی، اگر بخواهی تو را بآنچه در دل داری خبر دهم؟ گفت: بگو. گفت: دنیا و آخرت بردلت عرضه شدند، پس گفتی : نزد علی آخرتی است بدون دنیا و نزد معاویه دنیایی‌است بدون آخرت و دنیا جای‌آخرت را نمیگیرد، و ندانستی کدام را بر گزینی . گفت: آفرین، از آنچه در دلم بود هیچ خطا نکردی ، پس صلاح چیست ای وردان ؟ گفت صلاح آن است که در خانه‌ات بمانی ، پس اگر دینداران پیروز شدند در سایهٔ دینشان زندگی کن و اگر دنیاداران پیش بردند از تو بی‌نیازی نخواهد بود. گفت: اکنون که‌عرب مرا برفتن نزد معاویه مشهور ساخته است؟ جهاز بر شتر نه ای وردان. سپس‌چنین سرود :

یا قاتل الله وردانـاً و فطنته[1] ابدی لعمرك مافی الصدر[2] وردان

۱ـ شرح نهج‌البلاغهٔ حدیدی، ج ۱ ص ۱۳۶ ، و قدحته. ۲ـ = مافی‌النفس.

«ای خدا بکشد وردان وزیر کیش را، بجانت سوگند که وردان آنچه را در سینه بود آشکارساخت».

پس نزد معاویه آمد و او در کارش با عمرو مذاکره کرد، پس باو گفت: اما علی‌پس‌بخدا قسم که عرب میان تو‌واودرهیچ‌چیزی‌ازچیزهابرابری نمی‌اندازد و هم او را در جنگ بهره‌ای است که هیچیك از قریش را نیست مگر آنکه‌بر اوستم کنی. گفت: راست گفتی، لیکن ما برآنچه داریم با او نبرد می کنیم و خون عثمان‌را بگردن‌اومی‌نهیم. عمرو گفت: چه رسوایی! راستی که سزاورترین مردم بآنکه نام عثمان را نبرد منم و تو. گفت: وای برتو چرا؟ گفت: اما تو که با همراه داشتن مردم شام دست از یاری او باز داشتی تا آنکه از یزید بن اسد بجلی فریادرسی خواست و او نزد وی رفت؛ واما من که آشکارا او را واگذاشتم وبه‌فلسطین گریختم. پس معاویه گفت: این سخن را رها کن، دست خودرا بیاور و با من بیعت کن. گفت: نه بخدا سوگند، دین خود را بتو نمی‌دهم تا از دنیای تو چیزی بگیرم. معاویه باو گفت: مصر طعمهٔ تو باشد. پس مروان بن حکم‌بخشم آمد و گفت: مرا چیست که با من مشورت نمی‌شود؟ معاویه گفت: خاموش باش که مشورت بخاطر تو است. پس معاویه‌به‌عمرو گفت: ای ابو عبدالله امشب را نزدمابمان.ونمی‌خواست که‌مردم‌را براو تباه‌سازد.پس‌عمروشب‌رابسر بردومی گفت:

معاوی لااعطیك دینی ولم أنل ... به منك دنیا فانظرن کیف‌تصنع

فان تعطنی مصراً فاربح بصفقة ... اخذت بها شیخاً یضر وینفع

و ماالدین والدنیا سواء واننی ... لآخذ ما اعطی و رأسی مقنع

ولکننی اعطیك هذا[1] واننی ... لأُخدع نفسی والمخادع یخدع

أأعطیك[2] امرآفیه للملك قوة ... وابقی له[3] ان زلّت النعل اصرع[4]

---

۱ ـ شرح حدیدی، ج ۱ ص ۱۳۷: اغضی‌الجفون. ۲ــ واعطیك. ۳ــ والفی‌به.

۴ ـ ل: اخدع.

و تمنعنی مصراً ولیست برغبة   وان ثری القنوع یوما لمولع[1]

« ای معاویه دین خود را بی آنکه باآن از تو بدنیایی رسم بتو نمی‌بخشم ، پس ببین که چه می کنی. پس اگر مصر را بمن بخشی چه پرسود داد و ستدی که بوسیلهٔ آن پیرمردی را بدست آوردی که هم زیان میدهد و هم سود می‌بخشد. دین و دنیا با هم برابر نیست و من آنچه را بمن داده میشود می گیرم اما در حالی که سرافکنده‌ام لیکن من دین را بتو میدهم و من خود را فریب میدهم و فریبکار خود فریب میخورد. آیا آنچه را نیرومندی سلطنت درآن است بتو بخشم و خود بمانم که اگر قدم لغزید بسر درآیم ؟ و مصر را از من دریغ می‌داری بااینکه مورد رغبت‌نیست. و من از دیر زمان شیفتهٔ این دریغ شده‌ام .»

پس برای اومصر رانوشت و بآن ملتزم شد و برآن گواهانی گرفت و التزام نامه را مهر کرد و عمروبا او بیعت نمود و پیمان وفاداری بستند . معاویه برای قیس بن سعدبن عباده عامل علی برمصر، بچاره جویی برآمد و بامید اینکه او را دلجویی کند، بااو فتح باب مکاتبه کرد وقیس بن سعد باو نوشت: از قیس بن‌سعد به‌معاویة بن صخر ، اما بعد همانا تو بتی هستی از بتهای مکه که بزور باسلام در آمدی و بمیل خود از آن بیرون رفتی . و معاویه به‌سعدبن ابی‌وقاص نوشت: همانا سزاوارترین مردم بیاری‌عثمان‌اهل شوری[2] از قریش‌اند، همانانکه حق او را پایدار ساختند و او را بر جز او برگزیدند ، و راستی که طلحه و زبیر او را یاری نمودند و آن دو در شوری شریك توو در اسلام نظیر تواند،ام المؤمنین هم برای این کاربیدریغ شتاب‌ورزید،اکنون‌توهم‌آنچه را پسندیده‌اند ناخوش مدار وآنچه را پذیرفته‌اندرد مکن. پس سعد باونوشت :

اما بعد همانا عمردرشوری‌واردنکرد مگر کسی‌را که‌خلافت‌اورارو‌ا باشد ،

---

۱ ـ نسخه‌هائی یعقوبی این طور است و در شرح ابن ابی الحدید، ج۱ ص ۱۳۷ ،اینطور ، و انی‌بذا الممنوع قدماًلمولع . و ترجمه هم مطابق با دومی‌است.   ۲ـ علی،عثمان، زبیر، طلحه، سعدبن ابی‌وقاص و عبدالرحمن بن عوف .

پس هیچکدام از ما از دیگری سزاوارتر بآن نبود مگر باینکه براواتفاق کنیم، جزآنکه‌علی‌هرچه‌درما بوددراوبود وآنچه‌دراوبود درمانبود.اماطلحه وزبیر، پس اگردرخانهٔ خود مانده بودندبرای‌آندو بهتر بود و خدا ام‌المؤمنین راهم بیامرزد.

علی خبر یافت که معاویه برای نبرد آماده گشته و مردم شام براو گرد آمده‌اند پس همراه مهاجران و انصار رهسپار شد تا به مدائن رسید و دهگانان باهدیه‌ها نزد وی آمدند لیکن هدیه ها را نپذیرفت. پس گفتند: ای‌امیرمؤمنان چرا هدیه های ما را نمی‌پذیری؟ گفت: نحن اغنی منکم بحق[1] احق بان نفیض علیکم، «مابراستی‌ازشمابی‌نیازتر و بافاضهٔ برشما سزاوارتریم».

سپس رهسپار جزیره شد و تیره‌هایی از تغلب و نمربن‌قاسط[2] او را دیدار کردند و خلق عظیمی از ایشان همراه وی شدند، سپس رهسپار رقه شد و بیشتر مردمش عثمانیانی بودند که از کوفه نزد معاویه گریختند؛ پس دروازه‌های رقه را بستند و متحصن شدند و فرماندارشان سماك بن مخرمهٔ اسدی بود. پس‌دروازهٔ شهر را بروی علی بستند و اشتر مالك بن حارث نخعی نزد ایشان رفت و گفت: بخدا سوگند باید (دروازه را) باز کنید وگرنه شمشیر در میان شما نهم. پس (دروازه را) گشودند و امیرالمؤمنین آن روز را در رقه ماند سپس از کنارهٔ شرقی فرات عبور کرد تا به صفین رسید و معاویه بآب پیشدستی کرده بود وفراخ جابود. پس چون علی و یارانش رسیدند برآب دست نیافتند و مردم دست بدامن معاویه شدند و گفتند: مردم رااز تشنگی مکش چه در میان ایشان غلام و کنیز و مزدور است. پس معاویه امتناع ورزید و گفت: خدا نه من و نه ابوسفیان رااز حوض پیامبر خدا سیراب نکند اگر اینان هرگز از این آب بنوشند. پس علی اشتر و اشعث را فرستاد، اشتر را با سواران و اشعث را با پیادگان، و فرماندهی

1 ـ ن، واحق. 2 ـ ل، پ، ص ۲۱۸: سپاهیان علی‌درجنگ بامعاویه،هفتادهزار و بقولی لشکریان معاویه نیزهمین اندازه بودند والله‌اعلم.

سواران معاویه باابوالأعور سلمی بود.پس یاران علی با او نبرد کردند تا آنکه سم اسبان در فرات نهاده شد و بر شریعه غالب شدند و عبدالله بن حارث برادر اشتر بر آن ایستاده بود

پس چون یاران علی بر شریعه غالب شدند یاران معاویه گفتند: اکنون که آب را گرفته‌اند ما بیچاره‌ایم. پس عمرو بن عاص گفت: کاری که تو با علی و همراهانش روا شمردی، علی با تو و یارانت روا نمی‌شمارد. پس علی آب را آزاد کرد، و آن در ذی‌الحجهٔ سال ۳۶ بود. سپس علی نزد معاویه فرستاد و او را دعوت کرد و از او خواست تا بازگردد و امت را با ریختن خونها پراکنده نسازد. لیکن او جز جنگ را نپذیرفت و جنگ صفین در سال ۳۷ روی داد و چهل روز میان آنان ادامه داشت و روز صفین از اهل بدر هفتاد مرد و از کسانی که زیر درخت بیعت کرده بودند هفتصد مرد و از دیگر مهاجران وانصار چهارصد مرد همراه علی بودند. و کسی از انصار جز نعمان بن بشیر و مسلمة بن مخلّد همراه معاویه نبود و نیتهای اصحاب علی در جنگ کردن صادقانه بود و عمّاربن یاسر بپاخاست و در میان مردم فریاد زد و خلقی عظیم بر او گردآمدند. پس گفت: بخدا سوگند که اینان اگر مارا چنان شکست دهند که تادرختهای خرمای هجر ما را تعقیب کنند باز میدانیم که ما برحقیم و آنان بر باطل‌اند. سپس گفت: هان آیا کسی رهسپار بهشت است؟ پس مردمی باو پیوستند و در پیرامون سراپردهٔ معاویه حمله برد و جنگی سخت در گرفت و عمار بن یاسر بشهادت رسید و جنگ در آن آخر روز بسختی کشید و مردم فریاد کردند: صحابی رسول خدا کشته‌شد و رسول خدا گفته است: تقتل عماراً الفئة الباغية، «عمار را گروه بیدادگر می کشند.» واصحاب علی نبرد کردند وبر اصحاب‌معاویه سخت پیروز آمدند چنانکه به‌معاویه رسیدند، پس معاویه اسب خودرا خواست تا

سوار بر او بگریزد. عمروبن عاص باو گفت: کجا؟ گفت: می‌بینی چه پیش‌آمده اکنون نظرت چیست؟ گفت: جز یك چاره باقی نمانده است و آن هم این است که قرآنها را بلند کنی و آنها را بآنچه در آن است بخوانی و بترك جنگ دعوت کنی وتندی ایشان را در هم شکنی و ایشان را پراکنده و ناتوان سازی. معاویه گفت: آنچه‌خواهی انجام ده. پس قرآنهارا برافراشتند وآنان رابپذیرش آنچه در آن است دعوت نمودند و گفتند: شما را بکتاب خدا می‌خوانیم. پس علی گفت: انها مکیدة ولیسوا باصحاب قرآن، «این فریبکاری است و اینان اهل قرآن‌نیستند.» لیکن‌اشعث بن قیس کندی که معاویه ازاو دلجویی کرده وباونامه نوشته و او را بسوی خویش خوانده بود زبان باعتراض گشود و گفت: مردم را بحق‌دعوت کرده‌اند. علی گفت: انهم‌انما کادوکم‌واراد‌واصرفکم‌عنهم «اینان باشما فریبکاری کردند و خواستند شمارا از خود بازدارند» اشعث گفت: بخدا سوگند باید پیشنهاد ایشان را بپذیری یا هم تورا بآنان تسلیم میکنیم.

پس میان اشتر و اشعث نزاعی برخاست و سخنانی بیکدیگر گفتند که نزدیك شد میان ایشان جنگ روی دهد و علی ترسید که یارانش از پیرامون او پراکنده گردند و چون وضع خود را دید پیشنهاد تعیین حکم را از ایشان پذیرفت و گفت: اری ان اوجّه بعبدالله بن عباس، «نظرم آن است که عبدالله بن عباس را بفرستم.» اشعث گفت: معاویه قطعاً عمروبن عاص را میفرستد و دو نفر مضری در بارهٔ ما داوری نخواهند کرد، لیکن ابو موسی اشعری را بفرست چه او درهیچ جنگی واردنشد. پس علی گفت: ان اباموسی‌الاشعری عدو وقدخذل الناس عنی بالکوفة ونهاهم ان یخرجوا معی، «ابوموسی اشعری دشمن است و مردم را در کوفه از یاری من بازداشت و آنها را نهی کرد که با من همراهی کنند.» گفتند: بجز او راضی نمی‌شویم. پس علی ابوموسی را فرستاد بااینکه دشمنی‌اورا

نسبت بخویشتن و فریبکاری او را با خود می‌دانست؛ ومعاویه عمروبن عاص را فرستاد و دو قرار داد حکمیت نوشتند، نوشته‌ای از علی بخط نویسنده‌اش عبدالله ابن‌ابی رافع و نوشته‌ای از معاویه بخط نویسنده‌اش عمیر بن عباد کنانی؛ و در مقدم داشتن علی یا نامیدن علی بامیرالمؤمنین نزاع کردند، پس ابوالأعورسلمی گفت: علی را مقدم نمیداریم. اصحاب علی گفتند: نام او راتغییر نمیدهیم و اورا جز بعنوان امیرالمؤمنین نمینویسیم. پس‌میان ایشان نزاعی سخت در گرفت تا بکتك کاری رسید. پس‌اشعث گفت: این نام را محو کنید. اشتر باو گفت: بخدا سوگند ای یکچشم که در نظر گرفتم شمشیر خود را از توآکنده سازم، چه مردمی را کشته‌ام که از توبدتر نبودند و من میدانم که تو جز فتنه‌جویی‌نظری نداری و جز بر محور دنیا وگزیدن آن بر آخرت نمی‌چرخی. پس چون‌اختلاف کردند علی گفت: الله اکبر، پیامبر خدا در روز حدیبیه برای سهیل بن عمرو نوشت: این چیزی است که پیامبر خدا برآن صلح کرد. پس سهیل گفت: اگر ما دانسته بودیم که تو پیامبر خدایی باتو نبرد نمی کردیم. پس پیامبر خدا نام خود را با دست خود محو کرد و مرا فرمود تا نوشتم: من محمد بن عبدالله. و گفت: نام من ونام پدرم پیامبری مرا از میان نمی‌برد، وپیمبران نیز مانند پیامبر خدا [نسبت به] پدران نوشته شده‌اند و نام من و پدرم نیز امارت مرا از میان نمی‌برد. و آنان را فرمود تا نوشتند: من علی بن ابیطالب، و حکم نامه بر هر دو گروه نوشته شد که بدان خشنود باشند، بهرچه کتاب خدا آن را واجب شمارد و بر دو حکم در دو نوشته شرط شد که بآنچه در کتاب خداست از آغاز تا بانجامش، حکم کنند و از آن تجاوز نکنند و در پی هوای نفس و خیانت از آن منحرف نگردند و برآن دو محکمترین عهدها و پیمانها گرفته شد، پس اگر آن دو در حکم دادن از کتاب خدا از آغاز تا بانجامش منحرف شدند حکمی برای آن دو نخواهد بود.

علی عبدالله بن‌عباس‌را با چهار صد نفر از اصحاب خود فرستاد و معاویه نیز چهارصد نفر از اصحاب خود را گسیل داشت ودر دومةالجندل درماه ربیع‌الاول سال ۳۸ فراهم‌آمدند. پس‌عمروبن عاص ابوموسی[1] را فریب داد و برای اومعاویه را نام برد و گفت: او صاحب خون عثمان است و در قریش بزرگوار است. لیکن آنچه میخواست نـزد او نیـافت. گفت: پس پسرم عبدالله؟ گفت: شایستهٔ خلافت نیست. گفت: پس عبدالله‌بن‌عمر؟ گفت: آنگاه سنت عمر را زنده میکند، اکنون درست گفتی. گفت: پس علی را خلع کـن و من هم معاویه را خلع می کنم و مسلمانان انتخاب میکنند. عمرو ابوموسی‌را پیشتر بمنبر فرستاد وچون عبدالله‌بن عباس او را دید برخاست و نزد عبدالله‌بن قیس آمد وباو نزدیك شد وگفت: اگر عمرو برتصمیمی از تو جدا شد پس او را پیش از خود بدار که کار او فریبکاری است. گفت: نه، ما برامری اتفاق کرده‌ایم.

پس‌بالای منبررفت وعلی راخلع کرد. سپس عمروبن عاص بالا رفت و گفت: چنانکه این انگشترم در دستم ثابت است، معاویه را پایدار ساختم. پس ابـو ـ موسی بر او فریاد زد: ای منافق غدر کردی، همانا مثلت مثل [سگ است که اگر براو حمله‌بری نفس میزند یا او را واگذاری نفس میزند.[2] پس عمرو گفت: همانا مثلت مثل] خر است که کتابها بار وی است[3] و مردم فریاد کردند: بخدا سوگند دو داور بجز آنچه در کتاب خدا است داوری کردند و شرط برآن دو جز این بود. و مردان با تازیانه‌ها یکدیگر را زدند و مردانی موهای دیگران را گرفتند و مردم پراکنده شدند و خوارج فریاد زدند: حکمی جز برای خدا نیست. و گفته شده: نخستین کسی که باین سخن فریاد زد، عروة بن اُدیهٔ تمیمی بود پیش از آنکه دو حکم مجتمع شوند. و داوری در ماه رمضان سال ۳۸ بود.

ابن کلبی گفته است: خبرداد مرا عبدالرحمن‌بن حصین‌بن سوید [....]

۱ـ ن: اشعری ۲ ـ س۷ی۱۷۶ ۳ـ س ۶۲ ی۵

گفت: در کنار فرات با ابوموسی اشعری می رفتیم و او در آن موقع عامل عمر بود، پس شروع کرد با من بسخن گفتن و گفت: پیوسته فتنه‌ها بنی‌اسرائیل‌رادر زمینی پس از زمینی بلند می کرد و پست میکرد تاآنکه دو گمراه را حکم‌قرار دادند و پیروان خود را گمراه کردند. گفتم: پس اگر خودت‌ای ابوموسی‌یکی از دو حکم باشی ؟ گفت : پس بمن گفت : در آن هنگام خدا برای من راهی بآسمان و گریزگاهی در زمین قرار ندهد اگر من حکم باشم. سوید گفت. بسا که بلا برسخن گماشته بوده است . و او را در حکمیت دیدار کردم، پس گفتم: هرگاه خدا بخواهد امری را انجام دهد جلو گرفته نمیشود .

علی به کوفه بازگشت وچون‌بشهردرآمد بخطبه‌ایستاد و پس‌ازحمد وثنای خدا گفت : ایها الناس ان اول وقوع الفتن هوی یتبع و احکام تبتدع یعظم فیها رجال رجالا یخالف فیها حکم‌الله ، و لوان الحق اخلص فعمل به‌لم یخف علی ذی حجی و لکن یؤخذ ضغث من‌ذا وضغث من ذافیخلط فیعمل به فعند ذلك یستولی الشیطان علی‌اولیائه و ینجوالذین سبقت لهم مناالحسنی.[1]

«ای مردم آغازپدید آمدن فتنه‌ها هوایی‌است که پیروی میشود واحکامی که بدعت گذاشته می‌شود، مردانی‌درآن‌بدعتها مردانی را بزرگ می‌دارند، حکم خدا درآن‌موارد مخالفت میشود، واگرحق‌خالص‌شده بکاربسته‌میشد برخردمندی پوشیده نمیماند ، لیکن از این مشتی وازآن مشتی گرفته وبهم‌آمیخته وبکاربسته میشودو آنگاه شیطان بر هواخواهان خود مستولی میشود و ـ کسانی که‌ازمابرای ایشان حسن عاقبت پیش رفته است[2] ـ نجات‌یابند».

خوارج بقریهٔ حروراء که میان آن و کوفه نیم فرسخ است رفتند وبدان جهت حروریه نامیده شدند و رئیس ایشان عبدالله بن وهب راسبی و ابن کوا و شبث‌بن ربعي بودند. پس میگفتند: حکمی جز برای خدا نیست. و چون خبر آن

۱ـ نهج‌البلاغه، ط ۵۰ ۲ـ س۲۱ ی ۱۰۱ .

به علی رسید گفت: کلمة حق ارید بها الباطل،[1] «سخنی حق است که بدان باطل اراده شده.» سپس گروهی بشمارهٔ هشت هزار یا بقولی دوازده هزار بیرون‌رفتند و علی عبدالله بن عباس را نزد ایشان فرستاد و با ایشان سخن گفت و براوحجت آوردند. پس [علی] خود بسوی ایشان بیرون رفت و گفت: اتشهدون علیّ بجهل، «آیا برمن بنادانی گواهی میدهید؟» گفتند: نه. گفت: فتنفذون احکامی، «پس احکام مرا بکار می‌بندید؟» گفتند: آری. گفت: فارجعواالی کوفتکم حتی نتناظر، «پس به کوفهٔ خود باز گردید تا با یکدیگر سخن گوئیم.» پس همگی باز گشتند، سپس بر می‌خاستند و میگفتند: حکمی جز برای خدا نیست. و علی میگفت: حکم‌الله انتظر فیکم، «حکم خدا را در بارهٔ شما انتظار می برم.» واز کوفه بیرون رفتند و بر عبدالله بن خباب‌بن‌ارت‌تاختندواووهمراهانش را کشتند. پس علی‌نزد ایشان رفت و آنها را بخدا سوگند داد وعبدالله بن‌عباس رانزدایشان‌فرستاد و گفت: یابن عباس‌قل‌لهؤلاءالخوارج:مانقمتم‌علی‌امیرالمؤمنین؟ الم‌یحکم فیکم‌بالحق‌ویقیم فیکم‌العدل ولم‌یبخسکم‌شیئا من‌حقوقکم؟ «باین‌خوارج بگو: برامیرالمؤمنین چه‌ایرادی گرفته‌آید؟ مگرنه درمیان شمابحق حکم کرده استوعدالت‌را درمیان شمابپامیدارد وچیزی‌ازحقوق‌شمارا ازمیان‌نبرده‌است؟» پس عبدالله بن‌عباس بدیشان چنان گفت و طایفه‌ای ازایشان گفتند: بخدا سوگند بدو پاسخ‌نمیدهیم.وطایفهٔ دیگری گفتند: بخدا سوگندالبته بدوپاسخ دهیم سپس‌البته براو پیروزآئیم، آری ای پسرعباس خصلتهایی را برعلی عیب‌گرفته‌ایم که همهٔ آنهـاهلاک کننده است، و اگر ازآنها جزیکی باعلی‌جدال ونزاع نورزیم براو غالب آئیم: روزی که‌به‌معاویه نوشت، نام خود را از امارت مؤمنان محوکرد، و روز صفین از او برگشتیم و با شمشیر خود ما را نزد تا بخدا باز گردیم،ودوحکم

۱ـ نهج‌البلاغه، ط ۴۰، ج۱۹۸

را بداوری پذیرفت، و گمان کرد که او وصی است پس وصیت را ضایع کرد، و تو ای پسر عباس در جامه‌ای فاخر وزیبا نزدما آمده‌ای و ما را بمانند همانچه او بدان دعوت‌می کند، دعوت مینمایی. پس‌ابن‌عباس گفت: ای امیرالمؤمنین‌خود گفتار این قوم را شنیدی و خود بپاسخ دادن سزاوارتری. گفت: حججتهم‌والذی فلق الحبة و برأالنسمة، قل‌لهم الستم راضین بمافی کتاب الله و بمافیه من اسوة رسول‌الله؟ «بخدایی که دانه را شکافت وجان را آفرید که برایشان پیروزآمدم؛ بایشان بگو: آیا شما بآنچه در کتاب خدا است و بآنچه از تأسی بپیامبر خدادر آن‌است، راضی‌نیستید؟» گفتند: چرا. گفت: فعلیّ بذلك‌ارضی، کتب کاتب‌رسول‌الله یوم‌الحدیبیة‌اذ[1] کتب‌الی سهیل بن‌عمرو وصخربن حرب ومن قبلهمامن‌المشر کین: من محمد رسول‌الله. فکتبواالیه : لوعلمناانك رسول‌الله ماقاتلناك فاکتب لنا : من محمدبن عبدالله. لنجیبك. فمحا رسول‌الله اسمه بیده و قال: ان‌اسمی و اسم ابی‌لا یذهبان بنبوتی و امرنی فکتبت[2] : من محمد بن عبدالله . وکذلك کتب الأنبیاء کماکتب رسول‌الله الی‌الآباء فـ ـ فی رسول‌الله اسوة حسنة[3] ـ واما قولکم : انی‌لم اضربکم بسیفی یوم صفین‌حتی تفیئوا الی امرالله‌فان الله‌جل‌و عز یقول : و لاتلقوا بایدیکم الی التهلکة[4] و کنتم عدداً جماً و انا واهل بیتی فی‌عدة یسیرة.

و اما قولکم : انی حکمت الحکمین فان‌الله عزوجل حکم فی‌ارنب [یباع] بربع درهم فقال : یحکم به ذواعدل منکم[5] ولوحکم الحکمان بمافی کتاب الله لماوسعنی‌الخروج‌من‌حکمهما .

و اما قولکم : انی کنت وصیا فضیّعت الوصیة فان الله عز وجل یقول : ولله علی‌الناس حج‌البیت من‌استطاع الیه سبیلا و من کفر فان الله غنی عن ـ العالمین[6] افرأیتم هذاالبیت لولم یحج[7] الیه‌احد کان البیت یکفر ؟ ان هـذا البیت

۱ـ ل : اذا. ۲ـ ن : امری فکتب. ۳ ـ س ۳۳ ی ۲۱. ۴ـ س۲ ی ۱۹۵

۵ ـ س ۵ ی ۹۵ ۶ ـ س ۳ ی ۹۷ ۷ ـ ل : یحجج

لوتر که من استطاع الیه سبیلا کفر ؛ و انتم کفرتم بتر ککم ایای لاانا کفرت بتر کی لکم.

«پس علی بدان راضی تراست؛ نویسندهٔ پیامبرخدا در روز حدیبیه هنگامی که به سهیل بن عمرو و صخر بن حرب و دیگر مشرکان مکه نامه نگاشت، نوشت: ازمحمد پیامبرخدا. پس بدو نوشتند که اگر ما دانسته بودیم که پیامبر خدایی دیگر با تو نبرد نمیکردیم، پس بما بنویس: ازمحمد بن عبدالله. تاتورا پاسخ دهیم. پس پیامبر خدا نام خود را با دست خود محو کرد و گفت: همانا نام من و نام پدرم پیامبری مرا از میان نمی برد و مرا فرمود تا نوشتم : از محمدبن عبدالله . و پیمبران نیز مانند پیامبر خدا فرزند پدران نوشته شدند ، پس ـ در پیامبر خدا پیروی است نیکو ـ .

اما اینکه گفتید من شما را روز صفین باشمشیر خود نزدم تا بامر خدا باز گردید، پس همانا خدای عزوجل می گوید:خود را با دست خود بهلاکت نیفکنید و شما گروهی بسیار بودید و من و اهل بیتم مردمی اندك .

اما اینکه گفتید من دوحکم را بداوری پذیرفتم، پس همانا خدای عزوجل در شغالی که بربع درهمی [فروخته می شو د] حکم پذیرفته و گفته است : دو نفر عادل از شما بدان حکم می کنند. و اگر دو حکم بآنچه در کتاب خداست حکم کرده بودند مرارو‌ا نبود که از حکم آن دو بیرون شوم.

اما گفتار شما که من وصی بودم و وصیت را ضایع کردم، پس هماناخدای عزوجل میگوید: برای خداست برمردم حج خانه، هر کس بدان راهی پیدا کند؛ و کسی که کافر شود پس براستی خدا از جهانیان بی نیاز است. بگوئید که اگر کسی حج خانه را انجام ندهد آیا خانه کافرمی شود؟ اگر کسی که توانایی داردبحج خانه نرود، خود کافر شده است و شماهم برها کردن من خود کافر شدید نه آنکه من برها کردن شما کافرشده باشم . »

پس در آن روز دوهزار از خوارج باز گشتند و چهار هزار ماندند و جنگ در میان آنان با زوال خورشید مغلوبه شد و باندازهٔ دو ساعت از روز ادامه داشت و همگی کشته شدند و ذوالثدیه کشته شد و از آنان جز کمتر از ده نفر جان بدر نبردند و از اصحاب علی جز کمتر از ده نفر کشته نشد و جنگ نهروان در سال ۳۹ روی داد.

چون علی به کوفه رسید بخطبه ایستاد و پس از حمد و ثنای خدا و یادآوری نعمتهای او و درود بر محمد و یاد کردن او بآنچه خدا بدان برتریش داده است، گفت: اما بعد ایها الناس فأنا فقأت عین الفتنة ولم یکن لیجتری علیها احد غیری[۱] ولو لم اکن فیکم ماقوتل الناکثون ولاالقاسطون ولاالمارقون، «ای مردم من بودم که چشم فتنه را کندم و کسی جز من جرأت آن را نداشت؛ و اگر من در میان شما نبودم باناکثین و قاسطین و مارقین[۲] (بیعت شکنندگان و بیدادگران و از دین بیرون روندگان) نبرد نمی‌شد». سپس گفت:

سلونی قبل ان تفقدونی[۳] فانی عن قلیل مقتول فما یحبس اشقاها ان یخضبها بدم اعلاها، فوالذی فلق الحبة و برأ النسمة لاتسألونی عن شیء فیما بینکم و بین الساعة ولاعن فئة[۴] تضل مأة اوتهدی مأة الا انبأتکم بناعقها و قائدها و سائقها الی یوم القیامة[۵]. ان القرآن لایعلم علمه الا من ذاق طعمه و علم بالعلم جهله و ابصر عمله واستمع صممه و ادرک به مأواه وحیّ به ان مات فادرک به الرضا من الله، فاطلبوا ذلک عند اهله فانهم فی بیت الحیاة ومستقرّ القرآن و منزل الملائکة واهل العلم الذین یخبرکم عملهم عن علمهم و ظاهرهم عن باطنهم، هم الذین لایخالفون الحق ولا یختلفون فیه[۶] قدمضی فیهم من الله حکم صادق وفی ذلک ذکری للذاکرین[۷] - اما انکم ستلقون بعدی ذلاً شاملاً و سیفا قاتلا و اثرة قبیحة یتخذها الظالمون علیکم

۱- نهج‌البلاغه، ط ۹۲.　۲- اهل جمل و صفین ونهروان.　۳ - نهج البلاغه، ط ۹۲ ۱۸۷.　۴- ل، فتنة　۵- نهج‌البلاغه، ط ۹۲.　۶- ر.ک. نهج‌البلاغه، ط ۱۴۵، ۲۳۷

۷ - س ۱۱ ی ۱۱۴

سنّة[۱] تفرّق جموعکم وتبکی عیونکم و تدخل الفقر بیوتکم و ستذکرون ما اقول لکم عن قلیل ولا یبعدالله الامن‌ظلم، «از مـن بپرسید پیش از آنکه مرا نیابید چه من عنقریب کشته می‌شـوم، پس بدبخت‌ترین امت را چه باز می‌دارد که آن را بخون بالایش رنگین کند. بخدایی که دانه را شکافت و جان را آفرید، در بارهٔ چیزی میان خود و قیامت از من پرسش نمی‌کنید ونه از گروهی که صد نفررا گمراه کند یا صد نفر را هـدایت نماید مگـر آنکه شما را از فریاد زننده و جلودار وراننده‌اش تاروز قیامت خبردهم، هماناعلم قرآن‌رانمی‌داند مگر کسی که مزه‌اش را بچشد و ندانستهٔ خود را بدانش بداند و عمل خود را ببیند و از کری بشنوایی آید وبآن جایگاه خود را دریابد واگر مرد بدان زنده گردد پس بآن خشنودی خدا را دریابد، آن را نـزد اهلش بجوئید چه آنان در خانهٔ زندگی و آرامگاه قرآن وفرودگاه فرشتگان و اهل دانشند، هماناکه شما را عملشان از علمشان و ظاهرشان ازباطنشان خبر می‌دهد، ایشانند که باحق مخالفت‌نمی‌ورزند ودر آن اختلاف نمی‌کنند، در بارهٔ ایشان از خدا حکمی صادق گذشته است و در ـ این یادآوری است برای یادآرندگان ـ آگاه باشید که بزودی پس‌از من بخواری فرا گیرنده و شمشیر کشنده و استبداد زشتی که ستمکاران آن را بـر شما سنتی قرار دهند، برخورد کنید ، انجمنهای شما راپراکنده سازد وچشمهای شما را بگریاندو ناداری را بخانه‌های شما در آورد و بزودی آنچه را بشما می گویم بیاد آرید و خدا نراند مگر کسی را که ستم کند».

معاویة بن ابی سفیان عمرو بن عاص را برحسب شرطی که بااو کرده بود بر سر مصر فرستاد و در سال ۳۸ بآنجا رسید و لشکری عظیم از شامیان همراه داشت، بردمشقیان‌یزیدبن‌اسدبجلی، وبرمردم فلسطین شمیر خثعمی، وبر اهل‌اردن

۱ـ ر.ك. نهج‌البلاغه، ط۵۸.

ابوالاعور[1] سلمی، وبرخارجه[2] معاویة بن حدیج فرماندهی داشتند پس محمد بن ابی‌بکر در جایی بنام مسناة باآنان روبرو شد وسخت باایشان جنگید و عمرو می گفت: مانند روز مسناة ندیده‌ام. محمد یمنیها را رنجانده بود و همانان عمروبن عاص را کومك دادند و محمدبن ابی‌بکر را تنها گذاشتند و ساعتی نبرد کرد سپس کناره گرفت ودر خرابهٔ قومی درآمد و پسر حدیج کندی او را تعقیب کرد و گرفت و کشت و درمیان مردار خری نهاد و در جایی معروف به «زقاق الحوف»[3] او را بآتش سوزانید.

خبر ناتوانی محمدبن ابی‌بکر و مساعدت یمنیها با معاویه[4] و عمروبن عاص به‌علی رسید پس گفت: ما اوتی محمد من حرض ، « محمد ازتباهی عقل یا دیـن شکست نخورد » و مالك اشتر پسر حارث را پیش از خبر یافتن از کشته شدن محمدبن‌ابی‌بکر به‌مصر فرستاد وباهل مصر نوشت: انی بعثت الیکم سیفاً من سیوف الله لانابی الضربة[5] ولاکلیل الحدفان استنفر کم فانفروا وان امر کم بالمقام فاقیموا فانه‌لایقدم ولایحجم الابامری وقدآ ثرتکم به‌علی نفسی، «همانا من‌شمشیری ازشمشیر های خدا را بسوی شما فرستادم که نه ضربت آن خطا دارد و نه تیزی آن کند می‌شود، پس اگر شما را فرمان کوچ کردن دهد کوچ کنید ، و اگر شما را فرماید که بمانید پس بمانیند، چه او جز بفرمان من پیشروی و عقب نشینی نمی کند و شما را بوجود او برخودبر گزیدم » .

پس چـون معاویه خبر یافت که علی اشتر را فرستاده است بر او گران آمد و دانست که مردم یمن به‌اشتر شتابنده‌ترند تا بهر کسی، پس زهری را برای

---

۱ ـ عمروبن سفیان. ۲ـ نام قبیله‌ای است. ۳ ـ حوف بفتح اول نام جایی است درعمان ونام سه جا در مصر (مراصد). ۴ـ معاویة بن حدیج. ۵ ـ نهج‌البلاغه، ر۳۸ ، نابی‌الضریبة .

اوپنهان داشت وچون به‌قلزم دومنزلی فسطاط رسید بخانهٔ مردی از مردم شهربنام ....[1] فرودآمدپس‌اورا پذیرایی کرد و بخدمتگزاری ایستاد سپس کاسه‌ای که در آن عسلی بود و آن را مسموم ساخته بود نزد مالك آوردو باوخورانید. پس اشتر در قلزم وفات کرد و قبرش آنجا است و شهادت او و محمد بن ابی بکر در سال ۳۸ بود .

و چون خبر کشته شدن‌محمدبن ابی‌بکر و اشتربه‌علی رسید ، سخت بر آن دو بی‌تابی کرد و افسوس خورد و گفت: علی مثلك فلتبك البواکی یا مالك،وانی مثل مالك ، « زنان نوحه گر باید برمثل تو گریه کنند ای مالك و کجا است مانند مالك؟» ومحمدبن ابی‌بکر را نیز یاد کرد و افسوس خورد و گفت: انه‌کان لی ولداً ولولدی وولداخی اخا، «همانا اوبرای من فرزندی بود و برای فرزندانم و فرزندان برادرم برادری».

خریت بن راشد ناجی[2] باگروهی از یاران خود خروج کردند[3] و در کوفه شمشیرها را برهنه کرده جماعتی را کشتند و مردم آنان را تعقیب کردند. پس خریت و اصحابش از کوفه بیرون رفتند و از شهری عبور نمیکردند مگر آنکه بیت‌المالش را بغارت می‌بردند تا آنکه بساحل عمان رسیدند و علی حلوبن عوف ازدی را بحکومت عمان فرستاده بود، پس بنی ناجیه بر او تاختند واو را کشتند و از اسلام برگشتند . پس علی معقل بن قیس ریاحی را بدان سرزمین فرستاد و او خریت بن‌راشد و یارانش را کشت و بنی ناجیه را اسیر گرفت پس مصقلة بن هبیرهٔ شیبانی آنان را خرید وقسمتی از پول را پرداخت وآنگاه نزد معاویه گریخت[4] وعلی فرمود تاخانه‌اش را ویران کنند وآزادی بنی‌ناجیه‌را

---

۱ ـ تاریخ ابوالفدا ج ۷ص۳۱۲؛ خانسار. ۲ ـ ازقبیلهٔ بنی‌ناجیه . ۳ـ تاریخ طبری،ج۴ ص۸۶. ۴ ـ ر.ك. نهج‌البلاغه، ط ۴۴، جمهرة رسائل العرب ج۱ ص ۵۱۸ .

امضا کرد و ایشان مدعی بودند که از اولاد سامة بن لوی هستند .

و معاویه نعمان بن بشیر را فرستاد تا برمالك بن کعب ارحبی که عامل علی برکارد مسلّح عین‌التمر بود، غارت‌برد. پس علی مردم را فرا خواند و گفت: یا اهل‌الکوفة انتدبوا الی اخیکم مالك بن کعب فان النعمان بن بشیر قدنزل به فی جمع لیس بکثیر لعل الله ان یقطع من الظالمین طرفا ، «ای مردم کوفه بفریاد برادرتان مالك بن کعب برسید چه نعمان بن بشیر با گروهی اندك براو تاخته‌اند، شاید خدا کناره‌ای از ستمکاران راببرد» .

پس کندی کردند و بیرون نرفتند و علی بمنبر برآمد و سخنی آهسته که شنیده نمی‌شد برزبان راند و مردم گمان بردند که او خدای را می خواند ؛ سپس صدای خود را بلند کرد و گفت: اما بعدیا اهل الکوفة، أکلمااقبل منسرمن مناسر اهل الشام اغلق کل امریء بابه و انجحرفی بیته انجحار الضب والضبع الذلیل فی وجاره؟[1] اف‌لکم لقدلقیت منکم[2] یوما اناجیکم و یوما [اناديکم] فلا اخوان عندالنجاء ولااحرار عنداللقاء، « ای مردم کوفه ، آیا هر گاه دسته‌ای از دسته‌های مردم شام روی آورد، هرمردی از شما در خانه‌اش را ببندد و چنانکه سوسمار و کفتار زبون بلانهٔ خویش می‌رود، در خانه‌اش پنهان گردد؟ اف برشما باد ، راستی که گرفتار شما شده‌ام هم روزی که با شما راز میگویم وهم روزی که [شما را میخوانم] پس نه برادرانی هستید هنگام راز گفتن و نه آزادمردانی هنگام برخورد».

پس چون بخانهٔ خویش رفت عدیّ بن‌حاتم ایستاد و گفت : این است بخدا قسم یاری نکردن زشت . سپس نزد علی رفت و گفت : ای امیرمؤمنان هزار مرد از قبیلهٔ طیٔ بامن همراهند و مرا نافرمانی نمی کنند و اگر بخواهی که آنان‌را

---

۱ ـ ر.ك. نهج‌البلاغه،ط۶۷. ۲ ـ نهج‌البلاغه،ط ۱۲۳: لقدلقیت منکم‌برحاً .

براه اندازم چنان کنم . پس علی گفت : جزاك الله خیراً یا اباطریف ما کنت لاعرض قبیلة واحدة لحداهل الشام ولکن اخرج الی النخیلة، «خدایت پاداش نیك دهد ای ابا طریف، نخواستم که یك قبیله‌را درمقابل شمشیرهای مردم شام‌فرستم لیکن رهسپار نخیله‌شو.» پس عدی بیرون رفت و مردم باو پیوستند و بر کنار فرات تا مرز شام رهسپار شد .

و ضحاك بن‌قیس بر قطقطانه غارت برد. پس علی از رسیدنش و هم اینکه پسرعمیش[1] را کشته است خبر یافت و بخطبه ایستاد و گفت : یا اهل الکوفة اخرجوا الی جیش لکم قداصیب‌منه طرف والی الرجل الصالح ابن عمیش فامنعوا حریمکم وقاتلواعدوکم، «ای مردم کوفه بسوی لشکری‌ازخود که افرادی کشتار داده است و بسوی مرد صالح پسرعمیش بیرون روید پس از حریم خود دفاع کنید و با دشمن خودبجنگید.» پس‌پاسخی نامساعد دادند و گفت: یا اهل‌العراق وددت ان لی بکم بکل ثمانیة‌منکم رجلافی‌اهل‌الشام[2] وویل لهم قاتلوامع تصبرهم علی‌جور،ویحکم‌اخرجوامعی‌ثم فروا عنی ان بدالکم فوالله انی لارجو شهادة وانها لتدور علی رأسی مع مالی من‌الروح العظیم فی ترك مداراتکم کماتداری البکار الغمرة[3] اوالثیاب المتهتکة کلما حیصت من جانب تهتکت من جانب ، « ای مردم عراق دوست داشتم که مرا بجای شما بهر هشت نفر از شما مردی از مردم شام باشد، و وای برایشان که با شکیبایی وپایداری در راه بیدادنبرد کردند،افسوس برشما ، همراه‌من بیرون آئید سپس‌اگرخواستید ازمن بگریزید پس‌بخداسوگند که من امیدوار شهادتی هستم و آن بر سرمن پرمی‌زند باآنکه مرا آسایشی‌است بزرگ در رها کردن مدارای شما چنانکه باشتران جوان نا آزموده مدارا

۱ـ ل، ب‌ص ۲۲۹؛عمربن‌عمیش‌بن‌مسعود. ۲ ـ ر.ك. نهج‌البلاغه،ط ۹۵. ۳ ـ نهج‌البلاغه، ط ۶۷ ، البکارالغمدة (شتران جوان کوهانزخم‌شده).

می‌شود یا هم جامه‌های کهنه‌ای که هر گاه از کناری دوخته شود از کناری پاره گردد».

پس حجربن عدی کندی پیش او ایستاد و گفت: ای امیر مؤمنان خدای ببهشت نزدیك نگرداند آنکه را نزدیکی تو را دوست ندارد، برتو باد بعادت‌خدا نزدت چه حق یاری شده‌است وشهادت برترین گلها است، مردمان با اخلاص را همراه من فرا خوان وبا کاردانی خود مدد من باش و خدا مدد انسان و کسان‌او است، همانا شیطان از دلهای بیشتر مردم جدا نمی‌شود تا آنگاه که جانها از بدنهای ایشان جدا گردد. پس علی شادمان شد و حجر را نیکو ستود و گفت: لاحرمك‌الله الشهادة فانی اعلم انك من رجالها، «خدا تورا از شهادت محروم‌نسازد چه من می‌دانم که تو از مردان شهادتی.» علی در مسجد نشست و مردم را فرا خواند و چهار هزار فراهم شدند و همراه آنان در جستجوی دشمن رهسپار شدو در رفتن شتاب ورزید تادشمن‌را در تدمر از نواحی حمص دریافت وبا ایشان نبرد کرد و آنان‌را درهم شکست تابه‌ضحاك رسیدند و شب میان آنان حایل‌شد، پس ضحاك شبانه راه بازگشت را در پیش گرفت وحجربن عدی و همراهانش دو روز و دو شب در آن بلاد دست بغارت بردند.

سپس سفیان بن‌عوف برانبار غارت برد و اشرس بن حسّان بکری را کشت و علی سعید بن قیس را در تعقیب او فرستاد و چون رسیدن سعید را احساس کرد راه بازگشت را در پیش گرفت و سعید تا«عانات» از پی او بتاخت و او را درنیافت.

معاویه عبدالله بن مسعدة بن حذیفة بن بدر فزاری را باگروهی ازسواران فرستاد و او را دستور داد تاآهنگ مدینه و مکه نماید،پس با هزار و هفتصدنفر رهسپارشد وچون‌علی خبریافت مسیب‌بن‌نجبهٔ فزاری را فرستاد و باو گفت: یا

مسیّب انك ممن اثق بصلاحه و بأسه و نصيحته فتوجّه الى هؤلاءالقوم وأثّر فيهمو ان كانواقومك، «ای مسیب تو از کسانی هستی که بشایستگی ومردانگی و خیر- خواهی آنها وثوق دارم، پس بسوی این قوم رهسپار شو وهر چند قوم تو باشند، آنان را گوشمال‌ده.» پس مسیب باو گفت: ای امیرمؤمنان از خوشبختی من‌است که از کسان مورد اعتماد تو باشم. آنگاه با دو هزار مرد از همدان وطیء وجز آنان بیرون رفت و در رفتن شتاب کردو یزك خود را پیش‌داشت پس به‌عبدالله‌بن مسعده بر خوردند و با‌او نبرد کردند و مسیب خود نیز بآنان پیوست و با ایشان نبرد کرد تابر گرفتن [پسر] مسعده دست یافت لیکن از اوپرهیز می کرد تاپسر مسعده گریخت ودرتیماء سنگر گرفت ومسیب قلعه‌را محاصره کرد وپسرمسعده ویارانش سه روز محاصره بودند، آنگاه فریاد کـرد: ای مسیب، ما قوم توایم خویشاوندی را رعایت کن. پس راه ابن مسعده و یارانش را رها کرد و از قلعه نجات یافت وچون شب آنها را فرا گرفت در همان شب بیرون رفتند تا به شام رسیدند و بامداد فردا مسیب برسر قلعه آمد و کسی را نیافت، پس عبدالرحمن ابن شبیب گفت: ای مسیب بخداسوگند که درکار ایشان خدعه کردی و با امیر مؤمنان‌خیانت نمودی. مسیب [بر] علی درآمد. پس باو گفت: ای مسیب تو از خیرخواهان من بودی سپس دست‌بچنین کاری زدی! پس او را چند روزی حبس نمود و سپس او را رها ساخت و در کوفه مأمور گرفتن زکات کرد.

معاویه «بسر» پسرابی‌ارطاة و گفته‌شده‌پسر ارطاة عامری از بنی عامربن‌لوی را باسه‌هزار مرد فرستادوباو گفت: برو تا به‌مدینه درآیی پس‌مردم آن را تبعید کن و هر کس را براو گذشتی بترسان و از کسانی که بفرمان ما در نیامده‌اند مال هر کس را که مالش بدست افتاد غارت کن و بمردم مدینه چنان بفهمان که قصد جان ایشان داری وایشان را نزدتورهایی وعذری‌نیست و بروتا به‌مکه درآیی

و آنجا بهیچ کس کار مگیر و مردم را در میان مکه ومدینه بترسان و آنان را ترسیده و رمیده سازسپس پیش‌رو تا به‌صنعا رسی چه ما رادر آن پیروانی است و نامهٔ آنان بمن رسیده است. پس بسر بیرون رفت‌و بهیچ طایفه‌ای ازطوایف‌عرب نمی گذشت مگر آنکه دستور معاویه را انجام می‌داد تا به‌مدینه آمد و فرماندار آن ابوایوب انصاری بود، پس از مدینه کناره گیری کرد وبسر بشهر درآمدو بالای منبر رفت و گفت: ای مردم مدینه مثل بد برای شما است: قریة کانت‌آمنة مطمئنة یأتیهارزقها رغداً من کل مکان فکفرت‌بانعم الله فاذا قهاالله لباس الجوع و الخوف‌بماکانوا یصنعون[۱]، «قریه‌ای که آسوده وآرام بود ، روزیش فراوان از هر جایی بآن می‌رسید، پس بنعمتهای خدا کافرشد، پس خدا جامهٔ گرسنگی وترس بآن چشانید بدانچه می کردند.» هان که خدا این مثل را برشما نهاده و شما را شایستهٔ آن‌قرار داده است، زشت بادروها .

گفت: پس جابربن عبدالله انصاری نزد ام سلمه همسر پیامبر خدا رفت و گفت: همانا من بیم دارم که کشته شوم و این هم بیعت گمراهی است ؟ گفت : هر گاه چنین است پس بیعت کن چه تقیه اصحاب کهف را وادار کرد که‌صلیبها می‌پوشیدند و باقوم خود در عیدها حاضر می‌شدند .

بسرخانه‌هایی درمدینه ویران ساخت سپس رهسپار شد تا به‌مکه آمد، پس رفت تا به‌یمن رسید وعامل علی بریمن عبیدالله بن عباس بود و خبربه‌علی‌رسید پس بخطبه ایستاد و گفت:

ایهاالناس ان‌اول نقصکم ذهاب اولی النهی والرأی منکم الذین یحدثون فیصدقون و یقولون فیفعلون وانی قددعوتکم عوداً و بدءاً وسراً و جهراً و لیلاً و نهاراً فمایزیدکم دعائی الافراراً ؛ ماتنفعکم الموعظة ولاالدعاء الی‌الهدایة

۱ـ س ۱۶ ی ۱۱۲.

والحکمة، اما والله انی لعالم بما یصلحکم ولکن فی ذلك فسادی، امهلونی قلیلا فوالله لقدجائکم من یحزنکم ویعذّبکم ویعذّبه الله بکم، ان من ذلّ الاسلام وهلاك الدین ان ابن ابی سفیان یدعو الأراذل والأشرار فیجیبون، وادعوکم و انتم لاتصلحون فتراعون، هذا بسر قدصار الی الیمن و قبلها الی مکة و المدینة، «ای مردم همانا نخستین نقص شما رفتن خردمندان و صاحبنظران شما است ، آنانکه سخن می - گویند پس راست می گویند و می گویند پس انجام می‌دهند و من شمارا پیوسته و آشکارا ونهان وشب وروز خواندم پس خواندن من جز بر گریز شما نیفزود ، نه موعظه و نه‌دعوت بهدایت وحکمت بشماسودنمی‌دهد، هان بخداسوگند که من بآنچه شما را بصلاح آورددانایم لیکن فساد خودم در آن است، مرا اندکی‌مهلت دهید بخدا قسم شما را کسی آمده است که اندوهناکتان کند وشما را شکنجه دهد و خدا او را بوسیلهٔ شما عذاب کند ، همانا از خواری اسلام و نابودی دین است که پسر ابی‌سفیان فرومایگان و بدان‌را فرا می‌خواند و بدو پاسخ می‌دهند ومن شما را فرا می‌خوانم وشما شایستگی ندارید تاگوش فرادارید.این بسراست که سر از یمن درآورده و پیش از آن به‌مکه‌ومدینه‌تاخته‌است».

پس جاریةبن قدامهٔ‌سعدی ایستاد و گفت: ای امیرمؤمنان خدای نزدیکی تورا ازما نگیرد وجدایی تورابما ننمایاند چه‌نیکوادبی است ادبت وبخداسوگند چه نیکو پیشوایی تویی، برای این دشمنان من آماده‌ام پس مرا بسوی ایشان فرست. گفت : تجهّز فانك ما علمتك الرّجل فی الشدة والرخاء المبارك المیمون النقیبة،«آماده‌شو چه تاآنجا که دانسته‌ام در سختی و سستی مردی هستی مبارك ونیك آزموده».

سپس وهب بن مسعود خثعمی ایستاد و گفت: من‌هم می‌روم ای‌امیرمؤمنان. گفت: انتدب بارك‌الله علیك، «برو خدا تورا برکت دهد.» پس جاریه با دو هزارو

۱۰۷ خلافت علی‌بن ابی‌طالب

وهب بن مسعود با دوهزار بیرون رفتند وعلی آن‌دو را فرمود که بسر را هر کجا باشد بجویند تا او را دریابند پس هر گاه هردو باهم باشند، رئیس مردم جاریه خواهد بود. پس جاریه ازبصره ووهب از کوفه بیرون رفتند تا در زمین حجازبهم پیوستند وبسر ازطائف رهسپار شد تابه‌یمن رسید وعبیدالله بن عباس ازیمن کناره گرفته وعبدالله بن عبدالمدان حارثی را در آنجا جانشین گذاشته بود. پس بسر رسید و او را کشت و پسرش مالك بن عبدالله را نیـز کشت. عبیدالله دو پسر خود عبدالرحمن وقثم را نزد جویریهٔ کنانی دختر قارظ[۱] که مادر آن دو بـود و نیز مردی از کنانه را با او بجای گذاشت، پس چون بسر باو رسید دو پسر عبیدالله را خواست تاآن‌دو را بکشد. ومرد کنانی برخاست وشمشیر خودرا کشید و گفت: بخدا سوگند باید در راه این‌دو کشته شوم [وگرنه] پس مرا نزدخدا ومردم چه عذری است؟ پس با شمشیر خود نبرد کرد تا کشته شد و زنانی از بنی کنانه بیرون آمدند و گفتند: ای بسر این مردان کشته می‌شوند پس فرزندان چرا؟ بخدا قسم جاهلیت اینان را نمی‌کشت، بخدا سوگند سلطنتی که جز با کشتن کودکان وبرداشتن رحم محکم نگردد، سلطنت بدی است. پس بسر گفت: بخدا سوگند قصد کردم که شمشیر در میان شما زنان بگذارم. و دو کودك را پیش آورد و آن دو را سر برید پس مادرشان در مرثیهٔ آن‌دو گفت:

هامن احسّ بنییّ اللذین هما ... سمعی و قلبی فقلبی الیوم مختطف

ها من احسّ بنییّ اللذین هما ... مخّ العظام فمخی الیوم مزدهف

ها من احسّ بنییّ اللذین هما ... کالدّرتین تشظی عنهما الصدف

نبّئت بسراً وماصدّقت مازعموا ... من قولهم ومن الأفك الذی اقترفوا

۱ ـ ل: خویلدبن قارظ، کامل، ج ۳ ص ۱۹۳، ام الحکم جویریه دختر خویلدبن قارظ و بقولی، عایشه دختر عبدالله بن عبدالمدان.

انحى علي و دجى ابنيّ مرهفة مشحوذة وكذاك الامر مقترف
من دل[۱] والهة حرّى وثاكلة علي صبيين ضلاّ اذغدا[۲] السلف

«هان، کسی که دیده است دو پسر کم را ، دو پسری که گوش من و دل من‌اند، پس امروزدلم ربوده شده است.

هان ، کسی که دیده است دو پسر کم را ، دو پسری که مغز استخوانها (ی من) اند، پس امروز مغز استخوانم از دست رفته‌است.

هان، کسی که دیده است دوپسر کم را که آندو چون دو گوهر از صدف بیرون آمده‌اند.

خبر یافتم که بسر ،گو اینکه گفتارشان و دروغی را که ساختند باور نکردم، بررگهای گردن پسرانم تیغ تیزی گذرانده است ، و چنین گناهی روی داده است.

کیست دلالت کند زنی پریشان وجگر سوخته و بچه مرده رابردو کودك که پس از رفتن‌پدر کم شدند؟»[۳]

سپس بسر مردم نجران را فراهم ساخت و گفت : ای برادران ترسایان هان بخدایی که جز او خدایی نیست اگر امری که آن را ناخوش داشته باشم ازشما بمن رسد، البته‌از شما بسیارخواهم کشت. سپس رهسپار جیشان شد وآنان شیعیان علی بودند.پس باایشان جنگید و آنان را درهم شکست و در میان آنها کشتار فجیعی کردسپس به‌صنعاباز گشت.

جارية بن قدامهٔ سعدی رهسپار شد تا به‌نجران آمد و بسر را تعقیب کرد و او راه گریز را در پیش گرفت و برای جاریه نایستاد و از یاران بسرمردی‌را

---

۱ ـ ناسخ «من‌ذالوالهة. ۲ ـ ناسخ، اذمضی. ۳ ـ که‌بدادزنی می‌رسد که‌پریشان و جگر سوخته است بداغ دو کودك که پس از رفتن پدر گم شده‌اند ؟

کشت و با کشتن و اسیر گرفتن ایشان را دنبال کرد تا به‌مکه رسید و بسر بی‌آنکه بچیزی بازنگرد می‌رفت تا به‌حجاز درآمد، پس جارية بن قدامه مردم مکه را به بیعت گرفت و گفتند: علی در گذشت، پس برای که بیعت کنیم؟ گفت: برای هر که یاران علی پس از او با او بیعت کرده باشند. پس اهمال روا داشتند و گفت: بخدا سوگند باید اگر چه باسرینهاتان باشد بیعت کنید. پس بیعت کردند و آنگاه به‌مدینه درآمد و آنان برابوهریره سازش کرده بودند. پس با آنان نماز گزارد و ابوهریره از او گریخت، پس جاریه گفت: ای مردم مدینه برای حسن ابن علی بیعت کنید. پس بیعت‌نمودند سپس بقصد کوفه بیرون رفت و آنگاه مردم مدینه ابوهریره را باز گردانیدند.

غیاث[1] ازقول فطر بن خلیفه گفته‌است، خبر دادمرا ابوخالدوالبی، گفت: دستور نامهٔ علی برای جارية بن قدامه را خواندم: اوصیك یا جارية بتقوی الله فانها جموع الخیر و سرعلی عون الله فالق عدوّك الذی وجهتك له ولا تقاتل الامن قاتلك ولاتجهز علی جریح ولاتسخرن دابة وان مشیت ومشی اصحابك، ولاتستأثر علی اهل المیاه بمیاههم ولاتشربن الافضلهم عن طیب نفوسهم ولاتشتمن مسلما ولامسلمة فتوجب علی نفسك مالعلّك تؤدب غیرك علیه ولا تظلمن معاهدا ولا معاهدة و أذكرالله ولا تفتر لیلاولانها را واحملوا رجالاتكم وتواسوا فی ذات ایدیكم واجدالسیر واجل العدوّ من حیث كان واقتله مقبلا واردده بغیظه صاغراً و اسفك الدم فی الحق و احقنه فی الحق و من تاب فاقبل توبته و اخبارك فی كل حین بكل حال و الصدق الصدق فلارأی لكذوب.

«ای جاریه، تو را وصیت می کنم بترس از خدا چه آن جامع نیکیهااست، بیاری خدا رهسپار شو پس دشمن خود را که تو را بدو فرستاده‌ام دیدار کن و

۱ ـ ل، پ، ص ۲۳۴ : غیاث‌بن ابراهیم.

جز با کسی که با تو نبرد کند نبرد مکن ، و زخمداری را مکش و چارپایی را بزور مگیر اگرچه خود و همراهانت پیاده روی کنید، و آبهای مردم را بخود اختصاص مده و جز مازادایشان را برضای خاطرایشان میاشام و مردوزن‌مسلمانی را دشنام مده تا خود بکاری تن‌دهی که شاید دیگری را برآن ادب کنی وبرمرد وزن ذمی‌ستم مکن و خدا را یاد کن و در شب و روز سستی مکن وپیادگان‌خود را سوار کنید و یکدیگر را کومك دهید، باکوشش وشتاب رهسپار باش و دشمن را از هرجا باشد بر کن واو را در حال‌پیشروی بکش و زبون وآکنده از خشمش بازگردان وخون را بحق بریز و بحق حفظ کن وهر کس توبه کند توبه‌اش‌بپذیر و در هر زمانی بهرحالی گزارشهایت برسد و راستی راستی ، چه دروغ‌گو را نظری صائب‌نیست».

گفت : وابوالکنود خبرداد که جاریه در تعقیب بسر پیش رفت و بشهری نمی‌نگریست و برچیزی درنگ نمی کرد تا به‌یمن و نجران رسید و کسانی را کشت و بسر از او گریخت و آتش درافکند پس‌محرّق نامیده شد.

علی بکارمندان خود نامه نوشت تا آنان را بجهاد وادار نمایدپس‌به‌اشعث ابن‌قیس که عامل او برآذربایجان بود، نوشت : اما بعد فانما غرّك من نفسك و جرّأك علی آخرك املاءالله[1] لك اذمازلت قدیماً تأكل رزقه و تلحد فی‌آیاته[2] و تستمتع بخلاقك[3] و تذهب بحسناتك[4] الی یومك هذا فاذا اتاك رسولی بکتابی هذا فاقبل و احمل ماقبلك من مال‌المسلمین.

«همانا تورا بخودمغرورساخته وبغایت گستاخ کرده است ، مهلت دادن‌خدا تورا ، چه از دیر زمانی تا امروز پیوسته روزی اورا خورده ودرآیات‌او کجروی کرده و ببهرهٔ خودکامیاب شده‌ونیکیهای خود را برده‌ای ؛ پس هرگاه فرستاده‌ام

۱ـ اشاره بآیهٔ ۱۷۸س ۳. ۲ـاشاره بآیهٔ ۱۸ س۷. ۳ ـ اشاره بآیهٔ ۶۹ س۹.
۴ ـ اشاره بآیهٔ ۲۰ س ۴۶.

این نامه‌ام را بتوداد، خدابخواهد بسوی من رهسپار شو و آنچه از مال مسلمانان نزد تواست با خود حمل کن.» پس چون اشعث نامه‌اش را خواند، بسوی وی رهسپار شد.

وبه‌یزید بن قیس‌ارحبی نوشت: اما بعد فانك ابطأت بحمل خراجك و ما ادری ما الذی حملك علی ذلك غیرانی اوصیك بتقوی‌الله و احذرك ان تحبط اجرك و تبطل جهادك بخیانةالمسلمین فاتق‌الله ونزه نفسك عن‌الحرام ولاتجعل لی‌علیك سبیلا فلا اجدبدامن‌الایقاع بك و اعزز المسلمین ولاتظلم‌المعاهدین و ابتغ فیما آتاك‌الله الدارالاخرة ولاتنس نصیبك من‌الدنیاو احسن کما احسن‌الله‌الیك ولاتبغ الفساد فی‌الارض ان‌الله‌لایحب المفسدین[1].

«همانا درفرستادن خراجت دیر کردی و نمیدانم توراچه برآن داشته‌است، جز اینکه‌من‌تورابپرهیز کاری‌خدا وصیت می کنم و از اینکه با خیانت کردن با مسلمانان اجر خود راضایع کنی‌وجهادخودرا باطل سازی بیم می‌دهم؛ پس‌خدارا پرهیز کار باش و خود را از حرام دور بدار و برای من برخود راهی قرار مده تا ناچار گردم تورا عقوبت کنم و مسلمانان را عزیز بدار و برذمیان ستم مکن و در آنچه خدای بتو داده است، سرای آخرت بجوی؛ وبهرهٔ خویش را ازدنیافراموش مکن؛ وچنانکه خدا با تو نیکی کرده است نیکی کن؛ و تبهکاری در زمین را مجوی‌همانا خدا تبهکاران را دوست نمی‌دارد».

و به‌سعدبن مسعود عموی مختار بن ابی عبید فرماندار مدائن نوشت:اما بعد فانك قدأدیت خراجك و اطعت ربك وارضیت امامك، فعل البر[2] التقی‌النجیب، فغفرالله ذنبك و تقبل سعیك و حسن‌مآبك[3]، «همانا تو بشیوهٔ نیکوکار پرهیز کار

۱ـ س ۲۸ ی ۷۷. ۲ ـ ل، ب: المبر. ۳ ـ اشاره بآیهٔ ۲۹ و نیز آیه‌های ۲۵ و ۴۰ س ۳۸ و آیهٔ ۱۴ س ۳.

ستوده رفتار خراجت را پرداخته و پروردگارت را اطاعت نموده و امامت را خشنود ساخته‌ای پس خدا گناهت را بیامرزد و کوششت را بپذیرد و فرجامت را نیکو کند».

و به عمر بن ابی سلمه مخزومی پسر ام‌سلمه همسر پیامبر خدا که عامل او بر بحرین بود، نوشت:[۱] اما بعد فانی قد ولیت النعمان بن عجلان[۲] البحرین بلاذم لك فاقبل غیر ظنین واخرج الیه من عمل ماولیت فقد اردت الشخوص الی ظلمة اهل الشام وبقیة الاحزاب فاحببت ان تشهد معی لقائهم فانك ممن استظهر به علی اقامة الدین و نصر الهدی جعلنا الله و ایاك من الذین یعملون بالحق و به یعدلون[۳]، «همانا من نعمان بن عجلان را بحکومت بحرین گماشتم بی آنکه تو را نکوهشی باشد پس بی آنکه بتو بدگمانی رود نزد من آی و کاری را که بآن گماشته شدی بدو واگذار چه تصمیم کرده‌ام بسوی ستمگران شامی و بقیهٔ دسته‌ها رهسپار گردم و دوست داشتم که در نبرد با ایشان همراه من باشی چه تو از کسانی هستی که در بپای داشتن دین و یاری هدایت بایشان کومك می‌جویم، خدا ما و تو را از کسانی قرار دهد که بحق عمل می‌نمایند و بآن دادگری می‌کنند».

پس عمر[۴] بیامد و همراه او بود و سپس بازگشت و تا کوفه با علی همراهی کرد و یکسال واندی با او درنگ کرد؛ پس علی خبر یافت که نعمان بن عجلان

۱ــ ر.ك. نهج‌البلاغه، ر۴۲. ۲ ــ نعمان‌بن عجلان بن‌نعمان‌بن عامر‌بن زریق انصاری زرقی‌صحابی‌که شاعری فصیح‌بود و بر قوم خود سروری‌داشت. ر.ك. اسدالغابه ج ۵ ص ۲۶.

۳ ــ اشاره بآیهٔ ۱۸۱ و نیز ۱۵۹ س ۸. ۴ ــ عمر‌بن ابی سلمة‌بن عبدالاسد قرشی مخزومی ربیب پیامبر خدا در سال دوم هجرت در سرزمین حبشه متولد گردید و روز وفات رسول اکرم نه ساله بود و در جمل با علی همراهی کرد و از طرف او والی بحرین و فارس شد و در ایام عبدالملك بن مروان در سال ۸۳ در مدینه درگذشت. از پیامبر احادیثی روایت کرده است. از جمله روزی نزد رسول خدا آمد و آن‌حضرت طعامی در پیش داشت پس گفت: یا بنی ادن فسم‌الله و کل بیمینك وکل‌ممایلیك. ر.ك. اسدالغابه ج ۴ص۷۹.

مال بحرین رابرده است پس باونوشت : امابعدفانّه من‌استهان بالأمانة ورغب‌فی‌الخیانة ولم ینزّه نفسه ودینه ، اخل‌بنفسه فی‌الدنیا و مایشقی علیه بعدامرو ابقی واشقی و اطول ، فخف الله انك من عشیرة ذات صلاح فکن عند صالح الظن بك و راجع ان کان حقا مابلغنی عنك ولاتقلبن رأیی فیك واستنظف خراجك ثم‌اکتب الیّ لیأتیك رأیی وامری ان شاءالله ، «همانا آنکس که امانت را خوارشمارد و در خیانت رغبت کند و خود و دین خود را منزه ندارد در دنیا بخود زیـان رسانده است و آنچه پس از دنیا در پیش دارد تلختر و پایدار تـر و بدبخت کننده تر و طولانی تراست ، پس ازخدا بترس چه تو ازطایفه‌ای شایسته‌ای پس چنان‌باش که دربارهٔات گمان نیك می‌رود واگر آنچه از تو بمن رسیده راست باشد بشایستگی بازگرد ، وعقیدهٔ مرا دربارهٔ خود دگرگون مساز وخراج خودراکامـلاً وصول کن ، سپس بمن بنویس تا دستورم وفرمانم اگرخدا بخواهد بتوابلاغ شود».

پس‌چون نامهٔ علی بدو رسید و دانست که اوآگاه شده است مال‌را برداشت وبه معاویه پیوست .

وبه مصقلة بن هبیره فرماندار اردشیرخره که خبریافته بود خراج‌آنجا را پراکنده‌می‌سازدومی‌بخشد، نوشت: [1] امابعد فقدبلغنی‌عنك امراکبرت ان اصدقه ،انك تقسم‌فیء المسلمین‌من‌قومك‌ومن‌اعتراك‌من‌السّألة‌والاحزاب واهل‌الکذب‌من‌الشعراء کماتقسم الجوزفوالذی فلق‌الحبّة وبرأالنسمة لافتشنّ عن ذلك تفتیشا شافیاً فان وجدته حقاًلتجدن‌بنفسك علیّ‌هوانافلاتکونن‌من‌الخاسرین‌ـ اعمالا الذین‌ضل سعیهم فی‌الحیاةالدنیا وهم یحسبون انهم یحسنون صنعا . [2]

«خبری ازتوبمن رسیده است که باور کردن آن برمن گران آمد ، که تـو خراج مسلمانان را در میان بستگانت و کسانی که برتو درآیند از درخواست

۱ـ ر.ك. نهج‌البلاغه،ر۴۳. ۲ـ س۱۸ی ۳۴ .

کنندگان و دسته‌ها و شاعران دروغگو، بخش می کنی چنانکه گردو را، پس بخدایی سوگند که دانه راشکافت وجان راآفرید، دقیقاًاین گزارش رابازرسی خواهم کرد و اگر آنرا درست یافتم البته خویش را نزد من زبون خواهی یافت پس اززیان‌کاران مباش، آنانکه کوشش ایشان در زندگانی دنیا تباه گشته است وخود پندارند که‌کاری نیك میکنند».

پس مصقله باونوشت: «اما بعد، نامهٔ امیرمؤمنان بمن رسید پس جویاشود و هرگاه درست باشد مرا پس از مجازات باشتاب‌ازکار بر کنار سازد؛ و اگر من از روزی که‌بکار گماشته‌شده ام تاهنگامی که نامهٔ امیر مؤمنان بمن رسیده‌است، از حوزهٔ مأموریت خود دیناری یا درهمی یا چیزی جزآن ربوده باشم پس هر برده‌ای که دارم‌آزاد وگناهان ربیعه ومضر برمن است. و باید بدانی که از کار بر کنارشدن برمن گواراتراست تامتهم شدن».

چون‌علی نامهٔ اورا خواند گفت: ما اظن اباالفضل الا صادقاً، «ابوالفضل را جزراستگونپندارم».

و مردی ازاصحاب خودرا نزدیکی ازکارمندان خود فرستاد تا اورا بشتاب وادارد، پس‌اورا مورد اهانت قرارداد. پس باونوشت: امابعد فانك شتمت‌رسولی وزجرته وبلغنی‌انك‌تبخروتكثرمن‌الادهان والوان‌الطعام وتتكلم علی‌المنبر بكلام‌الصدیقین و تفعل اذانزلت افعال المحلین فان یكن ذلك كذلك فنفسك ضررت و ادبی تعرضت؛ ویحك‌ان تقول:العظمة والكبریاء ردائی من‌نازعنیهما[1] سخطت علیه بل ماعلیك ان تدهن رفیهاً فقد امررسول‌الله بذلك وماحملك ان‌تشهدالناس علیك بخلاف ماتقول ثم علی‌المنبرحیث یكثرعلیك الشاهد ویعظم مقت الله لك بل كیف ترجووانت متهوع فی‌النعیم‌جمعته من‌الارملة والیتیم‌ان‌یوجب‌الله‌لك‌اجر‌الصالحین

۱ـ ن، نازعنیها.

بل‌ماعلیك ثکلتك امك لوصمت‌لله ایاماً و تصدقت بطائفة من طعامك فانها سیرة ـ الأنبیاء وادب‌الصالحین،اصلح نفسك وتب من‌ذنبك وأدحق‌الله‌علیك والسلام .

«همانا تو فرستاده‌ام را دشنام داده و او را از نزد خویش رانده‌ای و خبر یافته‌ام که توبخور می‌سوزی و بسیار روغن می‌زنی و خوراك رنگارنگ فراوان میخوری وتابرمنبری چون راستگویان درستکار سخن می گویی وچون فرودآیی کارهای حلال‌شمارندگان‌را انجام می‌دهی.پس اگرواقع مطلب همین‌است، خودرا زیان رسانده‌ای ودر معرض گوشمال من آمده‌ای، وای برتو که بگویی: بزرگی و کبریاء روپوش من است و هر کس بخواهد آن دو را از من برباید براوخشم می گیرم.چرا، مانعی نداری که روغن بزنی و خوشگذران باشی چه پیامبر خدا آن را فرموده است اما تو را چه برآن داشته است که مردم برتو گواهی دهند بجز آنچه می گویی،آنهم بالای منبر، آنجا که گواه برتو بسیار است و دشمنی خدا برای تو بزرگ می‌شود، بلکه‌بااینکه از پرخوردن نعمتهایی که از بیوه‌زن و یتیم فراهم ساخته‌ای قی می کنی چگونه امیدواری که خدا اجر شایستگان را برای تو واجب کند،بلکه مادرت بمرگت گرفتار گردد چه مانعی داری که روزهایی را برای خدا روزه می گرفتی و مقداری از خوراك خـود را تصدق می دادی؟چه آن روش پیمبران و ادب شایستگان است، نفس خود را اصلاح نما واز گناهت توبه کن وحق خدا را برخود بپرداز والسلام.»

وبه‌قیس بن‌سعدبن‌عباده‌فرماندارآذربایجان نوشت: امابعدفاقبل‌علی‌خراجك بالحق واحسن الی‌جندك‌بالأنصاف وعلّم من قبلك مماعلمك‌الله ، ثم ان عبدالله بن شبیل‌الأحمسی‌سألنی الکتاب الیك فیه بوصایتك فیه‌خیراًفقدرأیته وادعا متواضعا فألن حجابك وافتح[1] بابك واعمد الی‌الحق فان وافق الحق مایحبواسره ـ ولاتتبع ـ

۱ ـ ل : فافتح.

الهوی فیضلّك عن سبیل‌الله ان الذین یضلّون عن سبیل‌الله لهم‌عذاب شدیدبمانسوا یوم‌الحساب،[۱] «برجمع آوری خراجت بحق روی آور وباسپاهیانت بعدل ومساوات نیکی کن و از آنچه خدا بتو آموخته است بکسانی که نزد تواند بیاموز، سپس همانا عبدالله بن شبیل احمسی از من خواسته است تا دربارهٔ او نامه‌ای بتوبنویسم وتورا بنیکی با او سفارش کنم و من او را آرام وفروتن دیدم، پس از مردم‌روی پنهان مدار ودرخانه‌ات را باز کن و قصد انجام حق می‌دار– وهوای نفس‌راپیروی مکن تاتورا از راه خدا گمراه سازد، همانا آنانکه از راه خدا گمراه می‌شوند برای ایشان بفراموشی از روز حساب، شکنجه‌ایست سخت».

غیاث گفت: وچون علی نبرد بامعاویه را تصمیم گرفت، نیز به‌قیس نوشت: اما بعد فاستعمل عبدالله بن شبیل الأحمسی خلیفة لك و اقبل الـیّ فان المسلمین قداجمع ملأهم‌وانقادت جماعتهم فعجّل الأقبال فاناسأحضرنّ الی‌المحلّین عندغرة الهلال ان‌شاءالله وماتأخرّی الالك قضی‌الله لناولك بالأحسان‌فی‌امرناکله، «عبدالله ابن‌شبیل احمسی را بجای خویش بگمار و نزد من آی چه بزرگان مسلمانان تصمیم گرفته و تودهٔ آنان سربفرمان نهاده‌اند، پس درآمدن شتاب کن که من بزودی در اول ماه اگر خدا بخواهد بسوی سرکشان می‌شتابم و عقب ماندنم جز برای تو نیست، خدا برای ما وتو در همه‌کارها بنیکی حکم کند».

وبه‌سهل‌بن‌حنیف‌فرماندار مدینه نوشت: امابعد فقدبلغنی‌ان‌رجالاً من‌اهل المدینة خرجواالی‌معاویة فمن‌ادرکته فامنعه ومن فاتك فلاتأس علیه فبعداً[۲] لهم فسوف یلقون‌غیا[۳] امالوبعثرت‌القبور[۴] واجتمعت‌الخصوم‌لقد–بدالهم‌من‌الله‌مالم یکونوا یحتسبون[۵]–وقد جائنی رسولك یسألنی الاذن فاقبل عفاالله عنا و عنك ولاتذرخللا ان‌شاءالله،[۶] «مرا خبر رسیده که مردانی از مردم مدینه بسوی معاویه گریخته‌اند

۱ ـ س۳۸ ی ۲۶.　　۲ ـ اشاره بآیه‌های ۴۱، ۴۴س ۲۳.　　۳ ـ س ۱۹ی ۵۹.
۴ـ اشاره‌بآیه‌های۴س۸۲و۹ س۱۰۰.　　۵ـ س ۳۹ ی ۴۷.　　۶ـ ر.ك. نهج‌البلاغه،ر۷۰ .

۱۱۷ خلافت علی بن ابی‌طالب

پس هر که را دریافتی او را بازدار وهر کس ازدست تو رفت براو افسوس مخور. دوری باد مرایشان را پس بزودی بگمراهی و هلاکت رسند، هان اگر گورها برانگیخته شده و دشمنان فراهم آیند، البته- برای‌ایشان از خدا آنچه را گمان نمی‌بردند پدید آید - فرستاده‌ات باذن خواستن نزد من آمد، پس بیا خدا ما و تورا ببخشد واگر خدا بخواهد نقصی در کار مگذار».

علی به عمربن‌مسلمة[1] ارحبی نوشت: امابعد فان دهاقین عملك شکوا غلظتك ونظرت فی امرهم فمارأیت خیراًفلتکن منزلتك بین‌منزلتین‌جلباب‌لین‌بطرف من‌الشدة فی‌غیرظلم ولانقص‌فان هم اجبونا[2] صاغرین‌فخذمالك عندهم وهم صاغرون[3] ولاتتخذ من‌دون‌الله‌ولیافقدقال الله‌عزوجل:لاتتخذوابطانة من دونکم لایألونکم‌خبالا[4] وقال‌جل‌وعز فی اهل‌الکتاب: لاتتخذوااليهود والنصاری اولیاء[5] و قال تبارك و تعالی: و من یتولهم‌منکم فانه‌منهم.[6] و قرعهم بخراجهم و قاتل من[7] ورائهم و ایاك و دمائهم والسلام، «همانا دهقانان حوزۀ مأموریتت از درشتخویی تو شکایت کردند و در کار ایشان نگریستم و خیری ندیدم پس‌باید رفتارت میان دو رفتار باشد: جامه‌ای از نرمخویی بادامنی از سختگیری بدون ستم و کمی،پس اگر آنان سرافکنده بما باج دادند پس آنچه از نزد ایشان داری بگیر وآنان سرافکنده باشند و جز خدا دوستی مگیر چه خدای عزوجل گفته است: راز داران و همدستانی جز از خویشتن نگیرید که در آشفته ساختن شما کوتاهی نمی کنند. وخدای جل وعز در بارۀ اهل کتاب گفته: یهود و ترسایان را دوستان خود نگیرید. و نیز گفته است: و هر کس از شما آنان را دوست بدارد پس خود از آنان است. و خراج را برایشان سخت بگیر وباکسانی که آنسوی ایشانند نبرد کن و از خون ایشان

۱-ن: ابی‌سلمه. ۲-ل: احیونا. ۳-اشاره بآیۀ۲۹ س ۹. ۴- س ۳ ی ۱۱۸.
۵- س ۵ ی ۵۱. ۶- س ۵ ی ۵۱. ۷- ل: قابل فی.

بپرهیز والسلام».

وبه‌قرظة‌بن کعب‌انصاری نوشت[1] : امابعدفان رجالاً من‌اهل الذمة من‌عملك ذکروانهراً فی‌ارضهم قدعفا وادفن وفیه‌لهم عمارة علی‌المسلمین فانظرانت وهم ثم اعمرواصلح النهر فلعمری لئن یعمرواحب الینا من ان یخرجوا وان یعجزوا او یقصروا فی‌واجب من صلاح‌البلاد والسلام،«همانا مردانی از ذمیان حوزهٔ‌مأموریت تو نهری را در زمین خود اسم بردند که بی اثر شده و زیر خاك رفته است و مسلمانان‌برای ایشان عهده دار احیای آن هستند پس تو و ایشان بنگرید سپس نهر را احیا کن وآباد ساز پس بجانم سوگند که اگر احیا شوند نزد ما دوست تر است تا بیرون روند اگر چه در واجب احیای سرزمینها ناتوان باشند یا هم کوتاهی کنند،والسلام».

وبه‌منذربن‌جارودفرماندار اصطخرنوشت[2] : امابعدفان‌صلاح‌ابیك غرّنی‌منك فاذا انت‌لاتدع انقیاداًلهواك ازری ذلك‌بك، بلغنی انك تدع عملك کثیراً و تخرج لاهیاًمتنزّهاً[3] تطلب‌الصید و تلعب بالکلاب واقسم لئن کان حقا لنثیبنك فعلك ، و جاهل[4] اهلك خیرمنك فاقبل الیّ‌حین تنظر فی کتابی والسلام، «همانا شایستگی پدرت‌مرا بتومغرورساخت پس‌ناگاه تورایافتم که‌ازپیروی هوای خودنمی گذری، این هوسرانی‌مقام‌تورا‌پست می کند، بمن خبر رسیده‌است که توبسیار می‌شود کار خود را رها می کنی و درپی شکار و سگ‌بازی بهوسرانی و گردش بیرون می‌روی و سوگند می‌خورم که اگر درست باشد تو را برکارت کیفر دهم ، و نادان خاندانت از تو بهتر است پس هرگاه بنامه‌ام نگریستی نزدمن آی، والسلام».

منذر بیامد و علی او را عزل کرد و سی‌هزار غرامت براو نهاد سپس آن را برای‌خاطرصعصعة‌بن صوحان واگذاشت‌پس‌ازآنکه منذر را برآن سوگندداد

۱ـ ل، ص ۲۴۰. ۲ ـ نهج‌البلاغه، ر۷۱. ۳ ـ ل ، بمنبرها. ۴ ـ نهج ـ البلاغه، لجمل‌اهلك.

وسوگند خورد و آن چنان بود که علی برای عیادت برصعصعه درآمد وچون علی اورادید گفت: انك ماعلمت حسن الموتة[1] خفيف[2] المؤنة[3]، «همانا تو تاآنجا که دانسته‌ام یاوری نیکو و کم هزینه‌ای. پس صعصعه گفت: و تو ای امیرمؤمنان بخدا قسم که دانائی وهمانا خدا[4] در سینه‌ات بزرگ است. پس علی بدو گفت: لاتجعلها أبهة على قومك ان عادك امامك، «باینکه امامت ازتوعیادت کرد، برقومت بزرگی ونخوت مفروش.» گفت نه‌ای امیرمؤمنان، لیکن آن منتی‌است از خدا برمن [که] اهل بیت و پسر عموی پیامبر پروردگار جهانیان از من عیادت کرد.

غیاث گفت: پس صعصعه باو گفت: ای امیرمؤمنان، این دختر جارود است که هرروز برای آنکه برادرش منذر را حبس کرده‌ای اشك می‌ریزد، پس اورا از زندان درآور ومن آنچه را براو است در [5] بخششهای ربیعه ضمانت می کنم. پس علی بدو گفت: ولم تضمنها وزعم لناانه لم يأخذها؟ فليحلف و نخرجه. توچرا ضامن آن‌شوی بااینکه خودش بما می گوید که آن را نبرده است؟ پس سوگند خورد تااورا بیرون‌آوریم.» صعصعه به‌علی گفت: بخدا قسم تصورمی کنم که‌سوگند می‌خورد. گفت: واناوالله اظن ذلك، «ومن نیز بخدا سوگند چنان گمان می‌برم.» وعلی گفت: اما انه نظار فی عطفيه، مختال فی برديه تفال،[6] في شراكيه، فليحلف بعد اوليدع، «او بدو سوی خود بس نگرنده (خودپسند) ودر دو جامهٔ خود خرامنده (متکبر) و بر دوبند کفش خود بسیار آب دهان اندازنده است (تاگرد و خاك از آن دو باز گیرد) پس هنوز هم باید سوگند خورد یا واگذارد.» پس قسم خورد و او را رها کرد.

۱ـ ل : الموتة. ۲ـ ب : خفيق. ۳ـ سفينة البحار ج ۲ ص۳۰ ، خفيف المؤنة كثير المعونة، «هزینه‌ات سبك است وكومك بسيارمی‌كنی». ۴ـ ل، ب ، وأبه. ۵ ـ ن: از
۶ ـ ل : نقال، ر.ك. شرح نهج البلاغة ابن ابی‌الحديد ج ۴ ص ۲۳۲ .

وبه‌زیاد عامل خود در فارس نوشت[۱] : اما بعدفانّ رسولی اخبرنی بعجب زعم انك قلت له فیما بینك وبینه ان الا کراد هاجت بك فکسرت علیك کثیرا من‌الخراج وقلت له‌لاتعلم بذلك امیرالمؤمنین، یا زیاد واقسم بالله انك لکاذب ولئن لم‌تبعث بخراجك لاشدّن علیك شدّة تدعك قلیل‌الوفر ثقیل الظهر الاان تکون‌لما کسرت من‌الخراج محتملا، «همانا فرستاده‌ام خبری شگفت بمن داد، گفت که‌تو میان‌خود و او گفته‌ای که کردها تورا برانگیخته‌اند تابسیاری ازخراج رابرخود شکسته‌ای وباو گفته‌ای که امیرمؤمنان رابدان خبرمده، ای زیاد بخداسوگند همانا تو دروغ گویی و هر آینه اگر خراجت را نفرستادی چنان بر تو فشار آورم که تورا تهیدست و سنگین بار سازد جز آنکه آنچه را از خراج نقض کرده‌ای در عهده گیری».

وبه کعب بن مالك نوشت : اما بعد فاستخلف علی عملك واخرج فی‌طائفة من‌اصحابك حتی‌تمرّ بارض کورة السواد فتسأل عن عمالی وتنظر فی‌سیرتهم فیمابین‌دجلة‌والعذیب ثم ارجع الی البهقباذات[۲] فتولّ معونتها و اعمل بطاعة‌الله فیماولاّك منها واعلم ان کل عمل ابن آدم محفوظ علیه مجزیّ به فاصنع خیراً صنع‌الله بناوبك واعلمنی الصدق فیما صنعت والسلام، «بر حوزهٔ خدمت خود کسی را جانشین گذار و با گروهی از کسان‌خود بیرون رو تا بزمین شهرستان سواد بگذری و در میان دجله و عذیب از کارمندان من پرسش کنی و در روش ایشان بنگری، سپس‌تابهقبادها بازگرد و همراهی باآنهارا درعهده گیر و فرمان خدارا درآنچه ازاین‌سرزمینها درعهدهٔ تونهاده بکاربر، وبدان که هرکارپسرآدم بحساب او می‌آید وبدان پاداش داده می‌شود، پس نیکی کن، خدا با ما و باتو

۱ ـ نهج‌البلاغه،ر۴۰. ۲ ـ بهقباذ ؛ نام سه ناحیه است در بغداد که ازفرات مشروب می‌شود، بهقباذ اعلی که شش طسوج است و بهقباذ اوسط چهار طسوج و بهقباذ اسفل پنج طسوج . ر.ك. مراصد الاطلاع .

نیکی کند و از آنچه انجام دادی براستی مرا آگاه ساز والسلام.»

گفت: وابومریم قرشی مکی که دوست علی بود براودر آمد، پس چون اورادید گفت: ماأقدمك یااباامریم؟ «بچه منظور آمده‌ای ای ابامریم؟» گفت بخداسوگند برای حاجتی نیامده‌ام لیکن دیری‌است که تورا ندیده‌ام وخواستم تورا ببینم واگرمردم زمین برتوفراهم شده‌بودند، آنان‌رابراه می‌داشتی[1]. پس گفت: یا ابامریم والله‌انی لصاحبك الذی‌تعلم ولکن منیت بشرار خلق‌الله الا من‌رحم‌الله یدعوننی فآبی‌علیهم ثم اجیبهم فیتفرّقون عنی والدنیا محنة‌الصالحین جعلنا الله وايّاك منهم و لولا ماسمعت من حبیبی‌انه یقول لضاق ذرعی غیر هذا الضیق، سمعته یقول: الجهد و البلاء اسرع‌الی من‌احبّ الله واحبنی من‌السیل‌الی‌مجاریه، «ای ابومریم بخدا سوگند من همان امام توام که می‌دانی لیکن گرفتار بدترین خلق شده‌ام جز آنکه خدا رحم کند؛ مرا می‌خوانند پس ایشان را رد می‌کنم سپس بدیشان پاسخ می‌دهم پس از من پراکنده می‌گردند، و دنیا گرفتاری و آزمایش شایستگان است خدا ماوتورا از آنان قرار دهد واگر نه بود آنچه خود ازدوست[2] خود شنیدم که می‌گفت: بیش از این بتنگ آمده بودم، از او شنیدم که می‌گفت: سختی و گرفتاری بسوی کسی که خداو مرا دوست بدارد، شتابنده‌تر است ازسیل بمجراهای خود».

و ابوالأسوددئلی که در بصره جانشین عبدالله بن عباس بود به علی نوشت و باو خبر داد که عبدالله از بیت‌المال ده هزار درهم برگرفته است. پس باو نوشت و اورا فرمود تاآن را بازگرداند و او زیر بار نرفت، پس در نامهٔ دیگری او را بخدا سوگند داد که آن را البته باز گرداند و چون عبدالله بن عباس تمام یا بیشتر آن را باز گردانید علی باو نوشت:[3] امابعد فان المرء یسرّه درك مالم یکن

۱ـ ل، هرآینه براه می‌بودید. ۲ـ یعنی رسول اکرم صلی‌الله‌علیه‌وآله. ۳ـ ر.ك. نهج‌البلاغه، ر ۲۲.

لیفوته و یسوئه فوت مالم یکن لیدرکه ؛ فماآتاك من الدنیا فلاتکثر به فرحا، وما فاتك منها فلاتکثر علیه جزعاً ، و اجعل همّك لما بعدالموت والسلام، «همانا مرد را شادمان می‌سازد رسیدن بآنچه نمی‌شد بدستش نرسد، و او را اندوهناك میکند از دست دادن چیزی که نمی‌شد آن را بدست آورد ، پس بآنچه از دنیا بدست تو آید بسیار خوشحال مباش، وبرآنچه از دنیا از دست دادی بسیار بی‌تابی مکن و کوشش خود را برای پس ازمرگ قرار ده والسلام.»

پس ابن عباس می‌گفت: هرگز بسخنی موعظه نشدم چنانکه بسخن امیر-المؤمنین پند گرفتم.

و کمیل بن‌زیاد گفت : علی[1] دست مرا گرفت و مرا بکنار بیابان برد پس چون بصحرا رسید سه‌بار از دل آه کشید سپس گفت:[2] یا کمیل انّ القلوب اوعیة فخیرها اوعاها ، احفظ عنی ما اقول لك: الناس ثلثة عالم ربّانی و متعلم علی سبیل نجاة وهمج رعاع ، اتباع کل ناعق لم‌یستضیئوا بنور العلم ولم‌یلجأوا الی رکن وثیق . یا کمیل العلم خیر من المال؛ العلم یحرسك وانت تحرس المال، والعلم حاکم والمال محکوم علیه،مات خزّان المال وهم احیاء والعلماء باقون مابقی الدهر اعیانهم مفقودة و امثلتهم فی القلوب موجودة هاان هیهنا ـ و اشارالی صدره ـ لعلماً جمالوا صبت له حملة، اللهم الاّ ان اصیب لقنا غیر مأفون[3] یستعمل آلـة الدین فی طلب الدنیا و یستظهر بحجج الله علی اولیائه و بنعمه علی خلقه، اومنقاداً لحملة الحق لابصیرة[4] فی احیائه[5] یقدح الشك فی قلبه لأول عارض من شبهة ، الالاذاولاذاك ؛ او منهوماً باللذة،سلس القیاد للشهوة، اومغرما بالجمع والأدّخار، لیسوا من رعاة الدین فی شیء ، اقرب شبها بهم الأنعام السائمة، اللهم کلا، لاتخلوالأرض من قائم بحق [اما] ظاهر [مشهور] و اما خائف[6] مغمور لئلا تبطل حجج الله عزوجل و بیناته، اولئك الاقلون

۱ـ ل ؛ وعلی. ۲ـ ر ك. نهج البلاغه، ح۱۴۷. ۳ـ نهج البلاغه؛ غیرمأمون علیه.
۴ ـ ن ، لابصیرة له. ۵ ـ نهج البلاغه ، لابصیرة له فی احنائه. ۶ـ ل،ب،خائب.

عددا والأعظمون خطراً ؛ هجم بهم العلم حتی[1] حقائق الامور و باشروا روح الیقین فاستلانوا مااستوعر[2] المترفون وانسوا بمااستوحش منه الجاهلون، صحبوا الدنیا بابدان ارواحها معلّقة بالمحلّ الاعلی. یا کمیل اولئك اولیاءالله من خلقه والدعاة الی دینه بهم یحفظ الله حججه حتی یودعوها امثالهم ویزرعوها فی قلوب اشباههم ؛ هاه شوقا الی رؤیتهم .

« ای کمیل همانا این دلها ظرفهایی است و بهترین آنها فراگیرنده‌ترین آنها است؛ آنچه را بتو می گویم ازمن نگهدار؛ مردم سه دسته‌اند : دانشمندی خدایی، و دانشجویی برراه رستگاری. ومگسهایی (نابخردانی) فرومایه، پیروان هر آواز ـ دهنده ، بنور دانش روشن نگشته و بپایه‌ای استوار پناه نبرده‌اند . ای کمیل دانش ازمال بهتر است ، دانش تورانگه می‌دارد و تومال را نگه می‌داری و دانش فرمانروا است ومال فرمانبر؛ مال اندوزان مرده‌اند درحالی که زنده‌اند، ودانشمندان تا روزگار باقی است پایدارند ، خودهاشان از دست رفته و صورتهای آنان در دلها جایگزین است ، هان، دراینجا ـ واشاره بسینه‌اش کرد ـ دانشی فراوان است، اگر برای آن پذیرندگانی می‌یافتم ، خدایا مگرآنکه دست یابم بر خوشفهمی هوشمند[3] که ابزار دین را درجستن دنیا بکار می‌برد و بحجتهای خدا بردوستانش و بنعمتهای او بربندگانش پیروزی و برتری جوید ؛ یاکسی راکه برای اهل حق رام است ولیکن درزنده کردن حق بصیرت ندارد[4] ،با اولین شبهه‌ای که روی دهد شك دردلش پدیدآید. بدان که نه این ونه آن ؛ یاحریصی برخوشگذرانی ، رام برای شهوت ؛ یا شیفته‌ای بفراهم کردن و اندوختن، بهیچوجه اینان از نگهبانان دین نیستند ، وماننده‌تر باینان چهار پایان چرنده‌است، خدایا،نه؛ زمین از قیام کننده‌ای بحق ، [یا] آشکار ومشهور و یا بیمناك و پنهان ، تهی نمی‌ماند ؛ تاحجتهای خدای

۱ـ نهج ، علی حقیقة البصیرة . ۲ ـ نهج البلاغه ، ما استوعره . ۳ ـ نهج ، که محل اطمینان نیست . ۴ ـ نهج ، لیکن در اطراف و جوانبش بینایی ندارد .

عزّ وجلّ ودلیلهای او باطل نگردد؛ آنان در شمار بسی اندك و در منزلت و مقام بس بزرگوارند، دانش، آنان را بر حقیقتهای امور چیره ساخته و آسایش یقین را دریافته‌اند؛ پس آنچه را خوشگذرانها ناهموار و دشوار شمرده‌اند نرم و آسان یافته‌اند، وبا آنچه‌نادانان از آن رمیده‌اند، خو گرفته‌اند. با بدنهایی که‌جانهای آنها بجای بالاتر آویخته است دردنیا زیست کرده‌اند. ای کمیل آنان دوستان خدایند از بندگانش ودعوت کنندگان بسوی دینش، بوسیلهٔ ایشان خدا حجتهای خود را حفظ می کند تا آنهارا با مثال خود بسپارند و دردلهای کسانی مانندخود کشت کنند، آه، که مشتاق دیدن ایشانم».

و گفت: لو انّ حملة العلم حملوه لحقه لاحبّهم الله و ملائکته و اهل طاعته من خلقه؛ و لکنهم حملوه لطلب الدنیا فمقتهم الله وهانوا علی الناس، «اگر دانشمندان علم را برای حق آن برداشته بودند، خداوفرشتگانش وبندگان فرمانبرش آنهارا دوست می‌داشتند؛ لیکن آنان علم را برای خواستن دنیا برداشتند، پس خدای ایشان را محروم ساخت ونزد مردم خوارشدند».

و گفت: قیمة کل امرئ مایحسن[1]، «ارزش هر مرد چیزی است که آن را نیك می‌داند».

و گفت: ایها الناس لاترجوا الا ربّکم؛ ولاتخشوا الاذنوبکم؛ ولا یستحیی من لایعلم ان یتعلّم؛ولا یستحیی من یعلم ان یعلّم؛ واعلموا ان الصبر من الایمان بمنزلة الرأس من الجسد[2]، «ای مردم جز بپروردگارتان امیدوار نباشید؛ وجز از گناهان خود نترسید؛ و کسی که نمی‌داند حیا نکند که یاد گیرد؛ و کسی که می‌داند شرم نکند که یاد دهد؛ و بدانید که شکیبایی نسبت بایمان بجای سراست ازتن».

۱- نهج البلاغه، ح ۸۱. ۲- نهج البلاغه، ح ۸۲.

و گفت: من کان یرید العزّ بلاعشیرة، والنسل بلا کثرة، والغناء بلامال فلیتحوّل من ذلّ المعصیة الی عزّ الطاعة، «کسی که بخواهد بدون خویشاوند عزیز باشد، و بدون بسیاری دارای نسل، وبدون دارایی بی‌نیاز، پس باید از ذلت معصیت بعزت اطاعت باز گردد».

و گفت: کم من مستدرج بالاحسان الیه؛ و کم من مغرور بالستر علیه؛ و کم من مفتتن بحسن القول فیه؛ وما ابتلی احد بمثل الاملاء له[1]؛ الم تسمع قول الله عزّ و جلّ: انما نملی لهم لیزدادوا اثماً[2]، «بسا کسی که با نیکی (خدا) باو کم کم (بعذاب) نزدیك شده؛ و بسا کسی که بپوشیدن (خدا) براو فریب خورده؛ و بسا کسی که بگفتار نیك (مردم) دربارهٔ او فریفته گشته؛ وهیچکس بچیزی مانند مهلت دادن (خدا) اورا، آزمایش نگشته، آیا نشنیده‌ای گفتار خدای عزوجل را؟: همانا آنان‌را مهلت می‌دهیم تا گناهی بیفزایند».

و گفت: من اشتاق الی الجنة تسلی عن الشهوات؛ ومن اشفق من النار رجع عن المحرّمات؛ و من زهد فی الدنیا هانت علیه المصیبات؛ ومن ارتقب الموت سارع فی الخیرات[3]، «کسی که مشتاق بهشت باشد، ازخواهشهای نفس چشم بپوشد؛ و کسی که ازآتش بترسد، از حرامها باز گردد؛ و کسی که در دنیا وارسته شد، مصیبتها بر او آسان گردد؛ و کسی که نگران مرگ باشد، درنیکیها شتاب ورزد».

و خطبه خواند پس گفتار خدای عزّ وجلّ را تلاوت کرد که: انّا نحن نحیی الموتی و نکتب ماقدّموا و آثارهم و کل شیء احصیناه فی امام مبین[4]، «همانا ما مردگان را زنده می کنیم؛ وآنچه راپیش داشته‌اندو آثار ایشان را می نویسیم؛وهر چیز را در پیشوایی آشکار، بشمار آورده‌ایم».

سپس گفت: ان هذا الامر ینزل من السماء کقطر المطر الی کلّ نفس بما کتب الله

---

۱ ـ نهج البلاغه، ح۱۱۶. ۲ ـ س۳ ی ۱۷۸. ۳ ـ نهج البلاغه، ح ۳۰.
۴ـ س۳۶ ی۱۲.

لهامن نقصان فی نفس او اهل [او] مال؛ فمن اصابه نقص فی اهله وماله ورأی عند اخیه عفوة[۱] فلایکونن ذلك علیه فتنة ؛ فان المرء المسلم مالم یأت دنیاه[۲] یخشع لها وتذلّه اذا ذکرت، وتغری[۳] به لئام[۴] الناس، کالیاسر الفالج الذی ینتظر اول فوزه[۵] من قداحه، یوجب له المغنم ویدفع عنه المغرم؛ کذلك المرء البری من الخیانة والکذب، یترقب کل یوم ولیلة احدی الحسنیین: اماداعی الله فما عندالله خیر له ؛ واما فتحا من الله فاذا هوذ واهل ومال ومعه حسبه ودینه ؛ المال والبنون حزب الدنیا[۶] ، والعمل الصالح حزب[۷] الآخرة[۸] و قدیجمعهما الله لأقوام.

« همانا این فرمان مانند قطره‌های باران از آسمان فرود می‌آید، بهر کسی بآنچه خدا برای او نوشته است ، از کمبودی درجان یا بستگان [یا] دارایی؛ پس هر کس کمبودیی درخانواده یا دارائیش بدورسد ونزد برادرش فزونی بیند ، نباید اورا گمراهی و گرفتاری باشد، چه مرد مسلمان مادامی که دست بکار پستی نبرده که در اثر آن خوار و بیمقدار گردد وهر گاه یاد آوری شود اورا سرافکنده سازد، ومردمان پست را براو برانگیزد، مانند قمارباز برنده‌ای است که بانتظار نخستین برد تیرهای خویش است تا درآمد را برای او فراهم آورد وزیان و خسارت را ازاو دور سازد؛ همچنین مرد بر کنار از خیانت و دروغ ، درهرروز وشب یکی از دو نیکبختی راانتظاردارد: یافرا خوانندهٔ خدا را ، پس آنچه نزد خدا است برای او بهتر است؛ یاهم گشایشی ازخدا؛ پس ناگهان او دارای خانواده و دارایی استو شرف ودین خود رانیزبهمراه‌دارد، دارایی وپسران دستهٔ[۹] دنیا است؛ وکارشایسته دستهٔ[۱۰] آخرت وگاه خدا آن دورا برای مردمانی فراهم می‌سازد ».

و گفت: من عامل الناس فلم یظلمهم ؛ وحدّثهم فلم یکذبهم ؛ و وعدهم فلم

---

۱ ـ نهج البلاغه ؛ غفیرة. ۲ـ نهج البلاغه، ط ۲۳ ؛ مالم یغش دنائة. ۳ـ ل ؛ تغری.
۴ـ ل؛ لیألم. ۵ـ نهج، فوزة. ۶ـ نهج البلاغه، حرث الدنیا. ۷ـ نهج البلاغه، حرث الآخرة.
۸ـ اشاره بآیهٔ ۴۶ س ۱۸. ۹ ـ کشت. ۱۰ ـ کشت.

یخلفهم؛ کان ممن حرمت غیبته و کملت مروته وظهر عدله ووجب وصله،« کسی که درداد و ستد با مردم ستم نکند؛ و در سخن گفتن با آنان دروغ نگوید؛ و با ایشان بد قولی نکند؛ از کسانی است که غیبت آنان حرام، و جوانمردی آنها کامل، وعدالت ایشان آشکار، وپیوند با ایشان واجب است».

وروزی بیرون آمد و گفت: یا طالب العلم، ان للعالم ثلاث علامات: العلم بالله، وبما یحب الله، و بما یکره الله؛ و للعامل ثلث علامات: الصلاة والزکات والورع؛ وللمتکلف من الرجال ثلاث علامات: ینازع[1] من فوقه، و یقول بمالا یعلم، ویتعاطی مالاینال؛ وللظالم ثلاث علامات[2]: یظلم من هوفوقه بالمعصیة، ومن هودونه بالغلبة ویظاهر الظلمة و الآثم [وللمرائی] ثلاث علامات: یکسل اذاکان وحده، وینشط اذاکان من یراه، و یحب ان یحمد فی جمیع اموره؛ و للحاسد ثلاث علامات: یغتاب اذاغاب؛ ویتقرب اذاشهد، ویشمت بالمصیبة؛ وللمنافق ثلاث علامات: یخالف لسانه قلبه، وقوله فعله، وعلانیته سریرته؛ وللمسرف ثلاث علامات: یأکل مالیس له، ویشرب مالیس له، ویلبس مالیس له؛ وللکسلان من الرجال ثلاث علامات: یتوانی حتی یفرط، ویفرط، حتی یضیع، ویضیع حتی یأثم؛ وانما هلك الذین قبلکم بالتکلف، فلایتکلف رجل منکم ان یتکلم فی دین الله بمالا یعرف فان الله عزوجل یعذر علی الخطاء ان اجهدت رأیك.

«ای دانشجو، همانا دانشمند را سه نشانه است: شناختن خدا، وآنچه خدا دوست می‌دارد، وآنچه خدا دوست نمی‌دارد. و برای عمل کننده سه نشانه است: نماز و زکات و پارسایی. و برای مرد پر مدعای زورگو سه نشانه است: با برتراز خود نزاع می کند، و درآنچه نمی‌داند سخن می گوید، و بآنچه نمی رسد دست اندازی می کند. وبرای ستمکار سه نشانه است: ستم می کند بنافرمانی

۱ـ ل، ینازع هو. ۲ـ نهج البلاغه، ح ۳۵۰.

بر کسی که برترازاوست، وبزوروواستبداد بر کسی که زیردست اوست،وستمکاران وگنه کار راکومك می‌دهد. [وبرای ریاکار] سه‌نشانه است: هرگاه تنها باشد کسل می‌شود، وهرگاه کسی باشد که او را ببیند بنشاط می‌آید، ودوست‌می‌دارد که درهمه‌کارش ستوده شود. وبرای حسود سه‌نشانه است: هرگاه پنهان‌شودغیبت می‌کند، و هرگاه حاضر باشد تملق می‌گوید، و بمصیبت سرزنش می‌کند. و برای منافق سه‌نشانه است: زبانش با دلش مخالف است، و گفتارش با کردارش، وآشکارش با نهانش. و برای اسراف کارسه‌نشانه است: می‌خوردآنچه را برای او نیست،ومی‌آشامدآنچه رابرای‌اونیست، ومی‌پوشدآنچه‌رابرای‌اونیست. وبرای‌مرد کسل سه‌نشانه است، سستی می‌ورزد تا آنجا که کوتاهی کند، و کوتاهی میکند تا باهمال کاری رسد، و اهمال کاری می‌کند تا آنجا که گنهکار شود. و همانا پیشینیان شما بپرمدعایی هلاك شده‌اند، پس مردی ازشما خود را برنج نیندازد که دردین خدا بآنچه نمی‌شناسد سخن گوید چه خدای عز و جل اگر کوشش خود را بکار بری برخطا معذورمی‌دارد.

وبه عمربن خطاب گفت: ثلاث ان‌حفظتهن وعملت بهن کفتك ماسواهن، و ان‌ترکتهن فلاینفعك شیٔ سواهن. قال: وماهن؟ فقال: الحدود علی‌القریب‌والبعید والحکم بکتاب‌الله فی‌الرضا والسخط، والقسم بالعدل بین‌الأحمروالأسود[1]، «سه چیز است که اگر آنها را نگهداری و بکار بندی، تو را بجز آنها نیازی نماند؛ و اگر آنها را رها کنی، چیزی جز آنها تو را سود ندهد. گفت آنها چیست؟ گفت: خویش‌وبیگانه را حدزدن، ودرخشنودی‌وخشم بکتاب خدا حکم دادن، ومیان سرخ وسیاه عادلانه بخش کردن.» پس‌عمرباو گفت: بلیغ‌وموجزسخن گفتی. و مردی را شنید که دنیا را نکوهش میکند، پس گفت[2]: الدنیادار صدق

۱ـ ر.ك. نهج‌البلاغه ح۱۳۱، مروج‌الذهب ج۲ ص۴۳۱.

لمن‌صدقها، ودارعافیة لمن فهم عنها، ودارغنی لمن تزوّدمنها ، مسجد احباء الله و مهبط وحیه ومصلّی ملائکته و متجر اولیائه ، اکتسبوافیها الرحمة فربحوا فیها الجنة ، فمن‌ذا یذمهاوقدآذنت ببینها و نادت بفراقها و نعت نفسها واهلها ، مثّلت ببلاها البلاء وشوّقت بسرورها السرور. راحت بفجیعة وابکرت بعافیة[1] ترغیبا و ترهیبا وتحذیراو تخویفا . ذمّها رجال غداة الندامة و حمدها آخرون ذکّرتهم فذکروا و حدّثتهم فصدّقوا. فیاذامّ الدنیاالمغترّ بغرور ها متی استذمّت‌الیك ، بل متی غرّتك. ابمضاجع آبائك من‌البلا، او بمنازل امهاتك من‌الثری؟ کم مرّضت بیدیك وعللت بکفیك من تبتغی له الشفاء وتستوصف له الاطباء؛ فلم‌ینفعه تطبیبك ولم یستعف له‌بعافیتك[2]، مثّلت به‌الدنیا نفسك، وبمصرعه مصرعك، غداة لایغنی‌عنك بکائك ولاینفعك احبائك.

«دنیا سرای راستی است برای کسی که گفتار آن را باور کند، و سرای سلامتی است برای کسی که از آن بفهمد، و سرای توانگری است برای کسی که از آن توشه گیرد، سجده گاه دوستان خدا است ، وفرودگاه وحی او، ونمازگاه فرشتگانش، و تجارتخانهٔ دوستانش؛ رحمت را در آن بدست آورده و بهشت رادر آن سود برده‌اند؛ پس که دنیا را نکوهش می کند بااینکه دوری خویش راخبر دادوجدایی‌خودرا فریاد زدواز نیستی خود ومردم دنیاسخن گفت؛ باگرفتاریهای خود، گرفتاری (آخرت) را مجسم کرد وبا شادمانی خود ، بشادمانی (آخرت) تشویق نمود، شب بادرد درآمد وبامداد باتندرستی، تارغبت‌دهد وبترساند وبرحذر دارد و بیم دهد. بامداد پشیمانی، مردانی آن‌را نکوهش کردند ، لیکن دیگران آن را ستودند ، اینان را یادآوری کرد پس‌بیاد آوردند، وبا ایشان سخن گفت

۱ ـ نهج‌البلاغه ، راحت بعافیة وابتکرت بفجیعة. ۲ ـ مروج الذهب ، ولم تسعف له بطلبتك. نهج ، ولم‌تسعف فیه بطلبتك

پس باور نمودند. ای نکوهش کنندهٔ دنیا، وای فریفتهٔ نیرنگ او، کی باتوکاری در خور نکوهش کرد، بلکه کی تورا فریب داد؟ آیا بگورهای کهنهٔ پدرانت، یا بخانه‌های زیر خاك‌مادرانت؟چه بسیار بود که بادست خویش کسی‌راکه‌برای او شفامی‌جستی، پرستاری نمودی و بدرمان او پرداختی و از پزشکان برای او دستور معالجه می‌خواستی، پس معالجه‌ات باو سودی نداد و او را تندرستی نبخشیدی، دنیا باوضع او وضع‌تو وبامرگ او مرگ تو را مجسم کرد، بامدادی که گریه‌ات بکارت نیاید و دوستانت بتو سودی نرسانند».

و در خطبه‌ای گفت: ان من اخوف ما اخاف علیکم خصلتین: اتبّاع الهوی وطول الأمل؛ [فاما[1] طول الأمل] فینسی‌الآخرة؛ و اما اتباع‌الهوی فیصد [عن] الحق[2]. من‌اصبح آمنافی سربه معافی فی‌بدنه، له‌قوت‌یومه فکانما خیرت‌له الدنیا. ان الله تعالی یقول: وعزتی وجلالی و جمالی و بهائی و علوّی وارتفاعی فی‌مکانی، لایؤثرعبدهوای علی‌هواه الاجعلت‌همه فی‌الاخرة وغنائه فی‌قلبه، وضمنت‌السموات والارض رزقه، و اتته الدنیا وهی راغمة، «همانا از ترسناکترین چیزها که بر شما بیم دارم دو خصلت است: پیروی هوس و درازی آرزو. [اما درازی آرزو] پس آخرت‌را ازیادمی‌برد،و اما پیروی‌هوای‌نفس‌پس [از] حق‌بازمی‌دارد. کسی که دربامدادآید درحالی که‌در راه خود آزاد وتندرست باشد وخوراك‌آن روزخودرا داشته‌باشد، گویاتمام‌دنیابرای اوفراهم‌شده‌است. هماناخدای‌متعال می‌گوید: بعزت وجلال وجمال وروشنی وبرتری و بلندی منزلتم سوگندکه بنده‌ای خواهش مرا برخواهش خود مقدم نمی‌داردمگرآنکه همت‌او رادرآخرت وتوانگری اورا در دلش قرار دهم و آسمانها و زمین را ضامن روزی وی گردانم و دنیا خواه ناخواه پیش‌او آید».

---

۱ ـ ل: واما.　　۲ ـ ر.ك. نهج‌البلاغه، ط ۲۸ و۴۲.

و گفت: خصّ[۱] بالبلاء من عرف الناس و من جهلهم عاش معهم، «بلاء مخصوص کسی است که مردم را بشناسد؛ و کسی که آنان را نشناخت با آنها زندگی می کند.»

و گفت: یأتی علی الناس زمان لایقرّب فیه الاّ الماحل ولایستظرف الاّ الفاجر، ولایضعّف فیه الاّ المنصف، یتخذون الفیٔ مغنما، والصدقة مغرماً، والعبادة استطالة علی الناس، وصلة الرحم منّاً والعلم متجرا؛ فعند ذلك یکون سلطان النساء و مشورة الأماء وامارة الصبیان،[۲] «بر مردم زمانی بیاید که جز فریبکار دروغ پرداز (کسی که نزد شاه از مردم بدگویی و سخن‌چینی کند) عزت نیابد، وجز دروغگوی نابکار زیرك شمرده نشود، و جز با انصاف درستکار ناتوان بحساب نیاید؛ ربودن خراج را غنیمت دانند، و صدقه دادن را غرامت شمارند، و بندگی را وسیلهٔ گردنکشی بر مردم قرار دهند، وصلهٔ رحم را منتی نهند، و باسرمایهٔ علم تجارت کنند. در آن هنگام پادشاهی زنان و مشورت با کنیزان و فرمانداری کودکان می‌باشد».

و گفت: لاتصلح الناس امارة[۳] یعمل فیه المؤمن ویستمتع فیها الکافر، ویبلغ فیها الکتاب الأجل، «مردم را حکومتی اصلاح نمی کند (مردم را حکومتی شایسته نیست) که مؤمن در آن عمل می کند و کافر در آن کامرانی دارد و نوشته در آن بسر می‌رسد».

ودر مقام تسلیت دادن بمردی[۴] گفت: لئن جزعت، ان الرحم لیستحق ذاك، وان صبرت کنت[۵] بهاماأجوراً والّا صبرت کارهاماأزوراً، «هرآینه اگر بیتابی کنی، البته خویشاوندی سزاوار آن است، و اگر شکیبا باشی بر مصیبت مأجور خواهی بود، و اگر نه، بناچار شکیبایی کنی و گنهکار باشی».

---

۱ ـ ل، ب: حصر. ۲ ـ ر.ك. نهج البلاغه، ح ۱۰۲. ۳ ـ ظاهراً این طور باشد: لابد للناس من امارة. ر.ك. نهج البلاغه، ط ۴۰. ۴ـ نهج البلاغه، ح ۲۹۱، اشعث بن قیس در مرگ پسرش.
۵ ـ ل: کانّی.

وبه‌علی گفته‌شد: میان آسمان و زمین چه‌مسافتی است؟ گفت: دعوة‌مظلوم، «دعای ستمکشیده‌ای.» و باو گفته شد: مسافت دنیا چه اندازه است ؟ پس گفت : مسیرالشمس یوماً الی اللیل، «راه پیمودن خورشید روزی تا بشب» .

و روزجمل گفت : الموت طالب حثیث لایعجزه المقیم ولایفوته الهارب ؛ اقدمواولا تنکلوا ؛ لیس عن‌المـوت محیص؛ انکم‌ان لم‌تقتلواتموتوا؛ و انّ اشرف الموت‌القتل؛ والذی نفسی بیده لالف ضربة بالسیف اهون من موت علی فراش[1].

«مرگ جوینده‌ای شتابنده است، نه اقامت کننده او را ناتوان می‌سازد و نه گریزنده ازدست او بدر می‌رود، پیش روید و نترسید، ازمرگ چاره‌ای‌نیست، شما اگر کشته نشوید خواهید مرد، و بهترین مرگها کشته شدن است ، بکسی که جانم در دست او است سوگند که هزار ضربت شمشیر از مردن روی بستر آسان‌تر است».

ومردی باو گفت: مرا وصیت کن. پس گفت: اوصیك بتقوی الله و اجتناب الغضب و ترك‌الأمانی وان تحافظ علی ساعتین من النهار : من طلوع الفجر الـی طلوع الشمس ومن‌العصر الی غروبها، ولا تفرح بما علمت و لکن بما عملت فیهـا ، «تورا وصیت می کنم بپرهیزگاری خدا و دوری از خشم و رها کردن آرزوها و اینکه بر دو ساعت از روزمحافظت کنی: ازسپیده‌دم تاطلوع خورشیدو از عصر تاغروب‌آن؛ وبآنچه‌دانسته‌ای‌خوشحال‌مباش لیکن بآنچه‌ازدانسته‌ها بکار بسته‌ای».

ومردی‌را که جنایتی کرده بودنزد وی آوردند، و مردمی را دید که پشت سرش می‌دوند، پس گفت: لامرحباً[2] بوجوه لاتـری الّاعند کل سوء[3]، «خوش‌آمـد مبادا روهایی را که جز نزد هر بدی دیده نمی‌شود».

وحارث بن حوطرانی[4] باو گفت : گمان می کنم طلحه و زبیر و عایشه بر

---

۱ ـ نهج‌البلاغه، ط ۱۲۱. ۲ـ اشاره بآیهٔ ۵۹ س ۳۸. ۳ ـ نهج‌البلاغه،ح۲۰۰.

۴ ـ ران ،شهری میان مراغه و زنجان (مراصد الاطلاع).

باطلی فراهم آمده‌اند؟ پس گفت: یا حارث، انه ملبوس علیك و ان‌الحق والباطل لایعرفان بالناس ولکن اعرف الحق تعرف اهله و اعرف الباطل تعرف من اتاه،[۱] «ای حارث، راستی امر بر تو مشتبه است، و حق و باطل بمردم شناخته نمی شوند لیکن حق را بشناس تااهلش‌را بشناسی،وباطل را بشناس‌تامرتکب‌آن‌را بشناسی».

و مردی را دید که بعد از عصر عرفه از او سؤال (حاجت) می کند، پس گفت: ویحك، تسأل‌فی‌هذا الیوم غیرالله ؟ «افسوس برتو، امروز از غیرخداحاجت می‌خواهی؟»

و از او روایت شده است که گفت: یامعشرالفتیان حصّنوا اعراضکم‌بالأدب و دینکم بالعلم، « ای گروه جوانمردان، آبروی خود را بادب نگهداری کنید ودین خود را بدانش.»

و هر گاه از نماز خود فارغ می گشت، بمردم روی می‌آورد و می گفت: کونوا مصابیح الهدی، ولاتکونوا اعلام ضلالة، واکرهوا المزاح بما یسخط الله و لیهن علیکم الذم فیما یرضی‌الله، علّموا الناس الخیر بعبر[۲] السنتکم، و کونوا دعاة لهم بفعلکم، والزموا الصدق والورع، «چراغهای راهنمایی باشید، نه نشانه های گمراهی، وخوش مدارید مزاحی‌را که خدا را بخشم آورد، و نکوهش درآنچه خدا را خشنود سازد برشما آسان باشد، مردم را باپندهای زبان خود[۳] نیکی بیاموزیدوباکردار خویش دعوت کنندگانی برای ایشان باشید».

و گفت: الصمت‌حلم والسکوت سلامة و الکُتمان سعادة، « خاموشی بردباری است، وخاموشی‌سلامت، و نهفته داشتن خوشبختی ».

و گروهی نزد وی فراهم شدند و در بارهٔ کارنیك (معروف) سخن گفتند. پس گفت: المعروف کنز من افضل الکنور، وزرع من ازکی‌الزروع، فلایزهدنکم

۱ـ نهج البلاغه، ح ۲۶۲. ۲ ـ ظ : بغیر. ۳ ـ بغیر زبان خود.

فی‌المعروف کفر من کفره ، و جحد من جحده ، فان من یشکرك علیه ممن‌لم یصل‌الیه منه شیٔ اعظم مما ناله‌اهل منة، فلاتلتمس من‌غیرك مااسدیت الی‌نفسك.
ان المعروف لایتم الابثلاث خصال : تصغیره وستره و تعجیله ، فاذا صغرته فقد عظمته، و اذاسترته فقداتممته ، و اذا عجّلته فقد هنأته .

«نیکی گنجی‌است‌از بهترین گنجها، و کشتی است از برومندترین کشتها، پس شما را حق ناشناسی آنکه آن را کفران کند و انکار آنکه آن را انکار کند از نیکی باز ندارد، چه کسی که تورا برنیکی سپاس می‌گزارد بااینکه از آن چیزی‌بدو نرسیده است بزرگتر است از آنچه اهل منت بآن رسیده‌اند، پس پاداش‌نیکیی را که در بارهٔ خود کرده‌ای ازدیگری توقع مدار. همانا نیکی‌جز به‌سه‌خصلت‌کامل‌نمی‌شود: کوچك‌شمردن وپوشیده داشتن و باشتاب‌انجام دادن‌آن؛ پس هرگاه‌آن راکوچك شماری‌آن را بزرگ کرده‌ای، و هرگاه‌آن‌را پوشیده داشتی‌آن‌رابکمال‌رسانده‌ای،وهرگاه‌درآن‌شتاب‌ورزیدی‌آن راگوارا‌ساخته‌ای».

ومردانی از مردم باختر نزد وی آمدند، پس گفت: افیکم من قد شهرنفسه حتی لایعرف الابه ؟ «آیا درمیان شما کسی هست که خود را چنان شهره کرده باشد که جز بدان شناخته نگردد ؟»

گفتند: آری. گفت : وفیکم قوم بین ذلك یتصوّنون[1] من السیئآت ویعملون الحسنات ؟ « ودر میان شما مردمی میان این هستند که از بدیها پرهیز کنند و کارهای نیك را انجام دهند ؟ گفتند: آری، گفت: اولئك خیرامة محمد، اولئك النمرقة الوسطی بهم یرجع الغالی و بهم یلحق المقصر ، « آنان بهترین امت محمداند، آنان‌بالش میانین‌اند، تندرو باینان بازمی گرددو کند روبایشان‌می‌رسد».

و از او روایت شده است که گفت: ابهم[2] البهائم کل‌شیٔ الااربع خصال :

۱ـ ل ، یصیبنون. ن ، یصیبون.   ۲ ـ ل، ب ، ألهم.

ان الله عزوجل خالقها و رازقها [....] واتیان الذکر الأنثی، والفرار من الموت، وطلب الرزق.

«همه چیز بربهائم پوشیده است مگر چهار خصلت: اینکه خدای عزوجل آفریننده و روزی دهندهٔ آنها است [....] و آمیزش نر با ماده، وگریختن از مرگ، وجستجوی روزی».

و گفت: ستة لایسلم علیهم: الیهودی، والنصرانی، و المجوسی، والشاعر یقذف المحصنات، و قوم یتفکهون بسب الأمهات، و قوم علی مائدة یشرب علیها الخمر.

«شش کس‌اند که برآنها سلام نمی‌شود: یهودی و نصرانی و مجوسی وشاعری که زنان پارسا را بدنام کند، و مردانی که با دشنام دادن مادران لذت می‌برند، و مردانی برسفره‌ای که برآن میگساری می‌شود.

و گفت: الأئمة من قریش[1]، خیارهم علی خیارهم و شرارهم علی شرارهم، «پیشوایان از قریش‌اند، نیکانشان برنیکانشان، وبدانشان بربدانشان».

و علیه مردی حکمی کرد پس گفت: ای امیرمؤمنان برمن حکمی کردی که در اثر آن دارایی من از میان رفت و خانواده‌ام بیچاره گشت. پس چنان بخشم آمد که در چهره‌اش آشکار گشت، سپس گفت: یا قنبر نادفی الناس الصلاة جامعة، «مردم را بنماز همگانی فرا خوان.» پس مردم فراهم آمدند و بالای منبر رفت و خدا را ستود و او را ثنا خواند، سپس گفت: اما بعد فذمتی رهینة و انا به زعیم بجمیع من صرحت له العبران لایهیج علی التقوی زرع قوم و لایظمأ علی التقوی سنخ اصل[2]، وان الخیر کله فیمن عرف قدره، وکفی بالمرء جهلا ان لایعرف قدره[3] ان من ابغض خلق الله الی الله العبد و کله الی نفسه جائراً عن قصد السبیل[4] مشغوفا بکلام بدعة قد قمس فی اشباهه من الناس عشواء، غارا باغباش الفتنة، قد

۱ـ نهج‌البلاغه، ط ۱۴۲. ۲ـ ر.ک. نهج‌البلاغه، ط۱۶. ۳ـ ر.ک. نهج‌البلاغه، ط ۱۶، ۱۰۱. ۴ـ نهج‌البلاغه، ط ۱۷، ۱۰۱.

لهج فیها بالصوم و الصلاة فهو فتنة علی من تبعه ، قد سمّاه اشباه الناس عالماً ولم یغن فیه یوما سالما، بکر فاستکثر مماقل منه فهو خیر مما کثر حتی اذا ارتوی من آجن و اکثر من غیر طائل جلس بین الناس قاضیا ضامنا بتخلیص ما التبس علی غیره . ان قایس شیئا بشیٔ لم یکذب نفسه، وان التبس علیه شیء کتمه من نفسه لکیلایقال : لایعلم، فلا[1] ملیٔ والله باصدار ماورد علیه ولاهواهل بما قرظ به من حسن، مفتاح عشوات، خبّاط جهالات، لایعتذر ممالا یعلم فیسلم، ولایعرض فی العلم ببصیرة . یذروالروایات ذروالریح الهشیم، تصرخ منه الدماء و تبکی منه المواریث[2] و یستحلّ بقضائه الفرج الحرام و یحرم بمرضاته الفرج الحلال ، فاین یتاه بکم[3] بل این تذهبون عن اهل بیت نبیکم؟[4] انا من سنخ اصلاب اصحاب السفینة[5] و کما نجافی هاتیك من نجا ینجوفی هذه من ینجو ویل رهین لمن تخلف عنهم. انی فیکم کالکهف لاهل الکهف . وانی فیکم باب حطة، من دخل منه نجاومن تخلف عنه هلك، حجة من ذی الحجة فی حجة الوداع : انی قد ترکت بین اظهرکم ما ان تمسکتم به لن تضلوابعدی ابدا : کتاب الله وعترتی اهل بیتی .

«ذمهٔ من در گرو وخود با همه کسانی که پیشامدهای عبرت انگیز (حقیقت را) برایشان آشکار ساخته ضامن آنم که کشت قومی براساس پرهیزگاری نمی خشکد، وریشهٔ درختی باپرهیزگاری تشنه نمی ماند، وهمانا نیکی همه اش در کسی است که قدر و منزلت خود را بشناسد، و در نادانی مرد همان بس که قدر ومقام خویش نداند. همانا از دشمن ترین مردمان نزد خدا آن بنده است که او را بخودش واگذاشته، در حالی که از راه راست منحرف وبسخنی بدعت دلداده است. در میان مردمی مانندخویش فرو رفته، در تاریکیهای فتنه بدون بصیرت مردم را

۱ ـ ل، ب : ولا. ۲ ـ نهج البلاغه، ط ۱۷. ۳ ـ ر.ك. نهج البلاغه ، ط ۱۲۳،۸۵ .
۴ ـ ر.ك. نهج البلاغه، ط ۸۵. ۵ ـ اشاره بحدیث سفینه .

می‌فریبد ودر عین حال بر نماز وروزه مواظبت می کند، چنین کس برای پیروانش فتنه‌ای‌است،نامردمان اورادانشمندنامیده‌اند بااینکه یکروزبراستی مرددانش نبوده است . بامدادان باشتاب در پی افزون بدست آوردن چیزی برآمد که اندکش بهتر از بسیار آن است تا آنگاه که از آبی گندیده سیرآب گردید و از آنچه سودی نداشت بسیار فراهم ساخت، در میان مردم برای حکم دادن بداوری‌نشست و روشن ساختن آنچه را بر جز او مشتبه مانده است ضامن شد ، اگر چیزی را بچیزی قیاس کند خودرا دروغگو نشمارد، و اگر امری براو مشتبه شود آن‌را ازخود پوشیده دارد تانگویند که نمی‌داند، بخدا قسم نه‌آن مایه دارد که‌پرسش رسیده را پاسخ دهد ، و نه شایستهٔ نام نیکی است که بدان ستوده شده ، کلید گمراهیها و سرگردان نادانیها است، از آنچه نمی‌داند پوزش نمی‌خواهد تاسالم بماند، وبا بصیرت‌در راه دانش گام نمی‌زند ، روایات را بهم می‌زند مانند بهم زدن باد گیاه خشك را، خونها از دست او داد می‌زند و میرائها از بیداد او گریه می کند و بحکم او فرج حرام حلال شمرده می‌شود و بخشنودی او فرج حلال حرام بشمار می‌آید، پس بکجا گمراه می‌شوید بلکه از نزد اهل بیت پیامبرتان کجا می‌روید؟ من از ریشهٔ پشتهای کشتی نشینانم وچنانکه در آن کشتی نجات یافت آنکه نجات یافت، در این (کشتی) نجات یابد آنکه نجات یابد. وای همراه کسی است که از اینان جدا گردد . من درمیان شماچون کهف برای اصحاب کهف‌ونیز در میان شما باب حطه‌ام که هر کس ازآن درآید رستگار شود و هر کس ازآن تخلف کند بهلاکت رسد . حجتی‌است ازماه‌ذی‌الحجه در واپسین حج‌پیامبر:همانا من درمیان شماچیزی می گذارم که اگربدان چنگ‌زنیدهرگز پس ازمن گمراه نگردید : کتاب خدا وعترت من، خاندان من ».

علی‌حکمهای شگفت آوری داشت چنانکه قومی را آتش‌زد ، ودیگرانی را بوسیلهٔ دود از میان برد، و بعضی انگشتان دست را در دزدی برید ، و دیواری

را بر سر دو نفر که آندو را مشغول فسقی دید خراب کرد.

ومی گفت: استتروا ببیوتکم والتوبةوراءکم، من ابدی صفحته للحق هلك[1]، ان الله ادّب هذه الأمة بالسوط والسیف ولیس لاحد عندالإمام هوادة، «درخانه‌های خود پنهان شوید و توبه در پیش روی شما است، کسی که سینه سپر حق کند از میان می‌رود. همانا خدا این امت را بتازیانه وشمشیر ادب کرده است وهیچکس نزدامام مدارا ونرمی نیابد».

عبدالرحمان بن‌ملجم‌مرادی ده‌روزمانده بآخر شعبان سال ٤٠ به کوفه آمد وچون علی از رسیدنش‌خبریافت گفت: اوقدوافی؟ اما انه مابقی علیّ غیره هذا اوانه، «آیا رسید؟ همانا جز آن چیزی برعهدهٔ من نمانده و اکنون هنگام‌آن است.» پس براشعث‌بن قیس کندی فرود آمد ونزد او یك‌ماه بماند و شمشیر خود را تیز می کرد، آنان سه‌نفر بودند که رهسپار شدند، یکی از ایشان بقصدمعاویه رهسپارشام و دیگری‌بقصد عمروبن عاص رهسپارمصر و دیگری که ابن ملجم‌باشد بقصد علی رهسپار گردید. اما آنکه آهنگ معاویه داشت، شمشیری براو فرود آورد و ضربت بسرین او وارد آمد و باشتاب بخانه‌اش رفت، اما آنکه‌درپی عمرو بن عاص بود، خارجة بن حذافه را ازپا در آورد که در نماز بامداد[2] بجای عمرو بود، چه‌عمرو برای بیماری نیامده بود، پس‌خارجی گفت: من کشتن عمرورا خواستم و خدا کشتن خارجه را. اما عبدالرحمن بن ملجم بر در مسجد ایستاد و علی در تاریکی صبحدم بیرون آمد پس مرغابیانی که در خانه بودند در پی‌او رفتند و بجامه‌اش آویختند، پس گفت: صوائح تتبعها نوائح، «فریاد کنندگانی که نوحه گرانی در پی آنها است.» و سر خود را از دریچهٔ مسجد داخل کرد و عبدالرحمن شمشیری برسرش نواخت پس‌افتاد وفریاد کرد: او را بگیرید. مردم

۱-ر.ك. نهج‌البلاغه، ط ۱۶. ۲- ل، ب: دربامداد.

درپی اوشتافتند و کسی باو نزدیك نمی شدمگرآنکه اورا باشمشیرخودمی‌زد، پس قثم بن‌عباس پیش‌تاخت و اورا بغل گرفت وبزمین کوبید، و او فریاد زد : ای علی سگك خود را ازمن دور گردان. و چون اورا نزد علی‌آوردند ، گفت : پسرملجم؟ گفت: آری. گفت: یاحسن شأنك بخصمك فاشبع بطنه واشدد وثاقه فان‌مت فالحقه بی اخاصمه عندربی وان‌عشت فعفو اوقصاص ، « ای حسن مواظب دشمنت باش ، شکمکش را سیر کن و بندش را محکم ، پس اگر مردم اورا بمن ملحق کن تا نزد پروردگارم با او مجادله کنم، و اگرزنده ماندم یا می‌بخشم یاقصاص می کنم.» علی دو روز زنده بود و در شب جمعه نخستین شب دهۀ آخر ماه رمضان سال ٤٠ وازماههای عجم‌درکانون آخردرشصت‌وسه‌سالگی‌بدرود زندگی گفت وپسرش‌حسن اورا بادست خود غسل داد و بر او نماز خواند و هفت تکبیر گفت و گفت : امااِنها لاتکبر[1] علی‌احدبعده، «بدانید که پس ازعلی بردیگری‌هفت‌تکبیر گفته نمی‌شود.» علی‌در کوفه در جایی بنام « غری » دفن شد و خلافتش چهار سال و ده‌ماه بود .

علی را چهارده فرزند ذکور بود: حسن، وحسین، و محسن که در کودکی مرد، مادرشان فاطمه دختر پیامبرخدااست، ومحمداکبرمادرش خولۀ حنفی‌دختر جعفر ، و عبیدالله و ابوبکر ، مادرشان‌لیلی حنظلی تمیمی دختر مسعود وازاین‌دو فرزندی نماند ، و عباس و جعفر که در کربلا شهید شدند ، و عثمان و عبدالله ، مادر این چهار پسرام البنین کلابی دختر حزام ، و عمر، مادرش ام حبیب بکری دختر ربیعه،ومحمد اصغر که فرزندی ازاونماند، مادرش امامه دخترابی‌العاص ، و عثمان اصغرویحیی ، مادرآن‌دواسماء خثعمی دختر عمیس .

علی هجده دختر داشت از ایشان سه دختر از فاطمه و دیگران از زنان متعدد و کنیزان پراکنده‌ای بودند .

---

۱ ـ ل ، ب، لایکبر .

چون علی وفات کرد حسن بخطبه ایستاد و خدا را ستود و بر او ثنا گفت و بر پیامبر درود فرستاد وسپس گفت :

الا انه قدمضی فی هذه اللیلة رجل لم یدرکه الأولون ولن یری مثله الآخرون، من کان یقاتل و جبریل عن یمینه و میکائیل عن شماله ، والله لقد توفی فی اللیلة التی قبض فیها موسی بن عمران ورفع فیها عیسی بن مریم و انزل القرآن ، الا و انه ما خلف صفراء و لا بیضاء[1] الا سبعمأة درهم فضلت من عطائه اراد ان یبتاع بها خادما لأهله[2].

« هان ، امشب مردی در گذشت که پیشینیان باو نرسیده‌اند و آیندگان هرگز مانند او را نخواهند دید، کسی که نبرد می کرد و جبرئیل در طرف راست و میکائیل در طرف چپ او بودند. بخدا قسم در همان شبی وفات کرد که موسی بن عمران در گذشت و عیسی بآسمان برده شد و قرآن نازل گردید . بدانید که او زر و سیمی بجا نگذاشت مگر هفتصد درهم که از مقرری او پس انداز شده بود و می خواست با آن مبلغ برای خانواده‌اش خادمی بخرد ».

پس قعقاع بن زراره بر سر قبرش ایستاد و گفت : خشنودی خدا بر تو باد ای امیر مؤمنان که بخدا سوگند زندگیت کلید هر خیر بود و اگر مردم تورا می پذیرفتند از بالای سر و زیر پای خود می خوردند ، لیکن اینان نعمت را ناسپاسی کردند و دنیا را بر آخرت بر گزیدند .

در خلافت علی در سال ۳۶ عبدالله بن عباس با مردم حج گزارد، و در سال ۳۷ قثم بن عباس و بقولی عبدالله بن عباس، و در سال ۳۸ عبدالله بن عباس، و در سال ۳۹ شیبة بن عثمان.

صحابهٔ علی که علم از او فرا می گرفتند ، عبارت بودند از: حارث اعور، و[3] ابو الطفیل عامر بن واثله،[4] و حبهٔ عرنی،[4] و رشید هجری،[4] و جویریة[5] بن مسهر، و[3] اصبغ ابن نباته ، و[3] میثم تمار ، و[3] حسن بن علی .

۱ ــ ل، ب ، صفرا ولابیضا . ۲ـ ر.ك. جمهرة خطب العرب، ج ۲ ص ۲. ۳ـ ل، ب ، بدون واو. ۴ـ ب ، بدون واو ۵ـ ل، ب، حویزة.

خلافت حسن بن علی علیه السلام[1]

مردم فراهم شدند و با حسن بن علی بیعت کردند و حسن بن علی بمسجد جامع رفت و خطبه‌ای طولانی ایراد کرد و عبدالرحمن بن ملجم‌را خواست. پس عبدالرحمان گفت: پدرت تو را چه فرموده‌است؟ گفت: امرنی ان لااقتل غیر قاتله وان اشبع بطنك وانعم وطائك، فان عاش اقتص او[2] عفاوان مات الحقتك[3] به، «مرا فرموده است که جز کشنده‌اش‌را نکشم وشکمت را سیر گردانم و بسترت را نرم، تا اگر زنده ماند قصاص کند یا ببخشد و اگر مرد تورا باو ملحق کنم.» ابن ملجم گفت: راستی پدرت درحال خشم و خشنودی حق می گفت و بحق حکم می کرد. پس حسن شمشیری براو فرود آورد و دست اورا که سپر کرده‌بود انداخت و اورا کشت. وحسن بن علی پس از پدرش دوماه و گفته شده چهار ماه ماند و عبیدالله بن عباس را بادوازده هزار برای نبرد با معاویه فرستاد و قیس بن سعد بن عبادهٔ انصاری را همراه وی ساخت و عبیدالله را فرمود که بفرمودهٔ قیس بن سعد و رأی او عمل کند. پس رهسپار ناحیهٔ جزیره شد و معاویه هم چون از کشته شدن علی خبر یافت هجده روز پس از شهادت علی رهسپار موصل گردید و دو لشکر روبرو شدند. پس معاویه یك میلیون درهم نزد قیس بن سعد فرستاد تا همراه وی شود [یا] هم باز گردد. قیس مال را نزد معاویه فرستاد و گفت: مرا از دینم فریب می‌دهی؟ گفته می‌شود که نزد عبیدالله بن عباس فرستاد و برای او یك میلیون درهم قرارداد، پس باهشت هزار از همراهانش نزد معاویه رفت ولی قیس در نبرد با او پایدار ماند و معاویه کسانی را

1ـ ل: ص۲۵۴. 2ـ ل: اعفا. ب: اعفو. 3ـ ل، ب: الحقنك به.

پنهانی میان لشکر حسن می‌فرستاد[1] که می گفتند: حسن با معاویه صلح کرد و پیشنهاد او را پذیرفت. معاویه، مغیرة بن شعبه و عبدالله بن عامر بن کریز و عبدالرحمان ابن ام حکم را نزد حسن فرستاد و هنگامی که درمدائن درخیمه گاه خویش فرود آمده بود بر او در آمدند، سپس از نزد او بیرون رفتند و می گفتند و مردم می‌شنیدند که خدا بپسر پیامبر خدا خونها را حفظ کرد و فتنه را آرام ساخت و اوپیشنهاد صلح‌را پذیرفت. پس لشکر بهم خورد و مردم در راستگویی آنان شك نداشتند، پس برحسن هجوم آوردند و خیمه‌هایش و آنچه را در آن بود بغارت بردند. حسن بر اسب خود سوار شد و در «مظلم ساباط»[2] براه افتاد و جراح بن سنان اسدی که در کمین او بود، با خنجری ران او را مجروح کرد وریش جرّاج را گرفت و سپس پیچاند و گردنش را شکست. حسن که بسیار خونریزی کرده بود به‌مدائن برده شد و سخت رنجور گشت و مردم از پیرامون اوپراکنده شدند.

معاویه به‌عراق آمدو کار او پیشرفت و حسن بیمار و سخت رنجور بود، پس چون حسن دید که نیرویی ندارد و یارانش پایداری‌نکرده از گرد اوپراکنده گشته‌اند، با معاویه صلح کرد و بالای منبر رفت و پس از حمد و ثنای خدا چنین گفت:

ایها [الناس] ان الله هدا کم باوّلنا وحقن دمائکم بآخرنا وقدسالمت معاویة وان أدری لعلّه فتنة ومتاع الی حین[3]، «ای مردم همانا خدا شما را باول ما هدایت و خونهای شما را بآخر ما حفظ کرد ومن اکنون بامعاویه سازش نمودم- ونمی‌دانم شاید که آن شمارا آزمایشی باشد و بهره‌ای تازمانی».

---

۱ ـ ن، فرستاد. ۲ـ ساباطکسری، قریه‌ای نزدیك مدائن بوده است، ومظلم ساباط، گویا جایی است ازآن، کم روشنی (مراصد). ۳ـ س۲۱ی۱۱۱.

دوران معاویة بن ابی‌سفیان[1]

معاویة بن ابی سفیان بن حرب بن امیة بن عبد شمس ، مادرش هند دختر عتبة بن ربیعة بن عبد شمس ، زمام امور را بدست گرفت و در ذی‌القعدهٔ سال ٤٠ در کوفه بیعت با او بانجام رسیدوخورشیددر دو درجهٔ حمل بود، وقمردر۱۵درجهٔ ثور، وزحل در۲۹درجهٔ عقرب، ومشتری در۲۹ درجه و۵۰دقیقهٔثور، ومریخ در۱٦ درجهٔ ثور، وزهره در۱٤درجهٔ ثور ، وعطارد در ۱٦ درجهٔ حوت .

معاویه به کوفه آمدوبالای منبر رفت و پس از حمدوثنای خداوند گفت:اما پس ازسپاس و ستایش، همانا هیچ امتی‌پس از پیامبرش اختلاف نکردند جزآنکه باطل آن برحقش غلبه کرد، مگر آنچه در این امت پیش آمد که حق آن بر باطلش پیروز گردید. سپس فرود آمد و مردم را برای بیعتش فراخواند و مردی حاضر می‌شد و می گفت : ای معاویه بخدا سوگند که من از روی کراهت با تو بیعت می کنم. پس می گفت : بیعت کن ، پس همانا خدا در نخواسته خیری‌بسیار قرار داده است[2] و دیگری می‌آمد[3] و می گفت : بخدا از تو پناه می‌برم . وقیس ابن‌سعدبن عباده نزدوی‌آمد ، پس گفت : قیس بیعت کرد . قیس گفت : ای‌معاویه، من چنین روزی‌را ناخوش می‌داشتم. گفت : خاموش باش ، خدا تورا رحمت کند. قیس گفت : راستی حریص‌بودم که پیش از این میان جان و تنت جدایی افکنده باشم ، لیکن ای پسر ابی سفیان خدا امتناع ورزیدمگر از همانچه می‌خواست . گفت : پس امر خدا رد نمی‌شود . در این هنگام قیس روی بمردم کرد و گفت : ای گروه مردم . بد را بجای نیك و خواری را بجای سرفرازی و کفر را بجای

---

۱ ـ ل ، ص ۲۵۶ . ۲ ـ اشاره بآیهٔ ۱۹ س۴ . ۳ ـ ل ، ب ، ابامی‌کرد .

ایمان گرفتید و پس از زمامداری امیرمؤمنان و سرور مسلمانان و پسرعموی پیامبر پروردگار جهانیان کارشما بجایی رسید که آزاد شدهٔ پسر آزاد شده برشما فرمانروا گشت، شما را زبون می‌سازد و در میان شما بیدادگری می کندپس چگونه این حقیقت برشما پوشیده است، یا خدا بردلهای شما مهر زده و دیگر خردمندی ندارید[1]. پس معاویه برسر دوزانو برجست و سپس دست اورا گرفت و گفت: تورا سوگند می‌دهم. سپس دست بردست اوزد ومردم فریاد زدند که‌قیس بیعت کرد. پس گفت: بخدا قسم دروغ گفتید، بیعت‌نکردم. وهیچکس بامعاویه بیعت نکرد مگرآنکه بر او سوگندها گرفت، و نخستین کسی که اورا بربیعت خویش سوگندداد و براو در آمد، سعدبن مالك بود، پس گفت: سلام برتوای پادشاه. معاویه بخشم آمد و گفت: چرا نگفتی: سلام برتوای امیر مؤمنان؟ گفت: آن درصورتی بود که ماتورا امیر کرده باشیم، وتوخود بدین‌کارپریده‌ای.[2]

فروةبن نوفل اشجعی درسال ٤٠خروج کرد، او با گروهی ازخارجیان درشهرزور کناره گیری داشت و چون از کشته شدن علی وپیروزی معاویه خبریافت باهزار وپانصد نفرروی آورد تابه‌نخیله رسید و معاویه سوارانی برسر او فرستاد که آنها را پراکنده ساخت، پس معاویه ازمردم کوفه خواست که با او نبرد کنندوازترس معاویه بنبرد با او بیرون شدند و چون بخارجیان برخوردند، فروه بآنان گفت: مارا واگذارید چه معاویه دشمن ما و دشمن شما است، لیکن‌مردم کوفه باآنان نبردی سخت کردند تا فروه کشته شد وخاطرمعاویه آسوده گشت.

معاویه درسال ٤١ به‌شام بازگشت و خبر یافت که سرکش روم باسپاهیان بسیار و مردمی انبوه راه جنگ را در پیش گرفته است، پس‌ترسید که اورا از آنچه بتدبیر ورسیدگی آن نیازمند است بازدارد و کس نزد وی فرستاد وبرصد

۱ ــ اشاره بآیه‌های: ۱۵۵ س۴ و ۸۷، ۹۳ س۹ و ۱۰۸ س ۱۶ و ۱۶ س ۴۷ و۳ س۶۳.

۲ــ تاریخ الخلفای سیوطی ص ۲۰۱: نخستین کسی‌که در بیعت قسم داد معاویه بود، واوبخدا قسم می‌داد و چون به‌عبدالملك بن‌مروان رسید، مردم را بطلاق زنان و آزادی بردگان سوگندداد.

هزار دینار با اوصلح کرد ، ومعاویه نخستین کس بود که با رومیان صلح نمود ، و صلح او با ایشان درآغاز سال ٤٢ بانجام رسید . پس چون‌کار معاویه روبراه‌شد ، فرماندهان شام را بجنگهای تابستانی فرستاد و در سر زمینهای روم سال‌بسال‌برده می‌گرفتند، وما نام‌آن‌فرماندهان‌را درجای‌جنگهای تابستانی‌ذکر کردیم، پادشاه روم خواستار صلح‌شدتا دوبرابر آن مبلغ‌بدهد، لیکن‌معاویه پیشنهاداورانپذیرفت.

عبدالله‌بن‌عامربن کریز را والی‌بصره کرد وچون بآنجارسید، عبدالرحمان‌بن سمره را به‌خراسان فرستاد واوهمراه عبدالله بن خازم سلمی به‌بلخ وکابل لشکر کشید، پس‌بلخ را پس از جنگی سخت گشود و رهسپارکابل شد و چند شب آنرا محاصره داشت ، سپس دروازه‌بان شهرنزد وی‌آمد، پس برای اوچیزی معین کرد تا دروازه را گشود وجنگ بداخل شهر کشیده شد، سپس‌خواستارصلح شدند،پس پسر سمره باآنان صلح کرد و بازگشت وپسرخازم را درخراسان بجای گذاشت .

معاویه ، عبدالله بن دراج غلام خود را برخراج عراق گماشت و باونوشت : ازمال عراق [آنچه] بدان کومك جویم بسوی من حمل کن . پس ابن دراج بدو نوشت و بدو خاطرنشان ساخت که دهگانان باو خبر داده‌اند که کسری و خاندان کسری را خالصه‌هایی بوده است که درآمد آنها را برای خودشان جمع آوری می‌کرده‌اند و حکم خراج برآن بار نمی‌شود پس باو نوشت که آن خالصه‌ها را بشمار و خالصه‌اش قرارده وسدها برای آنها بساز . پس دهگانان را فراهم ساخت و ازایشان پرسش کرد وگفتند که دفتر درحلوان است ، پس فرستاد تاآن را آوردند و هرچه را برای کسری وخاندان کسری بود ازآن استخراج نمودوسدها برآن بست و آن را خالصهٔ معاویه قرار داد پس از زمین کوفه و سواد آن ، در آمدش به‌پنجاه میلیون درهم رسید . به‌عبدالرحمان‌بن ابی‌بکره دربارهٔ سرزمین بصره نیز چنین نوشت و آنهارا دستور داد که هدیه‌های نوروز ومهرگان را نزد وی فرستند و درنوروز و جزآن و درمهرگان ده میلیون‌نزد وی فرستاده میشد.

زیادبن عبید عامل علی برفارس بود وچون امربدست معاویه افتاد،باونامه‌ای تهدید آمیز نوشت ، پس زیاد بخطبه ایستاد و گفت : همانا پسرزن جگرخوار و جایگاه نفاق و باقیماندهٔ احزاب مرا درنامهٔ خویش تهدید می کند و بیم می‌دهد بااینکه میان‌من و او دو پسر دختر پیامبرخدا است‌بانودهزار که دسته‌های شمشیر خودرا زیرچانه‌های‌خودنهاده‌اندویکنفرازایشان تا مردن روی گردان‌نیست،بخدا سوگند که اگرمعاویه‌بمن‌رسد، البته مراسرسخت‌ودست‌بشمشیرخواهدیافت .پس معاویه‌مغیرةبن‌شعبه‌را [نزدوی] فرستادواورانزدخویش آوردوسپس اورابجزپدرش نسبت‌دادوبه‌ابوسفیان ملحق کردواستانداری بصره‌را باوداد،وزیادچهارشاهدفراهم ساخت و یکی از ایشان گواهی داد که علی بن ابیطالب باو گفته است که آنان نزدعمربن خطاب نشسته بودند که زیاد پیام ابوموسی اشعری را برای او آورد ، پس زیاد سخن گفت و خلیفه را خوش آمد و باو گفت : آیا روی منبرهم با مردم چنین سخن می گفته‌ای ؟ گفت : ای امیرمؤمنان، آنان از توبرمن سبکترند . پس ابوسفیان گفت : بخدا قسم که او پسرمن است و من اورا در رحم مادرش نهاده‌ام . گفتم: پس چه مانعی‌داری که‌اورا پسرخویش خوانی؟ گفت : ازترس‌این خرفریاد زننده . و دیگری پیش آمد وهمین گواهی را داد . زیاد همدانی هنگامی که [زیاد] ازاوپرسید که‌دربارهٔ علی چه می گویی ؟ گفت : مانند آنچه تومی گفتی هنگامی که تورا باستانداری‌فارس بر گزید و برای تو گواهی‌داد که تو پسر ابی سفیانی . و ابومریم سلولی پیش آمد و گفت : من از گواهی علی اطلاعی ندارم ، لیکن من در طائف شراب فروش بودم و ابوسفیان درباز گشت از سفرش گذارش برمن افتاد پس خورد و آشامید وسپس گفت : ای ابومریم، غریبی بدراز کشیده، آیا زناکاری بدست می آید ؟ گفتم : جز کنیز بنی عجلان را برای توپیدانمی کنم. گفت : باوجود درازی پستانها و بدبویی زیر بغلش ، همان را نزدمن آر . پس او را نزد وی آوردم و با او درآمیخت و سپس نزد من باز گشت و بمن گفت : ای

ابومریم، آب پشتم را چنان کشید که آبستنی درچشمش برق زد. پس زیاد گفت: ماتورابرای گواهی آورده‌ایم نه برای‌دشنام دادن. گفت : حق را چنانکه‌بوده است می گویم.پس‌معاویه‌شهادت وی‌را امضا کرد [. . . . . . .] [۱]گفتندآنچه بشما رسید و گواهی دادند باآنچه شنیدید . پس اگرآنچه گفتند درست باشد ، شکرخدایی را که آنچه را مردم از من ضایع کردند ، حفظ کرد و آنچه را از من پست کردند برافراشت ؛ واگرباطل‌باشد، پس‌معاویه‌و گواهان داناترند،وعبیدجزپدری شایستهٔ نیکی و سپاسگزاری نبود .

ومغیرة بن شعبه را درجمادی [. . . .] سال ٤٢ والی کوفه کرد و چندی برسراین‌کاربود سپس‌برای‌او بدا پیش‌آمد وعبدالله‌بن عامربن کریز را والی کوفه کرد و چون خبر بمردم کوفه رسید ، بسیاری از مردم باستقبال عبداللّه‌بن عامر شتافتند و مغیره ازکسی جویا نمی‌شد مگر آنکه می گفتند باستقبال عبدالله بن عامررفته است ، تا آنجا که ازمنشی خود جویا شد و باو گفتند : به‌عبدالله پیوسته است . پس گفت : ای غلام بار مرا ببند و استر مرا پیش آور . آنگاه بیرون‌رفت تا به‌دمشق رسیدو بر معاویه ـرآمد، وچون معاویه او را بدید گفت : ای مغیره چه باعث شد که آمدی؟ کارت‌رارها کردی و شهر کوفه ومردم عراق را واگذاشتی با اینکه آنان در فتنه جویی از همه کس شتابنده‌ترند . گفت : ای امیرمؤمنان ، سن من بالارفته و نیروی من ضعیف شده و ازکار بازمانده‌ام و از دنیاهم بآنچه‌نیاز داشتم رسیده‌ام . بخدا قسم برچیزی از دنیا افسوس نمی‌خورم جز بریك‌چیز که تصور می کنم با آن حق تورا برخود اداکنم و دوست دارم که مرگم فرا نرسدو خدا نیکو مرا یاری دهد . گفت : آن چه کاری است ؟ گفت : من بزرگان کوفه را ببیعت کردن برای یزید پسرامیرالمؤمنین بولیعهدی پس از امیرالمؤمنین فرا خواندم وآنان‌هم پیشنهاد مراپذیرفتند و برای این‌کار ایشان را آماده وشتابنده

۱ـ سپس‌زیادبرخاست‌وگفت، ای‌مردم، معاویه‌وگواهان(ر.ك. جمهرةخطب‌العرب‌ج۲ص۲۵۷).

یافتم لیکن نخواستم که کاری جز بانظر امیرالمؤمنین انجام داده باشم ، پس آمدم تا دراین موضوع شفاهاً با اوسخن بگویم وازکار خودهم مستعفی شوم . پس‌معاویه گفت : سبحان الله ای ابوعبدالرحمان ، یزید برادر زاده‌ات هست و مانند تو کسی هر گاه‌کاری را شروع کند ، آن را وانگذارد تا محکم کند ، اکنون تورا بخدا قسم می‌دهم که باز گردی و این‌کار را بانجام رسانی . پس از نزدوی بیرون آمد ومنشی‌خودرا دید و گفت: مارا به کوفه‌باز گردان، پس‌بخدا سوگند که‌پای معاویه‌را در رکابی‌نهادم که‌جز ریختن خونها بیرونش نیاورد ، و به کوفه‌باز گشت .

معاویه به‌زیاد که دربصره بود نوشت که مغیره مردم کوفه را برای بیعت با یزید بولیعهدی پس ازمن فراخوانده است و مغیره ببرادر زاده‌ات سزاوارتر از تونیست پس هر گاه نامه‌ام بتورسید مردمی را که نزد تواند بمانند همانچه مغیره آنان را بآن دعوت کرده است فرا خوان ، و برای یزید از ایشان بیعت بگیر. پس چون‌نامه [به‌زیاد] رسید و آن را خواند مردی از اصحاب خود را که ببرتری وفهم‌اواطمینان داشت، فراخواند و گفت : من‌می‌خواهم تورابرچیزی امین قرار دهم که نامه‌های سربسته را هم برآن امین قرار نمی‌دهم . نزد معاویه رو و باو بگو : ای امیر [مؤمنان] همانا نامه‌ات بادستوری که درآن بود بمن رسید ، آیا مردم چه می گویند هر گاه‌آنان را ببیعت یزید دعوت کنیم با اینکه اوباسگها ومیمونها بازی می کندوجامه‌های‌رنگین می‌پوشدوپیوسته‌شراب‌می‌نوشد وشب‌راباساز وآواز می گذراند و هنوزحسین‌بن علی و عبدالله‌بن عباس وعبدالله‌بن زبیر و عبدالله بن عمر در میان مردمند ، لیکن می‌شود که او را دستور دهی تا یك‌سال یادوسال باخلاق اینان درآید ، شاید بتوانیم امررا برمردم مشتبه سازیم. پس چون فرستاده نزد معاویه آمد و پیام را باو رسانید گفت : وای من‌بر پسر عبید ، خبر یافته‌ام که خواننده اورا سرگرم کرده است که امیر پس از من زیاد است بخدا سوگند که اورا بمادرش سمیه و پدرش عبیدباز گردانم .

مغیره از نزد معاویه به کوفه باز آمد ودراین هنگام شبیب بن بجرهٔ اشجعی خروج کرده بود، پس چون دانست [که] مغیره [واردشده] نزد معاویه گریخت و گفت: منم کشندهٔ علی‌بن ابیطالب. و شبیب بن بجره درشبی که ابن‌ملجم علی را ضربت زد، همراه اوبود؛ پس معاویه‌باو گفت: تورا نبینم ومرانبینی. پس‌به کوفه باز گشت و با مغیره نبرد کرد، پس لشکری را برسر او فرستاد و اورا کشت.

ومستورد بن علفهٔ[۱] تیمی از تیم‌الرّباب در سال ۴۳ خروج کرد، پس مغیره سوارانی بسوی او گسیل داشت ودر پائین ساباط کشته شد وهمراهانش نیزهمگی کشته شدند.

پس ازاوابوالمستورد معاذبن جوین طائی خروج کرد پس مغیره سوارانی بفرماندهی مردی از همدان برسر او فرستاد واورا کشتند.

ودسته‌ای از موالی (عجمها) زیر فرمان ابوعلی کوفی مولای بنی حارث ابن کعب خروج کردند واینان نخستین دسته‌ای از خوارج بودند که موالی درآن خروج کرده بودند، پس مغیره مردی از بجیله را برسرایشان فرستاد ودربادوریا[۲] باهم روبرو شدند، پس بجلی آنان را فریاد زدکه ای گروه عجمها، این عرب است که بنام دین با ما نبرد می کند، شما را چه می‌شود؟ پس براو فریاد زدند که‌ای جابر، انا سمعنا قرآناعجبا یهدی الی الرشد فآمنّا ولن نشرك بربنا احدا[۳]، «همانااما قرآنی شگفت را شنیدیم که بسوی راستروی رهبری می کندپس ایمان آوردیم وهرگز کسی را با پروردگار خویش انباز نگیریم.» وخدا پیامبر ما را برای همهٔ مردم برانگیخته و اورا از هیچکس دریغ نداشته است. پس با آنان نبرد کرد تا ایشان را کشت.

۱ـ کامل التواریخ ج ۳ ص ۲۱۰، بضم عین و تشدید لام مکسور و فتح فاء.

۲ ـ دهستانی از شهرستان استان در طرف باختری بغداد که امروز از شهرستان نهر عیسی شمرده می‌شود(مراصد).

۳ـ س ۷۲ ی ۱ ـ ۲.

مصر و مغرب طعمهٔ عمروبن عاص بود چه روزی که بیعت نمود معاویه آن را برای او شرط کرد و متن شرطنامه چنین بود: «این چیزی است که معاویة ابن ابی سفیان به‌عمروبن عاص بخشید، مصر و مردم‌آن را بدو بخشید وشرط کرد که تا عمرو زنده باشد آنان در اختیار او باشند و سراز فرمان او نپیچند». پس غلامش وردان باو گفت: موی تنت درآن است. پس عمروشرطنامه را می‌خواند وبآنچه وردان توجه داشت توجه‌نمی کرد، وچون‌نوشته مهرشد و گواهان گواهی دادند وردان باو گفت: ای پیرمرد عمرت‌جز باندازهٔ‌تشنگی خری‌نیست، چرابرای فرزندان خود پس‌ازخودشرط نکردی؟ پس از معاویه خواست تاشرط را بهم زند لیکن اوبهم نزد.

عمرو از مال مصر چیزی را نزد معاویه نمی‌فرستاد بلکه مقرری مردم را می‌داد و آنچه فزون بودبرای خویش برمی‌داشت. عمروبن عاص ده سال والی‌مصر بود: چهار سال آن ازطرف عمربن‌خطاب و چهارسال دوماه کم ازطرف عثمان‌بن عفان‌ودوسال‌وسه‌ماه‌برای‌معاویه، ونودوهشت‌ساله بود که‌ازدنیارفت‌ودرحسن تدبیر و دوراندیشی و خردمندی و زبان آوری نابغهٔ عرب بود و عمر بن خطاب هرگاه مردی را می‌دید که سخن می گوید وازعهدهٔ سخن برنمی‌آید می گفت: منزه‌است آنکه هم تورا آفرید وهم عمروبن عاص را.

کسی گفته است که شنیدم عمرو می گوید: پادشاهی دادگر بهتر است از پادشاهی ستمگر و پادشاهی بیدادگر بهتر است از فتنه‌ای همیشگی، و لغزش پا استخوانی است که شکسته بندی می‌شود؛ و لغزش زبان نه بجای می گذارد ونه رها می کند[1]، وکسی که‌خردندارد‌آسوده‌است.

چون مرگ عمرو فرا رسید پسرش را گفت: پدرت آرزو می کندکاش در غزوهٔ ذات السلاسل مرده بود، همانا من درکارهایی وارد شدم که نمی‌دانم عذرمن

۱ ـ تعبیر: لاتبقی ولاتذر. ازآیهٔ ۲۸ سورهٔ ۷۴گرفته شده.

درآنها نزد خدا چیست ؟ سپس بمال خویش نگریست و فزونی آن را دیدو گفت: ای کاش این مال پشکی بود ، ای کاش من سی سال پیش از امروز مرده بودم ، دنیای معاویه را اصلاح کردم و دین خود را تباه ساختم، دنیای خودرا برگزیدم وآخرتم را رها کردم ، راه راست برمن پوشیده ماند تا مرگم فرا رسید ، گویی معاویه را می‌بینم که دارایی مرا تصرف نموده و بجای من دربارهٔ شما بدی کرده است .

عمرو در شب فطر سال ۴۳ درگذشت و معاویه پسرش عبدالله بن عمرو را بجای او گذاشت و سپس دارایی عمرو را خالصه کرد و او نخستین کس بود که دارایی کارمندی را خالصه ساخت وکارمندی از معاویه نمی‌مرد مگر آنکه دارایی اورا باورثه‌اش بخش می کرد ونیمی ازآن‌را میگرفت وهرگاه دراین‌باره بااوسخن می گفتند، می گفت: این روشی‌است که عمربن‌خطاب آن را معمول کرده است .

سپس معاویه عبدالله بن عمرو را برکنار کرد و برادر خویش عتبة‌بن ابی سفیان را والی مصر نمود .

معاویه به‌زیاد بن ابی سفیان نوشت که [مردی] ازاصحاب پیامبرخدانزد تو است ، اورا والی خراسان گردان و او حکم بن عمرو غفاری است . پس زیاد اورابحکومت خراسان فرستاد و درسال ۴۴ به‌خراسان آمد وبه‌هرات رفت‌وسپس از آنجا تا جوزجان پیش رفت و آن را فتح کرد وچنان بسختی افتادند که چهارپایان خود را خوردند . در این فتح مهلب همراه حکم بن عمرو بود وآزمودگی ومردانگی مهلب شناخته شد . حکم بن عمرو وفات کرد وزیاد بجای او ربیع بن زیاد حارثی را بحکومت خراسان گماشت و در همین هنگام خوارزم گشوده شد و فاتح آن عبدالله بن‌عقیل ثقفی بود .

معاویه درسال ۴۴ حج گزارد وهمراه خویش منبری از شام آورد و آن‌را نزددر کعبه[1] بنهادو او نخستین کس بود که‌درمسجدالحرام منبر گذاشت . وچون

۱ ـ ن: نزدکعبه.

به‌مدینه آمد گروهی ازبنی‌هاشم نزدوی آمدند و درکارهای خود با او سخن گفتند پس گفت : ای بنی‌هاشم ، باآنکه شما عثمان را کشته‌اید ، به اینکه ازخون شما بگذریم قانع و خشنود نیستید و چنین و چنان می گوئید ؟ پس بخدا سوگند که خون شما ازاین وآن محترم تر و گفتار شما مهمتر نیست[1] پس ابن عباس باو گفت : ای‌معاویه، هربدی که بما گفتی ، میان دو پهلوی تو است و توخود بخدا سوگند ازما بدان سزاوارتری ، توعثمان‌را کشتی وسپس بمردم دروغ می گویی که‌خون‌خواهی اومی کنی. پس معاویه شرمنده شد . آنگاه ابن عباس گفت : بخدا قسم‌تو را ندیدم که راست گویی جز آنکه ترسیدی و شرمنده شدی . پس معاویه خندید و گفت : بخدا قسم دوست نداشتم که شما بامن سخن نمی گفتید . سپس انصار با او سخن گفتند و در گفتار با آنان درشتی کرد و بایشان گفت شتران آبکش شما کجا است ؟ گفتند : روز بدر که برادر و نیا و دایی تورا کشتیم ، آنهارا از دست دادیم ، واکنون هم همان‌می کنیم که پیامبر خدا ما را بدان وصیت کرده است . گفت : شما را بچه وصیت کرده است ؟ گفتند : ما را وصیت بصبر کرده است . گفت : پس صبر کنید . سپس معاویه رهسپار شام شد و حاجتی برای ایشان برآورده نساخت .

درهمین سال‌معاویه‌درمسجد[2] مقصوره ساخت ودردوعید منبرها رابنمازگاه برد و پیش از نماز خطبه خواند و آن بدان جهت بود که مردم هرگاه نماز می‌خواندند می رفتند تا لعن علی را نشنوند ، پس معاویه خطبه را بر نماز مقدم داشت و فدك‌را به‌مروان بن حکم بخشید تا خاندان پیامبر را برآشفته سازد.

و معاویه پسر اُثال نصرانی را برخراج حمص گماشت و هیچکدام‌ازخلفای پیش از او نصرانیان را بکار نگماشتند پس خالد بن عبدالرحمان بن خالد بن‌ولید با شمشیر براو حمله برد و اورا کشت و معاویه چند روزی خالد را زندانی کرد ،

۱ ـ ن، که خون شما ازاین‌وآن حلالتر ودرعین‌حال‌پرگوترید. ۲ ـ ن ، در مسجدالحرام .

دوران معاویه ۱۵۳

سپس دیه‌اش را ازاو گرفت و او را قصاص نکرد.و این پسر اُثال عبدالرحمن بن خالدبن ولید را با شربتی مسموم کشته بود، پس منذر بن زبیربن عوام خالد را بدان سر زنش کرد و گفت : سخن می گویی با آنکه پسر اُثال درحمص امر ونهی می کند. پس چون خالد بن عبدالرحمان اورا کشت ، به‌منذر گفت : اما من کـه پسر اُثال راکشتم ، لیکن عمرو بن جرموز کشندهٔ زبیر آزاد وآسوده است .

عبدالرحمان‌بن عباس بن عبدالمطلب در شام نزد معاویه آمده بود ، پس معاویه براو جفا کرد و حاجتی را برای او برآورده نساخت و روزی براودرآمد، پس باو گفت : ای پسر عباس، بنظرت خدا با ماو با ابوالحسن چگونه رفتار کرد؟ گفت: بخدا قسم رفتاری شایسته، دربردنش بسوی بهشتی که توهرگزبآن‌نخواهی رسید تعجیل کرد ، و تورا در دنیایی که امیرالمؤمنین هم برآن دست یافت بجای گذاشت . گفت : توداری برخدا حکم می کنی ! گفت : بهمانچه خدا برخودحکم کرده است ؛ ومن لم یحکم بما انزل الله فاولئك هم‌الظالمون[1]، « و کسی که بآنچه خدا فرستاده‌است‌حکم نکند،آنان همان ستمکارانند». معاویه گفت : بخداسوگند اگرابوعمرو زنده بودتامرا می‌دید ، نیکوپسر عمویی دیده بود . ابن عباس گفت : بخدا قسم اگر تو را می‌دید ، یقین می کرد که آنگاه که یاری بنفع او بود،دست از یاری او بداشتی و هنگامی که بسود خودت بود ، دم از یاری او زدی . گفت: تو چرا میان عصا و پوست آن داخـل می‌شوی ؟ گفت . جز بزیـان آن دو داخل نشدم ، نه بسود آندو ، پس مرا ازآنچه خوش ندارم واگذار تا تورا ازمانند آن رها کنم ، چه اگر نیکی کنی تا من هم پاداش دهم خوشتر دارم که بدی کنی و من هم مکافات کنم . سپس برخاست .

---

۱ ـ س ۵ ی ۴۵ .

وفات حسن بن علی (علیهما السلام)[1]

حسن بن علی درماه ربیع‌الاول سال ٤٩ وفات کرد و چون مرگش فرارسید ببرادرش حسین گفت :

یا اخی‌ان هذه آخرثلاث مرّات سقیت فیها السم ولم اسقه مثل مرّتی هذه وانا میت من یومی فاذامت انا فادفنی مع رسول‌الله فما احداولی بقربه منی‌الاان تمنع من ذلك فلاتسفك فیه محجمة دم .

«ای برادر من‌این‌سومین بار است که مسموم می‌شوم و مانند این بارمسموم نشده‌ام و من امروز می‌میرم پس هرگاه درگذشتم مرا با پیامبر خدا دفن کن‌چه هیچکس بنزدیکی‌او سزاوارتراز من نیست مگرآنکه از این‌کار جلوگیری‌شوی که درآن صورت نباید باندازهٔ حجامتی خونریزی شود» . وچون در کفن پیچیده شد،محمدبن حنفیه گفت: ای ابومحمد خدایت رحمت کند، بخدا سوگند که‌اگر زندگیت گرامی‌بود،مرگت(مارا)درهم‌شکست.وچه‌نیکوروحی‌است‌روحی که‌بدنت [بآن] زنده بود ، وچه نیکوبدنی است بدنی که کفنت آن را دربرگرفته‌است، چرا چنین نباشد[2] با اینکه‌تو فرزندرهبران ودوست پرهیزگاران[3] و پنجم‌اصحاب کسایی ، پنجهٔ حق تورا غذا داده‌ودر دامن اسلام تربیت یافته‌ای و دوپستان‌ایمان تورا شیر داده است ، پس زنده ومرده دل خوش دار ، درود و رحمت خدا برتو باد، اگرچه‌دلهامان نه‌از زندگیت‌سیر گشته ونه درحسن عاقبت‌برای‌توشبهه‌دارد.[4]

۱ـ ل ؛ ص ۲۹۶. ۲ ـ ن ؛ و چرا چنین نباشی. ۳ـ مروج‌الذهب ج ۳ص ۶ ؛ وجانشین پرهیزگاران . ۴ ـ ر.ك. جمهرة خطب العرب ، ج ۲ ص۲۵ .

سپس نعش اورا بقصد قبر پیامبر خدا بیرون آوردند، پس مروان بن حکم وسعید بن عاص سوار شدند وازاین کار جلو گرفتند ونزدیك بود که فتنه‌ای پیش آید. و گفته شده که عایشه براستری سفید و سیاه سوار شد و گفت : هیچکس را بخانه‌ام راه نمی‌دهم . پس قاسم بن محمد بن ابی‌بکر نزدوی آمد و گفت : ای عمه، ما سرهای خود را از روز جمل احمر(شتر سرخ مو)نشسته‌ایم ، آیا می‌خواهی که گفته شود : روز بغلة شهباء (استر سفید و سیاه) ؟ پس عایشه بازگشت و گروهی ازمردم باحسین بن علی همراه شدند و گفتند : مارا باآل مروان گذار ، پس بخدا سوگند که آنان در برابر ما مانند[1] خوراك سری نیستند . پس گفت : ان اخی اوصانی ان لا اریق فیه محجمة دم، «همانا برادرم مرا وصیت کرده است که در (دفن) او باندازهٔ حجامتی خون نریزم. » پس حسن دربقیع دفن شد و سن او چهل وهفت سال بود . در وفات حسن بن علی ، ابن عباس نزد معاویه بود ؛ و چون خبر وفات (امام) حسن باو رسید ، ابن عباس براو درآمد ، پس باو گفت : ای پسرعباس حسن مرد . گفت : انالله و انا الیه راجعون بربزرگی پیشامد و گرانی مصیبت ، بخدا قسم ای معاویه که اگر حسن مرد ، مرگ او اجل تورا عقب نمی‌اندازد و تن او گور تورا پرنمی کند ، او بسوی نیکی رهسپار شد و تو بربدی بماندی . گفت : گمان ندارم که [جز] کودکانی صغیر ازاو مانده باشد . گفت : همهٔ ما کودك بودیم و بزرگ شدیم . گفت : به به ای پسر عباس ، سرور قوم خود شدی . گفت : تا هنگامی که خدا ابو عبدالله حسین پسر پیامبرخدا را زنده بدارد ، مرا سروری نمی رسد .

حسن بن علی با جود و کرم و در خوی وروی بپیامبرخدا شبیه‌تر بود. واز حسن سؤال شد که از پیامبر خدا چه شنیدی ؟ گفت : از او شنیدم که بمردی می گفت: دع ما یریبك فان الشر ریبة والخیر طمأنینة[2] ، «آنچه تورا بشبهه اندازد رها

۱ ـ ن، جز مانند. ۲ ر.ك. اسد الغابه، ج ۲ص۱۱ وحیاة الحسن ازمسنداحمد، ج ۱ص۲۰۰.

کن ، چه بدی شك وتردید و نیکی اطمینان و آرامش است.» ونیز بیاد دارم که هنگام راه رفتن با آنحضرت ، در کنار «جرن الصدقه[۱]» ، خرمایی برداشتم و در دهان گذاشتم، پس پیامبرخدا انگشت خود را دردهان من برد وخرما را بیرون آورد وانداخت و گفت : ان محمداً [وآل‌محمد] لاتحل‌لهم‌الصدقة ، «همانابرای محمدوآل‌محمدصدقه حلال‌نیست.» ونمازهای پنجگانه را ازاویاد گرفتم .

حسن‌پانزده‌بار پیاده‌حج گزارد ودوبار از دارایی‌خود کنار رفت،وسه‌بارآن را میان خود و خدابخش کردچنانکه یك‌لنگهٔ‌نعلینی را می‌دادویك لنگهٔ‌دیگرش را نگه‌می‌داشت، ویك‌تای موزه را می‌داد ویك‌تای‌آن را نگه‌می‌داشت .

معاویه به‌حسن گفت: ای‌ابومحمد سه خصلت است که کسی را نیافتم مرا از آنها خبردهد . گفت : آنها چیست ؟ گفت : مروّت و کرم و نجدت . گفت : اما ـ المروة فاصلاح‌الرجل امر دینه و حسن قیامه علی‌ماله ولین الکف و افشاء السلام والتحبب الی الناس . والکرم العطیة قبل السؤال والتبرع بالمعروف‌والاطعام فی المحل . ثم‌النجدة الذب عن‌الجار و المحاماة فی‌الکریهة و الصبر عندالشدائد.

«مروت عبارت است از : اصلاح کردن مردکار دین خود را ، و رسیدگی بمال خود چنانکه باید ، و بخشندگی ، و بیدریغ سلام کردن ، و دوست شدن با مردم . و کرم عبارت است از : بخشایش پیش از پرسش ، و نیکی کردن تبرعی ، وخوراك دادن درقحطی . سپس نجدت‌عبارت است از : دفاع‌از همسایه،ومردانگی درشدت جنگ ، و شکیبایی درسختیها» .

وجابر گفت : ازحسن‌شنیدم که می گفت: مکارم الأخلاق‌عشر : صدق‌اللسان وصدق البأس[۲] واعطاء السائل[۳] و حسن الخلق[۴] و المکافاة بالصنائع[۵] وصلة الرحم و

۱ـ جائی‌که خرما را در آن خشك می‌کنند و احتمال‌می‌رود که «جرن‌الصدقه» باشد.
۲ ـ دربعضی نسخه‌های‌کافی : صدق الیأس. ۳ـ کافی : واطعام السائل . ۴ـ کافی : واداء ـ الأمانة . ۵ ـ کافی : علی‌الصنایع.

و التذمّم علی‌الجار[1] و معرفة الحق للصاحب[2] و قری الضیف[3] و رأسهن الحیاء[4]، «بزرگواریهای اخلاقی ده تا است: راستگویی زبان، و راستی در مردانگی، و بخشایش بسائل، و خوشخویی، و مکافات نیکیها، وصلهٔ رحم، و نگهداری حق و حرمت همسایه[5] و شناختن حق همراه، و پذیرایی مهمان؛ و حیا سر آنها است».

و به‌حسن گفته شد: خوش گذران‌ترمردم کیست؟ گفت: من اشرك الناس فی‌عیشه، «کسی که مردم را درزندگی‌خودشرکت‌دهد.» و گفته شد: بدگذران‌تر مردم کیست؟ گفت: من لایعیش فی‌عیشه‌احد، «کسی که در (سایهٔ) زندگیش کسی زندگی نکند».

وحسن گفت: فوت الحاجة خیرمن طلبها الی غیر اهلها، و اشد من‌المصیبة سوءالخلق، والعبادةانتظارالفرج، «ازدست رفتن حاجت بهتر است که از نا اهل خواسته شود، و بدترازمصیبت بدخویی است، وبندگی انتظارفرج است».

وحسن‌بن علی (علیهما‌السلام) پسران‌خود وپسران‌برادرخودرافراخواند پس گفت: یا بنیّ و یا بنی اخی انکم صغار قوم و توشکون ان تکونوا کبار قوم آخرین، فتعلموا العلم فمن‌لم یستطع منکم یرویه او یحفظه فلیکتبه و لیجعله فی بیته، «ای پسرانم و ای پسران برادرم، شما کودکان قومی هستید و نزدیك است که بزرگان قومی دیگر باشید پس علم را فراگیریدوهر کس از شما نمی‌تواند آن را روایت کند یاحفظ نماید، آن‌را بنویسد ودرخانداش قراردهد».

و مردی به‌حسن گفت: من ازمرگ می‌ترسم. گفت: ذاك انك أخرت مالك ولوقدمته لسرّك ان تلحق به، «آن بدان‌است که مالت را عقب گذاشته‌ای و اگر آن‌را پیش فرستاده بودی، تورا شادمان می‌ساخت که بآن برسی».

---

۱ ـ کافی: للجار. ۲ ـ کافی: والتنمم‌للصاحب. ۳ ـ کافی: واقراء الضیف.
۴ ـ درکافی، ج۲ ص۵۵ از ابی‌عبدالله علیه‌السلام روایت شده‌است. ۵ـ ر.ك. نهایهٔ ابن اثیر درماده: ذم.

ومعاویه گفت: هیچکس نزد من سخن نگفت که‌هنگام‌سخن گفتن سکوت نکردن‌اورا بیشتردوست داشته باشم از حسن‌بن علی وهرگز کلمهٔ تندی را از او نشنیدم‌مگریکبار که‌میان حسن‌بن‌علی وعمروبن‌عثمان‌بن‌عفان دربارهٔ زمینی‌نزاعی بود،وحسن‌بن علی پیشنهادی کرد که‌عمروآن را نپسندید،پس‌حسن گفت: لیس له عندنا الا مارغم انفه ، «برای او نزد مانیست مگرآنچه بینی‌اورا بخاك مالد.»این تندترین‌سخنی‌است که هرگزازاوشنیدم .

وروزی‌معاویه‌باو گفت:درپادشاهی ماچه بر ما واجب است؟ گفت: همانچه سلیمان‌بن‌داود گفت.معاویه گفت: سلیمان‌بن‌داودچه گفت؟ گفت:قال‌لبعض‌اصحابه: اتدری مایجب‌علی‌الملك‌فی‌ملکه‌ومالایضره‌اذا ادی الذی‌علیه‌منه؟ اذاخاف‌الله فی‌السر والعلانیة و عدل فی‌الغضب والرضا و قصد فی‌الفقرو الغنی ولم یأخذ الاموال غصبا ولم یاکلها اسرافا وبذارا،لم‌یضره ما تمتع به‌من دنیاه اذا کان ذلك من خلته ، «ببعضی اصحاب خود گفت: آیا می‌دانی بر پادشاه در کشورش چه واجب است ، وآنچه هرگاه واجب آن را انجام دهد باو زیانی ندارد ، چیست؟ هرگاه پنهان وآشکارازخدا بترسد ، و درخشم وخشنودی عدالت کند ، ودرناداری و توانگری میانه‌روی نماید ومالها را بزورنگیرد وآنهارا باسراف وافراط نخورد، هربهره‌ای که ازدنیایش می‌برد هرگاه بدان‌خصال آراسته باشد ، زیانی باونمی رساند .»

وحسن گفت: کان رسول‌الله اذا سأله احد حاجة لم یرده الا بها او بمیسور من‌القول ، «هرگاه کسی از پیامبرخدا حاجتی می‌خواست ، او را باز نمی گرداند مگربارواکردن‌آن‌یاهم باگفتاری نیك».

روزی‌امام حسن گذارش به‌داستانسرایی افتاد که بردرمسجدپیامبرخدا قصه می گفت. پس (امام) حسن گفت: توچکاره‌ای؟ گفت: ای پسرپیامبر خدا من قصه گویم. گفت: دروغ گفتی: قصه‌گو محمد است ، خدای عز و جل گفته است :

فاقصص القصص[۱] ، «پس داستان را بخوان.» گفت : پس من پند دهنده‌ام. گفت دروغ گفتی: پند دهنده محمد است، خدای عزوجل گفته‌است : فذکر انما انت مذکر[۲]، «پند می‌ده که تو فقط پند دهنده‌ای.» گفت : پس من چه کاره‌ام ؟ گفت : مردی پرمدعا.

(امام) حسن را هشت فرزند ذکور بود بدین ترتیب: حسن‌بن‌حسن ، مادرش خولهٔ فزاری دختر منظور ، وزیدبن حسن، مادرش ام بشیر دختر ابومسعود انصاری خزرجی ، و عمرو قاسم و ابوبکر و عبدالرحمان از چند کنیز و طلحه و عبیدالله[۳].

چون (امام) حسن وفات کرد و خبر آن بشیعه رسید ، در کوفه در خانهٔ سلیمان‌بن صرد فراهم شدند و پسران جعدة بن هبیره هم در میان ایشان بودند ، پس درمقام عرض تسلیت به‌حسین‌بن علی درمصیبت (امام) حسن چنین نوشتند: بنام خدای بخشایندهٔ مهربان ، برای حسین‌بن‌علی از پیروانش و پیروان پدرش امیر مؤمنان، سلام بر تو باد، همانا ما خدایی را که جزاو خدایی نیست بسوی تو ستایش می کنیم ، و سپس ، وفات حسن‌بن علی بمارسید (پس سلام براو باد)[۴] روزی که تولد یافت و روزی که می‌میرد و روزی که زنده بر انگیخته می‌شود ،[۵] خدا گناهش را بیامرزد و نیکیهای اورا قبول کند و اورا بپیامبرش ملحق سازد و اجر تو رادرمصیبتش چند برابر کند و پس ازاو مصیبت را بوجود تو جبران کند، پس او را باعث اجر نزد خدا می‌شماریم وما برای خدائیم وبسوی اوبازمی گردیم[۶] چه بسیاربزرگ است مصیبت این امت عموماً ومصیبت تو و این شیعیان خصوصاً در مردن پسر وصی (پیامبر) و پسر دختر پیامبر ، نشان هدایت و نور سرزمینها که بپاداشتن دین و بازآوردن روشهای شایستگان ازاوامید می‌رفت پس خدای تورا رحمت کند، برمصیبتت شکیباباش، که این ازکارهای خواسته‌شده‌است[۷] همانا توجانشین پیشینیان خودی وخدا راهشناسی خودرا بکسی می‌دهد که او را

۱ـ س ۳ ی ۱۷۶.   ۲ـ س ۸۸ ی ۲۱.   ۳ ـ وهفت دختر.   ۴ ـ در نسخه‌های یعقوبی ندارد .   ۵ـ اشاره بآیهٔ ۱۵ س ۱۹.   ۶ـ س ۲ ی ۱۵۶.   ۷ ـ س ۳۱ ی ۱۷.

براهنمایی توبراه‌آورد و ما شیعیان توایم که بسو گواریت سو گوار و به اندوهت اندوهناك وبشادمانیت شادمان وبشیوه‌ات رهسپار وفرمانت را در انتظاریم ، خــدا سینه‌ات را گشاده دارد ونامت را بلند کند واجرت را بزرگ گرداند وگناهت‌را بیامرزد وحقت را بتوباز گرداند .

پس از وفات حسن بن علی(علیهما السلام) معاویه با پسرش یزید بولیعهدی بیعت نمود و جز چهار نفر از بیعت تخلف نکردند : حسین‌بن علی وعبدالله بن‌عمر وعبدالرحمان بن ابی‌بکر وعبدالله بن زبیر .

عبدالله بن عمر گفت : بیعت کنیم با کسی که باميمونها وسگها بازی میکند وشراب می‌نوشد وآشکارا فسق می کند ، عذرما نزد خدا چیست ؟ وعبدالله بن‌زبیر گفت : درمعصیت خالق زیر فرمان مخلوقی نباید رفت ، با اینکه دین مارا بر ما تباه ساخته است .

معاویه درهمان سال بحج رفت وازاینان دلجویی نمود وبربیعت مجبورشان نساخت .

معاویه پسرش یزید را بجنگ تابستانی فرستاد و سفیان بن عوف غامدی [1] را باوی همراه نمود ، پس سفیان پیش ازیزید بکشوررومیان درآمد و مسلمانان درسرزمین روم بتب وآبله مبتلا شدند وام‌کلثوم دخترعبدالله بن عامردرخانهٔ یزید ابن معاویه بود ویزید او را دوست میداشت پس‌چون ازگرفتاری مــردم بتب و آبله خبر یافت ، گفت :

ما [ان] ابالی‌بما لاقت جموعهم ... بالغذقذونة [2] من حمی و من مومِ
اذا اتکأت علی الانماط فی غرفٍ ... بدیر مُرّان [3] عندی ام کلثوم

۱ـ ل ، ب ، عامری . ۲ـ غذقذونه و خذقذونه ، نام ناحیهٔ سرحدی میان شام و روم که‌طرسوس و مصیصه در آن واقع است (مراصد). ۳ـ نزدیك‌دمشق واقع است (مراصد).

«از تب و آبلهٔ سختی که در غذقذونه بآنان رسیده است ، باك ندارم،هر گاه در دیرمران در میان غرفه‌ها بر تشکها تکیه زنم و ام‌کلثوم پیش من‌باشد».

پس معاویه خبر یافت و گفت: بخدا قسم باید بسرزمین روم درآیی‌تاهمانچه بآنان رسیده است ، بتو رسد و آنگاه او را بدنبال آن لشکر گسیل داشت تا به قسطنطنیه رسید.

معاویه عقبةبن نافع فهری را درسال ۵۰ به‌افریقا فرستاد تاآن‌را فتح کردو قیروانش را که‌جای‌درخت‌و گیاه‌انبوه‌وبیشهٔشیران‌بود[1] خط کشی کردوآن‌راساخت.

سپس معاویه ، ابومهاجر دینار،مولای‌انصار را بجای عقبةبن نافع فهری فرستاد[2] وعقبه را گرفت و زندانی کرد و بند بروی نهاد ، پس چندماه در زندان بماند ، سپس او را رها کرد و چون به‌مصر آمد عمروبن عاص او را بمغرب باز گردانید ، و گفته شده: معاویه ضمن نامه‌ای عمروعاص را چنین دستور داد، پس چون عقبه‌به‌افریقا رسید، دینار‌را گرفت وزندانی کردومردی بربری که باو «پسر کاهنه» می گفتند ، بر عقبه خروج کرد و عقبه در دوران معاویه و یزیدبن معاویه در افریقا برسر کار بود .

مغیرةبن‌شعبه درسال ۵۱ مرد[3] و معاویه زیاد را والی کوفه گردانید و آن را ضمیمهٔ بصره کرد و زیاد نخستین کس بود که بر هردو شهر حکومت یافت ، زیاد به معاویه نوشت که من دست چپ خویش را به‌عراق مشغول ساخته‌ام و دست راستم بیکار مانده است،واگر امیرالمؤمنین مصلحت بداند مرا امیر حاج گرداند، پس فرمان حکومت‌حجاز و گفته شده فرمان امارت حاج را برای وی نوشت . و

---

۱ ـ بیشه‌ای بود پراز درخت خار ودرختان انبوه دیگر ودرندگان ومارها وعقربهای‌کشنده (فتوح‌ص۲۳۰). ۲ـمعاویه‌مسلمةبن‌مخلدانصاری‌را والی‌مصرومغرب نمودوا ومغرب رابمولای خود ابوالمهاجرواگذار کرد (فتوح‌البلدان‌ص۲۳۰). ۳ ـ طبری ج ۴ص ۱۷۴، ۴۹ یا۵۰ یا ۵۱

عبدالله‌بن عمر میرسید ومیگفت : دستهای خود را (بلند کنید)[1] واز خدابخواهید [که] دست راست زیاد را از شما بازدارد. و بعضی ایشان روایت کرده‌اند که برادرش ابوبکره نزد وی آمد و چون از روزی که زیاد از گواهی دادن برمغیره خود داری کرد ، سوگند خورده بود که با وی سخن نگوید ، با کودکی از او سخن گفته باو خطاب کرد : ای پسر کم ، پدرت در اسلام کاری بزرگ مرتکب شد، مادرش را دشنام‌داد وازپدرش‌قطع نسب کرد، وهم‌اکنون می‌خواهد بزرگتر ازآن انجام دهد،برمدینه گذرمی کند واز ام حبیبه‌دختر‌ابوسفیان بار می‌خواهد، پس اگر او را بار دهد ، چه بسیار مصیبت بزرگی‌بر پیامبر خدا و بر مسلمانان، و اگر او را نپذیرد ، چه رسوایی بزرگی‌برپدرت.پس ازرفتن‌صرف نظر کرد .

وحجربن عدی کندی وعمروبن حمق خزاعی وهمراهان آن دو از شیعیان علی‌بن ابیطالب هرگاه می‌شنیدند که مغیره وجز او از یاران‌معاویه‌علی راروی منبر لعن می کنند ، بپا می خواستند و لعن را بخودشان بازمی گفتند و در این باره بسخن می‌آمدند. پس چون زیاد به‌کوفه آمد سخنرانی مشهورخودرا ایراد نمود و خدا را درآن ستایش نکرد و بر محمد درود نفرستاد و رعد وبرقی براه انداخت و بیم‌دادوتهدید کرد،وبهر کس که‌خواست سخن‌بگوید،اجازهٔ سخن گفتن نداد ، وآنان را ترسانید و لرزانید وگفت : دروغ بالای منبر را بلا نامیده‌اند، پس هرگاه‌شما را بیم یا نوید دادم[2] پس بنویدوبیم خود وفانکردم، مرا برشماحق اطاعت نخواهد بود . میان زیاد وحجربن عدی دوستی بود پس کس فرستادواو را فرا خواند وسپس باو گفت : ای حجر دوستی وپیوستگی مرا باعلی دیده بودی ؟ گفت :آری. گفت : همانا خدا آن را بکینه و دشمنی تبدیل کرده است ، آیا دیده بودی که با معاویه چه‌کینه و دشمنی داشتم ؟ گفت آری . گفت :

۱ ـ ب ۲ ـ ل ، ب

هماناخداآن‌را بدوستی وطرفداری تبدیل کرده‌است ، پس مبادا بدانم که علی را [بنیکی] و امیر[مؤمنان] معاویه را ببدی نام بری . سپس خبر یافت که اینان فراهم میشوند و سخن می گویند و علیه اوومعاویه‌نقشه می کشند و بدیهای آن‌دو را یادآوری می کنند ومردم را تحریك مینمایند.پس رئیس پولیس را نزد ایشان فرستاد و گروهی از ایشان را دستگیر کرد و کشته شدند و عمروبن حمق خزاعی وچند نفر همراه وی‌به‌موصل گریختند وزیاد حجربن عدی کندی وسیزده مرداز همراهانش راگرفت و آنها را نزد معاویه فرستاد و در بارهٔ ایشان نوشت که اینان در لعن ابوتراب با جماعت (مسلمانان) مخالفت ورزیده‌اند وبروالیان دروغ پردازی کرده‌اند و بدینجهت از زیر فرمان بیرون رفته‌اند . و گواهی مردانی را که اول ایشان: بلال‌بن ابوبردة [1] بن ابوموسی اشعری بود،ضمیمه کرد ، پس‌چون به‌مرج‌عذراء چندمیلی دمشق رسیدند، معاویه دستور داد که آنان را همانجا نگه دارند ، سپس کسی را فرستاد که آنان راگردن‌زنند، پس مردانی در بارهٔ شش نفر ایشان با او سخن گفتندواز کشتن ایشان صرف نظر کرد [2] وهفت نفر کشته شدند : حجربن عدی کندی ، و شریك‌بن شداد حضرمی ، وصیفی بن فسیل‌شیبانی،و قبیصة ابن‌ضبیعهٔ‌عبسی ،ومحرزبن شهاب تمیمی،و کدام‌بن‌حیان‌عنزی [3] وچون ارادهٔ کشتن ایشان کرد ، حجربن عدی گفت : مرا بگذارید تا نماز بخوانم ، پس دو رکعت سبك نماز گزارد ، سپس روی بآنان کرد و گفت : اگر نبود که جز آنچه در من است ، بمن گمان می‌بردید، هرآینه دوست داشتم که دو رکعت نمازم طولانیتراز

۱ ـ تاریخ‌طبری، ج۴ ؛ ابوبردة بن ابوموسی. ۲ ـ هفت نفر بشفاعت‌این‌وآن آزادشدند، ارقم‌بن عبدالله کندی ، کریم‌بن عفیف خثعمی ، عاصم بن عوف‌بجلی، ورقاءبن‌سمی بجلی ، عبدالله ابن‌حویهٔ سعدی، عتبة‌بن اخنس سعدی وسعدبن‌نمران همدانی . ۳ ـ وعبدالرحمان‌بن حسان عنزی که زیاد اورا زنده بگور کرد (ط ، ج ۴ ص ۲۰۶ ، الغدیر ج ۱۱ ص۵۳).

این می‌بود و من نخستین کسم که اینجا تیری انداخت و نخستین کسم که اینجا هلاك شد. پس باو گفته شد: بی‌تابی نمودی؟ گفت: چرا بی تابی نکنم با اینکه شمشیری‌برهنه و کفنی آماده و گوری کنده‌را می‌بینم؟سپس اووهمراهان‌را گردن زدند و کفن شده بخاك سپرده شدند، واین واقعه در سال ۵۲ بود.

معاویه‌به‌حسین‌بن علی گفت: ای ابوعبدالله، دانستی که ما شیعیان پدرت را کشتیم، پس آنها را حنوط کردیم و کفن پوشاندیم و برآنان نماز خواندیم و دفنشان کردیم؟پس (امام) حسین گفت:بپروردگار کعبه‌قسم که‌برتو پیروز آمدم،[1] لیکن ما بخدا قسم [اگر] شیعیان تو را بکشیم، آنان را نه کفن کنیم ونه حنوط و نه برایشان نماز بخوانیم و نه دفنشان کنیم.

و هنگامی که معاویه حج گزارد و برعایشه درآمد، عایشه بدو گفت: ای معاویه، آیا حجر و همراهان او را کشتی؟ پس بردباریت کجا رفت که ایشان را شامل نگشت؟ بدان که من از پیامبر خدا شنیدم که می گفت: یقتل بمرج عذراء نفر یغضب‌لهم اهل السماوات، «در مرج عذراء کسانی کشته می شوند که آسمانیان برای ایشان بخشم می‌آیند.» گفت: ای‌ام‌المؤمنین مرد خردمندی نزد من نبود.

و روایت شده که معاویه می گفت: خود را پس از کشتن حجر و یارانش بردبار نمی‌شمارم.

عبدالرحمان‌بن ام حکم که عامل معاویه بود در موصل، از جای عمروبن حمق خزاعی و رفاعة‌بن شداد خبر یافت و در تعقیب آن دو فرستاد، پس گریزان بیرون شدند و عمروبن حمق سخت رنجور بودو در میان راه ماری او را گزید، پس گفت: الله اکبر، پیامبرخدابمن گفت: یا عمرو، لیشترك فی‌قتلك‌الجن والانس،

۱ ـ ل، ب: حجرك. صحیح آن: حججتك.

«ای‌عمرو ، پریان و آدمیان در کشتن تو شرکت می کنند.» سپس به‌رفاعه گفت : راهت را در پیش گیر که من دستگیر و کشته می‌شوم. وفرستادگان عبدالرحمان ابن‌ام‌حکَم باو رسیدند و دستگیرش نمودند ، پس او را گردن زدند و سر او رابر نیزه‌ای زده گرداندند و نخستین سری بود که در اسلام گردانده شد. معاویه زنش را در دمشق زندانی کرده بود و چون سر عمرو را نزد وی‌آوردند ، آن را فرستاد تا در دامن زنش نهادند . پس بفرستاده گفت :آنچه را می گویم به‌معاویه برسان : خدا خونش را از او بخواهد و با عقوبتهای خود بزودی او را هلاك سازد ، که راستی‌کاری شگفت کرد و نکوکار پاکیزه‌ای[1] را کشت . او اول زنی بود که بگناهان مردان زندانی شد .

قریب و زحاف خارجی[2] با گروهی از خوارج در بصره خروج کردند و شمشیر در میان پولیسها گذاشتند و جمعی بسیار از ایشان کشتند و بمسجد جامع رفتند و آنجا نیز مردمی را از دم تیغ گذراندند ، آنگاه رو بقبیله‌ها نهادند و با آنها نیز چنان کردند ، زیاد خود در کوفه بود و عاملش در بصره عبیدالله‌بن ابی‌بکره[3] با آنان نبرد کرد و چون نیروی دفع آنان را نداشت، به‌زیادنوشت. پس زیاد رهسپار شد تا به‌بصره‌رسید وبفرمانداری رفت وسپس گفت: ای مردم بصره ، این چه وضعی است که شما بخود گرفته‌اید؟ [من] با خدا عهد می کنم که دیگر پس از این کسی بر من خروج نکند که یکنفر از طایفه و قبیله‌اش را رها کنم، پس مرا از این غائله‌های خود مصون دارید. پس سخنوران بصره برخاستند و سخن گفتند و پوزش خواستند .

معاویه نخستین کس در اسلام بود که نگهبانان وپاسبانان ودربانان گماشت و پرده‌ها آویخت و منشیان نصرانی استخدام کرد و جلو خود حربه راه می‌برد و

۱ـ ن: پرهیزگاری‌را. ۲ـ قریب‌ازدی‌وزحاف طائی‌پسر خاله بودند(کامل ج۳ ص۲۲۹).
۳ ـ کامل : عامل بصره سمره بود.

ازمقرری‌زکات گرفت وخود روی تخت نشست ومردم زیردست او ، و دیوان خاتم (ادارهٔ مهرداری) را تأسیس کرد ودست بساختمان زد و ساختمان‌را گچ‌کاری کرد (برافراشت) و مردم را در ساختنش بی مزد بکار گماشت ، و هیچکس پیش از او چنین نکرده بود ، و مالهای مردم را مصادره کرد و آنها را برای خویش گرفت[۱] و سعیدبن مسیب می گفت : خدا معاویه را چنین و چنان کند چه او نخستین کس است که این امر را بصورت پادشاهی باز گرداند. ومعاویه می گفت : منم نخستین پادشاه . وروزی عبداللّٰه‌بن عمر نزد وی رفت ، پس گفت : ای ابوعبداللّٰه، کاخ ما را چگونه‌می‌بینی؟ گفت: اگرازمال خدا باشد از خیانتکاران ، و اگر از مال خودت باشد،از اسرافکاران‌هستی .

وعدی حاتم بر او درآمد ، پس باو گفت: ای ابوطریف ، دوران ما چگونه است ؟ گفت : اگر با شماراست‌بگوئیم ، از شما بیم‌داریم‌واگربا شمادروغ گوئیم، از خدا می‌ترسیم . گفت: تو را سوگند می‌دهم . گفت : داد این زمان شما ، بیداد زمانی است که گذشت ؛ و بیداد این زمان شما ، داد زمانی است که خواهدآمد .

دردوران معاویه خراج عراق ومضافات‌آن در کشور ایران برششصدوپنجاه و پنج میلیون درهم قرار گرفت ، خراج سواد صدو بیست میلیون درهم بود ؛ و خراج فارس هفتاد میلیون ؛ وخراج اهواز و مضافات آن چهل میلیون ؛ وخراج یمامه‌وبحرین پانزده میلیون درهم ؛ وخراج شهرستانهای دجله ده میلیون درهم؛ و خراج نهاوند و ماه کوفه که دینور باشد و ماه بصره که همدان است و مضافات آن از اراضی عراق عجم ، چهل میلیون درهم ؛ و خراج ری و مضافات آن سی میلیون درهم ؛ و خراج حلوان بیست میلیون درهم ؛ و خراج موصل و متعلقات آن چهل و پنج درهم ؛ و خراج آذربایجان سی میلیون درهم ؛ و این پس از

۱ــ ر.ك. تاریخ‌الخلفای سیوطی،ص۲۰۰.

دوران معاویه

آن بود که از هر سرزمینی املاک آبادی را که پادشاهان ایران خالصهٔ خود قرار می‌دادند، بحساب نیاورد و آنها را خالصهٔ خود قرار داد و تیول جمعی از بستگان خویش ساخت و عامل عراق از درآمد خالصه‌هایی که معاویه در این نواحی داشت،صد میلیون در هم نزد وی می‌فرستاد وصله‌ها و جایزه‌های معاویه از همین درآمد بود.

خراج مصر در دوران معاویه بر سه میلیون دینار قرار گرفت و عمروبن عاص اندکی از آن را نزدوی می‌فرستاد. پس چون عمروبمرد، خراج نزدمعاویه فرستاده می‌شد بدین ترتیب که مقرریهای مردم داده می‌شد و یک میلیون درهم بسوی او حمل می‌گردید.

خراج فلسطین بر چهارصد و پنجاه هزار دینار مستقر شد؛ و خراج اردن بر صدو هشتاد هزار دینار، و خراج دمشق بر چهارصد و پنجاه هزار دینار؛ و خراج شهرستان حمص[1] بر سیصدو پنجاه هزار دینار؛ وخراج قنسرین وعواصم[2] بر چهارصد و پنجاه هزار دینار؛ و خراج جزیره که دیار مضر ودیار ربیعه باشد بر پنجاه و پنج هزار [هزار] درهم؛ و خراج یمن بر یک میلیون و دویست هزار دینار؛ [و گفته شده] نهصد هزار دینار.

چون کارها برای معاویه روبراه گشت، فیروز دیلمی را والی یمن قرار داد و سپس بجای او عثمان‌بن عفان ثقفی را گماشت، وسپس پسر بشیر انصاری را.

معاویه در شام و جزیره و یمن مانند عراق عمل کرد و آبادیهای خالصهٔ پادشاهان را برای خود برگزیده خالصهٔ خویش قرار داد و آنها را تیول خاندان و نزدیکان خویش ساخت و نخستین کس بود که در تمام دنیا خالصه‌هایی داشت،

۱ـ ن، مصر.   ۲ـ جمع عاصم، چندین قلعهٔ محکم و ولایتهایی محیط بآن میان حلب و انطاکیه که بیشتر آنها کوهستانی است و بساکه مرزهای مصیصه و طرسوس هم در آن بحساب آید ولی حلب از آنها نیست و یزید مرکز آن را منبج قرارداد (مراصد).

حتی در مکه و مدینه که آنجا نیز چندین بار خرما و گندم داشت که همه ساله برای او حمل می‌شد.

معاویه پسر سوّار بن همام[1] را بمرز هند فرستاد و او با چهار هزار براه افتاد تا به مکران رسید و چند ماه آنجا بماند سپس به قیقان[2] لشکر کشی کرد و با آنان جنگید و در جنگ با ایشان پایداری کرد، پس پسر سوار و عموم سپاهیان کشته شدند[3] و کسانی که باقی ماندند به‌مکران باز گشتند، سپس معاویه به زیاد نوشت که مردی کاردان و با تدبیر گسیل دارد؛ و او هم سنان بن سلمهٔ هذلی را فرستاد[4] و او به‌مکران آمد و پیوسته مقیم آنجا بود سپس زیاد او را برداشت و راشد بن عمرو جدیدی ازدی را منصوب کرد، پس به‌قیقان لشکر کشید و ظفر یافت و غنیمت گرفت و به پاره‌ای از شهرهای سند لشکر کشید و بلاد هند را فتح کرد و هند در آن تاریخ، نیرو و تجهیزات سند را نداشت؛ پس راشد در بلاد سند کشته شد.[5]

زیاد دوازده سال استانداری عراق داشت، و او را زیرکی و مردانگی و صولت خاصی بود، او نخستین کسی است که دیوانها را فراهم ساخت و نسخه برداشتن از نامه‌ها را معمول نمود و نویسندگان نامه‌ها را از عرب و موالی بسیار فصیح بر گزید [و زیاد می‌گفت]: سزاوار است که نویسندگان خراج از رؤسای عجم باشند که بامور خراج دانایند. و زیاد می‌گفت: مناط سلطنت چهار خصلت است: پارسایی از مال و نزدیکی بنکوکار و سختگیری بر بدکار و راستگویی. و زیاد نخستین کس بود که جیره را بر کارمندان خود، هزار درهم هزار درهم گشایش داد و برای خود بیست و پنج هزار درهم (مقرر داشت) و زیاد می‌گفت: والی راسزاوار است که بکارمندان خود از خود ایشان داناتر باشد. و مردی پیش او برخاست و

---

۱ ـ عبدالله‌بن سوار که عبدالله‌بن عامر یا خود معاویه او را مأمور سرحد هند کرد (فتوح البلدان ص ۴۲۱). ۲ ـ از شهرهای سند. ۳ ـ ر. ک. فتوح البلدان ص ۴۲۱.
۴ ـ فتوح ص ۴۲۱. ۵ ـ فتوح ص ۴۲۲.

گفت : خدا امیر را توفیق دهد ، مرا می شناسی ؟ گفت : آری شناسایی کامل ، تو را بنام خودت و نام پدرت و کنیه و رئیس‌وقبیله وفامیلت می‌شناسم ، وشناسایی من بشما تا آنجا رسیده که جامه را بـرتن یکی از شما و سپس در بر دیگری عاریه می‌بینم وآن را می‌شناسم. و دو مرد شکایت نزد زیاد بردند ، پس یکی از آن دو نفر گفت : خدا امیر را توفیق دهد ،این مرد برابطه‌ای که می گوید بـا امیر دارد مطمئن است .گفت : راست گفته ، بزودی تو را بسود و زیانی که از این رابطه دارد خبر دهم، اگرحق او بر تو ثابت شد ،حق او را با سختگیری از تو بستانم و اگر بر او ثابت شد ، علیه او حکم دهم و از طرف خود بپردازم. و زیاد بالای منبر گفت : دروغگو ترین مردم ، امیری است که بر منبر بایستد و پای منبرش صد هزار نفر از مردم باشند پس با آنها دروغ گوید و من بخدا سوگند شما را وعدهٔ اجری ندهم مگر آنکه بدان وفا کنم، و شما را عقوبت نمی کنم تا آنکه اتمام حجت نمایم . و زیادباصحاب خودمی گفت:نه‌هر کس بمن دسترسی دارد، ونه هر کسی که بمن دسترسی دارد، تواند سخن گوید ؛ پس برای کسانی که پشت سر شمایند شفاعت کنید چه من اگربخواهم حمایت کنم ، در پشت سرتان بهتر حمایت می کنم .

و زیاد می گفت : چهار کار است که جز پا بسن گذاشتهٔ نیرو یافته از عهدهٔ آن بر نیاید : مرزداری و لشکرکشی و ریاست پولیس و قضاوت ؛ و سزاوار است که رئیس پولیس سخت با صلابت و کم غفلت باشد، و سزاوار است که رئیس نگهبانان پا بسن گذاشته و پارسا و از هرجهت مورد اعتماد باشد ؛ و سزاواراست که در منشی پنج خصلت باشد : دقت نظر ونیك مدارا کردن و محکم‌کاری و آنکه کار امروز را بفردا نیندازدو صمیمیت با رئیسش؛ و حاجب را سزاواراست [که] خردمند وزیرك باشد وپیش از حاجبی پادشاهان، خدمتگزاری‌آنان کرده باشد . زیاد در سال ۵۰ در کوفه در گذشت .

روایت شده که زیاد مردانی را که خبر یافته بود شیعیان علی هستند فرا خواند، تا آنان را [به] لعن علی و بیزاری از او دعوت کند یا هم ایشان را گردن زند، و آنان هفتاد مرد بودند، پس بمنبر برآمد و سخن از وعید و تهدید آغاز کرد. پس یکی از آنان همانطور که نشسته بود خوابید[1] و دیگری از همراهانش باو گفت: با اینکه برای کشته شدن احضار شده‌ای بخواب می‌روی! گفت: ستون بستون فرج است! راستی که در این خوابم چیز شگفت‌آوری دیدم. گفتند: چه دیدی؟ گفت: مرد سیاهی دیدم که بمسجد درآمد و سرش بسقف می‌خورد، پس گفتم: تو کیستی؟ گفت:[2] نقّاد گردن شکن.[3] گفتم: کجا می‌روی؟ گفت: گردن این بیدادگری را که روی این چوبها سخن می‌گوید می‌شکنم. پس همانطور که زیاد سخن می‌گفت، ناگاه انگشت خود را گرفت و فریاد کشید: دستم، و از منبر افتاد و از هوش رفت و او را بکاخ بردند در حالی که انگشت کوچك دست راستش طاعون گرفته بود پس پزشك را فرخواند و باو گفت: دست مرا قطع کن. گفت: ای امیر مرا بگو که درد را در دست خویش احساس می‌کنی یا در دلت؟ گفت: بخدا قسم فقط در دلم[4] گفت: پس بی‌نقص و عیب زنده باش. و چون مرگ زیاد فرارسید، به‌معاویه نوشت: من در حالی بامیر مؤمنان نامه نوشتم که در واپسین روز دنیا و نخستین روز آخرتم و خالدبن عبدالله بن خالد [بن] اسید را بجای خویش بکار گماشتم. پس چون زیاد درگذشت ونعش او برای نماز نهاده شد، پسرش عبیدالله جلو ایستاد اما خالدبن عبدالله او را دور کرد و خود بر زیاد نماز گزارد

---

۱. بروایت شیخ مفید در مجالس و ابن عساکر در تاریخ، ج۵ ص ۴۲۱، عبدالرحمان‌بن سائب، و بروایت کراچکی درکنز، کثیربن صلت. و خواب خود را چنین بنظم آورد،

ما کان منتهیا عما اراد بنا ... حتی تناوله النقـاد ذوالرقبه
فاثبت الشق منه ضربة ثبتت ... کما تناول ظلما صاحب الرحبه

۲ ـ ن: نقاد گردن دار. ۳ ـ ب: منم نقاد گردن شکن. ۴ ـ ن: بخدا قسم که درد در دلم هست.

و چون از کار دفنش بپرداخت، عبیدالله درهمان ساعت نزد معاویه رهسپارشد و چون به معاویه گفته شد: این عبیدالله است، گفت: ای پسر کم پدرت چه مانع داشت که تو را جانشین خود سازد؟ اگر چنین می کرد می پذیرفتم. گفت: ای امیر [مؤمنان] تو را بخدا قسم که دیگر پس از تو کسی بمن نگوید: پدر و عمویش چه مانع داشتند که او را بکار گمارند. پس او را والی خراسان کرد و دو مرزهند را نیز بدو واگذاشت. و منذر[1] در گذشت و عبیدالله بجای او سنان بن سلمه را منصوب کرد پس با (مردم) قیقان و بوقان جنگید و ظفر یافت و خدای او را برایشان نصرت داد.[2]

عبیدالله بن زیاد رهسپار خراسان شد وازبخارا آغاز کرد و آن را ملکه ای بنام «خاتون» بود پس با آنان نبرد کرد تا آن را گشود[3]. سپس نهر بلخ را برید و او نخستین عربی است که نهر بلخ را برید و مردم با او سخت جنگیدند و ظفر با او بود. سپس از خراسان نزد معاویه بازآمد و او را در سال ۵۶ و گفته شده در اول سال ۵۷ باستانداری بصره گماشت.

معاویه عبیدالله بن زیاد را ولایت خراسان داد و چون او را ناتوان یافت، از کار بر کنارش کرد و عبدالرحمان بن زیاد را بجای او نهاد[4] و او را هم نپسندید و عزل کرد. پس عبدالرحمان مال فراوانی آورد، و گفته شده که می گفت: باندازه ای با خودم مال آورده ام که صد سال مرا بقرار روزی هزار درهم بس است. پس آن مال از میان رفت تا آنکه در روزگار حجاج او را بر خری سوار دیدند و باو گفته شد: آن دارایی کجا رفت؟ گفت: جز خدا را بدست ندارم[5] و این خرهم مال

---

۱ - منذربن جارود عبدی که زیاد مرز هند را باو داده بود (فتوح البلدان ص ۴۲۲).
۲ - فتوح ص ۴۲۳. ۳ - فتوح ص ۴۰۱. ۴- بگفتهٔ بلاذری عبدالرحمان، پس از سعیدبن عثمان بحکومت خراسان فرستاده شد و تا معاویه زنده بود بر سرکار بود (فتوح ص ۴۰۳).
۵ - ن، ب، جز خدا کفایت نمیکند.

من نیست وعاریه است.

معاویه استانداری خراسان را پس‌ازعبدالرحمان‌بن‌زیاد، به‌سعیدبن عثمان ابن‌عفان‌داد واوازنهرعبور کرد وروبه‌بخارا نهاد،پس خاتون ملکهٔ بخارا خواستار صلح شد وسعید پیشنهاد او را پذیرفت،سپس ملکه از صلح منصرف شد و درسعید طمع کرد ، پس سعیدبا آنان جنگید و ظفریافت‌و کشتاری عظیم کرد و رهسپار سمرقند شد وآن را محاصره کرد لیکن نیروی فتح آن را نداشت وبرقلعه‌ای که شاهزادگان درآن بودند ، دست یافت و چون بدست او افتادند ، مردم (سمرقند) خواستار صلح شدند و او قسم خورد که همچنان بماند تا بشهر درآید.[1]

پس دروازهٔ شهر بروی او باز شد و بشهر درآمد وبرقهندز[2] سنگی‌افکند وقثم‌بن عباس‌بن عبدالمطلب همراه وی بود و در سمرقندوفات کرد[3] و چون خبر مرگش به‌عبدالله‌بن‌عباس رسید، گفت:چه‌قدرفاصله‌افتادمیان زادگاه وآرامگاهش! زادگاهش در مکه است و قبرش در سمرقند. پس سعیدبن عثمان بسوی معاویه بازگشت و معاویه اسلم‌بن زرعه را بجای او نهاد و سعید به‌مدینه‌رفت و اسیرانی از شاهزادگان سغد همراه داشت ، پس بر او تاختند و او را کشتند و یکدیگر رانیز کشتندچنانکه یکنفرازایشان‌باقی‌نماند.[4]

چند ماهی اسلم‌بن زرعه بر سر کار بماند وعاملان خراسان درهرات ساکن می‌شدند ، سپس معاویه‌خلیدبن عبدالله حنفی را باستانداری خراسان فرستاد و او آخرین والی معاویه‌برخراسان بود .

---

۱ ـ فتوح البلدان ص ۴۰۱ ، تا آن را فتح کند و بر قهندزش (تیر یا سنگ) افکند.
۲ـ قهندز: معرب کهندز یعنی دژکهنه است واستعمالش‌بقلعه‌های شهراختصاص یافته، مانند قلعه‌های سمرقند و بخارا وبلخ و نیشابور و مرو و جز اینها (مراصدالاطلاع) . ۳ ـ فتوح‌البلدان ص ۴۰۲ ، و بقولی بشهادت رسید .کامل ج ۳ ص ۲۵۳ ، قثم‌بن عباس‌بن عبدالمطلب از کسانی‌بود که همراه سعید کشته شدند. ۴ ـ فتوح البلدان‌ص ۴۰۲-۴۰۳. ۵ ـ ر.ك. معجم الانساب ص۷۶.

معاویه خواست تا سعدبن ابی وقاص را هم بکاری گمارد لیکن او زیر بار نرفت و در خانه‌اش نشست و در قصری که در ده میلی مدینه داشت ساکن بود و همانجا اقامت داشت تا وفات کرد،[1] مرگ او در سال ۵۵ بود و از قصر خود تا مدینه روی دست مردان حمل شد و در بقیع دفن گردید.

در زمان معاویه چهار نفر از زنان پیامبر خدا وفات کردند: حفصه دختر عمر درسال ٤٥ وفات کرد ومروان‌بن حکم عامل مدینه براو نماز گزارد؛ وصفیه دختر حیی‌بن اخطب در سال ٥٠ درگذشت؛ و خوله دختر حارث در سال ٥٦؛ و عایشه دختر ابی بکر در سال ٥٨، و ابوهریره جانشین مروان در مدینه بر اونماز گزارد، پس کسی ازحاضرین گفت:دشمنترین‌مردم‌برای اوبراونماز کرد.ابوهریره خود در سال٥٩ درگذشت. معاویه بردبار وزیرك بودو با اینکه مردی در خوراك خود بخیل و ممسك بود، از راه مدارا و فریبکاری مال را بیدریغ می‌بخشید. و سعیدبن عاص گفت: روزی از معاویه شنیدم که می گفت: جایی که تازیانه‌ام مرا کفایت باشد، دست بشمشیر نمی‌برم؛ و جایی که زبانم مرا کفایت کند، تازیانه برنمی‌دارم؛ و اگر میان من و میان مردم مویی بود، پاره نمی‌شد. گفته شد: چگونه، ای امیر[مؤمنان]؟ گفت: هرگاه آنان می کشیدند، من رها می کردم؛ وهرگاه آنان رها می کردند، من‌می کشیدم. و هرگاه خبری تا مطلوب از مردی باو می‌رسید، زبانش را با بخشش قطع می کرد و بساکه او را فریب می‌داد و بجنگها می‌فرستاد و در جلو سپاه قرار می‌داد و بیشتر کار معاویه مکر و حیله بودودر تمام‌سالهای‌حکومت‌خوددوبار بامردم‌حج گزارد: سال٤٤و سال٥٠، وخواست

---

۱ ـ ابوالفرج می‌نویسد: حسن‌بن علی علیه‌السلام بعد از صلح با معاویه به‌مدینه‌بازگشت‌و آنجا اقامت گزید و معاویه می‌خواست برای پسرش یزید از مردم بیعت بگیرد و مشکل او درانجام این‌کار، شخصیت‌حسن‌بن علی‌وسعدبن‌ابی وقاص بود، پس‌بمکروحیله‌آن دو را زهردادوهر دورا کشت (مقاتل‌الطالبیین ص ۷۳).

که منبر پیامبر خدارا حمل کند، پس منبر رازلزله‌ای گرفت که مردم گمان بردند آخر دنیااست واز این روآن را رها کردوسپس پنج پله‌از پائین آن‌افزود ، و درسال ۵۶عمرهٔ رجب را بجای‌آورد و نخستین کس بود که کعبه را دیبا پوشاند وبرای آن غلامان خرید . غالب برمعاویه ، عمروبن عاص و یزیدبن حرّ عبسی و ضحاك‌بن قیس فهری‌بود ، و همین ضحاك رئیس‌پولیس اوبود ، و ابو مخارق[1] مولای حمیر ، رئیس نگهبانان‌او بود،وغلامش رباح‌حاجب‌او .

معاویه چهره‌ای عبوس داشت، و چشمانی برآمده و ریشی انبوه و سینه‌ای پهن و سرینهایی بزرگ و ساقها و رانهایی کوتاه؛ وحکومتش نوزده سال وهشت ماه بود و در غرّهٔ رجب و بقولی نیمهٔ رجب سال ٦٠ در سن هفتاد و هفت سالگی و بقولی هشتاد سالگی درگذشت و ناتوان ولاغر شده ، دو دندان پیشین او افتاده بود . صالح بن عمرو گفت : معاویه را روی منبر دیدم که عمامه‌ای سیاه بسردارد وآن را بردهان خودآویخته است ومی گوید : ای گروه‌مردم ، پیر وفرتوت شده و ناتوان و زبون گشته و نیکوتر خود را از دست داده‌ام، پس خدای رحمت کند آنکس راکه برای من دعا کند . سپس گریه کرد و مردم با او گریستند .

چون معاویه مرد،ضحاك‌بن قیس بیرون‌آمد و کفن اورا روی منبر گذاشت و سپس گفت : همانا معاویه سرور عرب و هوشمند عرب بود و اکنون مرده است و این کفنی است که او را در میان‌آن می‌نهیم وبگور می‌فرستیم وآخرین دیدار همین است. ضحاك‌بن قیس فهری بر معاویه نماز گزارد ، چه یزید درآن موقع نبود ،معاویه دردمشق بخاك سپرده شد وچهار پسر بجای گذاشت: یزید وعبدالله و محمدو عبدالرحمان .

در دوران معاویه در سال ٤١ [و ٤٢] عتبةبن ابی سفیان امیر حاج بود ، و

۱ ـ کامل‌ج۳ص ۲۶۲ ، ابوالمخارق مالك.

۱۷۵ دوران معاویه

در سال ٤٣ مروان‌بن حکم، ودر سال ٤٤ معاویـةبن ابی سفیان [1] ، و در سال ٤٥ مروان‌بن حکم [2] ، و در سال ٤٦ عتبةبن ابی سفیان ، و در سال ٤٧ عتبةبن ابـی سفیان ، و در سال ٤٨ مروان‌بن حکم ، و در سال ٤٩ سعیدبن عاص ، و در سال ٥٠ معاویةبن ابی سفیان ، و در سال ٥١ یزیدبن معاویه ، و در سال ٥٢ سعیدبن‌عاص، و در سال ٥٣ سعیدبن عاص نیز، ودر سال ٥٤ مروان‌بن حکم، ودر سال ٥٥مروان ابن‌حکم ، در سال ٥٦ ولیدبن عتبةبن ابی سفیان، و در سال ٥٧ ولیدبن عتبةبن ابی سفیان نیز، و درسال ٥٦ ولیدبن عتبه نیز، ودر سال ٥٩ عثمان‌بن‌محمدبن‌ابی‌سفیان

معاویه درحکومت خودغزوه‌هایی‌براه انداخت: در سال ٤١ حبیب‌بن‌مسلمه را فرستاد و او با پادشاه روم صلح کرد و نخواست که او را مشغول سازد ، و در سال ٤٣ بسربن [ابی] ارطاة بخاك روم لشکر کشی کرد و جنگ زمستانی اوآنجا بود . در سال ٤٤ عبدالرحمان‌بن خالدبن ولید بجنگ رفت تابقلُونیه [3] رسید . در سال ٤٥ عبدالرحمان‌بن خالدبن ولید بجنگ‌زمستانی روم رفت‌وبه‌انطاکیه رسید . در سال ٤٦ مالك‌بن عبدالله خثعمی‌وبقولی مالك‌بن هبیرهٔ سکونی بجنگ زمستانی کشور روم رفت . در سال ٤٧ مالك‌بن هبیرهٔ سکونی بجنگ زمستانی بخاك روم رفت . در سال ٤٨ عبدالرحمان عتبی [4] بجنگ رفت وبه‌انطاکیهٔ سوداء رسید . در سال ٤٩ فضالةبن عبید بجنگ رفت و خدا فتحی نصیب او کرد وبردگانی بسیار گرفت . در سال ٥٠ بسربن [ابی] ارطاة بجنگ تابستانی و سفیان عوف بجنگ زمستانی رفت . درسال ٥١ محمدبن عبدالرحمان بجنگ تابستانی و فضالةبن عبید انصاری بجنگ زمستانی رفت . در سال ٥٢ سفیان بن عوف بجنگ رفت و در گذشت [5] وعبداللهبن مسعدهٔ فزاری راجانشین خود ساخت. در سال ٥٣ [6] محمدبن

۱ـ ن،ندارد. ۲ ـ ن ، ندارد. ۳ـ ناحیه‌ای در روم . ۴ـ طبری ج ۴ ص ۱۷۲ ، کامل ج۳ ص ۲۲۶، قینی. ۵ ـ درخاك‌روم(طبری). ۶ ـ طبری، سال۵۴.

مالك بجنگ رفت و بقولی در همین سال طرسوس فتح شد و فاتح آن جنادة‌بن ابی امیهٔ ازدی بود. در سال ۵۵ [1] مالك‌بن عبدالله خثعمی در جنگ زمستانی بخاك روم لشکر کشید. در سال ۵٦ یزیدبن معاویه بجنگ رفت و به‌قسطنطنیه رسید و مسعودبن ابی مسعود جنگ زمستانی را عهده‌دار بود. ویزیدبن شجره برخشکی و عیاض بن حارث بر دریا گماشته بودند، این همه نقل قول است. در سال ۵۷ عبدالله‌بن قیس، در سال ۵۸ مالك‌بن عبدالله خثعمی، و بقولی عمروبن‌یزید جهنی و بقولی یزیدبن شجره در دریا [2]، در سال ۵۹ عمروبن مرهٔ جهنی درخشکی، ودر این سال [غزوی] در دریا نبود.

فقهای زمان معاویه عبارت بودند از: عبدالله‌بن عباس، عبدالله‌بن عمربن خطاب، مسوربن مخرمهٔ زهری، سائب‌بن‌یزید، عبدالرحمان‌بن‌حاطب، ابوبکربن عبدالرحمان‌بن‌حارث، سعیدبن مسیب، عروة بن زبیر، عطاءبن یسار، قاسم‌بن محمد ابن‌ابی [بکر] عبیدة بن‌قیس سلمانی، ربیع‌بن خیثم ثوری، زرّ بن حبیش، حارث ابن‌قیس جعفی، عمروبن عتبة‌بن فرقد، احنف‌بن قیس، حارث‌بن عمیر زبیدی، سویدبن غفلهٔ جعفی، عمروبن میمون اودی، مطرّف بن عبدالله‌بن‌شخیر، [3] شقیق ابن‌سلمه، عمروبن‌شرحبیل، عبیدالله‌بن یزید خطمی، حارث اعور همدانی، مسروق [ابن] اجدع، علقمة‌بن‌قیس خثعمی، شریح‌بن حارث کندی، زیدبن‌وهب همدانی.

۱ـ طبری، سال ۵۸. ۲ـ ویزیدبن شجره دردریاکشته شد (طبری). ۳ـ مطرف بروزن معظم از تابعین‌وپدرش عبدالله‌بن‌شخیر بروزن‌سکیت از صحابه است.

دوران یزیدبن معاویه[1]

یزیدبن معاویه که مادرش : میسون دختر بحدل کلبی است در غرهٔ رجب سال ۶۰ بحکومت رسید ، خورشید درآن روز در ثور بود ، ۱ درجه و۲۰ دقیقه، و قمر در عقرب [....][2] درجه و ۳۰ دقیقه ؛ و زحل در سرطان ، ۱۱ درجه ؛ و مشتری در جدی ، ۱۹ درجه ؛ و مریخ در جوزا ، ۲۲ درجه و ۳۰ دقیقه ؛ وزهره در جوزا ، ۸ درجه و ٤۰ دقیقه ؛ و عطارد در ثور ، ۲۰ درجه و ۳۰ دقیقه .

یزید (در شهر) نبود و چون به دمشق رسید بعامل مدینـه ولیدبن عتبةبن ابی سفیان نوشت : هنگامی که این نامه‌ام بتو رسید ، حسین‌بن علـی و عبدالله‌بن زبیر را احضار کن و آن دو را ببیعت[3] بگیر؛ پس اگر زیر بار نرفتند آن دورا گردن بزن و سرهای آن دو را نزد من[4] بفرست ؛ مردم را نیز ببیعت فراخوان و هر که سرباز زد همان حکم را در بارهٔ او و در بارهٔ حسین‌بن علی و عبدالله‌بن زبیر اجرا کن والسلام .

شب بود که نامه به‌ولید رسید ، پس نزد حسین و عبدالله‌بن زبیرفرستاد و پیشامد را بآنان خبر داد، گفتند: چون بامداد شود [با] مردم نزد توآئیم.مروان باو گفت : بخدا سوگند که اینان اگر بیرون روند ، دیگر ایشان را نبینی ، پس

۱ـ ل ؛ ص ۲۸۶ . ۲ ـ ل ، پ ص ۲۸۷ ؛ قمر در عقرب و خورشید درثور نمی‌باشد مگردرنیمهٔ ماه ، اما در غرهٔ ماه ، پس قمر با خورشید در همان ثور است ، تأمل شود .
۳ـ ل ؛ برای من. ۴ ـ ل ؛ برای من .

بگیرشان تا بیعت کنند و گرنه‌آن دوراگردن بزن. گفت: بخدا قسم که باایشان قطع رحم نکنم . پس از نزد وی برفتند و همان شب (از مدینه) کناره گرفتند .
حسین به‌مکه رفت و چند روزی‌آنجا بماند که مردم عراق باو نامه نوشتند وپی در پی‌فرستادگانی روانه کردند وآخرین نامه‌ای که ازایشان بدو رسید، نامهٔ هانی‌بن هانی [1] و سعیدبن عبدالله حنفی [2] بود : بنام خدای بخشایندهٔ مهربان ، به‌حسین‌بن علی از شیعیان با ایمان و مسلمانش ، اما بعد پس شتاب فرما که مردم تورا انتظار می‌برند و جز تو پیشوایی ندارند ، شتاب فرما ، والسلام .

پس مسلم‌بن عقیل را بسوی‌آنان فرستاد و بایشان نوشت و نویدشان داد که خود در پی نامهٔ خویش میرسد .

چون مسلم به کوفه رسید ، نزد وی فراهم شدند وبا اوبیعت کردند وپیمان بستند و قرار نهادند و اطمینان دادند که یاری و پیروی ووفاداری کنند. (امام) حسین از مکه رهسپار عراق شد و یزید عبیدالله‌بن زیاد را والی عراق کرده باو نوشته بود : خبریافته‌ام که مردم کوفه به‌حسین نامه نوشته‌اند تا نزد ایشان‌بیاید و او هم از مکه بیرون آمده ، بسوی ایشان رهسپار گشته است ، واکنون از میان همه شهرها شهر تو و از میان همه زمانها زمان تو است که بدین آزمایش گرفتار آمده ، حال اگر او راکشتی، وگرنه بنسب و پدرخویش عبید بازگردی ، پس مبادا که از دستت رها شود .

شهادت حسین‌بن علی (علیهما السلام) [3]

عبیدالله‌بن زیاد به کوفه‌آمد ومسلم‌بن عقیل در کوفه بود ودرخانهٔ هانی [4] بن عروه منزل داشت ، هانی سخت بیمار بودو با ابن زیاد دوستی داشت . پس چون

۱ ـ ل ، هانی‌بن ابی‌هانی. ۲ ـ ل ، خثعمی. ۳ ـ ل ، ص ۲۸۸ .

ابن‌زیاد به کوفه رسید ازبیماری هانی‌خبریافت وبعیادت اورفت . هانی، به‌مسلم‌بن عقیل وهمراهانش که گروهی بودند ، گفت : هنگامی که پسر زیاد نزد من نشست وآرام گرفت ، من خواهم گفت : آبم دهید . شما بیرون تازید و او را بکشید . آنگاه ایشان را درخانه جای داد وخود درایوان نشست وابن زیاد برای عیادت وی آمد و چون آرام گرفت ، هانی‌بن عروه گفت : مرا آب دهید . پس بیرون نیامدند ودیگر بار گفت :آبم دهید، چرا تأخیر می کنید؟ سپس گفت : آبم دهید اگر چه جانم [برسر آن] گذاشته شود . ابن زیاد فهمید و برخاست و از نزدوی رفت وپلیسها را در جستجوی مسلم فرستاد . مسلم با همراهان خود خروج کرد و در وفاداری وحسن نیت مردم شك نداشت وبا عبیدالله نبرد کرد؛ پس او رادستگیر کردند و عبیدالله او را کشت و در بازارها بپایش کشیده شد .

هانی‌بن عروه (نیز) کشته شد چه مسلم را در خانهٔ خویش جا داده و اورا یاری کرده بود .

(امام) حسین بسوی عراق رهسپار بود وچون به‌قطقطانه‌رسید از کشته‌شدن مسلم خبریافت، عبیدالله‌بن زیاد چون ازنزدیك شدن امام به کوفه اطلاع یافت ، حربن یزید را فرستاد تا او را از بازگشتن جلوگرفت و سپس عمربن سعدبن‌ابی وقاص را با لشکری بر سر او فرستاد ودر جایی نزدیك فرات بنام کربلا با (امام) حسین روبرو شدند و حسین با شصت‌و دویا هفتادودومرد ازاهل بیت و همراهان خویش بود و عمربن سعد با چهار هزار ، پس‌آب را براو بستند و میان او وفرات حایل شدند وآنان را بخدای عزوجل سوگند داد ، لیکن تن ندادند مگر آنکه با او بجنگند یا هم تسلیم‌شود تا او را نزدعبیدالله‌بن زیاد بفرستندو او خودهرچه خواهد نظر دهد و فرمان یزید را در بارهٔ او اجرا کند .

ازعلی‌بن‌الحسین روایت شده که گفت: دراول همان شبی که پدرم دربامداد

آن کشته شد ، نشسته بودم و عمه‌ام زینب مرا پرستاری می کرد که پدرم درآمد ومی گفت :

یا دهر اف لك من خلیل کم لك فی الأشراق والأصیل
من طالب وصاحب قتیل والدهر لایقنع بالبدیل
وانما الأمر الی الجلیل وکل حی سالك سبیلی [۱]

« ای روزگار ، اف برتو دوست ؛ تو را در صبح و عصر چه بسیار جوینده و همراهی کشته است، وروزگار بعوض قناعت ندارد ؛ وتنها امر بدست خداست ؛ و هر زنده‌ای روندهٔ راه من است .» [۱]

گفتار پدرم را فهمیدم ومراد اورا دانستم وگریه راه گلویم را گرفت وجلو اشك خود را گرفتم و دانستم که بلا برما فرود آمده است ؛ لیکن عمه‌ام زینب ، چون آنچه را من شنیدم، شنید ، و شأن زنان نازکدلی و بیتابی است ، بی اختیار سربرهنه ودامن کشان از جا جست ومی گفت: وای از بی‌برادری، [کاش]مرگ زندگی را از من گرفته بود ، فاطمه و علی و حسن‌بن علی برادرم امروز مردند . پدرم باو نگریست و غصهٔ خود را فرو خورد و سپس گفت : یا اختی اتّقی‌الله فان الموت نازل لامحالة، «خواهرم، خدا را پرهیز کارباش که مرگ ناچار می‌رسد.» پس زینب لطمه بروی خویش زد و بیهوش افتاد و فریاد کرد : ای وای ، بی‌برادر شدم. امام پیش رفت وآب بروی خواهر ریخت وباو گفت: یا اختاه تعزی‌بعزاءالله، فان‌لی و لکل مسلم اسوة برسول‌الله ، «خواهرا ، بشکیبایی خدا ، شکیبا باش ، چه مرا وهر مسلمان را بپیامبرخدا اقتدا باید.» سپس گفت : انی اقسم علیك فابری قسمی ، لاتشقّی علی جیبا و لاتخمشی علیّ وجها و لاتدعی علیّ بالویل والثبور ، «تورا سوگند می‌دهم ، پس سوگند مرا راست گردان ؛ برمن گریبان چاك مکن

۱ ـ ل : السبیل .

و برمن رومخراش ، و بر من بوای و هلاك فریاد مزن .» سپس او را آورد و نزد من نشانید ومن بیمار ومردنی بودم .وآنگاه نزد اصحاب خویش رفت وچون فردا شد ، بیرون آمد و با سپاه دشمن سخن گفت و بزرگی حق خود را بر ایشان یادآوری کرد و خدا و پیامبرش را بیاد ایشان داد و ازایشان خواستار شد که او را در بازگشتن آزاد گذارند ، لیکن آنان تن ندادند مگر آنکه با او بجنگند یا دستگیرش نموده نزد عبیدالله‌بن زیاد برند .

پس شروع کرد بسخن گفتن بااین دسته وآن‌دسته واین مردوآن مردشان، و در پاسخ وی می گفتند : نمی‌دانیم چه می گویی . آنگاه بهمراهان خویش روی آورد و گفت : انّ القوم لیسوایقصدون غیری و قد قضیتم ما علیکم فانصرفوافانتم فی‌حلّ ، «این سپاه جز با من‌کاری ندارند ، و شما وظیفهٔ خویش را بانجام رساندید پس بازگردید چه شماآزاد هستید .» گفتند : نه بخدا سوگند ، ای پسر پیامبر خدا ، تا جانهای ما فدای جان تو باشد. پس برای ایشان (از خدا) پاداش نیك خواست .

زهیربن‌قین سوار بر اسب خویش بیرون آمد وفریاد کرد : ای مردم کوفه شما را از عذاب خدا بیم می‌دهم ، بیم باد شما را ؛ ای بندگان خدا ، فرزندان فاطمه بدوستی و یاری سزاوارترند ازفرزندان سمیه؛ اگر هم اینان را یاری نمی کنید ، با ایشان نجنگید. ای مردم، امروز بر روی زمین پسر و دختر پیغمبری جز حسین نمانده وهیچکس بر کشتن او گرچه بیك‌کلمه باشد یاری ندهد مگر آنکه‌خدا دنیارا براوتلخ سازد وبدشوارترین‌شکنجه‌های آخرت‌عذابش کند.سپس یکنفریکنفر قدم براه شهادت نهادند تا (امام) تنها ماند وازاهل بیت وفرزندان و خویشانش یکنفرهمراه نداشت.دراین حال سواراسب‌خویش‌بود که نوزادی راکه درهمان‌ساعت برای‌اوتولدیافته بودبدست‌وی‌دادند ، پس‌در گوش اواذان گفت وکام اورا برمی‌داشت که تیری در گلوی کودك نشست واورا سربرید. (امام) حسین تیر

را از گلوی کودک کشید و او را بخونش آغشته می‌ساخت و می گفت: والله لأنت اکرم علی‌الله من‌الناقة، ولمحمّدا کرم‌علی‌الله من‌الصالح، «بخدا سوگند که تو از ناقه برخدا گرامی‌تری؛ و محمد هم از صالح برخدا گرامی‌تر است».

سپس آمد واو را پهلوی فرزندان وبرادر زادگان خود نهاد، سپس بر آنان حمله برد و مردمی بسیار از ایشان کشت وتیری باورسید ودر گودی گلویش فرو رفت و از پشت سرش بیرون آمد، پس افتاد و سپاه تاختند وسرش را از بدن‌جدا کردند وآن را نزد عبیدالله‌بن زیاد فرستادند، و خیمه گاهش را غارت نمودند و زنان و کودکانش‌را اسیر گرفته به کوفه‌بردند وچون‌به کوفه‌درآمدند، زنان کوفی شیون کنان و اشك ریزان (از خانه ها) در آمدند. پس علی‌بن‌الحسین گفت: هؤلاء یبکون [1] علینافمن قتلنا؟ «اینان برما گریه می کنند، پس ما را که کشته است؟»

زنان وفرزندان (امام) حسین را به‌شام بردند وسراو را برنیزه‌زدند وشهادت او ده شب گذشته از محرم سال ٦١ و از ماههای عجم در تشرین اول بودو درآن روزاختلاف کرده‌اند، شنبه گفته‌اندودوشنبه و جمعه نیز.

خوارزمی گفته است: خورشیدآن روزدرمیزان بود، ۱۷درجه و۲۰ دقیقه؛ وقمر [در] دلو، ۲۰ درجه و۲۰ دقیقه؛ وزحل در سرطان، ۲۹ درجه و ۲۰ دقیقه ومشتری در جدی، ۱۲ درجه و٤۰ دقیقه؛ و زهره در سنبله، ٥ درجه و٥۰ دقیقه وعطارد در میزان، ٥ درجه و ٤۰ دقیقه؛ ورأس در جوزا، یك درجه و٤٥ دقیقه.

سر (امام)پیش یزید نهاده شد ویزید بدندانهای پیشین او چوب [2] می‌زد [3].

ونخستین شیونگری که درمدینه صدا بشیون برداشت،ام سلمه همسرپیامبر

---

۱ ـ ل: یبکین. ۲ ـ ل، ب: نی ۳ـ ل،پ‌ص ۲۹۱:ازپیامبرخدا روایت می‌شود که‌ابوسفیان‌را سواربرشتری دید که معاویه آن را می‌کشید و یزید آن را می‌راند پس‌گفت: لعن‌الله الراکب والقائد والسائق، «خدا سوار وجلو دار و راننده را لعنت کند» حدیثی است مشهور.

خدا بود، پیامبر شیشه‌ای را که در آن خاکی بود باو داده و گفته بود: ان‌جبرئیل اعلمنی ان امتی تقتل‌الحسین ، «جبرئیل مرا خبر داده است که امّت من حسین را می کشند».

ام سلمه گفت :آن خاك را بمن داد ومرا گفت: اذاصارت دماً عبیطاً فاعلمی ان‌الحسین قدقتل ، «هر گاه خون تازه گردید ، بدان که حسین کشته شده.» خاك نزد وی بود و چون وقت آن رسید ، در هرساعتی بآن شیشه می‌نگریست و چون آن را دید که خون گردیده است فریاد برآورد: ای حسین، ای پسر پیامبرخدا. پس زنان از هرسو شیون برآوردند تا از شهر مدینه چنان شیونی[1] برخاست که هرگز مانند آن شنیده نشده بود . (امام) حسین هنگام شهادت ٥٦ ساله بود چه او درسال ٤ هجرت تولد یافت.

به‌حسین گفته شد: ازپیامبرخدا چه شنیدی ؟ گفت ازاوشنیدم که می گفت: ان‌الله یحب معالی الامور ویکره سفسافها، «خدا امور برجسته را دوست می‌دارد ، و پست آنها را خوش ندارد.» و ازاو بیاد دارم که تکبیری گفت ، پس من پشت سرش تکبیر گفتم؛ و هر گاه تکبیر مرا می‌شنید تکبیر می گفت تاآنکه هفت بار گفت : الله اکبر .

ونمازهای پنجگانه را بمن یاد داد؛ وازاو شنیدم که می گفت : من یطع‌الله یرفعه ؛ ومن یعص‌الله یضعه ؛ ومن یخلص نیته‌لله یزینه ؛ و من یثق بما عندالله یغنیه ومن یتعزّز علی‌الله یذلّه ، «کسی که خدا را اطاعت کند، خدا اوراسرافرازدارد؛ و کسی که خدا را نافرمانی کند، خدا اورا پست کند؛و کسی که‌نیت‌خود را برای خدا خالص نماید ، خدا اورا آراسته سازد؛ و کسی که برخدا عزت فروشی کند، خدا او را خوار و زبون سازد؛ وکسی‌که به‌آنچه نزدخداست وثوق‌داشته باشد،خدابی نیازش‌کند

۱ ـ ل ، ب ، لرزه‌ای.

و بعض‌ایشان گفت: ازحسین شنیدم که می گفت : الصدق عزّ، والکذب‌عجز، والسرّامانة ، والجوارقرابة، والمعونة صداقة، والعمل تجربة، والخلق‌الحسن عبادة ، والصمت زین ، والشحّ فقر، والسخاء غنی، والرّفق‌لب، «راستی‌عزّت است ، ودروغ ناتوانی،ورازامانت‌است ، وهمسایگی خویشاوندی، ویاری کردن دوستی‌است، وکار آزمایش، و خوی‌نیك بندگی، وخاموشی آراستگی ، و بخل نا دارای ، وسخاوت توانگری ، ونرمی ومدارا خردمندی » .

و حسین‌بن علی بر سر حسن بصری ایستاد و حسن او را نمی‌شناخت ، پس (امام) حسین باو گفت : یا شیخ هل ترضی لنفسك یوم‌بعثك؟ «ایا (چنین حالی را) برای‌روزرستاخیزت‌می‌پسندی؟» گفت:نه. گفت: فتحدّث‌نفسك‌بترك‌مالاترضاه‌لنفسك من‌نفسك یوم‌بعثك؟«پس خودرا نوید می‌دهی که‌آنچه‌را ازخودبرای روزرستاخیز خویش نمی‌پسندی ، رها کنی؟» گفت : آری ، اما بی‌حقیقت . گفت : فمن اغشّ لنفسه منك لنفسه یوم بعثك وانت لاتحدّث نفسك بترك مالا ترضاه لنفسك بحقیقة ؟ «پس چه کسی با خودش ازتوبا خویشتن درروز رستاخیزخیانتکارتر است، بااینکه بحقیقت در نظر نداری آنچه را برای خود نمی‌پسندی واگذاری؟» سپس (امام) حسین رفت و حسن بصری پرسید : این که بود ؟ گفتند: حسین‌بن‌علی، گفت: برمن آسان گردید .

فرزندان حسین (علیه‌السلام) عبارت بودند از: علی‌اکبر که فرزندی ازوی نماند و در کربلا کشته شد و مادرش : لیلی دختر ابومرّةبن عروةبن مسعود ثقفی است ؛ وعلی اصغر که مادرش : حرار دختر یزدجرد است وحسین‌اوراغزاله‌نامید. به‌علی‌بن‌الحسین گفته‌شد : چه قدر فرزندان پدرت کم‌اند ؟ گفت : انه‌کان یصلی فی‌الیوم واللیلةالف رکعة فمتی‌کان یفرغ للنساء ؟ «او در روز و شب هزار رکعت نماز می گزارد پس کی‌بزنها می‌رسید ؟ »

عبدالله‌بن زبیر در مکه اقامت گزید درحالی که یزید را خلع کرده (مردم

را) بخویش دعوت می‌نمود وعامل یزید را بیرون کرد ویزید پسرعضاه[۱] اشعری[۲] را نزدوی فرستاد وباو نامه‌ای نوشت که در امان است لیکن قسم خورده است که بیعتش را نپذیرد مگر آنکه در بندی آهنین بیعت کند و سپس یزید او را آزاد سازد، ومروان بن حکم عامل مدینه بود وناخوش می‌داشت که ابن‌زبیر پیشنهاد یزید را بپذیرد واو را از خبر کشته شدن حسین بیتابی گرفت ، پس با کسی که مورد اعتمادش بود اشعاری نزد عبدالله فرستاد که در آن می گوید؛

فخذها[۳] فلیست للعزیز بخطة   وفیها مقال[۴] لامریٔ متذلّل[۵]

«آن را بگیر که شأن مرد عزیز نیست، وزبون فرومایه را در آن گفتاری است» .

ابن زبیر سخت عزت‌منش بود و زیربار نرفت وپسر عضاه را پاسخی درشت داد. پسر عضاه گفت : حسین‌بن علی از پیش در اسلام و نزد مسلمانان بزرگوارتر بوده است و حال او را دیدی . ابن زبیر باو گفت : حسین‌بن علی نزد کسانی رفت که حق او را نمی‌شناسند ولی‌مسلمانان پیرامون مرا گرفته‌اند . پس بدو گفت : این پسر عباس و این پسر عمر است که با تو بیعت نکرده‌اند؛ وآنگاه بازگشت .

ابن‌زبیر برعبدالله‌بن عباس سخت گرفت تا با وی بیعت کند لیکن او زیربار نرفت وخبربه‌یزیدبن معاویه رسید که عبدالله بن عباس زیر بار ابن زبیر نرفته است واز این خبر شادمان گشت وبه‌ابن‌عباس نوشت : خبر یافته‌ام که ابن زبیر ملحد تو را ببیعت خویش خوانده و بتو پیشنهاد کرده است تا باطاعت او درآیی‌و آنگاه پشتیبان باطل و شریك گناه باشی لیکن تو زیر بار او نرفته و از بیعت ما دست نکشیده‌ای چه باما وفادار مانده و در آنچه خدا از حق ما بتو شناسانده

---

۱ ـ عبداللہ‌بن عضاه .   ۲ ـ طبری : ابن عضاه اشعری و مسعده و همراهان آن دو . ابن اثیر : ابن عطاءاشعری و سعد و همراهان آن دو .   ۳ ـ طبری در یك‌روایت: خذها .   ۴ـ کامل: فعال .   ۵ ـ طبری: متضعف .

است او را فرمان برده‌ای ، پس خدا تو خویشاوند را پاداش نیك دهد ، بهترین پاداشی که بخویشان حقشناس می‌دهد، ومن هرچه را فراموش کنم، ازیادنخواهم برد که با تو نیکی کنم و بنیکی پاداشت دهم و در پیوند با تو تا آنجا که از مثل من شایستهٔ بزرگواری و فرمانبری و نزدیکیت بپیامبر خدا باشد ، شتاب ورزم ، پس خدایت رحمت کند، خویشان خودرا که نزدتواند وهم کسانی را که ازاطراف و اکناف می‌رسند و این ملحد با زبان و گفتار فریبندهٔ خود آنـان را می‌فریبد مراقب باش وایشان را از حسن عقیدهٔ خود در اطاعت رها نکردن بیعت من آگاه ساز چه ایشان فرمان تو را بهتر می‌برند و از تو شنوایی بیشتری دارند تا این بی بندوبار ملحد والسلام .

پس عبدالله بن عباس باو نوشت : «از عبدالله بن عباس به‌یزیدبن‌معاویه، امابعد نامه ات در بارهٔ فرا خواندن پسر زبیر مرا بخویشتن و رد کردن من پیشنهاداو را که با وی بیعت کنم ، بمن رسید . و اگر هم آنچه شنیده‌ای درست باشد ، نـه ستودنت را در نظر داشته‌ام و نه دوستی بـا تـو را ، لیکن خدا است که نیت مـرا می‌داند . و گمان کردی که تو دوستی مرا فراموش نخواهی کرد ، بجانم سوگند از حق ما که دردست داری‌جز اندکی بما نمی‌رسانی وبیشترآن را ازما دریغ می داری. ازمن خواسته‌ای که مردم را بیاریت وادار نمایم واز همراهی با ابن زبیر باز دارم ؛ هرگز ، شادمانی و خوشحالی مباد ترا ، با اینکه حسین‌بـن علـی را تو کشته‌ای ! خاك بدهانت ای خاك برسر ، راستی ازکم خردی و بی فکری تواست اگر نفست چنین نویدی بتو می‌دهد ، ودر خور سرزنشی و هلاك سزای تو است . ای بی‌پدر، گمان مبر، کشتنت حسین وجوانان بنی‌عبدالمطلب، چراغهای تاریکی و ستارگان راهنمارا از یاد برده‌ام ، لشکرهای تو آنان را آغشته بخاك ، برهنه تن وبی کفن درمیان بیابان روی زمین انداختند،بادها برایشان می‌وزید وگرگها

ایشان را دست بدست می گرفتند،و گفتارها بنوبت بر آن بدنها هجوم می آوردند[۱]، تا خدا برای ایشان مردمانی را وسیله ساخت که درخون ایشان شرکت نداشتند و آن بدنها را کفن کردند.

ای یزید، بخدا قسم بواسطهٔ من و آنان عزّت یافته و در مقامی که داری جای گزین شده‌ای. من هرچه را فراموش کنم، اما ازیاد نخواهم برد که بی‌پدر بدکار بدکار زادهٔ بیگانهٔ پست‌پدر و پست‌مادر را برایشان مسلط کردی همانکه پدرت از بستن او بخود جز ننگ ورسوایی و خواری دنیا و آخرت ومرگ وزندگی چیزی بدست نیاورد.

پیامبر خدا گفته است: الولدللفراش وللعاهرالحجر، «فرزند برای بستر است، و زناکار را سنگ باید.» پس اورا بپدرش ملحق کن، چنانکه فرزند حلال زادهٔ پارسای پاك دامن بدو ملحق می‌شود. پدرت بنادانی سنت را از میان برد و بدعتها و تازه‌های گمراه کننده را عمداً زنده کرد، من هرچه را از یاد ببرم، فراموش نخواهم کرد که حسین‌بن علی را از حرم پیامبر خدا بحرم خدا طرد کردی آنگاه مردانی را پنهانی بر سر او فرستادی تا غافلگیر اورا بکشند، پس او را از حرم خدا به کوفه‌راندی وترسان و نگران از مکه بیرون رفت[۲] با اینکه در گذشته وحال عزیزترین مردم بطحابود دربطحا، واگر در مکه اقامت می گزید و جنگ در آن را روا می‌شمرد، از همهٔ مردم مکه و مدینه در دو حرم بیشتر فرمان برده می‌شد؛ لیکن او خوش نداشت که حرمت خانه و حرمت پیامبر خدا را حلال شمارد و بزرگ شمرد آنچه را توبزرگ نشمردی هنگامی که درنهان مردانی درپی اوبه‌مکه فرستادی تا در حرم با اوبجنگند، و آنچه را پسر زبیر نیز بزرگ نشمرد، هنگامی که حرمت کعبه را از میان برد و آن را درمعرض سنگ

۱ـ ل،ب: تنثی بهم. ن، تنتابهم. ترجمه یکی است.
۲ ـ س ۲۸ ی ۲۱.

و تیر قرار داد،[۱] وچنان گمان می‌برم که تو خود حلال شمارنده‌ای بلکه مرا شکی نیست که توسوزانندهٔ (کعبه)[۲] وضامن آنی، تویی که پیوسته با زنان خواننده و نوازنده می گذرانی، پس چون (حسین‌بن علی) بد عقیدگی تو را دید رهسپار عراق شد بی‌آنکه بخواهد با تو نبرد کند و امر خدا فرمانی انجام یافته بود[۳].

سپس تویی که بپسر مرجانه نوشتی تا با سپاهیان سر راه بر حسین بگیردو او را دستور دادی که درکار وی شتاب ورزد وامروز وفردا نکند واصرارورزیدی تا او و همراهانش از بنی عبدالمطلب، اهل بیتی راکه خدا پلیدی را از ایشان بدور داشته وآنان را بسی پاکیزه کرده است[۴]، بکشد، مائیم آن اهل بیت، نه مانند پدران بدخوی جفاکار سختگیر نا مهربانت. سپس حسین‌بن علی باو پیشنهاد سازش کرد و خواستار باز گشتن شد، پس کمی یاران و برانداختن خاندان اورا غنیمت شمردیدو بر ایشان تاختید و آنان را کشتند[۵] چنانکه خانواده‌ای [از] ترکان و کافران بکشند[۶]. چیزی نزد من عجبتر از آن نیست که خواستاردوستی ویاری منی‌وتوخود پسران پدرم راکشته‌ای وخون من است که از شمشیر تو می‌چکد وخون تو یکی از خواسته‌های من است (یکی از کشندگان‌خویشان‌منی)[۷] پس اگر خدا بخواهد خون من نزدتو پامال نخواهد شد و از خونخواهی من نخواهی رهید واگر هم در دنیا خون مرا ربودی، پیش از ما پیمبران و پیمبرزادگان بشهادت‌رسیده‌اندووعده گاه خداست و در یاری ستمدیدگان و انتقام کشیدن از ستمکاران او خود کفایت است، پس شگفت مدار که امروز برما ظفر یافته‌ای، بخدا قسم روزی هم ما بر تو پیروز می‌شویم، اما آنچه از وفاداری و حقشناسی من گفتی، اگر هم چنان باشد بخدا قسم با پدرت بیعت کردم با اینکه

۱ـل، ن: وافىل ادالعالم . ب ، واراقيل العالم . نامفهوم . ۲ ـ ل ،ب ؛ تحریف کننده. ۳ـس ۳۳ ی۳۸، ر. ك. كامل التواريخ ج ۳ ص ۳۱۸. ۴ ـ س ۳۳ ی ۳۳. ۵ـ ن ؛ کشتید. ۶ـ ن ؛ بکشید. ۷ـب ؛لاخذ ثاری. درست نیست.

می‌دانستم [که پسر عموهای من] و همهٔ پسران پدرم برای این امر از تو شایسته‌ترند، لیکن شما گروه قریش بر ما فزونی و برتری جستید و سلطنت مارا از ما ربوده بخود اختصاص دادید، و دست ما را از حق ما کوتاه کردید، هلاك بر کسی که در ستمکردن بر ما قدم پیش نهاد و نابخردان را علیه ما بر انگیخت و کار را بدون ما بدست گرفت، پس هلاك باد اینان را چنانکه ثمود و قوم لوط و اصحاب مدین و تکذیب کنندگان پیمبران هلاك شدند[1]. هان، عجبتر از همه عجبها،وتا زنده باشی روزگارتورا بشگفت آورد،آن است که دختران عبدالمطلب وپسران صغیری ازنسل‌اورا چون اسیران‌جلب شده نزد خود به‌شام بردی تابمردم نشان دهی که ما را مغلوب ساخته وبرما فرمانروا گشته‌ای، بجانم سوگند که‌اگر هم درصبح‌وشام اززخم‌دست‌من آسوده بوده‌ای، اماامیدوارم که‌زخم‌زبانم وشکستن وبستنم برتو گران آید، این شادمانی تورا نپاید[2] و پس‌ازآنکه عترت پیامبرخدا راکشتی، خدایت جز اندکی مهلت ندهد تا تورا دردناك بگیرد و نکوهیده و گنهکار از دنیا بیرون برد، پس ای بی‌پدر زندگی کن،بخدا سوگندآنچه کرده‌ای تورا نزد خدا هلاك ساخت وسلام بر کسی که فرمان خدا را ببرد».

یزید عثمان‌بن محمدبن ابی‌سفیان را والی مدینه کرد، پس ابن مینا عامل خالصجات معاویه نزد وی آمد و باو خبر داد که می‌خواسته آنچه همه ساله گندم و خرما ازآن خالصجات حمل می کرده، حمل‌نماید لیکن مردم او را جلوگیری کرده‌اند، عثمان پی‌جماعتی ازآنان فرستادوسخنی درشت بایشان گفت، پس بر او وهمراهانی که از بنی‌امیه در مدینه داشت، تاختند وآنان را از مدینه بیرون رانده و از پشت سر سنگبارانشان کردند وچون خبربه‌یزیدبن معاویه رسید مسلم ابن عقبه را از فلسطین نزد خود فرا خواند واو بیمار بود، پس او را بمنزل‌خویش

---

۱ ـ اشاره‌بآیه‌های ۴۴، ۶۸،۶۰، ۹۵ س ۱۱ ؛و۴۱، ۴۴ س ۲۳. ۲ ـ ل ؛ فلایستغر- بك‌الجدل . ن ؛ فلایستغر بك الجذل. ب ؛ فلایستقر بك الجدل .

در آورد و سپس داستان را برای او نقل کرد. مسلم گفت: ای امیر [مؤمنان] مرا برسر ایشان بفرست، بخدا قسم که آن یعنی مدینهٔ پیامبر را زیر ورو می کنم. یزید او را بفرماندهی پنج هزاربه‌مدینه گسیل داشت واوهم واقعهٔ حرّه[1] را بر سر ایشان آورد و مردم مدینه با او نبردی سخت کردند و پیرامون مدینه خندقی کندند، و خواست تا از کناری از کناره‌های خندق درآید و او را میسر نشد، لیکن مروان بعضی مردم مدینه را فریب داد و همراه صد سوار بشهر در آمد وسواران پشت‌سراو به‌مدینه درآمدند و کمتر کسی‌باقی‌ماند که کشته نشد و حرم پیامبرخدا را مباح گذاشت تاآنکه دوشیزگان فرزندآوردند وشناخته نبود که‌آنها را باردار کرده است؟[2]

سپس مردم راگرفت که بیعت کنند بر آنکه بندگان یزیدبن معاویه باشند، مردی از قریش را می‌آوردند و باوگفته می‌شد: بیعت کن، نشان آنکه بندهٔ خالص یزیدی. می گفت: نه. پس او راگردن می‌زدند.

آنگاه علی‌بن الحسین نزد وی آمد وگفت: یزید می‌خواهد که چگونه بیعت کنم؟ گفت: برآنکه توبرادر و پسرعمویی. گفت: اگرهم بخواهی که باتو بیعت کنم برآنکه من بندهٔ خالص هستم، می کنم. گفت: تو را باین امر مکلف نساخته است[3]. چون مردم پذیرش علی‌بن‌الحسین را دیدند، گفتند: این پسرپیامبر خداست و با او بیعت کرد برهرچه بخواهد. و آنگاه، با او بیعت کردند بر هر چه بخواهد و این در سال ۶۲ بود.

سپاه مسلم پنج هزار مرد بودند: از فلسطین هزار مرد بفرماندهی روح‌بن زنباع جُذامی؛ و از اردن هزار مرد بفرماندهی حُبیش‌بن دَلجهٔ قَینی؛ وازدمشق

---

۱ ـ واقعهٔ حره در حرهٔ واقم مدینه پیش آمده است. ۲ ـ ر.ك. تاریخ طبری ج ۴ ص۳۷۰ـ۳۸۱. ۳ ـ ن: ماجشمك. ل، ب: ماحشمك.

را جانشین خود ساخت چه بیم داشت که بر او بتازد پس با او مدارا کرد و خبر یافت که مردم هم‌اختلاف‌نظر دارند، از این‌رو مأموریت خود را باو واگذاشت ورفت و پسر خازم در خراسان اقامت گزید وکارهای شگفت انجام داد و از او جلوگیری نمی‌شد و سلیمان به‌هرات رفت و اوس‌بن ثعلبه در طالقان سر بلند کرد و پیوسته با آن دو[1] وباترکان جنگید و در همهٔ این جنگها بر دشمنان پیروز می‌شد .

یزیدبن معاویه درصفر سال ٦٤ درجایی بنام حُوّارین مرد وبه‌دمشق حمل گردید و آنجا دفن شد و معاویةبن یزید بر او نماز گزارد و او را چهار پسر بود : معاویه وخالد و ابو سفیان و عبدالله . و غالب بر او حسان‌بن بحدل کلبی‌بود و روح‌بن زنباع جذامی ونعمان‌بن بشیر وعبدالله‌بن ریاح؛ ورئیس پولیس اوعبدالله ابن عامر همدانی، ورئیس نگهبانان سعید مولای کلب، وحاجب او غلامش صفوان .

مروان‌بن‌حکم‌به‌حصین‌بن نمیر که سرگرم جنگ با ابن زبیر بود ، نوشت : آنچه پیش آمده است تو را نترساند وکار خود را دنبال کن. لیکن خبربه‌ابن‌زبیر رسید و در میان‌لشکر فاش گردید وروحیهٔ سپاهیان ضعیف شد وحصین‌بن نمیرنزد ابن‌زبیر فرستاد که امشب درامان، یکدیگر را ملاقات کنیم. شبانه ملاقات کردند و حصین‌بن نمیر باو گفت : یزید مرد وپسرش کودک است ، اکنون میل داری ترا به‌شام‌برم چه در شام کسی نیست وبا تو بیعت کنم و در آن صورت دو نفر در بارهٔ تو اختلاف نخواهند کرد ؟ ابن زبیر با صدای بلند گفت : نه بخدایی قسم که جز او خدایی نیست ، مگر آنکه بجای اهل حَرّه مانندشان از مردم شام کشته شود. حصین باو گفت : کسی که‌تو را خردمند پنداشته است ، [خود احمق است] ،من

۱ـ ل ، ب ، یحاربهما . ن ، یحاربها.

آنچه را بنفع تو است پنهانی بتو میگویم ؛ و تو آنچه را بزیان من است ، آشکارا بمن میگویی ! سپس باز گشت .

سعیدبن مسیب سالهای یزیدبن معاویه را بد میمنت مینامید ، در سال اول حسین‌بن علی و اهل بیت پیامبر خدا را کشت ؛ و در سال دوم حرم پیامبر خدا مباح شمرده شد وحرمت مدینه پامال گردید ؛ و در سال سوم خونها درحرم خدا ریخته شد و کعبه را سوزاندند .

در دوران یزیدبن معاویه در سال ۶۰ عمروبن سعیدبن‌عاص امیرحاج بود ، ودر سال ۶۱ ولیدبن عتبه ، و در سال ۶۲ ولیدبن عتبة‌بن ابی سفیان .

یزید درحکومت خود مردم را بجنگ فرستاد، ودر سال۶۱ مالك‌بن‌عبدالله خثعمی بجنگ رومیان رفت و آن غزوهٔ سوریا بود .

دوران معاویة‌بن یزیدبن معاویه[1]

سپس معاویة‌بن یزیدبن معاویه که مادرش ام هاشم دختر ابوهاشم‌بن عتبة‌بن‌ربیعه بود، چهل روز و بقولی چهارماه حکومت کرد و روشی نیکو داشت و برای مردم سخنرانی کرد و گفت:

پس ازحمدوثنای خداوند، ای‌مردم، مابوسیلهٔ شماامتحان‌شدیم وشمابوسیلهٔ ما، و ازآنکه‌ماراخوش ندارید و از مابدگویی می کنید بی‌خبر نیستیم. همانانیای من معاویة‌بن‌ابوسفیان‌باکسی‌درامرخلافت بنزاع پرداخت که درخویشاوندی با پیامبر خداازاوسزاوارترو دراسلام از او شایسته‌تر بود، کسی که پیشرو مسلمانان بود و اول مؤمنان و پسر عموی پیامبر پروردگار جهانیان وپدر فرزندان خاتم پیمبران، جد من نسبت بشما گناهانی مرتکب شد که می‌دانید و شما هم با او چنان رفتار کردید که انکار ندارید، تا مرگش فرا رسید و درگرو عمل خویش گرفتار آمد. سپس پدرم را عهده‌دار حکومت ساخت با اینکه از او امید خیرنمی‌رفت، پس بر مرکب هوس نشست و گناه خود را نیکو شمرد و امیدش بسیار شد. لیکن آرزو بدستش نیامد و اجل دست او را کوتاه ساخت، نیرومندی او بانجام رسید و مدت او سرآمد و درگورش گروگناه و اسیر بزهکاری خویش گردید.

سپس گریه کردو گفت: ناگوارترین چیزهابرما آن‌است که‌بدمردن‌وبرسوایی بازگشتن او را می‌دانیم، چه او عترت پیامبر را کشت و حرمت را از میان برد

---

۱ ـ ل، ص۳۰۲.

و کعبه را سوزانید و من آن نیم که امر شما را بعهده گیرم و مسئولیتهای شما را تحمل کنم ، اکنون خود دانید و خلافت خود ، بخدا قسم اگر دنیا غنیمت است، ما بهره‌ای از آن بردیم ، و اگر هم خسارت است آل ابوسفیان را همانچه از آن بدست آورده‌اند ، بس است . مروان بن حکم باو گفت : بروش عمر خلافت را بشوری واگذار . گفت : نه زنده و نه مرده کار شما را بعهده نمیگیرم ، و کی پسر یزید مانند عمر بوده است و کجا می‌توانم یك مرد مانند مردان عمر پیدا کنم؟

معاویه ۲۳ ساله بود که مرد وخالدبن یزیدبن معاویه وبقولی عثمان بن محمد ابن ابی‌سفیان بر او نماز گزارد و در دمشق بخاك سپرده شد و همانجا ساکن بود.

دوران مروان بن حکم و عبدالله بن زبیر و چندی از دوران عبدالملک

عبدالله بن زبیر بن عوام که مادرش اسماء دختر ابوبکر است، بر مکه مستولی شد و خود را امیرالمؤمنین نامید و بیشتر نواحی باو میل کردند و چنانکه داستان او را گفتیم و از جنگ او با حصین نمیر سخن راندیم، آغاز کارش در زمان یزید ابن معاویه بود؛ و چون یزید بن معاویه مرد، مردم از همهٔ شهرها طرفدار ابن زبیر شدند. در مصر عبدالرحمان بن جحدم فهری عامل ابن زبیر بود و مردم مصر بفرمان او بودند، در فلسطین ناتل بن قیس جذامی، و در دمشق ضحاک بن قیس فهری و در حمص نعمان بن بشیر انصاری، و در قنسرین و عواصم زفر بن حارث کلابی، و در کوفه عبدالله بن مطیع، و در بصره حارث بن عبدالله بن ابی ربیعه، و در خراسان عبدالله بن خازم سلمی؛ و جز اردن که در آن موقع رئیسش حسان بن بحدل کلبی بود، ناحیه‌ای باقی نماند مگر آنکه طرفدار ابن زبیر گردید.

ابن زبیر بنی امیه را از مدینه بیرون کرد و به مروان هم فشار آورد که بیرون رود. مروان نزد پسرش عبدالملک آمد و او بیماری آبله داشت، پس باو گفت: ای پسر کم، ابن زبیر مرا بیرون می‌کند. گفت: چه مانع داری که مرا با خود بیرون بری؟ گفت: تو را با این حال که داری چگونه بیرون برم؟ گفت: مرا در پنبه بپیچ، چه این نظری است که ابن زبیر (هنوز) عاقبت آن را نسنجیده و از آن بر نگشته است. مروان بیرون رفت و عبدالملک را هم باخود بیرون برد و ابن زبیر از رأی خود پشیمان

شدو دانست که اشتباه کرده و کس فرستاد که ایشان را باز گرداند، لیکن بدست نیامدند.
مروان هنگامی (به‌شام) رسید که معاویة‌بن‌یزید مرده و امر شام بهم خورده بود؛ و (شامیان) را بخویشتن خواند و [مردم] در جابیهٔ دمشق فراهم آمدند و در بارهٔ ابن زبیر و حق بنی‌امیه برخود بجدل پرداختند و راجع به‌خالدبن یزیدبن معاویه وعمروبن‌سعیدبن‌عاص پس‌از او، تبادل نظر کردند. روح‌بن زنباع جذامی ازمروان طرفداری می کرد و بخطبه ایستاد و گفت: ای مردم شام این مروان‌بن حکم پیر مرد قریش و خونخواه عثمان است، همانکه روز جمل و روز صفین با علی‌بن ابی طالب جنگید، پس بابزرگ بیعت کنید و کودك را ولیعهد شناسید وسپس‌عمروبن سعید را. پس با مروان‌بن حکم بیعت کردند و سپس برای خالدبن یزید و بعد از او برای عمروبن سعید.

چون کار بیعت را بانجام رسانیدند، هر که را در ناحیهٔ ایشان بود فراهم ساختند و سپس در اینکه بکدام سرزمین روی نهند تبادل نظر کردند و گفتند: آهنگ دمشق می کنیم که مرکز حکومت و منزل خلفا است و ضحاك‌بن قیس‌بر آن مستولی شده است، پس روی به‌دمشق نهادند و در مرج‌راهط با ضحاك روبرو شدند و [گروهی] از مردم دمشق وجوانانشان همراه ضحاك بودند و نیز نعمان‌بن بشیر، عامل‌حمص شرحبیل‌بن ذی‌الکلاع را با مردم حمص، و زفربن‌حارث کلابی، قیس‌بن طریف‌بن حسان هلالی را بکومك او فرستاده بودند.

در مرج راهط بروی هم ایستادند وجنگی سخت درگرفت و ضحاك‌بن‌قیس با جمعی ازهمراهانش کشته شدند وباقیماندهٔ‌سپاهیانش گریختند وخبر به‌نعمان‌بن بشیر که درحمص بود، رسید پس با زن کنانیهٔ خویش و بارو بنه و فرزندانش رو بگریز نهاد و مردانی از حمیر وباهله بتعقیب او رفتند و او را دربیابان کشتند و سرش را بریدند و نزد مروان‌بن‌حکم فرستادند.

زفربن حارث کلابی نیز گریخت و سواران درپی‌او می‌تاختند تا به‌قرقیسیا

زسید وعیاض حرشی مذحجی حاکم آن ، دروازه‌های‌شهر را بروی او بست ، اما زفر با او فریبکاری می کرد تا بشهر درآمد .

مروان، حُبَیش [بن] دلجهٔ قینی‌را برای جنگ با ابن‌زبیر به‌حجاز فرستاد و او هم رهسپار شدتا به‌مدینه رسید و فرماندار مدینه از طرف ابن زبیر جابربن اسودبن عوف زهری بود . ابن زبیر بعامل خود در بصره حارث‌بن عبدالله نوشت که لشکری برسر ایشان فرستاد و با حبیش نبرد کرده، خود و عموم همراهانش راکشتند و جز آنکه گریخت ، کسی از ایشان جان بدر نبرد ، و از گریختگان یکی یوسف بن حکم ثقفی بود و دیگر پسرش حجاج‌بن یوسف .

سپس مروان بقصد مصر بیرون رفت و چون به‌فلسطین رسید ، ناتل بن قیس جذامی را یافت که بر شهر مستولی شده و روح‌بن زنباع را بیرون رانده‌است[1] ، پس با او بجنگ برخاست وچون ناتل را نیروی جنگ با مروان نبود ، گریخت‌و به‌ابن زبیر پیوست و مروان رهسپار شد تا داخل مصر شد و با مردم‌آن صلح کرد و بفرمان وی درآمدند وپسر جحدم فهری عامل ابن زبیر را بیرون کرد ؛ و گفته شده که‌او را غافلگیر کرد و کشت ونیز اکیدربن حمام لخمی راکشت وپسرخود عبدالعزیزبن مروان را بر مصر گماشت و بازگشت .

سلیمان‌بن صُرَد خزاعی و مسیّب‌بن نجبهٔ فزاری قیام کردند و با گروهی همراهان‌خوداز شیعیان عراق در جایی بنام عین‌الورده‌بخونخواهی حسین‌بن علی و بمنظور عمل کردن بآنچه خدای،بنی‌اسرائیل را بدان امر کرده است ، خروج کردند، خدا بنی‌اسرائیل را فرمود : فتوبوا الی بارئکم فاقتلوا انفسکم ذلکم‌خیر لکم عند بارئکم فتاب علیکم انه هوالتواب‌الرحیم[2] ، «پس بآفرید گار خویش باز

1 ـ بعد از واقعهٔ مرج راهط که ناتل نزدابن‌زبیرگریخت، مروان روح‌بن زنباع رابرفلسطین گماشت(کامل‌ج ۳ص۳۲۹).

۲ ـ س ۲ ی ۵۴ .

گردید و خودهاتان را بکشید ؛ آن شما را نزد پروردگارتـان بهتر است ، پس توبهٔ شما را پذیرفت ، و همواست که توبه پذیر و مهربان است».

مردمی بسیار بپیروی ایشان قیام کردند ، پس مروان، عبیدالله‌بـن زیاد را بر سر ایشان فرستاد و گفت : اگر بر عراق دست یافتی ، امیرآن باش . عبیدالله‌با سلیمان‌بن صرد روبرو شد وبا او جنگید تا او را کشت . و گفته شده : سلیمان‌در دوران مروان کشته نشدبلکه در زمان عبدالملك کشته گشت .

چون مروان در بازگشت از مصر بسرزمین صنبرهٔ اردن رسید ، خبر یافت که حسان‌بن‌بحدل با عمروبن سعیدبیعت کرده است و او را احضار کردوباو گفت: شنیده‌ام که با عمروبن سعید بیعت کرده‌ای ؟ حسان انکار کرد و مروان بدو گفت: با عبدالملك بیعت کن. پس برای عبدالملك‌و پس از او برای عبدالعزیزبن مروان بیعت کردو مروان از صنبره نرفت تا همانجا بمرد .

سبب مرگ مروان آن بود که مادر خالدبن یزیدبن معاویه را بزنی گرفت و روزی خالد بروی در آمد و مروان باو فحش داد ، روز دیگر هم مانند همان سخنان را باو گفت،پس‌خالدخشمناك نزدمادرش‌رفت وباوشکایت کرد.مادرش گفت: بخدا قسم که پس از این،آب سرد نمی‌نوشد .آنگاه برای او زهری را داخل‌شیر کرد و چون مروان در آمد باو خورانید ، و بعضی ایشان گفته‌اند که متکایی بـر روی او نهاد تا او را کشت، و کسانی گفته‌اند که او در دمشق درگذشت و همانجا دفن شد .

حکومت‌مروان نه‌ماه بود ودر ماه رمضان سال٦٥ درشصت‌ویك‌سالگی مرد، رئیس پلیس اویحیی‌بن قیس‌غسانی‌بود،وحاجب وی ابوسهل اسود.پسرش‌عبدالملك بر او نماز گزارد ودوازده پسر بجای گذاشت : عبدالملك ، عبدالعزیز ، معاویه ، بشر ، عمر ، ابان ، عبدالله ، عبیدالله ، ایوب ، داود ، عثمان ومحمد .

مردم شام عبدالملك را بخلافت گزیدند و او با شتاب روی به‌دمشق نهاد چه بیم داشت که عمروبن سعید سربلند کند؛ و مردم بر او فراهم شدند، پس گفت: می‌ترسم که از من [چیزی] در دل داشته باشید. پس گروهی از شیعیان مروان بپا خاستند و گفتند: بخدا سوگند باید برفراز منبر روی و گرنه گردنت را می زنیم. پس بالای منبر رفت و با او بیعت کردند.

مختاربن ابی‌عبید ثقفی با گروهی مسلح بقصد یاری حسین‌بن علی روی‌آورده بود و (هماندم) ابن زیاد او را گرفت و حبس کرد وچنان با چوب زد که چشم او را شکافت، پس عبدالله بن عمر دربارهٔ اوبه‌یزیدبن معاویه نوشت و یزیدبه‌عبیدالله دستور داد که او را رها کن، عبیدالله او را رها کرد و تبعید نمود، مختاربه‌حجاز رفت و همراه ابن زبیر بود چون ابن زبیر او را بکاری نگماشت، رهسپار عراق شد و هنگامی رسید که سلیمان‌بن صرد خزاعی بخونخواهی (امام) حسین خروج کرده بود، چون به کوفه رسیدند شیعیان بر وی گرد آمدند و بآنان گفت که محمدبن علی‌بن ابی‌طالب مرا فرستاده است تا امیر شما باشم و مرا فرموده است که با حلال شمارندگان (حرامها) جنگ نمایم واز اهل بیت ستمدیده‌اش خون خواهی کنم، و من بخدا سوگند کشندهٔ پسر مرجانه‌ام و از کسانی که بر اهل بیت پیامبر خدا ستم کرده‌اند، من انتقام خواهم گرفت. پس گروهی از شیعیان او را تصدیق کردند، و جمعی گفتند: خود نزد محمدبن علی می‌رویم واز او می پرسیم. و چون نزد او رفتند و از او پرسیدند، گفت: چقدر دوست داریم کسی را که خون ما را بخواهد و حق ما را بگیرد و دشمن ما را بکشد! پس نزدمختار باز آمدند و با اوبیعت کردند و پیمان بستند و گروهی فراهم آمدند.

ابن مطیع عامل ابن زبیر بر کوفه بود و شیعه را تعقیب می کرد وآنان را بیم می‌داد، پس مختار با یاران خود قرار گذاشت و پس از مغرب خروج کردند

و فرمانده سپاه ابراهیم پسر مالك اشتر، پسر حارث بود و فریاد کرد:

یالثارات‌الحسین بن‌علی، «بشتابید بخونخواهی حسین‌بن‌علی» و این در سال ٦٦ روی داد وجنگ میان ایشان و عبدالله‌بن مطیع بسختی کشید و جنگی بسیار سحت و دشوار بود. سپس ابن مطیع [1] بقصر درآمد و مردم را ببیعت فرا خواندو برای آل پیامبر خدا بیعت کردند.

مختار صدهزار [2] به‌ابن‌مطیع داد و باو گفت: با این پول خودرا مجهز کن‌و راه خود را در پیش گیر.

مختارکارمندان خود را بنواحی مختلف فرستاد تا هر که را بر سر کار بود بیرون کردند وخود درآنجا اقامت گزیدند. عامل مختار برموصل عبدالرحمان‌بن سعیدبن قیس‌همدانی بود، و عبیدالله‌بن زیاد پس از کشتن سلیمان‌بن صرد بر سراو تاخت وعبدالرحمان با او جنگید وخبر او را به‌مختار نوشت. مختار یزیدبن انس را بکومك عبدالرحمان فرستاد و سپس ابراهیم‌بن مالك‌بن حارث اشتر راگسیل داشت تا با ابن زیاد جنگید و او راکشت، و نیز حصین بن نمیر سکونی و شرحبیل‌بن ذی‌الکلاع حمیری راکشت و اجساد آن دو را بآتش سوزانید و از طرف مختار [که خود] والی عراق بود، والی موصل و ارمنستان و آذربایجان گردید.

مختارسر عبیدالله‌بن زیادرا با مردی از قوم خود نزدعلی‌بن‌الحسین به‌مدینه فرستاد وباو گفت: بردرخانهٔ علی‌بن‌الحسین بایست وهرگاه دیدی درهای خانه‌اش بازشده است ومردم داخل شدند، آن همان وقتی‌است که سفرهٔ خوراکش گسترده می‌شود، پس بر او درآی. فرستادهٔ مختار بدر خانهٔ علی‌بن‌الحسین آمد و چون

---

۱ ــ بخانهٔ ابوموسی رفت و قصر را رهاکرد و یاران او درها را گشودند وگفتند، ای پسر اشتر، ما در امانیم؟ گفت، آری شما در امانید. پس بیرون‌آمدند وبیعت کردند، آنگاه مختار (ر.ك. تاریخ طبری ج ۴ ض۵۰۷). ۲ــ درهم.

درها گشوده شد و مردم برای غذا خوردن داخل شدند، با صدای بلند فریاد کرد: ای اهل بیت نبوت و معدن رسالت و فرودگاه فرشتگان و محل نزول وحی، منم فرستادهٔ مختاربن ابی عبید و همراه من است سر عبیدالله‌بن زیاد. پس در خانه‌ای از خانه‌های بنی‌هاشم زنی باقی نماند مگر آنکه شیون کشید، و فرستاده درآمد و سر را بیرون آورد وچون علی‌بن الحسین آن را دید، گفت: ابعده‌الله‌الی النار، «خدای اورا بآتش کشاند» و بعضی ازایشان روایت کرده‌اند که علی‌بن‌الحسین از روزی که پدرش کشته شد، هیچ روزی خندان دیده نشد، مگرهمان روز، و اورا شترانی بود که از شام میوه حمل می کردند، پس چون سر عبیدالله‌بن زیاد رانزد وی آوردند، فرمود تا آن میوه‌ها را در میان مردم مدینه بخش کردند و زنان خاندان پیامبر خدا [1] شانه کردند و رنگ بستند با اینکه از روزشهادت حسین‌بن علی، زنی شانه نزده و رنگ نبسته بود.

مختار کشندگان حسین را تعقیب کرد و بسیاری از آنان راکشت تا آنجا که جزاندکی از ایشان باقی‌نماند، وعمربن سعد وجزاو راکشت وبآتش‌سوزانید و بانواع شکنجه‌ها شکنجه داد.

ابن زبیر در جمادی‌الآخرهٔ سال ٦٤ کعبه را خراب کرد تا آن را بزمین رسانید، وآن چنان بود که چون ابن‌زبیر خواست کعبه را بکوبد، حصین‌بن‌نمیر امتناع کرد ومردم زیر بار کوبیدن کعبه نرفتند، پس خود عبدالله بن زبیر بالای کعبه رفت و شروع کرد بکوبیدن وچون مردم دیدند که او خودش دست بخراب کردن برد، با او همراه شدند و چون آن را بزمین رسانید اقامت مکه با آنکه کعبه خراب شده بود برابن عباس گران آمد و از مکه بیرون رفت و به‌ابن زبیر گفت: پیرامون کعبه را چوب بست کن و مردم را بی قبله مگذار.

۱ـ ن: خاندان پیامبر.

ابن زبیر از خاله‌اش عایشه همسر پیامبر روایت کرده است که او گفت: پیامبر خدا بمن گفت: یا عایشة،ان‌بدا لقومك ان یهدموا الکعبة ثم یبنوها فلا یرفعوها عن‌الارض ولیصیروا لها بابین، «ای عایشه، اگر قومت بخواهند کعبه را خراب کنند و سپس آن را بسازند، نباید آن را از زمین بلند کنند وباید برای آن دو در قرار دهند».

پس چون ابن زبیر در خرابکردن بپایه‌ها رسید، حجر را داخل بنا کرد تا پایه را بر آورد و برای کعبه دو در، دری شرقی و دری غربی، و بر هر دری دو لنگه قرار داد با اینکه پیش از آن [بر] دراولش یك لنگه بود، درازی دو در را یازده ذراع قرار داد و کعبه را از زمین بلند تر نکرد بلکه آن را مساوی با روی زمین نمود. ابن زبیر حجرالاسود را برده ونزد خویش در خانهٔ خود سپرده بود و چون بنا بجای حجر رسید دستور داد تا در میان سنگها برای آن جایی به اندازه‌اش کنده شود، سپس پسرش عباد را امر کرد تا هنگامی که خود در نماز ظهراست ومردم هم بنماز مشغولند وتوجه ندارند، آن را بیاورد و در جایش بنهد و آنگاه که ازنهادنش فارغ شد تکبیر گوید. عبادبن عبدالله‌بن زبیر در حالی که پدرش با مردم نماز ظهر میگزارد و روزی سخت گرم بود، آمد و صفها راشکافت وسپس حجررابجایش نهاد و ابن زبیر نماز را طول داد تا کار بانجام رسید وچون قریش از کار او با خبر شدند بخشم آمدند و گفتند: بخدا قسم پیامبر خدا چنین کاری نکرد و قریش او را حکم قراردادند پس برای هر قبیله‌ای نصیبی قرارداد. ابن زبیر حجرالاسودرا که‌هنگام آتش گرفتن کعبه شکاف‌برداشته‌سه‌پاره شده‌بود با نقره محکم ساخت وچون از بنا فارغ شد درون وبرون کعبه را باخلوق‌خوشبو کردو نخستین کس بود که کعبه را بخلوق معطر کرد و آن را بپارچه‌های مصری پوشانید و از تنعیم احرام عمره بست و پیاده رفت.

عبدالملك مردم شام را از حج باز داشت، وآن بدان جهت بود که هرگاه

بحج می‌رفتند ابن زبیر آنان‌را ببیعت میگرفت و عبدالملك که چنان دید ایشان را از رفتن به مکه منع کرد ، پس مردم بفریاد آمدند و گفتند : ما را از حج خانهٔ حرام خدا که برما واجبی است خدایی، باز می‌داری؟ بآنان گفت: این پسر شهاب زهری است که برای شما نقل حدیث می کند که پیامبر خدا گفته است : لا تشدّ الرحال الاالی ثلاثة مساجد: المسجدالحرام و مسجدی و مسجد بیت المقدس ، «بار سفر بسته نمی‌شود مگر بسه مسجد : مسجدالحرام و مسجد من و مسجد بیت‌المقدس. [و آن] برای‌شما بجای‌مسجدالحرام است؛واین سنگی [که] برحسب روایت، پیامبر خدا چون خواست بآسمان بالا رود ، پای خویش بر آن نهاد ، برای شما بجای کعبه است . پس برآن‌صخره قبه‌ای بنا نهاد و پرده‌های دیبا برآن آویخت وخدمتگزارانی برآن گماشت ومردم را گرفت تا چنانکه پیرامون کعبه طواف می کنند پیرامون آن طواف کنند ، و در دوران بنی‌امیه این رسم برقرار بود .

عبدالله‌بن زبیر با بنی‌هاشم‌سخت بنای تعدی گذاشت ودشمنی و کینه ورزی با ایشان‌را آشکار ساخت ، تا آنجا که[1] درود بر محمد را در خطبه‌اش ترك کرد و چون باو گفته شد : چرا درود بر پیامبر را ترك کردی ؟ گفت : او را خاندان بدی است که هرگاه ذکر او بمیان‌آید گردن کشند، وهرگاه نامش را بشنوند سرهای خود را بر افرازند .

ابن زبیر محمدبن‌حنفیه و عبدالله‌بن عباس و بیست‌و چهار مرد از بنی‌هاشم راگرفت که با اوبیعت کنند وچون زیر بار نرفتند،آنان‌را در حجرهٔ زمزم حبس کرد و بخدایی که جز او خدایی نیست قسم خورد که باید بیعت کنند وگرنه البته ایشان راآتش می‌زند . پس محمدبن‌حنفیه به‌مختاربن [ابی] عبید نوشت :

۱ ــ مروج الذهب ج ۳ ص ۸۸ ، چهل روز .

بنام خدای بخشایندهٔ مهربان ، از محمد بن علی و کسانی که از آل پیامبـر خدا نزد وی‌اند ، به‌مختاربن ابی‌عبید و کسانی که از مسلمانان همراه اویند ؛ اما بعد همانا[1] پسر زبیر مارا گرفته و در حجرهٔ زمزم زندانی کرده و بخدایی کـه جز او خدایی نیست قسم خورده است که باید با اوبیعت کنیم یا هم‌آن را بر سر ما آتش زند ، پس بفریاد ما رس .

مختار بن ابی عبید، ابوعبدالله جدلی را با چهار هزار سوار بکومك‌ایشان فرستاد و او به مکه آمد و حجره را شکست و به‌محمد بن علی گفت : مرا با ابن زبیر بگذار . گفت کسی که رحمش را قطع کرده ،آنچه را نسبت بمن روا داشته من نسبت باو روا نمی‌دارم .

محمد بن علی بن‌ابیطالب خبر یافت که پسر زبیر در خطبهٔ خویش علی را بدگفته است ، پس به مسجدالحرام در آمد و جهازی نهاد و سپس روی‌آن ایستاد و خدارا حمد وثنا گفت و بر محمد درود فرستاد ، آنگـاه گفت : روهـا زشت باد ای گروه قریش ، آیا پیش روی شما این (سخنان) گفته می‌شود و شما می‌شنوید و از علی بدگویی می‌شود و بخشم نمی‌آئید ؟ هـان که علی تیری خطا ناپذیربود ازتیرهای‌خدا بر دشمنانش ، روهای ایشان را می‌زد و خوراکهاشان را از حلق آنان بر می‌آورد ، و راه نفس بر ایشان می گرفت ، هان‌که ما هم بر راه و روشی از حال او هستیم و ما را در آنچه مقدر است چاره‌ای نیست و زود است آنانکه ستم کرده‌اند بدانند بکجا باز می گردند.[2]

پس گفتارش‌به‌ابن‌زبیر رسید و گفت : پسران فاطمه‌ها را معذور داشتم[3] ، پسر کنیز بنی حنیفه را چه می‌شود ؟

چون گفتارش‌به‌محمدرسید، گفت: ای گروه قریش، مرا از پسران فاطمه‌ها

---

۱ ــ ل، ب، عبدالله پسرزبیر. ۲ــ س ۲۶ ی ۲۲۷. ۳ــ ل، ب، این‌معذرت پسران فاطمه‌ها است .

چه چیز جدا کرده است؟ آیا فاطمه دختر پیامبر خدا همسر پدرم ومادر برادرانم نیست؟ آیا فاطمه دختر اسدبن هاشم جدهٔ من ومادر پدرم نیست؟ آیا فاطمه‌دختر عمروبن عائذبن عمران‌بن مخزوم جدهٔ پدرم ومادرجده‌ام نیست؟ هان بخداسوگند اگر خدیجه دختر خویلد نبود، دربنی اسد استخوانی نمی‌گذاشتم مگر آنکه آن را درهم می‌شکستم، چه من بتلك‌التی فیها المعاب خبیر،[1] بهمانچه عیب در آن است، آگاهم.

چون ابن زبیر را در مقابل بنی‌هاشم نیرومندی نبود و تدبیری که در بارهٔ ایشان کرد بناتوانی کشید، آنان را از مکه بیرون کرد و محمد بن حنفیه را بناحیهٔ رضوی[2] و عبدالله‌بن عباس را بزشتی به‌طائف تبعید نمود. محمدبن حنفیه به‌عبدالله‌بن‌عباس نوشت: اما بعد خبر یافته‌ام که عبدالله‌بن زبیر[3] تورا به‌طائف‌رانده است، خدای اجر تو را فزون گرداند و گناهت را بیامرزد؛ ای پسر عمو، تنها بندگان شایسته گرفتار می‌شوند وبزرگواری برای نیکان اندوخته می‌شود و اگر جز بر آنچه دوست داری و دوست داریم اجری نیابی اجر اندك‌شود، پس شکیبا باش که خدا شکیبایان را وعدهٔ نیکی داده است والسلام.[4]

بعضی روایت کرده‌اند که محمدبن حنفیه نیز به‌طائف رفت و آنجا ماند و ابن عباس در سال ۶۸ در هفتادو یك سالگی در همان طائف وفات کرد ومحمدبن حنفیه براو نماز گزارد وعبدالله‌بن عباس درمسجد جامع طائف دفن شد وخیمه‌ای بر (قبر) او زده شد و چون بخاك سپرده شد مرغی سفیدآمد و همراه وی بقبرش درآمد، بعضی مردم گفتند: دانش او است. و دیگران گفتند: کارشایستهٔ‌اواست.

---

۱ ـ ل، ب، صبیر. ۲ ـ کوهی میان مکه ومدینه نزدیك ینبع، که یك روز تا ینبع و دو شب تا دریا فاصله دارد و کیسانیه گمان می‌کنند که محمدبن حنفیه آنجا مقیم است وزنده است وروزی‌داده‌می‌شود(مراصدالاطلاع). ۳ـ ن، عبدالله زبیر. ۴ـ این‌نامه‌رادر تحف‌العقول‌ص ۲۴۶ با اندك اختلافی بامام حسین‌علیه‌السلام نسبت داده‌است، بااینکه تبعید پس‌ازشهادت‌امام بوده است.

عبدالله بن عباس گفت: پیامبر خدا مرا باخود سوار کرد، سپس بمن گفت: یا غلام، الااعلمك کلمات ینفعك الله بهن؟ «ای پسر، آیا توراکلماتی نیاموزم که خدای تو را بآنها منتفع سازد؟»

گفتم: چرا ای پیامبر خدا؟ گفت: احفظ الله یحفظك؛ احفظ الله تجده امامك؛ اذکرالله فی الرخاء یذکرك فی الشدة؛ اذا سألت فاسئل الله؛ واذا استعنت فاستعن بالله؛ جف القلم بماهو کائن؛ ولوجهد الخلق علی ان ینفعوك بشیٔ لم یکتبه الله لم یقدروا علیه؛ ولو جهدوا علی ان یضروك بشیٔ لم یکتبه الله علیك لم یقدروا علیه؛ فعلیك بالصدق فی الیقین؛ ان فی الصبر علی ماتکره خیرا کثیرا، و اعلم ان النصر مع الصبر وان الفرج مع الکرب و ان مع العسر یسرا.

«خدا را نگهدار تا تو را نگهدارد؛ خدا را نگهدار، تا او را پیش روی خود بیابی؛ در هنگام وسعت بیاد خدا باش تا در سختی بیاد توباشد؛ هرگاه سؤال می کنی از خدا سؤال کن؛ وهرگاه یاری میجویی از خدا یاری جوی؛ قلم بآنچه شدنی است خشکید؛ و اگر مردم کوشش کنند که تو را بچیزی که خدا آن را ننوشته است سود رسانند، برآن قدرت نیابند؛ واگر کوشش کنند که تو رابآنچه خدا آن را بر تو ننوشته است، زیان رسانند، برآن قدرت نیابند، پس بر تو باد براستی دریقین، که در شکیبایی برآنچه خوش نداری خیری بسیار است. وبدان که پیروزی باشکیبایی است و گشایش با گرفتاری است وبا دشواری آسانی ای است[۱]».

عبدالله بن عباس پنج پسر داشت: علی بن عبدالله که ازهمه شان کوچکتر بود[۲] جز آنکه با بزرگواری و هوشیاری خویش پیش رفت؛ و عباس که بزرگترین فرزندانش بود و «اعنق» لقب داشت؛ و محمد و فضل وعبدالرحمان.

دراین سال چهار پرچم درعرفات بپاشد: محمدبن حنفیه باهمراهان خود،

۱ ـ س ۹۴ ی ۶۰۵۰.   ۲ ـ ل ، پ ص ۳۱۴: همانکه علی هنگامی که کامش را برداشت بپدرش عبدالله گفت: خذالیك ابا الاملاك، «پدر پادشاهان را بگیر». ر.ك. عقد.

و پسر زبیر با همراهان خود، ونجدةبن عامر حروری، وپرچم بنی‌امیه. مساوربن هندبن قیس گفته است:

و تشعبوا شعبافکل قبیلة[1] فیها امیرالمؤمنین[2]

«چنان شعبه شعبه شدند که در میان هرقبیله‌ای خلیفه‌ای بود[3]».

عبدالله‌بن زبیر برادر خود مصعب‌بن زبیر را به‌عراق‌فرستاد و او در سال۶۸ به‌عراق آمد ومختار با او نبرد کرد و میان ایشان جنگهایی مشهور روی داد و مختار ازاسهالی که داشت سخت‌رنجور بود، وچهارماه درجنگ با مصعب‌پایداری کرد، سپس یاران او پنهانی در می‌رفتند تاآنکه با چند نفری باقی‌ماندو به کوفه رفت و در قصر فرود آمد، و هرروز بیرون می‌آمد ودر بازارهای کوفه با آنان بسختی می‌جنگید وسپس بقصر باز می‌گشت. عبیدالله‌بن علی بن ابی طالب همراه مصعب‌بن زبیر بود ومصعب بمردم چنین می‌گفت: ای مردم، مختار بسیار دروغگو است وشما را فریب می‌دهد که او بخونخواهی آل‌محمد قیام کرده است بااینکه این صاحب خون،یعنی‌عبیدالله‌بن علی را عقیده برآن است که‌او در گفتار خویش باطلی می‌پروراند.

سپس روزی مختار بیرون آمد و پیوسته با آنان نبرد کرد، سخت‌ترین نبردی که می‌شود، تا آنکه کشته شد و یارانش که هفت هزار مرد بودند[4] بقصر در آمدند و بدان پناه بردند، مصعب بآنان امان داد و برای ایشان امان نامه‌ای با محکمترین عهد و پیمانها نوشت و باطمینان آن بیرون آمدند، پس آنان را یکنفر یکنفر پیش داشت و همه را گردن زد و این یکی از پیمان شکنیهای معروف و مشهور اسلام است. آنگاه اسماء دختر نعمان‌بن بشیر، زن مختاربن ابی عبید را دستگیر کرد و باو گفت: در بارهٔ مختاربن ابی عبید چه می گویی؟ گفت: می گویم که او پرهیزگاری پاکیزه و روزه دار بود.

۱ـ ظ: جزیرة. ۲ـ ومنبر. ۳ـ ومنبری. ۴ـ طبری ج۴ ص ۵۷۷: شش هزارنفر.

گفت : ای دشمن خدا تو هم او را می‌ستایی؟ و دستور داد که او را گردن زدند و نخستین زنی بود که او را دست بسته گردن زدند ، پس عمربن‌ابی‌ربیعهٔ[۱] مخزومی گفت :

ان من‌اعجب العجائب عندی   قتل بیضاء حرة عطبول
قتلوها بغیـر جـرم اتتـه   ان‌لله درّها من قتیل
کتب القتـل و القتال علینا   وعلی‌الغانیات[۲] جرالذیول

«شگفت‌تر از همهٔ شگفتیها نزد من کشتن زنی است ، سفید و آزاد وجوان و زیبا ؛ او را کشتند بی‌آنکه گناهی کرده باشد ، خیر ایـن کشته خدا را بـاد، (آفرین بر این کشته) کشته شدن و نبرد کردن بر ما است و بر زنان شوهـر دار (زیبا) کشیدن‌دامنها ».

چون مصعب‌بن زبیر مختار را کشت و کارهای عراق برای او روبراه شد ، عبدالله‌بن زبیربدینجهت بر اورشك‌برد وپسرش حمزه رابه‌بصره فرستاد وبه‌مصعب نوشت که امر بصره را به‌حمزه واگذارد و او چنان کرد ، حمزه هم از همه کس نا توانتر ونادانتر درکار بود ، سپس خراج بصره را جمع آوری کرد و نزد پدرش به‌مکه رفت[۳] ، مصعب بر برادر خویش عبدالله وارد شد و عبدالله بر او جفا کرد تا آنجا که مصعب داخل می‌شد و سلام می کرد لیکن عبدالله باو اعتنا نمی کرد پس چون حمزه پسر عبدالله نزد وی آمد، مصعب را به‌عراق باز گردانید .

عبدالله‌بن زبیر برادر خود عمروبن زبیر را برای دشمنیی که میان آندو بود و برای آنکه با مروان‌بن حکم بیعت کرده بود ، کشت ؛ وگفته شد که او رئیس پلیس عمروبن سعیدبود وعمرو او را بجنگ برادرش فرستاد پس او را کشت .

ابن زبیر مهلب‌بن ابی صفره را والی خراسان کرد و همراه مصعب‌بود ،

---

۱ ـ ن ، عمروبن ابی‌ربیعه. ۲ـ ن ، وعلی المحصنات. ۳ ـ ن ، به‌مکه‌فرستاد.

مهلب در حالی وارد بصره شد که خوارج مردم آنجا را محاصره کرده و بر همهٔ روستاها و آبادیهای آن دست یافته بودند و جز خود شهر در دست مردم باقی نمانده بود ، وچون مهلب رسید، بزرگان وآبرومندان مردم دست بدامن اوشدند و احنف‌بن قیس و منذربن جارود و مالك‌بن مسمع با عشایری که همراه داشتند نزد وی آمدند و گفتند : ای ابو سعید تو مهترمردم و شمشیر عراقی ، و می‌بینی مردم شهرت از خوارج از دین برون رفته ، چه می کشند، اکنون ماندنت برای نگهداری [1] شهرت و دفاع کردن از ناموست سزاوارتر است تا رفتن‌به‌خراسان .

گفت : آری برای جنگ با اینان می‌مانم بشرط آنکه هرچه از خراج و جز آن با زور از ایشان باز ستانم واز دست آنان درآورم برای خودم باشد.عشایر پیشنهاد وی را پذیرفتند مگر مالك‌بن مسمع که زیر بار نرفت ، ومالك سخت با ابهت وبتکبر معروف بود ، پس احنف‌بن قیس ومنذربن جارود بر مالك‌بن مسمع تاختند وباو گفتند : راستی بگو آنچه از ابوسعید دریغ می‌داری ،آیا چیزی‌است دردست‌تو یادردست‌دشمنت؟ گفت: دردست دشمنم. گفتند: پس‌بخدا‌قسم‌انصاف‌نیست که از اوخواستار شوی تاجان و ناموست را نگهداری کند وسپس آنچه‌را دشمن ازتوربوده‌است ازاودریغ‌داری ، اکنون هرچه‌خواستاری‌اوبتومی‌دهد،برخیز و با دشمن‌نبرد کن. گفت : نیروی‌آن راندارم. گفتند: این است هم ستم وهم ناتوانی .

سپس همگی‌آنچه رامهلب خواست برای او قرار دادند و او هم در جنگ با خوارج که رئیس آنان در آن موقع نافع‌بن ازرق بود و بدان جهت «ازارقه» نامیده شدند ، پایداری کرد تا از بصره بیرونشان راند .

عبدالملك در سال ۷۱ بسوی مصعب‌بن زبیر رهسپار گردید و در جایی بنام «دیرجاثلیق» در دو فرسخی انبار با او روبرو شد و میان آنان زد و خوردها و

---

۱ ـ ن : مردم شهرت .

جنگهایی روی داد و عبدالملك در نبرد با او پافشاری کرد و بیشتر یاران مصعب او را واگذاشتند و بیشتر، مردان ربیعه بودند که دست از یاری او بداشتند، سپس هنگامی که مصعب روی تخت خود نشسته بود بر او تاختند و اورا کشتند[۱]، عبیدالله بن زیاد بن ظبیان سر او را برید و نزد عبدالملك آورد و چون آن را پیش روی او نهاد، عبدالملك بسجده افتاد. عبیدالله گفت: خواستم گردن او را هم بزنم تا در یك‌روز دو پادشاه عرب را کشته باشم.

بعض ایشان[۲] گفته‌است که‌بر عبدالملك‌بن مروان در آمدم و سر مصعب بن زبیر پیش روی او بود. پس گفتم: ای امیر مؤمنان، در اینجا امر عجیبی‌مشاهده کردم. گفت چه‌دیده‌ای؟ گفتم[۳]: سر حسین‌بن علی را نزد عبیدالله بن زیاد دیدم وسر عبیدالله‌بن زیاد را پیش روی مختاربن ابی عبید، و سر مختاربن ابی عبیدرا پیش روی مصعب بن زبیر وسر مصعب‌بن زبیر را پیش روی تو! گفت: پس ازآن خانه بیرون رفت و دستور داد آن را بکوبند.

کشته شدن مصعب‌بن زبیر درذی‌القعدهٔ‌سال ۷۲ بود.[۴]

مضاءبن علوان منشی مصعب‌بن زبیر گفت: عبدالملك پس از آنکه مصعب را کشت، مرا فراخواند وبمن گفت: دانستی که هیچکس ازیاران ونزدیکان‌مصعب باقی نماند مگر آنکه در جستجوی امان و جائزه‌ها وصله‌ها وتیولها بمن نامه نوشت؟ گفتم: ای امیر مؤمنان، این را هم دانستم که هیچکس از یاران تو باقی نماند که مانندآن‌را به‌مصعب ننوشته باشد، واکنون نامه‌های ایشان‌نزد من‌است. گفت: آنها را نزد من آر. پس دسته‌ای بزرگ نزد وی آوردم و چون آنهارا

---

۱ ـ پیاده جنگ می‌کرد و عبیدالله در جنگ تن بتن او را کشت (ر.ك. مروج الذهب ج ۳ ص ۱۱۵). ۲ ـ مروج‌الذهب ج ۳ ص ۱۱۷؛ ابو مسلم نخعی. وفیات‌الاعیان‌ج ۲ ص ۳۳۹ تحت رقم۳۴۹؛ عبدالملك بن عمیربن سوید لخمی. ۳ ـ ن: گفت. ۴ ـ مروج‌الذهب ج۳ ص ۱۱۵: روزسه شنبه ۱۳ جمادی الاولی سال ۷۲ ج ۳ ص ۱۲۰؛ هلال ذی‌القعدهٔ سال ۷۲.

دید، گفت: مرا چه نیاز است که باینها بنگرم ونیکیهای خود و نیز دلهای ایشان را بر خود تباه سازم؛ ای غلام اینها را آتش بزن. پس آتش زده شد.

چون عبدالملك‌بن مروان، مصعب‌بن زبیر را کشت، مردم را برای بیرون رفتن بجنگ عبدالله‌بن زبیر فراخواند، پس حجاج‌بن‌یوسف ثقفی پیش او برخاست و گفت: ای امیر مؤمنان مرا بجنگ وی گسیل دار چه در خواب دیدم که گویی اورا سر بریدم وبر سینهٔ اونشستم واورا پوست کندم. گفت: تو خود این کاره‌ای. و آنگاه او را بابیست‌هزار از مردم شام و جز آنان فرستاد. حجاج رسید وباآنان نبردی سخت کرد و (عبدالله) بخانهٔ (کعبه) پناه برد، پس حجاج منجنیقها بر آن نهاد و صاعقه‌ها آنان را می گرفت و او بمردم شام می گفت: از این صاعقه‌ها بیم مدارید چه اینها صاعقه‌های تهامه است. و پیوسته خانه را با منجنیق هدف می‌ساخت تا آنکه خانه را خراب کرد.

پس در آن حال که سرگرم جنگ با ابن زبیر بود، عبدالملك‌بن مروان باو نوشت: ای حجاج تو را وصیت می کنم بآنچه بکری زید را بآن وصیت کرد والسلام. حجاج بخطبه ایستاد و گفت: کدامیك از شما می‌داند که بکری زید را چه وصیت کرد؟ او را ده هزار درهم است. مردی از قوم بپا خاست و گفت: من آنچه را بکری بدان وصیت کرده است، می‌دانم. حجاج ده هزار درهم خواست و باو داد، پس گفت:

اقول [۱] لزید لاتترتر [۲] فانهم   یرون المنایا دون قتلك او قتلی
فان وضعوا حرباً فضعها وان ابوا   فشبّ وقود النار بالحطب الجزل
فان عضّت الحرب الضروس بنابها   فعرضة حدالحرب [۳] مثلك او مثلی

«به‌زید می گویم: پرگویی (وسستی) مکن [۴]، چه آنان جز با کشتن تو یا

۱ ـ لسان، قلت. ۲ ـ لسان، تترثر، و تبربرهم روایت شده است. ۳ـ ن، السیف.
۴ ـ لسان، تزلزل‌بخود راه مده.

کشتن من ، خود را با مرگ روبرو می‌بینند . پس اگر جنگی بنیاد نهادند ، تو هم آنرا بنیاد نه ؛ و اگر اباکردند ، شعلهٔ آتش را با هیزم خشك درشت فراوان برافروز . و اگر جنگ طاقت فرسا ، بانیش خود بگزد ، آنگاه مرد نیرومند بر تیزی جنگ[1] ، مانند تو یا مانند من کسی است .»

ابن زبیر اصحاب خود را دید که در یاری او سنگینی می کنند و (روزی) نیم صاع خرما بآنان می‌داد، پس گفت : خرمای مراخوردید وفرمان مرا نبردید، و سخت بخیل بود .

ابن زبیر چون دانست که نیروی جنگ ندارد بر مادرش اسماء دختر ابی بکر در آمد و گفت : ای مادر چگونه بامداد کردی ؟ گفت : همانا در مردن آسایش است ودوست ندارم که بمیرم[2] مگر بعد از دوکار : یا کشته شوی وتو رانزد خدا اندوخته گیرم ؛ یا هم پیروز گردی و چشم من روشن شود . گفت : ای مادر اینان بمن امان داده‌اند ، تو چه میگویی ؟ گفت : ای پسر کم، تو بخود داناتری، اگر بر حقی و بآن می‌خوانی ، پس بندگان بنی‌امیه را بر خود مسلط مکن تا با تو بازی کنند ؛ و اگر بر حق نیستی ، هرچه خواهی کن . گفت : ای مادر ، خدا می‌داند که جز حق را نخواستم و غیر آن را نجستم و هرگز در باطلی کوشش نکردم. خدایا این سخن را در مقام خودستایی نمی گویم لیکن برای‌آن است که مادرم را خوشدل کنم. سپس گفت: ای مادرم،می‌ترسم اگر این مردم مرابکشند، مثله‌ام کنند. گفت: ای پسرجانم، گوسفند هرگاه سربریده شد ، از اینکه‌پوستش را بکنند ، درد نمی کشد . گفت :

سپاس خدایی راکه توفیقت دادودلت را محکم ساخت .آنگاه بیرون رفت

۱ـ ن : تیزی‌شمشیر.   ۲ـ مروج‌الذهب ج ۳ ص ۱۲۰ ، ای پسرجان بیمارو رنجورم. عبدالله باو گفت، در مرگ‌آسودگی است. گفت ،شاید آن را برای من آرزو می‌کنی ؛ و دوست ندارم‌که بمیرم ....

در خطبه‌اش بمردم چنین گفت :

ای مردم ابر مرگ شما را سایه افکنده و سپاه مرگ شما را فراگرفته است ، پس دیدگان را از شمشیرها فرو پوشید و هر مردی با هماورد خویش سر گرم باشد و پرسش کردن از یکدیگر شما را باز ندارد و گوینده‌ای نگوید : امیر مؤمنان کجا است؟ هان، هر که از من بپرسد ، من در نخستین دسته‌ام[۱]. سپس پیاده شد و جنگ کرد تا کشته گردید . و کشته شدنش در سال ۷۳[۲] در هفتاد و یکسالگی بود ودر تنعیم بدار زده شد وسه روز یا هفت روز روی دار ماند، سپس مادرش اسماء دختر ابی بکر که پیر زنی نا بینا بود آمد تا بر سر حجاج ایستاد و گفت : آیا هنوز این سواره را وقت آن نرسیده است که پیاده شود ؟ همانا من از پیامبر خدا شنیدم که می گفت : ان فی‌بنی‌ثقیف مبیراً و کذاباً ، [۳] «در میان بنی ثقیف آدمکشی است و دروغگویی»، اما آدم کش پس تویی ؛ و اما دروغگو پس مختاربن ابی عبید است . حجاج گفت : این زن کیست ؟ گفته شد : مادر ابن زبیر . پس دستور داد تا او را فرود آوردند . بعضی روایت کرده‌اند که حجاج او را خواستگاری کرد ، گفت: او کوری صد ساله را خواستگاری می کند ؟ حجاج گفت : جز آنکه خواهر زن پیامبر خدا را گرفته باشم ، نظری نداشتم .

عبدالله‌بن عمر بر عبدالله‌بن زبیر که روی دار بود گذشت و گفت : ای ابو خبیب خدایت رحمت کند؛ اگر سه چیز در تو نبود می گفتم: تو تویی: بی حرمتی تو در حرم ، و شتافتنت بسوی فتنه ، و بخلی که در دست تو است ؛ و پیوسته از این مرکب و آنچه بدان رسیدی برتو بیم داشتم ، چه دیده بودم که با فریفتگی باسترهای سفید و سیاه پسر حرب می‌نگری و تو را بشگفت می‌آورد، جز آنکه‌او

۱ـ ر.ك. مروج‌الذهب ج ۳ ص ۱۲۱ . کامل ج۴ ص۲۵. ۲ـ مروج‌الذهب ج۳ ص۱۲۲ ؛ سه شنبه ۱۴جمادی الاولی سال ۷۳ . کامل ج ۴ ص ۲۵ ؛ سه شنبه ازجمادی‌الاخره۷۳. ۳ـ مروج الذهب ج۳ ص ۱۲۲ ؛ یخرج من ثقیف کذاب ومبیر. ر.ك. صحیح‌مسلم.

در دنیای خویش از تو سیاستمدارتر بود.

امیر حاج برای مردم در این سالها، در سال ٦٣ عبدالله‌بن زبیر بود، ودر سال ٦٤ ابن زبیر، و گفته شده: یحیی‌بن صفوان جمحی، و در سال ٦٥ و سال٦٦ وسال ٦٧ ابن زبیر، و در سال ٦٨ چهار پرچم در عرفات بپاشد: پرچمی بامحمد ابن حنفیه وهمراهانش، وپرچمی با پسر زبیر، وپرچمی با نجدة‌بن عامر حروری و پرچمی با بنی امیه؛ و در سال ٦٩ و سال ٧٠ و٧١ ابن زبیر.

دوران عبدالملک بن مروان[1]

عبدالملک بن مروان بن حکم که مادرش عایشه دختر معاویة بن مغیرة بن ابی العاص بن امیه، و هر دو نیایش تبعید شدگان پیامبر خدا بودند، بزمامداری رسید و بیعت با او در شام در همان روزی که مروان بمرد، درماه رمضان سال ۶۵ انجام گرفت. خورشید در آن روز در ثور بود، ۱۷ درجه و ۲۰ دقیقه؛ و قمر در حمل، ۲۵ دقیقه؛ و زحل در سنبله، ۱۸ درجه و ۵۰ دقیقه در حال رجوع؛ و مشتری در جوزا، ۲۲ درجه و ۱۰ دقیقه؛ و مریخ در حمل، ۱۹ درجه و ۱۰ دقیقه؛ و زهره در سرطان، ۲ درجه و ۲۰ دقیقه؛ و عطارد در جوزا، ۳ درجه؛ و رأس در حوت، ۲۰ درجه و ۱۰ دقیقه.

ما ضمن دوران ابن زبیر از داستان بیعت عبدالملک و بهم خوردگی شهرها و تسلط هر کس که بر شهری دست یافته بود، و نیز از قصهٔ سلیمان بن صرد خزاعی و ابراهیم بن مالک بن حارث اشتر و کشتنش عبیدالله بن زیاد و حصین بن نمیر را و دیگر وقایعی که در ردیف دوران ابن زبیر بود، سخن گفتیم. و چون مردمی گفته بودند که خلافت کسی را در خور است که دو حرم (مکه و مدینه) در دست او باشد و با مردم حج گزارد، برای همین، تاریخ مروان وقسمتی از دوران عبدالملک را در ضمن تاریخ ابن زبیر در آوردیم.

تمام شام جز فلسطین که ناتل بن قیس آنجا بود، برای عبدالملک روبراه شد

---

۱ ـ ل، ص ۳۲۰.

و چون عبدالملك خواست رهسپار گردد خبر یافت که سرکش روم مصیصه را محاصره کرده است ، پس نخواست با بهم خوردگی شهرها بجنگ با او مشغول گردد و کس نزد وی فرستاد و با او صلح کرد و مالهای بسیاری بسوی او حمل نمود تا بازگشت .

چون‌عبدالملك کار شام را منظم ساخت وروح‌بن زنباع جذامی را به‌فلسطین فرستاد ، از دمشق رهسپار شد و برای جنگ با زفربن حارث ، آهنگ قرقیسیا کرد تابوادی بُطنان[1] رسید و هنوز کار ابن‌زبیر بانجام نرسیده بود ؛ پس چون بوادی بطنان قنسرین رسید ، خبر یافت که عمروبن سعیدبن عاص در دمشق سر بلند کرده و(مردم را) بخویش خوانده و نام خلافت بر خود نهاده و عبدالرحمان ابن‌عثمان ثقفی جانشین عبدالملك دردمشق را که مادرش ام‌الحکم دختر ابوسفیان ابن حرب بود، بیرون کرده و خزانه‌ها و بیت‌المالها را زیر دست آورده است . عبدالملك دانست که در بیرون آمدن از دمشق خطا کرده است پس راه بازگشت به دمشق‌را در پیش گرفت و عمروبن‌سعید سنگر گرفت و بجنگ وی برخاست و میان ایشان سفیرها رفت وآمد نمودند تا آنکه صلح کردند و پیمان بستند ومیان خود قرار دادی با عهد و پیمانها وسوگندها نوشتند که خلافت پس از عبدالملك برای عمروبن‌سعید باشد و عبدالملك به‌دمشق[2] در آمد و یاران عمروبن سعید[3] با او کناره گرفتند و هر گاه برای رفتن پیش عبدالملك سوار می‌شد ، همراه وی سوار می‌شدند . سپس عبدالملك بفکر کشتن عمرو افتاد و دانست که پادشاهی او جز باین‌کار روبراه‌نمی‌شود، شامگاهان عمرو نزد وی‌آمد.واو گروهی ازبستگان و غلامان و دیگر کسانی را که نزد وی بودند ، برای کشتنش آماده ساخته بود ،

۱ ـ میان منبج‌وحلب وازهرکدام یك مرحله‌فاصله داردو مرکزآن، بزاعه است (مراصد).

۲ـ ن ؛ افتاده‌دارد. ۳ـ مروج‌الذهب ج ۳ ص ۱۱۰ ؛ در حدود پانصد نفر .

وچون عمرو جای خود را گرفت، عبدالملك باو گفت : ای ابو امیه در موقعی که یاغی‌شده بودی قسم خوردم که هر گاه برتو ظفر یابم گردنت را غل کنم ودستهای تو را با آن ببندم . گفت : ای امیر مؤمنان ، تو را بخدا قسم که دیگر از گذشته سخن مگو . پس حضار مجلس بسخن آمدند و گفتند : چه مانعی داری کـه قسم امیرالمؤمنین را راست گردانی؟ عبدالملك غلی از نقره درآورد وآن را بگردنش انداخت و می گفت :

ادنیته منی‌لیسکن روعه [۱] فأصول صولة حازم مستمکن [۲]

«او را بخودم نزدیك کردم تا ترس او آرام گزدد آنگاه مانند دور اندیش تسلط یافته‌ای بر او حمله برم.» آنگاه دو دست او را بگردنش غل نمود و چون میخ‌را محکم کرد اورا بطرف خود کشید تابرو افتاد ودو دندان پیشین اوشکست، پس گفت: ای امیر مؤمنان تورا بخدا سوگند، مبادا استخوانی که از من‌شکستی تو را برآن دارد که بیش از این مرا آزار دهی یا هم مرا پیش مردم بیرون بری تا مرا باین وضع ببینند. ومی‌خواست (با این سخن) او را تحریك کند تا بیرونش برد چه از طرفداران عمروبن سعید سی‌و چند هزار از جمله عنبسةبن سعید بـر در ایستاده بودند .

عبدالملك گفت : ای ابوامیه با اینکه در بند هستی باز می‌خواهی مرا فریب دهی؟واول فریبکاری نیست؛ بخدا سوگند اگرمی‌دانستم با ماندن هردومان کار (خلافت) روبراه می‌شود ، خون دیدگان را بجای تو می‌دادم ؛ لیکن می‌دانم که دو شتر نر در میان شترانی نمی‌باشد مگرآنکه یکی ازآن دو غالب شود.

او را کشت [۳] و جمعش را پراکنـده ساخت و سرش را بسوی همراهـانش انداخت و برادرش عنبسه را به‌عراق تبعید کرد و آن درسال ۷۰ بود .

۱ــ مروج الذهب؛ نفرة. ۲ــ ن ؛ متمکن. ۳ ـ مروج‌الذهب؛ بروایتی رئیس نگهبانان ابو زعیزعه بدستور عبدالملك او را گردن زد .

عبداللّٰه‌بن خازم سلمی از آن روز که سلم‌بن زیاد در دوران یزیدبن معاویه او را جانشین ساخت ، بر خراسان تسلط یافته بود و سپس چنانکـه داستانش را بیان کردیم ، بفرمان ابن‌زبیر در آمد وچون کارهای عبدالملك روبراه گردیدباو نوشت: اما بعد ، فرمانبری خویش را بما تقدیم دار تا تو را در جایت بنهیم و بر سرکارت بداریم وهم فرزندان تو را ، تا روزی که برای ما ومسلمانان نافع باشند. آنگاه نامه را با عتبهٔ نمیری[1] فرستاد و سرمصعب بن زبیر را نیز . عبداللّٰه سر مصعب را آماده ساخت و آن را در دو جامه پیچید و مشك بسیاری برآن ریخت وآن رابخاك سپرد وبه‌عتبهٔ نمیری گفت: نامه رابخور. گفت: خوردنی نیکو. پس آن‌را بآتش‌سوزانید و سپس با آب باو خورانید و به عبدالملك نوشت : اما بعد، من آن نیم که با دو بیعت بر خدا در آیم : بیعت خشنودی (خدا) را که با پسر حواری پیامبرخداداشته‌ام از دست بدهم ، وبیعت پیمان شکنی را با پسر دوتبعید شدهٔ پیامبر خدا انجام دهم !

مردم خراسان برای بدرفتاری عبداللّٰه‌بن خازم در میـان ایشان ، دشمن او بودند و گروهی ازآنان از جمله : بکیربن وساج[2] ووکیع[3] بن عمیر[4] براوتاختند و او را کشتند و سرش را نـزد عبدالملك‌بن مروان فرستادند و چون خبر کشته شدن وسر عبداللّه باو رسید، امیة‌بن‌عبداللّه بن خالدبن اسید[5] بن‌ابی‌العیص‌بن امیه‌را بحکومت‌خراسان‌فرستاد واوهنگامی‌به‌خراسان رسید که موسی‌بن‌عبداللّٰه‌بن خازم سلمی‌یاغی‌شده وباطرخون‌پادشاه سغد مکاتبه کرده و اوهم وعدهٔ کومك داده ونیز بکیربن وساج ثقفی بـا گروهی درمرو سر برآورده و بر مرو تسلط یافته بود . پس امیه با آن دو جنگیدوکار جنگ را از مرو آغاز کرد و بجنگ با بکیربن

۱ – تاریخ طبری ج ۵ ص ۲ ؛ سورة‌بن اشیم نمیری . و بقولی، سوادة‌بن عبیداللّه نمیری، و بقولی دیگر ؛ سنان‌بن مکمل غنوی . ۲ ـ طبری ۵ ص ۳۸ ؛ بکیربن وشاج . کامـل ۴ ص ۶۹ ؛ بکیربن وساج . ۳ ـ طبری ، وکیع بن عمیرة القریعی و ابن دورقیه همواست .
۴—طبری ؛ و بحیربن ورقاء و عماربن عبدالعزیز جشمی. ۵ ــ تاریخ طبری ج ۵ ص ۳۸ .

۲۲۱ دوران عبدالملك‌بن مروان

وساج پرداخت ، بکیر در شهر متحصن شد ، سپس امیه او را امان داد تا نزد وی آمدوبار دیگر خبر یافت که بکیر برای تاختن بر او [نقشه می کشد] پس او را پیش داشت و گردن زد .

امیه پسر خود عبدالله رامأمور هرات وسیستان کرد و رتبیل با پسر امیه جنگید و او را کشت.[1]

عبدالملك ، مهلب‌بن ابی صفره را همچنان در جنگ با خوارج کرمان ثابت گذاشت ومهلب در جنگ ایشان سخت پایداری کرد تا رئیس ایشان نافع‌بن ازرق را که بنام او «ازارقه» نامیده می‌شوند ، کشت و در کرمان اقامت گزید و سپس عبدالملك او را بجای امیه والی خراسان قرار داد .

عبدالملك برادر خود عبدالعزیز را به‌مصر و مغرب باز گرداند و برادرش بشر را والی عراق و برادرش محمد را والی موصل گردانید و او ازد و ربیعه رااز بصره به‌موصل منتقل ساخت‌وبه‌ارمنستان لشکر کشید واز مردم[آن‌سرزمین] که سر بمخالفت برداشته بودند ، کشت و اسیر گرفت و سپس با بزرگان شهرو کسانی که بآنان احرار (آزادان) گفته می‌شد مکاتبه کرد وایشان‌را امان بخشید وبآنان نوید بخششهای گزیده داد ، پس برای آن در کلیساهای پیرامون خلاط[2] فراهم آمدند و دستور داد که پیرامون کلیساها هیزم فراهم ساختند و درها را بروی ایشان بستند و سپس آن کلیساها را آتش زد و همهٔ آنان را سوزاند[3] . محمدبن مروان در ارمنستان اقامت داشت تا همانجا بمرد .

حجاج بنای کعبه را تجدید کرد و برای آن یك در قرار داد چنانکه پیش از بنای ابن‌زبیر بوده است[4] ، وشش ذراعی را که ابن زبیر از طرف حجر برآن افزوده بود ، از آن کم کرد و آن را با خاك و سنگی که از خودش بیرون‌آمده

۱ـ ر.ك. کامل ج۴. ص۳۱. ۲ـ شهری معمور و مشهوروپربرکت ومرکزارمنستان میانه (مراصد الاطلاع). ۳ـ فتوح البلدان ص ۲۰۷. ۴ـ مروج الذهب ج ۳ ص ۹۲.

بود، پر کرد ودرخانه راچنانکه بوده‌است‌بلند ساخت واز درازای آن‌کاست‌تاآن را بصورتی که امروز هست درآورد.حجاج از بنای خانه درسال۷٤ فراغت یافت.

حجاج گردن جمعی ازصحابهٔ پیامبر خدارا مهر کرد تاآنان را بدینوسیله خوار گرداند ؛ از آن جمله بود ، جابربن عبدالله وانس‌بن مالك و سهل‌بن سعد ساعدی و جماعتی همراه ایشان و مهرها قلعی بود.[۱]

نجدةبن عامرحنفی حروری‌در دوران ابن‌زبیر در ناحیهٔ یمامه خروج کرده بود ، سپس به‌طائف رفت و دختر عمروبن عثمان‌بن عفان را که باسیری افتاده بود یافت و او را بصدهزار درهم از مال خود خرید و نزد عبدالملك فرستاد [سپس رهسپار] بحرین شد و مصعب‌بن زبیر سوارانی پس از سوارانی و سپاهی پس از سپاهی فرستاد و آنها را شکست داد ، واز نجده چیزهایی ظهور کرد که خوارج آنها را بر او خرده گرفتند .

نجده پنج سال بود که خود و عمالش در بحرین و یمامه و عمان و هجر و قسمتهایی از سر زمین عرض[۲] بر سرکار بودند و چون خوارج اموری را بر او خرده گرفتند،عبارت از دادن ده‌هزاربه‌مالك‌بن مسمع و فرستادنش دختر عمروبن عثمان را نزد عبدالملك ، او را خلع کرده‌و ابو فدیك را نصب کردند.[۳]

عبدالملك ، امیةبن عبدالله‌بن خالدبن اسید را بر سر او فرستاد ، لیکن ابو فدیك او را شکست داد و رسوا ساخت و باروبنه و حرم او را گرفت.[۴]

سپس عمربن عبیدالله‌بن معمر را بر سر او فرستاد و در بحرین با ابو فدیك روبرو شد و مردم کوفه همراه عمر بودند پس ابو فدیك را کشت و حرم امیةبن

۱ـ تاریخ طبری ج۵ ص ۳۵. ۲ـگفته‌اند ، همان وادی یمامه است (مراصد) ۳ـ تاریخ طبری ج ۵ ص ۲۰ ، کامل ج ۴ ص ۲۰ ، در این سال (۷۲) بود خروج ابو فدیك خارجی و او از بنی قیس‌بن ثعلبه است ، پس بر بحرین غلبه یافت و نجدةبن عامرحنفی را کشت. ۴ـخالدبن عبدالله برادر خود امیةبن عبدالله را با لشکری گران بر سر ابو فدیك فرستاد و ابو فدیك او را شکست داد وکنیز او را دستگیر کردوبرای خود برگزید، پس خالد قصه رابه‌عبدالملك‌نوشت .

عبدالله را از چنگ او در آورد.[1]

عبدالملك در این سال حجاج را والی عراق ساخت و با خط خود نامه‌ای باو نوشت : اما بعد ، ای حجاج تو را بر دو عراق (کوفه و بصره) والی و مسلط ساختم ، پس هر گاه وارد کوفه شدی چنان لگدکوبش کن که اهل بصره بدان زبون گردند ، و از مدارای با (مردم) حجاز بپرهیز ، چه گوینده در آنجا هزار (کلمه) می گوید و یك حرفی را بکار نمی‌برد . تو را بر دورترین نشان زدم پس خود را بر آن (هدف) بینداز و آنچه را از تو انتظار دارم در نظر گیر والسلام.

چون حجاج به کوفه رسید ، در حالی که از عمامهٔ خویش دهن بند کرده، کمان و تیردان خود را بر شانه افکنده بود ، بالای منبر رفت و مدتی بی آنکه سخن گوید روی منبر نشست تا آنکه خواستند ریگبارانش کنند ، سپس گفت : ای مردم عراق ، و ای اهل نا سازی و دو رویی و نافرمانی و زشتخویی ، همانا امیرالمؤمنین جعبهٔ تیر خود را پرا کند و آن‌ها را یکچوب یکچوب دندان گزید، پس مرا چنان تیری یافت که چوبش از همه تلختر و شکستنش از همه دشوار تر است و آنگاه مرا بسوی شما انداخت و علیه شما تازیانه‌ای و شمشیری بگردنم افکند ، اما تازیانه افتاد و شمشیر باقی‌ماند.[2]

و سخن بسیار مشتمل بروعید و تهدید گفت ، سپس فرود آمد و می گفت :

انا ابن جلا و طلاع الثنایا متی‌اضع العمامة تعرفونی[3]

«منم‌پسربامداد وبالا روندهٔ گردنه‌ها،هر گاه عمامه را بنهم مرامی‌شناسید».

وچون کارها برای عبدالملك روبراه گردید و شهرها اصلاح شد وناحیه‌ای نماند که نیازی باصلاح و توجه بآن داشته باشد ، در سال ۷۵ برای حج رهسپار

۱ـ کامل ج ۴ ص ۲۸ ؛ ابوفدیك را کشتند (سال ۷۳) و یاران او را در حصن مشقر(میان نجران و بحرین) محاصره کردند وچون تسلیم‌شدند در حدود شش‌هزارایشان‌راگردن زدند وهشتصد نفر اسیر گرفتند و کنیز امیةبن عبدالله راکه از ابوفدیك باردار شده بود به بصره باز آوردند.
۲ـ ر.ك. مروج‌الذهب ج ۳ ص ۱۳۴. ۳ ـ تاریخ طبری ج ۵ ص ۴۱ ، کامل ج ۴ ص ۳۳.

گردید واول به‌مدینه رفت و از ذی‌الحلیفه احرام بست و در حالی که‌لبیك مـی گفت (به‌مکه درآمدولبیك گویان وارد مسجد گردید ودر چهار روز خطبه‌خواند هر روز خطبه‌ای؛ و در شامگاه عرفه پیش از آنکه به‌مشعررود، نماز مغرب را بجای آورد، ودر یکی از روزها ضمن خطبه‌اش چنین گفت: بدین امر قیام کردم و کسی را از خود تواناتر برآن و سزاوارتر بآن نمی‌شناسم و اگـر چنان کسی یافته بودم، او را بر می گزیدم. همانا پسر زبیر شایستگی زمامداری نـداشت و مال‌خوار را چنان‌می‌داد که گویی‌میراث پدرش را می‌دهد، عمروبن سعید هم فتنه جویی داشت و می‌خواست حرام را حلال شمارد و دین را از میان ببـرد و صلاح مسلمانان را در نظر نداشت، پس خدای او را از پای در آورد و هلاك ساخت، و من هرچیز را ازشما تحمل می کنم جز بر افراشتن پرچمی را، و همان غلی که آن را بگردن عمرو انداختم نزد من است و بخدا سوگند یادمی کنم که آن را بگردن کسی نمی‌اندازم که جز با سختی و فشار در آورم.

علی‌بن عبدالله‌بن عباس نزد وی آمد و از ابن‌زبیر پیش او بدگویی کرد و باو خبر داد که پدرش و اهل بیت او در اثر بیعت نکردن با ابن زبیر از او چه دیدند،و هم باو گفت که پدرش او را وصیت کرده است تا به‌عبدالملك ملحق‌شود پس عبدالملك بنیـکی پاسخش داد و خود وعیالش را به‌شام‌برد و او را در خانه‌ای در دمشق فرود آورد و در تمام دوران خود مقرری او را می‌داد.

عبدالملك چون خواست (از مکه) باز گردد، بر در کعبه ایستاد و گفت: بخدا سوگند دوست داشتم که در حرم مکه بدعتی انجام نمی دادم و ابن زبیر را با خلافتش وا می گذاشتم.

عبدالملك در باز گشتن به‌مدینه‌آمد و در اول سال ۷۶ بـآنجا رسید و در گفتار خویش با مردم مدینه درشتی کرد و خطیبان او ایستادند و باهل مدینه بد گفتند. محمدبن عبدالله قاری بپا خاست و بیکی از خطیبان که سخن می‌راند،

گفت: دروغ گفتی، ماچنان نیستیم. پس نگهبانان او را گرفتند و کشیدند تامردم گمان کردند که او را می کشند : لیکن عبدالملك نزد ایشان فرستاد که دست از از وی بدارید و او را رها کنید. آنگاه سه روز در مدینه بماند و سپس به‌شام باز گشت.

دراین سال که سال ۷۶ بود، شبیب‌بن یزید شیبانی حروری درعراق‌خروج کرد و حجاج سپاهیان پی‌درپی برسروی فرستاد و او همه را شکست داد. شبیب درمیان سواد وناحیهٔ کوهستانی (عراق‌عجم) جابجا می‌شد وسپس شبانه‌به کوفه در آمد تا بردرقصرحجاج ایستاد وعمود بدر کوبید و گفت: ای پسرابی رغال[1] بسوی ما بیرون آی. شبیب با چند نفری بود و زنش غزاله و مادرش جهیزه را همراه داشت، سپس بمسجد جامع رفت وهمهٔ نگهبانان آنجا ونیز میمون مولای حوشب ابن‌یزید رئیس پولیس‌حجاج را کشت[2]، واین‌میمون «عذّاب» نامیده می‌شد. شبیب درمسجد جامع با مردم نماز گزارد وبقره‌وآل‌عمران را برای ایشان خواند،سپس حجاج درپی‌او بیرون‌آمد و دربازارهای کوفه با اوسخت نبرد کرد و اورا تعقیب نمود وازیاران شبیب درحدود صدنفر باوپیوسته‌بودند، سپس مردم بخشم آمدند و یکدیگررا فراخواندندوفراهم‌آمدند تا گریخت.

حجاج، علقمة‌بن‌عبدالرحمان حکمی‌را بتعقیب اوفرستاد و پیوسته از جایی بجایی منتقل می‌شد تا به‌اهوازرفت،سپس‌حجاج سفیان‌بن ابردکلبی‌را درجستجوی وی گسیل داشت و سفیان تادجیل بتعقیب او رفت و آنجا بود که شبیب بسوی او روی‌نهاد و روی پل حرکت کردوچون‌بمیان پل رسید، سفیان پل دجیل را قطع کردو کشتیها بر گشت و شبیب غرق شد، سپس او را باشبکه درآورد و سرش را برید و آن را نزد حجاج فرستاد و زنش و مادرش را کشت، و غرق او در سال

۱ ـ ق : ابورغال ، پدرثقیف ومردی از ثمودبود .
۲ ـ ر.ك. تاریخ طبری ج ۵ ص ۷۱ ـ ۱۰۴ .

۷۸ بود¹.

پس از کشته شدن شبیب، ابوزیاد مرادی در جوخی خروج کرد وحجاج، جراح بن عبدالله حکمی را بر سر او فرستاد و در فَلّوجه با وی روبرو شد و او را کشت.

آنگاه پس از کشته شدن ابوزیاد، مردی از عبدالقیس بنام ابومعبد در ناحیهٔ بحرین خروج کرد وحجاج، حکم [بن] ایوب بن حکم ثقفی را که آن روز عامل بصره بود بسوی او گسیل داشت تا اورا کشت.

حجاج در جنگ با ازارقه اصرار ورزید وسخت آن را دیر شمرد، پس مهلب در نبرد با ایشان فراوان کوشش کرد وپیوسته آنان را از منزلی بمنزلی هزیمت می داد تا آنان را بهسیستان رسانید و عطیة بن اسود حنفی را که از رؤسای خوارج بود کشت، سپس در تعقیب ایشان اصرار ورزید تا به کرمان رسیدند ودر کرمان در اثر آنکه بر دروغی از قطری اطلاع یافتند، میان خودشان اختلاف پدید آمد و به قطری گفتند: توبه کن. واو خوش نداشت که خویش را بتوبه ملزم شناسد، پس اورا خلع کردند و در سپاهش دو مرد بودند: عبدربه بزرگ و عبدربه کوچک، و چون از پذیرفتن پیشنهاد توبه امتناع کرد تا راهی بخلع او پیدا نکنند، هر یک از آن دو نفر بالشکری کناره گرفته با قطری مخالفت ورزیدند.

مهلب آهنگ عبدربه کوچک کرد تا اورا کشت و قطری با بیست و دو هزار از یاران خود بیرون رفت تا به طبرستان رسیدند ومهلب آهنگ عبدربه بزرگ کرد و جمع اورا پراکنده ساخت. چون قطری به طبرستان رسید نزد اسپهبد فرستاد و از او خواستار شد که وی را بسر زمین خود در آورد و او با سماجت چنان کرد، پس چون زخمهاشان بهبود یافت و چارپایانشان فربه شدند، قطری نزد وی فرستاد و باو پیشنهاد

۱- ر.ك. تاریخ طبری ج۵ص۱۰۴.

کرد که یا اسلام‌آورد ویا خوار و زبون جزیه گزارشود ، وابونعامه را باازارقه بسوی وی گسیل داشت. اسپهبد گفت: رانده و آواره نزد من آمدی و تو را جای دادم ، سپس برای من چنین پیامی می‌فرستی ؟ تـو پست‌ترین مردم روی زمینی. قطری گفت : دردین جزاین روانیست .

پس اسپهبد بجنگ ایستاد و پسر و برادر و عمویش کشته شدند و خـود بهزیمت رفت تابه‌ری رسید و قطری برطبرستان دست یافت واسپهبد نزد سفیان‌بن ابردکلبی رفت که آن روز عامل ری بود و برای جنگ با ازارقه آمادگی‌داشت، پس او را از راه کوتاهی به‌طبرستان آورد تا در سال ۷۹ قطری را کشت و سر او را برای حجاج فرستاد .

مهلب‌بن ابی صفره درسال ۷۸ از طرف حجاج والی خراسان شد و پسرش مغیره را والی مرو گردانید ، مغیره در مرو بمرد و همانجا دفن گردید[1] و زیاد با قصیده‌ای اورا مرثیه گفت ودرآن می گوید :

ان‌السّماحة والشجاعة ضمّنا   قبراً بمرو علی‌الطریق‌الواضح

« همانا بخشندگی و دلیری در قبری جا داده شده کـه در مرو در کنار شاهراه است».

مهلب رهسپار شد تا ببلاد صغد رسید و در کش فرود آمد و پادشاه صغد با او صلح کرد و مهلب از او گروها گرفت وآنها را به حریث‌بن قطبه سپرد و خود به‌بلخ بازآمد، پس حریث بلاد[.....] گرفت وبا اوجنگید، ومهلب بیمارشد و از خوره‌ای که در پای داشت بیماری او بسختی کشید و چون مـرگ او فرا رسید پسرش یزید را با اینکه در اثر پرمدعایی و نخوتی که داشت او را نمی‌خواست ، جانشین ساخت چه حجاج او را چنین دستورداده بود . سپس حجاج چیزهایی را

۱ـ کامل ج۴ص۸۲، رجب سال۸۲ .

که ازیزید شنیده‌بود، براو خرده گرفت وخواست اورا عزل کند لیکن بیم داشت که یاغی شود، پس خواهرش‌هندرا بزنی گرفت ونوشت که نزد وی‌آید ومفضل‌بن مهلب را جانشین سازد. یزید آمد و حجاج فرمان حکمرانی خراسان را برای مفضل بجای برادرش یزید فرستاد، سپس قتیبة‌بن مسلم را که والی ری بود بجای او نهاد و شرح آن را درجای دیگر این کتاب گفته‌ایم.

حجاج، سعیدبن‌اسلم‌بن زرعهٔ کلابی را والی دومرز سندوهند قرارداد و او درمکران اقامت گزید وبناحیه‌ای ازهند لشکر کشید ومردی کم عرضه بود، پس کشته شد وحجاج بجای اومحمدبن‌هارون‌بن ذراع نمری‌را فرستاد[1] و اوبه‌مکران رفت و در جنگ با دشمن اثری نیکو داشت و چندین مرتبه ظفر یافت آنگاه با چندین کشتی آهنگ دیبل کرد و [.....] پادشاه دیبل، پس با لشکری عظیم بجنگ با او برخاست و محمد بن هارون و جمع بسیاری از همراهانش کشته شدند[2].

عبدالملک، حسان‌بن نعمان غسانی را والی افریقا و مغرب زمین ساخت و پیوسته آنجا اقامت داشت تا مرد و مردی را بجای خویش بر شهر گماشت، پس عبدالملک موسی بن نصیرلخمی را در سال ۷۷ والی افریقا نمود، وگفته شده: عبدالعزیزبن مروان که آن روز عامل مصر بود، موسی را فرمانروای افریقا ساخت، موسی‌بن نصیر همهٔ مغرب را فتح کرد و در تمام دوران عبدالملک پیوسته حکومت آنجا را بدست‌داشت.

عبدالله‌بن جعفربن ابیطالب درسال ۸۰ درمدینه وفات کرد، اومردی باجود وسخاوتمند بود وگفته می‌شود کسی‌نزد وی‌آمد و درامری ازاو کومك خواست و

۱ـ فتوح‌البلدان ص۴۲۳: حجاج پس‌ازسعیدبن اسلم، مجاعة‌بن سعر تمیمی را بر آن مرز فرستاد واوپس ازیکسال درمکران بمرد وآنگاه حجاج بعداز مجاعه، محمدبن‌هارون‌بن ذراع‌نمری را بجای‌وی فرستاد. ۲ـ ر. ك فتوح‌البلدان ص۴۲۳.

۲۲۹ دوران عبدالملک‌بن مروان

چون عبدالله چیزی بدست نداشت که باو بخشد ، جامه‌های تن خود را درآورد و گفت: خدایا اگر پس‌ازامروز، حقی بر من فرودآید که برانجام آن قادر نباشم ، پس مرا پیش‌ازآن بمیران ، و در همان روز مرد .

درهمین سال بود سیل بنیان کن که اثاث حاجیان‌را برد[1] .

عبدالرحمان‌بن محمدبن اشعث‌بن قیس عامل حجاج بود برسیستان وحجاج ده‌هزار گزیده همراه وی ساخت، پس‌چون به‌سیستان رسید در بست اقامت گزید وسپس بقصد رتبیل پادشاه‌آن‌سرزمین رهسپارشد و اوسپاهیان خود را فراخوانده بود[2] ، وچون عبدالرحمان دربلاد رتبیل پیش رفت از مکراو ترسید و بسوی بست بازگشت وبه‌حجاج نامه نوشت واو را خبرداد که اکنون‌بازگشته وجنگ رتبیل را بسال آینده انداخته‌است. حجاج نامه‌ای‌تهدیدآمیز بوی‌نوشت[3]،پس‌عبدالرحمان سپاهیان خود را فراهم ساخت و مردم را علیه حجاج تحریک کرد و از آنان خواست که‌اورا خلع کنند، واورا خلع کردندوباعبدالرحمان بیعت‌نمودند وچون اتفاق‌کلمه بدست‌آمد بآنان گفت: به‌عراق می‌رویم ومیان خود ورتبیل صلحنامه‌ای می‌نویسیم . آنگاه اگرکارما بانجام‌رسید ، دست ازاو می‌داریم ونگران می‌شویم، واگرطوردیگرپیش‌آمد، او را پناه خویش می گیریم . تصمیم همگی براین‌قرار گرفت ومیان خود ورتبیل(صلح) نامه‌ای باین شرط نوشت و رهسپار عراق شد و مردی ازطرف خود درسیستان جانشین گذاشت وبراه افتاد تا بنزدیك اهوازرسید وچون خبراو به‌حجاج رسید، عبدالله‌بن عامربن صعصعه‌را بسوی او گسیل داشت . سپس حجاج با لشکری رهسپارشد تا به‌اهواز رسید و عبدالرحمان با وی روبرو گشت وسخت با اونبرد کرد و اورا شکست داد ، تا حجاج به‌بصره بازگشت و ابن اشعث بدوپیوست وحجاج دربصره با اونبرد کرد و ابن‌اشعث با شکست روبرو شد

۱ـ بروایت طبری‌حاجیان را نیزسیل برد(ر.ك. ج ۵ص۱۳۸) . ۲ـ ر.ك. تاریخ طبری ج ۵ ص۱۴۱. ۳ـ ر.ك. تاریخ طبری ج۵ ص۱۴۶.

و چون دیدند که او به کوفه گریخت نزد عبدالرحمان بن عباس بن ربیعهٔ هاشمی آمدند و گفتند: پسراشعث ما را رها کرد وبه کوفه رفت واین فاسق برسرمامسلط است، پس ازایشان بیعت گرفت وبسوی حجاج رهسپارشد ودر«زاویه»[1] بااوجنگید وحجاج اورا شکست داد. پسراشعث به کوفه آمد وحجاج ازبصره در پی ابن‌اشعث تاخت وراه بیابان را درپیش گرفت تا نزدیك او فرودآمد، وابن اشعث نیز بیرون آمد ودر«دیرجماجم» پیاده‌شدوسواران آن دوصبح‌وعصر بمیدان جنگ‌می‌تاختند ومردم کوفه بر سواران حجاج برتری داشتند و هر روز شکستشان می‌دادند ، و دیدن‌این وضع برحجاج بس گران آمد وبه‌عبدالملك نامه‌ای نوشت وباسریعترین پیك آن‌رافرستاد: اما بعد، ای بفریادرس، ای بفریادرس. وچون عبدالملك نامه‌را خواند بدو نوشت : اما بعد ، ای لبیك ، سپس ای لبیك ، باز هم ای لبیك. آنگاه سپاهی فرستاد و میان آنان جنگهای بسیار سخت روی داد و آخر همه جنگ مسکن بود که حجاج [در آن واقعه] عبدالرحمان را شکست داد و بی آنکه بچیزی بازنگرد رو بگریز نهاد تابه‌سیستان‌آمد وخواست‌بشهر زرنج درآیدلیکن عبدالله‌بن‌عامر عامل‌خودش‌اورا راه نداد،پس‌رهسپاربست‌شد وعیاض‌بن عمرو[2] وحاکم آنجا اورا بشهردرآورد وتصمیم گرفت که اورا غافلگیربکشد وازاین‌راه‌به‌حجاج نزدیك شود . گروهی ازقاریان عراق از جمله : حسن بصری و عامربن شراحیل شعبی‌وسعیدبن‌جبیروابراهیم‌نخعی[3] و گروهی‌ازاین‌طبقه همراه‌عبدالرحمان بودند عبدالرحمان نزد رتبیل پادشاه سیستان رفت وشکست‌اودرسال۸۳روی دادوحجاج یاران اورا یکایك می گرفت و گردن می‌زد تاآنکه مردم بسیاری راکشت‌وجمعی ازجمله: شعبی‌وابراهیم رابخشید .

حجاج درهمان سالی که پسراشعث گریخت ، واسط را بنانهاد ودرآن‌فرود

۱ـ جایی نزدیك بصره. ۲ـ کامل‌ج۴ ص۸۸: عیاض‌بن همیان‌بن هشام سدوسی شیبانی.

۳ـ وعطیه‌بن سعدبن‌جنادهٔ عوفی.

آمد و گفت: میان کوفه وبصره ساکن می‌شوم.

و چون اصحاب ابن‌اشعث خبر یافتند که او نزد رتبیل پادشاه آن سرزمین رفته ونزدوی آسوده وسلامت اقامت گزیده ورتبیل بعهدوپیمانی که باهم‌داشته‌اند وفا کرده است، ازهرسودرناحیهٔ زرنج فراهم آمدندوعبدالرحمان‌بن عباس[1] هاشمی را بفرماندهی خود بر گزیدند[.....] پس درهرات باآنان[2] روبروشد ونبرد کرد و شکستشان داد[3] وچون حجاج خبریافت که پسراشعث با چهارهزار ازیاران خود نزد رتبیل است ، عمارةبن تمیم لخمی را نزد رتبیل فرستاد و در نامه‌ای که با او فرستاد ، رتبیل را دستورداد که عبدالرحمان را نزد وی فرستد وگرنه صد هزار مرد جنگی برسروی خواهد فرستاد. لیکن‌رتبیل‌زیربارنرفت .

عبیدبن ابی‌سبیع دررتبیل نفوذ داشت وپسراشعث بدینجهت براو رشك برد وخواست با اومکر کندو کسی فرستاد تا اورا بکشد ، پس عبیدبن سبیع گریخت و نزد عمارةبن تمیم که در شهر بست اقامت داشت رفت و گفت : برای من چیزی شرط کنید وبارتبیل صلح نمائید و دست از وی بدارید و اوهم پسراشعث را بشما تسلیم می کند . [عماره] پیشنهاد او را به‌حجاج نوشت و حجاج‌در نامهٔ خود باو دستورداد که هرچه ازتو خواستاراست باو ده . پس برای وی پیمانهایی نوشت و آن را بمهرخود مهر کرد و عماره‌آن راگرفت ونزد رتبیل‌آورد و پیوسته او را باری بیم می‌داد وباری‌دیگرنوید تا پیشنهاد گرفتن پسراشعث‌را ازوی پذیرفت، و او راگرفت و دربند کرد ، و همراهان وبرادرش[4] را نیز دستگیر کرد و آنان را همراه وی دربندآهن‌نزد حجاج فرستادو چون به رُخَّج رسیدند ابن‌اشعث خود را از بالای بامی انداخت و مردی بنام ابوالعبر با او بزنجیر بودو هردو

۱ـ بن‌ربیعةبن‌حارث‌بن‌عبدالمطلب (کامل ج۴ص۸۸) . ۲ـ رقادازدی ویارانش (ر.ك. کامل‌ج۴ص ۸۸). ۳ـ ورقادرا کشت. ۴ـ قاسم‌بن محمدبن‌اشعث.

مردند و آن درسال ۸٤ بود ، آنگاه سراورا بریدند و نزد حجاج بردند و حجاج آن را نزدعبدالملك فرستاد .

عبدالملك بن مروان عازم شد که برادر خود عبدالعزیز را خلع کند و برای پسرخویش ولید بولیعهدی پس از خود بیعت بگیرد و عبدالعزیز در مصر بود ، پس به حجاج نوشت که شعبی را نزد وی فرستد ، اوهم شعبی را فرستاد و عبدالملك ازاودلجویی کرد وبا اونیکی نمود وچندروزی نزدوی اقامت داشت وسپس باو گفت : من تورا برچیزی امین قرارمی دهم که هیچکس را برآن امین نمی شناسم ، بنظرم رسیده است که برای ولید بولیعهدی پس ازخودبیعت بگیرم ؛ پس هرگاه نزد عبدالعزیز رفتی ، درنظرش جلوه ده که خود را ازولیعهدی خلع کند و مصرطعمهٔ او باشد .

شعبی گفت: نزد عبدالعزیز رفتم و پادشاهی با گذشت ترازاوندیدم ، چه من روزی در خلوت با او سخن می گفتم و باو اظهار کردم : بخدا قسم ، خدا امیر را بصلاح رساند، که من پادشاهیی کاملترو نعمتی زیباترونیکوتر وعزتی تمامتر ازآنچه تو درآنی، ندیدم ؛ اما عبدالملك را علاوه برتحمل امر(زمامداری) ملت ، دررنج طولانی وخستگی بسیار وآسایش اندك وبیم ونگرانی دائم یافتم؛ وبخدا قسم دوست داشتم که آنان ازتومی پذیرفتند که مصررا طعمهٔ تو قراردهند و ولیعهدی خود را بهر که دوست می دارند بدهند. گفت: کیست که برای من این کار را انجام دهد؟ پس چون نظراورا دانستم ، نزد عبدالملك بازگشتم و او را با خبرساختم تابرادر خود عبدالملك را ازولیعهدی خلع کرد و پسرش ولید و سپس پسرش سلیمان را پس از ولید ، ولیعهد ساخت . و بقولی عبدالملك او را خلع نکرد ، لیکن او در همان مدتی که تصمیم داشت خلعش کند در گذشت.وبقولی دیگر عبدالعزیزمسموم شد وآن درسال ۸۵بود .

هشام بن اسماعیل مخزومی والی مدینه شد وسعیدبن مسیب را بظلم وتعدی

شصت تازیانه زد و او را گرداند، پس عبدالملک باو نامه‌ای نوشت و او را ملامت کرد. وروش هشام بن اسماعیل بد شدو آشکارا با خاندان پیامبرخدا دشمنی کرد.

غالب برعبدالملک، روح‌بن زنباع جذامی‌بود، و رئیس پولیس او، یزیدبن ابی کبشهٔ سکسکی، سپس او را عزل کرد وعبدالله‌بن یزید حکمی را بکار گماشت ورئیس نگهبانان اوابوعیاش کهانی بود وپس ازاو غلامش ابوزعیزعه. عبدالملک حکومت دوعراق را برای‌حجاج و مصر و مغرب را برای عبدالعزیزبن مروان، و سپس برای‌پسرش عبدالله‌بن عبدالملک قرارداد.

عبدالملک مردانگی وزیرکی و دانشی داشت جزآنکه بخیل‌بود، و چون مرگش فرارسید فرزندان خود را فراهم ساخت وآنان را بهم‌آهنگی و الفت و ستم‌نکردن بریکدیگروصیت نمود، سپس به‌ولید گفت: هرگاه من مردم، دامن بکمرزن و جامه‌پوش وپوست پلنگ برتن کن، سپس مردم را ببیعت خویش فرا خوان وهرکس با سرش چنین گفت، توهم باشمشیرچنین گوی. و در نیمهٔ شوال سال۸۶ درگذشت و حکومتش[1] ازروزی که‌درشام باوی بیعت‌شد، ۲۱ سال، و از آن‌جمله۱۳ سال پس‌از کشته‌شدن ابن‌زبیر، و سن اوشصت یا شصت وچندسال بود و پسرش ولید براونماز گزارد وددردمشق دفن گردید.

عبدالملک چهارده پسر بجای گذاشت: ولید و سلیمان و یزید و مروان و هشام‌وبکّاروعبدالله و مسلمه و معاویه و محمد وحجاج وسعید ومنذرو عنبسه.

دردوران عبدالملک‌درهم ودینار بعربی سکه خورد[2] وکسی که این کار را

۱ــ ن: افتاده دارد. ۲ــن، پ: بعضی‌ازفضلا نقل‌کرده است‌که درمجلد۱۷ دائرةالمعارف بریطانیادرص ۹۰۴ از طبع ۱۳ ضمن سخن از سکه‌های قدیمی مطلبی است که خلاصهٔ عربی‌آن این است، نخستین‌کسی که فرمود روی نقره سکهٔ اسلامی زدند، خلیفه علی علیه‌السلام بود در بصره درسال ۴۰هجری.

و در جزء اول از مجلد ۴۹ ص ۵۸ از مجلهٔ المقتطف مصری چنین است: در خلافت حضرت علی‌کرم‌الله وجهه بردایرهٔ سکه‌ای که درسال ۳۷ زده شد بخط کوفی نوشته بود: «ولی‌الله» م . ص .

کرد حجاج‌بن یوسف‌بود، بعضی روایت کرده‌اند که‌مردی نزد سعیدبن مسیب آمد و گفت: دیدم که گویا موسی پیامبر برساحل‌دریاایستاده‌پای مردی را گرفته بود و اورا می‌چرخاند چنانکه جامه‌شوی جامه‌را می‌چرخاند، پس او را سه بار بچرخ انداخت و سپس میان دریا افکند. سعید گفت: اگر خواب تو راست باشد، عبدالملك تاسه‌روزدیگرخواهد مرد، روزسوم‌سپری‌نشد که خبرمرگ عبدالملك رسیدوآن مردبه‌سعید گفت: این‌سخن را از کجا گفتی؟ گفت: برای آنکه موسی فرعون را غرق کردوفرعون این‌زمان را جزعبدالملك نمی‌دانم.

دردوران عبدالملك، درسال ۷۲ حجاج‌بن‌یوسف امیرحاج بود؛ در سال ۷۳ و ۷۴ نیزحجاج؛ درسال ۷۵ عبدالملك‌بن‌مروان؛ درسال ۷۶ ابان‌بن عثمان‌بن‌عفان؛ در سال ۷۷ نیزابان، درسال ۷۸ و ۷۹ وسال ۸۰ نیزابان؛ درسال ۸۱ سلیمان‌بن عبدالملك؛ درسال ۸۲ [ابان‌بن‌عثمان؛ درسال ۸۳ هشام‌بن اسماعیل مخزومی؛ در سال ۸٤] وسال ۸۵ نیزهشام‌بن اسماعیل مخزومی.

در حکومت عبدالملك درسال ۷۵ محمدبن مروان بجنگ رومیان رفت و رومیان بر اعماق[1] تاختند، و ابان بن ولیدبن عقبة‌بن ابی معیط و دیناربن دینار آنان‌را کشت؛ درسال ۷۶ یحیی‌بن حکم درمرج‌الشحم[2] میان ملطیه[3] و مصیصه[4] با رومیان جنگید؛ درسال ۷۷ ولیدبن عبدالملك‌به‌اطحار لشکر کشید و غزوهٔ او از ناحیهٔ ملطیه‌بود؛ و [در] دریااحسان‌بن نعمان بجهادرفت[.....] در سال ۸۲ عبدالله[5] نیز، ومصیصه رافتح کرد ودرآن قلعهٔ کوچکی ساخت[6].

۱ـ اعماق که بآن‌عمق‌نیز گویند، ناحیه‌ای‌است میان شام وروم. ۲ـ شحم: شهری از شهرهای روم‌نزدیك عموریه‌که‌بآن‌مرج‌الشحم گفته‌می‌شود(مراصد). ۳ـ ازشهرهای‌روم، نزدیك شام، از بناهای اسکندر که‌مسجدجامعش ازبنای صحابه‌است (مراصد). ۴ـ بتشدید صاداول و بتخفیف هردو صاد: شهری در ساحل جیحان از مرزهای شام میان انطاکیه و بلاد روم (مراصد).
۵ـ عبدالله‌بن‌عبدالملك. ۶ـ ر.ك. فتوح‌البلدان ص۱۸۹، تاریخ‌طبری‌ج۵ ص۱۸۵.

فقهای دوران عبدالملک عبارت بودند از: عبدالله بن عباس، عبدالله بن عمر، مسور بن مخرمۀ زهری، سائب بن یزید، ابوبکر بن عبدالرحمان، حارث بن هشام، خارجة بن زید بن ثابت، سعید بن [مسیب]، عروة بن زبیر، عطاء بن یسار، قاسم بن محمد، ابوسلمة [بن] عبدالرحمان بن عوف، سالم بن عبدالله، قبیصة بن جابر، عبیدة بن قیس سلمانی، شریح ابن حارث کندی، عبدالرحمان بن ابی لیلی، عبدالله بن یزید خطمی، زید بن وهب همدانی، حارث بن سوید تمیمی، مرة بن شراحیل همدانی، ابوجحیفه وهب بن عبدالله عامری اسدی، یسیر بن عمرو سلولی، ابوالشعثاء سلیمان بن اسود، اسود بن مالک حارثی، ابن حراش عبسی، عمرو بن میمون اودی، عامر بن شراحیل شعبی، عبدالرحمان یزید نخعی، سالم بن ابی الجعد، عمار بن عمیر لیثی، ابراهیم بن یزید تیمی، ابوظبیان حصین بن جندب، سلیمان بن یسار، ابوالملیح بن اسامه.

دوران ولیدبن عبدالملک[1]

سپس ولیدبن عبدالملک‌بن مروان که مادرش : ولاده دختر عباس بن جزء عبسی‌بود درنیمهٔ شوال سال۸۶درهمان روزی که عبدالملک‌درگذشت، بزمامداری رسید . خورشید در آن روز درمیزان بود، ۱۵ درجه و۵۰ دقیقه ؛ و قمر درحمل ، ۲۸ درجه و ۵۰ دقیقه ؛ و زحل در ثور،۲۴ درجه و ۳۰ دقیقه در حال رجوع ؛ و مشتری دردلو، ۲۶درجه و۳۰ دقیقه درحال رجوع ؛ و مریخ درقوس،۲۱ درجه و ۳۰ دقیقه ؛ و زهره درعقرب،۱۵درجه و۳۰دقیقه؛ وعطارد درمیزان ، ۱۰ درجه و ۴۰ دقیقه .

ولید بالای‌منبر رفت ومرگ‌پدرش‌را اعلام کرد و گفت : ای مردم‌برشماباد بفرمان بردن وهمراهی‌با جماعت چه‌هر کس (مخالفت) خود راآشکار سازد سرش را ازتن دور کنم وهر کس خاموش ماند با اجل خویش بمیرد. سپس فرود آمدو برادرخود مسلمه‌را فرمانده جنگ با رومیان ساخت و او هم با سپاهیان بسیاری رهسپارشدوجراجمهٔ انطاکیه‌را یافت که‌سر بمخالفت‌برداشته‌اند وازایشان کشتاری عظیم کرد .

ولید خبرمرگ پدرش عبدالملک را به‌حجاج نوشت ، پس حجاج مردم را بنمازهمگانی فراخواند سپس بالای منبررفت وعبدالملک را یاد کرد وبنیکی‌نام

۱ـ ل: ص ۳۳۸ .

برد و کارش را ستود و گفت: بخدا قسم مردی بودکاردان ، چهارم زمامداران راه یافتهٔ هدایت شده ، و اکنون خدا آنچه را نزد خودش هست برای وی برگزید و کسی را بجانشینی خود برگزید که در بزرگواری نظیر او و در دور اندیشی و مردانگی و بپای داشتن امر خدا مانند اواست ، پس بشنوید و فرمان برید .

ولید عمربن عبدالعزیز را والی مدینه کرد و دستور داد که هشام بن اسماعیل را در نظر مردم باز دارد و هشام روش بد در پیش گرفته، در احکام بیداد کرده و بر آل پیامبر ستم ورزیده بود، پس چون عمر به مدینه رسید ، هشام گفت: جز از علی بن الحسین بیم ندارم . اما علی بن الحسین بر او گذشت و سلام کرد . پس هشام او را گفت : الله اعلم حیث یجعل رسالته[1] ، « خدای بهتر داند ، پیامبری خویش را کجا قرار دهد . » و سعید بن مسیب نیز متعرض او و هیچیك از بستگان و طرفدارانش نگردید .

رسیدن عمربن عبدالعزیز به مدینه در سال ۷۸ بود و سی شتر بار و بنه داشت . ولید از مردم مدینه سپاهی خواست و به عمر نوشت و او هم دو هزار مرد از آنان بیرون فرستاد .

ولید مسجد دمشق را بنا کرد و در بنای آن مالهای بسیاری صرف شد و ساختمان آن را در سال ۸۸ آغاز کرد و به عمر بن عبدالعزیز نوشت که مسجد پیامبر خدا را خراب کند و منزلهای پیرامون آن و حجره های زنان پیامبر را در آن داخل نماید ، عمر حجره ها را خراب کرد و در مسجد داخل نمود و چون دست بخراب کردن حجره ها برد خبیب بن عبدالله بن زبیر در حالی که حجره ها کوبیده می شد، پیش عمر برخاست و گفت : ای عمر تو را بخدا قسم ، مباد آیه ای از کتاب خدا از میان برود که می گوید: ان الذین ینادونك من وراءالحجرات[2] ، « همانا

۱- س ۶ ی ۱۲۵ .   ۲- س ۴۹ ی ۴ .

کسانی که از پشت حجره‌ها تو را صدا می‌زنند.» پس عمردستور داد که اورا صد تازیانه زدند رآنگاه آب سرد براوریختند تا مرد. و روزی سرد بود. روزی که عمربخلافت رسید وبآن زهدی که داشت آراسته گشت، می گفت: که خبیب را بمن می‌رساند؟ واقدی روایت کرده است که ولیدنزد پادشاه روم فرستاد وباوخبر داد که مسجد پیامبر خدا را خراب کرده است و باید او را کومك دهد، پس صد هزارمثقال‌طلا وصدکارگروچهل‌بارفسیفساء[1] برای وی فرستاد و ولید همه را نزد عمرفرستاد تا مسجد را بآن اصلاح کرد ودرسال۹۰ ازبنای‌آن فارغ گشت.

ولید سی‌هزار دینارنزد خالدبن عبدالله قسری فرماندار مکه فرستاد و آنها را بصورت تخته‌های‌نازك پهن درآوردند و بردر کعبه و ستون‌های داخلی وارکان کعبه وناودان زدند و ولید نخستین کسی در اسلام بود که کعبه را زرنگار کرد.

ولید درسال۹۱ حج گزارد تا خانه ومسجد و اصلاحاتی که درآن شده‌است وکعبه و زرنگاری آن را بنگرد و چون به‌مدینه رسید، عمربابزرگان مدینه باستقبال وی بیرون رفت. ولید بمسجد درآمد و بآن می‌نگریست و نگهبانان‌هر که را درمسجد بود بیرون کردند، بجز سعیدبن مسیب که بیرون نرفت و از جا حرکت نکرد، پس ولید درآمد و مشغول گشتن شد و سعیدبن مسیب همچنان نشسته بود؛ سپس ولید گفت: گمان می کنم این سعیدبن مسیب است؟ عمر گفت: آری و نیکمردی است جز آنکه چشمش ضعیف است. ولید آمد تا بر سر او ایستاد و گفت: ای پیر مرد، چگونه‌ای؟ بازهم حرکت‌نکرد و گفت: ای امیر مؤمنان، ماکه خوبیم، تو چطور؟ولید بازگشت و می گفت: باقیماندهٔ مردم همین است.

ولیدمیان‌اهل مدینه تقسیمهای بسیار کردودر مدینه نمازجمعه بجای‌آورد و سپاهیان را دو صف کرد و در جبه‌ای و کلاهی بدون ردا نماز گزارد و نشسته

۱ ــ پاره سنگهای رنگارنگ مرمرکه بااشکال مختلف باهم‌ترکیب می‌شود.

سپس قتیبه خود و خواهرزاده‌اش را گـردن زد و سرهـای آندو را نزد حجاج فرستادو زن نیزك را گرفت وچون بااوخلوت نمود ، گفت: چه‌قدر توئادانی ! آیا گمان می کنی باآنکه شوهرم را کشته و پادشاهیم را ربوده‌ای ، با توخو خواهم گرفت؟ پس اورا رها کردو گفت : بهر کجاخواهی رهسپارشو.

سپس قتیبه رهسپارسغد گردید و زمامدار سغد با وی روبرو شد، پس چند روزی با اونبرد کرد وسپس روی بگریز نهاد و قتیبه‌هم در اثرفرا رسیدن زمستان باز گشت .

حجاج باو نوشت که رهسپارسیستان شود و با رتبیل بجنگد ، و در سال ۹۲ روبراه نهاد تا به‌زالق[1] سیستان رسید وسپس‌روبه‌رتبیل نهاد، رتبیل‌نزدوی فرستاد که ما با شما صلح کرده بودیم وشما هم صلح‌را پذیرفته‌اید ، اکنون شما را چه پیش آمد است که آن را بهم می‌زنید ؟ قتیبه بوی پاسخ داد که حجاج آن را نپذیرفت . رتبیل باو پیام داد که اگرصلح را بپذیرید ، بیشتر بصلاح شما است وگرنه امیدواریم که برشما پیروز گردیم . قتیبه بهمراهان خود گفت : این راه بدمیمنتی است که عبداللّه‌بن امیه وپسرابی‌بکره وچندین نفردرآن بهلاك‌رسیدند وماهم ایمن نیستم از حیله‌هایی که رتبیل بکار می‌برد ، از آتش زدن خوراکی و علوفه وگرفتن قلعه‌ها و بیابان[2] وحمل‌آنچه[3] [..... پس قتیبه والی (سیستان)قرار داد] عبدربه‌بن‌عبداللّه‌بن عمیرلیثی‌را وقتیبه خود به‌خوارزم رفت وسعیدبن ونوفار آنجا بود وعامل قتیبه را کشته بودند ، پس صدهزاراسیر گرفت وسعیدبن و نوفار را محاصره کرد تا اورا کشت وچون کارآن بلاد را روبراه کرد وبا غنیمتهایی که ماننـدآن شنیده نشده بود، باز گشت وسپاهیانش خواستند با آنچه دردست دارند

۱ـ روستای‌بزرگی‌ازنواحی‌سیستان(مراصد). ۲ـ ن : دربیابان. ۳ ـفتوح‌البلدان ص ۳۹۱ : سپاهیان پیشنهاد قتیبه‌را پذیرفتند،سپس قتیبه به‌خراسان بازگشت ... و پسرعبداللّه‌بن عمیرلیثی برادرمادری عبداللّه‌بن‌عامر را درسیستان جانشین‌گذاشت. ر.ك. تاریخ طبری ج۵ ص۲۴۶.

بوطنهای خویش باز گردند، قتیبه بخطبه ایستاد و فرصتی را که داشته‌اند بیاد ایشان داد وبآنان اعلام کرد که حق بازگشتن ندارند وعبدالله‌بن ابی‌عبدالله کرمانی را بفرمانداری خوارزم جانشین گذاشت.

سپس قتیبه رهسپار سمرقندشد وغوزك، طرخون پادشاه‌سغدرا کشته‌وبرشهر مسلط‌شده‌بود، وچون‌قتیبه رسید با او جنگید ومیان‌آنان‌جنگهای‌سختی روی‌داد وقتیبه‌طرفدارصلح‌بود، وغوزك‌را پیام‌فرستاد و اورا بصلح دعوت نمود. پس بمردم سمرقند گفت: با اینان برچه‌صلح کنیم با اینکه جزدومرد بشهرما درنمی‌آیند، یکی ازآن دو: قیل و دیگری نامش اکاف[1] است. پس قتیبه و مسلمانان تکبیر گفتند و گفتند: امیرما نامش‌قتب‌البعیر[2] است، و دشمن تن به‌صلح‌داد که قتیبه در آید ودور کعت نمازبخواند، پس ازدروازهٔ کش داخل شد و ازدروازهٔ چین بیرون رفت و غوزك پادشاه سمرقند برای ایشان خوراك تهیه دید و قتیبه و همراهانش خوردند وآنگاه برای ایشان صلحنامه نوشت: این چیزی است که قتیبةبن مسلم وغوزك اخشید سغد، وافشین سمرقند، برآن صلح کردند. برسغدوسمرقند و کش و کسف[3]؛ قتیبه با غوزك صلح کرد که درسر[هرسال] سه هزاردرهم بپردازد، واو را بعهدوپیمان خدا و پیمان امیرحجاج‌بن یوسف، مطمئن ساخت. و گواهانی برآن گرفت وآن درسال ۹۴ بود.

قتیبه، برادرخود عبدالرحمان‌بن مسلم را بفرمانداری سمرقند برگزید و مردم‌سمرقندبااومکر کردندوخاقان پادشاه‌ترك برسر اوآمد واوهم به‌قتیبه‌نوشت، قتیبه توقف کرد تا زمستان برگذارشد وسپس بجنگ خاقان‌شتافت‌ولشکرترك را شکست دادوخراسان برای اوروبراه گشت.

حجاج همهٔ فرزندان مهلب[از جمله] یزیدبن مهلب را که قتیبه نزدوی

۱ـ اکاف، پالان. ۲ـ جهازشتر. ۳ـ قریه‌ای‌ازنواحی‌سغد(مراصد). ر.ك. فتوح‌البلدان ص ۴۱۱.

فرستاد بامطالبهٔ شش میلیون درهم حبس کرد و آنان رابرای پرداختن آن سخت شکنجه می‌داد، پس چون گرفتاری وشکنجهٔ خود را دیدند از او خواستار شدند که بازرگانان را نزد ایشان آورد تا دارایی واملاك خود را بفروشند، و خوراك بسیاری تهیه کردند ومردم و گروهی ازبازرگانان برایشان درآمدند ودرمحبس نزدایشان غذا خوردند ؛ آنگاه داخل جمعیت مردم شدند و همراه ایشان بیرون رفتند و یزید که جوان بود ، ریش بزرگ دراز زردی برای خود ساخته بود ، سپس خود وبرادرانش براسبهایی که‌پیش دستورداده بود، نشستند و به‌شام رفت و برسلیمان‌بن عبدالملك درآمد وبا او سخن گفتند، ونزد عبدالعزیزبن ولید رفت و او نزد ولید دربارهٔ ایشان شفاعت کرد تا امانشان داد و احضارشان کرد و برنصف آن مبلغ که‌سه‌میلیون[1] درهم بود با ایشان صلح کرد. پس گفتند: بشرط آنکه از بستگان شامی خود کمك بگیریم. گفت: اختیارباشما است . پس قسطی را یمنیان دمشق از مقرری خود ، وقسطی دیگر را بقیهٔ مردم شام ، از طرف ایشان بعهده گرفتندو دردربارولید اقامت گزیدند و ولید به‌حجاج نوشت که زندانیان مربوط بایشان راآزاد کند ، پس همهٔ آنان راآزاد کرد.

حجاج درسال۹۲ محمدبن قاسم‌بن محمدبن حکم‌بن ابی‌عقیل ثقفی‌را به‌سند فرستاد و اورا دستور داد که درشیراز فارس بماند تا وقت مناسب برسد . محمد به‌شیرازآمد وشش ماه‌آنجا بماند ، سپس‌با شش‌هزارسوار رهسپارشد تا به‌مکران آمد وآنجاهم درحدود یکماه توقف کرد و سپس بسوی فنزبور[2] که مردم آن لشکرفراهم ساخته بودند ، پیش رفت و چند ماه با ایشان جنگید ، سپس‌آن را فتح کردو اسیر گرفت وغنیمت بدست‌آورد .

۱ـ ن:سه‌هزاردرهم. ۲ـ فتوح‌البلدان‌ص۴۲۴،کامل‌ج ۴ ص۱۱۱؛قنزبور ؛ تاریخ الخلفا ص۲۲۴ ، قتربون.

سپس بسوی ارمائیل[1] پیش‌رفت و چند روزی با آنان نبرد کرد وسپس آن را فتح نمود و چند ماه آنجا اقامت گزید؛ سپس با لشکری عظیم بسوی دیبل رهسپار شد تا بشهر آمد و سپاهیان را آماده ساخت وراه نفس بر دشمن گرفت و چندین ماه با ایشان جنگید و آنان را بتی‌بود که آن‌را پرستش می کردند و ارتفاع آن چهل ذراع بود و آن را بامنجنیق هدف قرار داد و درهم شکست، سپس نردبانها بر بارهٔ شهر نهاد و مردان را بالا فرستاد و شهررا بزور گشود و جنگیان را کشت و برای بتی که آن را پرستش می کردند، هفتصد خادم یافت واز آن مالهای فراوان بدست آورد. چون دیبل را که از همه شهرهای ایشان بزرگتر بود گشود، مردم دیگرشهرها درمقابل او رام شدند و ازدیبل رهسپار نیرون[2] شد وباآنان صلح کرد وضمن نامه‌ای ازحجاج اجازهٔ پیش‌روی خواست، حجاج باو نوشت که پیش‌رو وهرچه را فتح کردی توخود بر آن امیری. و به‌قتیبة‌بن مسلم عامل خراسان نیز نوشت که هر کدام از شما دو نفر بسوی چین سبقت گیرد فرمانروای آن و دیگری خواهد بود. محمدبن قاسم پیش رفت و بهیچ سرزمینی نمی‌رسید مگر آنکه بر آن غالب می‌شد و برشهری عبور نمی کرد مگر آنکه آن را بصلح یابزورمی گرفت و ازرودسند که نزدیك مهران[3] است عبور کرد وبسوی سهبان[4] رهسپار شد وآن را فتح کرد، سپس بسوی رودخانهٔ مهران پیش رفت و چون داهر[5] پادشاه سند ازرسیدن وی خبر یافت، لشکری گران بجنگ وی فرستاد و محمدبن قاسم با آن سپاه روبرو شد وآنان را شکست داد وداهر خود بجنگ وی آمدوچندماهی

۱- ارمئیل وارمائیل: شهری است بزرگ میان مکران ودیبل در سرزمین سند و تا دریا نیم فرسخ فاصله دارد (مراصد).

۲- مراصدالاطلاع: نیروز: شهری است از نواحی سند، در نیمه راه میان دیبل ومنصوره وتا دیبل چهار مرحله فاصله دارد. فتوح البلدان ص ۴۲۵: بیرون.

۳- مهران، نام نهر سند است، وسندرود: نهر دیگری است آنجا.

۴- فتوح ص ۴۲۵: سهیان. کامل ج ۴ ص ۱۱۱: سهبان.

۵- کامل ج ۴ ص ۱۱۱: داهربن صصه.

محمد بروی وی ایستاد ودراین میان که بروی هم ایستاده بودند، داهر سوار بر فیل بجنگ وی آمد ونبردی سخت میان آن دو در گرفت و ازدوسپاه کشته شد و فیلی که داهر سوار او بود تشنه شد وبر فیلبانش چیره گردیدتاپیاده‌شدوداهر فرود آمد وروی زمین نبرد کردتا کشته شد[1] ولشکرش هزیمت یافت ومسلمانان فاتح شدندومحمد مژدهٔ فتح را به‌حجاج نوشت وسرداهررا نزد وی فرستاد ودربلاد سند پیش رفت و یکی پس‌ازدیگری گشود وشهری پس ازشهری فتح نمود تادر کنار اور[2] که [از] بزرگترین شهرهای‌سند بود فرودآمدوآنان را سخت محاصره کرد ونمیدانستند که داهر کشته شده و چون محمدبن قاسم ایشان را بستوه آورد، زن داهر را نزدآنان فرستاد و او بایشان گفت که شاه کشته شده، پس امان بخواهید، ناچار امان خواستندوتسلیم فرمان‌محمد شدند و دروازهٔ شهررا بروی‌او گشودندومحمد بشهر درآمد و سپس در آن جانشین گذاشت و دربلاد پیش رفت و شهر بشهر را می گشود. سپس به‌حجاج نوشت که من به‌امیرالمؤمنین ولید نوشتم و برای او ضامن شدم که برابرآنچه خرج کرده‌ام [به] بیت‌المال بازگردانم؛ پس‌مرا از ضمانت وی درآور. وبیش ازآنچه خرج کرده بود، نزدوی فرستاد.

محمدبن قاسم در بلاد سند اقامت داشت تا ولید درگذشت و سلیمان‌بن عبدالملك بزمامداری رسید و محمدبن‌قاسم درموقعی که دربلاد سندوهندبجنگ پرداخت‌وفرماندهی لشکرهایی‌را بعهده‌داشت وفتوحاتی بردست وی‌بانجام‌رسید، ۱۵ ساله بود، پس زیاد اعجم گفت:[3]

ان‌الشجاعة[4] والسماحة والندی لمحمد بن القاسم بن محمد

قادالجیوش لخمس عشرة[5] حجة یا قرب ذلك سوددامن مولد

۱ـ فتوح‌البلدان ص۴۲۶؛ ابن کلبی گفته‌است‌که کشندهٔ داهر، قاسم‌بن‌ثعلبة‌بن عبدالله بن‌حصن طائی‌بود.
۲ـ ناحیه‌ای‌درسنددرکنارنهرمهران‌درساحل‌دریا، شهری که‌میان‌آن‌وملتان در حدود چهارمرحله‌است (مراصد).
۳ـ فتوح، حمزةبن‌بیض حنفی.
۴ ـ فتوح، ان المروءة.
۵ ـ فتوح، لسبع‌عشرةحجة.

«همانا دلیری و بخشندگی و کرم، برای محمدبن قاسم‌بن محمد است؛ پانزده ساله بود که فرماندهی لشکرها را بعهده گرفت؛ راستی این سپهبدی چه قدر بولادت نزدیك بود».

ولیدضمن نامه‌ای به‌خالدبن‌عبدالله قسری عامل خود برحجاز دستورداد که هر کس راازمردم دوعراق درحجازاست بیرون کندونزد حجاج‌بن یوسف فرستد. پس خالدعثمان‌بن حیّان مرّی را به‌مدینه فرستاد تاهر کس را ازمردم دو عراق در مدینه باشد اخراج کند واوهم همهٔ آنان وبستگانشان را درغل جامعه نزدحجاج فرستاد وبازرگانان و غیربازرگانی باقی نگذاشت و اعلام کرد که هر کس‌عراقیی را جای دهد درامان نیست، وباو خبرنمی‌رسید که یکنفر عراقی در خانهٔ کسی‌از مردم مدینه است مگرآنکه اورا بیرون می کرد.

ولیددرسال۹۵ به‌حمیمهٔ شراة[1] جزء استان دمشق بیرون رفت وجهتش آن بود که مادر سلیط بن‌عبدالله‌بن عباس به‌ولید شکایت کرد که علی‌بن عبدالله پسر او را کشته ودرباغ منزل خود دفن کرده وروی(قبر) او سکویی بنا کرده است، پس ولید اورا بازخواست کرد وباو گفت: آیا برادرت را کشتی؟ گفت: برادرم نبود، بنده‌ام بود که اورا کشتم. و عبدالله‌بن عباس بفرزندش علی وصیت کرد که سلیط را ارث بدهدوزن ندهد و گفت: من خود داناترم که اوازمن نیست، لیکن میراث را ازاودریغ نمی‌دارم. علی‌بن عبدالله درحمیمه منزل کرد و پیوسته آنجا بود تا فرزندانی برای وی تولد یافت وصاحب‌زنان وفرزندان شد وبیست وچندپسربرای اومتولد شدند که بیشترشان در زندگی او مردند و فرزندانش پیوسته در حمیمه بودند تا خدا سلطنت بنی امیه‌را ازمیان برداشت.

در این سال یعنی سال ۹۵ حجاج‌بن یوسف که ۵۴ ساله بود و بیست سال

---

۱ ـ ناحیه‌ای در شام میان دمشق و مدینة الرسول که قریهٔ معروف به «حمیمه» در آن واقع است.

امیری عراق داشت ، بمرد وولید، یزیدبن ابی‌مسلم را بجای وی بکار گماشت و سپس یزیدبن ابی کبشهٔ سکسکی را بجای اونهاد.

ولید غلط بسیار می گفت و بکم خردی و نادانی معروف بود و می گفت : خلیفه‌ای را شایسته نیست که قسم داده شود ، و نباید او را بدروغ گویی نسبت دهند ، ونباید کسی اورا بنامش بخواند . و بر آن عقوبت کرد . و نخستین کسی بود که بیمارستان برای بیماران ، ومهمانخانه ساخت، ونخستین کس بود که برای کوران‌وبینوایان‌وجذامیان‌مقرری‌خواروباربرقرار کرد،واز کسانی بود که کشتن گنهکاران‌را بدعت نهادودفتریان راشمردوازآنان‌مردم بسیاری راکه شماره‌شان به‌بیست‌هزاررسید ، انداخت ؛ و نخستین کس‌بود که‌خوراك‌دادن‌درماه‌رمضان رادر مساجد مقررداشت . وروزدوشنبه وپنجشنبه را روزه گرفت وبرآن مداومت کرد ونخستین کس بود که ببهتان و گمان گرفت و با آن دو، مردان را کشت ، ومیزان وصولی خراج دردوران او پائین آمد و چیز بسیاری وصول نشد و حجاج از تمام عراق‌جز بیست و پنج میلیون درهم نفرستاد ، ودرحکومت او درسال۹٤ زمین لرزه‌هایی بود که هرچیزرا ویران ساخت وچهل روزدوام کرد .

غالب‌برولید، فازی‌بن‌ربیعهٔ حرشی بود؛ و قاضی‌اودر کوفه، شعبی ؛ و رئیس پلیس او ابوناتل رباح‌بن عبد غسانی ؛ سپس اورا برداشت و کعب‌بن‌حامد عبسی را بکار گماشت ؛ و رئیس نگهبانان او خالدبن دیان مولای محارب ، و حاجب او غلامش سعید .

ولید چهارده‌شب گذشته‌ازجمادی‌الاولی سال۹٦ وبقولی سلخ‌جمادی‌الآخره در٤۳ سالگی و بقولی ٤۹ سالگی در گذشت و دوران او نه سال وهشت ماه و نیم بود وعمربن عبدالعزیز براونماز گزاردومرگ اودردیرمرّان بود ودردمشق بخاك سپرده‌شد .

ولیدشانزده‌پسر بجای گذاشت : محمدوعباس و عمروبشرو روح وخالد و تمام

و مبشر و جری و یزید و عبدالرحمان و ابراهیم و یحیی و ابو عبیده و مسرور و صدقه.

دردوران ولید، درسال ۸٦ هشام‌بن اسماعیل برای مردم حج گزارد، و در سال ۸۷ عمربن عبدالعزیز، درسال ۸۸ خود بحج رفت، درسال ۸۹ وسال ۹۰ عمربن عبدالعزیز، در سال ۹۱ خود حج گزارد، درسال ۹۲ وسال ۹۳ عمربن عبدالعزیز، [درسال ۹٤ مسلمة‌بن‌عبدالملك] درسال ۹۵ ابوبکربن محمدبن عمروبن حزم.

دردوران اودرسال ۸٦ مسلمه بجنگ رومیان رفت و دوقلعه فتح کرد، در سال ۸۸ [......[1]] مسلمه وعباس‌بن‌ولید، پس قلعهٔ سوریه[2] را فتح کردند و عباس ادرولیه را فتح کرد، درسال ۹۰ عبدالعزیزبن ولید وقلعه‌ای را فتح کرد، درسال ۹۱ عبدالعزیربن [ولید....[3]] محمدبن‌مروان، و[4] موسی‌بن نصیر به‌اندلس لشکر کشید، در سال ۹۳ عباس‌بن ولیدومروان بن ولید و مسلمه، پس اماسیه و قلعهٔ حدید را فتح کردند، درسال ۹٤ عباس و عمرپسران ولید، در سال ۹۵ عباس که قبرس را فتح کرد، درسال ۹٦ بشربن ولید.

فقهای دوران‌ولیدعبارت بودند از: عبدالرحمان‌بن‌حاطب، سعید[بن‌مسیب] عروةبن زبیر، عطاء بن یسار، ابوسلمةبن عبدالرحمان، قاسم‌بن محمد، سعیدبن جبیر، مجاهدبن جبیرمولای بنی‌مخزوم، عکرمه مولای ابن عباس، حکیم‌بن‌ابی حازم شقیق بن سلمه، ابراهیم بن یزید نخعی، عامر شعبی، سالم بن ابی‌الجعد، ابواسحاق سبیعی، ابوایوب ازدی، ابوتمیم حمینی، حسن‌بن‌ابی‌الحسن، محمد

۱ـ مسلمةبن عبدالملك و عباس‌بن‌ولیدبن عبدالملك وقلعه‌ای ازقلعه‌های روم‌را بنام طوانه، فتح‌کردند، درسال۸۹ (ر.ك. تاریخ‌طبری‌ج۵ص۲۲۱ـ۲۲۴).

۲ـ جایی‌درشام‌میان‌خناصره‌وسلمیه.

۳ ـ و فرمانده سپاه مسلمةبن عبدالملك بود، و در همین سال مسلمه بجنگ ترکان رفت وبه دربند آذربایجان‌رسید وبردست‌اوشهرهاوقلعه‌هاگشوده شدودراین سال‌موسی‌بن نصیراندلسی لشکرکشید وبر دست او شهرها وقلعه‌ها گشوده شد.

۴ـ درسال ۹۲مسلمة بن عبدالملك وعمربن ولید بخاك روم لشکرکشیدندوبردست مسلمه سه‌قلعه‌فتح‌گردید، ودراین‌سال‌طارق‌بن‌زیادمولای ... (ر.ك. تاریخ طبری‌ج۵ ص ۲۳۵ ـ ۲۴۵).

ابن‌سیرین، ابوقلابه عبدالله‌بن [زید]، سلیمان‌بن‌یسار، مورّق عجلی، سنان‌بن‌سلمه، ابوالملیح‌بن اسامهٔ هذلی، علاءبن زیاد، ابوادریس، رجاءبن حیوه .

ولید بلندبالا و گندم‌گون و اندکی آبله‌رو بود و جز چندموی سفید که در جلو ریش او بود، در سر و ریشش موی سفیدی نداشت و بینی او پهن بود .

دوران سلیمان‌بن عبدالملک[1]

سلیمان‌بن عبدالملک‌بن مروان که مادرش: ولاده دختر عباس‌بن جزءِ[2] عبسی است ، درنیمهٔ جمادی الاولی سال۹۶ بزمامداری رسید . خورشید در آن روز در حوت بود ، ٦ درجه و٤٠ دقیقه؛ و قمر در سنبله ، ١٦ درجه و ٢٠ دقیقه در حال رجوع؛ ومشتری درقوس، ٢٥درجه و ٤٠دقیقه؛ ومریخ‌دردلو، ١١ درجه و٣دقیقه؛و زهره درحوت، ١٥ درجه‌و١٩ دقیقه؛ وعطارددرحوت ٥درجه‌و٥٠دقیقه؛ و رأس در اسد، ١٣درجه و١٥ دقیقه.

خبر خلافت در رمله[3] بوی‌رسیدو آنجامنزل‌داشت ومسجدجامع‌وکاخ امارت رمله را او ساخت ومردم را ازلدّ[4] بآنجا منتقل کرد ، لدّ شهری بود که مردم در آن سکونت داشتند پس آنان را مجبورساخت که خانه‌های خود را درلدّ ویران کنند و در رمله بسازند و هر کس را زیر بار نمی‌رفت شکنجه داد و خانه‌هاشان را خراب کرد و خوار و بار را از ایشان قطع کرد تا منتقل شدند ولد را ویران ساخت .

درهمان روزی که ولیدبن عبدالملک مرد، عمربن عبدالعزیز دردمشق برای سلیمان بیعت گرفت ، پس به‌دمشق آمد و اندکی آنجا اقامت گزید . سلیمان

۱ـ ل ؛ ص۳۵۱. ۲ـ بن‌حارث. ۳ـ شهری‌درفلسطین که‌مرکز آن بوده است و میان آن وبیت المقدس دوازده میل‌فاصله است (مراصد). ۴ـ قریه‌ای نزدیک بیت‌المقدس از نواحی‌فلسطین (مراصد) .

خواست بحج رود پس به‌خالدبن عبدالله عامل مکه نوشت و به‌اودستور داد تا برای وی چشمهٔ آب شیرینی را که ازثقبه[1] بیرون می‌آید، جاری کند تا میان زمزم ورکن‌حجرالأسودظاهرشودوبدان‌برزمزم افتخار کند. پس خالدحوضی را که در دهان ثقبه است وبآن «برکةالقسری» گفته می‌شود و تا امروز در پای کوه ثبیر[2] باقی است، با سنگ نقاشی شده ساخت وآبش را ازهمان‌جا استخراج کرد. سپس [از]آن حوض چشمه‌ای راکه درلوله‌ای ازقلع تا مسجدالحرام جاری می‌شود، شق نمود تا آن را در فواره‌ای که در حوض مرمری میان رکن و زمزم می‌ریزد ظاهر کرد وچون جاری شد وآبش ظاهر گردید خالد دستور داد شترانی درمکه کشتند ومیان مردم بخش کردندوخوراکی تهیه کرد ومردم را بدان دعوت نمود، سپس جارچیی راگفت تا مردم را بنماز همگانی فراخواندآنگاه بالای منبررفت وگفت : ای مردم خدا را ستایش کنید و برای امیر مؤمنان که شما را پس از آب شوری که نوشیده نمی‌شد،ازآب‌شیرین‌سیراب کرد، دعاکنید. و مرادش بآب شور،زمزم‌بود.لیکن‌دونفربرسرآن‌آب‌فراهم نمی‌شدندوبرای‌آشامیدن‌زمزم‌بیش‌از پیش ازدحام می‌شد وچون خالد چنان‌دید، بخطبه ایستاد و ازمردم‌مکه بدگویی کرد و باسخنی زشت‌آنان را بر نیاشامیدن آن‌آب و روی آوردن به‌زمزم‌سخت ملامت نمودوپیوسته دردوران بنوامیه آن حوض بحال خود باقی بود وچون امر (خلافت)به‌بنی‌هاشم‌رسید، داودبن علی بارسیدن به‌مکه‌آن را ویران کرد. خالد جزاندك زمانی درمکه نماند که سلیمان بر او خشم گرفت و او را از کار برکنار کرد وطلحةبن داود حضرمی را برسرکارآورد[3] و باو دستورداد تا خالد را بسبب

۱ـ کوهی میان حراء وثبیردرمکه. ۲ ـ کوهی درمکه‌که‌آن را ثبیرالاعرج وحراء را ثبیرغینی‌می‌گویند. ۳ـ سال۹۶.

آنکه بزنی ازقریش بزشتی بهتان زده‌بود ، تازیانه زند، وازاو بازخواست کندواو را بزنجیر کشیده بفرستد.

و عثمان‌بن حیان مرّی عامل مدینه را عزل کرد و ابوبکر [بن محمد]بن عمروبن حزم‌را بکارگماشت[۱] و او عثمان[بن] حیان را دوحد زد ؛ یکی برای میگساری و دیگری برای بهتان زدن به‌عبدالله‌بن عمروبن عثمان‌بن عفان.

سلیمان بر موسی بن نصیرلخمی عامل افریقا و فاتح اندلس و آنچه بدان وابسته است، خشم گرفت وموسی پیش ولیدآمده بود واورا سخت رنجوریافت و جزچند روزی نماندکه مرد و طارق مولای موسی از مولای خود نزد سلیمان بدگویی کرد،پس‌سلیمان‌تمام مال اورا گرفت وصدهزاردینارازوی‌مطالبه کرد.

موسی گفت: هنگامی که روی‌کارشما آمدم ، اسبی و پوستینی و شمشیری داشتم، اکنون، هم همان را بمن‌دهید وخود دانیدو بقیه.

سلیمان، محمدبن‌یزید مولای قریش راوالی مغرب قرارداد واورا امر کرد تا ازموسی وفرزندان وهمراهانش تعقیب کند.

سلیمان ، یزیدبن مهلب را پیش داشت واو را برگزید و باو نیکی کرد[۲] و یاران حجاج‌بن یوسف وموسی‌بن نصیر وخـالدبن عبدالله قسری و یوسف‌بن عمر ثقفی‌وحکم‌بن ایوب وعبدالرحمان‌بن حیان مرّی را بدو سپرد و باو دستور داد که آنان را شکنجه کند تا مالهـا را ازدست ایشان درآورد.

سلیمان همدستان حجاج را تعقیب کرد و آنان را سخت شکنجه داد و یزیدبن ابی‌مسلم جانشین‌حجاج را نزد وی‌آوردند و او مردی کوتاه و کم جثه‌بود، پس‌چون‌سلیمان‌اورا دیدباو گفت : یزیدتویی؟ گفت:آری. گفت : همدست حجاج واهل کارهایی که خبریافته‌ام، با این کوتاهی‌وزشتی که می‌بینم! گفت : بخدا قسم،

۱ـ طبری ج ۵ص۲۷۲ : هفت روزمانده از رمضان سال ۹۶، پس از سه سال‌حکومت وبقولی دوسال جزهفت‌روز. ۲ـطبری‌ج۵ ص۲۸۶.

این بدان جهت است که وقتی مرادیدی که دنیا بتوروی‌آور وازمن روی گردان است ؛ و اگردیده بودی که دنیا بمن روی‌آورو ازتوروی گردان است، آنچه را کوچك شمردی بزرگ می‌شمردی وآنچه‌را حقیروزبون یافتی پرقدروبزرگوار یافته‌بودی. گفت: حجاج راکجا می‌بینی که درآتش فرومی‌رود ؟ گفت : ای امیر مؤمنان‌این‌سخن‌رادربارهٔ مردی که‌درطرف راست‌پدرت‌وطرف‌چپ‌برادرت محشور می‌شود، مگو و اورا جایی فرودآر که آن دورا هم با اوجای دهی . پس یزیدبن مهلب‌را گفت: او را نزد خویش نگهدارو بانواع شکنجه‌ها عذاب کن تا مالها را ازچنگ اوبیرون‌آوری. گفت : ای امیرمؤمنان من بوضع او داناترم، بخدا قسم نه‌پیش او مالی است و نه او از کسانی بود که مال اندوخته کند . و یزیدبن مهلّب نیکی او را باخود بیادداشت ، پس سلیمان او را فرماندهی جنگ روم داد .

قتیبةبن مسلم که عامل حجاج بود برخراسان ، چون از کارسلیمان با امثال خویش و تعقیب وی از کارمندان ولید وعمال حجاج ، خبر یافت ، برادران و خانوادهٔ خویش را نزد خود فرا خواند ودرسرزمین عجم با شتاب می‌رفت تا بشهر دوردست‌فرغانه[1] رسید وعبدالله‌بن اهتم‌تمیمی که‌همراه‌وی بود نزد سلیمان گریخت وباوخبرداد،پس قتیبه‌مردانی ازخانوادهٔ اوراگرفت‌و کشت‌ودست‌وپای ودیگرانی را برید. یزیدبن مهلب هم دراثرآنچه قتیبه‌درزمان حکومت خود با اووخاندانش کرد دشمن وی‌بود .

قتیبه دانست که دوستی سلیمان برای اوفراهم نمی‌شود ونامه‌ای باو نوشت وسلیمان پاسخ درشتی باو داد. پس خواست سلیمان را خلع کند وشك نداشت که

---

۱ - شهری و شهرستانی وسیع در ماوراءالنهر نزدیك بلاد ترکستان در گوشه‌ای از ناحیهٔ هیطل ، وتا سمرقندپنجاه‌فرسخ فاصله داردوخجنده ازولایات آن‌است (مراصد).

موقعیتش نزد نزاریان[......] و یمنیان هم با او مخالفت نمی کنند . پس چون مردم روش او را دانستند ، از او دور شدند و خطبه‌ای مشهور در بدگویی از ایشان ایراد کردو گفت : ای گروه تمیم‌وای مردم زبون و اندك‌وای گروه ازد ، کشتیها را خالی گذاشتید وبراسبها سوارشدید و پاروها را انداختید و نیزه‌ها را برداشتید ، بخدا سوگند که من بهمراهان خود از عجم ، عزیزترم تا بشما[1]. پس مردم‌ازاو کناره گرفتندودرتاختن[براو] همداستان‌شدند و نزدحضین‌بن‌منذرفراهم آمدند و از وی خواستند که جماعت ایشان را رهبری کند . گفت : برشما باد به‌وکیع‌بن‌ابی‌سودتمیمی . پس نزد اوآمدندوبروی همداستان شدند وحیان نبطی همراه ایشان بود ، آنگاه برقتیبه تاختند و او را کشتند ووکیع درخراسان‌ماند وکارمندانش را برسرکارفرستاد وپیش‌آمد خود را به‌سلیمان نوشت و سرقتیبه و سرهای نزدیکان او را برای وی فرستاد و این در سال۹۶ بود، وچون نامهٔوکیع به‌سلیمان رسید می‌خواست که [فرمان حکومت خراسان را] برای او بنویسد ، لیکن باو گفته شد که اومردی است که فتنه اورا بلند می کند وسنت او را پست می‌سازد و شایستهٔ امارت نیست ، پس سلیمان یزیدبن مهلب را والی عراق و خراسان کرد ویزیدبن مهلب [در] عراق ماند وکارمندان حجاج را شکنجه داد، سپس‌درعراق جانشین گذاشت وبه‌خراسان رفت و همراهان قتیبه و خویشان او را تعقیب کرد و سخت شکنجه داد و وکیع‌بن ابی‌سود را بزندان فرستاد و دربند کردوکارمندانی راکه پس از کشتن قتیبه برشهرها گماشته بود دستگیر نمود و مالهایی را که بدست ایشان افتاد، مطالبه کرد و بیشترمردم خراسان سر بمخالفت برداشتند پس‌آهنگ گرگان کردوآن را محاصره‌نمود تا برحکم اوفرود آمدند وبسیاری ازایشان راکشت وآن را فتح کرد .

۱ـر.ك. تاریخ طبری‌ج۵ ص۲۷۵.

یزید باسپهبد طبرستان و پادشاه ترك و پادشاه دیلم جنگید وچندی درجنگ باسپهبد طبرستان پایداری کرد سپس کوتاه آمد وخسته شد وسپس ازوی خواستار صلح گردید وچون نپذیرفت، به گرگان باز گشت و آنجا اقامت گزید ، و سپس از آنجا به نیشابور رفت .

یزید برادران و فرزندان خود را (بدین ترتیب) بر شهرها امارت داد : مخلدرا برسمرقند، ومدرك بن مهلب را بربلخ، ومحمدبن مهلب را برمرو ؛ وکاریزید درخراسان[۱] بالا گرفت .

سند بهم خورد وسپاهیانی که بامحمدبن قاسم ثقفی بودند، مرکزهای خود را رها کردند و اهل هرشهری بشهر خود باز گشتند . پس سلیمان ، حبیب بن مهلب را بآنجا گسیل داشت ودر بلاد سند پیش رفت و با مردمی که در ناحیهٔ مهران بودند نبرد کرد ومحمدبن قاسم را گرفت وپلاس بربدنش پوشانید و او را در بند کرده بزندان فرستاد.

ابوهاشم عبدالله بن محمدبن علی بن ابیطالب برسلیمان درآمد ، پس سلیمان گفت: هرگزبایکنفرقرشی مانند این، سخن نگفتم؛ و او را جزهمان کسی که بما می گفتند ، گمان نمی برم . و او را جایزه داد و حوایج او و همراهانش را روا کرد ؛ سپس عبدالله بن محمد بقصد فلسطین براه افتاد و سلیمان مردانی را که شیر مسموم همراه داشتند بسرزمین لخم و جذام فرستاد تا خیمه ها زدند و درآن فرود آمدند و عبدالله برایشان گذشت وباو گفتند : ای عبدالله، میل داری چیزی بنوشی؟ گفت: جزای خیریابید. سپس بردیگران گذشت وآنها نیز چنان گفتند و دربارهٔ آنان نیزدعا کرد ، سپس برجمع دیگری گذر کرد و نوشیدنی خواست ، پس شیر باو خورانیدند و چون شیر در شکمش جای گرفت ، بهمراهانش گفت : بخدا

۱ـ ن ، درحران .

سوگند که من مردنی‌ام، ببینید که اینان که بودند؟ پس نگریستند و دیدند که خیمه‌ها را برکنده‌اند. عبدالله گفت: مرا نزد پسرعمویم محمدبن‌علی‌بن‌عبدالله‌بن‌عباس که درسرزمین شراةاست برسانید.

پس با شتاب رهسپار شدند تا در حمیمهٔ شراة نزد محمد بن علی رفتند و چون براو وارد شدند باو گفت: ای پسرعمو من مردنی‌ام و نزد تو آمده‌ام و این وصیت نامهٔ پدرم بمن است ودرآن نوشته است که خلاف بتو و فرزندانت می‌رسد وزمان ونشان انجام یافتن آن وآنچه شما را سزاوارست بکاربندید بهمان‌صورتی که از پدرش علی‌بن ابیطالب شنیده و روایت کرده است، درآن است. در بارهٔ این شیعیان نیکی کن، اینان داعیان ویاران تواند؛ ایشان را محرم راز خویش گیر، چه‌من ایشان‌را بدوستی وطرفداری خاندانت آزموده‌ام، سپس این مردیعنی میسره را در عراق نماینده‌ات قرار ده، اما شام‌که جای شما نیست، واینان فرستادگان او به‌خراسان ونزد تواند و بایددعوت‌شما درخراسان باشد وازنواحی مرو ومرو رود و بیورد[1] ونسا تجاوز مکن و از نیشابور و نواحی آن و ابرشهر و طوس بپرهیز که من امیدوارم دعوت شما بانجام رسد و خدا امر شما را آشکار سازد وبدان که صاحب این امر ازفرزندان تو، عبدالله پسر حارثیه است وسپس برادرش عبدالله [که] از او بزرگتر است. پس هرگاه سال حمار بانجام رسید فرستادگانت را با نامه‌هایت بفرست وپیش ازآن هم بدون فرستاده، و نه حجتی کار را آماده ساز، امـا مـردم عـراق کـه شیعیان و دوستان شمایند و آنان اهل رفت و آمداند پس فرستادگانت جزازایشان نباشند و مردم طایفهٔ ربیعه را بنگروباینان ملحق کن چه‌آنان درهرامری همراه اینانند، و دوطایفهٔ تمیم وقیس را درنظرگیروآنان رادورگردان وسپس نابودشان کن مگر آنکس راکه خدا

۱ـ ن، بیرود.

نگهداردو آنان از کم کمترند. سپس داعیان خود را بر گزین وباید دوازده‌رئیس باشند چه خدای عزوجل امر هیچ پیامبری را جز بایشان و هفتاد نفر که پس از ایشان باشند، اصلاح نکرد، و پیامبرهم بپیروی همین امردوازده نقیب از انصاربر گزید. پس‌محمد گفت:ای ابوهاشم، سال حمارچیست؟ گفت: هر گزازنبوتی‌صدسال نگذشت مگر آنکه‌کارهایش بانجام رسید ، برای گفتار خدای عزوجل : او کالذی مرّعلی قریة[1]، «یامانندآن که‌برقریه‌ای گذشت»تاآخرآیه. پس‌هر گاه صدسال‌در آمد ، فرستادگان وداعیانت را بفرست که خدا بانجام‌رسانندهٔ امرخویش‌است.

ابوهاشم پس ازآنکه‌آن نوشته را به محمدبن علی داد ، وفات‌کرد وآن درسال ۹۷ بود ودرهمین سال محمدبن علی ابورباح میسرهٔ نبّال مولای ازد را به کوفه فرستاد.

سلیمان درسال ۹۷ حج گزارد وتصمیم گرفت برای پسرش ایوب بولیعهدی پس از خود بیعت بگیردو به ابوبکر [بن] محمدبن عمروبن حزم‌نوشته بود که برای وی‌کاخی درجرف بسازد که درآن ساکن شود وچون بآنجا رسید بنای کاخ را نپسندید و در آن فرودآمد و میان اهل مدینه تقسیماتی کرد و برای قریش بالخصوص چهارهزار مقرری برقرار کرد و هم پیمان و مولایی را در آن بحساب نیاورد ، پس نظربزرگان قریش برآن قرار گرفت که آنها را برای هم پیمانان و موالی خود قراردهند و سپس بروی درآمدند و گفتند که تو برای ما چهارهزار مقرری برقرارساختی وهم پیمان ومولایی را شریك ما نساختی و اکنون رأی ما برآن شده است که تورا پاداش دهیم وآنهارا بهم‌پیمانان وموالی خود واگذاریم چه هزینهٔ زندگی ما ازآنان برتوسبکتراست. پس برای ایشان چهارهزارمقرری دیگربرقرارساخت و به‌مکه رفت وچون دربطن رابغ فرود آمد ایشان را باران

۱ـ س۲ ی ۲۵۹.

گرفت و صاعقه‌هایی آمد که مانندآنها دیده نشده، پس سلیمان ترسید وعمربن عبدالعزیز باو گفت: این رحمت است، پس عذاب چگونه خواهدبود!

سلیمان جمعی از فقها از جمله قاسم بن محمدبن ابی‌بکر و سالم بن عبدالله و عبدالله بن عمرو خارجة بن زید و ابوبکر بن حزم را فرا خواند و راجع بحج ازایشان پرسش کرد و باختلاف پاسخش دادند و هر کدام از ایشان چیزی گفت که با دیگری موافق نیامد، پس گفت: امیرمؤمنان عبدالملك چه کرد؟ باو گفته شد: اینطور. گفت: من هم کار او را انجام می‌دهم واختلاف شما را رها می کنم.

سلیمان از مکه بسوی بیت‌المقدس بـاز گشت و جذامیان پیرامون منزلش را گرفتند و زنگهای خود را زدند چنانکه او را از خواب بازداشتند و چون در بارهٔ ایشان جستجو کرد، وازرنجی که از ایشان بمردم می‌رسد خبریافت دستور داد که‌آنان را بسوزانند و گفت: اگر دراینان خیری بود، خدای ایشان‌را باین بلاگرفتار نمی‌ساخت، لیکن عمر با او سخن گفت تا دست از ایشان بداشت و دستورداد آنان را بدهکده‌ای دوردست تبعید کنندتا بامردم آمیزش نداشته‌باشند.

سلیمان بناحیهٔ جزیره رفت و درجایی بنام دابق[1] از توابع قنسرین فرود آمد و مسلمة‌بن عبدالملك را بجنگ رومیان فرستاد و او را دستور داد که آهنگ قسطنطینیه کند و در محاصرهٔ آن پافشاری کند تا آن را فتح نماید، مسلمه‌رهسپارشد تـا به‌قسطنطینیه رسید و درمحاصرهٔ آن بماند تا کشت واز کشت خودخورد وپیش رفت و شهرصقلبیان را فتح کرد و مسلمین بقحطی و گرسنگی و سرما گرفتارشدند وسلیمان از گرفتاری مسلمه و همراهانش خبریافت و آنان را درخشکی به‌عمروبن قیس کمك داد، وعمربن‌هبیرهٔ فزاری‌را بجنگ دریایی‌فرستاد چه رومیان برشهرلاذقیّه[2] ازتوابع حمص‌غارت برده وآن راآتش زده وهرچه را

۱ـ قریه‌ای درچهارفرسخی حلب(مراصد). ۲ـ شهری‌درساحل دریای شام در شش فرسخی جبله(مراصد).

درآن بود ، ربود بودند، پس عمربن هبیره تاخلیج قسطنطنیه‌رسید .

غالب برسلیمان، نصربن نرنم حمیری بود ورجاءبن حیوهٔ کندی ، و رئیس پلیس او کعب‌بن حامدعبسی، ورئیس نگهبانانش خالدبن دیّان مولای محارب ، و حاجب اوغلامش ابوعبیده .

سلیمان پرخوربود چنانکه سیری نداشت وزیبا و فصیح بود [.....] مردی بلند بالا و سفیداندام و کم جثه بود وموی سفید پیدا نکرد و او است که خود را در آئینه دیدو گفت : منم پادشاه جوان . پس هفته‌ای نگذشت که مرد و مرگش درصفرسال۹۹بود، وبه‌عمربن عبدالعزیز وصیت نامه‌ای نوشت و اهل بیت خود را فراخواند و گفت: برای‌آن که دراین نوشته است، بیعت کنید. پس‌بیعت کردند . ونوشته‌رابه‌رجاءبن‌حیوه‌سپرد ورجاءآنان رادر[1] مسجددابق‌فراهم‌ساخت‌وهر کس را از خاندان‌سلیمان درآنجا بود فراخواند و گفت: بیعت کنید. گفتند ما یکبار بیعت کرده‌ایم . گفت: با کسی که دراین نوشته است بیعت کنید. پس بیعت کردند وچون فارغ شد، گفت : برخیزید که خلیفهٔ شما مرد . و نوشته را خواند و چون بنام عمربن عبدالعزیزرسید ، هشام گفت : نه بخدا قسم ، بیعت نمی کنم . رجاءبن حیوه گفت : دراین‌صورت گردنت را می‌زنم. وبازوی عمررا گرفت و اورا برمنبر نشانید وچون ازبیعت فارغ شدند سلیمان را دفن کردند وعمربن عبدالعزیز و سه نفرازفرزندان سلیمان بقبروی داخل شدند وچون اورا گرفتند، روی دست‌ایشان بحرکت‌آمد . پس فرزندان سلیمان گفتند : بپروردگار کعبه سوگند که پدر ما زنده شد . عمر گفت: بلکه به‌پروردگار کعبه قسم که پدرتان زود بعقوبت رسید .

وبعضی بدگویان عمرمی گفتند که او سلیمان‌را زنده دفن کرد.

زمامداری سلیمان بن‌عبدالملك‌دوسال‌وهشت‌ماه بود وده پسربجای گذاشت:

۱ـ ل، ب: افتاده دارد. ر.ك. طبری ج۵ ص۳۰۷ ، تاریخ الخلفاء ص۲۲۶ .

یزید، قاسم، سعید، عثمان، عبدالله، عبدالواحد، حارث، عمرو، عمروعبدالرحمان.

در دوران خلافت او در سال ۹۶ ابوبکربن[۱] عمرو بن حزم برای مردم حج گزارد، و درسال ۹۷ سلیمان، و درسال ۹۸ عبدالعزیز [بن عبدالله] بن‌خالد ابن‌اسید.

و دردوران او در سال ۹۶ مسلمه بجنگ روم رفت و حصن حدید[۲] را فتح کرد و در نواحی روم زمستان را گذراند، و عمربن هبیره در دریا دست بکار بود پس درمیان خلیج و قسطنطینیه کشتی رانی کردند و شهر صقلبیان را گشودند[۳] و سلیمان، عمروبن قیس کندی وعبداللهبن عمربن ولیدرا کمك فرستاد؛ ودرسال ۹۹ سلیمان‌بن عبدالملك پسرش داود را بسرزمین روم گسیل‌داشت[۴] و مسلمه دست در محاصرهٔ قسطنطینیه بود، پس داود حصن مرأه رادرناحیهٔ ملطیه فتح کرد.[۵]

فقهای زمان سلیمان همان فقهای زمان‌ولید بودند.

۱ـ تاریخ‌طبری‌ج۵ ص۲۸۵؛ محمدبن. ۲ـ =حصن عوف. ۳ـ تاریخ‌الخلفاص ۲۲۶: در دوران اوگرگان و حصن‌حدید وسردانیه وشقی وطبرستان وشهرسقلبیان فتح‌گردید. ۴ـ تاریخ طبری؛ سال۹۷. ۵ـ طبری: ۹۸ .

دوران عمربن‌عبدالعزیز[1]

سپس عمربن عبدالعزیزبن مروان که مادرش ام عاصم دختر عاصم‌بن‌عمربن خطاب‌است،ده‌روز گذشته ازصفرسال۹۹ بزمامداری رسید، خورشید درآن‌روز در سنبله‌بود، ۲۸ درجه؛ وزحل‌درمیزان، ۲۵ درجه و۴۰ دقیقه؛ ومشتری‌درحوت، دو درجه درحال رجوع؛ ومریخ درسرطان ، ۲۳درجه و۳۰ دقیقه؛ وعطارد درمیزان، ۲۲درجه؛ ورأس درجوزاء ، ۲۳ درجه‌و۲۶ دقیقه.

بیعت با او دردابق بانجام رسید و نوشته‌ای که سلیمان برای او نوشت این است: این‌نوشته‌ای است ازبندهٔ خدا سلیمان‌امیرمؤمنان، برای عمربن‌عبدالعزیز، همانا من خلافت را پس ازخود بتو واگذاشتم؛ پس از وی بشنوید وفرمانش را ببرید وخدا را پرهیزگارباشید و اختلاف نکنید. چون این نوشته خوانده شد ، همهٔ حاضرین بنی‌امیه بیعت کردند بجز عبدالعزیزبن ولیدبن عبدالملك که غایب بود و به‌سوی خویش دعوت نمود و مردمی با وی بیعت کردند و چون از خلافت عمر خبریافت ، نزد وی آمد . پس عمرباو گفت : خبر یافته‌ام که بخویش دعوت کرده ومی‌خواسته‌ای به‌دمشق درآیی ؟ گفت: همین‌طور بوده‌است چه‌ترسیدم که فتنه‌ای پدیدآید و شنیدم که خلیفه کسی را بر نگزیده است . عمر گفت : اگر بامر(خلافت) قیام کرده بودی، با تودراین باره نزاع نمی کردم. عبدالعزیز گفت :

۱ـ ل،ص۳۶۱.

من هم دوست نداشتم که جز تو کسی خلیفه شود.

چون یزیدبن مهلب از خلافت عمر خبر یافت و نامه‌اش بدو رسید، از خراسان بیرون رفت و پسرش مخلد را آنجا جانشین گذاشت وهرچه [داشت] از بیم مردم خراسان همراه برد، کسانی باو پیشنهاد کردند که از خراسان نرود، لیکن نپذیرفت و رهسپار بصره شد، وعدی بن ارطاة عامل عمر او را در بصره دید و نامهٔ عمر را باو رسانید. گفت: می‌شنوم و فرمان می‌برم. سپس او را دست بسته نزد عمر فرستاد. عمر باو گفت: من نامه‌ای از تو به سلیمان دیدم که [در آن] می‌نویسی که نزد تو بیست میلیون فراهم شده است، آنها کجا است؟ یزید آن را انکار کرد و سپس گفت: مرا واگذار تا آنها را فراهم سازم. گفت: از کجا؟ گفت: دست بدامن مردم می‌شوم. گفت: که یکبار دیگر هم آنها را بگیری؟ نه، بکوری چشمت. سپس جرّاح بن عبدالله حکمی را والی خراسان کرد و باو دستور داد که مخلدبن یزید را [بگیرد] و اورا دربند کند نه چنانکه از نماز بازماند. پس جراح اورا محترمانه بزندان فرستاد وسپس اورا نزد عمر روانه کرد، و او با جامه‌هایی بالا زده و کلاهی سفید در آمد، پس عمر باو گفت: این خلاف آن چیزی است که از تو شنیده‌ام. گفت: پیشوایان شمائید؛ هر گاه شما دامن بیاویزید ما هم بیاویزیم وهر گاه شما دامن بر گیرید ما هم بر گیریم. جراح روشی نیک در پیش گرفت و فرستادگان تبت نزد وی آمدند و از وی خواستند تا کسی برای عرضه داشتن اسلام نزد ایشان فرستد، واوهم سلیط بن عبدالله حنفی را بسوی ایشان فرستاد؛ و عبدالله بن معمر یشکری را به ماوراء النهر گسیل داشت و او با جمعی از ترکان برخورد کرد و شکست خورد وباز گشت.

عمر خبر یافت که جراح کارهایی ناپسند انجام می‌دهد و از مردمی که اسلام آورده‌اند خراج می‌گیرد و موالی را بدون حقوق بجنگ می‌فرستد و آشکارا تعصب می‌ورزد، پس باو نوشت که بیا، و عبدالرحمان بن نعیم غامدی را جانشین

گذار، و او چنان کرد. سپس عمر فرمان امارت خراسان را برای عبدالرحمن نوشت و او را دستور داد که مسلمانان ماوراءالنهر را با فرزندانشان به‌مرو بازآورد وچون بایشان پیشنهاد کرد زیربار نرفتند، پس به‌عمر نوشت که خود بماندن آنجا رضاداده‌اند وعمر رأی اورا دراین کار پسندید.

عمراز گرفتاری وناداری کسانی که همراه مسلمه دربلاد روم بودند، خبر یافت وعمروبن قیس را بجنگ تابستانی اعزام داشت وهمراه وی برای کسانی که همراه مسلمه بودند، پوشاک وخوراک و کمك نقدی فرستاد.

عمر، عبدالعزیزبن حاتم [بن نعمان] باهلی را فرستاد و او درنبرد با ترکان چنان پافشاری کرد که ازایشان جز گریخته‌ای جان بدرنبرد و با پنجاه اسیر از ایشان نزد عمر آمد، پس مردی ازمسلمانان دربارهٔ یکی از اسیران به‌عمر گفت: ای امیرمؤمنان، اگرمی‌دیدی که این مرد مسلمانان را می کشد، نبردی دردناك دیده‌بودی. عمر گفت: برخیزو گردنش‌را بزن.

وفات علی‌بن‌الحسین علیه‌السلام

علی‌بن حسین‌بن علی‌بن ابیطالب علیه‌السلام درسال ۹۹ وبقول کسانی درسال ۱۰۰ در ۵۸ سالگی وفات کرد[۱]، افضل مردم بود و بیش از دیگران عبادت می کرد و «زین‌العابدین» و نیز برای اثرسجده‌ای که درپیشانی‌داشت، «ذوالثفنات» نامیده‌می‌شد ودرشب وروزهزار رکعت نمازمی گزارد ودرهنگام غسل آثاری مثل‌زانوهای‌شتر بردوشانهٔ او دیده شد و بخانواده‌اش گفتند: این آثارچیست؟ گفتند: از خوارو

۱- مروج‌الذهب ج ۳ ص۱۶۹، و درسال ۹۵ علی‌بن حسین‌بن علی‌بن ابی‌طالب در پادشاهی ولید وفات‌کرد ودرمدینه دربقیع غرقد با عموی خود حسن‌بن علی‌دفن‌شد، وپنجاه‌وهفت ساله بود، وبقولی درسال۹۴ درگذشت وهمهٔ اعقاب حسین، ازهمین علی‌بن‌الحسین است، وسجاد وذوالثفنات‌و زین‌العابدین‌همواست.

باری که‌شبانه‌بشانه می کشید و برخانه‌های بینوایان بخش می کرد. سعیدبن‌مسیب گفت: هرگز افضل ازعلی‌بن‌الحسین کسی ندیدم ، و نشد که او را ببینم و خود را دشمن‌ندارم، اورا هیچ‌روزی وهرگزخندان نیافتم .

مادرش «حرار»دخترخسرو یزدگرد بود ، چه‌هنگامی که‌دودختریزدگرد رانزدعمرآوردند،یکی‌ازآن‌دورا به‌حسین‌بن‌علی علیهما السلام بخشید و (امام‌حسین) او را غزاله نامید . وبعضی از بزرگان می گفت: هرگاه نام علی‌بن‌الحسین برده‌می‌شود ، مردم همه آرزو می کنند که مادرهاشان کنیز باشند . و گفته شده که مادرش ازاسیران‌کابل بوده‌است.

ابوخالد کابلی گفت : از علی‌بن الحسین شنیدم که می گفت : من عف عن محارم‌الله کان عابدا؛ ومن‌رضی بقسم‌الله کان غنیا ؛ و من احسن مجاورة من جاوره کان مسلماً ؛ و من صاحب‌الناس بما یحبّ ان یصاحبوه به‌کان عدلا ، «کسی که از حرامهای خدا بگذرد ، عابد است ؛ و کسی که بقسمت خدایی خشنود باشد ، توانگراست؛ و کسی که با همسایگان خود بنیکی رفتار کند ، مسلمان است ؛ و کسی که بامردم چنان‌رفتار کند که‌دوست‌می‌دارد مردم هم با اوچنان رفتار کنند، عادل‌است.»

و علی‌بن‌الحسین گفت : اذا کان یوم القیامة نادی مناد : لیقم اهل‌الفضل . فیقوم‌ناس من‌الناس فیقال لهم : انطلقوا الی‌الجنة بغیر حساب . فتتلقاهم الملائکة فیقولون: مافضلکم؟ فیقولون: کنا اذاجهل علینا حلمنا ؛ و اذاظلمنا صبرنا ؛ و اذا اسیٔ علینا عفونا . فیقولون: ادخلواالجنة فنعم اجرالعاملین . ثم ینادی مناد: لیقم اهل الصبر . فیقوم ناس من‌الناس ؛ فیقال لهم : انطلقوا الی الجنة بغیر حساب . فتتلقاهم‌الملائکة ؛ فیقولون: ماکان‌صبرکم؟ فیقولون : صبرنا انفسناعلی طاعةالله ؛ وصبرنا عن معاصی‌الله ؛ فیقولون لهم : ادخلوا الجنة فنعم اجر العاملین. ثم ینادی

فیقول¹: لیقم جیران الله . فیقوم ناس من الناس وهم الاً قل؛ فیقال لهم: بما² جاورتم الله فی داره ؟ فیقولون : کنا نتجالس فی الله ؛ ونتذا کرفی الله؛ ونتزاورفی الله . فیقولون: ادخلوا الجنة فنعم اجر العاملین.

«آنگاه که روز رستاخیز شود، منادی ای فریاد کند : اهل نیکی بپا خیزند. پس گروهی از مردم بایستند و بآنان گفته شود : بدون حساب رهسپار بهشت گردید. آنگاه فرشتگان بایشان برمیخورند و می گویند : نیکی شما چیست؟ می گویند: چنان بودیم که هر گاه با ما بنادانی رفتار میشد، بردباری می کردیم؛ و هر گاه برماستم میشد، شکیبا بودیم ؛ و هر گاه با ما بدی میشد، می بخشیدیم . پس می گویند : در بهشت در آئید که چه نیکو مزدی است برای کارگران . سپس منادی ای فریاد می کند : اهل شکیبایی بپا خیزند . پس گروهی از مردم بپا می خیزند و بآنان گفته می شود : بی حساب رهسپار بهشت گردید. آنگاه فرشتگان بایشان برمیخورند و می گویند: شکیبایی شما چه بوده است ؟ می گویند : خود را بر اطاعت خدا واداشتیم، و از نافرمانی خدا شکیبایی کردیم. پس بآنان می گویند: داخل بهشت گردید که چه نیکو مزدی است برای کارگران . سپس ندا می کند و می گوید : همسایگان خدا بر خیزند. پس کسانی از مردم بپا می خیزند و آنان کمترند : و بآنان گفته می شود : شما بچه وسیله در سرای خدا همسایهٔ او شدید ؟ می گویند: مادر راه خدا با هم می نشستیم ؛ و در راه خدا با هم سخن می گفتیم ؛ و در راه خدا بدیدن یکدیگر می رفتیم . پس می گویند : داخل بهشت گردید که چه نیکو مزدی است برای کارگران».

و گفت : بئس القوم قوم ختلوا الدنیا بالدین ؛ وبئس القوم قوم عملوا باعمال یطلبون بها الدنیا، « چه بد مردمی هستند ، مردمی که دنیا را بوسیلهٔ دین شکار

۱ـ ن، ینادی مناد.   ۲ـ ن، بماذا.

کرده‌اند ؛ و چه بدمردمی هستند مردمی که عملهایی انجام داده و بآنها دنیا را جسته‌اند» .

وگفت : ان‌المعرفة بکمال‌المرء ترکه‌الکلام فیمالایعنیه ؛ و قلة مرائه ؛ وصبره ؛ و حسن خلقه ، « همانا شناسایی بکمال مرد ، رها کردن اوست ، سخن گفتن درچیزی راکه بکار او نمی‌آید ؛ وکم بجدل پرداختن، و شکیبایی، وخوش خوئیش» .

پادشاه روم نامهٔ تهدیدآمیزی به‌عبدالملك نوشت وپاسخ دادن بروی‌مشکل آمد ، پس به‌حجاج که درآن موقع فرمانروای حجاز بود، نوشت که نزد علی‌بن الحسین بفرست و اورا بیم ده و تهدیدکن و با او درشتی نما سپس ببین تو را چه پاسخ می‌دهد ؟ و همان را بمن بنویس . حجاج چنان‌کرد و علی بن الحسین باو گفت : ان‌الله فی کل یوم ثلاثمأة وستین لحظة و ارجوان یکفینیك فی اول لحظة من لحظاته ، « همانا خدا را در هر روز سیصد و شصت نگاه مراقبت آمیز است و امیدوارم که مرا درنخستین نگاهش ازشرتوآسوده کند» .

حجاج همان را به عبدالملك نوشت و او هم پادشاه روم را بدان پاسخ داد و چون نامهٔ عبدالملك را خواند گفت : این‌سخن ازاونیست، این ازسخنان عترت پیامبر اواست[1] .

علی‌بن‌الحسین سه‌بار بیمار شد و [در] هر بار وصیتی کرد و چون بهبود یافت وازبیماری برخاست، آن‌را انجام داد.

وگفت : کلکم سیصیرحدیثا فمن استطاع ان یکون حدیثا حسنا فلیفعل ، «هرکدام شما بزودی سرگذشتی می‌شود ، پس هرکس بتواند سرگذشت نیکی باشد ، چنان کند».

۱ــ ن: عترت‌پیامبری است.

ومی گفت : ابن آدم ، لن تزال بخیر ما کان لك واعظ من نفسك ؛ و ماکانت المحاسبة من همتك؛ وماکان لك الخوف شعارا والحزن دثارا . « ای پسر آدم ، تا وقتی که تو را از خودت واعظی باشد ، و تا وقتی کـه بحساب خود رسیدن ، اندیشه‌ات باشد ؛ و تا وقتی که ترس ، زیرپوش و اندوه روپوش تو باشد ، بنیکی آراسته‌ای » .

عبدالملك به‌حجاج که فرمانروای حجازبود، نوشت: مراازخونهای خاندان فرزندان[1] [ابو]طالب دور بدارچه من دیدم که آل حرب چون برآنها تاختنند ، نصرت نیافتند . پس علی بن الحسین بـاو نوشت که من در فلان شب و فلان ماه پیامبر خدا را خواب دیدم که بمن می گفت : امشب عبدالملك به‌حجاج چنین و چنان نوشته‌است، بوی اعلام کن که خدا اورا براین کارپاداش‌داد وبرپادشاهی وی مدتی افزود .

فرزندان علی‌بن‌الحسین عبارت بودند از : ابوجعفرمحمد ،حسین و عبدالله که مادرشان ام‌عبدالله دختر حسن بن علی است ؛ علی ، حسن ، حسین اصغر ، و سلیمان که در کودکی‌مرد ، و زید . روزی عمربن عبدالعزیز نام وی را برد و گفت : چراغ دنیا و جمال اسلام و زین‌العابدین از دست رفت . پس باو گفته شد که پسرش ابوجعفر محمد بن علی جانشین او است . عمر نامه‌ای بوی نوشت تا او را آزمـایش کند . و محمد نامه‌ای در پاسخ وی نگاشت و او را موعظـه کرد و بیم داد . پس عمر گفت : نامهٔ وی را بـه سلیمان بیاورید. و چون نامه‌اش را به سلیمان آوردند ، دید که او را مدح‌می کند و می‌ستاید . پس بعامل مدینه دستورداد که محمد را احضار کن وباو بگو: این نامه‌ات به‌سلیمان است که او را مدح می کنی ؛ و این نامه‌ات بمن است با عدل و احسانی که آشکار ساخته‌ام .

۱ـ ن ، ندارد.

عامل مدینه وی را احضار کرد و آنچه را عمر نوشته بود بعرض رسانید. گفت: ان سلیمان کان جبّارا کتبت الیه بما یکتب الی الجبّارین؛ وان[1] صاحبك اظهر امراً و کتبت الیه بماشاکله، «سلیمان بیدادگری بود و باوهمان نوشتم که ببیدادگران نوشته می‌شود؛ ومهترت امری را آشکار ساخته است و من هم آنچه را مناسب آن است بدو نوشتم».

عامل عمر پاسخ وی را به‌عمر نوشت، پس گفت: راستی که خدا اهل این خانه را از بزرگواری خالی نمی گذارد.

عمر کارهای خاندان خود را جلو گرفت و آنها را مظالم[2] نامید و بهمهٔ کارمندان خود نوشت: اما بعدهمانا مردم دچار گرفتاری وسختی وبیداد در احکام خدا شده اند و مقررات بدی از طرف کارمندان بد که کمتر قصد حق و مدارا و نیکی داشته‌اند، بر آنان تحمیل شده است، هر که خواهد حج گزارد مستمری او را زودتر بدهید تا خود را بدان آماده سازد، و بی‌آنکه با من مشورت کنید، (دست و پایی) نبرید و کسی را بدار نزنید[3]. و لعن علی بن ابیطالب علیه‌السلام را روی منبر رها کرد و دستور ترك آن را باطراف واکناف نوشت[4]، پس کُثَیِّر[5] گفت:

۱ـ ل: فان. ۲ـ ستمگریها، بناحق گرفته‌ها. ۳ـ ر.ك. تاریخ طبری ج۵ ص۳۲۱. ۴ـ مروج‌الذهب ج ۳ ص۱۹۳، وبجای آن این آیه را قرارداد: ربنااغفر لناولاخواننا الذین سبقونا بالایمان، ولاتجعل فی قلوبنا غلاللذین آمنوا ربنا انك رؤف رحیم (س ۵۹ ی ۱۰) وبقولی این آیه را: ان‌الله‌یأمر بالعدل والاحسان وایتاء ذی القربی وینهی عن الفحشاء والمنکر والبغی، تا آخر آیه (س۱۶ ی۹۰) وبقولی هر دو آیه‌رابجای آن نهادو تاامروز در خطبه‌هامعمول گشت (ر.ك. تاریخ الخلفای سیوطی ص۲۴۳). ۵ـ وفیات الاعیان ج ۳ ص۲۶۵ رقم ۵۱۹، ابوصخر کثیر بن عبدالرحمان بن ابی جمعة اسودبن عامربن عویمر خزاعی یکی از عشاق معروف بعشق عرب. کلبی درجمهرة النسب گفته: ..... عویمربن مخلدبن سعید [بن سبیع] بن خثعمة بن سعدبن ملیح بن عمروبن ربیعة بن حارثة بن عمرو مزیقیاء بن عامرماء السماء ابن حارثة بن امرء القیس بن ثعلبة بن مازن بن ازد. وربیعة بن حارثه همان لحی است که پیامبر خدا پسرش عمرورا دیدکه روده‌های خودرا درآتش می‌کشد.... واوصاحب عزه دخترجمیل است. کثیر درسال ۱۰۵ وفات کرد وکثیر تصغیر کثیر است. ر.ك. سفینة البحار ج۲ ص۴۷۱.

۲۶۹ دوران عمر بن عبدالعزیز

ولیت فلم تشتم علیّاً ولم تخف بریّاً ولم تتبع مقالة مجرم[۱]

«زمامدار شدی و علی را دشنام ندادی؛ و بیگناهی را نترساندی؛ و گفتار گنهکاری را پیروی نکردی».

عمر خمس بنی‌هاشم را داد و فدك[۲] را که معاویه تیول مروان ساخته و او هم آن را بپسرش عبدالعزیز بخشیده و عمر آن را بارث برده بود، باز گردانید و بفرزندان فاطمه داد و در تصرف ایشان بود تا یزید بن عبدالملك بزمامداری رسید و آن را گرفت[۳].

۱- کامل ج ۴ ص ۱۵۴:

تکلمت بالحق المبین وانما تبین آیات الهدی بالتکلم
وصدقت معروف الذی قلت بالذی فعلت فاضحی راضیا کل مسلم
الا انما یکفی الفتی بعد زینه من الاود البادی ثقاف المقوم

۲- قریه ای در حجاز که میان آن ومدینه دو روز و بقولی سه روز راه است (مراصد).

۳- شرح نهج البلاغهٔ حدیدی ج ۴ ص ۸۰: معاویه چون بزمامداری رسید، پس از وفات حسن ابن علی ثلث فدك را تیول مروان بن حکم و ثلث آن را تیول عمرو بن عثمان بن عفان، و ثلث آنرا تیول یزید بن معاویه کرد، و در دوران مروان همه بدست او افتاد و آن را بپسرش عبدالعزیز بخشید و عبدالعزیز آن را بپسرش عمر بن عبدالعزیز بخشید و چون عمر بخلافت رسید، نخستین مظلمه‌ای که برگرداند همین فدك بود، حسن بن حسن بن علی بن ابیطالب علیه السلام و بقولی علی بن الحسین علیه السلام را فراخواند و فدك را باو بازداد و در مدت خلافت عمر بن عبدالعزیز در دست فرزندان فاطمه بود، پس چون یزید بن عاتکه برسر کار آمد، آنرا از ایشان گرفت و مانند گذشته در دست بنی مروان می‌گشت تا خلافت از دست ایشان برفت، و چون ابوالعباس سفاح برسرکار آمد، آن را به عبدالله بن حسن بن حسن بازداد، سپس ابوجعفر (منصور) در اثر پیش آمد بنی حسن آن را گرفت، سپس مهدی پسر منصور آن را بفرزندان فاطمه باز گردانید، سپس موسی پسر مهدی و هرون برادرش آن را گرفتند و تا خلافت مأمون در دست ایشان ماند و او به فاطمیان بازش داد.... ودعبل اشعاری گفت که از جمله این شعر است:

اصبح وجه الزمان قد ضحکا برد مأمون هاشم فدکا

پس در دست بنی فاطمه بماند تا آنکه متوکل آن را تیول عبدالله بن عمر بازیار گردانید واو یازده نخله‌ای را که پیامبر بادست خود نشانده بود وبنی فاطمه از خرمای آن بحاجیان هدیه می‌کردند و از طرف حجاج بآنان بسیار کومك می‌شد، قطع کرد. سفینة البحار، ج۲ ص ۳۵۱: متوکل آن را تیول حرملة ←

عمر هدیه‌های نوروز ومهرگان را نپذیرفت و ازآنکه کارگری را بی مزد بکاروادارند جلوگرفت، ومستمری را بهمان اندازه‌ای که هرکس برحسب سنت مستحق بود، بازگرداند؛ و خانواده‌ها را چنانکه سنت جاری شده بود، میراث داد جز آنکه تیولهای خاندان خود را همچنان باقی گذاشت؛ مستمری بنی هاشم راکم و زیاد نکرد و بر مستمریهای اهل شام ده دینار افزود و [در] مردم عراق چنان نکرد.

عمرمی گفت: با بیدادسلطان ووسوسهٔ شیطان، مسلمانی نمی‌ماند؛ چیزی را برای کمك بدین مسلمان بهترازدادن حقش ندیدم.

عمر برای توجه کردن و رسیدگی بکارهای مسلمانان تمام روز خود را می‌نشست، پس رجاءبن حیوه باو گفت: ای امیرمؤمنان تمام روزت گرفته است، پاسی از شب را هم با ما سخن می گویی. گفت: ای رجاء، ملاقات مردان، زمامداران‌را کمك می‌دهد؛ ومشورت و تبادل نظردر رحمت وکلید برکت است؛ تصمیمی باآن دوگمراه نمی‌شود؛ و احتیاطی باآن دو فروگذارنمی گردد.

و می گفت: برای هرچیزی معدنی است؛ و معدن پرهیزگاری، دلهای خردمندان است چه‌آنان ازخدا دریافته‌اند، و آنگاه درامر و نهی وی پرهیز-گاری کرده‌اند.

وبعامل خود دریمن نوشت: اما بعد، باطل نشناخته‌را رهاکن وحق شناخته را بگیر، و ازهرچه پیش‌آیدباك مدار، گو اینکه بقیمت جان ما تمام شود، چه خدا می‌داند که [اگر] جزیك‌مشت رنگ ریش برای من نفرستی، هرگاه بحق باشد بآن شادمانم.

→حجامتگر و سپس تیول فلان نازیار طبرستانی قرارداد ومعتضد آن را بازگردانید ومکتفی آنرا تصرف‌کرد وبقولی‌مقتدرآن را به‌فاطمیان باز داد.

زهری گفت: روزی برعمر درآمدم و نزد وی بودم که نامه‌ای از یکی از کارمندانش رسید و گزارش می‌داد که شهرش نیازمندمرمت‌است، پس باو گفتم که بعضی از عمال علی‌بن ابیطالب چنین نامه‌ای بوی نوشت و علی در پاسخ او چنین نگاشت: اما بعد فحصنها بالعدل ونقّ طرقها من‌الجور، «آن را بدادگری محفوظ ومحکم‌دار، و راههای‌آن را از بیداد پاکیزه کن.» پس عمرهم همان را بعامل خود نوشت.

عمر کس بمسجد دمشق فرستاد تا هرچه مرمر و کاشی و زر در آن است بکنند و گفت: مردم با دیدن اینها از (حضور قلب در) نماز خود باز می‌مانند. باو گفتند: وسیله‌ای است برای زبونی دشمن. پس‌آن را رها کرد.

عمررهسپار خناصره[1] شد که نقطه‌ای بودبیابانی ازنواحی‌شهرستان قنسرین وآنجا اقامت گزید ونخواست در خانه‌های خاندان خود که آنها را با مال خدا و پول مسلمانان ساخته بودند، ساکن شود، سپس در این‌باره با او سخن گفتند و اظهار کردند که اقامت گزیدنت در نقطه‌ای بیابانی بمسلمانان زیان می‌رساند. پس به‌دمشق رفت و درخانهٔ پدرش که پهلوی مسجد بود ساکن شد و بیست روز بماند و مردم بسیار گرد او فراهم‌شدند، پس کوچ کرد تابشهر حلب رسید وآنجا هم مردمی بسیار گرد او را گرفتند وراه بازگشتن به‌حمص را درپیش گرفت تا درآن‌شهر ساکن شود، اما چون بحدود حمص رسید بیمار شد و بجایی معروف به دیر سمعان روی نهاد و آنجا فرود آمد و بقولی بقصد همانجا کوچ می کرد تا درآن ساکن شود چه قطعه زمینی درآنجا ازمادرش میراث برده بود، وچون بدیرسمعان رسید، خبر یافت که شوذب[2] حروری خروج کرده است ودستور داد

۱ـ شهرکوچکی ازنواحی‌حلب ، مرکزشهرستان احص (مراصد). ۲ـکامل ج۴ ص۱۵۵، نام وی، بسطام وازبنی‌یشکربود ودرجوخی‌باهشتادنفر خروج‌کرد (درسال۱۰۰)

تا سپاهی بجنگ وی بیرون رود[1]، شوذب دو مرد[2] را از طرف خود برای مناظره نزد عمر فرستاد، پس باو گفتند: تو کارهایی نیك آشکار ساخته و دست بعملهایی شایسته زده‌ای و عیب تو آن است که خاندان خود را لعنت نمی کنی و از آنان بیزاری نمی‌جویی. گفت: از چه راهی برمن لازم است که آنان را لعن کنم؟ گفتند: برای آنکه ایشان مردمانی گنهکارند و راهی جز آن برای تو نیست. گفت: از کی شما فرعون را لعن نکرده‌اید؟ گفتند: یاد نداریم کی او را لعن کرده‌ایم. گفت: پس چگونه شما را رواست، لعن فرعون را که اهل گناه و معصیت است، ترك کنید؟ شما مردمی هستید که چیزی را خواسته‌اید و بر آن دست نیافته‌اید و اکنون بفضل (خدا) دشمن شما بسیار[3] و نیروی شما اندك است. پس یکی از آن دو[4] نزد وی بماند و دیگری باز گشت[5].

ابوطفیل عامر بن واثله از اصحاب علی نزد وی آمد و باو گفت: ای امیر مؤمنان، چرا مستمری مرا جلو گرفتی؟ گفت: خبر یافته‌ام که شمشیر خود را صیقلی کرده و نیزهٔ خود را تیز نموده و تیر خود را پیکان زده و کمانت را آویخته‌ای[6] و امام قائم را انتظار می‌بری تا ظهور کند. پس هرگاه ظهور کرد مستمری تو را خواهد داد. گفت: خدا تورا از حق من بازخواست خواهد کرد. عمر از این گفتار حیا کرد و حق اورا داد.

ریطه دختر عبیدالله بن عبدالمدان حارثی در خانهٔ عبدالله بن عبدالملك بن مروان بود و چون عبدالله در گذشت، حجاج بن عبدالملك ریطه را بعقد خویش

۱- تاریخ طبری ج۵ ص۳۱۱: عبدالحمیدبن عبدالرحمان را دستور داد که مردی دلیر و کاردان برسر وی فرستد واومحمدبن جریربن عبدالله بجلی را بفرماندهی دوهزار ازمردم کوفه گسیل داشت.
۲- کامل ج ۴ ص۱۵۵: عاصم مولای حبشی بنی شیبان ومردی از بنی یشکر. ۳- ل، ب: وعدهٔ شما.
۴- عاصم. ۵- تفصیل مناظرهٔ آن دو را باعمر در کامل ۴ج ص۱۵۵–۱۵۶ بنگرید ۶- ل، ب، ن: غلفت، و صحیح آن: علقت است.

درآورد و اورا پیش از عروسی[با او] طلاق داد، پس محمدبن علی که آهنگ جنگ روم داشت رسید و دربارهٔ او با عمر مشورت کرد و گفت: دختر دائیم در خاندان شما شوهر کرده بود و اکنون اگر اذن می‌دهی با او ازدواج کنم؟ عمر گفت: میان تو و او که مانع می‌شود؟ و او خود صاحب اختیار خویش است. محمد اورا بزنی گرفت ودرشهرقنسرین درخانهٔ طلحةبن‌مالك طائی با وی عروسی کرد وهمانجا به ابوالعباس باردارشد.

و چون سال ۱۰۰ در آمد، محمد بن علی بن عبدالله‌بن عباس[1]، ابو رباح میسره را به‌عراق، ومحمدبن‌خنیس و ابوعکرمهٔ سرّاج[2] وحیّان‌عطار[3] رابه‌خراسان که حاکم آن روزش جرّاح‌بن‌عبدالله حکمی عامل عمربن عبدالعزیز بود، فرستاد وآنان درخراسان باکسانی ملاقات کردند و درحالی که بذردعوت راکاشته بودند بازگشتند.

عمر۳۰ ماه حکومت کرد؛ و غالب براو رجاءبن حیوهٔ کندی بود؛ ورئیس پلیس او غلامش روح‌بن یزیدسکسکی، و درشش روز مانده ازرجب سال ۱۰۱در ۳۹ سالگی درگذشت[4]؛ گندم‌گون بود؛ و رویی لاغر و ریشی زیبا و چشمانی بگودی رفته داشت و در پیشانیش اثری بود[5]؛ و یزیدبن عبدالملك را جانشین ساخت و بقولی سلیمان او را پس از عمرولیعهدی داده بود، و عمرهنگام مرگش گفت: اگر کار بدست من بود، میمون بن مهران و قاسم بن محمد را بخلافت برمی‌گزیدم. مسلمةبن‌عبدالملك بروی نماز گزارد وددیرسمعان بخاك‌سپرده‌شد وبقولی [خاندانش] ازبیم آنکه خلافت ازدستشان بیرون‌رود، اورامسموم کردند.

یزیدبن مهلّب کـه عمر خاندان او را گرفته و زندانی کرده بود، دو شب

---

۱ ـ ازشراة. ۲ ـ و ابومحمد صادق همواست. ۳ـ دایی ابراهیم بن سلمه. ۴ـ روز چهارشنبه در خناصره. ر.ك. طبری ج۵ ص۳۱۶ ـ ۳۱۸. ۵ ـ و بدینجهت او را «اشج بنی‌امیه» می‌گفتند.

۲۷۴ تاریخ یعقوبی

پیش ازمرگ عمر[1] گریخت[2] ورهسپاربصره‌شد که‌حاکمش‌عدی بن ارطاة‌فزاری بود ، پس عمر فرستادگانی درپی یزید گسیل داشت و یزید با آنان نبرد کرد .

عمر نه‌پسر بجای گذاشت: عبدالعزیز، عبدالله، عبیدالله، زید، مسلمه،عثمان، سلیمان، عاصم و عبدالرحمان .

در دوران حکومت او در سال ۹۹ و نیزدرسال ۱۰۰ ابوبکر[بن] محمدبن عمروبن‌حزم بامردم حج گزارد؛ و[در]حکومت اودرسال۹۹ عمروبن‌قیس کندی[3] بجنگ‌روم رفت.

فقهای زمان او عبارت بودند از : خارجة بن زید بن ثابت ، یحیی بن عبدالرحمان [بن] حاطب ، ابوسلمة بن عبدالرحمان ، سالم بن عبدالله ابن‌عمر ، قاسم بن محمد بن ابی بکر ، عبیدالله بن عبدالله بن عتبة بن مسعود ، محمد بن کعب قرظی ، عاصم‌بن عمربن قتاده ، نافع مولای عبدالله بن عمر ، سعید ابن یسار ، محمد بن ابراهیم‌بن حارث تیمی ، عبدالله بن دینار ، محمد بن مسلم ابن شهاب زهری ، عبدالله بن ابی بکر [بن] محمد بن عمرو ، عطاء بن ابی رباح ، مجاهدبن جبیر ، عکرمه مولای عبدالله بن عباس ، عامر بن شراحیل شعبی، سالم‌بن‌ابی‌الجعد ، حبیب بن ابی‌ثابت، عبدالملک‌بن میسرهٔ‌هلالی ،ابواسحاق سبیعی ، حسن بن ابی‌الحسن بصری ، محمد بن سیرین ، ابوقلابه عبدالله‌بن زید ، مورّق عجلی ، عبدالملک بن یعلی لیثی ، زید بن نوفل ، علقمة بن عبدالله‌مزنی ، ابو حازم ، رجاء بن حیوه ، مکحول دمشقی ، راشد بن سعد مقری ، سلیمان‌بن حبیب محاربی، میمون‌بن مهران، یزید [بن] اصم، ابوقبیل‌معافری وطاوس‌یمانی.

---

۱ ـ ازمحبس. ۲ ـ چه می‌ترسید که او بمیرد ویزید بر سر کار آید و شکنجه هایی‌را که به خاندان ابی عقیل و خویشان زن یزید دختر محمد بن یوسف برادر حجاج داده است با او تلافی‌کند. ۳ـ طبری : ولیدبن‌هشام معیطی وعمربن قیس‌کندی درسال۱۰۰.

دوران یزیدبن عبدالملک[1]

یزیدبن عبدالملک‌بن مروان(پس‌ازعمر) بزمامداری‌رسید ومادرش: عاتکه دختر یزیدبن معاویة بن ابوسفیان ، همان زنی است کـه بـر ده نفر از خلفای بنی‌امیه حرام بود. جدش معاویه و پدرش یزید و (پدر) شوهرش مروان بن حکم ، و پسران عبدالملک فرزندان شوهرش : ولید ، سلیمان ، یزید و هشام ، و پسر خودش یزید ، و پسر زاده‌اش ولیدبن یزید ، و پسر زادهٔ شوهرش یزید ابن ولید .

حکومت یزید ازرجب سال۱۰۱آغازشد وخورشیدآن روزدردلو بود ، ۲۱ درجه و۲۰ دقیقه؛ وقمردرجدی، ٤ درجه و۳۰دقیقه ؛ وزحل درعقرب، ۲۹ درجه و۳۰ دقیقه ؛ ومشتری درثور، ۱٤ درجه و ۲۰ دقیقه ؛ ومریخ درمیزان ، ۳ درجه و ٤۰ دقیقه ؛ وزهره درحوت، ۱۵درجه و۱۰ دقیقه ؛ وعطارد درجدی ، ۱۵ درجه و ٤۰ دقیقه ؛ ورأس درثور، ۷درجه و۲۰ دقیقه.

یزید همهٔ عمال عمربن عبدالعزیز را ازکاربر کنار کرد وفرمانی به‌عدی بن ارطاة نوشت که یزیدبن مهلّب را دستگیر کند ، پس عدی در درون بصره در ماه رمضان با وی جنگ کرد و یزید بر او ظفر یافت و او را اسیر گرفت و بزنجیر کرده با خودبه‌واسط برد و در آنجا خود و جماعتی را همراه وی زندانی کرد و

۱ـ ل، ص ۳۷۱ .

یزیدبن مهلب بربصره وآنچه بدان وابسته است دست یافت؛ سپس بقصد کوفه بیرون رفت و مروان بن مهلب‌را بر بصره جانشین گذاشت؛ پس یزید مسلمة بن عبدالملك وعباس‌بن ولید را برسروی فرستاد و مسلمة‌بن عبدالملك رهسپار شد تا به‌عراق آمدومی گفت: بیم‌دارم که برپسرمهلب‌دست‌نیابیم‌وبگریزدپس‌اورا جستجو می کرده باشیم. حسّان نبطی که همراه وی‌بود، گفت: ای‌امیراین کارازاو ساخته نیست. گفت: چرا؟ گفت: از وی شنیدم که‌می گفت: افسوس بر عبدالرحمان بن محمد [بن] اشعث، فرض کن که‌بربصره‌دست‌یافت، آیا برشکیبایی هم دست‌یافت؟ چه‌زبان می‌دیداگر کنارجامه‌اش‌رابرروی‌خویش‌می‌انداخت‌وسپس پیش می‌رفت تا کشته‌می‌شد؟مسلمه گفت:چه‌قدربرپایداری گستاخ‌است!پس‌درمسکن‌روبروشدند وباوی‌نبردی سخت کرد ویزید گرفتاراسهال وسخت‌بیماربود ومسلمه اورا جرادهٔ صفراء (ملخ‌زرد)می‌نامید، پس‌پایداری کردتا کشته‌شد[1] وآن‌درسال۱۰۲ روی‌داد.

معاویة‌بن یزیدبن مهلب درواسط بود و چون خبرمرگ پدرش باو رسید، عدی‌بن‌ارطاة وهمراهانش را بیرون‌آورد وهمه را گردن زدو راه دریا رادرپیش گرفت تا با همراهانی که از خاندان و یاران خویش داشت به«قندابیل»[2] رسید و هلال‌بن احوزمازنی[3] که مسلمه او را فرستاده بودآنان را دریافت و معاویه را با همهٔ‌همراهانش کشت، بجزچند نفری که‌آنان‌را اسیر گرفت‌ونزدیزیدبن‌عبدالملك فرستاد ودردمشق ایشان‌را بقتل رسانید.[4]

مسلمه، سعیدبن عبدالعزیز[5] را بحکومت خراسان فرستاد؛ پس آهنگ سغد کرد وباآنان سخت جنگید ودرسمرقند اقامت گزید، ملکهٔ فرغانه نزد وی

۱ـ تاریخ طبری ج ۵ ص ۳۴۳؛ و مسلمه سراورا با خالد بن ولیدبن عقبة‌بن ابی‌معیط نزد یزیدبن عبدالملك فرستاد. ۲ـ شهری درسند، مرکز ولایتی بنام ندهه، درپنج فرسخی قصدار (مراصد). ۳ـ تمیمی‌ازبنی‌مازن‌بن عمروبن‌تمیم. ۴ـ ر.ك. طبری ج۵ ص۳۴۸. ۵ـ بن‌حارث ابن حکم‌بن ابی‌العاص که او راسعید خذینه می‌گفتند ودختر مسلمه‌را بزنی داشت (طبری).

آمدو گفت: مشروط به‌آنکه سپاهی را برسرمن نفرستی ، راهی بتو نشان می‌دهم که ظفریابی . سعید پیشنهاد وی را پذیرفت ؛ پس گفت : سغدیان از سرزمین خود کوچیده ودرخجنده فرود آمده‌اند، وازما خواستارند که آنان را بسرزمین خود درآوریم تا با عرب صلح کنند یا جز آن پیش‌آید، و ایشان را در خجنده طعام وشرابی ونه‌عده‌ای برای دفاع نیست پس اگر برایشان می‌تازی همین ساعت اقدام کن . پس سعیدبن [عبدالعزیز] سورة بن‌حرّ دارمی را بفرماندهی سواران پیش فرستاد وخودنیز بایشان پیوست وآنان را در شهر محاصره کرد و چون بیم هلاك دیدند خواستار صلح شدند تا بسرزمین خویش باز گردند . گفت : بشرط آنکه همگی بیرون‌آیید، پس خندقی برای ایشان کند و گفت بیرون آیید . و همه‌شان بیرون آمدند مگر مردی بنام: جلیح[1] که با سلاح بیرون تاخت و با مسلمانان جنگید وجمعی همراه وی بجنگ برخاستند، پس سعید و مسلمانان بر ایشان تاختندوبوضع‌فجیعی آنان‌را کشتندوخندق را ازایشان‌انباشته ساخت وزنان وکودکان را اسیر گرفت و غنیمتی بی‌نظیربدست آورد.[2] و در همین سال[3] پس‌از انجام یافتن جنگ پسرمهلب و کشته شدنشان، یزیدبن عبدالملك ، عمربن هبیره را بجای مسلمه والی عراق کرد ؛ و جماعتی از آل مهلب را بزنجیر کشیده دید که مسلمه آنان را فرستاده بود، پس بفرستادگان گفت : اینان را باز گردانید . گفتند: نمی کنیم. گفت : روزی که مسلمه شما را فرستاده است ، امیر شما بوده است [.....] پس آنان راهمراه‌وی باز گردانیدندودربارهٔایشان نامهٔ خوبی‌به‌یزید نوشت وبوی تذکرداد که نیکی با ایشان ، نیکی با همهٔ قبیلهٔ ایشان است . پس یزید باو نوشت : تورا به این کار چه ، ای بی‌مادر ؟ بار دیگر پیشنهاد خود را

۱- تاریخ طبری ج۵ ص۳۶۴، جلنج. ۲- ظاهراً جنگ‌سعیدبن عبدالعزیزبا سغدیان‌در سال ۱۰۲ وجنگ سعیدبن عمروحرشی درسال۱۰۳ با سغدیان در خجنده، بهم آمیخته شده است . ر.ك. تاریخ‌طبری ج۵ص۳۵۰- ۳۶۲. ۳-سال۱۰۲.

تکرار کرد و باو نوشت که اینان عشیرۀ من نیستند و جز خیر امیر مؤمنان را نخواستم وتنها منظورم آن بود که ازعشیره‌های ایشان دلجویی شود تا دلهاشان تباه نگرددوازراه اطاعت بدرنروند. پس یزید باونوشت: اگرراستی نظرت این بوده است، خدا دوستی ایشان‌را[1] برتومبارك نماید.

عمربن هبیره، سعیدبن‌عبدالعزیز را برسرکارحکومت‌خراسان‌بداشت‌وسعید فرستادگان ابو[رباح] میسره داعی بنی‌هاشم را درزی[*] بازرگانان یافت و بقولی ایشان را فراخواندوازحالشان پرسش کرد. گفتند: ما بازرگانیم. پس رهاشان کرد و ازخراسان بیرون رفتند[2] و یزیدبن جرهم داعی ظهور کرد وعمربن هبیره خبریافت‌وسعید را عزل کرد[3] وحکومت خراسان‌را به‌مسلم بن سعید کلابی داد.[4] مسلم‌به‌خراسان‌آمد[5] ومردم را بجنگ برد[6] و کاری نکرد و چون از فرغانه باز می‌گشت، ترکان ومردم فرغانه وی را تعقیب کردند وبا اونبردی سخت نمودند و اونصربن سیار را بربلخ گماشته بود، پس باو نوشت تا وی را بمردان کمك دهد ومردم را بسوی وی گسیل دارد. نصربن سیار مردم را بکومك وی فرا خواند، لیکن زیربارنرفتندوبا اونبرد کردند ومیان آنان ونصرجنگی بنام«جنگ‌تروقان» روی داد.[7]

یزید، عبدالرحمان بن ضحاك بن قیس فهری را والی مدینه قرار داد و فرمانی باو نوشت که عثمان‌بن حیان مری و ابوبکر[بن] عمرو بن حزم را با هم روبرو کند و دربارۀ دو حدی که ابوبکربه‌عثمان بن حیان زده است رسیدگی

۱ـ ن: خدابازگردانیدنشان‌را. ۲ـ تاریخ‌طبری‌ج۵ص۳۵۸. ۳ـ بگفتۀ طبری: در سال ۱۰۳ امجشربن‌مزاحم سلمی‌وعبدالله‌بن‌عمرلیثی نزدعمربن‌هبیره ازوی شکایت‌کردندپس‌اورا عزل‌نمودو سعیدبن عمروبن اسودبن مالك‌بن کعب‌بن وقدان‌بن حریش بن کعب‌بن ربیعةبن عامربن صعصعه را بجای‌وی نصب‌کرد. ۴ـ بگفتۀ طبری، در سال ۱۰۴ عمربن هبیره سعیدبن عمرو حرشی را از حکومت خراسان برداشت ومسلم‌بن سعیدبن اسلم‌بن زرعۀ کلابی‌را بجای وی نهاد. ۵ـ در آخر سال۱۰۴یا۱۰۳. ۶ـ درآخرتابستان‌سال ۱۰۵ ۷ـ ر.ك. طبری ج۵ ص۳۷۹.

نماید ، و اگر فهمید کـه ابوبکر بـر او ستم کرده است ، برای عثمان از وی قصاص بگیرد ، پس چنان کرد و برابوبکر فشار آوردوبقصاص عثمان‌بن‌حیان ، دو حد بروی جاری کرد .

عبدالرحمان ، فاطمه دخترحسین‌بن[علی] را خواستاری کرد و با مردانی نزد وی پیام فرستاد که بخدا قسم اگر اقدام نکند ، بزرگترین فرزندانش را تازیانه خواهد زد[1] . پس فاطمه به‌یزید نامه‌ای نوشت وچون نامهٔ وی‌را خواند از بسترخود فرودآمد و گفت: پسر حجامتگر بجای بلندی پانهاده است ! کدام مرد است که زدنش را[2] بمن بشنواند و من روی همین بستر باشم ؟ پس به‌عبدالواحدبن عبدالله‌بن بشر نضری که درطائف بود نوشت تا حکومت مدینه را بدست گیرد واز عبدالرحمان‌بن ضحاك چهل هزاردینارمطالبه کند واورا شکنجه دهد تا زدنش‌را باو بشنواند. عبدالواحد چنان کرد وعبدالرحمان دیده‌شد که خرقهٔ پشمی‌بگردن او است و ازمردم سؤال می کند.

یزید ، جراح بن عبدالله حکمی را در سال ۱۰۴[3] گسیل داشت تا با ترکان جنگید وبلنجر را فتح کرد ومردمی‌بسیاراسیر گرفت وبنهرروباس رسید وسپس پیش رفت تا برودخانهٔ اران رسید و با پسرخاقان پادشاه خزر روبروشد و با وی نبرد کرد و اورا شکست داد وسربازان اوراکشت واسیربسیاری گرفت ، و چون بلنجر را فتح کرد رهسپار شد و شهر بشهر در تعقیب خاقان پادشاه خزر فرود می‌آمد تا به رودخانهٔ دبیل آذربایجان رسید وآنجا نبرد کرد وجراح وهمراهانش کشته شدند[4].

۱ـ یعنی عبدالله‌بن حسن را متهم بشـ بخمرخواهد کرد و اورا حد میگساری خواهد زد . ر.ك.طبری‌ج۵ ص۳۶۷.   ۲ـ طبری : آیا مردی هست که ناله‌اش را در شکنجه بمن بشنواند ، و من روی‌بسترم باشم ؟   ۳ـ طبری : سال ۱۰۵.   ۴ـ درسال ۱۱۲ در دشت اردبیل ر.ك. طبری و ابن اثیر .

و یزیدبن ابی مسلم را حکومت افریقا داد؛ و چون به‌افریقا رسید، به‌عبدالله بن موسی لخمی که در آنجا توقیف بود گفت: از مال خود پنج سال حقوق سپاهیان را بده. گفت: توانایی آن را ندارم. پس او را بزندان فرستاد وخدم وحشم موسی‌بن نصیررا گرفت و دستهاشان را داغ کرد و آنان را ببردگی بازگرداند وعمومشان را درنگهبانی خویش استخدام کرد؛ پس غلامی از ایشان بنام جریربراو تاخت ودرحالی که انگوری می‌خورد بروی درآمد واورا کشت و چون یزیدبن عبدالملك خبریافت، بشربن صفوان کلبی را بحکومت فرستاد و در تمام دوران یزید در افریقا برسرکاربود.

یزید به عمربن هبیره که عامل عراق بود، فرمانی نوشت که سواد را مسّاحی کند، وآن را در سال ۱۰۵ مساحی کرد و از موقعی که عثمان‌بن حنیف درزمان عمربن خطاب سواد را مساحی کرده بود، دیگر مساحی نشد، تا زمانی که عمربن هبیره آن را مساحی کرد و برنخلها و درختان (خراج) نهاد و بخراج گذاران زیان رسانید وبردهقانان(خراج) نهاد وبکارواداشتن بدون مزد وهدیه‌ها وآنچه‌را درنوروزومهرگان گرفته می‌شد، دوباره‌برقرار کرد. ومساحتی که باآن حساب‌می‌شد، مساحت‌ابن هبیره بود.

یزید ولیعهدی پس ازخود را برای هشام قرار داده بود، سپس برآن شد که برای پسرش ولید بولیعهدی بیعت بگیردو هشام درجزیره بود؛ پس خالدبن عبدالله قسری را نزدوی فرستاد تا او را تشویق کند که خود را از ولیعهدی خلع نماید و جزیره طعمهٔ او باشد. خالد بن عبدالله گفت: نزدوی‌آمدم و مطلب را با او درمیان گذاشتم و زود پذیرفت، پس باو گفتم: ای آدمی، اگر از من مشورت بخواهی و با من عهد کنی که راز مرا فاش نکنی، آنچه را صلاح تو است بگویم. گفت: از تو مشورت می‌خواهم و برای تو با خدا عهد می کنم که رازت را نهفته دارم. گفتم: چندروزی بیش‌نمانده که جزیره یکی از (نواحی)

کشورت باشد. گفت: چگونه از یزید در امان باشم؟ گفتم در عهدهٔ من. گفت: هرچه خواهی انجام ده که سپاس آن را برای توخواهم داشت. پس نزد یزید باز آمدم و گفتم: ای امیرمؤمنان، من (هشام را) مردی پر مقاومت یافتم؛ و تو را بخدا قسم می‌دهم که مبادا میان خودتان دشمنی و کینه افکنید و برای مردم راهی ببدگویی و نافرمانی خود باز کنید؛ بهتر همان که ولید را پس از برادرت ولیعهد قراردهی. یزید بگفتهٔ من اعتماد کردوهمان‌را بکاربست. هشام هم پیوسته این‌خدمت را ازخالد سپاسگزار بود تاآنکه بخلافت‌رسید واوراوالی‌عراق کرد.

غالب بریزید، سعیدبن خالدبن عمروبن عثمان‌بن عفان بود؛ و رئیس پلیس او، کعب‌بن حامد عبسی؛ و رئیس نگهبانان وی، یزید بن ابی کبشهٔ سکسکی[1] و حاجب او غلامش خالد. حکومت یزید چهارسال بود وچهار روز مانده ازشعبان سال۱۰۵ در سی‌وهفت‌سالگی درگذشت.

ولیدبن‌یزید بروی نماز گزاردودربلقای‌دمشق‌دفن‌شد وده پسربجای گذاشت [وآنان]: ولید، یحیی، محمد، غمر، سلیمان، عبدالجبار، داود، ابوسلیمان، عوّام وهاشم.

درحکومت اودرسالهای ۱۰۱، و۱۰۲، و۱۰۳ عبدالرحمان‌بن ضحاك‌بن قیس با مردم حج گزارد؛ ودرسال ۱۰۴، عبدالواحدبن عبدالله‌بن بشرنضری.

درحکومت‌او درسال۱۰۲، عبدالولیدبن‌هشام[2] بسرزمین رومیان‌لشکر کشید و برمخاضه[3] نزدانطاکیه‌فرودآمد؛ وعمربن‌هبیره‌درارمنستان‌چهارم[4] بارومیان‌نبرد کردوآنان را شکست‌داد وازایشان‌هفتصداسیر گرفت[5]. درسال۱۰۳،عباس‌بن ولید

---

۱ ـ قاموس: سکاسك: طایفه‌ای است در یمن که جدشان، قیل سکسك بن اشرس و یا هم سکاسك بن وائله است، یااین‌غلط ودرست همان اول‌است‌ودرنسبت: سکسکی،گفته‌شود. ۲ـ ن،ب، ولیدبن‌هشام. ۳ـ قاموس، مخاض بروزن سحاب: نهری است نزدیك معره. ۴ ـ ر. ك. مراصد الاطلاع وفتوح‌البلدان ص۱۹۷. ۵ـ تاریخ طبری‌ج۵ ص ۳۵۸.

بجنگ رفت[1] ومردم در سریّه‌ها کشته شدند؛ وترکان برسرزمین اُلّان[2] غارت بردند؛ وعبدالرحمان بن سلیمان کلبی وعثمان بن حیّان مرّی بجنگ رفتند وبرحصنی فرود آمدند وآن رافتح کردند؛ درسال ۱۰۴ عبدالرحمان بن سلیمان کلبی فرماندهی لشکر تابستانی راست، وعثمان بن حیان مری فرماندهی جنگ تابستانی چپ راداشتند؛ درسال ۱۰۵ سعیدبن عبدالملك بن مروان (بجنگ رفت) و سپس باز گشت و بناحیهٔ ترکان لشکر کشیدوتا قصرقطن رسید؛ وجراح بن عبدالله حکمی بدربند اُلّان لشکر کشید تا از دربندبیرون رفت.

فقهای دوران حکومت یزید عبارت بودند از : یحیی بن عبدالرحمان بن حاطب، سالم بن عبدالله بن عمر، قاسم بن محمدبن ابی بکر، محمدبن [مسلم بن] شهاب زهری، محمدبن کعب قرظی، عاصم بن عمربن قتاده ، نافع مولای عبدالله بن عمر، سعیدبن یسار، محمدبن ابراهیم بن حارث تیمی، عبدالله بن دینار، عبدالله بن ابی بکربن محمد [بن عمرو] بن حزم، طاوس یمانی . عطاءبن ابی رباح – حبیب بن ابی رباح[3] – حبیب بن ابی ثابت، عبدالملك بن میسره و ابواسحاق سبیعی.

۱ـ بجنگ روم رفت و شهری را بنام رسله فتح کرد (طبری).

۲ ـ سرزمینی وسیع و امتی بسیار در سرزمینی نزدیك دربند در کوههای قبق (مراصد) .

۳ ـ ن، افتاده دارد .

دوران هشام‌بن عبدالملك‌بن مروان[1]

سپس هشام بن عبدالملك بن مروان که مادرش : ام هشام دختر هشام بن اسماعیل‌بن هشام‌بن ولیدبن مغیرهٔ مخزومی بود، به‌زمامداری رسید ودرقریه‌ای‌از جزیره‌بنام : زیتونه[2] خلافت بدو رسید ؛ پیك آمد و بروی بخلافت سلام کرد : پس از رصافه[3] سوار شد تا به‌دمشق آمد وآن درماه رمضان سال ۱۰۵ بود ، و از ماههای عجم درکانون ؛ وخورشید درآن روزدردلو بود ، ٦درجه و ۵۸ دقیقه ؛ و قمردرقوس ، ۷ درجه و۹ دقیقه؛ ومشتری در میزان، ٦ درجه و ۵۰ دقیقه در حال رجوع ؛ و مریخ درعقرب، ۲۱ درجه و۳۹ دقیقه ؛ وزهره درقوس ، ۲۰ درجه و ۳ دقیقه ؛ و عطارد در دلو ، ۲۱ـ درجه و ۲۰ دقیقه ؛ و رأس در دلو ، ۲۰ درجه و ۲۰ـ[4] دقیقه .

خالدبن عبدالله قسری رابحقی که‌خالدبراوداشت، والی عراق کرد وبه‌جنید ابن‌عبدالرحمان دستور کتبی‌داده‌بود که‌باخالدمکاتبه کندواوچنان کرد[5] وکارجنید

۱ـ ل، ص۳۷۸. تاریخ الخلفا ص ۲۴۷ : مصعب زبیری گفت ، عبدالملك بخواب دید که چهارمرتبه درمحراب پیشاب‌کرد و ازسعیدبن مسیب تعبیر آن را پرسید. سعیدگفت ، چهار تنر از فرزندان صلبی اوبخلافت می‌رسند ، و آخرشان هشام بود. ۲ـ جایی در بادیهٔ شام که هشام درآن منزل داشت ، تاآنکه رصافه را ساخت و بآن منتقل شد و تاآخر عمردر آن منزل‌داشت(مراصد). ۳ـ بضم اول، پس ازطاعون شام ، هشام‌آن را درمغرب رقه ساخت و تابستان در آن ساکن می‌شد (مراصد). ۴ـ ن، افتاده دارد. ۵ـ فتوح‌البلدان ص۴۲۹ .

دربلاد سند بالا گرفت و بر آن سرزمین استیلا یافت تا به‌جرز[1] وسپس بسرزمین چین رسید و پادشاه آن را باسلام دعوت کرد، لیکن او به‌نبرد با جنید برخاست و جنید درمقابل وی پایداری کرد ودرجنگ با او پافشاری نمود و قلعهٔ وی را با نفت و آتش هدف کرد، پس آن را خاموش نمود وجنید گفت: درمیان قلعه‌مردانی ازعرب هستند که آتش را خاموش نمودند. جنید پیوسته با او نبرد می کرد تا خواستارصلح شد و باوی صلح کرد و شهر را گشود و دو مرد عرب در آن یافت و آنان را کشت وجنید چندروزی اقامت گزید وسپس به کیرج[2]لشکر کشیدواشند. رابید پادشاه درنبرد با وی همراه او بود پس راه پادشاه کیرج گریخت و جنید آن رافتح کرد واسیروغنیمت گرفت و کارهای او روبراه شد، آنگاه عمال خود را بسوی حرمذ ومندل[3] و دهنج وبروص و سرست و بیلمان[4] و مالبه و دیگربلاد گسیل داشت وهشام خبر فتحی‌را که ازمردم رسیده بود بوی نوشت واورا مژده داد که مسلمانان عده‌ای را اسیر گرفته وخران و گاوانی را غنیمت برده‌اند، پس جنید باو نوشت که من بدفترم نگریستم ودیدم از روزی که از بلاد سند بیرون آمده‌ام، خدا ششصدوپنجاه هزاراسیرعایدمن کرده،وهشتاد میلیون درهم‌فرستاده وچندین‌برابر آن‌را ابارها درمیان‌سپاه‌تقسیم کرده‌ام. جنیدچندسالی برسر کاربماندو سپس خالد بجای وی تمیم‌بن زید عتبی را بکار گماشت و اوهجده میلیون(درهم) تتری را که جنید دربیت‌المال بجای گذاشته بود، فرستاد[5] وکارتمیم روبراه نشد و مردم آن بلاد بسیار با وی مخالفت کردند وجنگهای او فراوان شد وبسیاری از یاران او کشته شدند وازآنجا بقصد عراق بیرون‌آمد،[6] پس خالدبه‌هشام نوشت که

۱ـ فتوح ص۴۳۰. ۲ـ در فتوح‌البلدان ص۴۲۹ـ ۴۳۰، کیرج و مرمذ ومندل ودهنج‌و بروص و جرز وبیلمان ومالیه‌آمده است. ۳ـ شهری درهند که ازآن‌عود فائق (مندلی) آورند (مراصد). ۴ـ بفتح (مراصد). ۵ـ فتوح ص ۴۳۰. ۶ـ فتوح، ونزدیک‌دیبل برسرآبی بنام ماءالجوامیس مرد .

دوران هشام بن عبدالملك

حکم بن عوانهٔ کلبی را حکومت دهد ؛ و حکم هنگامی رسید که همهٔ بلاد هند از دست رفته بود، مگر مردم قصه[1]؛ و آنان گفتند: برای ما حصنی بساز که مسلمین بدان پناه می‌برده باشند، پس شهری را بنا کرد و آن را محفوظه[2] نامید و پس از جنگی سخت دشمنان استیلا یافته را جلا کرد و آن بلاد امن و آرام گشت. عمرو ابن محمد بن قاسم ثقفی و جماعتی از وجوه مردم همراه حکم بودند و در آن سرزمین اقامت گزید تا خالد عزل شد و یوسف [بن] عمر ثقفی والی (خراسان) گردید.

هشام در سال ۱۰۷ مسلمة بن عبدالملک را والی ارمنستان و آذربایجان کرد و او سعیدبن عمرو حرشی را بفرماندهی مقدمه‌اش گسیل داشت، پس با لشکری از خزر که ده هزار از اسیران مسلمانان همراه داشتند، روبرو شد و با آنان جنگید و شکستشان داد و عمومشان را کشت و اسیران را از ایشان پس گرفت و چندین بار چنین کرد و پسر خاقان را کشت و چندین شهر را گشود و سر پسر خاقان را بدون مشورت مسلمه نزد هشام فرستاد و بدینجهت هشام بروی خشم گرفت و نامه‌ای ملامت‌آمیز بدو نوشت و او را عزل کرد و عبدالملک بن مسلم عقیلی را بجای وی نهاد و باو دستور داد تا سعیدبن عمرو حرشی را دربند کرده و در شهری بنام قبله[3] زندانی کند و مسلمه خود رسید و حرشی را احضار کرد و با او درشتی نمود و پرچمش را درهم شکست و او را بزندان برذعه[4] فرستاد. هشام نامه‌ای به مسلمه نوشت و او را براین کار ملامت کرد و از طرف خود کسانی فرستاد تا سعیدبن عمرو حرشی را از زندان در آوردند و نزد وی بردند.

مسلمه در بلاد خزر پیش رفت[5] تا بجرزان[6] رسید و آن را فتح کرد و مردمش را

۱ـ شهری در هند (مراصد). ۲ـ فتوح ص ۴۳۰. ۳ـ شهری قدیمی نزدیک دربند از نواحی ارمنستان (مراصد). ۴ـ شهری در بالای آذربایجان (مراصد). ۵ـ فتوح، ص ۲۰۹: و مسلمه با مردم خیزان صلح کرد و دستور داد تا قلعهٔ آن را خراب کردند. ۶ـ نام عمومی ناحیهٔ ارمنستان که قصبهٔ آن تفلیس است (مراصد).

کشت؛ سپس به‌شروان روی نهاد ومردم آنجا با وی سازش نمودند ؛ سپس رهسپار مسقط[۱] شد ومردم آنجا نیزباوی صلح نمودند وسواران خود رابسوی لکز[۲] گسیل داشت تا اهالی آنجا باوی‌صلح کردند؛ ونیز به‌طبرستران[۳] فرستاد و اهالی آن با وی صلح کردند ، آنگاه در بلاد پیش رفت و کسی با وی روبرو نمی‌شد تا بسرزمین ورثان[۴] رسید و خاقان پادشاه خزر با وی بجنگ ایستاد و جماعتی از پادشاهان بلادی که فتح کرده‌بود همراه‌مسلمه‌بودند؛ پس‌مروان‌بن‌محمد[۵] را فرمانده مقدمهٔ سپاه[۶] قرارداد واو با دشمن روبرو شد و چند روزی در جنگ با ایشان پایداری کرد وبسا که ناپدید می گشت ومی گفتند مروان کشته‌شد ، و مسلمه می گفت : بخدا قسم پیش ازآنکه بروی بخلافت سلام شود، کشته نمی‌شود . پس‌مسلمه‌عموم آن‌بلاد رافتح کرد.

و[هشام] مسلمه را عزل کرد و[۷]مروان‌بن محمد را بر سرکار آورد و او بهمان‌قلعه‌ای که‌پادشاه‌سریر[۸] درآن‌بود روی‌نهاد؛ وآن تختی‌ازطلا بود که‌بعضی ازپادشاهان عجم وبقولی انوشروان‌آن را فرستاده بود و بدان جهت سریر نامده

---

۱ ـ روستایی در ساحل دریای خزر نرسیده به‌دربند(مراصد). ۲ـ شهر کوچکی پشت دربند (مراصد). ۳ـ ل ، ب : طبرسران . مراصد الاطلاع، طبرستران؛ از نواحی ارمنستان . فتوح‌البلدان ص۲۰۹ : و پادشاهان جبال باوی سازش نمودند و شروانشاه ولیرانشاه و طبرسرانشاه وفیلانشاه‌وجرشانشاه و امیرمسقط نزد وی آمدند . ۴ـ شهری درحدود آذربایجان درهفت فرسخی بیلقان(مراصد). ۵ـ ابوعبدالملك : مروان‌بن محمدبن مروان‌بن حکم آخرین خلفای بنی امیه که چون مربی او جعدبن درهم بود ، او را جعدی می‌گفتند ، و حمار نامیده می‌شد ، چه در جنگ با کسانی که بر وی خروج می‌کردند ، عرق او نمی‌خشکید و در مثل می‌گویند : فلانی از خرشکیباتراست وبرای همین حمار لقب یافت، و بقولی برای آنکه عرب هر صد سال را حمار می‌نامد وچون سلطنت بنی‌امیه نزدیك صد سال شد ، برای همین‌مروان را حمار لقب دادند (تاریخ الخلفاص۲۵۴). ۶ـ مقدمة‌الجیش‌رادرقدیم:یزك، واکنون:گشتی‌شناسایی، ونیز دیده‌ور می‌گویند. ۷ ـ هشام پس از مسلمه ، سعید حرشی و پس از دوسال مروان‌بن محمد را بر آن سرحد گماشت (فتوح‌ص۲۰۹). ۸ـسریر:مملکتی‌وسیع میان‌الان ودربندکه جز دوراه ندارد : راهی ببلاد خزر ، وراهی ببلادارمنستان (مراصد).

شد؛ پس برهزار و پانصد غلام مشکین موی با وی صلح کرد[۱]؛ سپس به‌سوی تومانشاه رهسپار شد و پادشاه آنجا با وی صلح کرد[۲]؛ سپس بسر زمین زریکران در آمد و پادشاهش با وی صلح کرد[۳]؛ آنگاه رهسپار حمزین شد و با آنان جنگید و بسیاری از ایشان را کشت و بیشتر آن سرزمین را فتح کرد[۴] و خواربار را در شهر دربند فراهم ساخت و همان‌جا بماند.

بشر بن صفوان[۵] کلبی عامل مغرب بود و چون هشام روی کار آمد، مالهای بسیار و هدیه‌هایی نزد وی فرستاد، پس هشام او را برسر کار حکومت افریقا بگذاشت و بود تا همانجا بمرد؛ و هشام پس از مرگ بشر بن صفوان، عبیدة بن عبدالرحمان قیسی[۶] را والی افریقا قرار داد و برسر کار بود تا مردم را به جنگ دریایی برد و غنیمتهای بسیار بدست آورد و با مالهای فراوان و بیست‌هزار بنده نزد هشام رفت و از کار مستعفی شد و هشام استعفای وی را پذیرفت و بجای او عقبة بن قدامهٔ تجیبی را برسر کار آورد و چندی نماند که معزول شد و عبیدالله بن حبحاب[۷] جای او را گرفت و غزوه‌های بسیاری رفت[۸] [...] و کلثوم بن عیاض کشته شد.[۹] سپس حنظلة بن صفوان بن کلبی[۱۰]

۱ـ ر.ك. فتوح البلدان ص۲۱۰ . ۲ ـ مروان با اهل تومان بر صد کنیز و پنجاه غلام پنج وجبی مشکین موی وابرو و مژه و بیست‌هزار ... (فتوح). ۳ـ ر.ك. فتوح ص۲۱۰. ۴ـ ر.ك. فتوح ص۲۱۰- ۵ـ بن طویل بن بشر بن حنظلة بن علقمة بن شرحبیل بن عزیز بن خالد الکلبی، از ۱۷ رمضان سال ۱۰۱ تا سال ۱۰۲ والی مصر؛ و از سال ۱۰۲ تا سال ۱۱۰ والی افریقا بود . ر.ك. معجم الانساب ص۳۸، ۹۹. ۶ـ عبیدة بن عبدالرحمان (بن ابی الاغر) سلمی از ربیع الاول سال ۱۱۰ تا ربیع الثانی سال ۱۱۶ والی افریقا بود. ر.ك. معجم الانساب ص۹۹. ۷ـ موصلی از ربیع الثانی سال ۱۱۶ یا هم سال ۱۱۷ تا رمضان سال ۱۲۳ والی افریقا بود. ر.ك. معجم الانساب ص۹۹ و کامل التواریخ ج۴ ص۲۱۹، ۲۲۲ ۸ـ ل، پ؛ و بربرها شورش کردند و چون کارش بسستی کشید هشام ؛ کلثوم بن عیاض را با لشکری عظیم به‌افریقا فرستاد و بربریان با وی روبرو شدند . ر.ك. کامل التواریخ ج ۴ ص۲۲۳. ۹ ـ از رمضان یا جمادی سال ۱۲۳ تا ربیع الثانی سال ۱۲۴ والی افریقا بود. ر. ك. معجم الانساب ص۹۹ . ۱۰ـ برادر بشر بن صفوان از شوال سال ۱۰۲ تا ۱۱ شوال ۱۰۵ و بار دیگر از ۵ محرم سال ۱۱۹ تا ۱۳ شعبان ۲۱۴ والی مصر؛ و از ربیع الثانی سال ۱۲۴ تا سال ۱۲۷ والی افریقا بود.

با فرمان حکومت افریقا رسید وعکاشة بن ایوب فزاری بر بعضی ناحیه‌ها دست یافته بود، پس حنظله بر او ظفر یافت وتا (آخر) دوران مروان بن محمد بر سر کار بود.

سلیمان بن کثیر خزاعی وهمراهانش در سال ۱۱۱ در خراسان به دعوت به سوی بنی‌هاشم قیام کردند و دعوت ایشان آشکار شد و پیروانشان بسیار گشت و بکیر بن ماهان رسید و مردمی بسیار در خلع بنی‌امیه و بیعت با بنی‌هاشم با او همداستان شدند وپیروان وهمراهانشان بسیار گشتند، سپس پسر ماهان را مرگ فرا رسید وابوسلمه حفص بن سلیمان خلال را جانشین خویش ساخت و آن را به محمد بن علی بن عبدالله گزارش داد و به‌وی اعلام کرد که او را شایسته می‌داند، پس محمد هم اورا پذیرفت وفرمانی بیاران خود نوشت تا از وی بشنوند وفرمان برند وهمگی به‌فرمان وی درآمدند وخالد بن عبدالله[1] برادر خویش اسد بن عبدالله[2] را والی خراسان کرد واو از ایشان خبر یافت وجماعتی از آنان را گرفت ودستها وپاهاشان را برید وبدارشان زد وپیوسته در بیم و هراس می‌زیستند تا اسد مرد و جعفر بن حنظلهٔ بهرانی والی خراسان گردید.[3]

یزید بن غریف همدانی را والی سیستان کرد وچون به‌سیستان رسید، روش او بد شد وفاسقی را آشکار ساخت، پس گروهی ازخوارج بر او تاختند وهنگامی که در مجلس خود نشسته بود وهزار وپانصد نفر مسلح بر سروی ایستاده بودند، او را کشتند. خوارج پنج نفر بودند ویکی از آنان بروی حمله برد واورا به‌شمشیری زد و کشت وسپاهیان برایشان تاختند وپس ازآنکه جماعتی از سپاهیان را ازپا در

۱ـ ازسال ۷۱ تا سال ۷۳ ازطرف عبدالملك والی بصره ، وباردیگر ازسال ۱۰۵ تا سال ۱۲۰ ازطرف هشام والی تمام عراق وخراسان وهندبود، ر.ك. معجم‌الانساب ص ۷۷،۶۳،۶۲ . ۲ـ ازسال ۱۰۵ تا سال ۱۰۹ و باردیگر ازسال ۱۱۷ تا سال ۱۲۰ ازطرف برادر خود که والی تمام عراق بود ، حکومت خراسان داشت ، معجم ص ۷۷ . ودر ربیع‌الاول سال ۱۲۰ دربلخ بمرد (کامل ج ۴ ص ۲۳۴).

۳ـ در سال ۱۲۰ از طرف خالد حکومت خراسان یافت. ر.ك. معجم ص ۷۷، وچهارماه برسر کار بود (کامل ج ۴ ص ۲۳۴) .

آوردند، آنان را کشتند؛ وچون خبر به‌خالدبن‌عبدالله رسید، اصفح‌بن عبدالله‌کلبی را بحکومت سیستان فرستاد و او در زمستان رهسپارنیه[1] شد و مردم را بجنگ فراخواند، پس‌پیرمردی ازاهل شهربنام عبداللهبن عامر نزد وی‌آمدو گفت : ای امیر، اکنون وقت جنگ نیست .گفت: من بوقت جنگ ازتوداناترم ، وبراه‌افتاد وچون بدهان دره‌ای ازدره‌ها رسید، عمروبن بجیرپیش‌آمدو گفت : خدا امیر را توفیق دهد، اکنون موقع داخل‌شدن باین دره نیست . گفت : اگر من گوینده دیروزرا ادب می کردم، امروز این سخن را نمی‌شنیدم . آنگاه بداخل دره راند وچون درآن پیش رفت ، دشمن تنگناهای آن را بر او گرفت (و از هرسوی) فراهم‌آمد وهمهٔ آن لشکر کشته شدند ویکی ازایشان جان بدرنبردوچون خالد خبریافت که اصفح ومسلمانان همراه وی کشته شدند، عبداللهبن ابی بردة بن ابی موسی را بجای‌وی‌فرستاد واودرحکومت خالدبرسرکاربود.

وفات ابوجعفرمحمدبن علی‌علیه‌السلام

ابوجعفرمحمدبن علی‌بن‌حسین‌بن علی‌بن ابیطالب که مادرش:ام عبداللهدختر حسن‌بن علی‌بن ابیطالب است درسال۱۱۷ وسن ۵۸ سال وفات کرد.

ابوجعفرگفت: من چهارساله‌بودم که جدم حسین‌بن علی کشته شد وشهادت وی وآنچه را درآن وقت بما رسید بیاددارم .

ابوجعفر«باقر» نامیده می‌شد چه اودانش راشکافت. جابربن عبدالله انصاری گفت : پیامبرخدا بمن گفت : انك ستبقی حتی‌تری رجلا من ولدی اشبه الناس بی؛ اسمه علی اسمی؛ اذا رأیته لم یخل علیك فاقرأه منی‌السلام، «پس از من زنده می‌مانی تابزودی‌مردی‌ازفرزندان‌مرابیبینی که‌ازهمهٔ مردم‌بمن شبیه‌ترونامش مانند

[1] ـ بکسر اول: قریه‌ای میان هرات و کرمان ؛ و بقولی: شهری کوچک میان سیستان و اسفزار (مراصدالاطلاع).

نام‌من‌است ؛ هر گاه‌او را ببینی بی‌اشتباه‌بشناسی؛ پس‌از‌من‌سلامش‌برسان». چون‌سن جابر بالا رفت‌وبیم‌مرگ‌داشت، می‌گفت: ای‌باقر، تو کجایی؟ تا او را دیدوبروی‌افتاد ودست‌وپایش را می‌بوسید ومی‌گفت: پدرومادرم فدای شبیه پدرش پیامبرخدا باد، پدرت تورا سلام می‌رساند.

ابوحمزهٔ ثمالی گفت : از محمدبن علی شنیدم که می‌گفت : خدای عزّ و جلّ می‌گوید : اذا جعل عبدی همّه فی‌هماً واحداً ، جعلت غناه فی‌نفسه؛ و نزعت الفقرمن بین عینیه ؛ وجمعت له شمله، وکتبت‌له[1] من‌وراء تجارة کل تاجر. و اذا جعل همّه فی‌متفرقا ، جعلت شغله فی‌قلبه؛ و فقره بین عینیه ؛ و شتّت علیه امره ؛ ورمیت بحبله علی غاربه ؛ ولم ابال‌فی‌ای وادمن‌اودیة‌الدنیا هلك .

«هر گاه بنده‌ام همّ‌خود را دربارهٔ من ، یك هم قراردهد ، توانگری او را دردلش قراردهم ؛ وفقررا ازپیش‌چشمانش بکنم؛ واموپرا کنده‌اش‌رافراهم‌سازم؛ و از پشت سربازرگانی هربازرگانی ، برای وی‌بنویسم (حواله‌دهم) وهرگاه همّ خود را دربارهٔ من پراکنده سازد ، گرفتاری او را در دلش ، و فقر او را جلو چشمانش قراردهم؛ وامراو را براوپراکنده سازم؛ ومهارش را بگردنش اندازم ؛ وباك نکنم که در کدام وادی‌ازوادیهای دنیا هلاك‌شود».

به محمد گفته شد : آیا چیزی بهتر ازطلا می‌شناسی ؟ گفت : نعم معطیه ، «آری بخشنده‌اش».

وگفت : اصبرللنوائب ؛ ولاتتعرّض للحقوق ؛ ولاتعط احدامن نفسك‌ماضرّه علیك اکثرمن نفعه ، «برای گرفتاریها شکیبا باش ؛ و بحقوق (دیگران) تعرض مکن؛ وهیچکس را ازخود چیزی مبخش که زیانش برتو بیش از سود آن برای

۱ـ ظاهراً صحیح آن، کنت‌له. باشد ودرآن‌صورت ترجمه این خواهدبود، وخود برای‌اوپشت تجارت هرتاجری خواهم بود ، یعنی‌تجارت هرتاجری را برای وی انجام خواهم دادوپشت کاراورا خواهم‌گرفت. ر.ك. کافی‌ج ۲ص۱۳۷ وص ۶۰۳.

او[1] باشد».

وگفت: کفی العبد من الله ناصراً ان یری عدوه یعصی الله، «در یاری خدا بنده‌اش را همان بس که دشمن خود را درمعصیت خدا ببیند».

وگفت: شرّ الآباء من دعاه البرّ الی الافراط؛ وشر الأبناء من دعاه التقصیر الی العقوق، «بدترین پدران، کسی است که نیکی اورا بزیاده روی وادارد؛ وبدترین پسران، کسی است که کوتاهی کردن، وادار بعقوقش کند».

وابوجعفر ازاین گفتارخدای عزوجل پرسیده‌شد: وقولوا للناس حسنا[2]. گفت: قولوالهم احسن ماتحبون ان یقال لکم، «بهترین سخنی راکه دوست می‌دارید بشما گفته‌شود، به‌آنان بگوئید».

سپس گفت: ان الله عزوجل یبغض اللعّان السّباب الطعّان الفحّاش المتفحش السّائل الملحف؛ ویحب الحیی الحلیم العفیف المتعفّف، «همانا خدای عزوجل دشمن می‌دارد لعن کنندهٔ دشنام دهندهٔ عیبجوی ناسزاگوی بدزبان سؤال کنندهٔ اصرار ورزنده را؛ ودوست می‌دارد باحیای بردبار پارسامنش را».

وگفت: لوصمت النهار لاافطر، وصلیت اللیل لاافتر، و انفقت مالی فی سبیل الله علقاً علقا، ثم لم تکن فی قلبی محبة لأولیائه ولابغضة لأعدائه مانفعنی ذلك شیئاً، «اگر روز را بدون افطار روزه گیرم، وشب را بدون سستی نماز گزارم، و مال خودرا تمام درراه‌خدا بدهم، سپس دوستی دوستانش ودشمنی دشمنانش دردلم نباشد، ازآن‌هیچ سودی بمن نرسد».

واورا پنج پسر بود: ابوعبدالله جعفر، عبدالله، ابراهیم؛ وعبیدالله وعلی که در کودکی مردند.

علی‌بن‌عبدالله‌بن عباس‌بن عبدالمطلب درسال ۱۱۸ در گذشت وتولدش درهمان

۱ــ ل، ن: افتاده‌دارد. ۲ــ س۲ی۸۳: «وگفتاری‌نیك بمردم بگوئید.»

شبی بود که علی‌بن ابیطالب دربامدادآن کشته شد. وفاتش دراحهیر میان حمیمه واذرح از توابع دمشق درهفتاد و هشت سالگی روی داد ، ومادرش : زرعه دختر مشرح‌بن معدی کرب یکی ازچهارپادشاه کنده بود ودارایی وبرتری‌وبزرگواری داشت و از پدرش روایت می کرد. گفت : از پدرم شنیدم که می گفت : کسی که نفسش درهوای خویش براو چیره گردد، نباید طمع کند تا در آنچه می‌خواهد برنفس چیره شود. وگفت: ازپدرم شنیدم که می گفت: مردم زمانی باپرهیزگاری معاشرت می کردند ، سپس که آن برداشته شد با مردانگی معاشرت کردند ، سپس آن‌هم‌ازمیان‌رفت‌وباحیاآمیزش نمودند،وچون حیاازمیان‌رفت، پرده‌پاره‌شد.

وگفت: ازمرد بزرگوارهرگاه مهربانی خواهند، نرمخو گردد ؛ و با مرد فرومایه هرگاه مهربانی کنند، سنگدل‌شود.

وگفت : سخاوت ورزیدن مردم از آنچه در دست دیگران است ، از سخاوتمندی آنان به‌بخشش بهتراست ؛ وقناعت لذت زندگی است؛ و رضا بقسمت ازمردانگی ببخشش بیشتراست؛ وکسی که‌خود را از چهار چیزنگه دارد سزاوار است که‌آنچه بجزاو رسیده است بدو نرسد : شتاب کردن، لجاج ورزیدن ، خود پسندی و سستی کردن .

علی‌بن عبدالله‌بن عباس را بیست‌ودو فرزندبود: محمدبن علی، مادرش: عالیه دخترعبیدالله‌بن عباس ؛ داود وعیسی از کنیزی، سلیمان و صالح‌از کنیزی ،احمد و بشرو مبشر و اسماعیل وعبدالصمد از کنیزانی ، عبدالله اکبر، مادرش : امابیها دخترعبدالله‌بن جعفربن‌ابی‌طالب، وازاوفرزندی نماند؛ وعبیدالله، مادرش‌فلانه‌دختر حریش ؛ و عبدالملك و عثمان و عبدالرحمان و عبدالله اصغر و سفاح همواست ، ویحیی‌واسحاق‌ویعقوب وعبدالعزیزواسماعیل اصغروعبدالله‌اوسطواحنف‌همواست، ازچند کنیز.

۲۹۳ دوران هشام بن عبدالملك

محمد بن علی بن عبدالله در حالی که پسرش ابوالعباس را همراه داشت برهشام درآمد و چون ازنزد وی بیرون رفت به بعضی‌همراهان خود گفت: نزد امیرالمؤمنین ازسنگینی قرض و عیالواری شکایت نمودم؛ پس مرا مسخره کرد و گفت: منتظرپسرحارثیه یعنی این کودك باش.

هشام درتعقیب خارجیان اصرارورزید[۱] [.....] پس روزی نشست و خوارج را نزد خویش فراهم ساخت و گفت: ای گروه، از خدا بترسید و جهاد را وا مگذارید. پس با وی بیعت نمودند وچند روزی بماند و مرگ او فرا رسید و به آنان گفت: من به‌هیچکس بیش از بهلول‌بن عمیرشیبانی وثوق ندارم. پس چون مرد، بهلول خروج کرد وبه‌نزدیك کوفه‌آمد وخالدبن عبدالله ازآن خبریافت و سوارانی برسروی فرستاد که از[عین] التمر تا موصل درپی او تاختند ودرموصل کشته شد.

هشام کارهایی ازخالدبن عبدالله شنیدوبروی خرده گرفت، ازجمله آنکه مالهای بسیاری راکه مبلغ آن سی و شش میلیون درهم بود پراکنده ساخت و هشام آن‌رانارروا شمرد، دیگر آنکه خالد دوانگشت‌خودراپهلوی‌هم گرفت‌وگفت: امیه درشرف (خاندان) قسراینطور(چیزی) نیفزوده است. پس هشام به‌وی‌نوشت: اما بعدگفتارت بمن رسید تو جزاز بجیلهٔ خوارفرومایه نیستی و بزودی ای پسر زن نصرانی خواهی دانست که همانکس که تو را بلند کرده است، بیدرنگ تو را پست می کند. خالد ۱٤ یا ۱۵ سال درعراق برسرکار بود و چون هشام تصمیم

۱ـدرسال۱۱۹، مغیرةبن سعید وبیان باچند(شش)نفرخروج‌کردند و خالد آنان راگرفت و کشت، ودرهمین سال، بهلول بن‌بشرملقب به«کثاره» خروج‌کردوکشته شد، و سپس عمرو یشکری خروج کرد ونیزکشته شد، آنگاه عنزی(بختری) معروف به «صاحب اشهب» بهمراهی شصت نفر خروج کردوهمگی‌کشته شدند، سپس وزیرسختیانی با چندنفری درحیره برخالد خروج‌کردند و یارانش‌کشته شدند وخودش پس‌ازچندی بآتش سوزانده‌شد (ر.ك. تاریخ طبری ج۵ ص۴۵۶ـ۴۶۱ کامل ج۴ص۲۳۰ـ۲۳۲).

گرفت او را ازکار برکنار کند، حسّان نبطی را که از همه کار خالدبن عبدالله آگاه بود، احضار کردو آمادهٔ کشتن وی گردیدوبخدایی که[جز] اوخدایی‌نیست قسم خورد که باید بااوراستی کند یاهم‌اورامی کشد. پس حسان‌صندوقهای‌وقایعی علیه خالد نزد وی آورد و نخستین منشیی بود که علیه حاکم شهرخود گزارش داد. وچون هشام بر آنچه‌می‌خواست ازکارخالد اطلاع یافت،به‌یوسف‌بن‌عمر ثقفی[1] که عاملش دریمن بود، نامه‌ای بخط خود نوشت که هیچکس را بر آن مطلع نساخت و اورا دستورداد تا به‌عراق رودوخبرخویش را پوشیده دارد- تا به عراق رسد-[2] وخالد ویارانش را دستگیر کند و از وی سی و شش میلیون درهم مطالبه نماید. پس یوسف بهمراهی هفت نفر ازیمن بیرون‌رفت و امر خویش را پوشیده داشت تا به‌عراق‌آمد ورسیدنش به‌عراق در سال ۱۲۰ بود، یوسف‌بن عمربا‌پنج‌نفر شبانه رسید تا بمسجد جامع رفت و چون نماز بپا شد، خالد پیش رفت تا نماز بخواند، پس یوسف اورا کشید و بیرونش کرد؛ سپس پیش ایستاد و در نخستین رکعت، اذا وقعت الواقعه[3]، و سپس در رکعت دوم سأل سائل بعذاب واقع[4] را قرائت کرد، سپس روی به مردم آورد وخویش را به‌آنان معرفی کرد و خالد و همدستانش راگرفت وآنان را بانواع‌شکنجه‌ها عذاب داد وآن‌مبلغ را از ایشان مطالبه‌کرد، پس جماعت دهقانان عراق و توانگران مردم فراهم شدندو گفتند: ما این مبلغ را ازطرف او بعهده می گیریم ومی‌پردازیم.

گویند: یوسف پیشنهادشان را پذیرفت وچون مال رانزد وی آوردندخالد را بازخواست کرد واورا گرفت وجبهٔ پشمی براو پوشانید و دست وی را بگردنش

۱- یوسف‌بن‌عمربن محمدبن حکم‌بن‌ابی‌عقیل‌بن مسعود ثقفی ازسال ۱۲۰ تا ۱۲۵ بر تمام عراق ومشرق، وتا سال ۱۲۶برعراق و مشرق جزخراسان، وپیش ازآن از۲۷ رمضان سال ۱۰۶ تا سال۱۲۰ حکومت یمن داشت. او پسر عموی حجاج‌بن یوسف‌بن حکم بود ودرحدود سال ۶۵ تولد یافت ودرسال ۱۲۷ دردمشق‌گردن زده‌شد (معجم‌الانساب ص۶۳، ۱۷۶). ۲ـ ن، افتاده‌دارد.
۳ـس۵۶. ۴ـس۷۰

غل کرد ، سپس اورا نزد یوسف که روی سکویی نشسته بود آوردند ، پس او را چنان پیش کشید که برو افتاد و کسی از حاضرین گفت: خالد را دیدم که همین کاررا با عمربن هبیرهٔ فزاری[1] هنگامی که ازعراق عزلش کرد، انجام‌داد، پس هر کس بکاری گماشته‌شد بایدنیکی کند.

یوسف خالد و عمالش را بیم داد و پولها از ایشان مطالبه کرد و آنان را شکنجه داد تا بیشترشان در دست اومردند ، ابان بن ولید بجلی را بپرداختن ده میلیون درهم موظف کرد ، و طارق بن ابی زیاد عامل فارس را بپرداختن بیست میلیون؛ وزبیرعامل اصفهان وری وقومس را بدادن بیست‌میلیون؛ و جزآنان را بکمترازاین ؛ وبیشتراین‌مبلغ‌راوصول کرد. بلال‌بن‌ابوبردةبن‌ابوموسی‌اشعری که عامل خالد دربصره‌بود، اززندان یوسف گریخت ونزد هشام‌رفت، پس‌یوسف‌دربارهٔ اوبه‌هشام‌نوشت‌وهشام اورا نزدوی فرستادواورا شکنجه‌داد تاوی‌را کشت‌وخانه‌اش را در کوفه زندان قرارداد وخانهٔ بصره‌اش را مصادره کرد.

وچون حکم‌بن عوانه[2] عامل سند ازرفتار یوسف با عمال خالد خبر یافت ، با شتاب دربلاد دشمن پیش‌رفت و گفت : یا فتحی که یوسف بدان خشنود شود ، یا هم شهادتی که مرا از وی آسوده کند ؛ پس با دشمن روبرو شد و پیوسته نبرد می کرد تا کشته شد ؛ و عمروبن محمدبن قاسم ثقفی را بر سواران جانشین ساخته بود .

وچون حکم‌بن عوانه در سرزمین سند کشته شد ، عمروبن محمد ثقفی[3] و پسرعرار درجانشینی‌وی نزاع کردند و پیش آمد به‌یوسف‌بن‌عمر نوشته شدو اوهم

۱ـ از سال ۱۰۰ تا ۱۰۸ از طرف عمربن عبدالعزیز والی موصل‌بود، وازسال ۱۰۳ تا۱۰۵ برتمام‌عراق وخراسان و هند حکومت داشت. ر.ك. معجم‌الانساب ص۵۶، ۶۳، ۶۸، ۷۷.

۲ ـ حکم پس از تمیم بن زید عتبی والی سند شد وپشت دریاچهٔ مهران از طرف هند شهری‌بنام محفوظه بناکرد . ر.ك فتوح‌البلدان‌ص۴۳۰ . معجم‌الانساب ص۷۷، ۴۱۵.

۳ـ ر. ك . فتوح البلدان ص۴۳۱، معجم‌الانساب‌ص۴۱۵.

به‌هشام گزارش‌داد ؛ پس هشام باو نوشت : اگر عمرو بن محمد بکهولت رسیده است ، او را والی قرارده . یوسف که خود ثقفی بود ، به‌عمرو متمایل شد واو را والی قراردادوفرمان‌حکومت سندرابرای اونوشت، پس‌ابن عراررا گرفت‌وزندانی کردوبند بروی‌نهاد.

عمرو بن محمد بن قاسم، شهری درجلودریاچه بنا نهاد وآن را منصوره[1] نامید و اقامتگاه والیان قرارداد ودرآن‌منزل کرد و دشمن را طمع بخاطررسید و پادشاهی برای خود برگزیدند و سپس به منصوره روی نهاده آن را محاصره کردند، پس‌عمرو به‌یوسف‌نوشت و او هم چهار هزار نفر بسوی وی گسیل داشت وپادشاه (دشمن)ازوی‌دست کشیده،باز گشت‌وامروی درهم شکست، پس‌عمروبرای (کوبیدن)دشمن مجهز گشت ومعن‌بن‌زائدهٔ شیبانی[2] را برمقدمهٔ خویش‌فرماندهی دادوشبانه برلشکرآن پادشاه حمله برد ویارانش پایداری کردند وگروه‌بسیاری ازدشمن‌را بکشت وبرخود پادشاه دسترسی‌پیدا شد؛ لیکن مسلمانان‌اورانشناختند وجمعی ازیارانش عبور کردندوچون او را بدیدند، گفتند: راه،راه؛ یعنی پادشاه. پس اورا بدربردند و خود ویارانش بی‌آنکه بچیزی اعتنا کنند، روبگریزنهادند وکارآن بلاد برای عمرو روبراه شد . مروان بن یزید بن مهلّب در سپاه عمرو و همراه اوبود وبا جماعتی ازسرداران که با وی همدست شدند بر عمرو تاخت و اثاث او را غارت کرد و چارپایان اورا گرفت، پس عمرو بهمراهی معن‌بن زائده وعطیّةبن عبدالرحمان‌دربرابروی ایستاد و اورا شکست داد ویارانش را پراکنده ساخت ومروان گریخت؛ وعمرو ندا کرد : مردم همه درامانند ، مگرپسر مهلب . پس مروان را بوی نشان دادند واورا کشت.

۱ـ شهری است درسرزمین سندکه خلیجی از رودخانهٔ مهران بآن محیط است (مراصد) .

۲ـ معن‌بن زائدة بن عبدالله‌بن زائدةبن مطربن‌شریك‌بن عمروشیبانی ، ازسال۱۴۰ از طرف‌عباسیان والی یمن‌بود.

هشام، زیدبن‌علی‌بن الحسین را احضار کردو گفت: یوسف‌بن عمر ثقفی بمن نوشته است که خالدبن عبدالله قسری بوی گفته که ششصدهزاردرهم نزد توامانت سپرده است ؟ گفت: خالد را نزدمن چیزی نیست. گفت : ناچار باید نزد یوسف بن عمر فرستاده شوی تا تو و خالد را روبرو کند . زید گفت : مرا نزد غلام ثقفی مفرست تامرا بازیچهٔ خویش‌قراردهد . گفت:از فرستادنت نزد وی چاره‌ای‌نیست. پس زید با او بسیارسخن گفت؛ وآنگاه هشام باو گفت : بمن خبر رسیده است که تو با اینکه کنیز زاده‌ای خود را شایستهٔ خلافت می‌دانی! گفت : وای برتو، مگر مادرم شأن مرا پست می کند؟ بخدا قسم ، اسحاق پسر زنی آزاد و اسماعیل پسر کنیزی بود؛لیکن خدا فرزندان اسماعیل را برگزید وعرب را ازآنان قراردادو پیوسته برکت یافتند تاآنکه‌پیامبرخدا ازایشان‌ظهور کرد.سپس گفت: ای هشام، خدا را پرهیز کارباش. گفت:آیا مانندتو کسی‌مرا بپرهیز کاری‌خدا امرمی کند! گفت: آری،هیچکس‌پائین‌ترازآن‌نیست که‌بدان امر کند، وهیچکس بالاتر ازآن نیست که‌آن‌را بشنود.

پس اورا با فرستادگانی ازطرف خود بیرون فرستاد و چون بیرون رفت ، گفت : بخدا قسم ، من می‌دانم که هرگز کسی زندگی را دوست نداشت مگر آنکه خوارشد.

هشام‌به‌یوسف‌بن عمرنوشت : هرگاه زیدبن علی برتودرآمد، او را با خالد روبروکن وساعتی نزد تو نماند چه من اورا مردی شیرین زبان وخوش‌بیان یافتم که می‌تواند سخن را فریبنده سازد؛ ومردم عراق ازهمه‌کس بمانند وی شتابنده ترند. پس چون زید به کوفه رسید بریوسف درآمد و گفت : چرا مرا نزد امیر مؤمنان فرا خواندی ؟ گفت : خالد بن عبدالله گفته است که او را نزد تو ششصد هزار درهم است . گفت : خالد را احضار کن . پس او را در حالی که‌به‌زنجیری سنگین کشیده بود، حاضر کرد . آنگاه یوسف باو گفت : این زیدبن علی است ،

هرچه نزد او داری بگو. گفت: بخدایی که جز او خدایی نیست، مرا نزد وی نه کمی ونه بسیاری نیست؛ وشما ازاحضار او جزستم کردن بروی را نخواسته‌اید. یوسف رو به زید کرده گفت: امیر مؤمنان مرا فرموده است که تو را در همان ساعت ورودت از کوفه بیرون فرستم. گفت: بگذارسه‌روز استراحت کنم و سپس بیرون روم. گفت: راهی به‌آن ندارم. گفت: پس همین امروز؟ گفت: یك‌ساعت هم نمی‌شود. پس اورا با فرستادگانی ازطرف‌خویش بیرون کرد؛ وزید هنگام بیرون رفتنش این‌شعرها را می‌خواند:

منخرق الخفّین یشکوالوجی — تنکبه اطراف مرو حداد
شرّده الخوف وازری بـه — کذاك‌من‌یکره حرّالجلاد
قد کان فی الموت له راحة — والموت‌حتم‌فی‌رقاب‌العباد[1]

«موزه پاره‌ای که از پیاده روی شکایت می کند و کناره‌های تیز سنگها (پاهای) او را مجروح می کند؛ ترس اورا دربدر کرده و ازمقامش پائین آورده است؛ وهر که سوزش زدوخورد (باشمشیر) را خوش ندارد، وضعش همین است؛ درمرگ برای وی‌آسایشی بود، ومرگ، ناچار گردنگیر بندگان است».

فرستادگان یوسف ازعذیب[2] بازگشتند وزیدهم به کوفه بازآمد وشیعیانی که در کوفه بودند بروی گرد آمدند وخبربه‌یوسف‌بن عمررسید وباایشان‌بجنگ برخاست و میان‌آنان نبردی سخت روی داد؛ سپس زیدبن‌علی کشته شد واورابر خری حمل کرده به کوفه آوردند و سرش رابالای نی زدند[3]، سپس بدن زید را

۱ـ مروج‌الذهب ج۳ص۲۱۸، ان یحدث الله له دولة یترك آثارالعدی کالرماد.

۲ـ آبی ازبنی‌تمیم درطرف‌فراست قادسیه بفاصلهٔ چهارمیل راه(مراصد). ۳ـ مروج‌الذهب ج۳ ص۲۲۰، ابوبکربن عیاش وجماعتی ازاخباریان‌گفته‌اندکه زید پنجاه ماه‌درکناسهٔ‌کوفه برهنه روی دار بود .... و چون دوران ولیدبن یزیدبن عبدالملك فرا رسید و یحیی‌بن زید درخراسان خروج کرد، ولید به‌عامل خود در کوفه نوشت‌که زیدرا با چوب دارش بسوزان واو چنان‌کرد وخاکسترش راروی فرات بباداداد (ر.ك. مقاتل‌الطالبیین ص۱۳۳).

سوزانده نیمی از (خاکستر) او را در فرات و نیمی را در کشتزار ریختند و یوسف گفت: بخدا قسم ای مردم کوفه، شما را رها کنم که او را در خوراک خود بخورید و در آب خود بیاشامید. و کشته شدن زید در سال ۱۲۱ روی داد[1].

چون زید کشته شد و کار او بهر صورتی که بود بانجام رسید، شیعیان خراسان بجنبش آمدند و امر ایشان آشکار شد و همدستان و هواخواهانشان بسیار شدند و کارهای بنی‌امیه و ستمهایی را که بر آل پیامبر کرده بودند، برای مردم بازمی‌گفتند تا شهری باقی نماند مگر آنکه این خبر در آن آشکار گشت و داعیان ظاهر شدند و خوابها دیده شد و کتابهای پیشگویی بر سر زبانها افتاد.

یحیی بن زید به خراسان گریخت و رهسپار بلخ شد و آنجا متواری گشت و یوسف وضع او را به هشام گزارش داد، پس هشام دستور تعقیب او را به نصر بن سیار[2] نوشت و نصر لشکری را بفرماندهی هدبة بن عامر سعدی بسوی بلخ گسیل داشت[3] و در تعقیب یحیی[4] بر آمدند تا بر وی ظفر یافتند و او را نزد نصر آوردند و در قهندز مرو حبسش نمود و هشام از بهم خوردگی خراسان و بسیاری (مخالفان) در آن با خبر گشت و به یوسف بن عمر نوشت که مردی آشنا به خراسان نزد من فرست و او هم عبدالکریم ابن سلیط بن عطیهٔ حنفی را نزد وی فرستاد و هشام از وضع خراسان و مردم آن و کسانی از ایشان که شایستگی حکومت خراسان دارند، از وی جویا شد، پس کسانی را از قیس و ربیعه برای وی نام می‌برد و هر گاه مردی از ربیعه را نام می‌برد، هشام می‌گفت: بوسیلهٔ ربیعه نمی‌توان مرزها را نگهداری کرد. پس نصر بن سیار لیثی را نام برد و هشام گفت: گویی که او نصر است و سیار (پیروزی است و پیش

۱ـ مسعودی، و بقولی در سال ۱۲۲.   ۲ـ نصر بن سیار کنانی از سال ۱۲۰ تا سال ۱۲۵ به نیابت یوسف بن عمر بن شبرمه، و تا سال ۱۳۱ به استقلال در خراسان حکومت کرد. ر.ک. معجم‌الانساب ص۷۷.   ۳ـ ر.ک. مقاتل‌الطالبیین ص۱۵۴.   ۴ـ مادرش، ریطه دختر ابوهاشم عبدالله‌بن محمد‌بن حنفیه، و مادر ریطه دختر ابوهاشم، ریطه دختر حارث‌بن نوفل‌بن حارث‌بن عبدالمطلب، و مادر او، دختر مطلب بن وداعهٔ سهمی بود (مقاتل‌الطالبیین ص۱۵۲).

رونده)، پس گفت : ای‌غلام، فرمان (حکومت) اورا بنویس. فرمان اونوشته شد و او را فرمود که یوسف‌بن‌عمر را بگیرد و عقوبت کند . نصربن سیار پیش ازآن برشهرستانی از شهرستانهای خراسان حکومت داشت وپس‌ازعزل جعفربن‌حنظله بجای وی‌بود.

یوسف عمال خالد ازجمله: عیسی‌بن‌معقل عجلی و عاصم‌بن یونس عجلی را گرفته وزندانی کرده بود.

ابومسلم که نامش پیش ازآنکه محمدبن علی او را عبدالرحمان بنامد ، ابراهیم‌بن عثمان بود، خدمتگزاری عیسی‌بن معقل‌را داشت و ازآنان می‌شنید که دربارهٔ دعوت بنی‌هاشم سخن می گویند تاآنکه (حقیقت) امررا فهمید . وسلیمان ابن کثیر و مالك‌بن‌هیثم وقحطبة‌بن شبیب بقصد مکه بیرون رفتند وبزندان عیسی ابن‌معقل وعاصم‌بن یونس درآمدند و ابومسلم را دیدند که نزد ایشان رفت‌وآمد می کند ودراین‌باره باآنان سخن می گوید ، پس او را با خویش بیرون بردند و نزدمحمدبن‌علی‌آوردند و اوباوی سخن گفت واظهار داشت که من این جوان را یاورمان گمان می کنم ، بلکه خود همواست، پس گفتارش‌را بپذیریدوفرمانش‌را ببرید وسفارش (مرا) دربارهٔ اوبشنوید چه اوبیشك صاحب این امراست .

بعضی دولت شناسان می گوید که : ابومسلم محمدبن علی را دیدار نکرد بلکه بخدمت فرزندش: ابراهیم‌بن محمد رسید.

یزیدبن عبدالملك ولیعهدی را برای پسرش ولیدبن یزید قرار داده بود و پیوسته میان او وهشام نزاع و دشمنی جریان داشت ــ پس روزی ولید نزد هشام آمد[1] و او را درمجلسش نیافت ودایی او[ابراهیم‌بن] هشام‌بن اسماعیل‌مخزومی را بجای وی دید؛ پس ولید چنانکه گویی اورانمی‌شناسد، گفت: این مرد کیست؟

---

۱ ــ ن: افتاده‌دارد.

[پسر] هشام بخشم آمد و گفت: کسی است که بزرگواری جدت جز بدامادی او کامل نگشت. ولید گفت: ای پسرزن بدبو، توهم چنین می گویی! وسخنان زشتی به‌یکدیگر گفتند و هشام که آن سخنان را شنیده بود، به‌مجلس در آمد پس خاموش شدند و ولید برای هشام برنخاست، هشام باو گفت: ای ولیدچگونه‌ای؟ [گفت: خوبم.] گفت: تنبورهایت چطور است؟ گفت: شهوت انگیز. گفت: همنشینانت، آن همنشینان بد چه کردند؟ گفت: اگربدتراز همنشینان توبودند، لعنت خدا برایشان باد. گفت: بلندش کنید. پس دست وی راگرفته از مجلس بیرونش کردند.

دوراندیشی ومردانگی هشام درمیان بنی‌امیه کم نظیر و درعین حال مردی بخیل، حسود، درشتخو، خشن، ستمگر، سخت‌دل؛ بی‌عاطفه، و زبان دراز بود. در دوران او طاعون انتشار یافت تا آنکه بیشتر مردم هلاك شدند و چارپایان و گاوها ازدست رفتند.

غالب برهشام، ابرش‌بن ولید کلبی بود؛ و رئیس پلیس او، کعب بن حامد عبسی؛ ورئیس نگهبانان او، ربیع‌بن زیادبن سابور؛ وحاجب او، غلامش حریش. هشام، حریر گلدار وجزآن وانواع پارچه‌های زربفت و ارمنی و غیره استعمال می کرد وحکومتش بیست‌سال جز پنج ماه بود ورروزچهارشنبه نهم‌ماه‌ربیع‌الاول سال ۱۲۵ در۵۳ سالگی در گذشت، ووکلای ولیدبن یزید جلوخزانه‌هارا گرفتند و برای او کفنی بدست نیامد تا آنکه خادمش او را کفن کرد. و بقولی ابرش کلبی کفنش راداد وعباس‌بن ولید و بقولی ابرش‌کلبی بروی نماز گزارد و دررصافه بخاك سپرده‌شد و ده‌فرزند بجای گذاشت: مسلمه، یزید،محمد، عبدالله، سلیمان، مروان، معاویه، سعید، عبدالرحمان و قریش.

در حکومت هشام در سال ۱۰۵ ابراهیم بن هشام برای مردم حج گزارد؛ [درسال ۱۶۰ هشام]بن عبدالملك؛ درسال ۱۰۷ ابراهیم بن هشام؛ و در سالهای

۱۰۸، ۱۰۹، ۱۱۰، ۱۱۱ [و۱۱۲] نیز ابراهیم؛ در سال ۱۱۳ پسرش سلیمان؛ در سال ۱۱٤ خالدبن عبدالملك بن حارث‌بن حکم؛ در سال ۱۱۵ محمدبن هشام‌بن اسماعیل؛ در سال ۱۱٦ ولید [بن یزید] بن عبدالملك؛ [در سال ۱۱۷ خالد بن عبدالملك] بن‌حارث[1] [.....] درسال ۱۱۹ ابوشاکر مسلمة بن هشام؛ درسال [۱۲۰ وسال] ۱۲۱ وسال۱۲۲ محمدبن‌هشام‌بن اسماعیل؛ درسال ۱۲۳ یزید بن هشام؛ در سال ۱۲٤ محمدبن هشام‌بن اسماعیل.

در دوران هشام در سال ۱۰٦ معاویة بن هشام بجنگ رفت وو ضّاح امیر وضاحیه[2] را فرستاد تا کشتزارو روستاها را آتش زد چه رومیان چراگاه‌را آتش زده بودند؛ وجنگ تابستانی چپ را سعیدبن عبدالملك انجام داد؛ و جرّاح بن عبدالله حکمی[3] بسوی‌الاّن لشکر کشید.

درسال ۱۰۷ نیزمعاویه لشکر کشی کرد.

درسال۱۰۸ مسلمةبن عبدالملك برجنگ تابستانی راست، و عاصم بن یزید هلالی برجنگ تابستانی چپ فرماندهی‌داشتند.

در سال ۱۰۹ معاویةبن هشام بجنگ رفت و بطّال بفرماندهی مقدمه‌اش همراه وی‌بود وخنجره[4] را فتح کرد؛ ومسلمه بجنگ ترکان رفت و در بند الاّن را برایشان بست وبا خاقان روبروشد.

درسال۱۱۱ معاویةبن هشام فرماندهی جنگ تابستانی چپ و سعیدبن هشام فرماندهی جنگ تابستانی راست را داشتند؛ وترکان به‌آذربایجان‌حمله‌آوردند و حارث‌بن‌عمروطائی باآنان روبروشد وشکستشان داد.

درسال ۱۱۲ترکان بسرزمین‌اردبیل روی نهادند وجرّاح‌بن عبد[الله]حکمی

۱ـ درسال۱۱۸ محمدبن‌هشام‌امیرمکه‌ومدینه‌وطائف(تاریخ طبری‌ج۵ص۴۴۲). ۲ـ وضاحیه قریه‌ای منسوب به بنی‌الوضاح مولای بربری بنی امیه(مراصدالاطلاع). ۳ ـ طبری: حجاج‌بن عبدالملك. ۴ـ ناحیه‌ای ازبلادروم.

با ایشان جنگید و با پادشاه ترك روبرو شد و او را کشت[1] و[2] معاویة بن هشام بجنگ روم رفت و نتوانست بکشورشان درآید و درعمق[3] یکی از نواحی مرعش[4] مرزداری کرد.

درسال ۱۱٤ معاویة بن هشام و مسلمة بن عبدالملك بجنگ رفتند.

درسال ۱۱۵ معاویه و سلیمان پسران هشام بجنگ رفتند و عبدالله بطال فرماندهی مقدمه داشت و با قسطنطین روبرو شد و او را اسیر گرفت و رومیان را شکست داد[5].

درسال ۱۱٦ معاویة بن هشام بجنگ رفت.

درسال ۱۱۷ معاویه و سلیمان پسران هشام بجنگ (روم) رفتند و مروان بن محمد بکشور ترکان لشکر کشید[6] [.......] مروان بن محمد[7].

درسال ۱۲۱ مسلمة بن هشام تا ملطیه رسید.

درسال ۱۲۲ مروان بن محمد بناحیهٔ ارمنستان لشکر کشید و سلیمان بن هشام بناحیهٔ ملطیه[8].

۱ـ در سال ۱۱۲ جراح‌بن عبدالله در جنگ باترکان کشته شد و ترکان اردبیل را گشودند (طبری). ۲ـ درسال ۱۱۳ عبدالوهاب‌بن بخت که همراه بطال بخاك روم‌لشکرکشیدو آنجا کشته شد ؛ و مسلمة‌بن عبدالملك لشکرها را دربلاد خاقان پراکنده ساخت وشهرها وقلعه‌ها بردست وی گشوده شد و ازترکان کشت‌واسیرگرفت و بسیاری از ترکان خود راآتش زدند وماوراءکوههای بلنجر زیرفرمان مسلمه‌آمد وپسرخاقان‌کشته شد، و(ر.ك. تاریخ‌طبری ج۵ ص ۴۲۴). ۳ـ دهستانی درنواحی‌حلب درشام(مراصد). ۴ـشهری سرحدی میان شام وبلاد روم که رشیدآن را احداث کرده‌است(مراصد). ۵ـطبری، درسال۱۱۴ ۶ـدرسال ۱۱۸ معاویه و سلیمان پسران هـام بسرزمین‌روم لشکرکشیدند ؛ درسال۱۱۹ ولیدبن قعقاع عبسی‌بخاك روم‌لشکر کشید؛ و اسدبن عبدالله درختل‌قلعه‌ای را فتح کرد و خاقان ترك و بسیاری از همراهانش راکشت ؛ و در غزوهٔ دیگرش بدرطاخان پادشاه ختل راکشت، در سال ۱۲۰ سلیمابن هشام‌بن عبدالملك بجنگ تابستانی رومیان رفت وسندره رافتح‌کرد؛ واسحاق‌بن‌مسلم عقیلی‌بجنگ‌رفت وقلعه‌های تومانشاه را گشود وسرزمینش را ویران ساخت ؛ و (ر. ك. تاریخ طبری ج ۵ ص ۴۴۰ ــ ۴۶۵). ۷ ـ بجنگ ترکان رفت (ر.ك. تاریخ طبری). ۸ـ و دراین سال و بقولی سال ۱۲۳ ابوالحسین‌انطاکی عبدالله بطال با جماعتی ازمسلمانان درجنگ با رومیان کشته‌شدند (تاریخ‌طبری‌ج۵ ص ۵۰۷، کامل ۴ ص ۲۴۸) و کلثوم‌بن عیاض قشیری نیز در افریقا کشته شد (طبری‌ج۵ ص ۵۰۷).

در سـال ۱۲۳ سلیمان‌بن هشام بجنـگ تابستانی (روم) رفت و مروان‌بن محمد درسرزمین ارمنستان برجیلان وموقان (گیلان ومغان) تاخت.

درسال ۱۲٤ سلیمان‌بن‌هشام بجنـگ رفت و باالیون[1] پادشاه روم وارطیاس[2] روبروشد لیکن بازگشت ومیان‌آنان جنگی رخ نداد.

درسال ۱۲۵ غمربن[3] یزیدبن عبدالملك بجنـگ‌رفت.

فقهای زمان هشام عبارت بودند از: سالم‌بن عبدالله‌بن‌عمر، هیثم‌بن‌محمدبن ابی‌بکر، محمدبن مسلم‌بن‌شهاب زهری، محمدبن کعب‌قرظی، نافع‌مولای عبدالله‌بن عمر، عاصم‌بن عمربن‌قتاده، محمدبن ابی‌بکربن [محمدبن‌عمروبن] حزم، طاوس‌یمانی، ربیعة‌بن[ابی] عبدالرحمان، عطاءبن ابی‌رباح، عمربن دینار، عبدالله‌بن[ابی]نجیح، حبیب‌بن ابی‌ثابت، عبدالملك‌بن‌میسره، ابواسحاق‌سبیعی، قاسم‌بن عبدالرحمان، [عبیدالله]بن عبدالله‌بن [عتبة بن] مسعود، سماك بن حرب ذهلی، حکم بن‌عیینهٔ کندی، حمادبن ابی‌سلیمان، ابومعشرزیادبن کلیب، طلحة‌بن مصرف همدانی، نعیم ابن ابی‌هنداشجعی، اشعث‌بن ابی‌الشعثا، سعیدبن‌اسبوع، ابوحازم اعرج، قتادة‌بن دعامهٔ‌سدوسی، بکربن عبدالله‌مزنی، ایوب‌سختیانی، یزیدبن‌عبدالله شخّیر، عبدالرحمان ابن‌جبیر، مکحول‌دمشقی، راشدبن‌سعدمقری، میمون‌بن مهران، ابوقبیل معافری، یزیدبن اصم.

۱ـ التنبیه والاشراف ص۱۴۱: سی‌وچهارم‌ازپادشاهان روم، الیون‌بن قسطنطین۲۶ سال پادشاهی‌کرد، بقیهٔ دوران سلیمان‌بن عبدالملك ودوران عمربن عبدالعزیز ویزیدبن عبدالملك و هشام، و در سال بیعت ولیدبن یزیدهلاك‌شد. ۲ـ ب: ارطباس. ۳ـ طبری: نعمان‌بن‌یزیدبن عبدالملك.

دوران ولیدبن یزید[1]

ولیدبن یزیدبن عبدالملك، مادرش ام حجّاج دختر محمدبن یوسف ثقفی بود، وده روز پس ازمرگ هشام دردمشق خبر خلافت بوی رسید، وآن روز: روزجمعه ده روزمانده ازماه ربیع الاول سال ۱۲۵ بود؛ وخورشید درآن روزدردلو بود، ۲٦ درجه و۲۰ دقیقه؛ وقمردرسنبله، ٥درجه و۲۰ دقیقه؛ ومریخ درجدی، ٤ درجه؛ وزهره درجدی، ۱٦ درجه و٤٥ دقیقه؛ وعطارد درحوت، ۱۲ درجه و ۱۰ دقیقه؛ و رأس دردلو، ۱۱درجه و٤٥دقیقه.

ولید کارمندان هشام را از کار بر کنار کرد و آنان را بانواع شکنجه‌ها شکنجه داد، بجز یوسف‌بن عمر ثقفی عامل عراق، چه در دیوان هشام نامه‌هایی از عمال بدست آورد که تصمیم او را دربارهٔ خلع ولید تأیید کرده بودند؛ مگر یوسف که اورا ازاین کار برحذرداشته بود؛ پس اورا برسر کارش گذاشت و دربارهٔ خالدبن عبدالله قسری باو نوشت ویوسف پیوسته خالد را شکنجه می‌داد[2] [......]

ولید برای پسرش حکم بولیعهدی پس ازخود بیعت گرفت واورا والی دمشق قرارداد، وپس ازاوعثمان پسر دیگر خودرا ولیعهدی داد و فرمانروایی حمص را بدوسپرد و ربیعة‌بن عبدالرحمان فقیه را همراه وی ساخت و او را همه کاره‌اش قرار داد.

۱ـ ل؛ ص۳۹۶. ۲ـ تا درمحرم سال ۱۲۶ زیر شکنجه جان‌سپرد و در ناحیهٔ حیره در میان روپوش خود دفن‌گردید (طبری).

ولید، ابراهیم‌بن هشام[1] بن اسماعیل‌مخزومی دایی هشام‌را ازحکومت‌مدینه ومکه وطائف بر کنار کرد و دایی خود یوسف بن محمد ثقفی را والی مدینه و مکه قرارداد[2].

نصربن سیار که در زمان هشام، یحیی‌بن زیدبن علی‌بن الحسین را دستگیر کرد ، اورا به‌مروبرد ودرقهندز مروزندانی کرد وخبراو را به‌هشام گزارش‌داد . لیکن رسیدن نامه‌اش بامرگ هشام‌مطابق افتاد؛ پس‌ولید باونوشت که آزادش کن. وبقولی یحیی‌بن زید چاره‌جویی کرد تا از زندان گریخت و رهسپاربیهق ابر شهر شد وگروهی ازشیعه بروی گردآمدند وگفتند : تاکی بخواری تن می‌دهید ؟ و درحدود صدوبیست مرد همراه وی فراهم‌آمدند، پس‌بر گشت و به نیشابورآمد و عمروبن زرارهٔ قسری عامل نیشابوربه‌جنگ او برخاست و باوی نبرد کرد ، لیکن یحیی براو ظفریافت وخود وهمراهانش را شکست داد واسلحهٔ ایشان راگرفتند، سپس‌آنان را تعقیب کردند تا عمروبن زراره را دریافتند و اوراکشتند[3] و یحیی بقصد بلخ رهسپارشد؛ پس نصربن سیار ، سلم‌بن احوزهلالی‌را بجنگ‌وی فرستادو سلم می‌رفت تا به‌سرخس رسید ویحیی رهسپار بود تا به‌باد غیس آمد وبرمرو رود پیشدستی کرد وچون نصرخبریافت ، با سپاهیان خود بسوی وی رهسپار شد و در جوزجان با او روبرو گشت وجنگ سختی میان اویحیی روی داد تاتیری‌آمد و بریحیی‌نشست ودشمنان‌پیش‌تاختند وسرش‌را بریدند[4] ویارانش پس‌از(شهادت) وی جنگیدند تا همگی کشته شدند[5].

---

۱ ـ ازسال ۱۰۶ تا سال ۱۱۴ خود وسپس تا سال ۱۲۵ پسرش محمدبن هشام در مکه بر سرکاربود وازسال ۱۱۷ مدینه هم ضمیمهٔ حکومت وی‌گردید (ر. ك . معجم الانساب ص۲۸، ۳۶) .
۲ـ ازسال۱۲۵ تاسال ۱۲۶ والی‌مکه‌ومدینه بود. ۳ـ مقاتل‌الطالبیین‌ص۱۵۷. ۴ـمردی از موالی‌عنزه بنام، عیسی‌تیری به‌پیشانی یحیی‌زد وسورة‌بن محمدبن‌عزیزکندی یحیی‌را کشته یافت و سرش را ازبدن جداکرد وعنزی سلاح وپیراهنش را ربود و ابومسلم دست و پای آن دورا برید و آن دوراکشت وبدارزد (مقاتل ص ۱۵۷ـ۱۵۸ ، تاریخ‌طبری ج۵ص ۵۳۶ـ۵۳۸) . ۵ـ طبری ، درسال۱۲۵ .

در همین سال ، سلیمان بن کثیر ومالك‌بن هیثم و قحطبة‌بن شبیب ، رؤسای داعیان بنی‌هاشم بامالها و هدیه‌ها برمحمدبن علی‌بن عبدالله‌بن عباس وارد شدند و ابومسلم نیزهمراهشان بود، پس‌محمد بایشان گفت: دیگرپس ازاین مرانخواهید دید و من همین امسال خواهم مرد- وآن درآغازسال ۱۲۵ بود- و رهبرشماپسرم ابراهیم است که کشته می‌شود وآنگاه که خدا فرمان خود را دربارهٔ وی بانجام رسانید ، رهبرشما عبدالله پسرحارثیه است ، چه او است قیام کنندهٔ باین امر و صاحب این دعوت که خدایش پادشاهی می‌دهد و هلاك بنی امیه بر دست وی به انجام می‌رسد،آنگاه‌اورا نزد ایشان‌آورد تا اورا دیدند ودست‌وپایش را بوسیدند؛ وبه‌آنان گفت که عبدالرحمان یعنی ابومسلم سرورشما است ، پس(فرمان) وی را بشنوید و به کار بندید چه او است که این دولت‌را بپامی کند[1]. محمدبن علی در پایان سال۱۲۵ درسن ۶۷ سالگی وفات کرد وچون هواخواهان از وفات محمدبن علی‌آگاه شدند ابومسلم را نزد ابراهیم آوردند و باو اعلام کرد که همه کارهٔ ایشان است و او را برایشان امارت داد؛ سپس به‌قحطبة‌بن شبیب گفت : بخدا قسم تویی که بانباتة‌بن حنظله وعامربن ضباره روبرو می‌شوی وآنان را شکست‌می‌دهی وبا سپاهیان‌آندو نبرد می کنی و خدا[تورا] پیروزی میدهد تا به‌فرات برسی و پرچمی ازتوبازنمی گردد. پس رهسپار خراسان شدند و درمیان مضرویمن عصبیت افتاده بود ، چه نصربن سیار بر(مردم) یمن وربیعه تعدی کرد و مضریان را مقدم داشت؛ پس جدیع‌بن علی کرمانی ازدی که‌آن روزسروراز‌دومردشان بود ، براو

۱ـ ابومحمد صادق برای محمدبن علی ازهواخواهان بنی‌هاشم ، دوازده نفر نقیب برگزید ، سلیمان‌بن‌کثیر خزاعی ، لاهزبن قریظ تمیمی، قحطبة بن شبیب‌طائی، موسی بن کعب تمیمی ، ابو داودخالدبن ابراهیم ازبنی عمروبن شیبان‌بن ذهل،قاسم‌بن مجاشع‌تمیمی، ابوالنجم‌عمران‌بن اسماعیل مولای‌آل‌ابی‌معیط ، مالك‌بن هیثم خزاعی ، طلحة‌بن زریق خزاعی، ابوحمزه عمروبن اعین مولای خزاعه،ابوعلی هروی شبل‌بن طهمان‌مولای بنی‌حنیفه و عیسی بن اعین مولای خزاعه ؛ و هفتاد نفر نیزبرگزیدومحمدبن علی بآنان‌نامه‌نوشت (طبری۵ص۳۱۷).

تاخت وباو گفت : تورا درکارت آزاد نمی گذاریم . و یمنیان و ربیعه طرفدار وی شدند ، پس نصراورا گرفت وزندانی کرد و یمن و ربیعه‌آمدند تا اورا از مجرای مستراحی بیرون بردند و سپس بروی گردآمدند و نصر چنان خواست که او را بفریبد تا نزد وی رود لیکن کاری ازپیش نبرد ونصر تا اندازه‌ای احمق بود ؛ پس چون ـجدیع[1] ـدانست که (مردم) یمن و ربیعه علیه نصربن سیار با وی همداستان شده‌اند ، برنصرحمله‌برد وبا وی‌جنگید و برنصربرتری داشت . پس ابو مسلم به کرمانی مایل شد وباو گفت : به‌آل‌محمد دعوت کن . و از همراهان کرمانی نیز دلجویی می کردو آنان را باین دعوت‌فرا می‌خواندتاآنکه دعوت بنی‌هاشم را در خراسان آشکارساختند.

وچون حکم‌بن‌عوانه‌عامل‌سند کشته‌شد،عمروبن محمدبن قاسم‌ثقفی‌ویزیدبن عرار درجانشینی وی نزاع کردند وهشام در آن باره به یوسف بن عمر نوشت و یوسف که خود ثقفی بود به‌عمروبن محمدبن قاسم‌تمایل‌داشت و اورااوالی‌سندقرار داد . پس چون ولید روی‌کارآمد ، عمروبن محمدبن قاسم را عزل کرد و یزیدبن عراررا به‌حکومت سندبر گزید واو هجده‌غزوه انجام دادوبخوبی ازعهده‌برآمد.

شهرها بهم خورد و ولید در کار زمامداری اهمال کارو به اطرافیان‌خود کم توجه، واهل سازوآواز وسر گرم کنیزان خواننده و در کشتن وستمگری‌بی‌پروا بود ؛ و با میگساری و بی‌حیایی چنان سر گرم بود که مجال رسیدگی بکارهای مردم رانداشت، وبی‌حیایی اوبه‌جایی رسید که می‌خواست بالای کعبه اطاقی‌بسازد ودرآن هوسرانی کند ومهندس را هم برای این‌کارفرستاد لیکن چون‌این(کارها) ازوی‌آشکار گشت ونیزخالدبن عبدالله قسری را کشت وابراهیم‌ومحمدپسران‌هشام را شکنجه دادتا مردند، وخویش را نکوهیدهٔ مردم وخاندان خود وهمراهانشان

---

۱ ـ ن:افتاده دارد.

ازعرب ساخت ، یزیدبن‌ولیدبن‌عبدالملك جماعتی ازخاندان‌خودرا بیاری‌خواست ودرخلع ولیداورا کومك دادند وپسران خالدبن عبدالله‌قسری و گروهی‌ازیمنیان باوی همداستان شدند تا با یزیدبن ولیدبن عبدالملك بیعت کنند و جماعتی بروی گردآمدند. پس غلامی ازولیدنزد وی‌رفت و پیشامد را بوی گزارش‌داد وولیدصد تازیانه بر او زد.

یزیدبن ولیدآهسته‌آهسته تا قریه‌ای معروف به«بخراء» به‌سوی ولید پیش رفت وباسپاهیان خود که پی‌درپی می‌رسیدند درکاخی که داشت فرودآمد و باوی نبرد کردند و اوهم به‌جنگ ایستاد تا کشته شد و مردم با شمشیرهای خود بر او تاختند تا سرش را بریدند ودستش را قطع کردند و سرش در دمشق آویخته شد. کشته‌شدن ولید پنج روزمانده ازجمادی‌الآخرهٔ سال ۱۲۶ وحکومتش یکسال و پنج ماه بود. رئیس پلیس او عبدالرحمان‌بن حمید کلبی بود. و رئیس نگهبانان او غلامش قطری و دربانش ، غلامش قطن ؛ وچهارده پسر بجای گذاشت : عثمان یزید ، حکم ، عباس ، فهر، لؤی ،عاص ، موسی، قصی، واصل، ذؤابه، فتح، ولید و سعید ــ ودردوران او در سال ۱۲۵ محمدبن موسی ثقفی برای مردم حج گزارد.[1]

۱ــ ن: افتاده دارد.

دوران یزیدبن ولیدبن عبدالملك[1]

یزیدبن‌ولیدبن عبدالملك که‌مادرش: شاهفرید[2] دخترفیروزبن کسری بود درغرهٔ رجب سال ۱۲۶ پنج روز پس از کشته‌شدن ولید برسرکارآمد، و خورشید آن روزدرحمل بود، ۱۱درجه و۴۰ دقیقه؛ وقمردرحوت ، ۲۰ درجه ؛ و زحل در سنبله، ۲۰درجه؛ ومشتری‌درجوزا، ۳درجه و۵۰ دقیقه؛ ومریخ درجوزا،۲۵ درجه و۴۰ دقیقه؛ وزهره‌درجدی،۱۰ درجه،وعطارد درحمل، ۲۱ درجه و۳۰ دقیقه.

یزید مستمریهای مردم را کم کرد و بدینجهت «ناقص» نامیده شد وشهرها بهم‌خورد،واز کسانی که بر او خروج کردند ، عباس بن ولید بود در حمص و مردم حمص باوی همداستان شدند ؛ و بشربن ولید در قنسرین و عمربن ولید دراردن؛ و یزیدبن سلیمان در فلسطین ؛ و ابومحمدبن عبدالله‌بن یزید بن معاویه ،وسلیمان ابن‌هشام نیز باعباس همراهی کردند.

یزید سه‌روزپس‌ازحکومت یافتن، برای برادرش ابراهیم‌بن‌ولید بولیعهدی بیعت گرفت واورا به‌اردن فرستادو آنان‌محمدبن‌عبدالملك‌را برخویش امارت‌داده بودند،پس به‌جنگ‌باوی‌ایستادند وعبدالرحمان‌بن‌مصاد را نزد ایشان فرستاد تا به آنان بگوید که خود را چرا بکشتن می‌دهید؟ نزد ما آئید تا دنیا و آخرت را

۱ـ ل؛ ص۴۰۱. ۲ـ ن، کامل، تاریخ‌الخلفا ص۲۵۲، شاه‌فرند . طبری؛شاه‌آفریددختر فیروزبن‌یزد جردبن شهریاربن‌کسری. تاریخ‌الخلفا ص۲۵۲؛ ومادر فیروز:دخترشیرویه بن‌کسری، ومادرشیرویه : دخترخاقان پادشاه ترك، ومادر مادر فیروز دخترقیصرپادشاه روم بود،وبرای همین یزیدافتخارمی‌کرد:

انااین‌کسری‌وابی‌مروان وقیصرجدی وجدی‌خاقان

برای شما فراهم‌سازیم، ومن برای هرمردی‌ازشما هزاردینارضمانت می کنم. پس پراکنده شدند.

حکومت یزیدپنج ماه‌بود وفتنه همه‌جارا فراگرفت؛ چنانکه‌مردم مصرامیر خود حفص‌بن ولید حضرمی، و مردم حمص عامل خود عبدالله بن شجرهٔ کندی را کشتند؛ واهل‌مدینه عامل خود عبدالعزیزبن عمربن عبدالعزیزرا بیرون کردند؛ و یزیدبن خالدبن عبدالله قسری کارهای خلیفه را بدست گرفت، و رئیس پلیس او یزیدبن‌شماخ لخمی‌بود، وفرمانده‌نگهبانان اوغلامش‌سلام، وحاجب‌اوغلامش‌جبیر.

روزی که ولید کشته‌شد درخزانه‌اش چهل وهفت میلیون درهم بود و یزید آنهارا تا درهم‌آخرپراکنده ساخت.

یزیدقدری[1] (مذهب) بود ودرسلخ ذی‌القعده مردوابراهیم‌بن ولیدبروی‌نماز گزارد ودردمشق بخاك سپرده‌شد؛ وبقولی برادرش ابراهیم اورامسموم کرد.

درآن سال یعنی ۱۲۶، عمربن عبدالله‌بن عبدالملك‌بن مروان برای‌مردم‌حج گزارد؛ وبقولی[.....][2] بن[3] حجاج‌بن‌عبدالملك[4][......] و ثابت‌بن نعیم جذامی بر مروان که درارمنستان بود، تاخت و مروان بروی ظفریافت و بر اومنت گذاشت. مروان از ارمنستان بازگشت و عاصم‌بن عبدالله بن یزید هلالی را بفرمانداری ارمنستان و اسحاق‌بن مسلم عقیلی را بفرمانداری دربند جانشین گذاشت؛ سپس ارمنستان هم‌ضمیمهٔ حکومت اسحاق‌بن مسلم عقیلی گردید.

۱- مروج‌الذهب ج۳ص۲۳۴؛ یزید مذهب معتزلی‌داشت ودراصول پنجگانه یعنی: توحید، عدل، وعید، اسماء واحکام‌که‌همان‌قول‌بمنزلت میان دومنزلت‌است، وامربمعروف ونهی‌ازمنکر، پیرو معتزلیان‌بود. ۲-عبدالعزیزبن‌عمربن‌عبدالعزیزبن‌مروان؛ ویزیدبن‌ولیدبرای‌برادرش‌ابراهیم‌بن‌ولید به‌ولیعهدی‌بیعت‌گرفت‌وپس ازاوبرای‌عبدالعزیز (ر.ك. تاریخ طبری‌ج۵ ص۵۹۲،۵۹۶). ۳-ل، ان.
۴-چه‌یزیدبن ولید درذی حجهٔ سال۱۲۶ بیمارشد وباوگفتند، برای‌برادرت ابراهیم، و پس‌ازاو برای عبدالعزیزبن. حجاج بیعت‌بگیر وپیوسته قدریه (معتزله) اورابدین‌کار وا می‌داشتند، تابدان تن‌داد (طبری).

دوران ابراهیم‌بن‌ولید[1]

سپس ابراهیم بن ولید بن عبدالملک‌بن مروان که مادرش کنیزی بود بنام «سعار»[2] در همان روزی که یزیدبن ولید درگذشت، بر سرکار آمد و چهارماه[3] حکومت کرد تا مروان‌بن‌محمدبن‌مروان [از] ارمنستان برای خلع وی رسید و چون به «حرّان» رسید به خویش دعوت کرد و اهل جزیره پنهانی بیعت کردند و با جماعت بسیاری از مردم جزیره روی آورد و درحلب با بشر و مسرور پسران ولیدبن عبدالملك روبرو شد و سپاهیان آن دو را درهم شکست و هر دو را اسیر گرفت؛ سپس پیش‌رفت تا به‌حمص آمد و حاکم آن عبدالعزیز بود؛ و خبر به ابراهیم رسید، پس‌سلیمان‌بن هشام‌بن عبدالملك را بدفع وی فرستاد و اوبامروان و همراهانش ازمردم جزیره و قنسرین وحمص روبروشد و درعین‌الجرّ[4] از توابع دمشق برخورد کردند وروز چهارشنبه هفتم ماه صفرسال ۱۲۷ جنگ سختی در میان ایشان روی داد و آنگاه هر دو سپاه یکدیگر را واگذاشتند و چون فردا رسید، سلیمان‌بن هشام و همراهانش هزیمت یافته به ابراهیم پیوستند و مروان روی نهاد تا دردیرالعالیه فرودآمد واهل دمشق با وی بیعت نمودند؛ آنگاه به دمشق درآمد و ابراهیم روز دو شنبه نیمهٔ صفرسال ۱۲۷ با مروان بیعت نمود و پیوسته همراه مروان بود تا درجنگ عبدالله‌بن علی درزاب[5] غرق شد.

۱ـ ل: ص ۴۰۳. ۲ـ ن: سعاد. ۳ـ تاریخ‌الخلفا ص ۲۵۴: هفتادشب. ۴ـ جایی معروف میان بعلبک و دمشق (مراصد). ۵ـ چندین جا (رودخانه) در عراق و جزآن. ر.ک. مراصدالاطلاع.

دوران مروان‌بن محمدبن مروان

ودعوت بنی‌العباس[1]

مروان بن محمدبن مروان که مادرش کنیزی بود [و باو][2] ریّا گفته می‌شد درصفرسال ۱۲۷ برسر کارآمد و مردم دمشق از بنی‌امیه و جزآنان با وی بیعت کردند، وبه‌عمال بلاد نامه‌نوشت ونامه‌های ایشان حاکی‌از تسلیم و اطاعت وانقیاد رسید؛ وخبر یافت که مردم حمص هنوز بنافرمانی مانده‌اند؛ پس به‌سوی ایشان رهسپارشد وعبدالعزیزبن حجاج‌بن عبدالملك را دردمشق جانشین گذاشت وآنان را محاصره کرد تا شهر(حمص) راگشود و سمط‌بن ثابت‌بن اصبغ‌بن ذواله[3] از وی گریخت و معاویةبن‌عبدالله‌سکسکی را اسیر گرفت؛ وخبریافت که یزید بن خالد ابن عبدالله قسری، یوسف بن عمر ثقفی را کشته است؛ یوسف زندانی بود و چون عبدالعزیز بن حجاج‌بن عبدالملك پریشانی کار مروان‌بن محمد را دید، یزیدبن خالدبن عبدالله قسری‌را [دستورداد] تا بزندان رود واورا امرکرد تا یوسف‌بن عمر،ونیزعثمان وحکم پسران ولیدبن یزیدرا بکشدواوچنین کرد.

مروان خواست که بازگردد؛ لیکن خبریافت که ضحاك‌بن‌قیس حروری‌بر ناحیهٔ عراق مسلط گشته وبا عبدالله‌بن عمربن عبدالعزیز درواسط جنگیده است و

۱ـ ل،ص۴۰۴.　　۲ـ ن،افتاده‌دارد.　　۳ـ تاریخ طبری ج۵ص ۶۰۸ ؛ ثابت‌بن‌نعیم، اصبغ‌بن ذؤاله وسه فرزندش. حمزه، ذواله وفرافصه، ومعاویهٔ سکسکی، عصمةبن مقشعر، هشام بن مصاد وطفیل‌بن‌حارثه، رهبران مخالفان‌مروان بودند.

آنگاه رهسپار جزیره شده و ازموصل گذشته به‌نصیبین رسیده و عامل آن عبدالله ابن مروان را محاصره کرده است . عامل اسحاق‌بن مسلم در دربند مردی بود بنام مسافر؛ و مذهب خوارج داشت؛ پس ضحاك فرمان حکومت ارمنستان را برای وی نوشت‌ومردم ارمنستان، عامل آن: عاصم‌بن عبدالله‌بن یزیدهلالی‌را کشته بودند؛ پس مسافربدانسو رهسپارشدومروان به‌حرّان‌رفت وخانه‌اش را درجایی از آن بنام : دباب‌البین بنا نهاد و ضحاك که از وی خبر یافت به‌حران روی‌نهاد تا به موصل رسید وآن را محاصره کرد؛ سپس از بیم آنکه کار بدرازاکشد به سوی نصیبین پیش‌رفت و آن را محاصره کرد، سپس راه حران را درپیش گرفت تا با مروان روبروشد وبا اوسخت جنگید وچندین بارضحاك براو پیروز گشت تا آنجا که اورا ازتختش بر کنار کرد وروی آن نشست . سپس‌ضحاك در سال ۱۲۷ کشته شد[۱] و خارجیان فرقه‌ها شدند و سلیمان‌بن هشام بن عبدالملك وگریختگان یمنی از همراهان یزید بن خالد بن عبدالله بدیشان پیوستند ، و سلیمان بن هشام بن عبدالملك بقصد شام رهسپار شد و مروان در خُساف[۲] با وی روبرو شد و او را شکست داد .

سلیمان وهمراهان ضحاك برهبری خیبری پیش رفتند و اوبا سپاهی گران براه افتاد وبا مروان روبروشد ومروان اورا کشت؛ پس خوارج ابودلفاءِ شیبانی[۳] را برخود مهتری دادند واوهمراهان خویش را به‌موصل بازآورد و مروان او را تعقیب کرد ویك‌ماه با وی جنگید ، سپس ابودلفاء شکست خورد ومروان‌عامربن ضبارهٔ مرّی را پشت سر وی فرستاد و ابودلفاء به‌عمان رفت و آنجا کشته شد و جلندی‌بن مسعود ازدی او را کشت؛ پس ابوعبیده جانشین ضحاك به کوفه رفت و مروان، یزیدبن عمربن هبیرهٔ فزاری را والی عراق‌ساخت واودرسال۱۲۸به‌عراق

۱ـ طبری، درسال ۱۲۸ وبقولی۱۲۹.

۲ـ به‌قولی ، بیابانی میان حجاز و شام؛ و به قول‌صحیح ، میان بالس وحلب(مراصد) .

۳ـ شیبان‌بن عبدالعزیز یشکری .

رسید وخلیفهٔ ضحاك را کشت.

ثابت بن نعیم جذامی در ناحیهٔ اردن خروج کرد و مروان رماحس[1] بن عبدالعزیزرا برسروی فرستاد. مروان، عبدالواحدبن سلیمان‌بن عبدالملك‌را والی مدینه و مکه قرارداد و او برای حج گزاردن به‌مکه آمد و حروریان نیز به همراهی ابوحمزه مختاربن عوف حروری ازدی رسیدند و بر کوههای عرفات وقوف کردند؛ و ابوحمزه نمایندهٔ عبدالله‌بن یحیی کندی معروف به «طالب‌الحق» بود؛ پس چون در عرفات وقوف کردند، مردم را مرعوب کردند و آنان را بیم دادند وعبدالواحد نزدایشان فرستاد وحرمت شهر حرام و روزهای بزرگ و روز حج اکبررا بدیشان یادآوری کرد، پس روز عرفه و چهارروز (دیگر) مردم را آزاد گذاشتند ورهسپار منی‌شدند ودرناحیه‌ای ازآن، سپاه خود رافرودآوردند و چون بازگشتند، عبدالواحد به‌مدینه آمد و مردم را به دیوان فرا خواند و لشکری به‌فرماندهی عبدالعزیز بن‌عبدالله‌بن عمرو‌بن‌عثمان‌بن عفان درصفرسال ۱۳۰ به قُدید[2] فرستاد وعبدالعزیز وهمراهانی که ازمدینه داشت، کشته شدند و قریش خزاعه را متهم کردند که علیه ایشان با حروریه‌ساخته باشند.

خوارج دو روز[3] مانده بآخر صفر به‌مدینه رسیدندوعبدالواحدبن‌سلیمان‌بن عبدالملك گریخت وابوحمزه برمدینه دست یافت وخطبهٔ مشهور خود را براهل مدینه‌خواند[4]؛ ومردم مدینه پشت سراونمازمی گزاردند وسپس نمازخود رااعاده می کردند. سپس رهسپارشام شدند وسواران مروان بفرماندهی عبدالملك‌بن‌عطیهٔ سعدی با ایشان روبرو شدند و در وادی‌القری برآنان تاختند و خوارج هزیمت یافته به‌مدینه بازگشتند، پس مردم مدینه به‌جنگ ایشان برخاستند وبسیاری‌از ایشان را کشتند و[پسر] عطیه‌هم ازپی ایشان رسید، وناچاربه‌هزیمت رفتند و تا

۱ـ ن: دماجن. تاریخ‌طبری ج۶ ص۹۳: رماحس. ۲ـ نام جایی نزدیك مکه.
۳ـ طبری: ۱۳روز، به‌نقل‌دیگر: ۱۱روز. ۴ـ ر.ك. تاریخ‌طبری‌ج۶ ص ۵۸-۵۹.

مکه ایشان را تعقیب کرد وسپس تا یمن به‌دنبال ایشان تاخت تا عبداللّٰه‌بن یحیی را کشت ونزدیك صعده[1] رسیدند و کسانی‌ازایشان را کشت تا آنکه‌مردم ایشان‌را لگدکوب کردند؛سپس داخل‌صنعاشدند ونامهٔ مروان به‌عبدالملك رسید که‌وی را امیرحاج کرده‌بود،پس(ازیمن)بیرون‌رفت ودربین‌راه درمیان‌سپاه‌خوددر گذشت.[2]

مروان خواست تا به عراق رود ، لیکن خبریافت که اهل حمص نافرمان شده‌اند، پس‌برسرایشان رفت وبرشهرمنجنیق بست و باروی‌آن راویران‌ساخت‌تا امان خواستند وآنان‌را امان داد به جز سه‌نفر که امانشان ندادوایشان راکشت .

هنگامی که یزیدبن عمربن هبیره به عراق آمده بود ، منصوربن جمهور گریخت و به‌سندآمد وپسرعرار عامل سند خویش او بود،پس بآن‌سوی‌رودخانه رفت وپسرعرارنزد وی پیام فرستاد که جای خود را عوض مکن . منصور به وی پاسخ داد که می‌خواستم نزد تو باشم،خدا رحمت را پیوندنکند، و خویشاوندیت را بحساب نیاورد؛ وبه‌زودی‌خواهی دانست. سپس درسدوسان[3] کشتیها ساخت وبر شترها بارکرد تاآنها را برودخانهٔ مهران انداخت، سپس با پسرعرار روبروشد و با وی جنگید تا او را به منصوره هزیمت داد . منصور بن جمهور او را در شهر محاصره کرد وپسرعراراماں خواست ، پس گفت : تو را امان نمی‌دهم مگر حکم مراگردن نهی. ناچار حکم اوراگردن نهاد وهمچنان که زنده بود ، ستونی‌روی او بنا کردند .

منصوردرمنصوره اقامت گزید وبرادرش منظور را به سوی قندابیل و دیبل فرستاد وخود درسند اقامت داشت تا ابومسلم در خراسان ظهور کرد ؛ و ابومسلم مردی را ازسیستان بنام : مغلّس به‌سند فرستاد وچون نزدیك سندرسید ، اصحاب

۱ـ مخلافی(شهری‌معروف) دریمن‌که درنسبت به‌آن؛ صاعدی‌گویند . ۲ـ کامل‌ج۴ ص۳۱۶؛ درجرف‌کشته‌شد(سال۱۳۰). ۳ ـ شهری پر برکت‌درسند(ق).

منظور برادرمنصوربن جمهور بر او تاختند و او را کشتند و پیشامد را به مغلس نوشتند تانزد ایشان آمد ومنصوربن جمهور با وی روبروشد وبااو نبرد کردواورا شکست‌داد، پس مغلس را اسیر گرفتند ونزدمنصور آوردند ، و منصور او و بیشتر کشندگان برادرخود را کشت.

قدرت کرمانی درخراسان بالا گرفت و جنگ میان او ونصربن سیار ادامه یافت و کرمانی برنصربن سیار پیروز آمد و بیشتر امر کرمانی بدست ابومسلم خراسانی بود. جماعتی ازبزرگان مرا خبردادند که هرگاه کرمانی ونصربن سیار برای‌نبرد روبرو می‌شدند، ابومسلم‌می گفت: خدایاهردورا شکیبایی ده وهیچکدام را پیروزمگردان.

کرمانی با ضربتی ازپا درآمد ونصراورا بدارزدوابومسلم برلشکر کرمانی دست یافت‌وکارش بالا گرفت‌وسپاهش فزون گشت‌ودرجنگ‌با نصربن‌سیارپافشاری کرد تاچندین‌باراورا شکست داد ودعوت بنی‌هاشم راآشکار ساخت ، وآن در ماه رمضان سال۱۲۹ بود.

سلیمان‌بن‌حبیب‌بن‌مهلب دراهوازسربلند کردویزیدبن‌عمربن‌هبیره، نباتة‌بن حنظلهٔ کلابی‌رابرسروی‌فرستادوجنگی سخت میان‌آنان روی داد ، سپس سلیمان شکست‌خورد وبه‌فارس گریخت‌ویزیدبن‌عمر، عامربن‌ضبارهٔ مرّی رابه فارس گسیل داشت .

امرنصربن سیاردرخراسان به‌سستی کشید و کارابومسلم بالا گرفت، پس‌نصر نامه‌ای درشرح حال خود و ناتوانی همراهانش ونیرومندی وپیروزی ابومسلم به مروان نوشت ودرپایان نامه‌اش این شعرها را نگاشت:

اری بین‌الرماد و میض‌جمر و یوشك ان[1] یکون له ضرام
فان النار بالعودین توری[2] و ان الفعل یقدمه الکلام

۱ـ طبری، فاحج‌بان. ۲ـ طبری، تذکی وان‌الحرب‌مبدؤهاالکلام.

اقول من التعجب لیت‌شعری أأیقاظ امیّة ام نیام

«میان خاکستر برق آتشی می‌بینم ، و نزدیك است که شعلهٔ آن افروخته گردد ؛ چه‌آتش با دو چوب بر افروخته می‌شود ، و گفتار پیشرو کردار است ؛ از تعجب می گویم : کاش می‌دانستم که آیا بنی‌امیه بیدارند یا خوابیده‌اند ؟»

پس مروان به یزیدبن‌عمربن هبیره عاملش در عراق ، نوشت که نصربن سیار را به سپاهیان کمك دهد ، لیکن یزید سستی کرد ؛ سپس مروان نامه‌های تهدیدآمیزپی درپی نوشت واوهم پسرخود داودبن یزید را با لشکری گران که عامربن‌ضبارهٔ مزّی وجویریةبن‌اسماعیل ونباتةبن حنظلهٔ کلابی درآن بودند کمك فرستاد وداودبن یزید جوانی نورس بود؛ پس مروان نامه‌ای به‌پسر هبیره نوشت‌و فرماندهی پسرش داود را از نظر جوانی بروی خرده گرفت و به اودستور داد تا کسی را گسیل دارد که لوای اورا باز کند وپرچم فرماندهی سپاه‌را بنام عامربن ضبارهٔ‌مری ببندد.ابن‌هبیره چنان کردولشکر راه‌خودرا درپیش گرفت وفرماندهی مقدمه بانباتةبن‌حنظلهٔ کلابی‌بود.

مروان چون خبریافت که دعوت ابومسلم بنام ابراهیم بن محمدبن علی‌بن عبدالله‌بن عباس است واواست که شایستهٔ خلافت شناخته‌شده ، درتعقیب‌وی‌برآمد.

عثمان‌بن‌عروةبن‌محمد بن‌عماربن‌یاسرمی گوید که‌باابوجعفرعبدالله‌بن‌محمددر خیمه بودم و دو کودکش جعفرومحمد همراه وی بودند ومن با آن دو سرگرم شوخی‌وبازی‌بودم که بمن گفت : با این دو کودك چه می کنی، مگر گرفتاری مارا نمی‌بینی؟ پس نگریستم‌وفرستادگان مروان راکه درتعقیب‌ابراهیم‌بن‌محمدبودند دیدم. پس گفتم: بگذاربیرون روم . گفت: تو پسرعماریاسری، ازخانهٔ‌من می‌روی؟ گفت: پس درهای مسجد راگرفتند و ابراهیم را به‌آنان نشان دادند تادستگیرش کنند و او را به‌شمایل ابوالعباس برای ایشان توصیف کرده بودند ، و ابوالعباس راکشندهٔ خود می‌دانستند، پس چون او را نزد مروان بردند ، گفت : این، آن

شمایل‌نیست.فرستاده گفت: بخداقسم‌شمائل‌را دیدم؛لیکن گفتی:ابراهیم‌بن‌محمد. و این ابراهیم‌بن محمد است . پس آنان را به‌تعقیب ابوالعباس بازفرستاد و دیدند که روی‌پنهان کرده است ؟آنگاه مروان دستورداد تا روی ابراهیم‌را به‌قطیفه‌ای پوشاندند تا مرد وبه قولی سر او را در انبان آهکی داخل کردند تا جان داد ؛ و ابن هرمه[1] دربارهٔ وی گفته‌است:

وکنت[2] احسبنی جلدافضعفنی[3] قبر بحرّان فیه عصمة الدین[4]
فیه الامام الذی عمّت مصیبته وعیّلت کل ذی مال و مسکین[5]

«خود را شجاع گمان می کردم ، لیکن قبری در حران که نگهبان دین‌در آن است، مرا ناتوان ساخت ؛ درآن قبرهمان پیشوایی است که مصیبتش‌همگانی است وهرتوانگر وبینوایی را بیچاره ساخت».

ابومسلم دعوت بنام بنی‌هاشم راآشکارساخت ونصربن سیار از وی خواستار متارکه و خواهان صلح گردید ؛ پس لاهزبن قریظ راکه یکی از نقبا بود ، با جماعتی ازیاران خود نزد وی فرستاد و او را فرمود تا برای بیعت حاضر شود . لاهز براودرآمد و گفت: امیررا اجابت کن .سپس تلاوت کرد: ان‌الملأ یأتمرون بك لیقتلوك فاخرج انی‌لك من‌الناصحین ،[6] «بزرگان قوم دربارهٔ تورأی می‌زنند تا تو را بکشند ، پس بیرون روکه من از نیکخواهان توام.» نصرگفت : بدرون بوستانم می‌روم و آنگاه نزد شما بازمی گردم . پس بدرون بستان خود رفت و بر اسب خویش سوارشدوگریخت ودر قریه‌ای بنام : ساوه، بمرد؛ وا بومسلم لاهزبن قریظ راگرفت و گردن زد ودرماه رمضان یا شوال به‌نیشابورآمد وعمال خود را

۱ـ تاریخ‌طبری ج۶ ص۹۲، ابراهیم‌بن‌علی‌بن سلمة‌بن عامربن‌هرمة‌بن‌هذیل‌بن ربیع‌بن‌عامربن صبیح‌بن عدی‌بن قیس‌بن‌حارث‌بن‌فهر. ۲ـ طبری، فکنت. ۳ـ فضعضعنی .
۴ـ فیه‌الامام‌وخیرالناس‌کلهم بین‌الصفائح‌والاحجاروالطین
۵ـ فلاعفاالله‌عن‌مروان‌مظلمة لکن عفاالله عمن قال‌آمین
۶ـ س۲۸ی۲۰.

به‌اطراف فرستاد: سباع‌بن معمر ازدی را به‌فرماندهی طخارستان؛ و ابونصر مالک‌بن هیثم خزاعی را رئیس پلیس خود قرارداد؛ و محمدبن اشعث خزاعی را بسوی[1] طبسین[2] وفارس فرستاد؛ وحسن‌بن قحطبه را فرماندهی مقدمه‌داد. سپس قحطبة‌بن شبیب با فرمانی از ابراهیم‌بن محمدبن علی و برنامه‌ای که مطابق آن عمل کند، رسید وابومسلم آن را برای وی امضا کرد و(اورا) بجنگ سپاه بنی‌امیه فرستاد. قحطبه رهسپار شد تا به‌گرگان رسید و با نباته‌بن حنظله روبرو شد وجنگ به سختی درگرفت و نباته را کشت وسپاهش را شکست داد وهرچه را در اردوگاه وی‌بود، جمع‌آوری کرد وغنیمتهارا به‌خالدبن برمک‌سپردتا آنهارامیان همراهانش بخش کرد. قحطبه تا غرهٔ محرم سال ۱۳۱ بماند وسپس پسرش حسن‌بن قحطبه را به فرماندهی مقدمه‌اش بطرف قومس گسیل داشت و خود نیز باو پیوست وازری (اورا)[4] به‌همدان فرستاد، و عکی[5] را به‌قم واصفهان گسیل داشت؛ و قحطبه خود رهسپاراصفهان گردید ونزد عامربن‌ضبارهٔ مری که آنجا بود، فرستاد و اورابه‌بیعت با آل محمد دعوت نمود. ابن ضباره وی را پیام فرستاد: ای کافران، به خدا قسم امیدوارم که شما را با هم بریسمانها کشم. عامر چهل هزارازمردم شام‌همراه داشت، پس قحطبه با وی نبرد کرد،خود و همراهانش راکشت وکسی از ایشان جان بدرنبرد؛ جزچند نفری که گریختند وبه‌ابن‌هبیره که در آن موقع درجلولاء بود، پیوستند.

قحطبه رهسپار نهاوند شد وادهم‌بن محرز باهلی با جماعتی ازکسانی که بدو پیوسته بودند، آنجا اقامت داشتند، قحطبه شهررا سه روزه محاصره کرد تا بیشترشان را ازمیان‌برد وآن‌را گشود وآنگاه رهسپارحلوان شد.

۱ـ ن،افتاده‌دارد. ۲ـ دوطبس، طبس‌عناب وطبس‌خرما. ۳ـل، ندارد.
۴ـ ل،ندارد.ن، ازری به‌همدان متوجه شد. ر ك. تاریخ طبری‌ج۶ص۶۵. ۵ـطبری، مقاتل. ابن حکیم.

قحطبه می گفت: هیچ‌کاری نکردم جز آنکه امام مرا بدان خبر داده بود، مگر آنکه به‌من گفته است[که] ازفرات نمی گذرم.

قحطبه ابوعون عبدالملك‌بن یزیدرا بطرف شهر زورفرستاد و اوبا عثمان‌بن زیاد روبرو شد وهزیمتش داد ولشکرش را تاراج کرد.

حمیدبن قحطبه گفت: پدرم مرا خبرداد که در دوران بنی‌امیه درحالی که پوستین درشتی برتن داشتم داخل مسجد کوفه شدم و درحلقه‌ای نشستم؛ پیرمردی درصدر مجلس برای ایشان سخن‌می گفت و از روزگار بنی‌امیه و (جامهٔ) سیاه و پوشندگان آن سخن به میان آورد و گفت: پیشامدهایی رخ می‌دهد و مردی بنام قحطبه که گویا همین اعرابی باشد، و بمن اشاره کرد؛ ظهور می کند، و اگر می‌خواستم بگویم: خود او است، می گفتم. قحطبه گفت: برخودم‌ترسیدم و خود را به کناری کشیدم و چون می‌رفت با وی سخن گفتم پس گفت: اگر می‌خواستم بگویم که تو خود هویی، می گفتم. پرسیدم که او که بود؟ گفتند: جابربن‌یزید جعفی.

پسرهبیره در واسط عراق بود وآنجا متحصن شد و خوار وبار بداخل شهر برد و شکست خوردگان لشکرها بدانجا پناه بردند و قحطبه به عراق رسید و با لشکری ازیزیدبن هبیره.روبرو شد و آن را تاراج کردو آنگاه رهسپار زاب گردید که جزء فلّوجهٔ بالا است ودربیست‌وچهارفرسخی کوفه واقع است، و آنجا درشب پنجشنبه هفتم محرم سال۱۳۲ با یزیدبن عمربن هبیره روبروشد وپاسی از شب نبرد کردند؛ سپس پسر هبیره به‌هزیمت رفت تا به‌واسط بازگشت و درآن متحصن شد. وقحطبه چون ازنبرد باوی فراغت یافت، به‌سخنرانی ایستاد و خدارا سپاس و ستایش گفت و برپیامبر درود فرستاد، وسپس گفت: ای مردم به‌خدا قسم که ما جزبرای‌بپاداشتن حق و از میان بردن دولت باطل خروج نکردیم و پیش از این به شما گفتم که امام محمد بن علی بن عبدالله‌بن عباس مرا خبر داد که با

نباتة‌بن حنظلهٔ کلابی و عامربن ضبارهٔ مرّی روبرو می‌شوم و آن دو را شکست می‌دهم ولشکر آن دو را تاراج می کنم و جنگیانشان را می کشم و شما را باین پیشامدها پیش ازآنکه پیش‌آید، خبر دادم و راستی آنچه را به شما گفته بودم دیدید؛ و همان امام مرا خبر داده است که از فرات نمی گذرم وشما ازآن‌عبور می کنید و یك‌نفر سپاهی جزمن ناپدید نمی‌شود، و او بخدا قسم در گفتار خویش دروغ نگفته است. پس هر گاه مرا ازدست‌دادید، امیرمردم‌حمیدبن قحطبه است ـ واگر نبود، حسن‌بن‌قحطبه[1] ـ ودرود ورحمت وبرکات خدا بر کسی‌باد که‌هدایت را پیروی کند.

هنگام سحربود که از فرات عبور کردند وموقع طغیان و فزونی آب بود و چون بامداد فردا شد، قحطبه را نیافتند وازوی خبری به‌دست نیاوردند. (برخی) گفتند: غرق شده است و(برخی) گفتند: کنارهٔ سیلگاهی براو فروریخته است‌و (دیگران) گفتند: اسبش اورا بدرون(آب)برده است.

ابومسلم باونوشته‌بود[....] از کوفه که من منزلهابرای توفراهم ساخته‌ام. پس‌قحطبه باونوشت: ای‌وزیرا گرمن تورا دیدار کنم، درآن صورت‌هنوزبنی‌امیه را بقایی‌است.

پس ازغرق شدن‌قحطبه، پسرهبیره هزیمت یافت وچون‌خبربه‌مروان‌رسید، گفت: این بخدا قسم، بخت‌برگشتگی است؛ وگرنه که شنیده است مرده‌ای زنده‌ای راشکست‌دهد؟

حمیدبن قحطبه، رهسپار شد تا چهارشب پس از ناپدید شدن قحطبه به کوفه درآمد، وپیش ازآن محمدبن‌عبدالله[2] قسری، کوفه را برای بنی‌هاشم گرفته و دعوت ایشان را علنی کرده و هر که را از بنی امیه و یارانش در کوفه بوده، پراکنده ساخته و(شعار) سیاه را آشکار کرده بود.

۱ـ ل: ص۴۱۲. ن: افتاده‌دارد. ۲ـ کامل ج۴ص۳۲۱: محمدبن خالدبن عبدالله‌قسری.

سفیان‌بن مهلب هم بر بصره دست یافت و شعارسیاه را معمول ساخت. ابو سلمه حفص‌بن سلیمان خلال به‌بنی‌هاشم دعوت‌نمود و کارمندان برسر کارفرستاد؛ و حسن‌بن قحطبه را بدفع ابن‌هبیره گسیل داشت و مالك‌بن هیثم را از پی او روانه کرد و آن دورا دستورداد تا اورا محاصره کنند؛ پس حسن برسرشهر غربی فرود آمد و مالك بر سر شهر شرقی. هشام بن ابراهیم مولای بنی لیث را نیز بر سر عبدالواحدبن عمربن هبیره فرستاد که ازطرف برادرش فرمانداری اهواز داشت؛ وبا وی نبرد کرد وسپاه اورا پراکنده ساخت، سپس عبدالواحدبن عمربن هبیره به هزیمت رفت و به مسلم‌بن قتیبهٔ باهلی که از طرف یزیدبن هبیره فرمانروای بصره‌بود، پیوست.

ابوالعباس وبرادران‌وخاندانش[1] درمحرم سال۱۳۲ وارد کوفه‌شدندوابوسلمه آنان‌را درخانهٔ ولیدبن‌سعد[2] درمیان بنی اود فرودآورد وامرایشان را نهفته داشت وهیچکس ازورودایشان‌اطلاع نیافت، پس‌دوماه[3] در آن خانه ماندند تا آنکه ابو-حمیدغلامی[4] از ایشان را دیدار کرد وحالشان را ازوی پرسید واوابوحمید را از ناتوانی ایشان‌آگاه‌ساخت، پس درهمان سردابی که بودند، نزدایشان رفت‌وگفت: کدام‌یك شما عبدالله‌بن محمد پسرحارثیه است؟ ابوالعباس را باو نشان دادند و به خلافت بروی سلام داد و رفت وهمراهان خود را حاضر کرد[5] و ابوالعباس را بیرون‌آورد ومردم باوی بیعت‌نمودندوچون‌خبر به‌ابوسلمه رسید، باشتاب نزدشان آمد و باو گفت: شتاب کردید و امیدوارم بخوبی‌بر گزارشود.

۱ـ تاریخ طبری ج۶ ص ۸۰ ؛ ازجمله: عبدالله‌بن محمد، وداود وعیسی وصالح واسماعیل و عبدالله وعبدالصمد پسران علی، ویحیی‌بن‌محمد، وعیسی‌بن موسی‌بن‌محمدبن علی، و عبدالوهاب ومحمد پسران ابراهیم ، و موسی‌بن داود، ویحیی‌بن جعفربن تمام.

۲ـ ط: مولای بنی‌هاشم .

۳ـ طبری: درحدود چهل‌شب.

۴ـ طبری: خادمی از ابوالعباس بنام‌سابق خوارزمی.

۵ ـ طبری :موسی‌بن‌کعب، ابوالجهم، عبدالحمیدبن ربعی، سلمة‌بن‌محمد، ابراهیم‌بن سلمه ، عبدالله طائی ، اسحاق بن ابراهیم ، شراحیل ، عبدالله بن بسام ، ابو حمید محمد بن ابراهیم ، سلیمان ابن‌اسود، محمدبن حصین .

ابوالعباس به‌مسجد رفت وخطبه‌خواند ونماز گزارد. ابوالعباس عموی خود عبداللهٰ‌بن‌علی‌بن‌عباس‌را برای‌جنگ با مروان گسیل‌داشت ودرزاب نزدیك‌موصل‌باوی روبروشد؛ مروان بدان‌جهت‌آهنگ زاب داشت که بنوامیه درپیشگوئیهای خود روایت می کردند که پادشاهی سیاه پوشان (بنی‌العباس) اززاب نمی گذرد وآن‌را زاب موصل گمان می کردند و بدینجهت مروان‌آهنگ آنجا کرد و می‌پنداشت که ازآنجا نمی گذرد با اینکه‌آن، زابی است در بالاهای مغرب. پس عبداللهٰ‌بن علی با وی‌جنگ کرد و او را هزیمت داد وپیوسته درتعقیب او بود واوهم‌شکست خورده بی‌آنکه به‌چیزی بازنگرد، به‌هزیمت می‌رفت؛ تا او را به‌سوی جزیره، و سپس ازجزیره به‌شام راند و به‌هیچ شهرستان از شهرستانهای شام عبور نمی کرد مگرآنکه او را تاراج می کردند، تا به‌دمشق‌رسید ودردل داشت که‌آنجا متحصن شود، لیکن مردم دمشق هم اورا تاراج کردند و قیسیهای دمشق براوتاختند؛ پس عبداللهٰ‌بن علی بزورداخل شام شد و ولیدبن معاویةبن مروان‌بن عبدالملك، جانشین مروان درشام،را کشت ومروان به‌فلسطین گریخت وعبداللهٰ‌بن عبدالملك باوپیوست وعبداللهٰ‌بن علی اورا اسیر گرفت ونیزعبداللهٰ‌بن یزیدبن عبدالملك را باوی‌دستگیر کرد وآن دو را نزد ابوالعباس فرستاد تا درحیره بدارشان زد.

صالح‌بن علی بفرمانداری مصر رسید و مروان راکه به آنجا گریخته بود تعقیب کرد واورا به‌قریهٔ بوُصیرجزءِ ناحیهٔ اشمون ازنواحی صعید راند و پیوسته بروی اوایستاد و جنگ میان‌آندو ادامه داشت؛ سپس مروان نزد وی فرستاد که هرگاه بر این امر ظفر یافتی، تورا به‌نیکی با زنان و کودکان سفارش می کنم. صالح نزد وی‌پاسخ فرستاد که ای نادان، دربارهٔخودت مارا برتوحق‌است، ودربارهٔ حرمت تورابرما.

عبداللهٰ‌بن علی به‌دمشق بازگشت وصالح سرگرم جنگ بامروان بود، سپس

مروان در میدان نبرد کشته شد و فرماندهی سپاه (صالح) را عمربن اسماعیل حارثی[1] داشت.

مدت حکومت مروان تا روزی که کشته شد پنج سال بود و در ذی‌الحجهٔ سال ۱۳۲ درشصت وچهار سالگی و بقولی شصت و هشت سالگی کشته شد وسرش را جدا کردند[2] وچون بریده شد گربه‌ای آمد وزبانش را ربود و سر نزد ابوالعباس فرستاده شد وچون آن را پیش روی وی نهادند، گفت: کدامیك شما این سر را می‌شناسد؟ سعیدبن عمروبن‌جعده گفت: این، سرمروان‌بن محمدبن‌مروان‌بن‌حکم خلیفهٔ دیروزما است. مردم این‌سخن را بروی خرده گرفتند وابوالعباس گفت: این پیرمرد ازاین گفتارجز وفاداری منظوری نداشت.

بیشتر امر مروان بدست ابو حدیدهٔ سلمی و اسماعیل بن عبدالله قسری و اسحاق‌بن مسلم عقیلی بود، ورئیس پلیس او: کوثربن اسود غنوی؛ واوهمان‌است که‌روزی مروان‌درنبردش باو گفت: وای‌برتو پیاده شووآنگاه نبرد کن. لیکن او زیربارنرفت. پس مروان باو گفت: به‌خدا قسم تو را ادب کنم. گفت: آرزو داشتم که برهمین کارهم قدرت می‌داشتی! فرمانده نگهبانان او غلامش سقلاب، وحاجب اوغلامش سلیم‌بود. وچهارپسر بجای گذاشت: عبدالملك، عبدالله، [عبیدالله] ومحمد.

درشبی که مروان کشته‌شد، پسرانش: عبدالله وعبیدالله رهسپارصعید (مصر) شدند وسپس راه بلاد نوبه را درپیش گرفتند و جماعتی از هواداران [مروان] بدیشان پیوستندوشمارهٔ آنان به‌چهارهزار رسید.

عبدالحمیدبن یحیی منشی مروان ازمصر بیرون نرفت وهمانجا پنهان شد تا

۱- تاریخ‌طبری ج۶ ص۹۵، ۹۶، کامل ج۴ص۳۳۱؛ عامربن اسماعیل‌حارثی. ۲- طبری: مردی ازمردم بصره بنام: مغودبی‌آنکه مروانرا بشناسد، اورا ازپا درآورد؛ و مردی انار فروش ازاهل‌کوفه سرش را ازتن جداکرد، پس عامربن اسماعیل سرمروان را نزد ابوعون‌فرستاد وابوعون نزد صالح‌بن علی، و صالح‌بن‌علی با رئیس پلیس خود یزیدبن‌هانی، نزد ابوالعباس (یکشنبه ۳روز مانده از ذی‌الحجهٔ ۱۳۲).

آنکه جایش را به‌صالح‌بن‌علی نشان دادند.

همراه عبدالله وعبیدالله، جماعتی از زنانشان، از دختران و خواهران و دخترعموها پیاده‌وسرگردان روبراه نهادند تا آنجا که مردی از اهل‌شام، عبورش بدختربچهٔ افتادهٔ ناشناسی افتاد و ناگاه اورا شناخت که دختر شش سالهٔ مروان است وهمراه خویش اورا برد وبه‌عبدالله‌بن‌مروان‌تسلیم کرد، ومروانیان ببلادنوبه رسیدندوفرمانروای نوبه‌آنان‌را گرامی‌داشت.سپس گفتند: دربعضی‌ازاین‌قلعه‌های بلادنوبه قرارمی گیریم، باشد که‌پناهگاهی ازاینها بدست‌آوریم‌وبا دشمنان‌مجاور خود نبرد کنیم و(مردم‌را) به‌اطاعت خود دعوت نمائیم؛ شاید خدا قسمتی ازآنچه ازما گرفته‌شده، بما باز گرداند.

فرمانروای نوبه به‌آنان گفت: این زاغها، یعنی سیاه پوستان، شماره‌شان [بسیار] وجامه و سلاحشان اندك‌است و بیم‌دارم که از پا درآئید و گفته شود که توآنان‌را کشتی. گفتند: نوشته‌ای‌به‌تومی‌دهیم که‌ما به‌سرزمین‌توآمدیم ودرمنزلت ماراگرامی‌داشتی وبا ما بنیکی رفتار نمودی و کوشش کردی که ازنزدت نرویم، لیکن ما خود نخواستیم وبیرون‌رفتیم وتو راسپاسگزاریم. سپس بیرون‌رفتندوراه بلاد دشمن‌را درپیش گرفتند و بسا به‌لشکری ازحبشیان می‌رسیدند و باآنان نبرد می کردند تا به جاوه رسیدندوفرمانروای بجه‌باآنان‌روبروشدوبا ایشان نبرد کرد وازآنجا به‌قصدیمن‌باز گشتند وطی‌منازل‌می کردند، تا برای‌عبدالله‌وعبیدالله دوراه پیش‌آمد که‌میان‌آن دو کوهی فاصله بودوهریك ازآن دوراهی درپیش گرفتندو گمان‌می کردند که‌ساعتی‌بعدبیکدیگرمی‌رسند. تمام‌آن‌روزرارهسپار بودندوسپس خواستند که‌باز گردندونتوانستند. پس‌چندروزدیگرپیش‌رفتند وسپس‌دسته‌ای از سپاهیان‌حبشه‌باعبیدالله روبروشدند[1] وعبیدالله باایشان‌جنگید ومردی ازآنان اورا بانیزهٔ کوچکی‌از پا درآورد؛ عبیدالله کشته و همراهان وی اسیرشدند و حبشیان

۱ـ ن: عبیدالله با دسته‌ای ازسپاهیان حبشه روبرو شد.

۳۲۷ دوران مروان بن محمدبن مروان

هرچه همراه داشتند گرفتند و آنگاه رهاشان کردند تا سرگردان و برهنه و تهی‌پای در بیابانها براه افتادند و از تشنگی بجان آمدند تا آنجا که مرد در دست خود پیشاب می‌کرد و آن را می‌آشامید و پیشاب می‌کرد و ریگ را به آن خمیر می‌ساخت و می‌خورد؛ تا به عبدالله بن مروان رسیدند؛ و او بیش از اینان سختی و برهنگی کشیده بود و عده‌ای زنان برهنهٔ تهی‌پای که هیچ ساتری نداشتند و پاهاشان از پیاده روی چاك چاك شده بود، همراه وی بودند؛ ولبهای آنان از آشامیدن پیشاب چاك‌چاك شد تا به‌مندب[1] رسیدند و یك‌ماه در آنجا ماندند و مردم برای ایشان چیزی فراهم کردند سپس به‌هیئت باربران بقصد مکه بیرون رفتند[2].

دردوران مروان ، درسالهای ۱۲۷ و ۱۲۸ ، عبدالعزیزبن عمربن عبدالعزیز برای مردم حج گزارد ؛

درسال ۱۲۹، عبدالواحدبن سلیمان‌بن عبدالملك ؛ و همان‌سال نیزابوحمزه مختاربن عوف اباضی طرفدار اعورعبداللّه‌بن یحیی کندی که‌خود را طالب‌الحق[3] می‌نامید، حج گزارد؛

درسال ۱۳۰، محمدبن عبدالملك‌بن مروان؛

درسال۱۳۱، عبدالملك‌بن محمدبن عطیهٔ‌سعدی[4]؛ وبه‌قولی این آخرین حج بنی‌امیه بود ودردوران مروان غزوه‌ای پیش‌نیامد.

فقهای زمان مروان عبارت‌بودند از: محمدبن ابی‌بکر[بن‌محمد]بن‌عمروبن

---

۱ ـ مندب ، ساحلی است در یمن‌مقابل زبید. ۲ـ تاریخ طبری ج ۶ ص۹۳ ؛ عبدالله درسال۱۳۲بدست حبشیان‌کشته شد، و در زمان خلافت مهدی، نصربن محمدبن اشعث عامل‌فلسطین عبیدالله‌را که سالم‌مانده بود دستگیر کرد و نزدمهدی فرستاد. ۳ ـ ابوحمزهٔ خارجی‌وعبدالله ابن یحیی طالب‌الحق درسال۱۳۰ کشته شدند. ر.ك. کامل ج۴ ص۳۱۵. ۴ـ طبری‌وابن‌اثیر ، دراین سال (۱۳۱) ولیدبن عروةبن محمدبن عطیهٔ سعدی، سعد هوازن ، برادر زادهٔ عبدالملك بن محمدبن‌عطیهٔ کشندهٔ ابوحمزهٔ خارجی،که ازطرف‌عموی‌خود والی مدینه بود ، با مردم حج گزارد، و عبدالملك دربازگشت از صنعای یمن در همان سال ۱۳۰کشته شد.

حزم، ابوالحویرث‌مرادی، عمروبن دینار، صالح‌بن کیسان، ابوزناد عبدالرحمان‌بن ذکوان، عبدالله‌بن ابی‌نجیح،قیس‌بن‌سعد، ابوزبیرمحمدبن‌مسلم، ابراهیم‌بن‌میسره، عبدالملک‌بن[عمیر]لیثی، سلمة‌بن کمیل[1]، جابربن یزید جعفی ، غیلان بن جامع محـاربی ، ابوبکربن نسربن حرب ، یزیدبن عبدالله بن شِخّیر ، سالم افطس و عبدالکریم حنفی .

۱ـ ظاهراً صحیح آن «کهیل» باشد .

دوران ابوالعباس سفاح[1]

روزجمعه۱۳ماه‌ربیع‌الاول،وبقولی روزچهارشنبه دوشب مانده ازذی‌الحجه، سال۱۳۲، وازماههای‌عجم‌درتشرین‌آخر، بیعت با عبدالله‌بن‌محمدبن‌علی‌بن‌عبدالله‌بن عباس، که کنیه‌اش : ابوالعباس، ومادرش: ریطه دختر عبیدالله‌بن‌عبدالله‌بن‌عبدالمدان ابن‌دیان حارثی است، بانجام رسید ؛ وخورشید آن روز درقوس بود ؛ ۱۰ دقیقه ؛ قمردردلو، ۲۱ درجه و۴۰دقیقه؛ مشتری درعقرب ۲۲درجه و ۴۰ دقیقه ؛ مریخ‌در اسد، ۲۷درجه؛ وزهره درمیزان، ۳۰درجه؛ عطارد درعقرب،۱۱درجه و۲۰ دقیقه ؛ رأس در میزان، ۴۵دقیقه. وبیعتش در کوفه در خانهٔ ولیدبن سعد ازدی بود. و به قولی : ابوسلمه، ابوالعباس وخاندانش را درآن خانه پنهان کردودرنظر گرفت تا امر[2](خلافت) را بفرزندان علی‌بن ابیطالب بازگرداندوبا فرستادهٔ خویش نامه‌ای به جعفربن محمد نوشت و او را پاسخ داد که من آنکه منظور شما است نیستم ؛ بلکه رهبرشما درزمین شراة است . پس نزدعبدالله‌بن حسن فرستاد و او را بدان دعوت‌نمود؛ اوهم گفت: من‌پیری فرتوتم وپسرم محمد برای‌این‌کارشایسته‌تر است؛ وآنگاه نزد جماعت علویان فرستاد و گفت : با پسرم محمد بیعت کنید ، چه این نامهٔ ابوسلمه حفص‌بن سلیمان است که به من می‌نویسد . پس جعفر بن محمد علیه السلام گفت : ای پیر مرد ، خون فرزندت را مریز که می‌ترسم کشتهٔ در

۱ـ ل: ص۴۱۷. ۲ـ ن: افتاده‌دارد.

احجارالزّیت[1] هموباشد[2].

ابوسلمه بانتظار بازگشت فرستادگانش بود و ابوحمید غلام ابوالعباس را دید و غلام جای وی را باو نشان داد؛ پس ابو حمید نزدوی‌آمد و به‌خلافت بر او سلام کرد؛ سپس بیرون رفت وهمراهان خود را ازجایش با خبر ساخت و همراه وی هفت نفر پنهان از ابوسلمه رفتند: ابوالجهم بن عطیه؛ موسی بن کعب، ابوغانم عبدالحمیدبن ربعی، سلمةبن محمد، ابوشراحیل، عبداللّٰه‌بن بسّام‌و بوحمید هفتمشان؛ برابوالعباس به‌خلافت سلام کردند؛ ابوحمید سیاه براوپوشاندوبیرونش آورد و اورا به‌مسجد جامع برد و چون خبربه‌ابوسلمه رسید، با شتاب خود را به‌ایشان رساند و گفت:ـ من[3] ـدر فکرروبراه کردن کاربودم، وگرنه هیچکاری در آن انجام [نـ]می‌دهم.

ما دردوران مروان از داستان بیعت ابوالعباس وکارهای کسانی که‌آنان را برای جنگ با مروان فرستاد، سخن گفتیم وآن را تا کشته‌شدن‌مروان‌رسانیدیم‌و دیگرنیازی بتکرارآن نداریم.

کسانی که از بنی‌هاشم به‌کوفه آمدند، ۲۲ مرد بودند، از جمله: داود، سلیمان، عیسی، صالح، اسماعیل، عبداللّٰه، وعبدالصمد پسران‌علی‌بن‌عبداللّٰه بن‌عباس؛ موسی‌بن‌داود، جعفرومحمدپسران سلیمان؛ فضل،وعبداللّٰه پسران‌صالح؛ ابوالعباس، ومحمدپسرش، جعفرومحمدپسران منصور؛ عیسی‌بن‌موسی‌بن محمد؛ عبدالوهاب و محمدپسران ابراهیم؛ یحیی‌بن‌محمد و عباس‌بن محمد[4].

چون بیعت با ابوالعباس به‌انجام رسید، درهمان روز بیعت بالای منبر رفت وچون شرم روبود، زبانش گرفت ومدتی طولانی بی‌آنکه سخن‌بگوید ایستاد، پس

۱ـ جایی در مدینه نزدیك زوراء. ۲ ـ محمدبن عبداللّٰه‌بن حسن‌بن حسن‌بن علی‌بن ابیطالب درغرهٔ رجب سال۱۴۵ درمدینه خروج‌کرد ودرهمان سال دراحجارالزیت به‌شهادت رسید.

۳ـ ن؛ ندارد. ۴ـ ر.ك. پاورقی ص۳۲۳.

داودبن علی به‌منبربر آمد ویك پله پائینتر ازوی ایستاد و خدارا سپاس و ستایش گفت وبرمحمد درود فرستادو گفت : ای مردم اکنون تاریکیهای فتنه پراکنده گشت؛ پرده از روی دنیا برداشته‌شد، زمین وآسمان دنیا روشن گردید، خورشید ازخاورش طلوع کرد ، تیربدست تیراندازان رسید(حق باهلش باز گشت) و کمان راکمان تراش بدست‌آورد (کاربکاردان سپرده شد) وحق به‌جایگاه خویش ، در (میان) خاندان‌پیامبرتان که‌نسبت به‌شما شفقت‌ومهربانی‌ودلسوزی دارند، بازآمد. هان که عهد خدا وعهد پیامبرش وعهدعباس[۱] برای شماست تا درمیان خاص و عام شما به‌حکم کتاب خدا وسنت پیامبرش رفتار کنیم.همانا به‌خدا قسم، ای مردم که پس ازپیامبرخدا، کسی شایسته‌تربرای خلافت از علی‌بن ابیطالب و این ایستادهٔ پشت سرم، دراین مقام نایستاده است.

پس ای بندگان خدا ، آنچه‌را به‌شما داده است‌با سپاسگزاری بپذیرید، و اورا برفتحی که نصیب‌شما کرده است، ستایش کنید، خدا بود که به‌جای مروان ، دشمن رحمان و ملازم شیطان، جوانمردی با مدارا بشما عنایت کرد و برنایی پیر منش، پیرونیاکان خویش وجانشین امامان وپدرانش،آنانکه خدا هدایتشان نمود و این هم از هدایت‌آنان پیروی کرد ؛ چراغهای تاریکی و نشانه‌های رهبری و درهای رحمت و کلیدهای خیر و کانهای برکت و زمامداران حق و فرماندهان عدالت .

سپس‌فرودآمد وابوالعباس سخن گفت‌وخدا را سپاسگزاری وستایش کردو برمحمد وآلش درود فرستاد وازخویش نویدنیکی داد وسپس‌فرودآمد[۲].

ابوالعباس دوادبن علی را والی کوفه قرار داد واو نخستین [کس] بود که ابوالعباس به‌کارفرمانداری گماشت؛ وبرادرخود ابوجعفر را برای بیعت گرفتن از

۱ـ ل، ب؛ عباس. تاریخ طبری ج۶ ص۸۳؛ عباس خدایش رحمت‌کند. ن؛ ابی‌العباس .

۲ـ ر.ك. تاریخ طبری ج۶ ص۸۱ـ۸۴.

ابومسلم به‌خراسان فرستاد و او با سی نفر سوار رهسپار مروشد، لیکن ابومسلم باو اعتنا نکرد وباوی ملاقات ننمود وبدو اهانت رسانید، پس ابوجعفر خشمناك برابو-مسلم بازگشت ونزد ابوالعباس ازوی شکایت کرد وآنچه را ازاودیده بود، به وی گزارش داد ودر باره‌اش سخن بسیار گفت. ابوالعباس گفت: باآنکه خود می‌دانی او را نزد امام وابراهیم‌چه منزلتی‌بود، وخود مؤسس این دولت و برپا کنندهٔ آن است، چاره چیست؟

ابومسلم برابوالعباس وارد شد لیکن اورا گرامی داشت وبزرگ شمرد واز داستان ابوجعفر چیزی با وی در میان نگذاشت؛ و روزی از روزها بر ابوالعباس درآمد وابوجعفر نیزبا وی نشسته بود، پس‌همچنانکه ایستاده‌بود بروی سلام کرد و سپس بیرون شد و بر ابوجعفر سلام نکرد. ابوالعباس باو گفت: آقای تو است، آقای‌تو، چرا بر او سلام نمی کنی؟ یعنی بر ابوجعفر. گفت: او را دیدم؛ لیکن در مجلس خلیفه حق کسی جز او ادا نمی‌شود.

چون صالح، مروان‌بن محمد را کشت، سرش را نزد [ابو]العباس فرستاد و برخزائن و اموالش دست یافت؛ ابو عثمان و یزیدبن مروان و زنانی از خاندان مروان و دخترانش را نیز (به کوفه) فرستاد وچون به کوفه رسیدند زنان را رها کردند و مردان را به‌زندان فرستادند؛ عبدالله بن مروان درمکه دستگیر و نیز (به کوفه) فرستاده شد وبا دیگرافراد خاندان خود زندانی شد.

ابوالعباس، داودبن علی را والی حجاز کرد و او هنگامی رسید که ولیدبن عروةبن عطیهٔ سعدی عامل مروان هنوزدرمکه اقامت داشت ونمی‌دانست که مردم با ابوالعباس بیعت کرده‌اند و چون با خبر شد گریخت و داود رسید و خطبهٔ مشهور خودرا ایراد کردوبرتریهایی را که خدا به‌ایشان داده است وستمگریهای کسانی را که برایشان ستم کرده‌اند، به‌مردم یادآوری نمود؛ سپس گفت: ما را

نزد شما بازخواستها وخواسته‌هایی است ؛ ماازهمهٔ آنها صرف نظر کردیم ؛ و شما سرخ وسیاهتان‌و کوچك وبزرگتان ، باامان خدا درامانید ؛ کیفرها را آمرزیدیم و بنا حق گرفته‌ها را بخشیدیم ، نه، بپروردگار این خانه ــ و دست خورا به کعبه زد ــ قسم که کسی‌را ناراحت نمی کنیم .

داود همچنان سرگرم خطبه خواندن بود که سدیف‌بن میمون برخاست و گفت: خدا امیررا توفیق دهد، مرا نزدیك خویش آرو به‌من اذن سخن گفتن ده. گفت : نزدیك آی. سدیف بالای منبررفت تا یك پله پائینترازداود ایستاد وسپس روی به‌مردم‌آورد وخدا را ستود وبرمحمد درود فرستاد وآنگاه چنین گفت: آیا گمراهان، که خدا کارهاشان را خطا شمرد ؛ گمان می‌برند که جزخاندان پیامبر به‌میراث او سزاوارترند ؟ برای چه وبچه (دلیل)؟ ای گروه مردم،آیا شما را[1] به صحابی بودن برتری است، نه خویشاوندان(پیامبر)راکه شریك درنسب و وارثان جامه‌وسلاح(پیامبر)اند؛ وهم بناداں شما ازغنیمت سهم می‌دهند، وگرسنهٔ شما را درسختی ومحنت سیر می کنند، وسائل شمارا پس ازبیم وهراس، امان می‌دهند؟ مانندعباس‌بن عبدالمطلب کسی دیده نشد؛ که امت برای ادای حق واجب وحرمت لازم بروی فراهم‌شوند، اوپدر پیامبرخدا بود بعد ازپدرش وپوست‌میان دوچشمش در روزخیبر، فرمان‌او را رد نمی کرد وقسمش‌را سرپیچی نمی‌نمود ؛ شما ، به خدا قسم ای گروه قریش ، هرگز چشم بهم زدنی ازآنجا که خدا برای شما برگزید ، خود برای خویش بر نگزیدید . سپس فرود آمد .

چون موسم (حج) برگزارشد، داود درتعقیب کسانی ازبنی‌امیه که درمکه بودند، برآمد وجماعتی ازایشان راکشت وجماعتی را به زنجیر کشید و به طائف فرستادتاآنجا کشته شدند، وگروهی ازمردم‌را بزندان فرستاد ودرحبس اومردند؛ آنگاه به‌مدینه رفت وآنجاهم بهمین‌ترتیب عمل کردوجز دوماه درمدینه نماند که

۱ ــ ن ، آیا آنان را .

بدرود زندگی گفت.

ازابوسلمه خبرهایی به‌ابوالعباس رسید که اورا ناپسندآمد و باو گفتند که ابوسلمه چه نقشه‌ای داشت وچرا در(کار بیعت) ابوالعباس تأخیرمی کرد، و درنظر داشت که دولت را به‌دست بعضی طالبیان بازگرداند؛ ابومسلم هم از خراسان باو نوشت که ابوسلمه را بکش، چه او دشمن خیانتکار بد باطنی است. ابوالعباس باو نوشت که تو کسی‌را برای کشتن وی‌بفرست وابوالعباس نمی‌خواست‌تا ابومسلم را باکشتن ابوسلمه بوحشت اندازد یا علیه خویش بهانه‌ای به دست او دهد. پس ابومسلم، مرادبن[1] انس ضبّی‌را فرستاد و او بر در (کاخ) ابوالعباس ایستاد و چون (ابوسلمه) که نزد وی شب‌نشینی داشت، بیرون آمد بر او تاخت و گردنش‌را زد.[2] ابوسلمه‌را «وزیر آل‌محمد» می گفتند و ابومسلم باومی‌نوشت: برای امیر حفص‌بن سلیمان‌وزیر آل‌محمد، ازابومسلم امین آل‌محمد[3].

سلیمان‌بن مهاجرپس از کشته‌شدن ابوسلمه گفت:

ان‌الوزیروزیر آل محمد　　　　اودی فمن یشناك‌كان‌وزیرا

«همانا وزیر،وزیر آل‌محمدهلاك‌شد،پس آنکه تورادشمن‌می‌دارد،وزیرشد.»

حسن بن قحطبه یزید بـن عمربن هبیره را در واسط محاصره داشت، پس ابوالعباس برادرش، ابوجعفر را به واسط فرستاد و باو فرمود که در محاصره‌اش پافشاری کند و یزید یازده ماه محاصره بـود و جماعتی از فرماندهان و یـاران مـروان و از همراهان عامربن ضباره و نباتـةبن حنظله که قحطبه آنها را کشته بود، همراه وی بودند، ویزید برای دوسال محاصره آمادگی داشت و خواروبار وعلوفهٔ بیست هزارمرد جنگی را به درون شهربرده بود، لیکن در جنگ با وی صادقانه پافشاری کردند تا خواستار امان شد و نمایندگان فرستاد، پیشنهاد او

۱ـ طبری: ج۶ ص۱۰۳، کامل ج۴ ص۳۳۶، الوزراء والکتاب ص۶۰؛مراربن‌انس‌ضبی.

۲ـ ازربیع‌الاول تا رجب‌سال ۱۳۲ وزارت داشت (معجم‌الانساب) یحیی‌بن محمدبن علی بروی نماز گزارد ودرهاشمیه دفن‌شد.

۳ـ الوزراء والکتاب ص۵۶: امیر آل محمد.

پذیرفته شدوبرای اوامان نامه‌ای نوشتند وهرچه‌خواسته‌بود برای اوشرط کردند وابوالعباس آن را مهر کرد و ابن‌هبیره بیرون آمد تا نزد ابو جعفر رفت و بیعت کرد وسپس بجای خود باز گشت وهرروز باهزار سوار وهزار پیاده سوار می‌شد؛ پس بعضی[1] همراهان ابوجعفرباو گفتند: خدا امیررا توفیق دهد. پسرهبیره‌چنان می‌آید که سپاه ازهیبت او به‌فروتنی می‌افتند. پس[2] به ابی [.....] حاجب خود گفت: به‌پسرهبیره بگو که همراهان خود را کم کنند. بار دیگر سوار شد و با پانصد پیاده نزدوی آمد. پس حاجب باو گفت: گویا برای افتخارنزد ما می‌آیی؟ پس با سی‌سوار وسی‌پیاده نزد ایشان می‌آمد. ابوجعفر می گفت: شریفتر و متکبر ترازپسرهبیره ندیدم، نزدمن می‌آمد ومی گفت: فلانی، چگونه‌ای، یا چه حال داری؟ و از برادرت چه خبررسیده است؟ و می‌شد که با او سخن می گفتم، پس می گفت: آفرین برپدرت، بگو. سپس به‌جبران آن‌می گفت: خدا امیررا توفیق دهد من چندی پیش خود امیربوده‌ام ومردی بامن سخن می گفته‌است و او رابااین سخن وامثال آن پاسخ می‌داده‌ام.

روزی ابو جعفر باو گفت: مرا حدیث گوی. گفت: با تو از درنیکخواهی سخن گویم، عهد خدا است که‌شکسته نمی‌شودوپیمان اوست که منحل نمی گردد، و این فرمانروایی شما تازه است پس شیرینی آن را به‌مردم بچشانید وتلخی آن‌را ازایشان بدور دارید.

نامه‌هایی ازابن هبیره برای محمد بن عبدالله بن حسن بدست آمد که بوی پیشنهاد بیعت کرده و خاطرنشان ساخته بود که نزد وی مالها و مهمات و اسلحه بقدر کافی موجود است و بیست هزار مرد جنگی همراه دارد. نامه ها را نزد ابوالعباس فرستادند و ابوالعباس گفت: پیمان خود راشکسته و خون خودرا به‌این

۱- طبری: یزیدبن‌حاتم.

۲- پس به‌حاجب خود سلام‌بن سلیم‌گفت، بپسر هبیره بگو. (طبری).

کارها حلال ساخته‌است. آنگاه به‌ابوجعفر نوشت که‌او را گردن بزن چه غدر و بیوفایی کرده و عهدها را شکسته و در این‌باب نامه‌های فراوان نوشته‌است.

ابومسلم نیز از خراسان نامه‌ای نوشت و ابوجعفر را بر کشتن وی تحریص و ترغیب نمود و به‌وی گزارش داد که تا او زنده است ، وضع آرام نمی‌شود و او شایستگی زنده ماندن ندارد. ابوجعفر به‌حسن‌بن قحطبهٔ طائی گفت: امیرالمؤمنین دستور کشتن این مرد را داده است و تو خود آن را به‌انجام‌رسان. حسن گفت: اگر من او را بکشم، میان قبیلهٔ من و قبیلهٔ او تعصب و دشمنی پدید آید و کسانی که از آنان و اینان در سپاه تواند، سر به‌اختلاف و نافرمانی برآرند؛ لیکن‌مردی از مصر را بکشتن وی مأمور کن . پس خازم‌بن خزیمهٔ تمیمی را برسروی فرستاد و او با جماعتی نزد وی رفت وهنگامی رسید که درواسط درصحن کاخ نشسته بود و چون آنان را دید، گفت : قسم به خدا که از قیافهٔ اینان بیوفایی هویداست . و چون نزدیك وی رسیدند، پسرش داود بروی‌آنان ایستاد ولی با شمشیر بعضی ازایشان‌از پا درآمد وبریزید تاختند و اورا با شمشیرزدند تا جان سپرد ، سپس فرماندهان وهمراهانش را تعقیب کردند وتا نفرآخر همه را کشتند.

شریك بن شیخ مهری در بخارا خروج کرد و گفت : ما با آل محمد بیعت نکرده‌ایم[که] خونها را بریزیم وبغیرحق عمل کنیم. پس‌ابومسلم ، زیادبن صالح خزاعی را برسروی فرستاد تا با اونبرد کرد واورا کشت.

ابومحمد سفیانی: یزید[بن] عبدالله‌بن یزیدبن معاویة‌بن ابی‌سفیان با آنچه به‌دست داشت خروج کرد؛ ومحمدبن مسلمة بن عبدالملك در حرّان خروج کرد و موسی‌بن کعب را که عامل ابوجعفر بود ، محاصره کرد و خود ابوجعفر در آن موقع عامل جزیره بود؛ و شهر (حران) را با منجنیق هدف ساخت و دروازه‌های آن را آتش زد و این پیشامد در سال ۱۳۳ روی داد . سپس محمدبن مسلمه از کشته شدن ابومحمد سفیانی و ابوالوردبن کوثربن زفر اطلاع‌یافت و از محاصره

صرف‌نظر کرد وسپاهش پراکنده شدند وموسی‌بن کعب بتعقیب‌وی‌شتافت وجمعی ازهمراهان اورا کشت وبه‌چندین شهرازجزیره روی‌نهاد[1].

اسحاق‌بن مسلم عقیلی‌هفت ماه درسمیساط درمحاصرهٔ ابوجعفرماند، وبقولی ابوجعفراورا محاصره‌نکرد لیکن‌عبدالله‌بن‌علی بود که اورا محاصره‌داشت‌واسحاق می گفت: در گردن من بیعتی است وهرگز آن را رها نمی کنم تا بدانم که صاحب آن بیعت مرده است یا کشته شده . ابوجعفر نزد وی فرستاد که مروان کشته‌شد. گفت: باشد تا تحقیق کنم. وچون کشته‌شدن مروان نزد وی به‌صحت رسید، امان خواست وامان‌یافت، وبه‌ابوجعفر پیوست ونزد وی منزلتی عظیم داشت.[2]

عبدالله‌بن علی به‌همان جهتی که ضمن تاریخ حکومت مروان ، شرح آن را گفته‌ایم، به‌فلسطین بازگشت و چون به‌نهرابوفطرس[3] میان فلسطین و اردن رسید، بنی‌امیه‌را نزدخویش‌فراهم‌ساخت‌وسپس آنان را فرمود تابامداد فردا برای گرفتن جائزه‌ها وصله‌ها نزد وی‌آیند ، آنگاه فردا که شد نشست‌وآنان را بارداد‌وهشتاد مرد از بنی‌امیه بروی درآمدند و بر سر هرمردی از آنان ، دو مرد باگرزها بپا داشته بود وچندی سربزیرانداخت سپس عبدی بپاخاست‌وقصیدهٔ خودراسرود ، و در آن می گوید:

اما الدعاة [الی] الجنان فهاشم   و بنوامیّة من کلاب النار

«اما دعوت کنندگان [به‌سوی] بهشت ، پس (بنی) هاشم‌اند؛ و بنوامیه از سگان دوزخ‌اند» .

نعمان‌بن یزیدبن عبدالملك پهلوی عبدالله‌بن علی نشسته بود، پس به عبدی گفت: ای پسرزن بدبو دروغ گفتی.

۱ـ ر.ك. تاریخ‌طبری ج۶ص۹۷ـ۱۰۲. ۲ـ طبری‌ج۶ ص۱۰۱. ۳ـ رودخانه‌ای نزدیك رملهٔ فلسطین، به‌قولی در۱۲ میلی رمله درسمت شمال، وازچشمه‌هایی درکوه متصل به‌نابلس برمی‌خیز ودر دریای شورمیان دوشهرارسوف ویافا می‌ریزد(مراصد).

عبدالله‌بن‌علی‌باو گفت: بلکه راست گفتی، ای‌ابومحمد، سخنت‌را دنبال کن. سپس عبدالله بن علی به‌آنان روی آورد و کشتن حسین واهل بیتش‌را بیاد ایشان آوردوسپس‌دست بهم‌زد ومردان (آماده) سرهای‌آنان را باگرزها کوبیدند تاهمه را ازپا درآوردند. پس‌مردی از کنارهٔ جمعیت اورافریاد زد:

عبد شمس ابوك و هوابونا لا نناديك من مكان بعيد
فالقرابات بيننا و اشجات محكمات‌القوى‌بعقدشديد

«عبد شمس پدر تو ، و همو پدر ما است ، ما تو را از جای دوری فریاد نمی‌زنیم ؛ چه خویشاوندیها میان ما بهم آمیخته و با پیمانی محکم ، پایدار و نیرومند است» .

گفت : نه‌چنان است، کشتن حسین‌آن را برید. [سپس]دستورداد که آنان را روی زمین کشیدند وفرشها روی ایشان گسترده شد و روی همان فرشها نشست ودستورغذا دادوخورد وآنگاه گفت : روزی مانند روزحسین‌بن‌علی، لیکن نه‌مانند آن . و[.....]با ایشان‌درآمده‌بود، گفت: امیدواربودم که آنان به‌خیری‌می‌رسندو من‌هم همراه ایشان‌به‌خیری خواهم رسید. عبدالله‌بن‌علی گفت:

ومدخل رأسه لم‌يدنه‌احد بين الفريقين حتى لزّه‌القرن

«ناخوانده‌ای که سرش را میان دودسته می‌آورد؛ تا(عاقبت) ریسمان او را دربند کشد» گردنش را بزنید.

عبدالله‌بن علی درماه رمضان سال۱۳۲ برسردمشق‌آمد وآن را محاصره کرد ومردم فریادرسی‌خواستند ویحیی‌بن بحررا نزد وی فرستادند تا برای ایشان امان بخواهد، پس نزدوی رفت واز او امان‌خواست وعبدالله او را پاسخ مساعد داد . و یحیی به‌شهردرآمد ودرمیان مردم فریاد زد : امان . پس گروهی از مردم بیرون رفتند ویحیی‌بن بحر باو گفت : ای امیر ، امان نامه را برای ما بنویس . عبدالله

دواتی و کاغذی خواست ؛ سپس به‌سوی شهر نگریست و ناگاه مسوده[1] را دید که باروی شهر را فرا گرفته‌اند؛ پس گفت: من با زور باین شهر درآمدم. یحیی گفت: نه‌بخدا قسم ، لیکن با مکر. عبدالله گفت : اگر نبود که دوستی تورا با ما خاندان می‌شناسم؛ البته گردنت‌را می‌زدم که این سخن را روبروی من گفتی. سپس پشیمان شدو گفت : ای‌غلام ، این پرچم را بگیرودرخانه‌اش به زمین بکوب و فریاد کن : هر کس به‌خانهٔ یحیی‌بن‌بحر درآید، در امان است. پس مردم در خانهٔ وی فراهم شدند ودرآن خانه وخانه‌های پیرامون‌آن کسی کشته نشد ؛ و پس ازآنکه گروه بسیاری از مردم کشته شدند ، منادی فریاد زد : مردم در امانند ، مگر پنج نفر : ولید بن معاویه ، یزیدبن معاویه ، ابان بن عبدالعزیز ، صالح بن محمد و محمد ابن زکریا .

عبدالله‌بن علی به‌مسجد جامع رفت وخطبه‌ای مشهور برای مردم ایراد کرد که درآن ازبنی‌امیه وبیدادودشمنیشان واینکه‌آنان دین خدا را مسخره وبازی گرفته‌اند، سخن راند ؛ وحرامهایی را که حلال شمرده‌اند وستمگریها و گناهان ورفتاری را که درمیان امت محمد در تعطیل احکام، وجاری نکردن حدود وبخود اختصاص دادن خراج وغنیمت و ارتکاب (کارهای) زشت، داشته‌اند ؛ وانتقام گرفتن خدا ازایشان ومسلط کردن شمشیرحق برآنان، اینها همه را توصیف کرد وسپس فرود آمد .

و گفته‌می‌شود که ابوالعباس باونوشت: خونت‌را ازبنی‌امیه بگیر، پس‌باآنان کردآنچه کردوفرستادتا گورهای‌بنی‌امیه‌راشکافتندوآنان‌را بیرون‌آورد وبه‌آتش سوزانید و کسی ازایشان را رها نکرد وچون به‌رصافه‌رسید، هشام‌بن عبدالملك را بیرون‌آوردواورا درغاری روی تختش دید که برای آنکه بماند آبی‌باومالیده‌اند؛

۱ـ سیاهیان عباسی‌که شعارشان پرچم سیاه بود.

پس روی او را با گرز بزد و او را میان عقابین بپاداشت و درحالی که بدنش از هم فرو می‌ریخت، صد و بیست تازیانه بر وی زد و سپس او را جمع‌آوری کرد و به آتش سوزانید و عبدالله در همان موقع گفت که پدرم یعنی علی بن عبدالله، روزی نماز می‌خواند و شلوار و روپوشی بر تن داشت، پس روپوش او افتاد و در پشتش آثار تازیانه‌ها را دیدم و چون از نماز خود فارغ شد، گفتم: ای پدر، خدا مرا فدایت قرار دهد، این چیست؟ گفت: آن لوچ یعنی هشام، مرا بستم گرفت و شصت تازیانه زد. و همان روز با خدا عهد کردم که اگر بر او ظفر یابم، بهر تازیانه‌ای دو تازیانه بر او زنم.

حبیب بن مُرّة مُرّی در حوران خروج کرد و شعار سفید بر گرفت و مردی از بنی‌امیه را منصوب کرد؛ پس عبدالله بن علی به جنگ او رفت و او را کشت و سپاهش را پراکنده ساخت.

عامل مروان در افریقا، عبدالرحمان بن حبیب[1] عقبی بود که در سال ۱۲۷ به آنجا آمد و پیوسته مقیم افریقا بود تا مروان کشته شد و چون مردم افریقا از کشته شدن مروان با خبر شدند، گروهی از مردم آن سرزمین بر او تاختند که از جملهٔ آنها بود: عروة بن ولید صدفی از ناحیهٔ[2] [......] و بنو امیه پس از کشته شدن مروان پراکنده شدند و جماعتی از ایشان در افریقا بجا ماندند و پیرامون عبدالرحمان بن حبیب را گرفتند و عبدالرحمان در جنگ با طرفداران ابوالعباس پایداری کرد تا آنکه برادرش الیاس بن حبیب بر او تاخت و به سوی بنی‌العباس دعوت نمود و مردم با وی بیعت کردند و هر کس را که از بنی امیه به افریقا رفته بود، گرفت و زندانی کرد و خبر آنان را به ابوالعباس گزارش داد.

۱ـ بن ابی‌عبیدة بن عقبة بن نافع فهری قرشی، از سال ۱۲۷ از طرف بنی‌امیه والی افریقا بود و ابوالعباس هم اورا بر سر کارش بداشت تا آنکه در سال ۱۳۸ بدست برادرانش: الیاس و عبدالوارث کشته شد (معجم‌الانساب ص ۹۹). ۲ـ تونس (کامل ج۴ ص ۲۷۹ سال ۱۲۶).

اهل موصل نیز بر عامل خود[۱] تاختند و او را تاراج کردند و بیرون راندند، پس ابوالعباس برادرش یحیی بن محمد بن علی را والی موصل قرارداد و چهارهزار مرد[۲] خراسانی همراه وی ساخت و او در سال ۱۳۳ به موصل رسید و بسیاری از مردم آنجا را کشت. و به قولی روز جمعه مردم را فرا خواند و هجده هزار نفر از خود عرب کشت و سپس بندگان و موالی آنان را از دم تیغ گذرانید تا نابودشان ساخت و خونهاشان جاری شد و آب دجله را دگرگون ساخت[۳] و دیگر تا این تاریخ شورشی از مردم موصل معروف نگشته است.

ابوالعباس، محمد بن صول[۴] را والی ارمنستان ساخت و او با سپاهی انبوه رهسپار آنجا شد و مسافر بن کثیر جانشین اسحاق بن مسلم عقیلی عامل مروان، بر آن سرزمین تسلط یافته بود. محمد بن صول با وی جنگید تا او را کشت و بر ارمنستان تسلط یافت و مردم بیلقان به قلعهٔ کلاب پناهنده شدند و شهر را واگذاشتند و مهترش در آن روز ورد بن صفوان سامی از فرزندان سامة بن لوی بود، و عده‌ای از اوباش (وراهزنان) و جز آنان نزد خویش در قلعهٔ کلاب فراهم ساختند. پس محمد بن صول، صالح بن صبیح کندی را بر سر ایشان فرستاد تا آنان را محاصره کرد و بسیاری از آنان را کشت.

ابوالعباس، موسی بن کعب تمیمی[۵] را به سند که منصور بن جمهور[۶] بر آن مسلط بود، فرستاد؛ و موسی با بیست هزار مرد جنگی روبراه نهاد و به قندابیل

۱ـ کامل ج۴ ص۳۳۹: محمدبن صول. ۲ـ کامل: ۱۲هزار. ۳ـ کامل: دوازده نفر از ایشان را کشت و سپس به آنان امان داد و منادی وی فریادکرد، هرکس به مسجد جامع درآید، در امان است. و سپس که مردم آسوده خاطر روی نهادند، به قولی یازده هزار نفر مهردار و از جز آنان هم بیشمار بکشت و چون شبانه نالهٔ زنان شوهرکشته را شنید، دستورداد تا فردا زنان و کودکان را هم کشتند و سه روز تیغ در میان آنان داشت. ۴ـ از سال ۱۳۴ نیابت ابوجعفر منصور والی آذربایجان داشت، و از سال ۱۳۲ تا سال ۱۳۳ والی آذربایجان بود (معجم الانساب ص۲۷۱ـ۲۷۳).

۵ـ موسی بن کعب بن عیینة بن عائشة بن عمرو تمیمی، پس از دفع منصور بن جمهور و از تشنگی مردنش ←

آمد وچندی آنجا اقامت نمود، سپس با همراهان منصوراز اصحاب[1] [.....] و با قبیله های ایشان نیز مکاتبه کرد و موسی رو به جنگ نهاد تا برسر منصور آمد و منصورازوی شکست یافت ودربیابانی رهسپارشد و موسی اورا تعقیب کردو کشت[2] ابوالعباس درسال۱۳٤ ازحیره منتقل شد و درانبار فرود آمد و آنجا شهری بنام هاشمیه[3] ساخت و نواحی بسیاری را خرید و درآنها ساختمان کرد وتیول‌خاندان وفرماندهان خود ساخت، سپس مالکین آن زمینها و خانه‌ها بوی شکایت کردند که بهای آنها را دریافت نکرده‌اند. پس گفت: این ساختمانی است که نه بر پرهیزگاری تأسیس شده است. و دستورداد تا سراپرده‌های او را در پشت شهر و بیابان بپا کردند، تا مردم بهای زمینهای خودرا دریافت کردند و آنگاه به کاخ خود بازگشت.

ابوالعباس برادرخویش ابوجعفرراوالی جزیره وموصل ومرزها وارمنستان وآذربایجان قرارداد. ابوجعفر رهسپار شدتا به‌رَقه[4] رسید و پیرامون رافقه‌را در کنارفرات خط بر کشید وادهم‌بن محرز، نقشهٔ آن را برای وی کشید. پس حسن ابن قحطبهٔ طائی[5] راوالی جزیره، ویزیدبن‌اسیدسلمی‌راوالی‌ارمنستان قراردادوسپس یزید را عزل کرد وحسن‌بن قحطبه را بحکومت ارمنستان منصوب کرد و درتمام دوران ابوالعباس فرمانروای ارمنستان بود.

→ درمیان ریگستان، والی سندشد (۱۳۴) ودر۱۶ ربیع‌الثانی سال۱۴۱ به‌حکومت مصر منصوب‌گردید. (ر.ک. فتوح‌البلدان ص۴۳۱، معجم‌الانساب ص۳۹، ۴۱۵). ۶ـ درسال۱۲۶ چند ماهی‌حکومت بصره داشت، ودرسال۱۲۶والی‌کوفه شد، درسال۱۳۲ حاکم سندگردید وآخرین عامل‌بنی‌امیه‌درسند بود (ر.ک. معجم‌الانساب ص۶۵، ۴۱۵،۶۸).

۱ـ ل، پ: قددبن‌اصغر. ۲ـ از تشنگی درمیان ریگستان جان‌داد (تاریخ طبری ج۶ ص۱۱۶، کامل‌ج۵ ص۳۴۴، فتوح‌البلدان ص۴۳۱). ۳ـ التنبیه والاشراف ص۲۹۳، ابوالعباس درانباردرهمان شهری‌که ساخت وآن‌را هاشمیه نامید، درگذشت. ۴ـ رقه، شهری درکنارفرات که میان‌آن وحران سه‌روزه راه است، ورافقه شهری است پیوسته برقه‌که میان‌آن دو باندازهٔ سیصد ذراع فاصله است(مراصد). ۵ـ ر.ک. معجم‌الانساب‌ص۲۷۳.

سلیمان‌بن هشام‌بن عبدالملك از ابوالعباس امان خواسته بود و همراه دو پسرش بروی درآمد وابوالعباس او را گرامی داشت و با وی نیکی کرد و خود و پسرانش را بر مخدّه‌ها و صندلیها نشانید. [ابو] العباس اول شبها می‌نشست و خواص واهل‌بیت خودرا بارمی‌داد، پس شبی که بستگان وخواص خود را بارداده بود، ابوالجهم برایشان‌درآمد وباو گفت: اعرابی شترسواری، شتابان رسید و شتر خود را بردر(کاخ) خواباند وعقال کرد، سپس نزد من‌آمدو گفت: برای من از امیرالمؤمنین‌بارخواه. گفتم: برو وجامه‌های سفرت را درآور ونزد من بازگرد که به همین زودی برای تو بار خواهم خواست. گفت: من سوگند یاد کرده‌ام که جامه‌ای از تن خود ننهم و نقابی بر نگیرم تا بروی وی بنگرم. گفت: آیا بتو گفت من که‌هستم؟ گفت: آری، می گوید که سدیف غلام‌تواست. گفت: سدیف! بارش ده. پس اعرابیی که گویی چوبدستی سربرگشته‌ای بود، در آمد وایستاد وبه‌امیری مؤمنان بروی سلام داد، سپس پیش رفت و زمین را بوسه داد وآنگاه پس‌رفت وبه‌جای اولش ایستادوآغاز سخن کرد و گفت:

اصبح الملك ثابت الآساس	بالبها لیل من بنی‌العباس
یا امیرالمطهّرین من‌الرجس	ویارأس منتهی کل راس
انت مهدی هاشم وسواها[1]	کم اناس رجوك بعدأیاس
لا تقیلنّ عبد شمس عثارا	واقطعن کل رقلة و غراس
افنها ایها الخلیفة و احسم	عنك بالسیف شافةالأرجاس
انزلوها بحیث انزلها الله	بدار الهوان والأتعاس
ولقد سائنی وساء قبیلی[2]	قربهم من نمارق و کراسی
خوفهم اظهر التودّد منهم	و بهم منکم کحزّالمواسی

۱ـ ب: وهداها. ن: وفتاها. ۲ـ ل،پ، ازکامل‌وفخری: سوائی.

واذکروا مصرع الحسین وزید و قتیلا بجانب المهراس
والقتیل الذی بحرّان امسی رهن رمس فی غربة وتناس
نعم کلب الهراش مولاك لولا حله من حبائل الافلاس[1]

«بوسیلهٔ سروران بنی العباس، خلافت و زمامداری براساسی پایدار، استوار گشت . ای امیر پاك شدگان از پلیدی ، وای سر فراز سر فرازان ، تویی مهدی (بنی)هاشم وجز ایشان، چه بسیار مردمی که پس از ناامیدی بتو امیدوار شدند . لغزشی را ازعبد شمس نادیده مگیر، وهر درخت کهن ونونهالی را قطع کن (هر پیر وبرنایی را بکش). ای خلیفه آنان را نابود کن و باشمشیر پلیدها را ریشه کن ساز. آنان را بهمانجا که خدا فرودشان آورد، به‌سرای خواری وبدبختی، فرود آر. نزدیکی اینان به‌مخده‌ها وتختها، من وبستگانم را افسرده ساخته‌است. بیمشان بود که به‌اظهاردوستی وادارشان کرد، وگرنه آنان را ازشما (سوزدرونی) چون برش تیغها است. کشته شدن حسین[2] وزید،[3] وکشته‌ای را در کنارمهراس[4] ، یادآورید ٠ وکشته‌ای راکه درحران[5]، درغریبی و فراموشی، زیرخاك رفت، (از یادمبرید) . برای نبرد(بادشمنان) غلامت چه نیکو درندهٔ گزنده‌ای است، اگرازدامهای ناداری رهائی(ش)داشت[6]».

پس سلیمان بن هشام ایستادو گفت : ای امیرمؤمنان ، همانا این غلامت از

۱ـ شرح نهج‌البلاغة ابن ابی‌الحدید ج۲ ص۲۰۴، نقل ازکامل مبرد که این اشعاررا بامختصر اختلافی از شبل بن عبدالله مولای بنی‌هاشم نقل می‌کنند، نه ازسدیف :

نعم شبل الهراش مولاك شبل لونجا من حبائل الافلاس

۲ـ امام حسین بن علی علیهما السلام که دردهم محرم سال ۶۱ درزمین کربلا به‌شهادت رسید.

۳ـ زیدبن علی بن الحسین علیهم السلام که درماه صفرسال ۱۲۱ درخلافت هشام بن عبدالملك درکوفه به شهادت رسید.

۴ـ سیدالشهداء حمزة بن عبدالمطلب عموی پیامبر اسلام که دراحد ، در شوال سال سوم هجرت به‌شهادت رسید، ومهراس نام آبی‌است دراحد.

۵ـ ابراهیم بن محمدبن علی بن عبدالله بن عباس که درخلافت مروان حمار درحران کشته‌شد.

۶ـ کامل مبرد: اگر غلامت شبل ازدامهای ناداری رهایی یافته‌بود، برای تاختن بردشمنان، چه‌نیکو شیر بچه‌ای‌بود.

آن‌دم که پیش تو ایستاده ، تو را بکشتن من و کشتن پسرانم تحریص و ترغیب می کند وبرمن روشن شد که تو خود به‌خدا قسم می‌خواهی ما را غافلگیر بکشی. (ابوالعباس) گفت: اگر چنان می‌خواستم،بجز غافلگیری هم ، که مرا از(کشتن) شما جلو می گرفت؟ اما اکنون که آن بردلت گذشت ، دیگر خیری درتونیست. ای ابوالجهم ، او را ونیز دو پسرش را بیرون برو گردنشان را بزن و سرهاشان را نزد من آر . ابوالجهم بیرون رفت و آنان را گردن زد و سرهاشان را نزد وی آورد .

عبدالله بن حسن‌بن حسن همراه برادرش : حسن‌بن حسن‌بن حسن ، بر ابو-العباس درآمدند وابوالعباس او را گرامی داشت وباوی نیکی کردو نیك پذیرایی نمود و جائزه‌های بسیارداد ، سپس از محمدبن عبدالله خبری دریافت که وی را ناخوش آمد وآن‌را با عبدالله‌بن‌حسن درمیان گذاشت. پس گفت : ای امیرمؤمنان، مکروهی ازمحمد بتو نخواهدرسید . وحسن‌بن‌حسن[1] برادر عبدالله بن‌حسن بوی گفت: ای‌امیرمؤمنان، آیا به‌زبان اطمینان وخویشاوندی سخن گوئیم، یا بصورت رعب ازپادشاهی‌وبیم از(مقام) خلافت؟ گفت: بلکه به‌زبان خویشاوندی. پس گفت: ای‌امیرمؤمنان، اگرخدا برای محمد مقدر کرده باشد که خلافت بدست‌وی‌آید، سپس تو همراه اهل آسمانها وزمین(سپاه) فراهم‌آوری ، آیا جلو او را خواهی گرفت؟ گفت : نه . گفت : پس اگر خدا آن را برای محمد نخواسته باشد ، پس محمد درحالی که اهل‌آسمانها وزمین همراه وی باشند ، (سپاه) فراهم کنند ، آیا محمد تورا زیانی می‌رساند ؟ گفت نه بخدا قسم وسخن‌هم جز آنچه گفتی نیست . گفت : پس چرا نعمت ونیکی خود را براین پیرمرد مکدّرمی‌سازی؟ گفت: دیگر پس ازامروز دربارهٔ وی ازمن سخنی‌نمی‌شنوی.

۱ـ ر.ك. مقاتل‌الطالبیین‌ص۱۷۳.

ابوالعباس خبر یافت که محمد بن عبدالله درمدینه خروج کرده است ودر آن باره با عبداللّه‌بن حسن مکاتبه کرد ودر نامهٔ وی نوشت:

اريد حباءه ويريد قتلى عذيرك من خليلك من مراد[1]

«می‌خواهم باو بخشش کنم ومی‌خواهد مرا بکشد ، بیاور عذر پذیرخود را نسبت بدوست مرادی خود .» (چنان با دوست مرادی خود رفتار کن که عذر تو را دربارهٔ او به‌پذیرند و او را سرزنش کنند). پس عبداللّه‌بن حسن باو نوشت:

وكيف يريد ذاك وانت منه بمنزلة النياط من الفؤاد ؟

وكيف يريد ذاك وانت منه وزندك حين يقدح من‌زناد ؟

وكيف يريد ذاك وانت‌منه وانت لهاشم رأس وهاد ؟

چگونه چنان نظری دارد وحال آنکه تو ازاو به‌جای رگ‌دل می‌باشی ؟ و چگونه کشتنت را می‌خواهد و تو ازاویی ، و آتش زنه‌ات هنگام آتش افروختن ازآتش زنه‌هاست ؟ و چگونه چنان می‌خواهد و تو ازاویی ، و توبرای(بنی)هاشم سرورو رهبری ؟

درخلافت ابوالعباس امرمحمد پوشیده ماند وچیزی از وی آشکار نگشت و هر گاه چیزی‌ازوی بگوش ابوالعباس می‌رسید، آن‌را با عبدالله درمیان‌می گذاشت

۱ـمقاتل‌الطالبین ص ۳۱، علی علیه‌السلام به‌مردم بخشش کرد وچون به‌ابن ملجم‌رسید،گفت:

اريد حياته ويريد قتلى عذيرك من خليلك من‌مراد

ابن‌ابی‌الحدید هم روایت ابوالفرج را نقل‌کرده است (ج۲ص۴۲).

ارشاد ص۷، به‌روایت اصبغ‌بن نباته ، پس ازبیعت کردن ابن ملجم ، امام سه‌بار وی را فرا خواند وازاوعهد وپیمان‌گرفت تا بیعت را نشکند وچون پرسیدکه ای‌امیر مؤمنان با دیگری چنین نکردی؟ گفت‌اریدحبائه ... و بروایت معلی‌بن زیاد آنگاه که علی علیه‌السلام‌اورا براسبی سرخ‌مو سوار کرد ، چنین گفت : ارید. .تاریخ فخری چاپ‌شالون ۱۸۹۴ ص۱۳۸:

وهرگاه علی علیه‌السلام، عبدالرحمن‌بن ملجم لعنه‌الله را می‌دید ، این‌شعررا انشاد می‌کرد :

اريد حباءه فيريدقتلى عذيرك من خليلك من‌مراد

دیوان ناصرخسروص۳۴۷:

این طرفه ترکه روزوشبان می‌طلب‌کنم من‌زندگی ایشان ویشان دمارمن

واومی گفت: ای امیرمؤمنان، مابهر خاشاکی (درچشم خود) که دیدگانت از آن بدورباد، خلافت تورا حمایت می کنیم. پس ابوالعباس می گفت: بتووثوق دارم‌وبر خدا توکل می‌نمایم.

ابوالعباس، بزرگوار و بردبار و بخشنده و با خویشان خود مهربان و نیکوکاربود. محمدبن علی‌بن سلیمان نوفلی‌ازقول‌جد خودسلیمان مرا خبرداد که او گفت: گروهی ازبنی‌هاشم برابوالعباس درآمدیم، پس ما را نزدیك خواند تا با خود نشانید، سپس گفت. ای‌بنی‌هاشم، خدارا ستایش کنید که مرا در میان شما قرارداد وبخیل‌وحسودم نساخت.

ابومسلم اذن آمدن خواست واورا اذن داد ودر سال ۱۳۶ ازخراسان‌آمد وچون موقع حج رسید ازاورخصت حج خواست و رخصت یافت و ابوجعفر منصور هم همراه وی حج گزارد. پس‌چون‌بیرون رفتند،بیماری ابوالعباس به‌سختی کشید وپس‌از رفتن‌منصوربه‌حج‌درهمان بیماری باو گفته شد: برادرت ابوجعفررا ولیعهد خویش‌قرارده [1].

ابوالجهم بن عطیهٔ باهلی [2] بیش از همه در ابوالعباس نفوذ داشت؛و او را همسخنان شبانه‌ای بود، از جمله: ابوبکر هذلی و خالدبن صفوان و عبداللّه‌بن شبرمه وجبلةبن عبدالرحمان کندی. رئیس پلیس او عبدالجباربن عبدالرحمان ازدی‌بود، و فرمانده نگهبانان او، ابوبکربن اسدبن عبداللّه خزاعی، حاجب او غلامش [ابو]غسان، وقاضی او عبدالرحمان‌بن ابی‌لیلی وابن‌شبرمه.

چون بیماری ابوالعباس به‌سختی کشید، دونماینده: یکی ازسند ودیگری ازافریقا بروی وارد شدند وچون ازورود ایشان خبریافت، گفت: من پس ازسه روزخواهم مرد. عیسی‌بن علی می گوید: باو گفتم: بلکه خدا عمرت را طولانی

۱ـ ب: وپس‌ازرفتنش به‌حج‌درهمان بیماری‌درگذشت. ۲ـوزیرابوالعباس(طبری ج۶ ص۱۳۶).

کند. گفت: خبر داد مرا برادرم ابراهیم از پدرم[1] و پدرش از ابوهاشم عبدالله بن محمد ابن علی بن ابیطالب از پدرش از جدش که در همین شهرم در یکروز دو نماینده یکی از سند و دیگری نمایندهٔ مردم افریقا بر من وارد می‌شوند و پس از آن سه روز نمی گذرد که در لحدم پنهان می‌شوم و امر (خلافت) پس از من ارث برده می‌شود. سپس برخاست و گفت: از جایت برمخیز تا نزد تو آیم. گفت: پس همانجا بودم تا اذان گویان در وقت نماز عصر به خلافت سلام گفتند، پس فرستاده‌اش پیش من آمد و مرا فرمود تا با مردم نماز بخوانم، پس داخل شدم و نزد من نیامد تا آنکه اذان گویان برای وقت نماز عشا سلام گفتند و باز فرستاده‌اش نزد من آمد و مرا فرمود تا با مردم نماز بخوانم، و چنان کردم. سپس به جای خود بازآمدم تا فرارسیدن شب و چون از قنوت خود فارغ شدم، نزد من آمد و نوشته‌ای همراه داشت بااین عنوان: از بندهٔ خدا و دوست او به خاندان پیامبر خدا و دوستان و همهٔ مسلمانان. سپس گفت: ای عمو، هرگاه جانم برآمد مرا با جامه‌ام بپوشان و مرگ مرا پنهان‌دار تا این نوشته بر مردم خوانده شود و هرگاه خوانده شد، برای آن که در این نوشته نام برده شده، بیعت بگیر، و آنگاه که مردم بیعت کردند. بکارمن پردازو آنچه نیازدارم فراهم سازو برمن نماز گزارو به خاکم سپار. گفتم: ای امیرمؤمنان، آیا احساس بیماری می کنی؟ گفت: کدام بیماری از خبر صحیح ازپیامبرخدا، نیرومندتراست؟ به خدا قسم دروغ گفته نشدم، ودروغ نگفتم، - ودروغ گفته نشدی[2] - این نوشته را بگیروره یافته باز کرد. وهمان شب بیمارشدو روزیکشنبه دوازدهم ذی‌الحجهٔ سال ۱۳۶ وفات کردوسن او ۳۶ سال بود، وبقولی باین سن نرسید چه اودرسال ۱۰۵ دردوران یزیدبن عبدالملک بن مروان تولدیافت.

اسماعیل بن علی وبه قولی عیسی بن علی بروی نماز گزارد ودر انبار در کاخ

۱ـ ن؛ پدرش. ۲ـ ن؛ افتاده دارد.

خود دفن گردید و چهار سال و نه‌ماه زمامداری کرد و پسری غیر بالـغ بجای گذاشت، ودخترش ریطه زن مهدی را که برهمهٔ خلفای‌بنی‌هاشم[1] جز برشوهرش حرام بود.

دردوران او درسال ۱۳۲، داودبن علی برای مردم حج گزارد؛ درسال۱۳۳، زیادبن عبیدالله حارثی؛ درسال۱۳۴، عیسی‌بن‌موسی؛ درسال ۱۳۵، سلیمان‌بن‌علی.

(ابوالعباس) در دوران خود مردم را به‌جنگ (روم) فرستاد، در سال ۱۳۳ (پادشاه)سرکش روم، قسطنطین‌روی‌آورد تا برسرملطیه فرودآمد وآن‌رامحاصره کرد وباصلح کنار رفت و موسی‌بن کعب تمیمی به جنگ وی شتافت لیکن میان آنان برخوردی روی ندادوابوالعباس به‌عبدالله‌بن علی نوشت و او راخبر داد که دشمن را ازغفلت وی طمع گرفته‌است، واورا فرمود که لشکرهایی را که همراه دارد(درپی‌او) گسیل دارد وسپاهیانش را درنواحی مرزی پراکنده سازد، عبدالله پیش رفت تا ازدربند گذشت و پیوسته (سپاهیان خودرا) آماده می‌ساخت تا خبر مرگ ابوالعباس بوی‌رسیدوباز گشت.

فقهای‌زمان ابوالعباس عبارت بودنداز: یحیی‌بن سعیدانصاری، ابن‌ابی‌طوالهٔ انصاری[2]، موسی‌بن‌عقبه، عبدالرحمان‌بن‌حرملهٔ‌اسلمی،ابوحمزهٔ ثمالی، زیدبن‌اسلم، ابوخازم‌قاضی، هشام‌بن عروةبن زبیر، محمدبن[.....[3]بن] علقمه[4]، موسی‌بن عبیدهٔ ربذی، ابن ابی صعصعه، ربیعةالرأی، عبدالله‌بن عمربن حفص‌بن عاصم بن عمربن خطاب، محمدبن اسحاق‌بن[یسار]، عبدالله‌بن‌طاوس، صدقة[.....[5]]یسار، حمیدبن قیس‌اعرج، عبدالله‌بن‌عثمان‌بن‌خثیم،عثمان‌بن‌اسود، عبدالملك‌بن جریج، عبدالملك

۱ـ او برامیرالمؤمنین علی‌بن ابیطالب، امام حسن‌بن‌علی، خلفای فاطمی مصر و خلفای حمودی علوی اندلس‌حرام نبود، ومراد همان خلفای بنی‌العباس‌است، چه‌سفاح پدر و منصورعمو و هادی‌وهارون‌پسران مهدی‌دوربیب و دیگران که همه از نسل هارون‌اندربیب زادگان‌وی بودند.

۲ـ قاموس: ابوطواله: عبدالله‌بن عبدالرحمان از تابعین است. ن: ابن‌ابی طوله.

۳ـ عمرو. ۴ـ بن‌وقاص‌لیثی ابوالحسن مدنی(کامل). ۵ـ ن، پ: بن یسار جزری.

ابن عمیر لیثی، ابوسارنساى[1]، مجالد بن سعید، اجلح بن عبدالله کندی ، منصور بن معتمر سلمی،مطرّف بن طریف حارثی ، جابر بن یزید جعفی، حسن بن عمر فقیمی، محمد بن عبدالرحمان بن ابی‌لیلی ،حسن بن عمارة[2]،مسعر بن کدام، عبدالجبار بن عباس همدانی،زفر بن هذیل، اسحاق بن سوید عذری ، ابوبکر بن نسر بن حرب ، یونس بن عبید،ابوالمعتمر سلیمان تیمی، عمرو بن عبید،[حمید]طویل مولای خزاعه، عبدالرحمان بن عمرو اوزاعی ، سالم افطس،عبدالکریم حنفی .

۱ـب: ابوسارنسائی. ن: ابوسیارنساری. ل، پ ص۴۳۶ ، و نامش: هرار بن مره است .

۲ـ ن: افتاده دارد .

دوران ابوجعفر منصور[1]

او عبداللّه‌بن محمدبن علی ومادرش : سلامهٔ بربری[2] است ، ودرهمان روزی که ابوالعباس وفات کرد، روزیکشنبه ۱۲ ذی‌الحجه، وازماههای عجم درحزیران سال ۱۳۶ ، بیعت با وی به‌انجام رسید. خورشیدآن روزدرسرطان بود ، ۱ درجه و ۱۰ دقیقه؛ وقمردرجوزا ، ۷ درجه و ۴۵ دقیقه ؛ و زحل درجدی ، ۱۶ درجه و ۵۰ دقیقه درحال رجوع، ومشتری درحمل ۲۷درجه؛ ومریخ درعقرب، ۱۹ درجه و ۴۰ دقیقه؛ وزهره درثور، ۱۵ درجه و۵۰ دقیقه؛ عطارد در سرطان ، ۱۱ درجه ؛ ورأس در سرطان، ۱ درجه و۵۰ دقیقه ؛

ابوجعفرحج گزاربود وعیسی‌بن‌علی از هاشمیان و فرماندهان در انباربرای وی بیعت گرفت و۱۵ روز پس‌از وفات ابوالعباس درراه مکه خبر بدو رسید و ابو-مسلم وهاشمیان وفرماندهانی که حاضربودند، بیعت نمودند وآن که بوی خبرداد، محمدبن حصین‌عبدی بود، پس گفت: این‌جا کجا است؟ گفتند: جایی‌است که‌به‌آن زکیّه[3] می گویند. گفت: خدا بخواهد، امری مبارك خواهد بود. ودرصفیّه[4] با وی بیعت شد،پس گفت: امری است که چندین‌سال برای‌ما صافی(وبی کدورت)خواهد بود، اکنون‌دررفتن شتاب‌ورزید.

ابوالعباس پیش ازمرگ خود ، به‌عبداللّه‌بن علی‌نوشته و دستور داده بود تا

۱ـ ل، ص۴۳۶. ۲ـ دختربشیر(التنبیه والاشراف ص۲۹۵). ۳ـ قریه‌ای میان بصره وواسط . ۴ـ آبی‌برای بنی‌اسد.

به جنگ (تابستانی) روم رود و ازباب[1] بگذرد. پس چون ابوالعباس وفات کرد، عیسی‌بن علی‌وپسرانی که حاضر بودند، خوش نداشتند که به‌عبدالله بن علی بنویسند وبه‌صالح‌بن علی که درمصربود، نوشتند وحادثهٔ (مرگ) ابوالعباس‌و ولیعهدساختن ابوالعباس، ابوجعفررا، وبیعت کردن وفراهم آمدنشان بروی، همه‌را بوی گزارش دادند، و اورا فرمودتا بیعت کند وبه‌شام‌رود وازعبدالله بیعت‌بگیرد وخبربه‌عبدالله رسید وبقولی عیسی‌بن‌علی‌بیعت منصوررابا ابوغسان یزیدبن‌زیاد، حاجب‌ابوالعباس فرستاد واوهنگامی‌به‌عبدالله پیوست که از باب گذشته به‌خاك روم روی نهاده‌بود، پس‌باز گشت‌تابه‌دلوك[2] واقع‌درشهرستان‌قنسرین‌رسیدوحمیدبن‌قحطبهٔ‌طائی‌وجماعتی ازفرماندهان همراه خود را فراخواند وگفت: گواهی نمی‌دهید که امیرمؤمنان ابوالعباس گفت: هر کس به‌جنگ مروان بیرون رود، همو ولیعهد من است؟ پس برای وی بدان گواهی دادند[3] وبیعت کردندوبیشترمردم شام نیزبا او بیعت‌نمودند وبه‌عیسی‌بن علی وجز او نامه نوشت وآنان را از بیعت کردن فرماندهانی که نزد وی هستند وبیعت مردم باستناد آنکه ابوالعباس وی را ولیعهد خود قرار داده، خبرداد وخود به‌قصد عراق رهسپارشد وچون‌به‌حرّان رسید برسرموسی‌بن کعب عامل‌حرّان آمدوازگواهی کسانی که‌خدارا گواه گرفتند که‌ابوالعباس‌اورا ولیعهد خود قرارداده است، آگاهش نمود وچون موسی درحران‌متحصن‌شد، او را چهل روزمحاصره کرد وسپس بوی امان داد، بدان شرط که ازشهربیرون‌رود و او را با

۱ـ شهرکوچکی ازتوابع حلب، که تامنبج و تابزاعه در حدود دومیل، و تا حلب ۱۰ میل فاصله دارد. ۲ـ شهری‌کوچك در عواصم از نواحی حلب (مراصد الاطلاع).

۳ـ تاریخ طبری ج ۶ ص ۱۲۳، ابوغانم طائی وخفاف مروورودی با عده‌ای از فرماندهان خراسانی بپاخاستند وبرای وی گواهی دادند. پس ابوغانم وخفاف و ابوالاصبغ وهمهٔ فرماندهانی که همراه وی بودند، ازجمله، حمیدبن قحطبه وخفاف گرگانی وحیاش‌بن حبیب ومخارق‌بن غفار وتزارخدا وجز آنان ازمردم خراسان‌وشام‌وجزیره، بیعت کردند و پس ازفراغ از بیعت به‌حران آمدکه مقاتل عکی جانشین ابوجعفرحاکم آن بود.

شهر گذارد ، (عبدالله) بقصد عراق رهسپار شد .

ابوجعفر درغرهٔ محرم به کوفه رسید و در حیره فرودآمد و با مردم نماز جمعه گزارد وسپس به‌انبار ، به شهرابوالعباس رفت ونزدیکان خود را نزد خویش فرا خواند و برخزانه‌های ابوالعباس دست یافت و از امر عبدالله بن علی و روی آوردنش به عراق خبریافت ، پس به ابومسلم گفت : برای عبدالله بن علی جز من وجزتو کسی‌نیست.

ابومسلم را ازاین سخن‌خوش‌نیامد و گفت: ای‌امیرمؤمنان ، امرعبدالله در شام کمتر وزبونتراست، وامرخراسان است که بسیاراهمیت دارد . سپس ابومسلم به خانه‌اش بازگشت و به‌منشی خود گفت : مرا با این مرد چه کار است ؟ سپس گفت : صلاح جز آن نیست که رهسپار خراسان گردم و این دو حریف را با هم گذارم ، پس هر کدام غلبه یافت بما خواهد نوشت و ما هم باو خواهیم نوشت : شنیدیم واطاعت کردیم. وخواهد دید که ما برای وی‌کارمندی کوشا وشایسته‌ایم. پس منشی وی به او گفت: پناه به خدا که مردم خراسان را بسرزنش و بدگویی خویش راه‌دهی، وببینند که امری را پس ازمحکم ساختن‌آن، برهم زدی. گفت: وای برتو، من درکسانی که دست بسته با شمشیر کشته‌ام ، جز آنانکه در جنگها کشته‌شده‌اند، نگریستم وآنان را صدهزارنفریافتم واین نزد خداکم نیست . پس منشی او اصرار ورزید تا پیشنهاد ابوجعفر را در بیرون رفتن (بجنگ عبدالله) پذیرفت وبا سپاهی انبوه رهسپار شد تا به‌جزیره رسید و چندین‌بار با عبدالله بن علی جنگید وحمیدبن قحطبه که بیشترکار عبداللهبن‌علی بدست او بود، خبریافت که عبدالله درنظردارد وی را بکشد ، پس چاره‌جویی کرد تا نزد ابومسلم رفت‌و آن برعبداللهبن علی گران‌آمد وترسید که‌با دیگرفرماندهان خراسان که‌همراه وی‌اند، نیزچنان کند .

مندی‌بن شاهك گفت : ازعبدالصمدبن علی شنیدم که می گفت : نزد عبدالله

ابن علی بودم که حاجبش درآمد، وعبدالصمد با عبدالله بن علی بود، پس گفت : فرستادهٔ ابو مجرم بردراست . گفت : بارش ده . پس مردی در آمد، زشت رو، بدقیافه، پرمو، زبان دراز، ستبربازو وتنومند وسلامی عمومی‌داد وسپس گفت که امیر ابومسلم می گوید: برچه‌با من نبرد می کنی با اینکه خود می‌دانی که او با تونبرد نمی کند؟

ابومسلم درنصیبین با عبدالله‌بن‌علی جنگید وسپاه اورا پراکنده‌ساخت، پس عبدالله گریخت و ابومسلم دستورداد که کسی بدوکارنگیرد واونزد برادرش‌سلیمان ابن‌علی عامل بصره‌رفت وپیوسته نزدوی پنهان‌بود .

ابوجعفر فرستادگانی ازجمله : اسحاق بن مسلم عقیلی و یقطین‌بن موسی و محمدبن‌عمرونصیبی‌تغلبی، گسیل‌داشت‌تا آنچه راازخزانه‌ها ومالها بدست‌ابومسلم افتاده است، بشمار آورند ، پس ابومسلم بخشم‌آمد و گفت : برخونها امین شمرده می‌شوم و برمالهانه ! ویقطین‌بن موسی را دشنام داد ، یقطین‌هم که ایستادگی او را درمقابل خود دید، گفت : امیرالمؤمنین مرا نزد تو نفرستاد مگر تا تو را به پیروزی تهنیت گویم . پس (ابومسلم) به اسحاق بن مسلم و محمدبن عمرو اهانت کرد وآن دو را دشنام داد و به ابوجعفرنیز بد گفت تا آنجا که نام مادرش رابرد وگفت : وای من بر پسرسلامه . فرستادگان نزد ابوجعفربازگشتند و پیشامد را بدوگزارش دادند وبر کینه‌ای که از(ابومسلم) دردل داشت، افزوده گشت و هشام ابن عمرو عقیلی را بجای ابومسلم فرستاد و ابومسلم خشمناك بر ابوجعفر بقصد خراسان بازگشت و ازمدائن عبور کرد وابوجعفررا که در رومیه[1] منزل داشت و میان ابومسلم و او دوفرسخ فاصله بود، ملاقات نکرد و راه خود را در پیش گرفت تا از حلوان گذشت ، پس ابوجعفر، عیسی‌بن موسی و جریربن عبدالله بجلی‌وچند

۱ـشهری درمدائن‌که ویران شده(مراصد).

نفرازشیعه را همراه آن دو در پی وی فرستاد تا باو پیوستند و(این) کار را بر او خطرناك وانمود کردند و باو گفتند که کاربآنجا که گمان می‌بری نرسیده است. ابومسلم با مالك‌بن هیثم جانشین خود مشورت کرد و گفت : رأی تو چیست؟ گفت: نظرم آن است که رهسپارخراسان گردی وازآنجا ازاین مرد پوزش بخواهی واز آنجا بوی بنویسی که (فرمان) تو را می‌شنوم و اطاعت می کنم ، و هر گاه چنین کردی سرزنشی برتو نخواهد بود ، ودر غیر این صورت اگر چشم او بر توافتد، بیدرنگ بزندگی تو خاتمه خواهد داد . فرستادگان ابوجعفر آن همه اصرار کردند که او را از رأیش منصرف کردند و روی به عراق نهاد و چون از گردنهٔ حلوان گذشت به‌مالك‌بن هیثم گفت : مصلحت درچیست ؟ گفت : مصلحت رادرپشت گردنه رها کردی . پس گفت : به‌خدا قسم که من جزدرخاك روم کشته نمی‌شوم. و بر ابوجعفر که در رومیه درسرا پرده ها منزل داشت وارد شد ، پس باو گفت : نزدیك بود پیش ازآنکه آنچه را بدان نیازمندم بتو گفته باشم ، رهسپار شوی . پس چندروزی نزد وی رفت‌وآمد می کرد؛ سپس روزی نزد وی آمد وابوجعفر، عثمان‌بن نهیك فرمانده نگهبانان خود را با عده‌ای از جمله : شبیب‌بن واج و ابو حنیفه برای (کشتن) وی آماده ساخته و به عثمان دستور داده بود که هر گاه صدای من بلند شد ودست برهم زدم [پس‌بکشید] این بنده را. و ابومسلم‌درآمد و در اطاق نشانده شد و باو گفتند که امیرالمؤمنین به کاری مشغول است ، پس مدتی نشست وسپس باریافت وباو گفته شد: شمشیرت را بگذار. گفت : چرا؟ گفته شد: چه زیانی بتو می‌رسد ؟ پس دراثر اصرار آنان شمشیرخود را گذاشت وسپس داخل‌شدودراطاق جز تشکی‌نبود،پس‌روی‌آن نشست‌وسپس گفت:ای امیرالمؤمنین، کاری با من شد که با هیچکس نشد ، شمشیر مرا ازشانه‌ام باز کردند ، گفت : هر کس با تو چنین کرده است خدایش خیر ندهد . ابومسلم سخن می گفت که ابو جعفرباو گفت: ای پسرزن بدبو ، هماناتو جزبزرگ را بزرگ می‌شماری ، مگر

تو نیستی که درنامه‌ات بمن ، نام خود را پیش ازنام من نوشتی ؟ مگرتو آن نیستی که درنامه‌ات بمن ، عمه‌ام دخترعلی را خواستگاری کردی و خودرا از فرزندان سلیط بن عبدالله پنداشتی؟ تونیستی که چنین و چنان کردی ؟ پس کارهای او را یکی پس از دیگری می‌شمرد و چون ابومسلم دید چه بر سرش آمده گفت : ای امیرمؤمنان شأن‌من ناچیزترازآن است که این همه نگران باشی، دراین هنگام صدای ابوجعفر بلند شد ودست برهم زد و مردانی بیرون آمدند و با شمشیرهای خود براو تاختند، پس همچنانکه اورا می‌زدند فریادزد: آه، ایا فریادرسی‌نیست، آیا یاوری‌نیست؟ تا اورا کشتند وچون کشته شد ابوجعفر گفت :

اشرب‌بكأس كنت تسقی‌بها امرّ فی فيك من العلقم

كنت‌حسبت‌الدين‌لا يقتضی كذبت و اللّه ابا مجرم[1]

« بنوش به همان جامی کـه بدان می‌نوشاندی (نوشابه‌ای را) تلختر در دهانت ازحنظل ؛ گمان می کردی که وام پس گرفته نمی‌شود، به‌خدا قسم‌ای ابو مجرم که دروغ پنداشتی».

(ابومسلم) در گلیمی پیچیده و درکنارخیمه نهاده شده و به همراهان او گفتند : فراهم گردید که امیر مؤمنان فرموده است تا درمها برشما نثار شود و بدرۀ درمی برسرایشان نثار گردید وچون‌سر گرم برچیدن درمهاشدند ، سر ابو مسلم برایشان انداخته‌شد وچون بدان نگریستند آنچه به‌دستشان بود فروریخت (حیران‌شدند) وزبون گشتند وآن درشعبان سال۱۳۷بود[2].

گروهی ازهمراهان ابومسلم به خراسان رفتند وبه‌سنباد که درنیشابور بود پیوستند وچون سنباد از کشته شدن ابومسلم خبر یافت سر بنافرمانی بلند کرد و

۱ـ کامل، زعمت‌ان‌الدین لایقتضی فاستوف بالکیل ابا مجرم

سقیت کأساً کنت‌تسقی‌بها امر فی‌الحلق من العلقم

۲ـ دررومیۀ مدائن (مسعودی) پنجروزمانده ازشعبان(کامل).

بخونخواهی وی خروج نمود[1] تاآنکه خراسان بهم‌خوردوابوجعفرجهوربن‌مرار[2] را فرستاد تا با سنباد روبرو شد و با وی نبرد کرد و او را کشت و سپاهش را پراکنده ساخت.

ابوجعفر از بودن‌عبدالله‌بن علی‌نزدسلیمان‌بن‌علی که درآن‌موقع حاکم‌بصره بود، خبریافت‌ونزد سلیمان‌فرستاد و اوبودن عبدالله رانزدخویش‌انکار کرد، سپس امان‌خواست‌وابوجعفرآن‌را مطابق‌نسخه‌ای که‌ابن‌مقفع انشاء کرده بود، برای وی نوشت‌بامحکمترین عهد وپیمانها، که‌بدی باونرساند ودرپیمان امان باوی حیله‌ای به‌کارنبرد، و درامان (نامه‌نوشته)بودکه:پس اگرمن(حیله‌ای) یا دسیسه‌ای کردم، مسلمانان ازبیعت من بر کنار و هم از سوگندها و عهدهایی که بر آنان گرفته‌ام آزاد خواهند بود. ابوجعفرچون براین مضمون وقوف یافت، گفت: این را که نوشته است؟ گفته شد: ابن‌مقفع. وهمان‌سبب مردن ابن‌مقفع گردید.

سلیمان‌بن علی از بصره رسید تا امان (نامه) راگرفت و از بصره بهمراهی [عیسی]بن علی بیرون آمد و عبدالله بن علی همراه آن دو آشکار گشت و روز پنجشنبه دوازده شب به آخر ذی الحجهٔ سال ۱۳۷، او را نزد ابوجعفر که در حیره بود آوردند، پس درخانهٔ عیسی بن علی اقامت گزید و او را نزد عیسی بن موسی ولیعهد (خود) زندانی کرد، سپس‌حال او را از وی جویا شد واو گفت که عبدالله مرده است، پس ابوجعفر نزدعیسی‌بن علی واسماعیل وعبدالصمدپسران‌علی فرستادوآنان‌را با جماعتی از بنی‌هاشم‌فراخواندو به‌آنان گفت که‌من‌عبدالله‌بن‌علی را به‌عیسی‌بن موسی سپرده‌وباوفرموده‌بودم که‌وی‌رانگهداری کند و گرامی بدارد وبااونیکی کندو اکنون که ازوی‌احوالپرس‌اومی‌شوم می گوید که‌او مرده است و ازاینکه خبر مرگ وی را از من‌وشما نهفته است نگران شدم. پس آن‌جماعت

۱ـ درسال ۱۳۷. ۲ـ عجلی(طبری).

گفتند : ای امیرمؤمنان ، عیسی خود او را کشته است و اگرعبدالله باجل خود مرده بود، دریغ نمی‌داشت که تو و ما را از مرگ وی آگاه سازد . ابوجعفر ، عیسی وآنان را باهم روبرو ساخت وخون عبدالله را از وی مطالبه کردند و خود باو گفت : برآنچه [در بارهٔ عبدالله[1]] گفتی بیّنه‌ای[2] عادل بیاروگرنه تو را بجای او می کشم ، ومردم را برای‌آن فراهم ساخت. پس چون عیسی گرفتاری خود را مسلم یافت گفت : تا اول شب مرا مهلت دهید ؟ و مهلت یافت و اول شب بحضور آمد وعبدالله‌بن علی نیزهمراه وی بود، پس گفت : منظورم ازآنچه گفتم آسوده گشتن از نگهداری وی بود چه بیم داشتم خطری باو رسد و چنین (سخنی) بمن گفته شود و اکنون او را صحیح و سالم تسلیم می کنم . ابو جعفر گفت : بلکه می‌خواستی نظرما را بفهمی تا اگر (گزارش) تو را باور کردیم آنگاه او را بکشی . ابوجعفر فرمود تا برای او اطاقی درکاخ ساخته شد و گفت : باید تحت نظر خودم باشد . سپس به‌پای دیوار آن اطاق آب انداختند تا بر سروی فرود آمد و مرد .

ابوجعفرخواست تا بر(وسعت) مسجدالحرام بیفزاید چه مردم ازتنگی آن شکایت داشتند، پس به‌زیادبن عبیدالله حارثی نوشت که خانه‌های پیرامون مسجد را بخرد تا باندازهٔ (وسعت) مسجد برآن بیفزاید، لیکن مردم ازفروختن(خانه‌ها) امتناع ورزیدند . ابوجعفر آن را با جعفر بن محمد علیه‌السلام در میان گذاشت و اوگفت: ازآنان بپرس که آیاآنان برخانهٔ(کعبه) وارد شده‌اند یا خانه‌برآنان؟ پس آن را به‌زیاد نوشت و زیادبن عبیدالله آن (سخن) را به آنان گفت وبه‌پاسخ وی گفتند : ما برخانه وارد شده‌ایم . پس جعفربن محمد گفت : پس حریم خانه به آن تعلق دارد .[3] و ابو جعفر به زیاد نوشت تا خانه های پیرامون مسجد را

---

۱ ـ ن ، افتاده دارد. ۲ ـ دو گواه عادل را بینه گویند. ۳ ـ ن ، پس‌خانه را حریمی‌است.

۳۵۹ دوران ابوجعفر منصور

ویران کند و خانه‌ها کوبیده شد وتمام دارالندوه جزء مسجد گردید تا باندازهٔ (وسعت)مسجد برآن افزوده گشت و افزایش از طرف دارالندوه و از جانب باب جمح بود نه ازطرف باب صفا ووادی و بدینجهت خانه در کنار مسجد قرار گرفت، شروع این‌کاردرسال۱۳۸ بود ودرسال۱۴۰ آن را بانجام رسانید. مسجد خیف را نیز درمنی بوسعتی که امروز دارد ساخت وپیش ازآن باین وسعت نبود.

ابوجعفر درسال ۱۴۰ حج گزارد تاآنچه را بر مسجد الحرام افزوده گشته بنگرد وخبریافته بود که محمد بن عبداللّه‌بن حسن‌بن حسن شورش کرده است، پس چون به‌مدینه رسید ازوی جستجو کرد وبراودست نیافت و آنگاه عبداللّه‌بن حسن‌بن‌حسن و جماعتی از خاندانش را دستگیر کرد وآنان را به زنجیر کشید و بر شتران بی جهاز سوار کرد و به عبداللّه گفت: جای پسرت را بمن نشان ده وگرنه بخدا قسم تو را می کشم. عبداللّه گفت: بخدا قسم بسخت‌تر ازآنچه خدا خلیل خود ابراهیم را بدان آزمود، آزموده شدم وگرفتاری من ازگرفتاری او بزرگتراست چه خدای‌عزوجل اورافرمود تا پسرش را سربرد وآن اطاعت‌خدای عزّوجل بود، با وجود این گفت: ان‌هذالهوالبلاءالعظیم[1]، «راستی که این است آن امتحان بزرگ» وتوازمن میخواهی که پسرم را بتو نشان دهم تا اورا بکشی با اینکه کشتن او(باعث) خشم خداست. ابوجعفرباو گفت: ای پسرلخناء (زن‌بدبو) گفت: تو (بمن) چنین میگویی؟ کاش می‌دانستم کدام یك از فاطمه‌ها لخناء بوده است ای پسرسلامه! فاطمه دختر حسین، یافاطمه دختر پیامبر خدا، یا جده‌ام[2] فاطمه دختر اسدبن هاشم جدهٔ پدرم، یا فاطمه دختر عمروبن عائذبن عمران بن مخزوم جدهٔ جده‌ام! گفت: هیچکدام ازاینان. و اورا مرکبی بخشید.

ابوجعفر ازراه شام بازگشت تا به‌بیت‌المقدس آمد و سپس رهسپار جزیره

۱ـ س‌صافات ۳۷، ی۱۰۶؛ ان‌هذالهوالبلاءالمبین.

۲ ـ ظ: یا فاطمه دخترپیامبرخدا جده‌ام، یافاطمه دختراسدبن هاشم جدهٔپدرم.

شده ودربیرون رقه فرودآمد و منصوربن جعونهٔ کلابی در آنجا سر کشی کرده و اسیرشده بود پس وی را فرا خواند و گردن زدآنگاه به‌حیره رفت و عبداللّه‌بن حسن‌بن حسن[1] وخاندانش را زندانی کرد و پیوسته درحبس بودندتا بدرودزندگی گفتند[2] و به‌قولی آنان را دیدند که به دیوارها میخ کوب شده‌اند. خبر داد مرا ابوعمرو عبدالرحمان‌بن سکن ازمردی ازخاندان عبداللّه که محمدبن عبداللّه‌بن حسن‌بن حسن‌چون ازشکنجه‌ای که پدرش درزندان می‌دید خبر یافت بوی‌نوشت تا اورا اذن دهد که آشکارشود ودست خود را دردست‌آنان بنهد (بیعت کند) پس عبداللّه باوپیام داد که ای پسرجان‌آشکار شدنت تورا بکشتن می‌دهد و مرا زنده نمی‌دارد، پس درجای‌خود بمان تا خدا بگشایشی رهایی بخشد.

ابوجعفر بنای (شهر) رافقه راکه در دوران ابوالعباس آغاز شده بود، شروع کرد و گفت: اما من که در آن فرود نخواهم آمد. باو گفته شد: ای امیرمؤمنان، آن چگونه است؟ گفت: پدرم نزد هشام که در رصافه بود رفت و هشام بروی جفا کرد و اورا با رفتارخویش افسرده ساخت، سپس پدرم بازگشت ومن وبرادرم همراه او بودیم، پس چون باینجا رسید بمن وبرادرم گفت: همانا بهمین زودی یکی از شما دو نفر دراینجا شهری خواهد ساخت. من باو گفتم: سپس چه پیش می‌آید؟ گفت: او خود در آن فرود نیاید لیکن پسرش در آن فرود می‌آید. ومن می‌دانم که درآن منزل نخواهم کرد لیکن پسرم محمد یعنی مهدی است که درآن منزل می‌کند.

ابوجعفر،عبدالجبار بن عبدالرحمان ازدی را حکومت خراسان داد، پس برادر خود عمربن عبدالرحمان را بجای خویش رئیس پلیس گذاشت و مغیرةبن

۱ـ کنیه‌اش ابومحمد ومادرش، فاطمه دخترحسین‌بن‌علی‌بن ابیطالب است ودرزندان هاشمیه، درسن۷۵ سالگی درسال۱۴۵ بشهادت‌رسید (مقاتل ص۱۷۹ـ۱۸۴).

۲ـ ر.ك. مقاتل‌الطالبیین ص ۱۷۹ـ۲۲۹، مروج‌الذهب ج۳ ص۳۰۹ـ۳۱۱.

سلیمان ومجاشع‌بن‌حریث[1] را کشت و درتعقیب شیعیان بنی‌هاشم برآمد و ازآنان کشتاری عظیم کرد و درتعقیب آنان اصرار ورزید و آنها را مثله می کرد (دست وپا و گوش و بینی می‌برید) پس ابوجعفر بوی نامه نوشت و سوگند یاد کرد که البته اورا خواهد کشت، ازاین‌رو درسال ۱۴۱ یاغی گشت و ابوجعفر، مهدی رابر سروی فرستاد و مهدی رهسپار ری شد و اسید بن عبدالله خزاعی را بحکومت خراسان گماشت وهمراه وی لشکرها گسیل داشت و او درمرو با عبدالجباررو برو شد وسپاه وی را درهم شکست و عبدالجبار گریخت، پس اسید او را تعقیب کرد و دستگیرش نمود و نزد ابوجعفر فرستاد و ابوجعفر در قصرابن هبیره یك منزلی بغداد بود که عبدالجبار بحضور وی رسید و چون براو وارد شد گفت : ای امیر مؤمنان. کشتنی جوانمردانه. گفت:ای پسر زن بدبوآن را پشت‌سرت گذاشته‌ای. و اورا پیش‌داشت‌و گردن زد وبدارش آویخت پس‌چندروزروی چوبهٔ دارماند وسپس برادرش عبیدالله‌بن عبدالرحمان شبانه‌آمد و اورافرودآورد وبخاك سپرد وچون خبربه‌ابوجعفررسید گفت : اورا بآتش (دوزخ)واگذارید.

ابوجعفر، یزیدبن اسیدسلمی را[2] والی ارمنستان و یزیدبن حاتم[3] مهلبی را والی آذربایجان قرارداد، یزید یمنیها را ازبصره به‌آذربایجان منتقل ساخت و نخستین کس بود که آنان را منتقل کرد و روادبن مثنی ازدی را در تبریز تا بذ[4] فرودآورد،ومربن علی‌طائی را درنریز[5] [.....] همدانی را درمیانه، وقبیله‌های یمن

---

۱ ـ طج۶ص۱۴۶ : مجاشع‌بن حریث انصاری حاکم بخارا ، و ابوالمغیره مولای بنی‌تمیم که نامش خالدبن کثیربودحاکم‌قهستان،وحریش‌بن محمد ذهلی پسرعموی ابوداود ، کسانی ازجمله اینان رابجرم‌طرفداری‌و دعوت بفرزندان علی‌بن ابی‌طالب کشت و جنیدبن خالدبن هریم تغلبی و معبدبن خلیل‌مزنی را باعده‌ای‌از بزرگان فرماندهان خراسانی زندانی کرد .

۲ـ ازسال ۱۳۴ تا سال ۱۳۶ وباردوم- وبارسوم از سال۱۵۹ تا سال ۱۶۵ (معجم‌الانساب).

۳ـ بن قبیصةبن ابی‌صفره.

۴ـبتشدیدذال : ناحیه‌ای میان آذربایجان واران که بابك خرمی در دوران معتصم از آنجا خروج کرد(مراصد)

۵ـ شهرکوچکی‌درآذربایجان ازتوابع اردبیل‌که درمعجم،نریز، ودرمراصد، نریر، ضبط شده است .

را پراکنده ساخت و از (قبیلهٔ) نزار جز صفر بن لیث عتبی و پسرعمویش بعیث بن حلبس کسی در آذربایجان نبود.

خزر در ناحیهٔ ارمنستان شورش کردند و بر یزید بن اسید سلمی تاختند، پس به ابوجعفر نوشت و گزارش داد که رأس طرخان[۱] پادشاه خزر با سپاهی گران رو بوی نهاده و جانشینش شکست یافته است، پس ابو جعفر جبریل بن یحیی بجلی را بفرماندهی بیست هزار از مردم شام و جزیره و موصل به کومك وی گسیل داشت و با مردم خزر نبرد کرد و جمعی از مسلمانان کشته شدند و جبریل و یزید بن اسید هزیمت یافته تا خرس[۲] عقب نشینی کردند، و چون ابو جعفر از پیشامد و پیروزی خزر و ورود ایشان ببلاد اسلامی خبر یافت، هفت هزار زندانی را بیرون آورد و نیز از هر ناحیه‌ای مردم بسیاری را فراهم ساخت و آنان را با کارگران و معمارانی فرستاد و شهرهای کمخ[۳] و محمدیه و باب‌واق[۴] و چندین شهر دیگر ساخت و آنها را پناهگاه مسلمانان قرارداد و سپاهیان را در آنها فرود آورد، پس جنگ را از سر گرفتند و دشمن با ایشان بنبرد برخاست و مسلمانان بآن شهرها نیرومند شدند و در آن سرزمین سکونت گزید[۵].

سپس صنّاریه[۶] در ارمنستان شورش نمودند و ابو جعفر، حسن بن قحطبه[۷] را بحکومت ارمنستان فرستاد، حسن با آنان جنگید لیکن [او را] نیروی مقاومت با ایشان نبود پس خبر نیرومندی و بسیاری آنان را [به] ابوجعفر گزارش داد و ابو جعفر، عامر بن اسماعیل حارثی را بفرماندهی بیست هزار به سوی وی گسیل داشت تا با صناریه روبرو شد و سخت با آنان نبرد کرد و چندین روز با آنها می‌جنگید

۱ـ تاریخ طبری ج۶ ص۲۶۹، استرخان خوارزمی (سال۱۴۷). ۲ـ حصنی در ارمنستان درساحل دریا پیوسته به‌شروان (مراصد). ۳ـ بفتح اول، شهری در روم. ۴ـ؟

۵ـ ظ، گزیدند. ۶ـ ر.ك. فتوح‌البلدان ص ۲۱۱. ۷ـ معجم‌الانساب: یکبار از ۱۳۶ و باردوم از ۱۵۴ تا ۱۵۸ والی ارمنستان بود.

تا خدا مسلمانان را بـر دشمنشان ظفر داد و در یکروز شانزده هزار نفر از آنان کشته شد ، سپس عامر به تفلیس بازگشت و اسیرانی را که همراه داشت کشت و (سپاهی) فرستاد تـا صناریه را هر کجا باشند تعقیب کنند .

سپس ابوجعفر مولای خود واضح[1] را والی ارمنستان قرار داد و او تا پایان دوران خلافت ابوجعفر همچنان درارمنستان و آذربایجان برسرکار بود.

مردم طبرستان شورش بپا کردند و سرپیچی و نافرمانی را آشکار ساختند و بالشکرهایی عظیم روی نهادند، پس مهدی، خزیمة بن خازم[2] تمیمی و روح بن حاتم مهلبی را برسر ایشان فرستاد تا لشکرهای ایشان را درهم شکستند و طبرستان درسال ۱۴۲ فتح شد .

ابوجعفر در همین سال بقصد حج رهسپار بصره شد و چون به جسر کبیر (پل بزرگ) رسید خبر یافت که مردم یمن یاغی شده‌اند و عبدالله بن ربیع حاکم یمن از کسانی که بر او تاخته اند ، گریخته و از (دفع) ایشان ناتوان آمده است، و نیز عیینة بن موسی بن کعب تمیمی عامل سند نافرمان شده و سرپیچی را آشکار ساخته است . پس معن بن زائدهٔ شیبانی را به یمن وعمر بن حفص بن عثمان ابن ابی صفره را به‌سند فرستاد وخود ابوجعفر ازبصره بازگشت و حج نگزارد . معن بن زائده به‌یمن آمد وبیشمار ازمردم آنجا کشت ونه‌سال دریمن اقامت گزید. موسی بن کعب تمیمی هنگامی که ازبلاد سند بازمیگشت ، پسرش عیینة بن موسی را جانشین گذاشت. پس جمعی از مردم ربیعه و یمن که همراه وی بودند با او بمخالفت بر خاستند وعموم آنان را کشت و سرپیچی را آشکار ساختند ، پس ابو جعفر، عمر بن حفص هزارمرد را به‌سند فرستاد لیکن عیینه تسلیم نشد واز ورود او

۱ـ معجم الانساب ص۲۷۳، ۳۹، ازسال ۱۵۸ تا سال ۱۵۹ والی ارمنستان، و از ۲۳ جمادی‌ـ الاخرهٔ سال ۱۶۲ تا ۱۱ رمضان همان سال حاکم مصر بود ودرسال ۱۶۹ بدرود زندگی گفت.

۲ـ ن،ب، فتوح البلدان ص۳۳۴، خازم بن خزیمه.

جلوگیری کرد، عمردردیبل اقامت گزید و عقبة‌بن مسلم همراه وی بود ، عمربن حفص‌با وی جنگید وهمراهان عیینه ازعمرامان می‌خواستند پس عیینه‌خواستار صلح شد وعمرباوی صلح کرد و اورا با فرستادگان خود نزد منصورفرستاد و عمر ابن حفص درمنصوره اقامت گزید و عیینه با فرستادگانش رهسپارشد و هنوز در راه بود که ازفرستادگان عمر گریخت وراه سیستان را در پیش گرفت تا نزدیك رخّج رسید و جمعی از یمنیها او را زدند و کشتند و سرش را نزد منصور بردند و عمربن حفص دوسال درسند اقامت داشت ، سپس ابوجعفر او را عزل کرد و هشام ابن عمروتغلبی را حکومت (سند) داد[1]، پس رهسپار منصوره شد و در آن (شهر) اقامت گزید ولشکری را به‌ناحیهٔ هند فرستاد و غنیمت گرفتند و بردگانی بدست آوردندوبه‌هشام گفته‌شد که منصوره گنجایش‌تورا ندارد وبلادملتان ازجمله‌معری با وسعت است. پس(بدانجا) رهسپارگشت وبرادر خود بسطام‌بن عمرورابرمنصوره جانشین گذاشت وچون نزدیك ملتان رسید مهتر آن‌با گروهی‌بجلوگیری او بیرون آمدند وباهم‌رو بروشدند ومیان‌آندو جنگی سخت روی داد ، سپس مهتر ملتان هزیمت یافت وهشام پیروز شد و به شهر درآمد و اسیران بسیار گرفت ، آنگاه کشتیها ساخت وآنها را به‌رودخانهٔ سند انداخت وتاقندهارپیش رفت وآن‌رافتح کرد و اسیر گرفت وبدّ[2] را ویران ساخت و بجای آن مسجدی بنانهاد ، سپس با غنیمتهایی که‌هیچکس ازسند نیاورده بود نزد منصورآمد وجز اندك‌زمانی‌درعراق اقامت نداشت که درگذشت و منصور معبدبن خلیل تمیمی را بحکومت (سند) فرستاد ودرآن سرزمین ستوده‌بود.

ابوجعفردرسال ١٤٤ برسربغدادآمد و گفت : جایی را برای ساختن‌شهری

---

۱ ـ بگفتهٔ بلاذری ، هشام بن عمر و تغلبی فاتح ملتان و قندهار پیش از عمربن حفص‌بن عثمان هزارمرد حکومت‌سند داشت (ر. ك. فتوح‌البلدان ص۴۳۱). ۲ـ به‌ضم‌اول‌وتشدیددال: بت و بتخانه هر دورا گویند

ازاینجا شایسته‌تر ندیدم چه میان دجله وفرات وشریعهٔ بصره وابلّه وفارس وآنچه بدان وابسته است وموصل وجزیره وشام ومصرومغرب وراه عراق عجم وخراسان قراردارد. پس شهر خود معروف به«مدینهٔ ابوجعفر» را درطرف غربی دجله بنیان نهاد وبرای آن چهار دروازه قرارداد: دروازه‌ای رو به دجله که آن را «باب خراسان» نامید، و دروازه‌ای رو به‌نهر «صراة» که از فرات جدا می‌شود وبه دجله می‌ریزد و آن را «باب بصره» نامید، و دروازه‌ای که آن را «باب کوفه» نامید، ودروازه‌ای که‌آن‌را «باب‌شام» نامید. وبالای هریك از این دروازه‌ها نشیمنها و قبه‌های زرنگاربود که سواربراسب به‌سوی آنها می‌رفتند. پهنای بارورا از پائین هفتاد ارش قرار داد[1] و پیرامون تمام بغداد بارویی بر کشید و در امر ساختمان کوشش فراوان کرد ومهندسان ومعماران وکارگران را ازهرناحیه فراخواند و زمینهایی‌رادرون شهر به‌غلامان وفرماندهان نظامی خود واگذار کردودروازه‌های شهربنام آنان گفته می‌شد و آنان را مکلف ساخت که (در آن زمینها) ساختمان کنند، دیگرانی را در پیرامون دروازه‌های شهر زمین دادو زمینهای پیرامون شهررا به سپاهیان واگذار کرد و در اطراف به‌افراد خاندان خود زمین داد و پسرش مهدی و جماعتی ازخاندان وغلامان و فرماندهان‌نظامی خودرازمین‌بخشید.

درهمین سال یعنی ۱۴۴ مهدی از خراسان بقصد بازگشتن به‌عراق رهسپار شد وابوجعفرتا نهاوند ازوی استقبال نمود، مهدی رسید وبه کوفه رفت و درحیره و همان شهری که منصور ساخت و آن را هاشمیه نامید فرودآمد، مهدی چند روزی بماند وسپس باریطه دختر ابی‌العباس درحیره عروسی کرد.

منصورخبریافت که محمدبن عبدالله‌بن حسن‌بن‌حسن درمدینه خروج کرده و مردم شهرها با وی مکاتبه کرده‌اند، پس به قصد حج براه افتاد و در بازگشت

۱- البلدان‌ص۷-۸: پهنای بارورا ازپائین ۹۰ ارش‌گرفت‌وتدریجاًکم می‌شد تا در بالای آن ۲۵ارش‌گردید وبلندی‌آن باکنگره‌ها ۶۰ ارش بود.

خویش به مدینه نیامد و رهسپار ربذه شد و گروهی از علویان را که محمد بن عبداللّٰه‌بن عمرو‌بن عثمان برادر مادری عبداللّٰه‌بن حسن نیزهمراهشان بود نزد وی آوردند[1] ومحمدبن عبداللّٰه‌بن حسن‌بن‌حسن را ازایشان جویاشد پس گفتند: جای او را نمی‌دانیم و از وی اطلاعی نداریم. آنگاه به محمد بن عبداللّٰه‌بن عمرو بن عثمان گفت: تورا زمین بخشیدم و با تو همراهی نمودم و چنین وچنان کردم و تو را بگناهان خاندانت نگرفتم، سپس از دشمن من طرفداری می کنی وامر او را ازمن نهفته می‌داری؟ پس دستور داد تا او را بسختی زدند وسواربرخری در ربذه گرداندند و همه‌شان را برجهازهای بی‌روپوش حرکت داد. ابوجعفرازحج خود بازگشت‌و به‌بغدادآمد ودرسال ۱۴۵ درشهرخود معروف به«باب‌الذهب»منزل گزید وبازارها را که دردرون شهربود به کرخ منتقل ساخت.

ابوجعفر چندروزی بیش آرام نگرفت که از خروج محمد بن عبداللّٰه بن حسن‌بن حسن وپیشرفت امرش خبریافت، پس به کوفه بازگشت وچند روزی در قصرابن هبیره میان کوفه‌وبغداد اقامت گزید و ریاح‌بن عثمان بن حیّان مرّی را والی مدینه ساخت و گفت: برای ایشان جز تو نیافتم و جز تورا شایستهٔ حکومت برایشان نمی‌دانم. ریاح چون به‌مدینه رسید به منبربرآمد وخطبهٔ مشهور خود را ایرادکرد و ازجمله گفت: ای اهل مدینه منم افعی پسرافعی. پسرعثمان بن حیان وپسرعموی مسلم‌بن عقبه، نابودکنندهٔ کشتزار شما و کشندهٔ مردان شما، به‌خدا قسم که مدینه را چنان بیکس کنم که سگی در آن فریاد نکشد. پس گروهی ازایشان براوتاختند وباوی گفتگو کردند و چنین گفتند: به‌خدا قسم ای پسرآنکه دوبارحد زده شد، باید (ازاین سخنان) درگذری یا تو را ازخویش بازمی‌داریم. پس نامه‌ای به‌ابوجعفرنوشت و نافرمانی مردم مدینه را بوی گزارش

۱ـ ر.ک. مروج‌الذهب ج۳ ص۳۰۹-۳۱۱.

داد . ابوجعفرفرستاده‌ای نزد ریاح گسیل داشت وهمراه وی نامه‌ای به‌اهل‌مدینه نوشت و اورا فرمود تاآن را برایشان بخواند ودرنامه چنین بود: ای مردم مدینه والی شما درنامه‌ای که به‌من نوشته‌فریبکاری وناسازی‌وبدعقیدگی و انحراف شما ازبیعت امیرالمؤمنین را گزارش می‌دهد وامیرالمؤمنین بخدا سوگند یادمی کند که اگر دست برندارید البته شمارابجای امان بیم دهد و راه بیابان و دریا را بروی شما ببندد ومردانی‌سنگدل وبیگانه که‌آنچه دستورداده شوند بکار بندند ، درخانه‌های شما برشما مسلط کند والسلام.

پس ریاح به‌منبربرآمد ونامه را خواند و چون به‌جملهٔ «فریبکاری شما را گزارش می‌دهد» رسید ازهرسویی فریاد کشیدند : ای پسردوبارحدخورده دروغ گفتی . وسنگبارانش نمودند، پس با شتاب بدرون مقصورهٔ (مسجد) رفت و درآن را بست وسپس به‌خانهٔ مروان شتافت وایوب‌بن‌سلمةبن عبداللّه‌بن ولید مخزومی بر وی درآمدو گفت : خدا امیررا توفیق دهد ، این کار را فرو مایگان مردم انجام می‌دهند پس دستهاشان را ببروپشتهاشان را تازیانه زن. اما کسی از هاشمیان که حاضربود چنین گفت : بدین پیشنهاد عقیده نداریم ، لیکن بزرگان مردم و جز آنان را از مردم مدینه فراخوان و نامهٔ منصور را بر ایشان بخوان. پس آنان را فراهم ساخت و نامهٔ منصور را برایشان خواند ، پس حفص‌بن عمر بن عبداللّه بن عوف زهری و ابوعبیدةبن عبدالرحمان‌بن ازهر، هر کدام ازطرفی بر او تاختند و گفتند : به‌خدا قسم دروغ گفتی، نه ما را امر کردی تا نافرمانی کرده باشیم و نه مارا فراخواندی تا مخالفت ورزیده باشیم . سپس بفرستاده گفتند : آیا پیام ما را به‌امیرالمؤمنین می‌رسانی؟ گفت: جز برای همین نیامده‌ام . گفتند : پس باو بگو: اما اینکه گفتی که مردم مدینه را به جای امان دربیم می‌افکنی ، همانا خدای عزوجل ما را جزاین وعده داده؛ خدای عزوجل گفته‌است:

ولیبدّلنهم من بعد خوفهم امنا یعبدوننی لایشرکون بی‌شیئا[1]»و هرآینه البته آنان را به جای ترسشان ، امن و آسودگی دهد تا مرا پرستش کنند و چیزی را شریك من نگیرند» ومائیم که خدا را پرستش می کنیم‌وچیزی‌راشریك وی نمیگیریم .

محمدبن عبدالله‌بن حسن‌بن حسن درغرهٔ رجب سال ۱٤٥ در مدینه خروج کرد و خلقی عظیم همراه وی فراهم آمدند و نامه‌ها و نمایندگان مردم شهرها نزد وی‌آمدند ؛ پس ریاح‌بن عثمان مرّی عامل ابوجعفررا گرفت و اورا به‌زنجیر کشید و زندانی کرد و ابراهیم‌بن عبدالله بن حسن بن حسن روی به‌بصره نهاد و جماعتی(باوی) فراهم آمدند و پنهان می‌زیست وبا مردم مکاتبه داشت و آنان را باطاعت خویش فرا می‌خواند ، ابوجعفر چون (از خروج محمد) خبر یافت می‌خواست تا به مدینه رود لیکن با خبری که از ابراهیم رسیده بود ترسید که عراق را واگذارد وبدینجهت عیسی‌بن موسی هاشمی را با سپاهی عظیم فرستاد و حمیدبن قحطبهٔ طائی را همراه وی ساخت. عیسی‌به‌مدینه آمدومحمد با همراهان خود بجنگ وی برخاست و در ماه رمضان با آنان نبرد کرد و یاران محمد به زندان رفتند و ریاح‌بن عثمان را کشتند . اسماء دخترعبدالله‌بن عبیدالله‌بن عباس درمدینه بود و با محمدبن عبدالله دشمنی داشت، پس روسری سیاهی را که برنیی بسته بود با غلام خود فرستاد تاآن را بالای منارهٔ مسجد برافراشت ونیزغلام‌خود مجیب عامری را به سپاه محمد فرستاد تا فریاد زد : بگریزید ، بگریزید که سیاه پوشان (عباسیان) به مدینه درآمدند. پس چون مردم پرچم سیاه را دیدند بهزیمت شدند ومحمد درنبرد ایستادگی کرد تا کشته‌شد[2]وچون محمدبن عبدالله ابن حسن کشته شد ، عیسی‌بن موسی، کثیر بن حصین عبدی را به مدینه فرستاد

۱ـ س نور۲۴، ی۵۵. ۲ـ ر.ك. مقاتل‌الطالبین ص۲۳۲-۲۹۹.

و او به مدینه درآمد و یاران محمد را تعقیب کرد و آنان را کشت و به عراق باز گشت.

ابراهیم‌بن عبدالله آهنگ کوفه کرد و شك نداشت که مردم مدینه همراه وی برابوجعفرمی‌تازند؛ پس چون به کوفه رسید یاوری نیافت وخبرش به‌ابوجعفر رسید و جاسوسان و نگهبانان درهرجایی نهاد و ابراهیم که خواست بیرون رود راهی پیدا نکرد ودانست که اشتباه کرده است‌پس حیله‌ای بکاربرد، ومردی بنام: سفیان‌بن یزید عمی که همراه ابراهیم بود نزد ابوجعفر رفت وباو گفت: ای امیر مؤمنان، مرا امان می‌دهی که ابراهیم را بتو نشان دهم واورا تسلیم نمایم؟ گفت: درامانی، او کجااست؟ گفت: در بصره، پس هم‌اکنون مردی راکه بدو اعتماد داشته‌باشی بامن همراه کن ومرا برستوران برید سوار کن و بعامل بصره بنویس تا ابراهیم را بوی نشان دهم واورا دستگیر کند. منصور، ابوسوید صاحب طاقهای ابوسوید در دروازهٔ شام بغداد را همراه وی فرستاد وسفیان با غلامی که جبه‌ای پشمین به‌تن داشت وسفره‌ای از طعام به گردنش آویخته بود، بیرون رفت تاخود و ابو سوید و همان غلام بر ستوران برید سوار شدند و چون به بصره رسیدند، سفیان به‌ابوسوید گفت: منتظرم‌باش تا دربارهٔ ابراهیم تحقیق کنم (وبازآیم)لیکن رفت‌وبرنگشت‌وغلامی که جبهٔ پشمین به‌تن‌داشت ابراهیم‌بن عبدالله‌بن‌حسن‌بن‌حسن بود، پس چون بازآمدن سفیان دیرشد ابوسوید نزد سفیان‌بن معاویة بن یزیدبن مهلب حاکم‌آن ناحیه رفت و باو گفت: این مرد کجا است؟ گفت: نمی‌دانم. آنگاه به‌ابوجعفرنوشت‌تافهمید که‌آن‌حیله‌ای‌بود که‌ابراهیم‌را از کوفه‌بدربرد. ابراهیم‌بن عبدالله‌بن حسن‌بن‌حسن بن‌علی‌بن‌ابیطالب (علیه السلام) دربصره خروج کرد ومردم بصره با وی‌بیعت کرده بودندوخروجش‌دراول ماه رمضان بود، پس آهنگ فرمانداری کرد وفرماندار که سفیان‌بن معاویهٔ مهلبی بود درکاخ متحصن شد وسپس امان‌خواست‌و ابراهیم اورا امان‌داد وسفیان‌بن معاویه بیرون‌رفت‌وشهررا (به‌ابراهیم)واگذاشت؛

ابراهیم بیت‌المال وجز آن را تصرف کرد وجعفرومحمد پسران سلیمان بن‌علی که دربصره بودند رهسپار میسان شدند وآنجا درخندقی متحصن شده اقامت گزیدندو ابراهیم‌بن عبدالله، مغیرة‌بن فزع‌سعدی را به‌اهواز فرستاد تا محمدبن‌حصین عامل آنجا را بیرون کرد و برشهردست یافت؛ و نیز یعقوب بن فضل بن عبدالرحمان ابن عباس بن ربیعة بن حارث بن عبدالمطلب را به فارس فرستاد و او به فارس در آمد و اسماعیل بن علی را از آنجا بیرون کرد؛ و هارون بن سعد عجلی را به‌واسط فرستاد وبرنواحی آن استیلایافت؛ وبردبن‌لبید یشکری‌را به کسکرفرستاد وبرآن دست یافت .ابراهیم ازبصره بیرون رفت و نمیلة‌بن مرة اسعدی را جانشین گذاشت ودفتر(سپاهیان) خود را شمرده بود و شصت هزاربودند، پس دراول ذی‌القعده ازبصره بیرون رفت واز راه کسکر آهنگ منصور کرد. ابوجعفر به‌عیسی ابن‌موسی نامه نوشته و اورا فرموده بود که‌درآمدن شتاب ورزدوچون عیسی‌ازراه رسید باو گفت: ای ابو موسی تو از جعفر و محمد پسران سلیمان بفتح کردن سزاوارتری پس راه خود را درپیش گیرتا خدا پیروزی را بردست توکامل نماید. عیسی با هجده هزار نفر از سپاهیان و پیروان ابوجعفر بیرون رفت و به جعفر ومحمد پسران سلیمان‌بن‌علی نوشت که بوی ملحق شوند. ابراهیم هم پیش رفت تا به‌قریه‌ای بنام «باخمرا» رسید و عیسی بن موسی در قریه‌ای بنام «سحا» فرود آمد و حمیدبن قحطبهٔ طائی برای نبرد پیش تاخت و جنگ بشدت درگرفت و سخت‌ترین جنگی شد وشکست با عیسی‌بن موسی بود تا آنجا که مردم در برتری وپیروزی ابراهیم شك(ی)[1]داشتند؛ سپس مسلم‌بن قتیبهٔ باهلی باسوارانی ازیکسو برسپاهیان ابراهیم حمله برد وگمان بردند که دشمن را کمینی است و به‌هزیمت رفتند و ابراهیم باچهارصدنفراز زیدیه باقی ماندوجنگ سختی کرد(ند)[2]ابراهیم

۱ـ ن، ص۱۱۳ ۲ـ ن، ص۱۱۳.

بسوی برادرش محمد دعوت می کرد و چون محمد کشته شد بخویش دعوت نمود؛ ومردی ازقحطانیان‌مرا حدیث کرد، گفت:خبرداد مرا [.....] گفت: ابراهیم را درهمان روزی که عیسی با وی‌نبرد کرد براستری سیاه‌رنگ دیدم و سدیف بن میمون پاردم استراورا گرفته داشت‌ومی گفت:

خذهااباا سحاق مگّیتها فی‌سیرة ترضي‌وعمرطویل[1]

«ای ابواسحاق خلافت را بدست گیر، خدا کند با روشی پسندیده و عمری درازبدان بهره‌مندباشی».

وابراهیم سخت پیروزشد تاآنکه چندین بار سپاه (دشمن)را هزیمت داد و پیش رفت تا نزدیك کوفه رسید وکاربآنجا کشید که ابو جعفر شتران خود را فرا خواند تا رهسپار بغداد شود وپیشرفت با ابراهیم بود تاآنجا که کسی شك نداشت که ابراهیم بر کوفه دست خواهد یافت،وابوجعفردرآن شبها نمی‌خوابید حتی‌دو زن : فاطمهٔ طلحیه دختر محمد و ام کریم دختر عبدالله از فرزندان خالدبن اسید (برای عروسی) نزدوی‌آورده شدند، وهردو را به‌بغداد فرستاد وبا هیچیك‌عروسی نکرد . چون یاران ابراهیم بهزیمت شدند خود با چهارصد نفر از اصحابش در جنگ بسختی‌ایستادگی کرد تا کشته شد[2] و سرش راجدا کرده نزد ابو جعفر که در کوفه بود فرستادند ، پس‌آن را پیش روی خود نهاد ومردم را بار داد تا بر او وارد می‌شدند ونسبت به‌ابراهیم وبرادرش و بستگانش بدمی گفتند، تاآنکه جعفر ابن حنظلهٔ بهرانی درآمد و گفت : ای امیر مؤمنان خدای اجرت را در (عزای)

۱ـ مقاتل‌الطالبیین ص۳۱۵، کنیهٔ ابراهیم‌بن‌عبدالله‌بن حسن‌وهرابراهیمی درآل‌بیت‌ابی‌طالب ابوالحسن‌است وسدیف مجازاً یابضرورت‌شعری یا جزآن دربارهٔ ابراهیم‌گفته‌است،

ایها ابا اسحاق هنیتها فی‌نعم تتری و عیش طویل
اذکر هداك‌الله وترالاولی سیر بهم فی مصمتات الکبول

۲ــ ر.ك. مقاتل الطالبیین‌ص۳۱۵ـ۳۸۶.

پسرعمویت بزرگ گرداند و او را در کوتاهی که نسبت بادای حق تو کرده است بیامرزد. پس ابوجعفربدین سخن شادمان شدو گفت: ای ابوخالدخوش آمدی، نزدیك بیا. آنگاه مردم دانستند که از گفتار وی شادمان شده است و مانند او گفتند. وحسن‌بن زید نزد وی آمد پس سررا با ونشان داد و چون حسن آن را دید رنگش‌زرد شد ورویش‌دگرگون گشت‌و گفت: ای امیر مؤمنان‌بخدا قسم‌او را کشتی در حالی که‌بسیار روزه دار و شب زنده دار بود و دوست نداشتم که گناه (کشتن) او را به‌عهده گیری. مردی از کسانش باو گفت: گویا تو کشتن او رابر امیرمؤمنان عیب می گیری؟ گفت: گویا توهم از من می‌خواستی که پس‌ازآنکه برخدا واردشده است بر اودروغ گویم؟ پس ابوجعفر گفت: به‌خدا قسم جزانتظار آن را نمی‌بردم که ابراهیم از این در درآید پس تورا فرا خوانم و گردن زنم و ازدردیگربیرون‌روم. گفت: یـاهم من دراین‌کاربرتوپیشدستی می کردم.

ابوجعفرسه‌ماه‌پس از کشته‌شدن‌ابراهیم‌بن‌عبدالله‌بن‌حسن‌بن حسن‌بازگشت‌و درماه ربیع‌الأول‌سال ۱۴۶ وازماههای عجم‌درتموزبه‌قصد توطن درشهربغداد فرود آمد و مهدی را بحکومت خراسان فرستاد و بزرگان سپاه و اصحاب را همراه وی ساخت، پس فرماندهان خراسان نزدابوجعفر فراهم شدند و کارهای‌مهدی و شرف اخلاقی اورا یادآورشدند و اورا ستودند وازمنصورخواستند تا ولایت عهد را پس ازخود بوی گذارد. منصوربه‌عیسی‌بن موسی که در کوفه بود نامه‌نوشت و ازآنچه دراین موضوع دردل مردم خراسان وجزآنان افتاده بودآگاهش نمود و عیسی‌بن موسی می گفت که خود ولیعهد ابو جعفر است؛ پس چون نامهٔ ابوجعفر بوی رسید که فرماندهان و مردم خراسان بر ولیعهدی مهدی فراهم آمده‌اند و عیسی باید دراین‌کارپیشقدم باشد، نامه‌ای به ابوجعفر نوشت واین‌کاررا در نظرش خطرناك جلوه داد واو را ازشکستن عهد وپیمان وخطرهای آن برحذر داشت و یادآورشد که مبادا مردم نیز دربیعت او وپسرش چنین رفتار کنند؛ و میان آن‌دو

نامه‌هایی رد و بدل شد و عیسی به‌بغداد آمد وسپاهیان روزی پس ازروزی براو تاختند و به‌خانه‌اش هجوم‌آوردند تا برجان خویش ترسید وچون چنین دید راضی شد و تسلیم گردید و در سال ۱۴۷ با منصور بیعت کرد که ولیعهدی برای پسرش مهدی باشدو کسی نماند جز آنکه دراین بیعت درآمد وولیعهدی را پس از مهدی برای عیسی قرارداد. مهدی درآن موقع درخراسان بودو نامه‌های پدرش حاکی ازبیعت ولیعهدی اورسید وهمراهانش ازفرماندهان ومردم خراسان همگی بیعت کردند ، جز بادغیس که استادسیس [در آن مخالفت ورزید] و مدعی پیامبری شد و مردمی بسیار با وی همراه و همداستان شدند ؛ پس مهدی خازم بن خزیمهٔ تمیمی را برسروی فرستاد تا با اونبرد کردوسپاهیانش را درهم شکست‌وخودش‌را اسیر گرفت ونزد ابوجعفر به‌بغداد فرستاد تا او را کشت و درهمین سال فروریختن ستارگان روی داد.

وفات ابوعبدالله جعفربن محمدو کلمات ادب آموزش

ابو عبدالله جعفر بن محمدبن علی بن حسین بن علی بن ابیطالب (عليه السلام) که مادرش : ام فروه دختر قاسم‌بن محمدبن ابی‌بکراست درسال ۱۴۸ درشصت و شش سالگی درمدینه وفات کرد،وازهمهٔ مردم برتروبدین خدا داناتربود و دانشمندان که ازاو شنیده بودند هرگاه ازاو روایت می کردند میگفتند: عالم بما خبرداد. سفیان گفت : از جعفر(بن‌محمد) شنیدم که میگفت : الوقوف عند کل شبهة خیر من‌الاقتحام فی‌الهلکة ، و ترك حدیث‌لم تروه[1] افضل من روایتك حدیثالم تحصه[2] ، ان علی کل حق حقیقة و علی کل صواب نورا،فما وافق کتاب الله فخذوه و مـا

۱ــ ل، ب، لم‌نروه. ۲ــ ل، لم‌نحصه.

خالقه فدعوه .

«توقف کردن نزد هر شبهه‌ای از فرورفتن درهلاکت بهتر است؛ و رها کردن حدیثی که آن‌را روایت‌نکرده‌باشی بهتراست‌تا روایت کنی حدیثی‌را که آن‌راضبط نکرده‌ای؛ همانا برهرحقی حقیقتی‌است‌وبرهرصوابی روشنی‌ای ، پس آنچه را با کتاب خدا موافق باشد بگیرید و آنچه را باآن‌مخالف‌باشد رها کنید».

وجعفر(بن‌محمد) گفت: ثلاثة یجب‌لهم‌الرحمة : غنی افتقر ،و عزیزقوم ذل ، وعالم تلاعب‌به‌الجهال .

« سه دسته‌اند که دلسوزی برای ایشان واجب است : توانگری که نادار گردد ، عزیز طایفه‌ای که خوار شود ، و دانشمندی کـه نادانان او را ببازی گیرند » .

و گفت : من اخرجه‌الله من ذلّ المعاصی الی‌عزالتقوی اغناه الله بغیر مال و اعزه‌الله بغیرعشیرة؛ومن‌خاف‌الله اخاف‌الله منه کل شیٔ؛ومن لم یخف‌الله اخافه الله من کل‌شیٔ ، ومن رضی من‌الله بالیسیرمن‌الرزق رضی منه بالیسیرمن‌العمل ؛ ومن لم یستحِ‌من طلب‌الحلال خفت‌مؤنته ونعم اهله ؛ ومن زهد فی‌الدنیا اثبت‌الله‌الحکمة فی‌قلبه فاطلق لسانه من امور الدنیا دائها ودوائها واخرجه منها سالما.

«کسی که‌خدا اورا ازخواری گناهان به‌سوی عزت تقوی برد ، خدا او را بدون مال بی‌نیاز و بدون قبیله عزیز گرداند ؛ کسی که از خدابترسد خدا همه چیزرا ازاو بترساند؛و کسی که ازخدا نترسد خدا او را ازهمه چیزبیمناك سازد؛ کسی که‌ازخدا بروزی‌اندك خشنود باشد، خدا به‌عمل اندك از وی خشنود گردد؛ کسی که‌ازجستن حلال شرم نکند ، هزینه‌اش سبك شود و خانواده‌اش در وسعت باشند؛کسی که‌دل ازدنیا ببرد، خدا حکمت رادر دلش جای دار سازد وزبانش را از امور دنیا ، دردش و درمانش رها سازد و اورا ازدنیاسالم‌بیرون برد».

و روایت شده است که گفت : لمانزلت علی رسول‌الله « لا تمدّن عینیك الی

ما متّعنابه‌ازواجامنهم»[1] الآیة، قال : و من لم یتعزّ بعزاء رسول الله تقطّعت نفسه‌علی الدنیا حسرات ؛ ومن اتبع طرفه ما فی‌ایدی الناس طال همّه ولم‌یشف غیظه ، ومن لم یرلله علیه نعمةالافی کل مأکل و مشرب فقد قصر عمره و دنا عذابه.

«چون برپیامبرخدا (این‌آیه) نازل شد : چشمانت را به آنچه دسته‌هایی ازایشان را بدان بهره‌مند ساخته‌ایم، خیره‌مکن. تا آخرآیه، گفت : وهر کس به شکیبایی‌پیامبرخدا شکیبایی نورزد، جانش‌بافسوسهای دنیا تباه گردد ؛ و کسی که دیده‌اش درپی‌آنچه‌مردم دارند، باشد، غمش طولانی شودوخشمش‌درمان نپذیرد؛ و کسی که جز درهرخوردنی ونوشیدنی برای خدا برخویشتن نعمتی نبیند، عمرش کوتاه گردد وعذابش‌نزدیك شود».

وگفت: ماانعم‌الله علی عبده نعمة فعرفها بقلبه و شکرها بلسانه‌الاماعطی[2] خیرامما اخذ.[3]

«خدابندهٔ خودرانعمتی‌نداد که‌آن‌را بادل خود بشناسد و بازبان خودسپاس گویدمگر(آنکه) آنچه‌داده‌است بهتراست‌ازآنچه گرفته‌است».[4]

وگفت : ان مماناجی‌الله عزوجل‌به موسی: یا موسی لاتنسنی علی حال ولا تفرح بکثرةالمال فان‌نسیانی یمیت‌القلب وعند کثرةالمال تکثرالذنوب؛ یا موسی کل زمان یأتی بالشدة بعد الشدة و بالرخاء بعدالرخاء و الملك بعد الملك ؛ و ملکی‌قائم لایزول؛ ولایخفی علیّ شیٔ فی‌الارض ولا فی السماء ؛ وکیف یخفی‌علیّ ما کان ابتدائه منی ؛ وکیف لا تکون همتك فیما عندی و انت ترجع لا محالة الی عندی .

« از آنچه خدا بدان با موسی مناجات کرد این بود : ای موسی مرا درهیچ حالی فراموش‌مکن و به فراوانی مال خوشحال مباش، چه فراموش کردن

۱ـ س‌حجر۱۵ ، ی۸۸. ۲ـ ن: الاعطی. ۳ـ ب: خیرمما اخذ. ۴ ـمگر آنکه بهترازآن بوی‌داده شود.

من دل را می‌میراند ودرفراوانی مال گناهان بسیارمی‌شود ؛ ای موسی هر زمانی سختی پس ازسختی و گشایش پس از گشایش وپادشاهی پس از پادشاهی‌می‌آورد، اما پادشاهی من پاینده وبی‌زوال است وچیزی درزمین و در آسمان بر من پنهان نیست وچگونه برمن‌پوشیده‌باشد چیزی که‌آغاز آن ازمن‌است،چگونه همت‌تودر آنچه‌نزد من است نمی‌باشد باآنکه ناچار بسوی من ونزد من بازمی گردی؟»

و گفت : خلّتان من لزمهما دخل الجنة. فقیل : و ماهما ؟ قال : احتمال ما تکره اذا احبّه‌الله؛ وترك‌ما تحبّ اذا کرهه‌الله. فقیل‌له : من یطیق ذلك ؟ فقال: من هرب من‌النارالی‌الجنة .

«دوخصلت است که هر کس همراه آن دوباشد داخل بهشت گردد . گفته شد : آندو چیست ؟ گفت : تحمل کردن آنچه را خوش نداری هر گاه خدا آن را دوست بدارد، ورها کردن آنچه رادوست می‌داری هر گاه‌خدا آن‌رانخواهد . به‌او گفته‌شد: که می‌تواند چنین‌باشد؟ گفت: کسی که‌ازآتش بسوی‌بهشت گریزد».

و گفت : فعل المعروف یمنع میتة السوء ؛ والصدقة تطفی[1] غضب‌الرب، وصلة الرحم تزید فی‌العمر و تنفی الفقر ؛ وقول : لا حول ولا قوةالا بالله ، کنز من کنوز الجنة .

«نیکی کردن ازمردن بد جلوگیری‌می کند و صدقه دادن خشم پروردگار را فرومی‌نشاندو صلهٔ رحم‌برعمرمی‌افزاید وتنگدستی را ازمیان می‌برد؛و گفتن : لاحول ولاقوة الابالله، گنجی است‌از گنجهای‌بهشت».

و گفت: ماتوسل‌الیّ احد بوسیلة ولاتذرّع بذریعة هی‌احب الیّ ولا اقرب منی من یداسلفته‌ایاها اتبع بها اختهالأحسن ربها[2] وحفظها اذاکان منع الأواخر یقطع لسان شکرالأوائل؛ وما سمحت‌نفسی بردبکر من‌الحوائج .

۱ـ ل، یطفی. ۲ـ ن ، ربها.

« احدی بمن متوسل نشد بوسیله‌ای که نزد من محبوب‌تر و بمن نزدیکتر باشد از نیکی ای که دربارهٔ او پیش از این کرده‌ام تا دوباره نیز با وی چنان احسانی کنم و نیکی (نخست) را بدان شاداب و محفوظ دارم چه دریغ داشتن (نیکیهای) پسین، زبان شکرگزاری (نیکیهای) پیشین‌را قطع می کند؛ و بر نفس من گوارا نشد که نیازمندی بیسابقه‌ای را نیز برنیاورم» .

و گفت: اوحی‌اللّٰه الی موسی‌بن عمران: ادخل یدك فی فم‌التنّین الی‌المرفق [فهو] خیرلك من مسألة من‌لم یکن للمسألة بمکان.

«خدا به‌موسی‌بن عمران وحی کرد: دست خود را تا آرنج در دهان اژدها داخل کن [که‌آن] برای تو بهتر است از حاجت خواستن از کسی که شایستگی آن را ندارد».

و گفت: لاتخالطنّ من‌الناس‌خمسة : الأحمق فانه یریدان ینفعك فیضرّك ؛ والکذاب فان کلامه کالسراب یقرّب‌منك‌البعید و یباعد منك‌القریب؛ والفاسق فانه یبیعك باکله اوشربه[1]؛والبخیل فانه‌یخذلك احوج ماتکون الیه؛والجبان‌فانه‌یسلمك و یتسلم‌الدیة .

«با پنج (صنف) از مردم آمیزش مکن : احمق ، چه او می‌خواهد بتو سود رساند اما زیان می‌رساند؛ دروغگو، چه سخن او مانند سراب است که دوررا بتو نزدیك می کند و نزدیك را ازتو دور می‌سازد ؛ فاسق ، چه او تورا به خوردن یا نوشیدنش[2] می‌فروشد؛ بخیل، چه‌آنگاه که بیش از همیشه باونیازداری تو را وا- می گذارد ؛ وبددل چه اوتورا می‌دهد و خونبهارامی گیرد» .

و گفت: المؤمنون یألفون ویؤلفون و یغشی رحلهم.

«مردم با ایمان الفت می گیرند، و الفت گرفته می‌شوند و بخانه‌شان رفت و آمد می‌شود » .

۱ـ ن، باکلةاوشربة. ۲ـن، بلقمه‌ای‌یا جرعه‌ای.

و گفت: من غضب علیك ثلث مرّات فلم یقل فیك سوء فاتخذه لك خلا ؛ ومن ارادان تصفوله مودة اخیه فلا یمارینّه ولا یمازحنّه[1] ولا یعده میعادا فیخلفه .

«کسی که‌سه‌بار بر تو خشم گیرد وبدی دربارهٔ‌ات نگوید، پس اورا بدوستی خود برگزین؛ و کسی که بخواهد دوستی برادرش با او بی کدورت بماند ، باید با اولجاج نورزد وباید با او شوخی نکند ونباید اورا وعده‌ای دهد و آنگاه با او خلف وعده کند» .

فرزندان جعفر بن محمد عبارت‌بودند از: اسماعیل ، عبدالله، محمد،موسی[2]، علی و عباس .

اسماعیل‌بن علی‌بن عبدالله‌بن عباس گفت: روزی بر ابوجعفر منصور درآمدم وریش او ازاشك‌تر شده بود و بمن گفت : نمی‌دانی که بر خاندانت چه (مصیبتی) وارد شده است؟ گفتم: ای امیرمؤمنان چه پیش آمده ؟ گفت : سرورودانای‌شان و باقیماندهٔ نیکانشان وفات کرده‌است. گفتم: ای‌امیر مؤمنان،چه کسی؟ گفت: جعفر بن محمد . پس گفتم: خدای اجرامیرمؤمنان را بزرگ گرداند وعمرش را برای ما طولانی کند . پس بمن گفت : راستی که جعفراز کسانی بود که خدا دربارهٔ آنان گفته است : ثم اورثنا الکتاب الذین اصطفینا من عبادنا[3]، « سپس کتاب را به برگزیدگان بندگان خود میراث دادیم » و او از برگزیدگان خدا وهم از سبقت گیرندگان به‌نیکیها بود .

ابوجعفر، اسماعیل بن‌علی را که از نیکان و برگزیدگان بنی هاشم بود به حکومت‌فارس‌منصوب کرده‌بود،واوبا مهلهل‌خارجی‌مذهب که‌درآنجاخروج کرد ، وسپاهیانش‌روبروشد واورا کشت‌وسپاهش‌را درهم‌شکست و ازیارانش چهارصدنفر اسیر گرفت. برادرش عبدالصمد که‌با وی‌همراه بود گفت: خدا امیر را توفیق دهد

۱ـ ل، ب. لایمازجنه . ۲ـ ن، ندارد. ۳ـ س فاطر۳۵،ی۳۲.

اینان‌را گردن بزن. پس اسماعیل‌بن‌علی به‌او گفت: نخستین کسی که جنگ با اهل قبله را تعلیم داد علی‌بن ابی‌طالب بود و او خود اسیری را نمی کشت و گریخته‌ای راتعقیب نمی کرد وبزخمی‌ای کارنمی گرفت.

صالح‌بن علی بن عبداللّه‌بن عباس از طرف ابو جعفر والی قنسرین و عواصم بود، پس ابوجعفرازبسیاری یاران وهواخواهان او خبریافت و ازوی بیمناك شد و او را نزد خویش فرا خواند. صالح نوشت که سخت بیمار است اما ابوجعفر نپذیرفت و(بیماری‌او) سل بود پس رهسپار بغداد شد و چون ابوجعفر اورا دید بازش گرداند و دستورجائزه و احسانی در بارهٔ وی نداد، پس گفت: همانا امیر مؤمنان ازمن نا امید شده که با من چنین رفتار کرد، اما خدا استخوانهای کهنه وپوسیده رازنده‌می کند.[1] پس چون به‌عانات یکی ازنواحی فرات رسید درگذشت وهمزاد ابوجعفر بود.

ابوجعفر(رجال) خاندان خود را بر نواحی (مختلف کشور) حکومت داد، ازجمله: اسماعیل‌بن علی را برفارس، سلیمان‌بن علی را بربصره، عیسی‌بن موسی را بر کوفه، صالح‌بن علی را بر قنسرین و عواصم، عباس بن محمد را برجزیره، عبداللّه‌بن صالح را برحمص، فضل‌بن صالح را بر دمشق، محمدبن ابراهیم را بر اردن، عبدالوهاب بن ابراهیم را برفلسطین، سری بن عبداللّه بن تمام‌بن عباس بن عبدالمطلب را بر مکه، جعفر بن سلیمان را بر مدینه، ویحیی بن محمد را بر موصل؛ سپس یحیی را برداشت وپسرخود جعفررا والی موصل قراردادوهشام‌بن عمرورا همراه وی ساخت.

کارمندانش ازعرب عبارت‌بودنداز: یزیدبن حاتم‌مهلّبی،محمدبن‌اشعث‌خزاعی، زیادبن عبداللّه[2] حارثی، معن بن زائدهٔ شیبانی، [خازم] بن خزیمهٔ تمیمی، عقبة‌بن

۱ـ اقتباس‌ازآیهٔ ۷۸ سورهٔ یس۳۶. ۲ـ ن، ب: عبیدالله.

أسلم[1] هنائی ، یزید بن اسید سلمی ، روح بن حاتم مهلّبی ، مسیّب‌بن زهیر ضبّی ، عمربن حفص مهلّبی ، حسن‌بن قحطبهٔ طائی، سلم‌بن قتیبهٔ باهلی ، جعفر بن حنظلهٔ بهرانی، ربیع‌بن زیادحارثی، هشام‌بن عمروتغلبی. همینان‌را درکارهای خود جابجا می‌کرد چه‌بدیشان وثوق داشت وبرایشان اعتمادمی‌نمود.

و کارمندانش از غلامانش عبارت بودند از : عمارةبن حمزه ، مرزوق ابو-الخصیب، واضح، مناره، علاء ، رزین، غزوان، عطیه، صاعد، مرید، اسد، و ربیع .

منصوردرسال ۱۵۱ به‌معن‌بن زائدهٔشیبانی‌حاکم یمن نوشت که نزد وی‌آید، پس‌معن پسرخود، زائده را به‌حکومت یمن جانشین گذاشت ونزد ابوجعفر آمد و معن پیرشده بود پس ابوجعفرباو گفت : ای معن پیرشده‌ای . گفت : آری درراه فرمانبرداری تو ای امیرمؤمنان. گفت : راستی که نیرومندی و شکیبایی نشان می‌دهی. گفت: آری بر دشمنانت. گفت: هنوز (نیروی) باقیمانده‌ای در توهست . گفت: آن هم دراختیارتواست . پس اورا به‌خراسان فرستاد ومهدی آنجا بود ، مهدی بازآمد ومعن برای نبرد با خوارجی که‌آنجا بودند بماندوبسیاری از آنان را بکشت ونابودشان ساخت وچون دیدند که نیروی نبردباوی را ندارند حیله‌ای بکارزدند وبعضی ازخوارج شمشیرها را درمیان دسته‌های نی پنهان ساختند و به هیئت بنایان به خانه‌ای که معن در بست برای خود می‌ساخت در آمدند و چند روزی بدان حال ماندند وچون به میان خانه‌رسیدند شمشیرها را در آوردندوبر معن که روپوشی برتن داشت حمله بردند[2] و اورا کشتند ؛ پس برادرزاده‌اش‌یزید ابن مزید درتعقیب خارجیان کوششی فراوان بکار برد وانبوهی[3] ازآنان را کشت تاآنکه خونهاشان مانند جوی جاری گشت ، سپس [بسوی] بغداد رهسپار شد و خارجیان درتعقیب وی شدند لیکن چون با گروهی بسیار ازغلامان عمووقبیله‌اش

۱- ب، سلم . ۲-ن، وبرمعن‌درخانه‌اش حمله‌بردند. ۳-ن، ندارد .

سوار می‌شد ظفر نیافتند که او را غافلگیر کنند تا آنکه در بغداد بروی پل رسید وبراو حمله‌بردند، پس پیاده شد وانبوهی از آنان راکشت وچندین ضربت شمشیر بروی زدند وجنگی بزرگ روی داد و از خوارج کشتاری عظیم کرد و مردم را امان داد ومعلوم نیست که هرگز خوارج آشکارا به بغداد درآمده و حتی یکنفر راکشته باشند مگر همان روز. زائدة بن معن بن زائده‌در یمن جانشین پدرش بودتا آنکه پدرش کشته شد و منصور بجای او حجاج بن منصور را برگزید، و سپس او را هم برداشت و یزید بن منصور را بجای وی نهاد.

درسال ۱۵۲ مردم یمامه و بحرین بمخالفت برخاستند وابوالساج عامل‌ابو-جعفررا برخود، کشتند؛ پس‌عقبة‌بن اسلم‌هنائی را برسرایشان فرستاد و اوهر کس ازربیعه را در آنجا بود بمکافات آنچه معن در یمن کرده بود، کشت و گفت: اگرمعن براسبی تندرو(سوار) باشد ومن برخری لنگ، بازهم پیش از او به‌آتش می‌شتابم. ونیزعرب وموالی را باسیری گرفت وفرستاده‌ای از نزد منصوربرای‌عقبه مژده‌ای آورد، پس عقبه باو گفت: نزد من مالی نیست که تو را جایزه دهم اما چیزی بتو می‌دهم که ارزش‌آن پانصدهزار درهم است. گفت: آن چیست؟ گفت: پنجاه مرد ازربیعه را بتو می‌سپارم تاآنها را ببری وهرگاه به‌بصره رسیدی‌اظهار می‌کنی که می‌خواهی‌آنان راگردن زنی و بر درخانه‌های دشمنان امیر مؤمنان بدارآویزی، در اینصورت بهرکدام پیشنهاد کنی با ده‌هزار درهم خود راخواهد خرید. گفت: راضی‌شدم. پس آنان را بوی سپرد وآنها را به‌بصره‌آورد و در«مربد» آنان را نگه داشت وچنان وانمود کرد که می‌خواهد ایشان راگردن زند و بدار آویزد، پس مردم فراهم شدند ونزدیك شد فتنه‌ای‌پدیدآید و سوّار بن عبدالله که درآن موقع قاضی بصره بود نزد فرستادهٔ (منصور) فرستاد واو را فراخواند و سپس دستورداد تا آنان را به‌محبس بردند و باو گفت: دست ازایشان بدارتا تورا

دستوردهم. آنگاه داستان آنان‌را به‌منصور نوشت واورااز خطر ایشان برحذر داشت. پس منصور بوی نوشت که آنان را بخشیدواز خود اوتقدیر کرد.

الیاس‌بن حبیب‌فهری حاکم افریقا کشته‌شدوابوجعفر، حبیب‌بن‌عبدالرحمان ابن حبیب برادرزادهٔ الیاس را به‌حکومت آنجا منصوب کرد و او مدتی بر سرکار بود تا مردی بنام عاصم‌بن‌جمیل اباضی براوتاخت و اورا کشت و اباضیان در افریقا بسیارشدند وابوالخطاب عبدالاعلی‌بن سمح معافری را برخویش حکومت دادند و کاراوبالا گرفت وبرآن سرزمین دست یافت؛ پس ابوجعفر محمد بن اشعث خزاعی را به‌حکومت افریقا فرستاد و او به‌طرابلس آمد و ابوالخطاب از قیروان بجنگ وی شتافت وبا او نبرد کرد؛ پس محمد بن اشعث او را کشت وسرش را نزد ابو-جعفرفرستاد و آنگاه محمدبن اشعث رهسپار قیروان شد و جز اندك زمانی آرام نگرفت که هاشم بن اشتاخنج خراسانی بروی خروج کرد و کسانی از سپاهیان و مردم خراسان که آنجا بودند با وی همراهی نمودند تا محمد را از شهر بیرون کردند ومردی را بنام عیسی بن موسی خراسانی بر خویش حکومت دادند و پسر اشعث به عراق باز گشت و ابو جعفر فرمان حکومت افریقا را بنام اغلب‌بن سالم تمیمی نوشت و فرستاد لیکن مردم افریقا سر کشی کردند و اغلب بن سالم را از کار بر کنار ساختند و حسن بن حرب را بحکومت بر گزیدند وچون خبربه ابو-جعفر رسید نخواست آشفتگی اوضاع ادامه یابد وفرمان حکومت افریقا را بنام حسن‌بن حرب نوشت وچون وضع آنجا آرام شد عمربن حفص مهلبی «هزار مرد» را بکارحکومت آنجا گماشت وچیزی نگذشت که یعقوب‌بن‌تمیم کندی معروف‌به ابو حاتم بهمراهی مردم شهر بر او تاخت و او را در قیروان محاصره کرد و در محاصره‌بودتا درسال ۱۵۳ کشته‌شد وابوحاتم یعقوب بن‌تمیم‌اباضی‌برشهردست‌یافت.

در سال ۱۵٤ ابو جعفر، یزیدبن حاتم مهلبی‌را والی مغرب قرار داد و برای مشایعت او بیرون رفت تا به بیت‌المقدس آمد و از آنجا او را فرمود تا رهسپار

گردد و خود ابوجعفر باز گشت ، پس مردم شام وجزیره را بسوی جهاد فراخواند ویزیدبن حاتم وارد مصرشد و اندکی آنجا اقامت گزید سپس رهسپار افریقا شد و با سپاهی انبوه به طرابلس رسید و ابو حاتم اباضی به جنگ وی شتافت و در طرابلس با یکدیگرروبروشدند و با وی نبرد کرد وچندروزی جنگ میان آندو پیوسته بود تا ابوحاتم ومردمی بسیار ازیارانش کشته شدند ویزیدبن حاتم درسال ۱۵۵ به‌قیروان درآمد و عموم مردم را امان داد و در خلافت ابو جعفر و خلافت مهدی و خلافت موسی و چندی از خلافت رشید پیوسته حکومت آنجا را بدست داشت .

مردم طالقان شورش نمودند ، پس عمر بن علاء را بر سر آنان فرستاد و او طالقان ودنباوند و دیلمان‌را فتح کرد وازدیلم اسیرانی بسیار گرفت سپس رهسپار طبرستان شد وپیوسته درخلافت منصورآنجا اقامت داشت .

منصور، مولای‌امیرالمؤمنین لیث را بسوی فرغانه فرستاد وپادشاهش درآن روز «فران‌بن افرا کفرن» بود ودر شهری بنام «کاشغر» منزل داشت، پس با آنان سخت جنگید تا آنکه پادشاه فرغانه خواستار صلح شد ولیث بر مال بسیاری با آنان صلح کرد . پادشاه فرغانه مردی را از اصحاب خود بنام «با تیجور» نماینده فرستاد ولیث اسلام را براوعرضه کرد، لیکن ازپذیرفتن اسلام امتناع ورزید و تا زمان مهدی پیوسته به زندان بود و گفت : با پادشاهی که مرا فرستاده است خیانت نمی کنم.

ابوجعفرشهرمصّیصه را ساخت‌و(پیش ازآن) دژ کوچکی بود وبقولی‌عبدالله ابن عبدالملک‌بن مروان‌آن را ساخته بود وورومیان در هر وقتی برایشان شبیخون می‌زدندوآنجا را غارت‌می کردند،پس (ابوجعفر) بارویی برای‌آن ساخت‌وخندقی پیرامون آن قرار داد و مردان جنگی را در آن ساکن نمود و زندانیان را

بآنجا حمل کرد وکارساختمان آن را عباس‌بن محمد وصالح‌بن علی‌درعهده‌داشتند.

ابوجعفرمالهای مردم را گرفت چنانکه نزد کسی پس اندازی نگذاشت و مبلغ آنچه از آنان گرفت‌بهشتصد میلیون درهم رسید و باهل‌بیت خود می گفت: من موقعیت خود را نشناخته‌ام تا ازشما هم که درمیان شما جزعمویی وبرادری‌و پسرعمویی وپسربرادری نیست برحذرباشم، پس من با چشم خویش نگران شمایم وبا جان خود ازشما مراقبت می کنم، خدا را، خدارا در حفظ جان خود کوشش نمائید؛وازنگهداری مالهای خویش غفلت نورزید، وازاسراف کردن پرهیزنمائید؛ چه نزدیك است که امرشما بدست کسی از فرزندان فرزندان من باشد که مرد(ی ازشما) رانشناسد وازاو بپرسد که: کیستی؟

ومی گفت: پادشاهان سه نفرند: معاویه که زیادش او را کفایت کرد، و عبدالملك که حجاجش اورا کفایت نمود، ومن که کفایت کننده‌ای ندارم.

و می گفت: کسی که مالش اندك باشد، مردانش اندك باشند؛ و کسی که مردانش اندك شدند، دشمنش براو نیرومند گردد؛و کسی که دشمنش براونیرومند شود، پادشاهیش پست گردد؛ و کسی که پادشاهیش پست گردد، قرقگاه او شکسته شود.

و روزی به‌اصحاب خود گفت: هنگامی این پادشاهی بدست من آمد که مردی‌بودم‌روزگارراآزموده و نیك وبد آن رادانسته؛ دربازارهابا پیادگان شانه بشانه زده، ومردم را درموسمهای(ی حج وانجمنها) مشاهده کرده، و درجنگها با آنان جنگیده بودم؛ پس به خدا قسم دیگر دوست ندارم که آنان را بیشتر بیازمایم، گرچه دوست دارم که بدانم از آنگاه که با این دیوارها از آنان روی پوشانده وبه‌کارهایشان سرگرم وازخودشان دور مانده‌ام، پس از من چه تازه‌ای ببارآورده‌اند؛ با اینکه من به‌خدا قسم خود را سرزنش نمی کنم، که جاسوسان برآنان گماشته باشم تا همان هنگام‌هم که درخانه‌های خودآرمیده‌اند، خبرهای

ایشان را نزد من آورند.

و کسی از بزرگان ما مرا خبر داد که روزی ابوجعفر خطبه می‌خواند و بیاد خدا می‌آورد، که مردی پیش روی او برخاست و گفت: ای امیرمؤمنان، تورا بیاد کسی می‌آورم که بیاد او می‌آوری. پس گفت: می‌شنوم (موعظهٔ) کسی را که از خدا بپذیرد و بیاد او آورد و به‌خدا پناه می‌برم که غرور مرا بگناه وادارد[۱]، البته در آن صورت گمراه شده‌ام و از هدایت شدگان نخواهم بود[۲] و توای گوینده بدین (موعظه) خدا را نخواستی، بلکه نظر داشتی تا گفته شود که ایستاد و گفت و عقوبت شد و شکیبایی کرد. و چه خوار و زبون بود گوینده‌اش اگر می‌خواستم (عقوبت کنم) و اکنون که در گذشتم آن را غنیمت شمار، وای برتو باد؛ و بپرهیز. وشما ای مردم نیز پرهیز کنید از چنان سخنی، چه حکمت برما نازل‌شده واز نزد ما برون آمده است، و امر را باهلش باز گردانید تا آن را چنان بانجام رسانید که آنان آغاز کرده‌اند. سپس به‌همان جای خطبه‌اش باز گشت.

ابوجعفر درخلافت خود پنج حج گزارد: درسال ۱۴۰ و۱۴٤ و ۱٤۷ و۱۵۲ و ۱۵۸ که حج را به‌انجام نرسانید و در اول دههٔ (ذی الحجه) در گذشت و حج را ابراهیم‌بن یحیی‌بن محمد بن علی بپای داشت.

ابوجعفر هنگامی که مرگش فرا رسید بنزدیکان خود گفت: پیش‌از آنکه این امر (خلافت) بما رسد در خواب دیده بودم که گویا ما در مسجدالحرام هستیم وناگاه پیامبر از خانهٔ (کعبه) بیرون آمد و پرچمش را همراه داشت پس گفت: عبدالله کجا است؟ پس من و برادرم و عمویم برخاستیم، اما برادرم یعنی ابوالعباس برما پیشی گرفت وپرچم را گرفت وچند گام با آن برداشت که من آن را می‌شمردم و شمارهٔ آن را می‌دانم؛ سپس افتاد و پرچم از دستش بیفتاد، پس

۱ـ اقباس از آیهٔ ۲۰۶ س بقره ۲. ۲ـ اقتباس از آیهٔ ۵۶ س انعام ۶.

بآنجا حمل کرد و کارساختمان آن را عباس‌بن محمد وصالح‌بن علی‌درعهده‌داشتند.

ابوجعفرمالهای مردم را گرفت چنانکه نزد کسی پس اندازی نگذاشت و مبلغ آنچه از آنان گرفت‌بهشتصد میلیون درهم رسید و باهل‌بیت خود می گفت: من موقعیت خود را نشناخته‌ام تا ازشما هم که درمیان شما جزعمویی وبرادری‌و پسرعمویی وپسربرادری نیست برحذرباشم، پس من با چشم خویش نگران شمایم وبا جان خود ازشما مراقبت می کنم، خدا را، خدارا در حفظ جان خود کوشش نمائید؛وازنگهداری مالهای خویش غفلت نورزید، وازاسراف کردن پرهیزنمائید؛ چه نزدیك است که امرشما بدست کسی از فرزندان فرزندان من باشد که مرد(ی ازشما) رانشناسد وازاو بپرسد که: کیستی؟

ومی گفت: پادشاهان سه نفرند: معاویه که زیادش او را کفایت کرد، و عبدالملك که حجاجش اورا کفایت نمود، ومن که کفایت کننده‌ای ندارم.

و می گفت: کسی که مالش اندك باشد، مردانش اندك باشند؛ و کسی که مردانش اندك شدند، دشمنش براو نیرومند گردد؛و کسی که دشمنش براونیرومند شود، پادشاهیش پست گردد؛ و کسی که پادشاهیش پست گردد، قرقگاه او شکسته شود.

و روزی به‌اصحاب خودگفت: هنگامی این پادشاهی بدست من آمد که مردی‌بودم‌روزگاررا آزموده و نیك وبد آن رادانسته؛ دربازارها با پیادگان شانه بشانه زده، ومردم را درموسمهای(ی حج وانجمنها) مشاهده کرده، و درجنگها با آنان جنگیده بودم؛ پس به خدا قسم دیگر دوست ندارم که آنان را بیشتر بیازمایم، گرچه دوست دارم که بدانم از آنگاه که با این دیوارها از آنان روی پوشانده وبه‌کارهایشان سرگرم وازخودشان دور مانده‌ام، پس از من چه تازه‌ای ببارآورده‌اند؛ با اینکه من به‌خدا قسم خود را سرزنش نمی کنم، که جاسوسان برآنان گماشته باشم تا همان هنگام‌هم که درخانه‌های خودآرمیده‌اند، خبرهای

ایشان را نزد من آورند.

و کسی از بزرگان ما مرا خبرداد که روزی ابوجعفر خطبه می‌خواند و بیاد خدا می‌آورد، که مردی پیش روی او برخاست و گفت: ای امیر مؤمنان، تو را بیاد کسی می‌آورم که بیاد او می‌آوری. پس گفت: می‌شنوم (موعظهٔ) کسی را که از خدا بپذیرد و بیاد او آورد و به‌خدا پناه می‌برم که غرور مرا بگناه وادارد[1]، البته در آن صورت گمراه شده‌ام و از هدایت شدگان نخواهم بود[2] و توای گوینده‌بدین (موعظه) خدا را نخواستی، بلکه نظر داشتی تا گفته شود که ایستاد و گفت و عقوبت شد و شکیبایی کرد. و چه خوار و زبون بود گوینده‌اش اگر می‌خواستم (عقوبت کنم) و اکنون که در گذشتم آن را غنیمت شمار، وای برتوباد؛ و بپرهیز. وشما ای مردم نیز پرهیز کنید از چنان سخنی، چه حکمت برما نازل‌شده واز نزد ما برون آمده است، و امر را باهلش باز گردانید تا آن را چنان بانجام رسانید که آنان آغاز کرده‌اند. سپس به‌همان جای خطبه‌اش باز گشت.

ابوجعفر درخلافت خود پنج حج گزارد: درسال ۱۴۰ و ۱۴۴ و ۱۴۷ و ۱۵۲ و ۱۵۸ که حج را به‌انجام نرسانید و در اول دهۀ (ذی الحجه) در گذشت و حج را ابراهیم بن یحیی بن محمد بن علی بپای داشت.

ابوجعفر هنگامی که مرگش فرا رسید بنزدیکان خود گفت: پیش از آنکه این امر (خلافت) بما رسد در خواب دیده بودم که گویا ما در مسجدالحرام هستیم وناگاه پیامبر ازخانۀ (کعبه) بیرون آمد و پرچمش را همراه داشت پس گفت: عبدالله کجا است؟ پس من و برادرم و عمویم برخاستیم، اما برادرم یعنی ابوالعباس برما پیشی گرفت وپرچم را گرفت وچند گام با آن برداشت که من آن را می‌شمردم و شمارۀ آن را می‌دانم؛ سپس افتاد و پرچم از دستش بیفتاد، پس

۱ـ اقباس از آیۀ ۲۰۶ س بقره ۲. ۲ـ اقتباس از آیۀ ۵۶ س انعام ۶.

پیامبر خدا آن را گرفت وسپس بجای خود باز گشت و گفت : عبدالله کجاست ؟ پس من وعمویم برخاستیم ، لیکن من عموی خود را[1] دور کردم و او را انداختم و پیش تاختم وپرچم را گرفتم وچند گام باآن برداشتم که آن را شمرده وشمارهٔ آن را می‌دانم، سپس افتادم وپرچم ازدستم بیفتادواکنون آن گامها بانجام‌رسیده‌است ومن امروز می‌میرم.[2]

منصور سه روز گذشته از ذی‌الحجهٔ سال ۱۵۸ در ۶۸ سالگی مرد و دربئر میمون دفن‌شد وپسرش صالح براو نماز گزارد، پس حکومتش ۲۲ سال‌بود، وشش پسر بجای گذاشت: محمد مهدی که مادرش : ام موسی دختر منصورحمیری بود ، و صالح و یعقوب که مادرشان طلحیه [......[3]] و پسرش جعفر اکبر که مادرش : ام موسی دختر منصورحمیری بود ، در حیات پدرش در گذشته بود.

ابوایوب خوزستانی (بیش‌ازهمه) درمنصور نفوذ داشت، واین ابوایوب‌منشی سلیمان‌بن حبیب مهلبی بود که ابوجعفردردوران بنی‌امیه کارمندش بودوروزی بر ابوجعفر خشم گرفت و دستورداد اورا بزنند وزندانی کنند ، پس ابو ایوب او را رهانید و ابو جعفر آن خدمت را از وی بیاد داشت و او را به وزارت برگزید ؛ سپس براوخشم گرفت و اورا کشت و دارائیش را مصادره کردودرسال ۱۵٤ او را کشت ودیگر کسی شناخته‌نشد که‌پس ازاودرمنصور نفوذ یافته باشد.

منصور راندیمانی بود ، ازجمله : هشام بن عمرو تغلبی ، و عبدالله‌بن ربیع حارثی ، و اسحاق‌بن مسلم‌عقیلی، وحارث‌بن عبدالرحمان حرشی.

منصورنخستین کس‌بود که‌ازطرف‌خودبرای‌شهرهاقاضی‌معین کردوپیش‌ازآن

---

۱ ـ ن ، ندارد.

۲ ـ سیوطی آن را بصورت دیگری نقل کرده است (ر.ك. تاریخ‌الخلفاء ص ۲۶۰).

۳ ـ فاطمه دخترمحمد از فرزندان طلحةبن عبیدالله بود . وسلیمان وعیسی که مادرشان همان فاطمه بود، وجعفر اصغر که مادرش کنیزی کردی‌بود (ر.ك.مروج‌الذهب ج۳ ص۳۱۸، کامل، حوادث سال۱۵۸) .

۳۸۷ دوران ابوجعفر منصور

اصحاب‌معاون‌قضات‌رامعین‌می کردند. قضات‌او عبارت بودنداز: عثمان‌بن‌عمر تمیمی، و یحیی‌بن سعید انصاری،سپس عبدالله‌بن صفوان‌جمحی، و بر کوفه‌شریك‌بن‌عبدالله نخعی ، و بر بصره عمربن عامرسلمی ، سپس سوّاربن عبدالله عنبری ، و بر مصر عبدالله‌بن لهیعهٔ حضرمی. رئیس پلیس وی عبدالجباربن عبدالرحمان ازدی بود تا آنکه اورا عزل کردوبحکومت خراسان فرستاد وبرادرش [عمر]بن عبدالرحمان را بجای وی نهاد، سپس که برادرش‌نـافرمان شد وسرسختی کرداو را هم از کار بر کنارنمود وموسی‌بن کعب‌تمیمی‌وپس‌ازاو مسیّب‌بن‌زهیر ضبی‌را بکار گماشت، و این مسیب اول‌بارجانشین موسی‌بن کعب بود وسپس موسی‌مرد.

فرمانده نگهبانانش کعب‌بن مالك‌بود وسپس عثمان‌بن نهیك، و سپس بجای وی ابوالعباس طوسی‌را بکار گماشت.

حاجبش عیسی‌بن روضه‌غلامش بود وسپس غلامش ربیع حاجب وی گردید وبربیشتر کارهایش دست یافت.

دردوران خلافت منصوراینان بامردم‌حج گزاردند: درسال ۱۳۶ اسماعیل‌بن علی ، و بقولی خود ابوجعفر وابومسلم همراه وی بود؛ در سال ۱۳۷ [اسماعیل‌بن علی؛ درسال ۱۳۸ فضل‌بن صالح‌بن علی؛ درسال ۱۳۹] که «عام‌الخصب»است، عباس ابن محمدبن‌علی؛ درسال۱۴۰ ابوجعفرمنصور؛ درسال۱۴۱ صالح‌بن[1] علی که حاکم دمشق وحمص وقنسرین بود؛ درسال ۱۴۲ اسماعیل بن علی؛ درسال ۱۴۳ عیسی بن موسی‌بن محمدبن علی؛ درسال۱۴۴ــ ابوجعفرمنصور؛ درسال ۱۴۵سری‌بن‌عبدالله ابن حارث‌بن[2]ــ عباس‌بن عبدالمطلب ؛ درسال۱۴۶ عبدالوهاب‌بن ابراهیم‌بن‌محمد ابن علی؛ درسال ۱۴۷ ابوجعفرمنصور ؛ در سال ۱۴۸ جعفر پسرش ؛ در سال ۱۴۹ محمد بن ابراهیم‌بن علی ؛ درسال ۱۵۰ عبدالصمدبن علی ؛ در سال ۱۵۱ محمدبن

۱ـ ن: اسماعیل‌بن‌علی. ۲ـ ن: افتاده‌دارد.

ابراهیم؛ درسال ۱۵۲ ابوجعفرمنصور؛ درسال۱۵۳ مهدی ولیعهد پدرش ؛ در سال ۱۵٤ محمدبن ابراهیم؛ درسال ۱۵۵ عبدالصمدبن علی؛ درسال۱۵٦ عباس‌بن محمد، درسال ۱۵۷ ابراهیم‌بن یحیی‌بن محمدبن‌علی؛ درسال ۱۵۸ ابوجعفرخود بقصدحج بیرون رفت‌ومرد وابراهیم حج گزارد.

دردوران‌منصورغزوه‌هایی بفرماندهی این اشخاص بانجام رسید: درسال۱۳۸ صالح‌بن علی برسپاه شام، وعباس‌بن محمدبن‌علی بر(سپاه)خراسان؛ وازآن‌هنگام که درسال۱۲۵ عمربن یزید بجنگ رومیان رفت، تا این تاریخ جنگی باروم‌پیش نیامد، وصالح‌بن علی فرمانداری شام و مرزها را درعهده داشت و برای جنگ با رومیان فرماندهانی ازطرف خود می‌فرستاد که پسرش فضل بن صالح و جزاو بر آنان فرماندهی داشت؛ درسال ۱٤۲ عباس‌بن محمد؛ درسال۱٤۳ نیزعباس ؛ درسال ۱٤۵ حمیدبن قحطبه؛ درسال۱٤٦ محمدبن ابراهیم؛ درسال ۱٤۷ سری‌بن عبدالله ابن حارث؛ درسال۱٤۸ فضل‌بن صالح؛ درسال ۱٤۹ یزیدبن اسید؛ درسال۱۵۵یزید ابن اسید ؛ درسال۱۵۷ زفربن عاصم هلالی.

فقهای زمان منصور عبارت بودند از : یحیی بن سعید انصاری ؛ محمد بن عبدالرحمان‌بن‌ابی‌طواله؛هشام‌بن‌عروة‌بن‌زبیر،محمدبن‌عمربن‌علقمه؛ موسی‌بن‌عبیدة ابن‌ابی‌صعصعه؛ربیعةالرأی که پسر[ابوعبدالرحمان بود؛محمدبن] عبدالرحمان‌بن ابی‌ذئب؛ عثمان‌بن اسود؛ حنظلة‌بن ابی‌سفیان؛ عبدالملک‌بن جریج، عبدالعزیز بن ابی روّاد؛ ابراهیم‌بن یزید؛محمد بریدانْدی؛ ابوسارساری[1] که نامش‌هرار‌بن‌مره است ؛ سلیمان‌بن مهران کاهلی؛ حسن‌بن عبدالله نخعی ؛ ابوحیان یحیی بن‌سعید تیمی[2] ؛ مجالدبن سعید ؛ محمدبن سائب‌کلبی؛ اجلح‌بن عبدالله کندی ؛ برا[3]بن‌ابی زائدهٔ‌همدانی؛یونس‌بن‌ابی‌اسحاق‌سبیعی؛حسن‌بن عمرفقیمی؛ محمدبن عبدالرحمان ابن‌ابی‌لیلی؛ حجاج‌بن ارطاة، ابوحنیفه نعمان‌بن ثابت ؛ محمد بن عبدالله عرزمی؛

۱ـ ن؛ابوسیار نساری. ۲ـ ن؛ تمیمی. ۳ـ ن؛ براء .

حسن بن عماره؛ مسعر بن کدام؛ ابوحمزهٔ ثمالی؛ سفیان بن سعید ثوری؛ عبدالجبار ابن عباس همدانی؛ یحیی بن سلمة بن کهیل؛ عبدالله بن عون مزنی؛ خالد بن مهران؛ ابومعتمر سلیمان تیمی؛ عمرو بن عبید؛ سوّار بن عبدالله؛ ابواشهب عطاردی؛ حمید طویل؛ شعبة بن حجاج عبدی؛ حماد بن سلمه؛ حماد بن زید؛ عبدالله بن محرز؛ عمرو بن قیس کندی؛ اوزاعی عبدالرحمان بن عمرو؛ غالب بن عبدالله عقیلی.

دوران مهدی

محمد بن عبدالله منصور که مادرش ام موسی دختر منصور بن عبدالله بن [ذی] سهم‌بن یزید حمیری است ، درهمان روزی که منصور در گذشت بیعت وی بانجام رسید و ربیع ازهاشمیان و فرماندهانی که در مکه بودند برای وی بیعت گرفت وصالح‌بن منصور وموسی پسرمهدی نیز حاضر بودند، آنگاه مناره مولای ابوجعفرراً با خبر(مرگ‌منصور) ووصیتش نزدمهدی فرستاد و مناره دوازده‌روزه به‌بغداد آمد ومهدی آنجا بود، پس فرماندهان وهاشمیان ودیگران را فراخواند تا بیعت نمودند .

خورشید درآن روز در۲٤ درجه و۵۰ دقیقهٔ میزان بود؛ قمردر۲۰درجه و ۵۰ دقیقهٔ جوزاء ؛ زحل در۱۸ درجه و۵۰ دقیقهٔ میزان ؛ مشتری در ۱۷ درجه و ٤۰ دقیقهٔ جدی؛ مریخ در۵ درجه و٤۰ دقیقهٔ جوزاء درحال رجوع ؛ زهره در ۲۵ درجه و٤۰ دقیقهٔ میزان؛عطارد در۱۸ درجه و۱۰ دقیقهٔ عقرب؛ رأس در۹ درجه و ۱۰ دقیقهٔ ثور .

مهدی وصیتنامهٔ ابوجعفررا (برمردم) خواندوچنین نوشته‌بود:

بنام خدای بخشایندهٔ مهربان،این وصیت‌نامهٔ بندهٔ خدا امیر مؤمنان است به‌مهدی محمد پسر امیرمؤمنان ولیعهد مسلمانان هنگامی که او را پس از خود وصی‌وجانشین خود ساخت بر رعایای مسلمانان و ذمیان و حرم خدا وخزائن و زمین خدا که «آن را بهر کس ازبندگانش بخواهد میراث می‌دهد وانجام (نیك)

برای پرهیزکاران است.»[۱]

همانا امیرمؤمنان تورا وصیت می کند به‌پرهیزکاری خدا درهرسرزمین و فرمان بردنش دربارهٔ بندگان ؛ وتورا ازفسوس وپشیمانی و رسوایی رستاخیز بیم می‌دهد، پیش از رسیدن مرگ و انجام نیستی هنگامی که بگویی : پروردگار من ، «چرا تا مدتی نزدیك مرا مهلت ندادی»[۲] هرگز ، کجا تو را مهلت دهند با آنکه اجلت رسیده باشد و بگویی «پروردگارمن ، مرا بازگردان شاید که من کار شایسته انجام دهم»[۳] در آن زمان خانواده‌ات ازتوجدا می‌شوند و عملت بتو می‌رسد، پس می‌بینی «آنچه را دستهای تو پیش فرستاده»[۴] و دوپایت بدان‌شتافته، وزبانت آن را گفته ، و اعضایت برآن همداستان شده ، وچشمت بدان نگریسته ، وضمیرت آن را پذیرفته است: «پس برآن پاداش کامل داده شوی»[۵] اگر بد باشد ببدی ، واگرنیك باشد بنیکی . پس باید که پرهیزکاری خداشأن تو باشدوفرمان بردن او اندیشه‌ات . دردین خود از خدا یاری بخواه ؛ وبدان بخدا تقرب جوی ، ونفس خود را مؤاخذه کن ؛ وآن را بدست هوی‌مسپار . هرگز برکار بد اصرار مورز[۶] چه کسی سنگین بارترو گنه کارتر ومصیبت‌زده‌تر وسوگوارتر از تو نیست زیرا که گناهانت روی‌هم‌آمده وکارهایت انباشته شده ، چون خدا تورا سرپرست رعیت ساخته است تا درمیان آنان (حتی) دربارهٔ ذره‌ای داوری کنی ، پس‌همگی ازتوبازخواست می کنند وبرکارهای کارمندان ستمگر خود مجازات می‌شوی،چه خدا می گوید: «همانا تو مردنی‌ای وآنان‌نیزمردنیند. سپس شما روز قیامت نزد پروردگارتان خصمی‌می کنید»[۷].

گویا تورا می‌بینم که پیش روی خدای قهاربازداشت شده‌ای؛ ویاران تورا

۱ـ س اعراف ۷، ی ۱۲۸. ۲ـ س منافقون ۶۳،ی۱۰. ۳ ـ س مؤمنون ۲۳ ، ی۹۹ـ۱۰۰. ۴ـ س‌نبأ ۷۸،ی ۴۰ وچندجای‌دیگر. ۵ـ س نجم۵۳،ی۴۱. ۶ـن: وکاربدرا نابودساز . ۷ـس زمر۳۹، ی۳۰ـ۳۱.

رها کرده ؛ ویاوران تورا تسلیم‌نموده‌اند ؛ و لغزشها گردنگیرتو گشته ؛ و گناهان تورا گرفتارساخته است ؛ ترس برتو فرودآمده وناتوانی ازپایت درآورده است ؛ برهانت تباه گشته و چاره‌ات اندك شده است ؛ حقها را از تو گرفته ومردم تو را قصاص کرده‌اند. درروزی که هول آن سخت ومحنت‌آن عظیم است «دیدگان در آن خیره می‌شود»[1] (هنگامی که دلها) «آکنده از خشم نزدیك گلوها است . و ستمگران را نه‌خویشی است و نه‌شفیعی که مطاع باشد»[2] پس‌حالت درآن روز چه خواهد بود ، آنگاه که خلق با تو ستیزه کنند و حق (آنان) از تو گرفته شود ؛ هنگامی که نه نزدیکانی است تا تو را نجات دهند و نه‌خویشانی تا از توحمایت نمایند . درآن روز کیفر کردارها تعقیب شود و شفاعت پذیرفته نگردد و میزان عدل درمیان باشد وحکم قطعی صادرشود ؛ خدا گفته است « آن روز ستمی نیست همانا خدا تند حساب است»[3] پس برتو بادکه برای (نگهداری) دینت آماده‌باشی و برای (نجات) خودت کوشش کنی ، گردنت را (ازبند) رها کن و امروزت را غنیمت شماروازفردایت برحذرباش و ازدنیای خویش پرهیز کن ؛ چه‌آن دنیایی است فریبکاروهلاك سازنده . و باید که نیت خود را برای خدا راست گردانی ؛ و نیازت بوی بسیارباشد. وباید که‌دادگریت گسترش یابد وعدل تو همه رافراگیرد وازستمت در امان باشند . در میان رعیت به مساوات داوری کن و برای خشنود ساختن خدا کوشا باش ؛ ویاران خودرا ازدینداران برگزین و بهرهٔ مسلمانان را ازمالهاشان بده وخراج وغنیمتشان را بیدریغ بپرداز و مقرری آنان را مرتب برسان وخرجی سالانه وماهانه‌شان را زود پرداخت کن. شهرها وسرزمینها را با سبك کردن خراج معمورساز ومردم را با خوش رفتاری و حسن سیاست بصلاح آورو ازهمه‌کارهادرنظرت مهمترآن باشد که اطراف خود را حفظ نمایی ومرزها

۱ـ س ابراهیم۱۴ ،ی۴۲. ۲ـ س مؤمن۴۰،ی۱۸ . ۳ـس مؤمن۴۰،ی۱۷.

را مراقبت کنی ودر گسیل داشتن دسته‌های سپاه‌شتاب ورزی . از خدای عزوجل توفیق بخواه برای جهاد و حمایت دین او ونابود کردن دشمنش با پیروزی‌ای که خدا بمسلمانان می‌دهد «ودردین آزادشان می‌سازد»[1] و دراین راه‌جان و شرف و دارائیت را بده ودرشب وروزت به‌سپاهیانت رسیدگی کن ومراکز سواران و بار اندازهای سپاهیان رابشناس، وپناهندگی و جنبش ونیرویت بخدا ، و اعتماد و زورمندی وتوکلت براوباشد، چه او تورا کفایت می کند و بی‌نیاز می‌سازد ویاری می‌دهد واو کمك دهد ویاری کند بس است.

وپس از آن بوی دستورهایی داد که با (نوشتن)آنها کتاب طولانی می‌شودو بدینجهت بهمان صدروصیت اکتفا کردیم .

مهدی درمرگ منصورسخت بی‌تابی کرد و واردین بروی درآمدند و اورا تسلیت می‌دادند وهرگروهی آنچه می‌توانستند می گفتند تا آنکه شبیب‌بن شیبه درآمد و اورا تسلیت داد وسپس گفت: ای امیر مؤمنان ، خدا آنگاه که دنیا را بخش می کرد، جزبرتروبالاترآن را برای تو نپسندید ؛ پس‌جزمانندهمانچه‌خدا از دنیا برای‌تو‌پسندید،از آخرت برای خویش مپسند. وبرتوباد پیرهیزکاری خدا چه آن برشما فرودآمده، وازشما گرفته‌شده،وبشما باز گردانده شده است.

ربیع درغرهٔ محرم با کلیدهای خزینه‌ها رسید و مهدی درنیمهٔ محرم مردم را بارداد وربیع را فرمودتا دفترمالهای گرفته شده را بیاورد وپی‌هر کس که‌ابو- جعفرچیزی ازدارائیش راگرفته بود فرستاد واورا فراخواند وروی بآنان‌آورده گفت : همانا امیرمؤمنان منصوربه‌حکم‌آنکه خدا امورشمارا درعهدهٔ او نهاده و اداره کردن شما را ازوی خواسته بود ، چنانکه پدرمهربان صلاح‌اندیش فرزند خویش است، به‌صلاح شما اقدام می کرد و خیر اندیشی او برای شما از خودتان

۱ـ اقتباس ازآیهٔ ۵۵ س نور۲۴.

بیشتر بود و آنچه را شما خود برای خود حفظ نمی کنید، برای شما نگه می‌داشت وبدینجهت آن قسمت ازدارایی شما راکه بیم داشت (از دست شما) برود ، برای شما نگهداری کردو اینها مالهای‌شما است که شمارامبارك‌باشد، پس‌امیرمؤمنان‌را ازاینکه دررسانیدن این مالها بشمادیر کرد حلال کنید.

سپس دستوردادتا زندانیان طالبیان‌وجزآنان ازبقیهٔ مردم را در آوردند و آنان را آزاد کرد و فرمود تا جایزه‌هاوصله‌ها و مقرریهای کافی بآنها داده‌شود؛ سپس باقی‌مردم را آزاد کرد و کسی را آزاد نمی کرد مگرآنکه مناسب حالش بوی خلعت و جائزه می‌داد تا (نوبت) به عبدالله بن مروان رسید که از دوران ابوالعباس‌زندانی بود ، پس فرمود که او را رها کنند وده هزاردرهم‌بوی بخشید ؛ پس عیسی بن علی به او گفت که بیعت او در گردن مـا است و این مرد ولیعهد پدرش بود و تو خود داناتری و بمنشی من گوهری بخشیده بود کـه سی هزار ارزش داشت .

داستان گوهری که عیسی گفت آن بود که زن عبدالله‌بن مروان، ام یزید ، بامیدآنکه کسی پیدا کند و دربارهٔ شوهرش با وی سخن گوید ، به کوفه آمد و باو گفته شد که: کاش با عیسی‌بن علی سخن می گفتی. پس نزد منشی وی عباس بن یعقوب‌آمد وبا او سخن گفت و گوهری‌باوبخشید که نزد وی باقی مانده بود و از اوخواستار شد که دربارهٔ شوهرش با عیسی سخن گوید، اما او گوهر را گرفت وبا عیسی هم سخن‌نگفت.

عبدالله بن ربیع حارثی چون دید که مهدی مالها را ردنمود و زندانیان را آزاد کرد و بیمناکان را امان داد و ناداران را جائزه بخشید ، گفت : از منصور شنیدم که چون هنگام رفتن به‌مکه با مهدی وداع می کرد باو گفت : من مردم را سه صنف گذاشتم : ناداری که جز بدارائیت امیدوارنیست ، وبیمناکی که فقط بامانت امیدواراست ، وزندانی ای که جزازتوامیدفرج ندارد؛ پس‌هرگاه‌زمامدار

شدی طعم رفاه و آسودگی را بآنان بچشان،اما اندازه‌را نگهدار .

حارث‌بن‌عبدالرحمان برمهدی‌درآمد وازپیشامدمرگ‌منصور وخدعهٔ ربیع سخن‌بمیان‌آوردو گفت: تدبیری ازوی‌مشاهده کردم که هیچکس‌بدان راه‌نمی‌برد. گفت: چه تدبیری؟ گفت: چون منصوردر گذشت ، ربیع برادرت صالح را در صدر مجلس قرارداد و اورا بر همهٔ‌حاضران مقدم‌داشت ، وچون (منصور) بخاك سپرده شد [پسرت موسی راپیش داشت وببرادرت گفت] چون برادرت مهدی حاضرنبود تو(ازدیگران) بمقدم شدن سزاوارتربودی ، اما چون پدرت زیرخاك رفت وپدر این به خلافت رسید ، بیش از تو شایستگی مقدم شدن یافت . پس مهدی گفت : اگر کسی‌دستگاه خلافت را اداره می کند، بایدآن را مانندربیع اداره کند.

مهدی‌درسال۱۵۹ عیسی‌بن موسی‌را ازولیعهدی خلع کردوآن‌را بده‌میلیون درهم خرید وبرای پسرش موسی بولیعهدی‌پس از خود وسپس برای پسردیگرش هارون بولیعهدی پس ازموسی بیعت نمود.

مهدی درسال ۱۶۰[1] حج گزاردو کعبه را لخت کرد وجامه‌های مصری وخز ودیبابرآن پوشانید ودیوارهایش راازبالا تا پائین بمشك‌وعنبراندود وچون کعبه درکنارمسجد بود نه‌درمیان‌آن، دیوارهای مسجدالحرام را خراب کرد واضافاتی برآن افزودوخانه‌های مردم را خرید وصنعتگران ومهندسان را از هرشهری‌فرا خواندو به‌واضح غلام وهم عامل خود درمصر نوشت تا مالها به‌مکه حمل نماید و افزارها وطلا وسنگ مرمر وقندیلهای مورد نیاز را فراهم سازد و سپس آنها را حمل کرده‌به‌یقطین بن موسی و محمدبن عبدالرحمان تسلیم نماید ، وکعبه را در وسط قرارداد وازطرف کعبه تا باب صفا ۹۰ ذراع،و از کعبه تا باب بنی شیبه ۶۰ ذراع افزودومسجد را صدوبیست‌هزارذراع‌مربع، وطول‌مسجد را ازباب بنی‌جمح

۱ـ البلدان ص۷۹ ، درسال۱۶۴

تا باب بنی‌هاشم تا پای منارهٔ سبز چهارصد وچهارذراع قرارداد؛ وازستونهایی که ازراه دریا ازمصرحمل شده بود، چهارصدوهشتادوچهارستون در آن (کار گذاشت) که طول هرستونی ده ذراع بود وچهارصد ونود وهشت طاق وبیست وسه دربرای مسجد قرارداد و مهدی آخرین کس بود که بر وسعت مسجد الحرام افزود و دو منارهای را که میان آن دوومیان صفاومروه سعی می‌شودساخت ومیان آن دو[1] یکصدو دوازده ذراع فاصله بود، پس چون مسجد بجایی که اکنون دارد کشیده شد، فاصلهٔ میان صفا ومروه هفتصد وپنجاه وچهارذراع شد، ونیزمسجد پیامبر خدا را وسعت دادوباندازه‌ای که‌بودبر آن افزودوستونهای‌سنگ‌مرمروطلابدان حمل کرد وسقف‌آن را برافراشت وبیرون‌قبررا با سنگ مرمر پوشانید.

مهدی درسال ۱٦۳ دژ مرزی «حدث»[2] را ساخت و وسیله‌ای برای راندن دشمن ونیرومندی (مسلمین) بودچه رومیان بر«مرعش»[3] غارت بردند واسیر گرفتند و مردمی را کشتند، پس چون مهدی «حدث» را ساخت مرز نشینان کاملاً بدان منتفع شدند.

درهمین سال پسر خود هارون را بجهاد فرستاد و جماعتی از فرماندهان و سپاهیان همراه وی ساخت و خودتا «جیحان»[4] برای مشایعت وی بیرون رفت، پس هارون دراین غزوه «سمالو» وچندین قلعه را فتح کرد. سپس در سال ۱٦٤ او را برای جهادرهسپارقسطنطینیه ساخت ورومیان ازوی خواستار صلح شدند، پس با آنان صلح کردوبرگشت.

مهدی چون خبریافت که عقبة‌بن سلم‌هنائی مردمی ازربیعه راکشته است، اورا از(حکومت) یمامه وبحرین عزل کرد و گفت: خدا مرا نبیند که گناهش‌را

۱ـ یعنی فاصلهٔ میان هریك ازدومناره ویکی‌ازصفا ومروه . ر.ك. البلدان ص۷۹.

۲ـ که آن‌را برای‌سرخی خاکش «حمراء» نیز می‌گویند. ۳ـ شهری میان شام و بلاد روم که رشیدآن را احداث‌کرد. ۴ـ نهری درمصیصه درسرحدشام (مراصدالاطلاع).

بپذیرم وبکارش راضی‌باشم. پس چون عقبةبن سلم وارد شد، حسن‌بن قحطبه او را ملاقات کرد وباو گفت : ای‌عقبه خود را بآتش درآوردی! گفت : ای ابوالحسن با من بانصاف سخن نگفتی ، خود را بآتش در آوردم تا ننگ را از تو بردارم . و پسری ازمردم یمامه از(قبیلهٔ) ربیعه رسید که عقبةبن سلم پدروعمو و دو خالو و پنج برادرش را کشته‌بود، پس بردر(کاخ) مهدی بکمین او ایستاد و چون عقبه با موکب خویش‌می گذشت باکارد مسمومی او را زد و کشت‌وآنگاه که اورا گرفته نزدمهدی بردند و ازداستانش پرسید، داستان خود را برای مهدی گفت و مهدی می‌خواست او را رهـا کند ، امـا فرمانـدهـان بسخن آمـدند و گفتند : بخدا قسم از (کشتن) عقبه بروی قصاصی نیست ، لیکن اگر رها شود هر روز سگی ازسگها برفرماندهی می‌تازد واورا می کشد، پس مهدی دستورداد که اورا گردن زدند .

خراسان بهم‌خوردو(مردم) سغد وفرغانه‌شورش کردند ویوسف[1](معروف‌به) برم که مردی ازبستگان (قبیلهٔ) ثقیف بود، دربخارا بدعوت امر بمعروف ونهی‌از منکر خروج کرد وگروهی از مردم بپیروی او برخاستند و باپادشاه جنگید؛ و احمدبن اسد رهسپارفرغانه شد وفتح می کرد تا بکاسان[2] همان شهری که شاه در آن اقامت داشت رسید ؛ و یزیدبن مزید شیبانی[3] با یحیی خارجی نبرد می کرد پس مهدی باونوشت که با همراهان خود بجنگ یوسف «برم» باز گردد ومزیدبا یوسف روبروشد ومیان آن دو چندین زد و خورد روی داد و سپس یزید او را شکست دادپس پرچمی سرخ برافراشت وهرکس را زیرآن برودامان‌داد ویاران یوسف همگی درپای آن فراهم شدند ویوسف اسیرشدو اورا نزد مهدی فرستاد؛ پس چون درآمد با مهدی در سخن درشتی کرد و مهدی او را دشنام داد ؛ پس

۱ـ کامل ج۵ ص۵۴: یوسف‌بن‌ابراهیم . ۲ـ شهری بزرگ در اول بلاد ترکستان در ماورای‌نهر سیحون(مراصد). ۳ـ کامل: برادرزادهٔ معن‌بن‌زائده .

گفت: کسانت چه تو را بدادب کرده‌اند! پس‌وی‌را گردن‌زد و بدار کشید.

آنگاه به‌عمربن علاء که در طبرستان بود نوشت که رهسپار گرگان شود وهر که را از محمّره[1] (سرخ پرچمان) در آنجا باشد، پس از دعوت بفرمانبری بیرون کند، پس رهسپار گرگان شد و جمعیت محمره را پراکنده ساخت و عبدالقاهر[1] را کشت وجمع(شان) را درهم‌شکست.

مهدی برای دعوت پادشاهان باطاعت و فرمانبری نمایندگانی نزد آنان فرستاد وبیشترشان بفرمان وی درآمدند؛ ازجمله: پادشاه‌کابل‌شاه که باو«حنحل» گفته می‌شد؛ وسپهبد شاه طبرستان؛ واخشید شاه سغد؛ وشروین شاه طخارستان؛ وشیرشاه‌بامیان[2]،وفربران شاه فرغانه؛ وافشین‌شاه اسروشنه؛ وجیغویه‌شاه‌خرلخیه؛ ورتبیل شاه سیستان؛ وطرخان شاه ترك؛ و جهورن شاه تبت؛ ورای شاه سند؛ و فغفورشاه‌چین؛وابراح‌شاه‌هند که همان فوراست؛وخاقان‌شاه تغزغز.

مهدی،روح‌بن حاتم مهلبی را بحکومت سند برگزید و او هنگامی رسید که جتها درآنجا شورش کرده بودند و جزاندك زمانی (برسرکار)نماند که معزول شدونصربن‌محمدبن‌اشعث‌خزاعی‌حکومت‌یافت؛وسپس‌سندبه(حوزهٔ‌حکومت)محمد ابن سلیمان[3]بن علی هاشمی‌ضمیمه‌شدواوعبدالملك‌بن‌شهاب مسمعی را بکارحکومت سند گماشت و کمترازده[روز] برسرکاربودوآنگاه سند به‌نصربن محمدبن اشعث خزاعی بازگردانده شد[4]؛ سپس مهدی زبیربن عباس [از] اولاد قثم‌بن عباس بن عبدالمطلب را حاکم‌سندشناخت‌ولی‌زبیربسرزمین (سند) نرسید ومهدی‌مصح[5]بن عمرو تغلبی را باین سمت برگزید و تازه عصبیت در سند پیش آمده بود، پس

۱ـ تاریخ طبری ج ۶ ص۳۷۳ ؛ عبدالقهار. ۲ـ شهری و ناحیه‌ای میان بلخ و غزنه (مراصد). ۳ـ طبری؛ محمدبن سلیمان. معجم‌الانساب ص۴۱۶ ؛ اسحاق‌بن سلیمان از سال ۱۷۴ تا سال ۱۷۷. ۴ـ طبری؛ واودرسال۱۶۴ درسنددرگذشت. ۵ ـ تاریخ طبری ج۶ ص۳۷۹؛ سطیح‌بن‌عمرو. کامل‌ج۵ ص ۵۴؛ بسطام‌بن‌عمرو.

غلام خود لیث بن طریف را بر سرکار آورد و او بشهر منصوره آمد و یکماه آنجا اقامت گزید و جتها بسیار شده بودند، پس شمشیر در میان آنها نهاد و نابودشان ساخت.

مهدی در سال ۱٦٥ بقصد حج وارد بصره شد و خبر یافت که آب در راه کمیاب است پس منصرف شد و چون از بهم خوردگی سند اطلاع یافت لشکری ازبصره بکمك لیث فرستاد و خود بقصد مراجعت رهسپار بغداد شد و سپس بقصد شام بیرون رفت و در «بردان» اردوزد اما خبرمرگ عیسی بن علی بن عبدالله بن عباس رسید وبسوی بغداد بازگشت تا درتشییع جنازه‌اش حاضرشد وآن را پیاده تشییع کرد و سپس باردوگاه خود بازگشت ورهسپار شد تا بمرز رسید و آنگاه ببیت المقدس آمد و چند روزی اقامت گزید و برگشت و چون بناحیهٔ قنسرین رسید (قبیلهٔ) تنوخ با هدیه‌ها نزدوی آمدند و گفتند: ای امیرمؤمنان، ما دائیان توایم. گفت: اینان کیستند؟ گفتند: قبیلهٔ تنوخ، که نسبشان بقضاعه می‌رسد، وحالات و بسیاری جمعیتشان برای وی توصیف شد وباو گفتند که اینان همگی نصرانی‌اند: گفت: خوش ندارم که شما هم دائیان من باشید. و مردی از آنان مرتد شد پس گردنش را زدو(دیگران) ترسیدند وبر(دین) اسلام پایدارشدند.

عیسی بن موسی در سال ۱٦۷ درگذشت و مهدی پسرش موسی بن عیسی را بحکومت کوفه وآنچه زیردست پدرش بود منصوب کرد، و نیز یزیدبن منصور حمیری خالوی مهدی که عامل ابوجعفردریمن بود، مردومهدی بجای او رجاءبن سلام‌بن روح[بن] زنباع جذامی را بکار گماشت وسپس علی بن سلیمان‌بن علی بر سرکار رفت و همواست که مهدی باو نوشت تا غطریف بن عطاء برادر خیزران مادر پسرانش موسی وهرون را نزد وی فرستد وغطریف غلام مردی ازمردم جرش بود پس او را آزاد کرد و آنگاه برای نگهبانی و سرپرستی تاکستانها اجیر می‌شد

پس مهدی بعامل خود دریمن دستورداد که وی را بفرستد وحاکم یمن او را در تاکستانی دید که جبه‌ای پشمین پوشیده است، پس او را (لباس فاخر) پوشانیده وباوبخشش نمود واورا نزد مهدی فرستاد ومهدی‌هم مقام وی‌را بالابرد.

سپس علی ازکاربر کنارشدوعبدالله‌بن‌سلیمان [برسرکاررفت؛ سپس اورا هم برداشت] ومنصوربن یزیدبن منصورحمیری را بر سرکار آورد، سپس او را عزل کرد وعبدالله‌بن سلیمان‌بن علی را نصب کرد، واورا هم بر کنار کرد و بترتیب، سلیمان‌بن یزید حارثی، عبدالله‌بن‌محمدبن ابراهیم زینبی خواهرزادهٔ سلیمان، ابراهیم‌بن‌سلیمان‌عبدی،غطریف‌بن‌عطاءخالوی‌موسی‌وهارون،وسپس ربیع‌بن‌عبدالله حارثی را برسرکارآورد.

مهدی دستورداد تا باج بازارهای بغداد را جمع آوری کنند و برآنها باج نهادوسعید حرشی‌را براین‌کار گماشت ونخستین بارباج‌بازارهای بغداد برای‌مهدی جمع‌آوری‌شد.

گفته می‌شود که مردی نزد مهدی بر خاست و گفت: ای امیر مؤمنان، نصیحتی دارم. گفت: سخن چین وبدگوی مردم، ازآن که سعایت وبدگوئیش را می‌پذیرد، رسواترونکوهیده‌ترنیست؛ و بدگوئیت بیکی از دو جهت است: یا آنکه‌برنعمتی رشک می‌بری پس‌ما خشم‌تورا درمان نمی کنیم؛ یا باکسی‌دشمنی داری، باز هم دشمنت را برای خاطرت عقوبت‌نخواهیم‌کرد. سپس روی بمردم آورد و گفت: باید اعلام‌کنم که هیچکس بجز آنچه خشنودی خدا و صلاح مسلمانان‌درآن باشدبرای‌ماخیرخواهی‌ونصیحت‌نکند، چه بدنها در دست ماست،و دلهادردست‌مانیست وهرکس‌خودرا ازماپوشیده داردواورسوا نخواهیم ساخت؛ و هرکس‌خودرا باماآشکارسازدازاو توبه‌خواهیم خواست؛ وکسی که نسبت بماخطا ورزد لغزش اورا خواهیم بخشید، همانا من ادب کردن باگذشت را رساترمی‌دانم تا ادب کردن با شکنجه را؛ و سلامت باگذشت بیشتر است از سلامت [با]

انتقام ؛ ودلها طرفدارزمامداری نمی‌ماند که هر گاه ازوی مهربانی خواسته شود، مهربانی نورزد ؛ وهر گاه قدرت یابد نبخشد ؛ وهر گاه ظفریابدنیامرزد؛ وهر گاه برحم دعوت شود رحم نکند ؛ و کسی که رحمش اندك باشد و درانتقام سختگیری کند، دشمنی اوقطعی ودشمنان اوبسیارخواهند بود.

مهدی درتعقیب زندیقان و کشتن آنان اصرارورزید تاآنکه مردم‌بسیاری‌را کشت وبوی خبررسید که منشی اوصالح بن ابی عبیدالله زندیق است ، پس او را فراخواند وچون درستی آنچه دربارهٔ او شنیده بود ، نزد وی بثبوت رسید از وی توبه خواست پس گفت : ازعقیده‌ای که دارم برنمی گردم و بجز آن نیازی ندارم. پس مهدی[ابو] عبیدالله را فرمود تا برخیزد و گردنش را بزند و او هم برخاست وشمشیر را گرفت و آنگاه بپسرش نزدیك شد ، لیکن چون شمشیر را بلند کرد بر گشت‌و گفت : ای امیرمؤمنان ، من شنوا وفرمان پذیربرخاستم ، اما همانچه مرد را دربارهٔ فرزندش فرا می گیرد ، مرا فرا گرفت . مهدی وی را فرمود تا بنشیند وسپس دستورداد که گردنش را پیش‌روی اوزدند وسپس نامه‌ای را بر وی املا کرد و اوبپسر کشتهٔ خود می‌نگریست . سپس مهدی گفت : اگر کشته شدن دشمن خدارا که باوکافربود، خوش نداری ، پس خدایت دور کند .

وچون ابوعبدالله برخاست کسی از اهل مجلس گفت : گمان ندارم که این (مرد) هر گز دلخوش گردد . گفت : من‌هم بخدا قسم دربارهٔ وی‌چنین گمان می‌برم واو(درعقیده) بپسرش نزدیك است. سپس خشم مهدی بروی پیش آمد ویعقوب‌بن داود را بجای وی قرارداد .

صالح‌بن عبدالقدوس را نیزنزد وی‌آوردند و ازاو توبه‌خواست وتوبه کرد ، اماچون ازنزدمهدی بیرون‌رفت این گفتاراورا به‌مهدی رساندند:

والشیخ لایترك اخلاقه حتی یواری فی‌ثری رمسه

« پیر مرد خوهای خود را رها نمی کند ، تا آنکه در زیر خاك نمناك

گورش پنهان کرده شود» گفت: بازهم چنین می گویی! پس او را باز گرداند و گردنش را زدوازوی توبه‌نخواست.

درسال ۱۶۸ مردم حوف درمصر شورش نمودند و موسی‌بن‌مصعب عامل مصر برسرایشان رفت وباآنان نبردی سخت کرد وپرچمدارش که هاشم‌بن‌عبدالرحمان ابن‌حدیج سکونی‌بود،علم را سرنگون کردوبهزیمت رفت ومردم حوف برموسی‌بن مصعب‌ناختند واورا کشتند؛ پس‌مهدی فضل‌بن‌صالح هاشمی‌را بحکومت‌مصرمنصوب کرد واوپس ازمرگ مهدی واردمصرشد.

در آغاز خلافت مهدی، معاویة بن عبدالله معروف به ابوعبیدالله مولای اشعریان وزیر و همه کارهٔ اوبود، سپس برخیانتی از وی وقوف یافت و یعقوب‌بن داود را بجای اوقرارداد ویعقوب (مردی) نیك رفتار، پاك سرشت، دوستدار خیر وخوش روش بود ونیکی بسیار می کرد، سپس اورا عزل کردو بروی خشم گرفتو بزندانش انداخت و همچنان زندانی بود تا مهدی مرد، و بجای وی محمدبن لیث «صاحب‌البلاغه» را نهاد وعلی‌بن یقطین و حسن بن راشد کارهای او را بدست داشتند.

رئیس پلیس مهدی نصر بن مالك بود و آنگاه که نصر مرد برادرش حمزة ابن مالك را بجای وی نهاد، و سپس او را عزل کرد و عبدالله بن مالك را برسر کارآورد.

رئیس نگهبانان وی محمدبن‌ابراهیم[بود] سپس‌اورا بر کنار کرد و بجای وی ابوالعباس طوسی را نهاد. حاجب مهدی غلامش ربیع‌بود.

قضات مهدی عبارت بودند از: ابن علاثهٔ عقیلی، وعافیة‌بن یزید ازدی، و بر کوفه شریك‌بن عبدالله، وبربصره عبیدالله‌بن حسن عنبری، و برمدینه عبدالله بن محمد بن عمران تیمی و او نخستین قاضی بود که در مدینه از طرف خلیفه‌ای قضاوت کرد، وبرمصرعبدالله‌بن لهیعهٔ حضرمی، سپس ابن‌الیسع کندی‌ازمردم کوفه

را بکار گماشت، و پس ازوی غوث‌بن سلیمان حضرمی از مردم‌مصررا، و سپس مفضّل ابن فضالهٔ قتبانی‌را.

درپایان سال ۱۶۸ و آغاز ۱۶۹ مردم به‌وبا و بسیارمردن و تاریکی و خاك سرخی که آن را دربسترها وبرروهای خود می‌یافتند، گرفتارشدند.

مهدی یازده شب گذشته ازمحرم سال ۱۶۹ ازبغداد رهسپار عراق عجم شد ودرقریه‌ای بنام« رذ » از قرای ماسبذان فرودآمد وبرای شکاربیرون رفت و تمام روزش را سرگرم تعقیب شکار بود و سگها(ی‌شکاری) بتعقیب آهویی شتافتند و مهدی هم بدنبال‌آهو همچنان می‌تاخت تا آنکه آهو بدرون ویرانه‌ای جست و سگها درپی او تاختند واسب مهدی اورا در پی آهو بدرون (ویرانه) کشید ودر ویرانه اورا صدمه زدوبسراپرده‌اش حمل گردید وهشت روزمانده ازمحرم[سال] ۱۶۹ درچهل وهشت سالگی در گذشت.

حکایت شده است که مهدی‌بامدادی به‌علی‌بن یقطین وجماعتی ازهمنشینان خود گفت : امروز بامداد گرسنه‌ام. پس نانی‌و گوشت سردی برای‌وی آوردند و خورد ودیگران هم با او خوردند. سپس گفت : من دراین اطاق می‌روم و در آن می‌خوابم پس مرا بیدار نکنید تا خودم بیدارشوم. آنگاه باطاق‌رفت و خوابید و آنان هم در ایوان خوابیدند وجز با صدای گریهٔ وی از خواب نپریدند . پس با شتاب نزد وی رفتند واحوال پرس‌وی شدند. گفت: آنچه‌من‌دیدم شما هم دیدید؟ گفتند: ما که‌چیزی ندیدیم. گفت: پیرمردی راکه اگر اورا میان صدهزار(نفر) ببینم می‌شناسم، دیدم که بازوی‌در این اطاق‌راگرفت‌و گفت:

کانّی بهذا القصرقد باداهله و اوحش منه‌ر کنه ومنازله
وصارعمیدالقصرمن‌بعدبهجة و ملك الی قبرعلته جنادله
فلم یبق الا ذکره و حدیثه تنادی‌علیه معولات حلائله

«گویی این کاخ را (می‌بینم)که اهل آن هلاك شده‌اند ، و عمارت و

خانه‌هایش خالی مانده ، و سرور کاخ (نشین) پس از خوشی و پادشاهی بگوری منتقل شده که سنگهای آن براوبارشده است ، پس جزیادی و داستانی از او باقی نمانده وزنانش با صدای بلند بروی شیون می کنند».

مهدی پس ازاین (پیشامد) جزده‌روز(زنده) نماند تا بدرود زندگی گفت و خلافتش ده‌سال و یکماه و بیست و دو روز بود و پسرش علی‌بن ریطه بروی نماز گزارد ودر«رذ» بخاك سپرده شد وهشت پسربجای گذاشت: موسی، هارون، علی، عبیدالله، اسحاق، یعقوب، ابراهیم‌و منصور.

دردوران مهدی‌درسال ۱۵۹ یزیدبن منصورحمیری برای مردم حج گزارد؛ درسال ۱۶۰ خودمهدی و دستورداد تا بروسعت مسجدالحرام و مسجد رسول خدا افزوده شد؛ درسال ۱۶۱ موسی‌بن مهدی؛ درسال ۱۶۲ ابراهیم‌بن جعفربن‌ابی‌جعفر؛ درسال ۱۶۳ علی‌بن مهدی که مادرش ریطه دختر ابوالعباس‌است.

درسال ۱٦٤ مهدی خود بقصد حج بیرون رفت و چهار منزل از کوفه دور شد وخلقی عظیم همراه وی‌بودند، پس مردم بتشنگی گرفتارشدند واز کم آبی راه خبر یافت وازعقبه[1] بازگشت وصالح‌بن ابی‌جعفربامردم حج گزارد.

درسال ۱٦٥ صالح‌بن‌ابی‌جعفر؛ درسال ۱٦٦ محمدبن ابراهیم‌بن محمدبن‌علی؛ درسال ۱٦۷ ابراهیم بن‌یحیی‌بن محمدبن علی ؛درسال ۱٦۸ علی‌بن مهدی.

دردوران مهدی غزوه‌هایی بدین‌شرح روی داد:

در سال ۱۵۹ رومیان تا سمیساط آمدند و مردمی بسیار اسیر گرفتند ، پس غلام خود صفیررا برسر آنان فرستاد تا مسلمانان را رهایی داد ؛ و عباس‌بن محمد مردم را بجهاد برد و تا آنقره رسید، درسال ۱٦۰ ثمامة‌بن ولیدعبسی بجهادرفت.

درسال ۱٦۱ عیسی‌بن علی بجنگ رومیان رفت وسپاه‌روم‌باوی روبرو شدند واورا محاصره کردند.

۱ـ منزلی‌درراه مکه بعدازواقصه وپیش‌ازقاع.

درسال ۱٦۲ حسن‌بن قحطبهٔ طائی فرماندهی داشت .

درسال ۱٦۳ هارون‌بن مهدی بجهادرفت وسمالورا فتح کرد.

درسال ۱٦٤ نیزهارون تا خلیج قسطنطینیه‌پیش‌رفت.

درسال ۱٦٦ ثمامةبن ولید.

درسال۱٦۷ فضل‌بن صالح .

درسال۱٦۸ محمدبن ابراهیم.

فقهای دوران مهدی عبارت بودند از:

محمد بن عبدالرحمان بن ابی ذئب ، ابراهیم بن محمد بن ابی الحسن ، سعید بن عبدالعزیز جمحی ، عبدالعزیز بن ابی حازم ، عبدالحمید مدنی ، یونس ابن ابی اسحاق سبیعی ، حجاج بن ارطاة نخعی ، سفیان بن سعید ثوری ، شریك ابن عبدالله نخعی ، یحیی بن سلمةبن کهیل ، سلمةالاحمر، ابراهیم‌بن سعد زهری، ابو مخنف لوط بن یحیی ، سفیان بن حسن حمّانی[1] ، جعفر بن عتاب ، یحیی بن ابی زائده ، علی بن مسهر، محمدبن‌مروان سدی، زیادبن ابی طفیل ، عبدالرحمان ابن مالك ، مالك‌بن فضیل ، ابو محمدبن [......] محمدبن جابریمامی ، ابواشهب جعفر بن حیان عطاردی ، سلمة بن علقمه ، سعید بن ایاس، خالد بن دینار ، جریربن حازم ازدی ، شعبة بن حجاج ، حمادبن سلمه ، مهدی‌بن میمون، موسی‌بن علی‌بن رباح ، عبدالله‌بن لهیعه، جعفربن غطریف ، بقیةبن ولید حمصی ، عبدالسلام ابن عبدالملك دمشقی .

۱ـ بنی‌حمان‌بن سعد قبیله‌ای‌بودند که محلهٔ «حمان» بصره بنام‌آنهانامیده شد.

دوران موسی بن مهدی

بیعت برای هادی موسی بن محمد مهدی که مادرش کنیزی بنام خیزرانه بود، درماسبذان بانجام رسید وخودش در گرگان بود و برادرش هارون برای او بیعت گرفت وپیشامد را باونوشت و فرستاده که نصیرخادم بود هشت روز پس از مرگ پدرش نزد وی رسید.

خورشید درآن روز در ۱۷ درجهٔ اسد بود، و قمردر۲۲ درجه و ۳۰ دقیقهٔ اسد، وزحل در۱ درجه و۴۰ دقیقهٔ دلو درحال رجوع، ومشتری در ۱٤ درجه و ۳۰ دقیقهٔ عقرب، ومریخ در۲۸ درجه و۵۰ دقیقهٔ سرطان، و زهره در ۸ درجه و ۳۰ دقیقهٔ سنبله، و عطارد در۹درجه و۵۰ دقیقهٔ سنبله، ورأس در ۲۹ درجه و ۱۵ دقیقهٔ میزان.

هادی پس از سه روز از گرگان رهسپار عراق شدو در عیساباد که مهدی آن را ساخته بود وخود موسی آن را بانجام رسانید، فرود آمد وهمانجا منزل داشت ودایی خود غطریف بن عطاء را والی خراسان و مضافات آن قرار داد و هنگامی که غطریف وارد خراسان شد اوضاع (سیاسی) آرام و (مردم) آسوده و پادشاهان سربفرمان بودند، اما دراثر کارهای زشت وناتوانی وزبونی اوشهرها بهم خورد و جماعتی از طالبیان بجنبش آمدند و بشاهان اطراف پناهنده شدند، پس آنان را پذیرفتند و نوید یاری و مساعدت دادند؛ و جهت آن بود که موسی در تعقیب طالبیان اصرارورزید وآنان را سخت ترسانید ومقرریها و بخششهایی را که

مهدی بآنان می‌داد، همه را قطع کرد وباطراف‌واکناف نوشت که آنان را تعقیب کرده نزد وی فرستند، پس چون بیم آنان بسختی کشید و بسیاری بتعقیبشان برخاستند و تحریك (مردم) علیه ایشان بسیارشد، شیعه و جز آنان دست بدامن حسین‌بن علی‌بن‌حسن‌بن‌حسن‌بن حسن‌بن علی‌بن ابیطالب شدند و اوروشی‌پسندیده داشت وباکمال وبزرگواربود، پس باو گفتند: اکنون تو مرد خاندان خودی و ترس‌وگرفتاری خود وخاندان وشیعیانت را می‌بینی. گفت: من وخاندانم یاورانی بدست نمی‌آوریم تا درمقام انتقام گرفتن برآئیم. پس مردمی‌بسیاراز کسانی که در موسم حج حاضربودند با وی بیعت نمودند وبآنان گفت: شعار میان ماآن باشد که مردی فریاد کند «من‌رأی الجمل‌الأحمر» لیکن جز کمتراز پانصد نفر برای وی فراهم نیامد وآن درسال ۱۶۹ پس ازبرگزاری موسم (حج) بود، پس سلیمان بن ابی‌جعفر و عباس بن محمد بن علی و موسی بن عیسی درفخ بـا وی روبرو شدند و همراهانش بهزیمت رفتند وپراکنده گشتند وحسین‌بن‌علی وجماعتی از خاندانش کشته شدند[1] ودایی اوادریس‌بن عبدالله‌بن‌حسن بن‌حسن‌بن علی گریخت و رهسپار مغرب شد وبرناحیه‌ای نزدیك اندلس بنام فاس دست یافت و مردم آنجا بروی همداستان شدند وبگفتهٔ مردم مغرب موسی کسی نزدوی فرستاد که او را بازهری درمسواك ازپا درآورد[2] وپس ازمرگ وی ادریس بن ادریس جای او راگرفت و تا امروز فرزندان وی در آن ناحیه‌اند و حکومت آن سرزمین را از یکدیگر میراث می‌برند.

در حکومت ربیع بن عبدالله حارثی مولای موسی (هـادی، اوضـاع) یمن بهم‌خورد، پس حصین‌بن کثیرعبدی را برسرکارفرستاد و سپس او راهم برداشت و بجای او ایوب بن جعفر هاشمی را بکار گماشت، سپس ربیع بن عبدالله حارثی

۱ـ ر.ك. مقاتل‌الطالبیین‌ص۴۳۱ـ۴۶۰.

۲ـ شهادت‌ادریس را درزمان هارون وبدستور وی‌نوشته‌اند .ر.ك. مقاتل‌الطالبیین‌ص۴۸۷ـ۴۹۱.

به حکومت آن ناحیه جز صنعاء باز فرستاد و درتمام دوران موسی وضع آن‌بلاد آشفته بود.

فضل‌بن صالح وارد مصر شد و بهیچکس از مردم حوف که موسی بن مصعب عامل مهدی را کشته‌بودند کارنگرفت و آرامشان ساخت وازتعقیب آنان صرف‌نظر کرد وجزاندکی نماند که دحیة‌بن اصبغ‌بن عبدالعزیز درناحیهٔ اهناس[1] ازقریه‌های صعید مصربا انبوهی ازمردم خروج کرد و ازطریق راهزنی وایجاد ناامنی (برآن ناحیه) دست یافت و باج می‌گرفت، پس فضل بن صالح فرماندهی بنام سفیان و مردی از اهل فیّوم معروف به عبدالله بن علی مرادی را فرستاد تا درجایی بنام صحرای بویط[2] [بادحیه] روبرو شدند و با وی بنبرد ایستادند تادحیه بهزیمت رفت و در قرموسی که همان کورهٔ کوزه پزی است داخل شد، پس او را اسیر گرفتند و نزد فضل آوردند تا او راگردن زد و بدار آویخت و سرش را نزد موسی فرستاد.

میان موسی و برادرش (هارون) کدورتی پیش‌آمد و تصمیم‌گرفت تا او را خلع کند و پسر خود جعفررا ولیعهد قراردهد وفرماندهانی را بدان دعوت نمود، پس بیشترشان مخالفت کردند وچنان صلاح دیدند که این کار را نکنند وبرخی‌از آنان (پیشنهاد وی‌را) استقبال و تصمیم او را دراین کار تأیید کردند و باو اعلام داشتند که صلاح کشورنیست که هارون خلیفه باشد ویکی ازکسانی که در خلع هارون کوشش فراوان داشت ابو هریره‌محمدبن فروخ ازدی یکی از فرماندهان ازد بود وموسی او را با سپاهی انبوه فرستاده بود تا سپاهیان جزیره وشام و مصر و مغرب را فرا خواند و مردم را بخلع هارون دعوت نماید و هرکس امتناع

۱ـ مراصدالاطلاع، گویند حضرت مسیح دراین قریه تولد یافته است.
۲ ـ مراصد الاطلاع، بویط؛ بضم‌باء وفتح واو، قریه‌ای است درمصر نزدیك بوصیر و قریه‌ای دیگر درمصر در ناحیهٔ سیوط که بویطی صاحب شافعی از آنجا است.

ورزد شمشیر درمیان آنان گذارد، پس رهسپارشد تا به‌رقه رسیدو آنجا ازمرگ موسی خبر یافت.

موسی یحیی‌بن برمك را گرفت وزندانی کرد وچندین بار می‌خواست او را بکشد. بعضی از بزرگان مرا حدیث کرد که یحیی بن خالد گفت: موسی مرا بسبب رشید و پرورش دادن من او را و ارتباط من با او زندانی کرد چه رشید نوزادی بود که بما سپرده شد و ازپستان زنان ما شیرخورد و در دامن ما تربیت شد، پس موسی بمن گفت: خبر یافته‌ام که تو هارون را شایستهٔ خلافت وخود را لایق وزارت می‌دانی، بخدا قسم که پیش ازآن، تو واورا می کشم. آنگاه مرا دراطاقی تنگ که قادر نبودم پای خود را درآن درازکنم حبس کرد وچندروزی (بدان‌حال) ماندم تا شبی همانطور که درزندان بودم ناگاه درها بازشد و با خود گفتم: بیاد من افتاده و می‌خواهد مرا بکشد. و گفتگوی خدمتگزاران را شنیدم و ازآن بیمناك شدم؛ پس درِ اطاقم بازشد وشهادت می گفتم که بمن گفتند: این بی‌بی است، ومقصودشان خیزران بود، پس بیرون رفتم و ناگاه او را بر در ایستاده دیدم وبمن گفت که این مرد امشب آرام است وگمان می کنم مرده باشد بیا و او را بنگر. پس بی تابی و نگرانی من فزون گشت و گفت: همان است که می گویم، پس‌آمدم و او را رو بدیوار یافتم که مرده است، و آنگاه نزد هارون رفتم تا اورا ازجایی که درآن زندانی بود در آوردم و فرماندهان در بامداد فردا بیعت کردند و تدبیر کشور بدست من افتاد.

وزیروچیره بر موسی فضل‌بن ربیع بود، و رئیس پلیس او عبدالله بن خازم تمیمی، سپس او را عزل کرد وعبدالله‌بن مالك خزاعی را بر سرکار آورد؛ رئیس نگهبانان وی علی بن عیسی‌بن ماهان و حاجب او فضل بن ربیع بود و چهارده ماه خلافت کرد وچهارده شب گذشته از ماه ربیع‌الاول سال ۱۷۰ در سن ۲۶ سالگی

درگذشت و برادرش هارون بر وی نماز گزارد و در عیساباد بخاك سپرده شد و هشت[1] پسر داشت: جعفر، اسماعیل، عبدالله، سلیمان، عیسی، موسی اعمی، وپس از او عباس برای وی تولد یافت.

در حکومت هادی در سال ۱۶۹ سلیمان بن ابی جعفر برای مردم حج گزارد.

۱ـ ب، ن، هفت.

دوران هارون رشید

رشید هارون بن محمد مهدی که مادرش خیزران بود در همان روزی که برادرش موسی در گذشت، چهارده شب گذشته از ماه ربیع الاول سال ۱۷۰ و از ماههای عجم در ایلول بخلافت رسید و خورشید آن روز در ۲۰ درجهٔ سنبله بود، و قمر در ۲۵ درجه و ۵۰ دقیقهٔ حوت، و زحل در ۱۱ درجهٔ دلو در حال رجوع، و مشتری در ۱۷ درجهٔ قوس، و مریخ در ۲۸ درجه و ۱۰ دقیقهٔ قوس، و زهره در ۵ درجه و ۴۰ دقیقهٔ سنبله، و رأس در ۸ درجه و ۶ دقیقهٔ میزان.

مأمون در همان شبی که رشید در آن شب بخلافت رسید تولد یافت و باو مژده دادند و برای همین او را مأمون نامید؛ و محمد بن هارون شش ماه پس از او تولد یافت.

رشید در همان شبی که خلافت یافت موسی بن عیسی را فرستاد تا برای مردم حج گزارد، پس بر آن شد که خود بیرون رود و آنگاه رهسپار شد و او را در راه دریافت وحج را بپای برد و مردم مکه و مدینه را بخششهای بسیار داد و در میان آنان مالهایی بخش کرد و سپس باز گشت و در ماسبذان بر سر قبر مهدی رفت و برای او مالهای بسیار تصدق داد و آنرا همه ساله مرسوم کرد.

فضل بن یحیی را والی خراسان کرد و فضل رهسپار خراسان گردید و طالقان را که مردم آن سر بمخالفت برداشته بودند فتح کرد و خاقان ترک نیز با سپاهی عظیم بجنگ وی شتافت و با سپاه فضل روبرو شد و جنگ میان آن دو

بسختی درگرفت ، پس ضربتی بروی خاقان ترك وارد شد و تسلیم گردید و فضل لشکرش را مستأصل نمود و اموالش را غنیمت گرفت . شاعر در این باره گوید :

للفضل یوم‌الطالقان و قبله یوم اناخ به علی خاقان
ما مثل یومیه‌اللذین توالیا فی غزوتین توالیا یومان

«فضل را (دو روز است) روز طالقان و پیش ازآن، روزی که در آن روز برخاقان حمله برد. دوروز متوالی او را که دوغزوهٔ متوالی درآن بانجام رسید ، مانند نیست».

یحیی‌بن عبدالله‌بن حسن‌بن حسن به‌خراسان گریخته و داخل سرزمین دیلم شده بود ، پس هارون نامه‌ای تهدید آمیز به شاه دیلم نوشت و یحیی را از او خواست و او هم در تعقیب یحیی بر آمد و چون یحیی چنان دید از فضل امان خواست ، پس او را امان داد و نزد رشید فرستاد و رشید او را زندانی کرد و همچنان درزندان ماندتا وفات کرد وبقولی گماشتهٔ هارون‌چندروزبوی غذانداد‌تا ازگرسنگی مرد[۱] .

مردی ازموالی بنی‌هاشم‌مراخبردادو گفت:من درهمان‌خانه‌ای که یحیی‌بن عبدالله بود، زندانی بودم و پهلوی همان اطاقی بودم که یحیی در آن اطاق جای داشت وبسا که ازپشت دیواری کوتاه با من سخن می گفت ، پس روزی بمن گفت که نه‌روزاست بمن خوراك‌وآب نداده‌اند . و چون روزدهم شد خادم گماشته بر اوداخل شد واطاق را تفتیش کرد و جامه‌های اورا ازتنش درآورد وسپس شلوار اورا بازکرد وناگاه چشمش ببندی نی‌افتاد که آن را درزیرران خودبسته‌بودو درآن‌روغن گاوی‌بود که‌اندك‌اندك آن‌را می‌لیسید ورمقی‌پیدا می کردوچون آن‌را

۱ـ ر.ك.مقاتل‌الطالبیین ص ۴۶۳ـ۴۸۶.

گرفت پیوسته پا بزمین می‌سائید تاجان داد .

ابوجمیل مرا حدیث کرد و گفت : در دوران مأمون رهسپار بصره شدم و خادمی در کشتی باما سوارشد و بما می گفت که او ازخدمتگزاران رشید است ، سپس داستان یحیی بن عبدالله را و اینکه خود کشتن او را در عهده داشته است مانند همانچه گفته شد ، برای ما بیان کرد ، پس چون شب رسید مردی که در کشتی بود بر سر او رفت و همچنانکه کشتی می‌رفت او را در آب انداخت تا غرق شد .

هارون درسال ۱۷۵ برای پسرش محمد که پنج‌ساله بود بولیعهدی پس از خودبیعت گرفت‌وبرانجام آن‌بمردم‌بخششهای فراوان کرد ومحمد رانزدفرماندهان بیرون فرستاد تا برمخده‌ای ایستاد و خدا را ستود و بر پیامبرش درود فرستاد . آنگاه عبدالصمد بن علی ایستاد و گفت : ای‌مردم ، کودکی (وکمی) سن شما را فریب ندهد چه این‌درخت مبارکی است که بیخ آن استواروشاخهٔ‌آن درآسمان است.[1] ومردان‌بنی‌هاشم دراین باره سخن می گفتند تا مجلس برگزارشدودرهمها و دینارها و نافه‌های مشک وتخمهای عنبربرسرآنها نثار گردید.

هارون،سالم‌یونسی‌مولای اسماعیل‌بن علی‌را بجای لیث مولای‌امیرالمؤمنین بکار (حکومت) سند گماشت ؛ سالم روشی پسندیده در پیش گرفت اما چیزی نگذشت که‌اسحاق‌بن‌سلیمان‌بن علی‌هاشمی را برسرکارفرستاد واو که مردی پارسا بودوارد سند شد ، سپس اورا هم عزل کرد و طیفوربن عبدالله بن منصور حمیری را برسرکارآورد ، پس جنگی در میان یمنیها و نزاریها درگرفت وطیفور،جابر ابن اشعث طائی را بفرمانداری (قسمت) باختری نهر (سند) و مکران فرستاد ؛ سپس سعیدبن سلم‌بن قتیبه را والی (سند) قرارداد واو برادر خود کثیربن سلم را

۱ـ اقتباس ازآیهٔ ۲۴ س ابراهیم۱۴.

فرستاد، اما کثیر بدرفتاری نمود و مورد نکوهش بود، ورشید سند را درعهدۀ عیسی ابن جعفربن منصور نهاد وعیسی محمدبن عدی ثعلبی را بحکومت آنجا فرستاد و چون از راه رسید (کار خود را) با عصبیت و زورگویی و قبیله‌ها را بجان هم انداختن آغاز کرد وبقصدملتان ازمنصوره بیرون رفت، پس مردم ملتان بروی وی ایستادند و با او نبرد کردند تا او را شکست دادند و آنچه اسلحه همراه داشت بغارت بردند و او خود بی‌آنکه بچیزی بازنگرد روبگریز نهاد تا به‌منصوره رسید و (دشمنی و) عصبیت میان یمنیها و نزاریها استوار و پیوسته گشت. پس رشید عبدالرحمان [.....] وسپس ایوب بن جعفر بن سلیمان و پس از او در سال ۱۸٤ داودبن یزیدبن حاتم مهلبی را بحکومت سند برگزید وداود برادرخود مغیره را برسرکارفرستاد، پس نزاریها سربلند کردند وتصمیم گرفتند که آن بلاد را بچهار بخش کنند، ربعی برای قریش وربعی برای قیس و ربعی برای ربیعه، ویمنیها را بیرون کنند؛ وچون مغیره ازراه رسیدمردم‌منصوره دروازه‌ها را بستند و اورا از ورود (بشهر) مانع شدند مگر آنکه با آنان عهد کند که در میان ایشان اعمال عصبیت نکند یا هم‌همگی ازشهر بیرون روند و او درآید و هر کس رمقی داشت بیرون رفت و مغیره بشهر در آمد و بر نزاریان بیداد می کرد پس با وی نبرد کردند و او را درهم شکستند وداودبن یزید چون خبر یافت خود رهسپارشد و از راه رسیده شمشیر درمیان آنان نهاد و ازنزاریان مردمی بسیار کشت ورهسپار منصوره شد وبیست روز با آنان جنگید و چندین ماه جنگها میان آنان پیوسته بود، سپس بدیگرشهرهای سند روی نهاد وپیوسته فتح‌می کرد وویران‌می‌ساخت‌تا آنکه کاملاً بر آن‌بلاد تسلط یافت.

هارون، سلیمان بن ابی جعفر را والی دمشق کرد، پس مردم دمشق بجهت کوزۀ بلوری که در محرابشان بود بروی تاختند وبیرونش کردند وهرچه داشت بغارت بردند.

و مردی از بنی مره که او را عامربن عماره[1] می‌گفتند و ابوالهیذام کنیه داشت درسال ۱۷۶ درحوران [دمشق] خروج کرد و یمنیها را کشت ، پس رشید سندی‌وجماعتی از فرماندهان‌را بسوی‌آنان فرستادتا ابوالهیذام را کشت وجمعش را پراکنده ساخت و هارون خود بقصد شام بیرون آمد و چون از کشته شدن ابوالهیذام خبر یافت بطرف مرز رفت و هرثمة بن اعین را بجنگ رومیان فرستاد.

هارون درسال ۱۷۱ دستور داد (شهر) طرسوس ساخته شود و بنای آن را محکم ساخت و برای آن پنج دروازه و پیرامون آن ۸۷ برج قرار داد، و رودخانه‌ای بزرگ که روی‌آن پلها بسته شده ازوسط آن می گذشت و ساختمان آن بردست ابوسلیمان مولای هارون‌آغاز گردید، سپس هارون بقصد حج به‌عراق بازآمد وجعفربن یحیی‌بن خالدرا [بفرماندهی] شامات وجزیره جانشین گذاشت، پس درحمص عصبیت آشکارشد وجعفربن یحیی برفرازمنبررفت و خطبه خواند و خدا را ستایش کرد و برمحمد درود فرستاد وضمن سخنرانی طولانی خود گفت: ای مردم شام شما را ازعواقب سرکشی و از کیفرناسپاسی نعمتها وگرفتاری بهر محنتی که موجب پشیمانی است ، بیم می‌دهم ، چه خوشبخت آن کس است که بواسطهٔ دیگری خوشبخت گردد و بدبخت‌آنکس است که خود بدبخت گردد و دیگری باو موعظه شود ، و فریب خورده کسی است که خردش را فریب رسد، و گرفتار فتنه کسی است که در دینش بفتنه افتد ، ومحروم کسی است که از بهرهٔ پروردگارش محروم بماند؛ و زیانکار کسی است که آخرتش را بدنیا و آینده‌اش را بامروزش بفروشد ، وتنها بندگان دانشمندخدایند که از او می‌ترسند و خدا از میان بندگانش تنها بخردمندان بخشش کرده است.

۱- بن خریم‌بن ناعم‌بن عمروبن حرث‌بن خارجة بن سنان‌بن ابی حارثة بن مرة بن نشبة‌بن غیظ‌بن مرة‌بن عوف‌بن سعدبن ذبیان‌بن بغیض‌بن ریث‌بن غطفان مری.

ولیدبن طریف حروری درسال ۱۷۹ درجزیره خروج کرد و عبدالملك بن صالح‌را که والی جزیره وقسمتی ازشام بود دررقه محاصره کرد؛ پس رشیدموسی ابن خازم تمیمی را با سپاهی فرستاد و موسی از ولید شکست خورد، آنگاه‌معمر ابن عیسی عبدی را فرستاد و میان آندو جنگهایی روی داد سپس معمر در گیرو دار جنگ در گذشت و یزیدبن مزید شیبانی بجنگ ولید شتافت و یك روزباوی نبرد کرد وسپس روزدوم باو گفت : ای ولید خود قدم بمیدان جنگ نه تا مردم میان من و تو کشته نشوند. ولید بجنگ وی شتافت و یزید او را کشت و سرش را جدا کرد و آن را نزد رشید فرستاد و یارانش پراکنده شدند ؛ سپس گروهی از آنان همراه مردی بنام خراشه فراهم آمدند و خود را بطرف جزیره نزدیك دیارربیعه کشیدند.

یزید بن حاتم مهلبی از زمان منصور تا دوران رشید پیوسته فرمانداری افریقا داشت ، سپس در گذشت و پسر خود داود بن یزید بن حاتم را بحکومت آفریقا جانشین گذاشت اما داود در میان آنان دادگری نکرد و با وی بجنگ برخاستند و اورا هزیمت کردند پس رشید روح‌بن حاتم مهلبی را برسر کارآورد وروح وارد افریقا شد و مردم را آرام ساخت ، سپس مرد و رشید نصر بن حبیب مهلبی را بکار گماشت وسپس او را عزل کرد وفضل‌بن روح را حکومت داد، پس عبدالله‌بن جارود بر او تاخت و مردم مغرب با وی همداستان شدند و با فضل نبرد کردندوسپاهیان‌اورا (کشتند)[1] و برخود اودست یافتند وخود ویارانش را زندانی کردند وعبدالله‌بن‌جارود بر اوضاع مسلط گردید.پس فضل امان خواست‌و نیز در-خواست کرد تا چندحاجت اورا که نام‌بردبرآورند، درخواستهای اوهمه باجابت رسید وخبرش را نزدرشید بردند .

۱- ب، ن .

رشید هرثمة بن اعین را برای سرکشی و اصلاحات به شام و مصر و مغرب فرستاد و او هم مرتب ناحیه بناحیه را می‌گشت و اصلاحاتی را که در نظر داشت انجام می‌داد تا آنکه درسال ۱۷۹ به‌مصر رسید و آنان بر عامل خود شوریده بودند.
هرثمه رهسپار مغرب شد و چون به‌طرابلس مغرب [رسید] حقوق عقب ماندهٔ سپاهیان آنجا را پرداخت وهمه را امان داد تا درسال ۱۷۹ وارد قیروان گردید و مردم را امان داد و آرامشان ساخت و در یکی از نواحی جمعی بروی خروج کردند، پس سپاهی بر سرایشان فرستاد وآنان را پراکنده ساخت. هرثمه (در مغرب) ماند تا آنجا را اصلاح کرد و سپس به‌مصر باز آمد و آنجا اقامت گزید تا اوضاع مصرهم روبراه شد وهر کس را صلاح دانست از آنجا تبعید کرد و سپس بازگشت.

رشید محمد بن مقاتل [عکی] را والی افریقا ساخت [پس تمام‌بن تمیم تمیمی براو تاخت تا اورا [در] قیروان محاصره کرد وسپس مردم قیروان دروازه را برای تمام گشودند تا وارد شهر شد ومحمدبن مقاتل از وی امان خواست و او را امان داد. ابن‌مقاتل [بسوی] عراق رهسپار گردید وتمام برآن سرزمین تسلط یافت، سپس مردم خراسان و مردم شام بر وی حمله بردند و با او جنگیدند و از ایشان شکست خورد و ابراهیم‌بن اغلب رسیدومردم مغرب اورا بحکومت‌خویش برگزیدند و بخوبی بر اوضاع مسلط شد و رشید که خبر یافت فرمان حکومت افریقا را بنام وی نوشت وبا یحیی‌بن‌موسی کندی برای وی فرستاد.

ابراهیم‌بن اغلب‌بن سالم یکی ازسپاهیانی بود که از مصربه‌افریقا فرستاده شدند و رئیس پلیس والی افریقا بود، پس چون (محمد) ابن مقاتل درگذشت و ابراهیم کار حکومت افریقا را بدست گرفت، بر اوضاع مسلط شد و مردم آنجا بفرمان وی درآمدند و (پیش‌از آن) همه ساله ششصد دینار از مصر برای حاکم افریقا فرستاده می‌شد، پس ابراهیم بن اغلب به‌رشید نوشت که بدون این پول

افریقارا اداره می کند ورشید هم حکومت‌رابوی سپرد وحکومت اووفرزندانش تا امروزدوام یافت.

رشید مولای خود عباس‌بن سعیدرا والی یمن قرارداد ، پس مردم یمن از دست وی بفریاد آمدند و رفتارهای زشتی ازوی‌نقل شد، پس رشید اورابرداشت و بجای وی ابراهیم‌بن محمدبن ابراهیم امام را برسرکارآورد ، سپس او را هم‌عزل کرد وعبدالله مصعب زبیری‌را بکار گماشت، پس‌اورابرداشت واحمدبن اسماعیل‌بن علی را بجای‌وی‌نهاد، سپس اورا عزل کرد ومولای خود حماد بربری‌راحکومت یمن‌داد، پس حماد برمردم یمن‌بیداد کردوبرآنان سخت گرفت .

درسال ۱۷۹ هیصم‌بن[عبدالمجید] همدانی دریمن شورید و برآن (ناحیه) تسلط یافت وپناهگاهش در کوهی بنام «مسور»[۱] بود وعمربن ابی‌خالدحمیری که در عشّتان[۲] اقامت داشت و صباح که مقیم ناحیه‌ای بنام حراز[۳]بود ، با وی همراه بودند ، و باحماد بربری روبرو شدند و میان آن دو جنگهایی روی داد که بیست وچند هزارازمردم درآنها کشته شدند و حماد عمربن ابی‌خالد را اسیر گرفت و او را نزد رشید فرستاد وجنگ میان حماد وهیصم نه‌ماه ادامه یافت، سپس مردی ازمردم بومی نزد حماد آمد و بوی خبرداد که هیصم از قلعهٔ خود فرود آمده و بمنظور تجسس اخبار بهیئتی ناشناس بیکی ازقریه‌ها رفته است ، پس همراه وی فرماندهی را بنام حراد بآن قریه فرستاد تا هیصم راگرفت ، هیصم گفت : بخدا قسم کشته شدن چیزی است که آن را ناپسند نمی‌شمارم ، و مردان جز برای مرگ و کشته‌شدن‌آفریده نشده‌اند. پس حماد او را بر شتری سوار کرد و وارد صنعاء کردوسپس اورا نزد رشیدفرستاد وضمن اشعاری‌طولانی‌برای وی سرود:

فشفا ما لاشهته النفس تعجیل الفراق[۴]

---

۱ ـ بر وزن منبر ۲ ـ شهری در سرزمین صعده. ۳ ـ مخلافی در یمن نزدیك زبید . ۴ـ ب، ن ، فشفاء مالا تشتهیه النفس تعجیل‌الفراق

«درمان آنچه نفس خواستار آن نیست، بشتاب جدا شدن است».

رشید هیصم را فراخواند ودستورداد تا اورا گردن زدند .

آنگاه حماد بربری بکار صباح پرداخت و صباح بزاری خواستار امان شد و حمادوی را امان داد ، وبقولی اورا امان نداد بلکه اورا اسیر کرد و با ششصد مرد ازهمراهان هیصم نزد رشید فرستاد تا همه‌شان را گردن زد و هیصم و صباح را با هم بدار آویخت .

حماد بربری سیزده سال دریمن برسر کاربود و اهل یمن را بسختی شکنجه داد تاآنجا که گروهی از ایشان رشید را که در مکه بود ندا کردند که : ای امیرمؤمنان. ما بخدا و بتو [پناه می‌بریم] حماد بربری را اگر می‌توانی ازسرما بردار. پس گفت : نه، آفرینتان مباد. و (این) حماد غلام هارون بود که او را در آغازخلافت خود آزاد کرد ، سپس رشید حماد را عزل کرد و بجای وی عبدالله ابن مالك را برسر کارآوردوتامرگ هارون با روشی ستوده ورفتاری نیك‌همچنان دریمن فرمانروا بود .

وفات موسی بن جعفر علیه‌السلام

موسی‌بن‌جعفربن‌محمدبن علی‌بن‌حسین‌بن علی‌بن‌ابی‌طالب که مادرش کنیزی بنام‌حمده‌بود، درسال۱۸۳ درپنجاه‌وهشت سالگی‌وفات کرد،ودربغداد نزدسندی‌بن شاهك درحبس هارون بود، پس مسرور خادم را خواست و فرماندهان و منشیان و هاشمیان وقضات وهرکس راکه از طالبیان در بغداد بود ، حاضر کرد و سپس (جامه) ازروی وی بر گرفت وبآنان گفت : آیا این (مرد) را می‌شناسید؟ گفتند : چنانکه باید اورا می‌شناسیم، این موسی‌بن جعفراست. پس‌هارون گفت: آیااثری وچیزی که دلیل کشته شدن باشد در(بدن) اومی‌بینید ؟

گفتند : نه . سپس او را غسل دادند و کفن کردند و بیرون آوردند و در طرف غربی مقابرقریش دفن کردند .

موسی‌بن‌جعفر (علیه‌السلام) ازپرعبادت‌ترین مردم بود وازپدرش روایت‌می کرد.

حسن‌بن اسد گفت: ازموسی‌بن‌جعفرشنیدم که می گفت : ما اهان‌الدنیا قوم قط الا اهنّأهم‌الله ایاها وبارك‌لهم فیها ؛ و ما اعزّها قوم قط الا نغّصهم‌الله ایاها .

«هرگزمردمی دنیارا خوارنداشتند مگر آنکه خدا آن را برآنان گوارا ساخت وایشان را درآن برکت داد؛ وهرگزقومی دنیارا عزیزنداشتندمگرآنکه خدا آنرا برایشان ناگوارساخت».

وفرمود:ان‌قومایصحبون‌السلطان یتخذهم‌المؤمنون کهوفا فهم‌الا منون یوم القیامة، ان کنت‌لأری فلانا منهم.

« همانا مردانی همراه شاه می‌شوند و مؤمنان آنان را پناه خود قرار می‌دهند، آنهایند که روزرستاخیزدرامانند وفلانی را ازایشان گمان‌می‌برم» .

ونزد وی نام بعضی ستمگران برده شد ، پس گفت : اما والله لئن عزّ بالظلم فی‌الدنیا لیذلّنّ بالعدل‌فی‌الآخرة.

« هان بخدا سوگند که اگر در دنیا بستمگری عزیز شده است ، البته در آخرت بعدالت (خداوندی)خوار گردد».

و در زندان به‌موسی بن جعفر گفته شد : کاش بفلانی نوشته بودی تا دربارهٔ توبارشیدسخن‌می گفت. پس گفت: حدثنی ابی عن‌آبائه ان‌الله عزو جل اوحی الی داود: یاداود انه ما اعتصم عبدمن عبادی باحد من خلقی دونی عرفت ذلك منه الاّ وقطعت عنه اسباب‌السماء واسحت[2] الأرض‌من‌تحته .

« پدرم از پدرانش مرا خبر داد که خدای عز وجل به‌داود وحی کرد : ای

۱ـ ن ، بنغضهم. ۲ـ ب، ن ، اسخت.

داود، نشد که بنده‌ای از بند گانم مرا رها کرده بکسی از آفریده‌های من توسل جوید و اورا چنان بشناسم مگر آنکه دست وی را از وسیله‌های آسمانی کوتاه کردم و زمین را زیر (پای) او فرو بردم».

و موسی بن جعفر گفت: حدثنی ابی ان موسی بن عمران قال: یا رب ای عبادک شر؟ قال: الذی یتهمنی. قال: یارب و من عبادک من یتهمک؟ قال: نعم الذی یستجیرنی[1] ثم لایرضی بقضائی.

«پدرم مرا خبر داد که موسی بن عمران گفت: ای پروردگار من، کدامیک از بندگانت بدتر است؟ گفت: آنکه مرا متهم می‌کند (بمن بدگمان است). گفت: ای پروردگار من، مگر در بندگانت کسی هست که تو را متهم کند؟ گفت: آری آنکس که از من فریادرسی می‌خواهد[2] سپس بحکم من راضی نمی‌شود.

موسی بن جعفر را هجده پسر و بیست و سه دختر بود، پسران (عبارت بودند از): علی رضا، ابراهیم، عباس، قاسم، اسماعیل، جعفر، هارون، حسن، احمد، محمد، عبیدالله، حمزه، زید، عبدالله، اسحاق، حسین، فضل و سلیمان.

موسی [بن] جعفر وصیت کرد که دخترانش شوهر نکنند و هیچیک از آنان شوهر نکرد مگر ام سلمه که در مصر با زدواج قاسم بن محمد بن جعفر بن محمد در آمد و در این باره میان قاسم و خویشانش جریان سختی پیش آمد تا آنجا که قاسم قسم خورد که جامه از وی دور نکرده و جز آنکه او را به حج برد منظوری نداشته است.

رشید در همین سال ۱۸۳ برای پسرش (عبدالله) مأمون بولیعهدی پس از محمد بیعت کرد و از همهٔ مردم حتی بازاریها برای وی بیعت گرفت و میان بیعت [برای مأمون] و بیعت برای محمد هشت سال (فاصله) بود. رشید مأمون و محمد را

۱ـ ن، یستخیرنی.   ۲ـ ن، آنکس که خیر خود را از من می‌خواهد.

نزد فقهـا و محدثـان می‌فرستاد و از آنان (فقه و حدیث) فرا می‌گرفتند و علمای کلام و اهل استدلال را برای آن دو حاضر می‌کرد و محمد کند ذهن و مأمون خوش حافظه بود.

رشید در سال ۱۸٤ بر کارمندان و کشاورزان و دهقانان و دهداران و خریداران غلات و اجاره کاران که بدهکاریهای روی هم آمده داشتند، سخت گرفت و عبدالله بن هیثم بن سام[1] را مأمور مطالبه از ایشان کرد؛ پس عبدالله برای وصول مطالبات مردم را بانواع شکنجه‌ها عذاب می‌داد.

رشید در همین سال سخت بیمار و مردنی شد، پس فضیل بن عیاض بر وی در آمد و مردم را دید که بابت باج در شکنجه‌اند، پس گفت: شکنجه را از ایشان بردارید چه من از (حدیث) پیامبر خدا شنیدم که می‌فرموده است: من عذّب الناس فی الدنیا عذبه الله یوم القیامة، «هر کس مردم را در دنیا شکنجه دهد، روز رستاخیز خدا او را شکنجه خواهد داد.» پس (رشید) دستور داد تا شکنجه از مردم برداشته شود و از آن سال شکنجه برداشته شد.

رشید در سال ۱۶۸ در رافقه اقامت گزید تا بنای آن را بانجام رسانید و در همان سال حج گزارد و محمد و مأمون و اشراف بنی‌هاشم و فرماندهان و منشیان همراه وی بودند و از اینان حتی یکنفر که نام و منزلتی داشته باشد بجا نماند. رشید به مدینه آمد و مردم مدینه را سه عطیه[2] و پوشاکهای بسیار بخشید، سپس به مکه رفت و چنان نکرد، و چون به مکه رسید بالای منبر رفت و خطبه خواند سپس فرود آمد و داخل کعبه شد و محمد و مأمون را فراخواند و عهدنامهٔ محمد را بر وی املاء کرد و محمد عهدنامه را نوشت و او را بر آنچه در آن است سوگند داد و عهد و پیمانها بر وی گرفت و با مأمون نیز چنان کرد و مانند آن (عهد و پیمانها را)

۱ـ ن، سلم.   ۲ـ خود یکی و امین یکی و مأمون یکی (کامل).

بروی گرفت .

نسخهٔ (عهد)نامه‌ای که‌محمد به خط خود نوشت این‌بود:

بنام خدای بخشایندهٔ مهربان. این(عهد) نامه‌ای است برای بندهٔ خدا امیر [مؤمنان] هارون که محمد پسر هارون در حال تندرستی و کمال عقل و صحت تصرفاتش آن‌را نوشت : همانا امیرالمؤمنین هارون مرا به‌ولیعهدی خود برگزید وبیعت مرا درگردن همهٔ مسلمانان قرارداد و بارضا وتسلیم و رغبت من بی هیچ کراهتی ، برادرم عبدالله پسر امیرالمؤمنین را پس از من بولیعهدی و خلافت (وسرپرستی) همه‌کارمسلمانان‌برگزید و اورا درحال حیات وپس ازمرگ خود والی خراسان و (سرپرست) مرزها و بخشها (و شهرها) و استانها (و لشکرها) و خراج و(ادارهٔ) طراز[1] وبرید[2] و بیت‌المالها وزکاتها و ده‌یك وعشرها و توابع آن قرارداد،ومن هم متعهد شدم که درآنچه امیرالمؤمنین هارون ـ از بیعت وعهد و ولایت و خلافت وتصدی امور مسلمانان ـ پس از من برای برادرم عبدالله‌مقرر داشت وفادارباشم‌وآن را بوی واگذارم ونیزحکومت خراسان و توابع آن‌وآنچه امیرمؤمنان تیول وی ساخته ویا ازمزرعه‌ها و املاك خود باو بخشیده است یاهر مزرعه وملکی که خود خریده باشد و هم‌آنچه از مال و زیور وگوهر و اثاث و پوشاك و بردگان ، کم یا بیش در زندگی خود باو داده است (اینها همه) ازآن برادرم عبدالله پسرامیرالمؤمنین وباووا گذار است ومن خود یك‌یك اینها را بنام و نشان می‌شناسم که از چه‌نوعی و درکجا واقع است ، هم من و هم برادرم‌عبدالله پسرهارن. پس اگر ما را در چیزی از این امور اختلافی پیش آید، دراین‌باره قول قول برادرم عبدالله است وچیزی کم یا بیش ازمالش ونه از

۱ـ طراز وخطبه وسکه ازتشریفات ونشانه‌های خلافت بوده است . طراز همان نشان رسمی است‌که پیش ازاسلام نیزدرایران وروم معمول بوده وامپراتوران‌وپادشاهان روی لباسهای مستخدمین دولتی، نام پادشاه ویا علامت آن‌دولت را می‌زدند.

۲ـ برید درآن‌زمان اداره‌ای بوده است شامل پست‌وبازرسی وخبرنگاری وکارآگاهی وجاسوسی.

حکومت خراسان وتوابعش نخواهم کاست و چیزی ازاینها را ازوی دریغ نخواهم داشت و [دیگری را بجای وی] نخواهم گرفت و او را خلع نخواهم نمود و از همهٔ مردم هیچکس را در ولیعهدی وخلافت بروی مقدم نخواهم داشت و درجان وخون وامورخصوصی وعمومی وحکومت واموال وتیولها ومستغلاتش، مکروهی بروی وارد نخواهم ساخت وبهیچ وسیله‌ای [چیزی‌را] بروی دگرگون نخواهم کرد و احدی ازمنشیان وکارمندان وکارگزاران اوراکه همراه وی‌شده‌ونزد او اقامت گزیده‌اند، درحکومت خراسان‌وتوابع آن وجز آن ازآنچه امیرالمؤمنین هارون درحال حیات وتندرستی خود باو واگذاشته است ازجمع‌آوری (خراج) ومالهاوطرازوبرید وصدقات[وده‌یك] وعشرها وجزآن ازامورمربوط به‌حکومت خراسان، حساب نخواهم کشید وکسی را هم بدان امرنمی کنم و دیگری رادر این کارآزاد نمی گذارم ودردل ندارم که ازاین باب چیزی دربارهٔ وی انجام دهم وبتیول او چشم ندارم (وخواهـان بریدن از اونیستم) و چیزی را از آنچه امیر المؤمنین هارون هنگام زندگی وخلافت وسلطنت خود برای وی‌قرارداد است، ازهمه‌آنچه دراین(عهد) نامه‌ام نام بردم وازبیعتی که برای او برمن‌وبرهمهٔ‌مردم گرفته‌است، کم‌نکنم‌وهیچکس‌رادرخلعش ومخالفتش آزادنگذارم‌و دراین‌باره‌از احدی‌ازمردم‌سخنی‌نشنوم ودرنهان وآشکاربدان رضاندهم‌ودرباره‌اش‌سهل‌انگاری رواندارم‌وازوی‌تغافل‌نورزم‌وازهیچیك‌ازبندگان‌نیکوکاروبدکار،راستگوودروغگو، خیرخواه وخیانتکار، نزدیك ودور، ونه‌ازهیچیك ازفرزندان آدم، ازمردوزن،در هیچیك‌ازکارها،پنهان‌وآشکارش‌وحق‌وباطلش[وباطن] وظاهرش،ونه‌درهیچ‌راهی‌از راهها بمنظور تباه کردن چیزی از آنچه برای عبدالله پسر امیرالمؤمنین هارون ملتزم شده‌ام ودراین(عهد) نامه‌ام برخود شرط کرده و واجب ساخته‌ام و بعنوان شرط نام برده‌ام، مشورتی وراه چاره‌ای و مکری نپذیرم و اگر کسی از مردم دسته جمعی یا تنها، پنهان یا آشکارا، خواست بدی یا مکروهی (باورساند) یا

خلعش کند یا با وی بجنگد یا بر جان و خونش یا حرمش یا مالش یا سلطنت یا حکومتش دست یابد ، همانطور که از خود و جان و خون و مو و پوست و حرم و سلطنت خود دفاع می کنم ، او را یاری دهم و حفظ کنم و از وی دفاع نمایم و لشکرها را بکمك وی گسیل دارم و علیه هر که او را برنج اندازد و با وی مخالفت کند ، یاریش دهم و تازنده‌ام پیوسته در دفاع از یکدیگر همداستان باشیم و دست از یاری او باز ندارم و او را وانگذارم و رها نکنم و اگر مرگ هارون فرا رسد و من و عبدالله یا یکی از ما دو نفر در حضور امیرالمؤمنین باشیم یا هردومان غایب بودیم، چه با هم باشیم و چه ازهم جدا، و عبدالله بن هارون در خراسان بر سر کار حکومت خود نباشد ، عبدالله پسر امیرالمؤمنین هارون را بر من حقی است که او را به خراسان فرستم و حکومت آنجا و همهٔ توابع و استانها (ولشکرها)ی آن را بوی واگذارم و حکومت او را بتعویق نیندازم و او را نزد خود و نه در هیچ‌ناحیه‌ای جز خراسان نگاه ندارم و در فرستادن او به حکومت بر خراسان و [بر] همهٔ توابع آن چنانکه در کار خود مستقل و همه کار آن نواحی بوی واگذار باشد ، شتاب ورزم و نیز آن کسانی را که [امیر] المؤمنین همراه وی ساخته است از فرماندهان و سپاهیان و ملازمان و منشیان و غلامان و خدمتگزاران وی و هر که از هر صنف مردم همراه وی باشد، همه را با مالها و خانواده هاشان همراه وی سازم و کسی از ایشان را از همراهی وی باز ندارم و احدی را در هیچ قسمتی از حکومت شریك وی نگردانم و نه امینی و نه منشی و خزینه داری نزد وی نفرستم و در کم و بیش جلوگیر او نشوم و امیرالمؤمنین هارون و عبدالله بن هارون را بر آنچه برای آن دو ملتزم شدم، یعنی همهٔ آنچه نام بردم و در این (عهد) نامه نوشتم عهد و میثاق خداست و ضمانت امیرالمؤمنین و ضمانت خودم [و ضمانت پدرانم] و ضمانت مؤمنین، و سخت‌ترین عهدها و پیمانها و سوگندهای مؤکد که خدا بر پیامبران و فرستادگان و همهٔ مردم گرفته ، و وفای بآنها را واجب ساخته

وازشکستن و تغییر وتبدیل آنها نهی فرموده است.

پس اگرمن چیزی‌را ازآنچه برای‌هارون‌وبرای عبدالله پسرامیرالمؤمنین هارون تعهد کردم، نقض کنم یا تغییر وتبدیل دهم یا بگذرانم [در دلم که چیزی را از آنچه برعهده دارم نقض کنم] یا ازکسی از مردم بپذیرم، پس از خدا [وازسرپرستی خدا و ازدین خدا وازمحمد پیامبرخدا] بیزارباشم و کافرومشرك بخدا [روزرستاخیز باوی روبروشوم] وهرزنی که امروزدارم یا تا سی سال دیگر تزویج کنم البته سه‌طلاقه باشد بطلاق حرمت وسنت،وبنذر برمن واجب است که سی‌حج‌پا برهنه وپیاده رهسپاربیت‌الله‌الحرام شوم [چنانکه خداجز وفای باین نذر را ازمن‌نپذیرد، وهرمالی که امروزدارم یا تاسی‌سال‌مـالك‌شوم پیشکشی‌است که بایدبکعبهٔ حرام برسد] و هربرده‌ای که امروز دارم یا تا سی‌سال (دیگر) داشته باشم درراه خدای عزوجل‌آزاد است.

وهرچه را برای امیرالمؤمنین‌وعبدالله پسرامیرالمؤمنین هارون تعهد کردم وبرای‌آن دونوشتم وشرط کردم و برآن سوگند خوردم ودراین(عهد) نامه‌ام نام بردم، وفای بآن برمن واجب است وغیرازآن را در دل ندارم و جزآن را نیت نمی کنم پس اگرجزآن را دردل گرفتم یا نیت کردم، همهٔ این عهدها وسوگند های محکم [مرا] لازم و برمن واجب‌است وفرماندهان امیرالمؤمنین وسپاهیانش ومردم نواحی وشهرها وعموم مسلمانان ازبیعت وخلافت وولیعهدی من بیزارند و آنان را رواست که مرا خلع کنند و ازمقام حکومت برخود برانند تا یکی از رعایاوچون مردی ازتودهٔ مردم باشم وآنگاه مرا برایشان حقی وحکومتی نیست وبیعت من درگردن ایشان نخواهد بود و ازسوگندهایی که بامن داشته‌اندآزاد و دردنیا وآخرت ازوزرووبال آنهاآسوده خواهندبود.

این(عهد) نامه را محمد بن هارون با خط خود نگاشت وسلیمان پسرامیر-

المؤمنین منصور وعیسی بن جعفر[وجعفر بن جعفر] و عبدالله[1] بن مهدی وجعفر پسر امیرالمؤمنین موسی واسحاق بن عیسی بن علی و عیسی پسر امیرالمؤمنین موسی و اسحاق پسر امیرالمؤمنین موسی و احمدبن اسماعیل بن علی و سلیمان بن جعفر بن سلیمان وعیسی بن صالح بن علی وداودبن عیسی بن موسی، و داودبن سلیمان بن جعفر ویحیی بن عیسی بن موسی ویحیی بن خالدوخزیمة بن خازم وهرثمة بن اعین وعبدالله بن ربیع [وفضل بن ربیع] وعباس بن فضل وقاسم بن ربیع ودقاقة بن عبدالعزیز وسلیمان بن عبد [الله بن اصم ... و محمدبن عبد] الرحمان قاضی مکه و عبدالکریم حجبی و ابراهیم بن عبدالرحمان حجبی و ابان مولای امیرالمؤمنین و حارث مولای امیرالمؤمنین و خالد مولای امیرالمؤمنین و محمدبن منصور و اسماعیل بن صبیح (بر آن) گواه شدند ودر ذی‌حجهٔ سال ۱۸۶ نگارش یافت.

نسخهٔ (عهد) نامه‌ای که عبدالله پسر امیرالمؤمنین در خانهٔ (کعبه) بخط خود نوشت:

بنام خدای بخشایندهٔ مهربان. این (عهد) نامه‌ای است برای بندهٔ خدا [هارون] امیرالمؤمنین که آن را عبدالله پسرامیرالمؤمنین هارون در حال کمال عقل وصحت تصرفات و حسن نیت درآنچه دراین(عهد) نامه‌اش نوشت، با شناسایی مزیت ومصلحتی که برای وی و برای خاندانش وعموم مسلمانان درآن است، برای وی نوشت: همانا امیرالمؤمنین در سلطنت خود، ولیعهدی وخلافت و همهٔ کارهای مسلمانان را پس از برادرم محمد پسر امیرالمؤمنین هارون، بمن واگذاشت و مرا درحیات وپس ازمرگ خود برمرزهای خراسان وبخشها وهمهٔ توابع آن در آنچه مربوط بزکاتها وده‌یك [وعشرها] وبرید وطراز و جزاینها است، حکومت داد وبرمحمد پسرامیرالمؤمنین هارون شرط کرد که باآنچه از خلافت وحکومت

۱ــ ن، عبیدالله.

بربندگان وسرزمینها پس از او، و ازحکومت خراسان و همهٔ نواحی آن برای من قرارداده است ، وفادارباشد وبچیزی از مزرعه‌ها واملاك وخانه‌ها وزمینهایی که امیرالمؤمنین تیول من ساخته یا برای من خریده است یا آنچه خود از اینها برای خود خریده باشم و هم‌آنچه امیرالمؤمنین هارون از اموال و گوهر وجامه واثاث وچارپایان بمن بخشیده است، تعرض نکند و ار ملازمان من حساب نکشد وهرگز کسی ازایشان را تعقیب نکند ونه‌برمن و نه‌برهیچیك از ملازمان و بستگان‌وکارمندان ومنشیان‌ویاوران من ازهمهٔ‌مردم، مکروهی نه‌درجان‌وخون ونه درموو‌روی پوست ونه‌در کوچك وبزرگ وارد نسازد.

پس (برادرم) باینها ملتزم گشت و بدان اقرار کرد و عهدنامه‌ای نوشت و خود را بدان متعهد ساخت و امیرالمؤمنین هارون بدان راضی شد و حسن نیت وی را دانست ، من نیزبرای بندهٔ خدا امیرالمؤمنین هارون تعهد کردم و خویش را ملتزم ساختم که ازمحمد[پسر] امیرالمؤمنین بشنوم و او را اطاعت کنم و از وی نافرمانی نکنم و خیرخواه وی باشم و با او خیانت نورزم وبه‌بیعت و خلافتش وفادارباشم وبی‌وفایی وعهد شکنی نکنم ونوشته‌ها و فرمانهایش را بکاربرم و نیك او را یاری دهم وازوی پشتیبانی کنم و تا هنگامی که برای من بآنچه با من و با بندهٔ خدا امیرالمؤمنین هارون تعهد کرده و بدان راضی شده و من هم آن را پذیرفته‌ام، وفادارباشد وچیزی ازآن را کم نکند ونیزازاموری که امیرالمؤمنین برای من بروی شرط کرده است ، چیزی کسر نگذارد ، درقلمرو خود با دشمن وی بجنگم ، پس اگرمحمد پسر امیرالمؤمنین بسپاهی نیاز داشت و بمن فرمانی نوشت تا آن سپاه را نزد خودش یا بناحیه‌ای از نواحی یا (بر سر) دشمنی از دشمنانش[که با وی‌درافتاده‌است]ومیخواهد از(قلمرو)سلطنتی که امیرالمؤمنین هارون‌بماسپرده ودردست ما نهاده است چیزی کم کند، گسیل دارم باید که‌فرمان وی را بکاربرم و با او مخالفت نورزم ودرانجام دادن دستوری که بمن نوشته‌است

کوتاهی نکنم. و اگر محمد پسر امیرالمؤمنین خواست که مردی از فرزندان خود را پس از من ولیعهدی دهد، مختار است اما تا هنگامی که بآنچه امیرالمؤمنین هارون برای من قرار داده و [برای من] بر وی شرط کرده و او خود دربارهٔ من بدان ملتزم گشته است، وفادار باشد، و در این صورت برمن است که آن را بکار برم و بدان وفا کنم و تغییر و تبدیلش ندهم و نه کسی از فرزندان خود و نه نزدیك یا دوری از همهٔ مردم را پیش از او مقدم ندارم مگر آنکه خود امیرالمؤمنین هارون کسی از فرزندان خود را پس از من [ولیعهدی] دهد که در آن صورت بر من و محمد وفای بدان لازم است و من برای امیرالمؤمنین هارون و برای محمد پسر امیرالمؤمنین متعهد شدم که تا هنگامی که محمد پسر امیرالمؤمنین برای من بهمهٔ آنچه امیر المؤمنین هارون برای من شرط کرده و آنچه امیرالمؤمنین بمن بخشیده یعنی همهٔ آن چیزهایی که در عهدنامه‌اش نام برده وفادار باشد، من هم بآنچه شرط کردم و در این (عهد) نامه‌ام نام بردم وفادار باشم. و [برمن است] عهد و میثاق خدا و ضمانت امیرالمؤمنین و ضمانت خودم و ضمانت پدرانم و ضمانت مؤمنان و سخت‌ترین عهدها و پیمانها و سوگندهای مؤکد که خدا بر پیامبران و فرستادگان و همهٔ بندگانش گرفته و وفای بآنها را واجب ساخته است. پس اگر من چیزی را از آنچه شرط کردم و در این (عهد) نامه‌ام نام بردم نقض کردم و یا تغییر و تبدیل دادم یا پیمان‌شکنی و بی‌وفایی کردم، از خدا و از سرپرستی خدا و از دین خدا و از محمد فرستادهٔ خدا بیزار باشم و روز قیامت کافر و مشرك با خدا روبرو شوم و هر زنی که امروز دارم یا تا سی سال دیگر بگیرم [البته] سه طلاقه است [بطلاق] حرمت و هر مملوکی که امروز[1] دارم یا تا سی سال (دیگر) مالك شوم، در راه خدا آزاد است و بنذر بر من [واجب] و در گردن من است که سی حج پا برهنه و پیاده رهسپار بیت‌الله

۱ـ ن: ندارد.

حرام که درمکه است شوم ، نذری که خدا جز وفای بآن را ازمن قبول نکند. و هر مالی که امروز دارم یا تا سی سال مالك شوم ، پیشکشی است که باید به کعبه رسد .

وهرچه برای بندهٔ خدا امیرالمؤمنین هارون [قراردادم] و در این (عهد) نامه‌ام شرط کردم ، بر عهدهٔ من است و حزآن را در دل ندارم و خلاف آن را نمی‌اندیشم .

همان گواهانی که بر برادرش محمد پسر امیرالمؤمنین گواه شدند ، گواهی دادند .

رشید حج را برای مردم بپای برد وبآویختن آن دو(عهد)نامه دستورداد تا درایام موسم(حج) بردر کعبه آویخته گشت و چندین بار بر مردم خوانده شد و آنگاه آن دورا در کعبه نهادند ورشید باز گشت ودرحیره فرودآمد و چندروزی اقامت گزید ، سپس ازراه بادیه رهسپارشد ودرجایی ازانباربنام«حرف» در دیری که بآن «عمر» گفته می‌شد منزل کرد وروزش را همانجا گذراند و در همان شب وزیرخود جعفر بن یحیی‌بن خالد را بی‌آنکه پیش‌ازآن امری پیش آمده باشد کشت‌و بامدادفردا اورا به‌بغداد حمل کردتا اوراسه‌شقه کرده در پل(های) بغداد بدارآویختند وبغداد را درآن تاریخ سه‌پل‌بود.

یحیی‌بن خالدبن برمك وفرزندان و خاندانش را بزندان انداخت ودارایی آنان را مصادره کرد واملاککشان راگرفت‌وگفت : اگردست‌راستم می‌دانست بچه سبب چنین‌کاری کردم، هرآینه‌آن را می‌بریدم . و بیشتر مردم را دراسباب خشم (هارون) برآنان اختلاف است.

اسماعیل‌بن صبیح گوید : روزی دربغداد رشید پی‌من فرستاد، پس درآمدم ودراطاقها وراهروها احدی را ندیدم تا باورسیدم ، پس گفت: ای اسماعیل آیادر خانه هیچکس را دیدی؟ گفتم : نه بخدا قسم . گفت: بازهم نشیمنها وراهروها و

اطاقها را بگرد . پس گشتم واحدی را ندیدم. گفت : سومین بارهم بر گرد . پس بر گشتم و سپس گفت : این صندلی را بردار.پس آن را برداشتم و (هارون) در حالی که گرزی‌بدست‌داشت برون‌آمد تا بمیان صحن رسیدوسپس گفت: صندلی‌را بگذار. آن را گذاشتم و روی‌آن نشست و گرزبدست او بود . پس گفت : بنشین پس مرا بیم گرفت ونشستم. آنگاه گفت: می‌خواهم رازی را با تو درمیان گذارم، بخدا قسم اگر آن را ازاحدی بشنوم گردنت را می‌زنم. پس بخودآمدم و گفتم : ای‌امیرالمؤمنین ، اگر آن را بکسی گفته‌ای یا خواهی گفت ، مرا نیازی بدان نیست .گفت : آن را باحدی نگفته‌ام ونمی گویم ، تصمیم دارم خاندان برمك را چنان عقوبت کنم که احدی را عقوبت نکرده‌ام وداستان آنان را تا پایان‌روزگار عبرت (دیگران) قراردهم. گفتم : ای امیرالمؤمنین خدایت توفیق دهد وکارت را روبراه سازد. سپس برخاست وبازگشت وصندلی را برداشتم وبجای اولش‌نهادم و گفتم : جز آن نمی‌خواست که نظر مرا دربارهٔ ایشان بداند . پس مرا نزدآنان فرستاد و بسیار چنان می کرد ، سپس سال برسر آمد وسال دوم نیز سپری شد و آنگاه که سال‌سوم بانجام رسید درسرسال‌چهارم‌آنان را کشت و کشته‌شدن جعفر درصفرسال ۱۸۸ در«دیرعمر» بود.

یحیی‌بن خالد یکسال تمام پیش ازآنکه بنکبت گرفتارآیند، دربازگشت ازحج دراین دیرفرودآمد وداخل‌همان‌دیری‌شد که‌پسرش‌جعفردرآن کشته شدو آن راگردش کرد ، پس کشیشی برای وی ظاهرشد و یحیی از اوپرسید که این کلیسا چند (سال) است بنا شده ؟ گفت : ششصد سال و این هم قبر صاحب آن است . پس بر سر قبری که بر آن چیزی نوشته بود ایستاد و آن را خواند و چنین بود :

انّ بنی المنذر عام انقضوا — بحیث شاد البیعة الراهب
تنفح بالمسك ذفاریهم — و عنبر یقطبه القاطب

و القطن و الکتّان اثوابهم لم‌یجنب‌الصوف‌لهم جانب[1]
فاصبحوا حشّا لدودالثری والدهر لایبقی له صاحب
اضحوا و مایرجولهم راغب خیرا ولا یرهبهم راهب
کانما جنّتهم لعنة سارالی (بین‌انها) راکب[2]

همانا بنی‌منذر سالی که منقرض شدند، آنجا که راهب کلیسا رابرافراشت، ازبنا گوشهای آنان بوی مشك می‌وزید وبوی عنبری که آمیزنده‌آن رادرآمیزد، و پنبه و کتان جامه‌های آنان بود، بی‌آنکه پهلوی آنها بجامهٔ پشم رسد، پس خوراك کرمهای خاك شدند و روزگار را همراهی نمی‌ماند، چنان شدند که نه امیدواری بخیرشان امیدواراست ونه‌بیمناکی ازآنان بیم‌دارد.

پس چهرهٔ‌یحیی تغییر کرد و گفت: بخدا پناه می‌برم از شر تو ای کشیش. آنگاه کشیش از نظرش ناپدید شد و یحیی در جستجوی وی بر آمد و بر او دست نیافت.

یحیی و فرزندانش چند سال درزندان ماندند ویحیی‌نامه‌ای به‌رشید نوشت تا اورابرسرمهرآوردوحرمت‌و(حق) تربیت‌خودرا درآن یادآوری کرد، پس‌رشید درپشت نامه‌اش نوشت: مثل توای یحیی همان است که خدای عزوجل گفته‌است: وضرب‌الله مثلاقریة کانت آمنة مطمئنة یأتیهارزقها رغدامن کل‌مکان فکفرت بانعم الله فاذاقهاالله لباس‌الجوع‌والخوف بماکانوا یصنعون[1].

«وخدا مثلی زده است: دهی که امن‌وآرام‌بودوروزی‌آن ازهرجایی‌فراوان

۱ـ معجم‌البلدن، والقزوالکتان.... لم‌یجب‌الصوف‌لهم‌جائب

۲ـ این‌شعرکه خالی ازتصحیف نیست در معجم‌البلدن، چاپ‌اروپاص۷۰۹ج ۲مادهٔ «دیرهندالکبری» چنین است:

کانهم کانوابها لعبة سارالی این بهاالراکب

و ظاهراً ترجمه‌اش دراین حدود است: «گویا آنان درآن خوشی و نعمت، بازیچه‌ای بودند (که دانسته نشد) چابك‌سوار(روزگار) بکجا بردشان».

۱ـ س نحل۶۱، ی۱۱۲.

می‌رسید، پس نعمتهای خدا را کفران نمود و خدا بسزای آنچه می کردند، جامهٔ گرسنگی‌وترس به(مردم)آن چشانید».

رشید درهمین سال ۱۸۸ پسرخود قاسم را بجنگ روم فرستاد و عبدالملك ابن صالح هاشمی همراه و ابراهیم بن عثمان بن نهیك بفرمان وی بودند، قاسم حصن سنان‌وقرّه را محاصره کردومردم بگرسنگی سختی‌وقحطی‌وگرانی گرفتار آمدند ورومیان خواستارصلح شدند بدان شرط که سیصدوبیست مسلمان را بوی بازدهند، قاسم پذیرفت‌وبازگشت.

رشید درسال ۱۸۸ احمدبن عیسی‌بن زید علوی[1] را دستگیر کرد واورا در «رافقه»زندانی نمود، احمدبن عیسی‌اززندان گریخت ورهسپاربصره شدوشیعیان‌را بوسیلهٔ مکاتبه به(یاری) خویش‌دعوت می‌نمود. پس رشید جاسوسان براو گماشت و برای هر کس اورا تسلیم کند مالها قرارداد لیکن بر اودست نیافتند پس ملازم او «حاضر» که تدبیر کاراحمد بدست وی بود، دستگیر ونزد رشید فرستاده شد و چون به‌بغداد رسید واز دروازهٔ کرخ درآمد، گفت: ای مردم، منم حاضر ملازم احمدبن عیسی‌بن زید علوی که شاه مرا دستگیر کرده است. پس گماشتگان بر او ازسخن گفتنش جلوگیری کردند وچون بررشید درآمد، اورا از حال‌احمد پرسش نمود وتهدید کرد. پس گفت: بخدا قسم اگر (احمد) زیراین پایم باشد، آن را از روی او بلند نخواهم کرد. و در پاسخ (رشید) درشتی کردو گفت: من پیرمردی هستم ازنود گذشته، آیاآخر کارخود را آن قراردهم که پسرپیامبرخدا را نشان دهم تا کشته شود؟ پس رشید دستورداد که او را زدند تا مرد و دربغداد بدارآویخته شد.[2] و احمدبن عیسی وفات کرد[3] بی‌آنکه پس از آن خبری از وی

۱ ـ احمدبن عیسی‌بن زیدبن علی بن الحسین علیهم‌السلام، مادرش، عاتکه دختر فضل بن عبدالرحمن‌بن عباس‌بن ربیعة‌بن حارث‌بن عبدالمطلب است ودردوران متوکل وفاتکرد.

۲ـ ابوالفرج را روایت دیگری است که آن را اصح دانسته و برحسب آن روایت، حاضر بدستور مهدی کشته شد. ر.ك. مقاتل‌الطالبیین ص ۴۲۵-۴۲۸.

۳ـ در سال ۲۴۷.

دانسته شود[1].

رشید درهمین سال۱۸۸ عبدالملك‌بن صالح‌بن علی هاشمی را زندانی کرد، چه پسرش عبدالرحمان ومنشی وغلامش قمامة‌بن یزید از وی گزارش‌دادند که‌او خودرا شایستهٔ خلافت می‌داند وبا رؤسای قبایل و عشایر که درشام و جزیره‌اند مکاتبه می کند . عبدالملك مردی شریف و سخنور وخوش بیان بود پس گفت : سبب حبس من‌چیست ؟ اگربگناهی است تا بدان اعتراف کنم و اگر بگزارشی است تا از آن بیزاری جویم . رشید او را احضار کرد و گفت : این پسرت عبدالرحمان است که نقشهٔ نافرمانی و ناسازی تو را گزارش می‌دهد. گفت : پسرم ازدوحال بیرون نیست ، یا مأمور است که عذراو پذیرفته است ، یا دشمنی است که باید ازوی‌بیم داشت وخدای متعال گفته‌است: انّ من ازواجکم‌واولادکم عدوّالکم‌فاحذروهم[2]،«همانا شما را اززنان و فرزندان شما دشمنی است ، پس از آنان برحذر باشید».

هارون گفت : این قمامة بن یزید منشی تو است که نیز چنان گزارشی می‌دهد وخواسته است که باهم روبروشوید. گفت :کسی که برمن دروغ گوید و درریخته شدن خون من اصرارورزد، باوچه اطمینان که برمن بهتان نزند.

بعضی مشایخ ما مرا خبرداد و گفت : رشید روزی عبدالملك بن صالح بن علی‌را بیرون آورد وروبوی کرده گفت: گویا می‌نگرم که بارانش ریزش گرفته، وابرش‌درخشیده،ورعد(وعید)آتشی برافروخته‌ودرحالی بازایستاده که دستهایی از بند جدا وسرهایی گلو بریده است. ای بنی‌هاشم ، آرام، آرام. آسان را دشوار و دشوار را آسان مگیرید و نعمتها را وسیلهٔ سرکشی نسازید و بلاها را بسوی خویشتن نکشید چه عنقریب خردمند رأی خود را نکوهش کند و دور اندیش

۱ـ ر.ك. مقاتل‌الطالبیین‌ص۶۱۹-۶۲۷.
۲ـ س تغابن ۶۴ ی ۱۴؛

واپس رود و پس از عزت بذلت و پس از امن و آسودگی بترس و بیم گرفتار آئید.

عبدالملك گفت : ایافرد سخن گویم یا زوج یعنی یك (یك) یا دو (دو) ؟ گفت : فرد. گفت: پس درحکومتی که خدا بتو داده ازوی بترس و در رعیتهایی که تو را سرپرستشان ساخته، (جانب) اورا نگه دار و ناسپاسی را بجای سپاس‌گزاری و کیفر را بجای پاداش قرارمده و رحم خود را که خدا حق آن را بر تو واجب و لازم ساخته وقرآن بکفرضایع کنندهٔ آن گواهی داده قطع مکن و حق را بصاحب حق باز گردان وحق را بنااهل‌مسپارچه زبانها را پس‌ازپراکندگیش برتو فراهم ساختم و دلها را پس ازرمیدگیش‌آرام نمودم وبندهای پادشاهیت را بمحکم‌تر ازرکن یلملم محکم ساختم ، پس چنان بودم که یکی از بنی جعفربن کلاب گفته است:

و مقام ضیّق فرّجته   بلسانی وبیانی وجدل
لویقوم‌الفیل‌اوفیّاله   زال‌عن‌مثل‌مقامی‌وزحل

« چه بسیار تنگنایی که من با زبان و بیان وسخنوری خود آن را گشاده ساختم با اینکه اگرفیل‌یا فیلبانش در چنان جایی که من پا نهادم ، پا می‌نهاد ، می‌لغزید و کنار می‌رفت . گفت : سپس (عبدالملك) بیرون رفت و رشید باو نگریست و گفت : هان بخدا قسم [اگر بمنظور نگهداری بنی‌هاشم نبود گردنت را می‌زدم] .

هارون رشید در سال ۱۸۹ بسوی ری [رهسپار شد] و چون به کرمانشاه رسید برای پسرش قاسم بولیعهدی پس ازمأمون بیعت کرد ومیان بیعت مأمون و بیعت قاسم شش‌سال بود ، سپس رهسپار شد تا در ری فرودآمد و از آنجا پسرش محمد را فرمان داد تا رهسپارری شود و آنچه را آنجا گذاشته است سرپرستی

کند و (امان) نامه‌ها به «بنداد هرمز»[1] پادشاه طبرستان و شروین[2] پادشاه طخارستان[3] نوشت و «بنداد هرمز» بدست هرثمة بن اعین تسلیم شد و فرزند خود قارن را نیز بیاورد ودراردوگاه رشید درری گروگذاشت.

پس رشید عبدالله‌بن مالك‌خزاعی را برقومس وطبرستان و دنباوند[4] جانشین گذاشت [و رهسپار بغداد شد] و روز[5] از آن عبور کرد و درآن فرود نیامد[6] و چون بجسر رسید دستورداد تا تنهٔ جعفربن یحیی‌را بسوزانند وولیدبن حشم را بکشند.

رشید درسال ۱۸۹ علی‌بن عیسی‌بن ماهان‌را بجای منصوربن یزیدبن‌منصور حمیری بحکومت خراسان[7] منصوب کرد و گروهی ازفرماندهان ازجمله‌رافع‌بن لیث[8] لیثی‌را همراه وی‌ساخت‌وباودستورداد که رافع رابرشهری‌دوردست‌حکومت ندهد. پس چون علی‌بن‌عیسی به‌خراسان رسید، رافع‌بن لیث را حکومت سمرقند داد وسالی بروی نگذشت که (هارون‌را) خلع کرد واعلان نافرمانی داد و بجنگ ایستاد ورشید خبریافت که‌آن بنقشه و تدبیر علی‌بن عیسی بوده است پس هرثمة ابن اعین را با چهار هزار نفر چنانکه‌گویی برای کمك علی بن عیسی فرستاد تا هرثمه بشهر درآمد و سپس بفرمانداری رفت. و سپاهیان همراه خود را نیز بفرمانداری درآورد ونامهٔ(خلیفه) را بیرون‌آورد و به‌علی‌بن عیسی‌داد وچون آن راخواندباو گفت: ایاشنواوفرمانبرداری؟ گفت: آری. پس زنجیرسنگینی‌خواست و اورا دربند کرد وهمان ساعت اورا بیرون فرستاد و خود هم با وی بیرون رفت تا ازحدودمرو گذشت وازآنجا اورا بافرستادگانی ازطرف خودنزد رشید فرستاد و

۱ـ طبری، وندا هرمزجد مازیار. ۲ـ طبری، پدرقارن. ۳ـ طبری، و مرزبان ابن جستان پادشاه دیلم. ۴ـ طبری ، برطبرستان‌وری و رویان و دنباوند و قومس وهمدان. ۵ـ طبری، ۲شنبه‌دوشب بآخرذی‌الحجه. ۶ـ وبیدرنگ‌رهسپاررقه‌شد. ۷ ـ ن ، ندارد. ۸ـ بن نصربن‌سیار.

رشید دستور داد تا خود و فرزندانش زندانی شدند و دارائیش مصادره گردید و همچنان‌زندانی بود تارشیددر گذشت.

ارمنستان پس ازوفات مهدی نافرمان شده بود وهمچنان در دوران موسی نافرمان بود تا آنکه رشید خزیمة بن خازم تمیمی را بحکومت ارمنستان بر گزید[۱] وخزیمه یکسال و دوماه برسرکار بود وآنجا را نیك اداره کرد و شهرها بصلاح آمده مردمش سر بفرمان نهادند، سپس رشید بجای خزیمة بن خازم، یوسف‌بن راشد سلمی را حکومت (ارمنستان) داد[۲] و اوگروهی از نزاریان را بآن سرزمین منتقل کرد و (پیش از آن) در ارمنستان غلبه با یمنیها بود، پس نزاریان دردوران یوسف بسیار شدند. سپس یزید بن مزید بن زائدهٔ شیبانی را بحکومت (ارمنستان) برگزید[۳] واوربیعه را از هرسوبآنجا منتقل ساخت‌چنانکه امروزهم در ارمنستان غلبه با آنها است. یزید بطوری ارمنستان را رام و آرام ساخت که دیگر احدی نبود که جنبش کند. سپس عبدالکبیر بن عبدالحمید [از] فرزندان زیدبن خطاب عدوی را که منزلش در حران بود، حکومت (ارمنستان)داد[۴] و اوباگروهی ازمردم دیار مضررهسپارآنجا شد و جز چهار ماه نماند که ازکاربرکنار شد وفضل‌بن یحیی‌بن خالد برمکی حکومت یافت و خود به‌ارمنستان رفت[۵] وچون ازراه رسیدبناحیهٔ دربند روی نهاد و برقلعهٔ «حمزین» حمله برد لیکن مردم «حمزین» او را شکست دادند و بی آنکه [بچیزی باز نگرد] برگشت‌تابه‌عراق آمدوعمربن‌ایوب کنانی را(بحکومت) ارمنستان جانشین گذاشت[۶].

چون‌فضل‌به‌عراق رسید ابوالصباح را مأمور خراج و سعیدبن محمد حرّانی لهبی را فرمانده جنگ ارمنستان‌فرستاد، پس مردم «برذعه» برابوالصباح‌شوریدند

۱ـ ۱۶۹. ۲ـ ۱۷۰. ۳ـ ۱۷۱. ۴ـ درسال۱۷۲ بنیابت‌عبیدالله‌بن مهدی.
۵ـ ۱۷۵. ۶ـ ۱۷۷.

واورا کشتندو(مردم) ارمنستان نافرمان‌شدند وابومسلم‌خارجی درآن ظهور کرد، پس فضل‌حکومت ارمنستان را به‌خالد بن یزید بن اسید سلمی‌داد وعبدالملك‌بن خلیفهٔ حرشی را با پنج‌هزار نزد وی فرستاد تا در «رویان» با ابومسلم خارجی روبروشدند، ابومسلم‌آنان را شکست‌داد وآنگاه به«قلعهٔ کلاب» روی نهاد و آن راگرفت. پس‌رشید، عباس‌بن جریربن یزیدبن جریربن عبدالله بجلی راحکومت ارمنستان داد[1] واوچون به‌برذعه رسید مردم بیلقان براوتاختندوناچار در (پشت) باروی‌برذعه ازایشان متحصن گشت ومعدان حمصی‌را با شش هزاربرسر ابومسلم خارجی فرستاد وجنگی میان‌آن‌دوروی داد و معدان حمصی کشته شد وابومسلم خارجی رهسپاردبیل شد و چهارماه‌آن‌را محاصره کرد وسپس بازگشت ورهسپار بیلقان شد وآنجا فرودآمد و کارارمنستان نیروگرفت، پس رشید یحیی[2] حرشی را با دوازده‌هزارویزیدبن‌مزیدشیبانی‌را با ده هزارگسیل داشت و یزیدبن مزید را فرمود تا آهنگ ارمنستان کند و حرشی را دستور داد که آذربایجان را قبضه کند چه مهلهل تمیمی برآذربایجان دست یافته بود، پس حرشی با وی روبرو شدو نبرد کردواورا شکست داد و(اوضاع)آذربایجان را اصلاح کرد وسپس راه ارمنستان را درپیش گرفت تا بهمراهی یزیدبن مزیدبا ابومسلم خارجی‌بجنگند، لیکن هنگامی رسید که ابومسلم مرده بود و پس از وی سکن‌بن موسی بیلقانی غلام [......] واودربیلقان منزل داشت‌پس‌چون ازرسیدن یحیی حرشی‌خبریافت، خلیل‌بن سکن را با سواران گزیدهٔ خود بر سروی فرستاد و او با حرشی روبرو شد وحرشی اورا اسیرگرفت‌وبسوی بیلقان پیش رفت، پس چون سکن خبریافت گریزان بیرون رفت ورهسپار«قلعهٔ کلاب» شد ومردم بیلقان نزد حرشی‌آمدند و خواستار امان شدند (حرشی‌وهمراهانش) بشهرآمدندومردم‌شهررا امان‌دادوقلعهٔ

۱ـ درسال ۱۷۸.　۲ یحیی‌بن سعیدحرشی.

آن‌را ویران کرد.

سکن خود با هشت‌هزارنفربدرخواست امان نزد یزیدبن مزیدرفت ویزید اورا نزد رشید فرستاد.

چون ارمنستان آرام شد ، رشید ، موسی بن عیسی هاشمی را بحکومت آنجا برگزید[۱] و او یکسال درارمنستان برسرکاربود که دیگر باره مردم‌نافرمان شدند ونواحی ارمنستان بهم خورد و موسی آن را به‌رشید گزارش داد. رشید گفت : جزحرشی را برای این کارشایسته نمی‌بینم. پس موسی‌بن عیسی را ازکار برکنار کرد و حرشی را بحکومت‌آن ناحیه فرستاد[۲] و اوهم شمشیردرمیان‌مردم نهاد تا رام‌وآرام شدند. سپس رشید، احمدبن یزید بن اسید سلمی را حکومت داد[۳] و چون ازراه‌رسید،خراسانیان مقیم ارمنستان که با حرشی‌یا پیش ازاوآمده بودند براوشوریدند و باوی نبرد کردند و براوتعصب‌ورزیدند و گفتند : نه از تو می‌شنویم ونه‌تورا فرمان می‌بریم. پس رشید سعیدبن سلم‌بن قتیبهٔ باهلی را والی ارمنستان ساخت[۴] و چون بمحل خدمت آمد ، چند ماهی مردم سازگار بودند سپس دراثربی‌اعتنایی ببطریقها-مردم[۵] -دربند براو شوریدند وبرعاملش تاختندو رهبر(شورش) در بند نجم بن هاشم بود ، پس سعید بن سلم او را کشت و آنگاه پسرش حیّون‌بن نجم سربلند کرد وعامل سعید را در دربند، کشت و نافرمانی را آشکار ساخت‌وبه‌خاقان پادشاه خزرنوشت [پس شاه خزر بسوی وی پیش آمد] باسپاهی‌عظیم‌و برمسلمانـان‌غارت‌بردو کشت‌وبسیاری ازمردم‌را کشت‌واسیر گرفت وآنگاه پیش رفت‌تابه‌پل «کر» رسید ومردمی ازمسلمانان رااسیر کرد وقتل عـام کردوشهرها را آتش زد و زنـان‌و کودکان‌را کشت. پس چون رشید از کار وی خبریافت، نحاب را فرستاد و اورا فرمود تاسعیدبن سلم را توبیخ کند واورابرای

۱- سال۱۷۸ . ۲- درسال ۱۷۹ . ۳- در سال ۱۷۹. ۴ - در سال ۱۸۱.

۵- ن، ندارد.

(توبیخ) مردم بپا دارد ، لیکن چون از راه رسید ، سعید مالی باوبخشید و نحاب بگرفتن مال مایل شد و رشید از آن خبریافت و نصربن حبیب مهلبی را بحکومت ارمنستان فرستاد وجز اندکی برسر کار نماند که اورابر کنار کرد و علی‌بن عیسی‌بن ماهان را برسر کار فرستاد[1] ، واوهم بارسیدن، بدرفتاری را در پیش گرفت و مردم شروان بر او شوریدندو ناحیهٔ ارمنستان‌بهم خورد، پس رشید، یزیدبن مزیدشیبانی راحکومت(ارمنستان)داد[2] و علی‌را به‌خراسان باز فرستاد و برای یزید بن مزید حکومت ارمنستان و آذربایجان فراهم گردید . چون یزید برسر کارآمد مردم سازش کردند و شهرها را اصلاح کرد و میان نزاریان و یمنیها بمساوات رفتار کرد و بشاهزادگان‌وبطریقان‌نامه‌نوشت‌وامیدوارشان‌ساخت تاکار آن‌سامان‌بسامان رسید[3] .

آنگاه رشید ، خزیمةبن خازم تمیمی را حکومت (ارمنستان) داد[4] و او بطریقها وشاهزادگان را گرفت و گردن زد ودرمیان آنـان زشت‌ترین رفتاری‌را در پیش گرفت ؛ پس گرگان و صنّاریه[5] نافرمان شدند و خزیمه سپاهی بر سر آنان فرستاد و اورا کشتند ، باردیگرسعد[6] بن هیثم بن شعبة بن ظهیر تمیمی را با سپاهی گران برسرایشان فرستاد و او بامردم گرگان وصناریه جنگید وآنان‌را ازآن سرزمین آواره کردوبه‌تفلیس بازگشت. پس خزیمةبن خازم کمترازیکسال برسرکارماند سپس (رشید) او را بر کنار کرد وسلیمان‌بن یزیدبن اصم عامری‌را برسرکارآورد[7] و او پیرمردی پارسا وساده لوح بود وچنان از کار عاجز ماند که فرمانی ازوی بکارنمی‌رفت ونزدیك بود حکومت آنجا از دست وی برود و رشید

۱ـ درسال ۱۸۳ . ۲ـ درسال۱۸۳ . ۳ـ اودرسال ۱۷۵ مردوسپس تاحکومت خزیمه ، دوپسرش اسد و محمد بترتیب در سالهای ۱۸۵ و ۱۸۶ حکومت کردند (معجم الانساب ص ۲۷۴) . ۴ـ درسال ۱۸۷ . ۵ ـ قومی درارمنستان . ۶ ـ ل : سعید .
۷ـ درسال ۱۹۲ .

عباس بن زفر هلالی را حاکم ارمنستان قرارداد[۱]، پس صناریه نسبت باو نافرمان شدند وباآنان جنگید و درمقابل ایشان ناتوان شد، پس رشید محمدبن زهیربن مسیّب ضبّی را حکومت داد[۲] وآخرین عامل‌رشید درارمنستان بود.

در سال ۱۹۰ مردم حمص نافرمان شدند و بر والی خود شوریدند، پس رشید خود بسوی ایشان رهسپارشد وچون به«منبج» رسید نمایندگانشان وی را ملاقات کردند وتسلیم وانقیاد خود را عرضه داشتند و از وی پوزش خواستند، پس از آنان درگذشت و در بلاد روم پیش رفت و بارومیان جنگید و هرقله[۳] و مطامیر[۴] را گشود.

درهمین سال ۱۹۰ ام جعفردخترجعفربن منصور حج گزارد ومردم بتشنگی سختی گرفتار آمدند و (آب) زمزم فرونشست چنانکه جزاندکی آب درآن‌یافت نمی‌شد،پس (چاه) زمزم‌را ته‌زنی کرد وچندین ذراع پائین برد تا آب آن اندکی زیاد شد و زمزم باندازهٔ ۱۸ ذراع ریسمان می‌خورد پس ۹ ذراع برای‌زیادشدن آب پائین برده شدو این‌نخستین ته‌زنی بود که‌درزمزم انجام گرفت.

نزد رشید عمویش وعموی پدرش وعموی جدش فراهم آمدند: سلیمان بن جعفرعمویش و عباس بن محمد عموی پدرش و عبدالصمد بن علی‌عموی جدش، پس عبدالصمدبن‌علی گفت: ای امیر المؤمنین، خدا را بر نعمتهایی که بتو داده است، سپاسگزارم، چه آنچه را برای خلیفه‌ای پیش ازتوفراهم نکرده ،برای تو آماده ساخته، وعلاوه عمویت و عموی پدرت و عموی جدت را برایت فراهم آورده است.

دراوائل خلافت رشید، بیشتر یحیی‌بن خالدبن برمك و پسرانش: جعفر و فضل کاررشید را بدست داشتند چنانکه با وجودآنها دیگر خود او را امر ونهیی

۱- درسال ۱۹۳. ۲- درسال ۱۹۳. ۳- شهری‌معروف درروم (ق).

۴- شهری درمرزهای شام‌که آنرا«ذات‌المطامیر» نیزگویند.

نبود و ۱۷ سال بهمان حال ماندند وکارهای کشوربدست ایشان بود ، سپس فضل ابن ربیع و اسماعیل‌بن صبیح در هارون نفوذ یافتند.رئیس پلیس هارون قاسم‌بن نصربن مالك بود ، سپس اورا عزل کرد وخزیمة‌بن خازم رابرسرکارآورد، آنگاه اورا نیز برکنار کرد ومسیّب‌بن زهیرضبّی، و پس ازعزل او عبدالله‌بن مالك وپس ازعزل او علی‌بن جراح خزاعی و پس ازعزل اوعبدالله بن خازم را بکار گماشت. فرمانده نگهبانان هارون ، جعفربن محمدبن اشعث بود ، سپس او را برداشت و وعبدالله‌بن‌مالك‌وپس‌ازاوهرثمة‌بن‌اعین‌رابرسرکارآورد .وحاجبش‌فضل‌بن‌ربیع بود.

هارون درشعبان سال۱۹۲ رهسپارخراسان شد و در کرمانشاه فرود آمد و ماه‌رمضان باآنجارسیدو عیداضحی‌رادر ری بود، وچون به گرگان آمد به‌عیسی‌بن جعفرنوشت تا بسوی وی رهسپارشود، پس‌عیسی بسوی وی رهسپار شد و در وسط راه درگذشت . پیرمردی از آل مهلب که همراه عیسی‌بن جعفر بوده است مرا خبرداد و گفت : روزی‌بروی درآمدیم درحالی که‌بیماری او سخت‌شده بود ، پس شنیدیم که‌می گوید: اناالله وانا الیه راجعون.بخدا قسم جان من از دست رفت . باو گفتیم : امروز شکر خدا را حال تو خوب است . گفت : آنچه را ازگوشم بیرون می‌آید کوبیدم (شکستم) و آن را پوسیده یافتم . تا بیهوش شد و زنان گریهٔ مردان را شنیدند و برخدمتگزاران چیره شده بیرون آمدند،پس بهوش آمد وسرش‌را بلند کرد وبآنان نگریست و گفت :

قد کنّ یخبأن‌الوجوه تستّرا   فالیوم حین برزن[1] للنظّار

«(همان بانوان) که چهره‌ها را پنهان می‌داشتند تا درپرده باشند ، امروز است که برای تماشاگران آشکار شده‌اند .» سپس درهمان ساعت‌جان داد وچون خبرمرگش به‌رشیدرسید سخت بروی جزع کرد ، لیکن برکنیزی در آمد و او

۱ـ ن: بدون.

گفت : ای امیرالمؤمنین ، همانا عیسی برای تو همان می‌خواست که بآن‌رسید پس خدایش نابود ساخت و اینك مسرور وحسین هم ازآن آگاهند . پس آن دو گفتند : راست می گوید . آنگاه هارون تسلّی یافت وخوراك خواست.

هارون به‌طوس آمدودردهی بنام«سناباد»منزل کرد وسخت بیماربودو درغرهٔ جمادی‌الاُولی‌سال۱۹۳ درچهل وشش سالگی در گذشت و پسرش صالح‌بن هارون بروی‌نماز گزارد ومأمون۲۳روزپیش‌ازآن رهسپارمروشده‌بودوخبرمرگ‌هارون ازطوس روزچهارشنبه دوازده شب‌مانده بآخرجمادی‌الاولی به‌مدینة‌السلام رسید.

هارون دوازده پسربجای گذاشت : عبدالله مأمون ، و محمد امین، و قاسم ، وابواسحق معتصم، وابوعیسی، وابوالعباس ، و علی، وصالح، و ابویعقوب، وابوعلی، وابواحمد ، وابوایوب. وهرمعروف بکنیه‌ای ازبنی‌هاشم نامش‌محمداست.

درحکومت هارون امرای حج عبارت بودنداز : درسال ۱۷۰ هارون رشید، در سال ۱۷۱ عبدالصمدبن علی ، در سال ۱۷۲ [یعقوب‌بن منصور ، در سال ۱۷۳] رشید ، [درسال۱۷٤] وسال ۱۷۵ رشید ، درسال۱۷٦ سلیمان‌بن ابی‌جعفر، در سال ۱۷۷ رشید، درسال۱۷۸ محمدبن ابراهیم‌بن محمدبن علی ، درسال ۱۷۹ رشید که بعمره رفته بود وعمره گزارماند تاحج گزارد وبه‌بصره بازآمد ، درسال۱۸۰موسی ابن عیسی که هارون او را از رقه فرستاد ، در سال ۱۸۱ رشید ، در سال ۱۸۲ [موسی‌بن عیسی، درسال ۱۸۳] عباس‌بن موسی، درسال ۱۸٤ ابراهیم بن مهدی ، درسال۱۸۵ منصوربن مهدی ، درسال ۱۸٦ رشید، درسال ۱۸۷ عبدالله بن عباس بن محمد، درسال ۱۸۸رشید، واین‌آخرین حجی بود که گزارد وپس ازآن خلیفه‌ای بحج نرفت ،[1] درسال۱۸۹ عباس بن موسی بن عیسی ، درسال ۱۹۰ عیسی‌بن موسی

۱-بروایت مسعودی از دانشمند والا مقام ابوبکر بن عیاش ، علی بن ابی‌طالب علیه السلام خبر داده بود که پس از حج هارون درسال ۱۸۸ دیگر نه او ونه خلیفهٔ دیگری از بنی عباس حج نخواهد گزارد (ر. ك . مروج‌الذهب ج۳ ص ۳۵۳).

هادی، درسال ۱۹۱ فضل‌بن عباس‌بن محمدبن علی، در سال ۱۹۲ عباس بن عبدالله بن جعفربن ابی‌جعفر.

در ایام هارون فرماندهان مردم درجنگها عبارت بودند از :

درسال ۱۷۱ یزیدبن عنبسهٔ حرشی ازطرف اسحاق‌بن سلیمان، در سال ۱۷۲ محمدبن ابراهیم ، درسال ۱۷۳ ابراهیم‌بن عثمان، درسال ۱۷۴ سلیمان‌بن‌ابی‌جعفر، درسال ۱۷۵ عبدالملك‌بن صالح، و بقولی او داخل بلادروم نشد وچون به‌درب‌رسید فضل‌بن صالح را فرستاد ، درسال ۱۷۶ هاشم‌بن‌صلت ، در سال ۱۷۷ داودبن نعمان ازطرف عبدالملك ، درسال ۱۷۸ یزیدبن‌غزوان، درسال ۱۷۹ فضل‌بن محمد ، در سال ۱۸۰ اسماعیل‌بن قاسم، درسال ۱۸۱ هارون رشید . و او «حصن صفصاف» را فتح کرد، درسال ۱۸۲ ابراهیم‌بن قاسم ازطرف عیسی‌بن جعفر، در سال ۱۸۳ فضل بن عباس ، درسال ۱۸۴ محمدبن ابراهیم، درسال ۱۸۵ ابراهیم‌بن عثمان ، درسال ۱۸۶ نیز ابراهیم‌بن عثمان، درسال ۱۸۷ قاسم‌بن رشید وعبدالملك‌بن صالح وابراهیم‌بن عثمان‌بن نهیك، ودرهمین سال رشید ، ابراهیم‌بن عثمان را کشت، درسال ۱۸۹ فضل ابن‌عباس، در سال ۱۹۰ رشید ، پس هرقله ومطامیر را گشود، وحمیدبن‌معیوف‌را بجنگ دریا فرستاد ، چه مردم قبرس قرارصلح را نقض کرده بودند، پس‌باایشان جنگید و کشت‌واسیر گرفت ، درسال ۱۹۱ رشید خود بقصد جنگ (روم) بیرون رفت‌وچون به«حدث» رسید هرثمه را بجنگ ایشان فرستادوخود در مرز اقامت گزید تا هرثمه بـاز گشت.

فقهای دوران هارون‌عبارت بودنداز:

محمدبن عمران‌بن ابراهیم، مالك‌بن انس، ابراهیم بن محمد بن ابی‌الحسن اسلمی، ابوالبختری‌بن وهب‌قرشی، عبدالله‌بن جعفرمدینی ، اسماعیل بن جعفر ابو عقیل ، ابومعشرسندی ، سعید بن عبدالعزیز جمحی ، عبدالعزیزبن ابی حـازم ، عبدالعزیزبن محمد دراوردی ، عبدالرحمان بن عبدالله عمری ، سلیمان بن فلیح

[...] عطاء بن بزید ، سفیان بن عیینه ، شریك بن عبدالله نخعی، سلمة الاحمر ، ابویوسف یعقوب‌بن ابراهیم ، ابراهیم‌بن سعد زهری ، سفیان بن حسن حمـانی ، جعفربن عتاب، ابن ابی‌زائده علی‌بن‌مسهر، عبدالله‌بن ادریس‌اودی، محمدبن‌مروان سدی، جریربن عبدالحمید کوفی ، شعیب بن صفوان ملازم ابن شبرمه ، جعفر بن سلیمان، محمدبن حسن، علی‌بن هاشم ، عبدالله‌بن اصلح کندی، صلت[1] بن حجاج ، قاسم‌بن‌مالك مزنی، علی‌بن ظبیان، ابوشهاب کوفی، محمدبن مسروق قاضی، عون[2] ابن عبدالله‌بن عتبة‌بن مسعود، وکیع بن جراح ، یحیی بن بهایی[3] عمروبن هشام ، حمادبن‌زید، ابوعوانه، یزیدبن زریع ، عبید [الله‌بن] حسن ، معتمربن سلیمان ، داودبن زبرقان، عبادبن عبادمهلبی، حمزة‌بن نجیح، خالدبن یزید، محمدبن‌راشد، عمران‌بن خالد ملازم عطاء ، محمدبن یزید واسطی، عبدالمنعم بن نعیم ، عمربن جمیع ،یوسف‌بن عطیه، عبدالعزیزبن عبدالصمد.

۱ـ ل، طلب‌بن حجاج. ۲ـ ل، عدی‌بن‌عبدالله. ۳ـ ظ ، یحیی‌بن‌ابی‌اسحاق‌هنائی که ازانس‌بن‌مالك روایت‌کرده وعتبة‌بن حمید ضبی ازاوروایت می‌کند وابن‌حجر درتهذیب‌التهذیب نام اورا برده‌است.

ایام محمد امین

محمدامین پسرهارون‌رشید مادرش ام جعفردخترجعفربن منصور است ودر میان خلفا جز علی‌بن ابیطالب ومحمد کسی نبود که پدر ومادرش هاشمی باشند، بیعت با محمد در همان روزی که رشید درگذشت که روز یکشنبه غرهٔ جمادی «الأولی»سال۱۹۳ بود، درطوس بانجام رسیدوفضل‌بن ربیع ازهاشمیان‌وفرماندهانی که‌حاضربودند برای وی بیعت گرفت ورجاء خادم روزچهارشنبه ۱۲ شب مانده‌از جمادی‌الأولی و از ماههای عجم در اذار، در بغداد نزدمحمد رسید و آن روز، خورشید در۳ درجه و۵۳دقیقهٔ حمل‌بود،وزحل‌در ۶ درجه و ۲۰ دقیقهٔقوس درحال رجوع، ومشتری در۶درجه و۲ دقیقهٔقوس درحال رجوع، ومریخ‌در۲۶درجه‌و۳۰ دقیقهٔ دلو،وزهره در۷ درجه و۳۰ دقیقهٔ حوت،ورأس در۲۲درجهٔ سرطان.

پس مردم بغداد در همان روز بیعت کردند و اسحاق بن عیسی‌بن علی بن عبدالله بن عباس‌بیرون آمدوبرفرازمنبر رفت‌وخدارا ستود وبرمحمد درود فرستاد و سپس گفت:ما را ازهمه‌مردم،مصیبت‌بزرگتروباقیمانده‌بهتراست، بمرگ(خلیفهٔ) پیامبرخدا سوگوار شدیم پس کسی سوگوارتر از ما نبوده است لیکن پسروی را بجانشینی عوض‌یافتیم،پس کیست که‌اورامانندعوض‌ماعوضی‌باشد؟سپس خبرمرگش رابمردم دادوولیعهدی (امین) را بیاد ایشان آورد وآنگاه پائین آمد و چون روز جمعه‌رسید (امین) بمنبربرآمد وخدا را حمدوثنا گفت‌وبرمحمد درود فرستاد واز آنچه خدا اورا بدان برتری داده است سخن راند و سپس گفت: خلافت خدا و

میراث پیامبرش بامیرالمؤمنین رشید رسیدپس بحق عمل کرد و بعدل حکمرانی نمود وحج بیت‌الله را بجای‌آورد و درراه خدا جهاد کرد وجان خود را در (راه) بندگی خداداد ودرجستجوی خشنودی خدای عز و جل خود بجهاد رفت تا خدا وسپس دینش را عزیز کرد[۱] و حق خدا را بپای داشت و دشمن را سر کوب نمود و راهها را امن ساخت وبندگان را نصیحت کردوشهرهارا معمورساخت واکنون (خدا) آنچه را نزد او است برای وی اختیار کرد و بلقای خود گرامیش داشت پس اورا نزدخدا می‌فرستیم و ازخدا می‌خواهم که جانشینی را پس ازوی بنیکی انجام دهدو(هم) برآنچه ازکار(حکومت) شما برمن بار کرده است یاریم نماید، و بسوی او زاری می کنم تا بر آنچه در بارهٔ شما می‌پسندند، ارشاد نماید و توفیق دهد.

سپس تحریص وترغیب براطاعت کرد و دستورخیرخواهی داد و فرودآمد. و فضل‌بن ربیع در غرهٔ جمادی‌الآخره خزینه‌ها و بیت المالها ووصیتنامهٔ رشید را آورد ومحمدبن[هارون] دستورداده بود اعلان حج دردهند، پس‌فضل بن‌ربیع باو گفت: پدرت مرا فرموده است که تو را بگویم که هرگز پس از من احدی[۲] از خلفای بنی‌العباس حج نخواهد گزارد. پس امین اقامت گزید ومادرش ام جعفر در ماه رمضان عمره گزارد وپیش‌از آن‌درزمان‌رشیددستورحفرچشمهٔ«مشاش»[۳] راداده بود وهنگامی به‌مکه‌رسید که کاربانجام‌رسیده بود پس‌منبعهای‌آب ساخت وحوضها وسقاخانه‌ها ترتیب داد ومحمد بیست هزارمثقال طلافرستاد تا بصورت ورقه‌هایی روی در کعبه ومیخهای دروآستانه کشیده شد.

امین، عبدالملك‌بن صالح را اززندان درآورد و اورا برتمام آنچه‌قبلاً باو واگذاربوده‌است یعنی جزیره وشهرستان قنسرین وعواصم ومرزها، حکومت‌داد

۱ـ ن، تا خدادینش را عزیزکرد. ۲ـ ن، ندارد. ۳ـ قناتی‌که‌ازکوههای طائف به‌عرفات جاری‌می‌شود وتامکه می‌رسد (مراصد).

واموال ومزارعش‌را بوی بازدادوپسرش عبدالرحمان وکاتبش قمامه را بدو سپرد، پس قمامه‌رادرحمامی‌دربسته وسخت تابیده حبس کرد و گربه‌هایی همراه‌وی‌بحمام انداخت‌ودرهمان‌حمام‌بودتا جان‌داد وپسرخودرانیزحبس کردوهمچنان‌زندانی‌بود.

هنگامی که عبدالملك را اززندان درآوردند و سخن ازبیداد رشید نسبت بخویش می‌راند چنین گفت: بخدا قسم زمامداری چیزی است که نه در اندیشهٔ آن بودم ونه‌آرزوی آن داشتم ونه‌آهنگ آن کردم ونه درجستجوی آن شدم با اینکه اگرخواستارآن بودم هرآینه ازسیل بسوی نشیب و از آتش بسوی هیزم خشك، بسوی من شتابنده‌تربود. مرا بجنایتی که نکرده‌ام مؤاخذه می کنند و از آنچه نمی‌شناسم می‌پرسند، لیکن بخدا قسم هنگامی که او مرا برای زمامداری شایسته و برای خلافت ارزنده دید و دست مرا نگریست که هرگاه کشیده شود بخلافت می‌رسد و اگرازآستین بدرآید حکومت را می‌رباید ، ونفس مرا دید که خصال زمامداری را بکمال دارد و بداشتن مزایای خلافت برای‌آن شایسته است، گواینکه‌من خودآن خصال را برنگزیده ودرپی‌آن مزایانرفته‌ام ودرنهان‌سخن ازخلافت نگفته وآشکارا بدان اشاره نکرده‌ام ، لیکن خلافت‌را دید که چون‌مادر بمن اشتیاق دارد ومانند زنی شوهر دوست دلدادهٔ من است‌وترسید که بنیکوترین فرجامی روی نهد و بهترین خواسته‌ای را خواستار گردد ، پس مرا مانند کسی شکنجه کرد که درجستجوی خلافت، شب نخفته ، و بخواهش‌آن رنجها کشیده و کوشش خود را تنها دراین‌راه بکاربرده وباتمام وسع خود برای (ربودن)آن‌مهیّا گشته است .

راستی اگرمرا بدان جهت حبس کرده بود که من شایستهٔ خلافت وخلافت زیبندهٔ من است و من لایق آنم و آن لایق من ، پس این گناهی نیست تا از آن توبه کنم، و خود بسوی‌آن گردن نکشیده‌ام تا خود از آن فروخسبم،واگر گمان برد که عقوبت اورا چاره‌ای و از شکنجهٔ او نجاتی نیست مگرآنکه بخاطر او از

خردمندی و دانش و دوراندیشی و اراده بر کنار شوم ، پس همچنانکه تبهکار نمی‌تواند نگهدار باشد، خردمند هم نتواند نادان شود. و [براو] یکسان است که مرا بر خردمندیم عقوبت کند یا بر آنکه مردم فرمانبردار منند ، و اگر راستی خواستارحکومت بودم،باومجال اندیشه نمی‌دادم وفرصت تدبیررا ازوی‌می گرفتم وجزسخنی[۱] کوتاه و کوششی اندك درکارنبود.

ونیز، علی‌بن عیسی‌بن ماهان رااززندان [درآورد] و اموالش را باورد کرد وریاست پلیس خودرا باوداد واورا پیش داشت وبر گزید. و اسدبن یزیدبن‌مزید را والی ارمنستان ساخت و او هنگامی به‌ارمنستان رسید که یحیی‌بن سعد ملقب به«کوکب‌الصبح» واسماعیل‌بن شعیب مولای‌مروان‌بن محمدبن مروان‌برناحیه‌ای ازآن سرزمین دست یافته بودند و در ناحیهٔ جرزان اقامت داشتند، پس علی بن عیسی با حیله وتدبیرآن‌دو رادستگیر کرد سپس برآن‌دو منت گذاشت ورهاشان کرد واومردی خوش رفتاروسخاوتمند بود.

سپس محمد (امین) ، علی را عزل کرد و حکومت ارمنستان‌را به‌اسحاق‌بن سلیمان هاشمی سپرد و او پسرخود فضل‌را بجانشینی‌خود بآنجا فرستاد وفضل در تمام دوران مخلوع برسرکار بود.

و محمد [بن] سعیدبن سرح کنانی راکه از مردم فلسطین بود بحکومت یمن فرستاد و او سه سال در یمن اقامت داشت سپس او را عزل کرد و جریربن یزید بجلی را برسرکارفرستاد وسعیدبن سرح با مالهای فراوان ازیمن بیرون‌رفت تـا به‌فلسطین‌آمد وخانه‌ها ومزرعه‌ها خرید وجریربن‌یزید همچنان‌حکومت یمن را بدست‌داشت تـا بیعت مأمون بانجام رسید .

[رشید] هرثمة‌بن اعین‌را باسپاهی برسررافع‌بن‌لیث گسیل‌سمرقندداشت،چه

۱ـ پیش‌آمدی.ر. ك. جمهرة خطب‌العرب‌ج۳ص۹۴، نقل ازالعقد ج ۱ ص۱۴۳ .

رافع لشکری عظیم فراهم ساخته و مردم چاچ و فرغانه و خجنده و اشروسنه و چغانیان و بخارا و خوارزم و ختل و شهرستانهای دیگر بلخ و طخارستان و سغد و ماوراءالنهر، و ترکان و مردم خرلخیها و تغرغز و سپاهیان تبت و جز آنان را با خویش همراه ساخته بود و در جنگ با خلیفه و مسلمانان از آنان کمك می گرفت، رافع رهسپار سمرقند شد و آنجا متحصن گشت و هرثمه همچنان با وی در جنگ بود تا گروهی از همراهانش کشته شدند و سپس رافع از جیغویهٔ خرلخی یاری خواست و این جیغویه بردست مهدی اسلام آورده بود و اکنون با هرثمه فریبکاری می کرد و چنان نشان می‌داد که با او است با اینکه رافع را کومك می کرد و طرفدار وی بود، سپس نافرمانی و ناسازی را آشکار ساخت و کار رافع بواسطهٔ او بالا گرفت و مزارع را آتش زد و از مردم آن بیزاری جست و بغیر بنی هاشم دعوت نمود، لیکن هرثمه چنان کار را بر آنان تنگ گرفت که رافع بزاری افتاد و خواستار امان شد، هرثمه اورا امان داد و رافع با فرزندان و خاندان و اموال خود نزد وی آمد و این در محرم سال ۱۹٤ بود، پس مأمون مژدهٔ فتح را به محمد نوشت و آنان را از حسن تدبیر و کوشش خود تا آنکه خدا فتح را نصیب ایشان کرد، آگاه ساخت.

مردمی دل محمد را بر مأمون تباه ساختند و میان آندو فتنه انگیختند و بیشتر علی بن عیسی بن ماهان و فضل بن ربیع او را تحریك می کردند و در نظرش جلوه دادند که برای پسرش بولیعهدی پس از خود بیعت کند و مأمون را خلع نماید، پس چنان کرد و برای پسرش موسی بیعت نمود و آن در سوم ماه ربیع الآخر سال ۱۹٤ بود، و عهد (نامه) هایی را که هارون درمیان آندو نوشته بود فراهم آورد و آنها را سوزاند و میان دو برادر دشمنی در گرفت.

محمد فرمانی به مأمون نوشت و اورا با همهٔ فرماندهان نزد خویش خواست، پس مأمون در پاسخ وی نوشت که دیگر فرمان وی را نه می‌شنود و نه بکار می‌برد.
دیگرباره امین بفرماندهانی که در خراسان بودند چنان فرمانی نوشت و نیز چنان

پاسخی بوی‌دادندو گفتند: وفادارماندن با توهنگامی برمالازم‌است که‌برای‌برادرت وفادارباشی واکنون عهدها را شکسته وبدعتها پدیدآورده وسوگندهاومیثاقهارا سبك شمرده‌ای.

محمد نزد ام عیسی دختر موسی هادی همسر مأمون فرستاد و گوهری را که از مأمون نزد وی بود مطالبه کرد، لیکن او گوهر را نداد و گفت: نزد من چیزی نیست که اختیارش بدست من باشد. پس محمد کسی را فرستاد که بخانه‌اش هجوم برد و هر چه را در آن بود غارت کرد وآن گوهرراهم گرفت و چون خبر آن به مأمون رسید فرماندهانی راکه نزد وی بودند فراهم ساخت و بآنان گفت: شمااز آنچه پدرم‌برمن وبر(برادرم) محمد شرط کرده بود، آگاهید ولی اکنون (بآن‌شرطها) وفادارنمانده و آن عهدها را نقض کرده و با بیوفایی و پیمان شکنی خود و تعرض باموال و وسائل و قلمرو حکومت من و سوزاندن شرطها وعهدهایی که براو است وسبك شمردن حق خدا درعهدهایی که برهم زده وسرگرمی با خواجه‌ها، راهی برای خلع خود باز کرده است. پس رأی‌شان بر آن قرار گرفت که با وی مکاتبه کنند تا اگربرگشت وگرنه خلعش کنندوچون خبربه‌محمدرسید فرماندهان خودرا فراهم ساخت و بآنان گفت که مأمون وی را خلع کرده، وازایشان‌خواست تابجنگ‌وی بیرون‌روند. پس عصمة‌بن‌ابی‌عصمهٔ‌سبیعی را بر گزیدند وسپاهی‌انبوه‌زیرفرمان‌وی گسیل‌داشت‌واوروبراه‌نهادتابمرزخراسان رسیدوهمانجاتوقف کردوچون‌محمدبوی‌نوشت‌تا(بداخل‌خراسان) پیش‌رود، فرمان نبردو گفت: برمابیعت گرفته‌شده که‌داخل‌خراسان‌نشویم، وبرتوهم‌بیعت گرفته‌شده که‌داخل‌خراسان‌نگردی‌واحدی‌را نیزبآنجا نفرستی،البته‌اگرکسی‌ازطرف‌مأمون تااینسوی‌مرزبیایدبااوخواهم جنگید و گرنه ازمرزنمی گذرم. پس‌محمد، علی‌بن عیسی‌بن ماهان‌را والی‌برخراسان‌فرستادواورا دستور داد که مأمون وهر که را با اواست نزد وی فرستد، وازفرماندهان وسپاهیان چهل‌هزارحقوق بگیر همراه‌او

ساخت ومالها در اختیاروی گذاشته شد و زنجیری ازنقره بوی‌داد و گفت : هرگاه به‌خراسان رسیدی مأمون را با این زنجیر دربندکن و او را نزد من فرست.

چون خبربه‌مأمون رسید به‌طاهربن حسین‌بن مصعب بوشنجی‌پیشنهاد کرد تا (بجنگ امین) بیرون رود و پیش از این او را برشهرستان بوشنج حکومت داده بود ، وعذر اورا ازبابت اسب و اسلحه برطرف کرد وطاهر رهسپار شد تا در سال ۱۹۵ باعلی‌بن عیسی درری روبرو شد درحالی که علی‌بن عیسی سپاهی عظیم‌داشت و طاهر بن حسین با پنج هزار بود ، پس علی بن عیسی با چند نفری بیرون آمد و پیرامون لشکر می گشت که طاهر بن حسین او را دید و با گروهی از همراهان خویش برسروی تاخت و با علی که بریابوی زردی سوار بود وجبه‌ای سرمه‌ای رنگ و بلند بر تن داشت روبرو شد ، پس همراهان علی از وی دفاع کردند تا گروهی کشته شدند و او روبگریزنهاد لیکن طاهر بتنهایی وی را تعقیب کرد و اورا با شمشیر خودزد تا ازپا درآمد وروی زمین افتاد، پس طاهرفرودآمدوسرش را ازتن برگرفت و باردوگاه خود بازگشت و سر را بر نیزه‌ای نصب کرد و در لشکرعلی‌بن‌عیسی ندادرداد که‌امیر کشته شد وخبر کشته شدن‌وی را بهمراهانش رسانید تا بهزیمت رفتند و خزینه‌ها و چارپایان خود را رها کردند و طاهر شب نکرد تا آنکه تمام آنچه را درلشکرش بود بدست‌آورد وبسیاری ازیارانش ازوی امان خواستند.

طاهرمژدهٔ فتح را برای مامون به‌مرو نوشت وسر(علی‌بن‌عیسی) را با مردی ازیاران خود نزد وی‌فرستاد وچون(فرستاده) برذوالریاستین درآمد ، خبر را از وی پرسید لیکن او دست و پای خود راگم کرد و از سخن بازماند و نتوانست پاسخش دهد، پس فضل‌را هراس گرفت و کیسهٔ(پست) راگشود و نامه‌ها راخواند وسپس گفت: سر کجا است؟ و [آنچه را] همراه داشت تفتیش کرد و سر بدست

نیامد وازخود اوپرسید واوهم سخن نگفت ، پس در جستجوی آن کس فرستاد و (فرستاده‌اش) آن رایافت که درسر دومیلی افتاده است واز آنجا به‌مرو حمل گردید و (مژدهٔ) فتح برمردم خوانده شدوبرای مأمون بخلافت بیعت‌شد ، ومحمدراخلع کرد وهمهٔ مردم خراسان بفرمان مأمون درآمدند.

احمدبن عبدالرحمان‌کلبی مرا حدیث گفت که برمأمون بخلافت سلام‌شدو بمنبربر آمد وخدا را حمدوثنا گفت وبرمحمد درودفرستاد وسپس گفت:

ای مردم ، همانا من با خدا نذر کرده‌ام که اگر امورشما را بمن سپارد ، دربارهٔ شما فرمان وی‌را اطاعت کنم و خونی راکه حدود الهی آن را حلال‌نکند و فرائض خدایی آن را نریزد ، عمداً نریزم و مالی یا اثاثی یا بخششی راکه بر من حرام باشد ازاحدی نگیرم و درحال خشم وخشنودی خود بهوای نفس حکم نکنم جز آنچه برای خدا ودرراه او باشد ، این همه‌را با خدا عهدی محکم بستم ومیثاقی مستحکم نهادم والبته بآن وفا می کنم ، بامید آنکه نعمتهای خویش را برمن فزون سازد و ازترس‌آنکه مرا ازحق‌خود وبندگان خود بازخواست کند، پس اگر تغییر وتبدیل دادم شایستهٔ عقوبت و درخور انتقام خواهم‌بود، از خشم خدا بخودش پناه می‌برم و ازاوخواستارم تا مرا براطاعتش یاری دهد ومیان‌من و معصیتش حایل‌شود.

محمد با خبریافتن از کشته شدن علی بن عیسی بن ماهان و هزیمت یافتن سپاهش ورفتنشان به‌حلوان‌وخلع کردن مردم خراسان او را و اتفاق‌کلمهٔ آنان بر مأمون و ازآنکه طاهربا اموال واسلحه واسب‌واستری که بدست‌آورده نیرومند شده و مأمون بـاو نوشته است که تا بغداد درنگ نکند و بسوی آن پیش رود ، [عبدالرحمان‌بن جبله را برسروی فرستاد] و اورا فرمود تا فرماندهان وسپاهیان حلوان راکه همراه علی‌بن عیسی بوده‌اند ، همراه خویش ببرد واو درهمدان در ذی‌القعدهٔ سال ۱۹۵ با طاهرروبرو شد و طاهراورا کشت وهرچه را درارددوی‌وی

بود بیغما برد. پس محمد، عبدالله بن حمید بن قحطبه طائی را (بجنگ طاهر) فرستاد لیکن او از حلوان بازگشت.

در شام مردی بنام: علی بن عبدالله بن خالد بن یزید بن معاویه سر بشورش برداشت و بسوی خویش دعوت می کرد، پس محمد، حسین بن علی بن ماهان را بر سروی فرستاد و چون حسین به رقه رسید همانجا اقامت گزید و پیش نرفت.

داودبن یزید مهلبی عامل سند وفات کرد و پسر خود را جانشین گذاشت.

مالک بن لبید یشکری در سواد خروج کرد و بنام مأمون دعوت نمود.

یکی از فرماندهان بنام محمدبن ابی خالد که پیر فرماندهان حربیه[1] و نزد آنان مطاع بود، خبر یافت که محمد تصمیم دارد او را غافلگیر کند و بکشد، پس مردم حربیه و ابناء را فراهم ساخت و سپس بر محمد تاختند، پس محمد [.....] بر سر ایشان فرستاد و در جایی از بغداد بنام «باب الشام» جنگ میان آنان درگرفت و این جنگ نخستین جنگی بود که در آن سال در بغداد روی داد. عامل محمد در مصر حاتم بن هرثمة بن اعین بود، پس در سال ۱۹۵ او را عزل کرد و جابربن اشعث خزاعی را بر سر کار آورد و چون جابر بن اشعث رسید، بعد از محمد چنانکه معمول بود برای مأمون دعا نکرد، پس سپاهیان بشوریدند و گفتند: فرمان نمی بریم. پس آنان را دوجیره داد.

و یحیی (بن اشعث) بن محمد مدینی با نوشتۀ مأمون رسید، پس جابربن اشعث از بیعت برای وی امتناع ورزید و بر اطاعت محمد استوار ماند، لیکن سری بن حکم بلخی که یکی از فرماندهان مصر بود و گروهی همراه وی سربلند کردند و سپاه را ببیعت بر ای مأمون دعوت نمودند و جیرۀ دو سال را بآنان وعده دادند، آنان هم پذیرفتند و جابربن اشعث را از فرمانداری بیرون کردند و عباد بن

۱ـ محله ای بزرگ در بغداد نزدیک مقبرۀ بشر حافی و احمدبن حنبل.

محمد را بجای وی بر گزیدند و این عبادبن محمد در شهر جانشین هرثمة بن اعین بود، پس دررجب سال ۱۹۶ بنام خلافت مأمون دعوت نمود وجمعی[ ] پس عبدبن‌حکیم‌بن کون ومحمدبن صغیررا برسرایشان فرستاد ومیان آنان جنگی روی داد وسپس تسلیم شدند وبیعت کردند.

محمد فرمان حکومت مصررا برای مردی بنام ربیعةبن قیس حرشی نوشت و اوهم مردم حوف وجز آنان را نزد خویش فراهم‌ساخت‌وبا عبادبن محمدجنگید وبسوی‌وی‌پیش‌رفت‌تابنزدیك فسطاط رسیدومیان آنان جنگهایی‌روی دادو(ربیعه) شهررا ازدست عباد گرفت تا اینکه مأمون مطلب بن عبدالله خزاعی را بحکومت مصرفرستاد.

عبدالملك‌بن‌صالح‌عامل‌محمدبن‌هارون برجزیره‌وشهرستان‌قنسرین‌وعواصم‌و مرزهادرهمین‌سال۱۹۶دررقه‌وفات کردوپس‌ازمرگ‌وی‌درآن‌ناحیه‌آشوب‌برخاست وهرمهتر قومی برآن قوم تسلط یافت ومردم‌دوحزب شدند: حزبی پشتیبان محمد وحزبی‌طرفدار مأمون وناحیه‌ای‌باقی نماند که قومی درآن‌درجنگ وستیز نباشد وقدرتی‌نبود که آنان را بازدارد وآرام کند وطاهرازناحیهٔ عراق عجم تا اهواز را گرفت ومحمدبن یزیدبن حاتم عامل محمد و جیلویهٔ کردی را کشت و زهیر بن مسیّب ضبّی‌روبه‌فارس نهاد وآن راگرفت وبیعت را درآنجا بانجام رسانید و طاهر درسوم رجب به‌واسط‌آمد، پس ازآنکه مردم در بصره بردست منصور بن مهدی، ودر کوفه بردست فضل‌بن موسی‌بن عیسی، و درموصل بردست مطلب‌بن عبدالله، و درمصربردست عبادبن محمد، و دررقه [بردست] حسین بن علی بن ماهان، برای مأمون بیعت کردند، پس رهزنان رقه بهمراهی دیگران، حسین‌بن علی را ازرقه بیرون کردند و او درهشتم رجب سال ۱۹۶ وارد بغداد شد ورفتار محمد را ناروا شمرد وازوی خبرهایی دریافت که خوش نداشت، پس سپاه بغداد را ببیعت‌مأمون دعوت نمود و پیشنهاد وی را پذیرفتند و آنگاه برمحمد (امین) تاخت و او را با

مادر و فرزندانش زندانی کرد و چون آنان را حبس نمود ، سپاهیان حقوق خود را مطالبه کردند و چـون در جواب ایشان تعلل کرد او را گرفتند و محمد [ومادر] و فرزندانش را ازحبس درآوردند و با وی بیعت کردند وحسین بن علی (ابن ماهان) راگردن زدند وآنگاه حقوق خود را ازمحمد مطالبه کردند ، پس بآنان پانصد پانصد عطا داد با یك شیشه عطر،و چهارصد پرچم برای فرماندهانی پراکنده بست و علی بن محمد بن [عیسی بن] نهیك را بر ایشان فرماندهی داد و آنان را فرمود تا بسوی هرثمه پیش روند و هرثمه آن روز در نهروان اردو زده بود ، پس درماه رمضان نبرد کردند و(هرثمه) آنان را درهم شکست و علی[بن] محمدبن عیسی‌بن نهیك را اسیر گرفت و اورا نزد مأمون فرستاد وبا سپاه خویش پیش رفت تا درجایی بنام «نهربین» دریك فرسخی یا دو فرسخی بغداد فرودآمدو طاهرنیز درچهار فرسخی بغداد برودخانهٔ «صرصر» رسید. طاهر در طرف غربی و هرثمه‌درطرف شرقی(بغداد) بود وجنگ بغداد درهردو سوادامه داشت جزآنکه بازارها باز بود و بازرگانان بحال خود بودند وکسی بآنها تعرضی نمی‌کرد و جمعی از یاران مأمون با گروهی از طرفداران محمد نزد بـازرگانی فراهم می‌آمدند بی‌آنکه میان آنان جنگ و نزاعی باشد و ابناء و جنگیان بر محمد شوریدند و بنام مأمون دعوت نمودند و با طاهر مکاتبه کردند وباوگروها دادند، پس طاهر داخل بغداد شدوطرف غربی را تا دروازهٔ انبار زیردست آورد ومحمد برای خبری که دریافته بود، سلیمان‌بن ابی‌جعفروابراهیم بن مهدی را در حبس داشت پس چون هرثمه بدروازهٔ بغداد رسید ، آن دو را از حبس در آورد و با جماعتی ازبنی‌هاشم نزد هرثمه فرستاد تا وی را باطاعت ازامین دعوت کنند و هر چه ازاموال وتیولهابخواهدبوی‌دهد،هرثمه بآنان گفت:اگر نبود که‌فرستادگان‌را نمی‌کشند، شما راگردن میزدم، نزدمحمد بازگردید ، وآن دو را رها گذاشت.

مردم شرق بغداد برمحمد شوریدند وبنام مأمون دعوت کردند وخزیمة‌بن

خازم تمیمی را آواره ساختند واوهم بطرف جسر رفت و آن راقطع کرد وزهیربن مسیب باکشتیها که منجنیقها و عرّاده‌ها در آنها بود، از کلواذی بشهر درآمدو محمد بکاخ خود درغرب بغداد معروف به«خلد» منتقل شد و درآن متحصن گشت وزهیراورا هدف منجنیق قرارداد و هرثمه از دروازهٔ خراسان از عسکر مهدی که طرف شرقی بغداد است، داخل شد وطاهرازاردوگاه خود به‌مدینهٔ ابوجعفر درآمد و خلد را محاصره کردند ومحمد برای ملاقات هرثمه ازدروازهٔ خراسان بیرون آمد تا به‌دجله رسید و یاران طاهر از آن خبر یافتند و بر هرثمه که در کشتی‌خودبودتاختند تااورا غرق کردند وساعتی بعددرآورند و محمد باپیراهن و زیر جامه‌ای بیرون آمد تا روی شط نشست و سپاهیان بر او می‌گذشتند و نمی‌شناختند تا غلامی از شکله بروی گذشت و او را شناخت و بخانهٔ خود برد وسپس که طاهربن حسین ازوی خبریافت، میان طاهر و هرثمه و زهیر نزاعی‌در گرفت وطاهرغلام خود قریش دندانی را فرمودتاگردنش را زدوسرش‌رابرنیزه‌ای برافراشت وآن را باردوگاه خود در «بستان» برد و سپس آن را نزد مأمون فرستاد. امین روز یکشنبه، محرم سال۱۹۸ وازکسی شنیدم که می‌گفت: درپنجم صفر، کشته شد.

طاهربخط خودنامه‌ای به‌مأمون نوشت:

اما بعد، هرچند که مخلوع درنسب وخویشاوندی برادرامیرالمؤمنین بود، اما حکم قرآن میان این وآن درولایت وحرمت جدایی انداخت، چه او از پناه دین جدا شد وازامری که مسلمانان را فراهم‌می‌ساخت‌بیرون‌رفت. خدای‌عزوجل در داستان نوح‌برای ما گفته‌است:

یا نوح‌انه‌لیس‌من‌اهلك انه‌عمل‌غیرصالح[1] «ای‌نوح‌همانااوازخاندان‌تونیست،

۱ ـ س هود۱۱، ی۴۶.

اوعملی است غیر صالح»، وهیچکس رادرمعصیت خدااطاعتی نیست وقطع(رحم)هر گاه درراه [خدا] باشدقطع رحم شمرده نمی‌شود واین نوشته‌را هنگامی‌بامیرالمؤمنین می‌نویسم که خدا مخلوع‌را کشته و اورا بدست بیوفایی و پیمان شکنی که داشت سپرده و امر(خلافت) امیرالمؤمنین را محکم ساخته و بوعدهٔ سابقش که انتظار آن‌رامی‌برد وفا کرده است. سپاس خدارا که حق امیرالمؤمنین‌را بوی‌باز گرداند و دربارهٔ کسی که عهدوی را خیانت کرد و پیمان وی را شکست ، بجای وی نیك تدبیری بکاربرد تا پس ازجدایی ، الفت‌را بوی‌بازآورد ، وپس ازپراکندگی،امت را بوی فراهم‌ساخت، وبعدازکهنگی نشانه‌های دین‌را بوی‌زنده کرد.[1]

سپس نامه‌ای دربارهٔ فتح نوشت و داستان‌آن را از روزی که از خراسان بیرون‌آمده وآنچه‌را شهربشهرورروز[بروز] انجام داده، گزارش‌داد[2] وماآن‌را در کتابی جداگانه قرارداديم .

خلافت (امین) از روزی که رشید در گذشت تا روزی که (خود) کشته شد چهارسال‌وهفت ماه‌وبیست‌ویك‌روز، وازمرگ هارون تا روزی که خلع شدسه‌سال بود، وسنش‌روزی که کشته‌شد بیست‌وهفت‌سال وسه‌ماه‌وبقولی بیست‌وهشت‌سال‌بود ودوپسربنام موسی‌وعبدالله بجای گذاشت .

کارخلافت امین‌بیشتربنظراسماعیل‌بن صبیح‌حرّانی وفضل‌بن‌ربیع‌اداره‌می‌شد ورئیس پلیس اومحمدبن مسیب‌بود، سپس اورا عزل کرد و بر ارمنستان حکومت داد ومحمدبن حمزةبن مالك‌را بجای وی نهاد، پس اورا نیزبرداشت و عبدالله‌بن خازم‌تمیمی‌را بجای‌وی‌آورد. فرمانده نگهبانانش عصمةبن ابی‌عصمه، وحاجبی‌اودر عهدهٔ فضل‌بن ربیع‌بود وفرزندان فضل آن‌را انجام می‌دادند.

درحکومت امین‌امرای حج بدین‌ترتیب بودند : درسال ۱۹۳ داودبن عیسی

۱ـ ر. ك .جمهرة رسائل العرب ج۳ ص. ۳۷۵ ـ ۳۷۷ . ۲ ـ ر. ك. جمهرة رسائل العرب‌ج۳ص ۳۶۶ـ۳۷۱ .

ابن موسی، درسال ۱۹٤ علی‌بن‌هارون رشید، درسال۱۹۵داودبن‌عیسی، درسال۱۹٦ عباس‌بن موسی‌بن‌عیسی که حاکم مکه‌بود، درسال۱۹۷ نیزعباس.

فرماندهان جنگها نیزبدین ترتیب بودند : در سال ۱۹٤ حسن‌بن مصعب از طرف‌ثابت‌بن‌نصر، درسال۱۹۵ ثابت‌بن نصرخزاعی ، درسال۱۹٦ ثابت‌بن‌نصر، درسال ۱۹۷ نیزثابت‌بن نصر.

فقهای دوران اوعبارت بودند از: محمدبن عمربن واقد ، یحیی بن سلیمان طائفی، ابومعاویه محمدبن حازم نابینا، اسباط مولای‌قریش، عون‌بن‌عبدالله‌بن عتبة ابن‌مسعود،عبدالرحمان‌بن‌مسهر،محمدبن کثیر کوفی‌صاحب تفسیر،سفیان‌بن‌عیینه، وکیع‌بن‌جراح، عبدالله‌بن نمیر، یزیدبن اسحاق،اسماعیل‌بن‌علیّه، عبدالوهاب‌ثقفی، یحیی‌بن سعید قطّان، یزید بن مالك، ولیدبن مسلم ملازم اوزاعی ، اسحاق ازرق ، زیدبن‌هارون ، علی‌بن عاصم، حمادبن‌عمرو، سلم‌بن سالم تمیمی.

ایام مأمون

بدان ترتیب که [در] تاریخ دوران محمد راجع به‌مأمون ومحمد گفتیم،در سال ۱۹۵ بیعت با عبدالله مأمون پسرهارون‌رشید که مادرش کنیزی بادغیسی بود بنام «مراجل» پیش آمد و در سال ۱۹۶ عموم مردم بلاد (اسلامی) با وی بیعت نمودند، و درمحرم سال ۱۹۸ که محمد کشته شد ، مردم همه جا بر(خلافت) وی اتفاق کردند و کسی باقی‌نماند مگر آنکه بفرمان‌وی در آمد و هرسرکشی در هر ناحیه‌ای مدعی شد که بفرمان مأمون‌وهواخواه وی بوده‌است .

خورشید درآن‌روز در۱ درجه و۵۳ دقیقهٔ میزان بود، و قمر در ۲۶ درجه و۲۰ دقیقهٔ اسد درحال رجوع ، و مشتری در ۱۸ درجه و ۱۰ دقیقهٔ حمل در حال رجوع، ومریخ در٤ درجه و٤٠ دقیقهٔ اسد، وزهره در ۲٤ درجهٔ اسد، وعطارد در ۲۳درجه و۱۰ دقیقهٔ سنبله، ورأس در۲٤ درجه‌و۵۰ دقیقهٔ حمل .

مأمون درسال ۱۹۸ مطلب‌بن عبدالله خزاعی را بحکومت مصرفرستاد و او هفت ماه برسر کارماند وسپس درسال ۱۹۹ عباس‌بن‌موسی‌بن عیسی هاشمی راحاکم مصرقرارداد و اوپسرخود عبدالله‌بن عباس را برسر کارفرستاد ، عبدالله ، مطلب بن عبدالله را زندانی کرد و ابراهیم‌بن تمیم را بعنوان عامل خراج روی کارآورد و ریاست پلیس خود را به‌عبدالعزیزبن وزیرجروی داد وبدرفتاری وی بآنجا کشید که سری بن حکم شورش کرد و سپاهیان را با خویش همراه ساخت و سپس با عبدالله جنگید و اورا ازشهربیرون کرد ومطلب را ازحبس درآورد و باوی بیعت

نمود واوبدارالاماره منزل گزید و برعبدالله بن عباس شبیخون زد و هرچه را از اموال بهمراه داشت گرفت و عبدالعزیز جروی رهسپار تنّیس شد و همانجا اقامت گزید وبرتنّیس وتوابع آن ازشهرستانهای پائین مصرمستولی بود و سری‌بن حکم برقصبهٔ فسطاط وصعید مستولی شد و عباس بن موسی بن عیسی بیاری (قبیلهٔ) قیس[بر]حوف استیلایافت لیکن قبیلهٔقیس دست ازیاری وی‌بداشتند و او سی و پنج‌روزدربلبیس اقامت داشت .

مأمون درسال۱۹۸ حسن‌بن سهل‌را بحکومت عراق و توابع آن فرستاد و اصفر معروف به «ابوالسرایا» که نامش : سری بن منصور شیبانی بود[1] در کوفه خروج کرده ، ومحمدبن ابراهیم علوی[2] معروف به « ابن طباطبا » همراه وی بود سپس محمدبن‌ابراهیم وفات کرد وابوالسرایا محمدبن محمدبن‌زید[3] را بجای‌وی بر گزید .

پس بصره را عباس بن محمد بن موسی جعفری گرفت وزیدبن موسی بن جعفربن محمد [از] کوفه رسید وآنجا (مأمون را) خلع کرده بود، پس بسوی بصره آمد و با عباس‌بن محمد جعفری همراه شد ، و واسط را محمد بن حسن معروف به«سلق» ویمن را ابراهیم‌بن موسی‌بن جعفر ، و حجاز را محمدبن جعفر گرفت و برنصیبین و توابع آن [احمدبن] عمربن خطاب ربعی مستولی شد ، و در موصل سید بن انس ، و در میّافارقین موسی بن مبارك یشکری ، و در ارمنستان عبدالملك‌بن جحاف سلمی ومحمدبن عتاب، ودرآذربایجان محمدبن روّادازدی و یزیدبن بلال یمنی ومحمدبن حمید همدانی و عثمان‌بن افکل و علی‌بن مرطائی ،

۱ــ وخود را ازفرزندان هانی‌بن قبیصة‌بن‌هانی‌بن‌مسعودشیبانی می‌دانست. ۲ــ محمدبن ابراهیم‌بن اسماعیل‌بن ابراهیم‌بن حسن‌بن‌حسن‌بن علی‌بن‌ابیطالب علیه‌السلام . ۳ــ بن‌علی‌بن الحسین علیهماالسلام که مادرش ، فاطمه دختر علی‌بن جعفربن اسحاق بن‌علی‌بن عبدالله‌بن جعفربن ابی‌طالب‌بود ر ك. مقاتل‌الطالبیین ص۵۱۳ (ایام‌مأمون).

ودرعراق عجم ابودلف عجلی ومرة‌بن ابی ردینی وعلی‌بن بهلول ومحمدبن‌زهره و سنان وزیدبن.... ودرسیسیه وحصن سنان و ناحیه‌اش بسطام‌بن سلس ربعی ، و در کفرتوثا و رأس عین حبیب بن جهم ، و در کیسوم وتوابع آن از دیار مضر نصربن شبث نصری که از همه نیرومندتر و نافرمانتر بود ، و در قورس و توابع آن از شهرستانهای ـعواصم عباس‌بن زفرهلالی، و درحیار وتوابع آن از شهرستانهای ـ قنسرین عثمان‌بن ثمامهٔ عبسی، ودر «حاضر» که در کنار حلب است منیع تنوخی (سربلند کردند) ویعقوب‌بن صالح هاشمی با (مردم) حاضرجنگ می کرد واحدی ازایشان باقی‌نماندوچون قوم‌سبا سخت پراکنده گشتند وبیشترشان بشهرقنسرین افتادند ویعقوب حاضرراچنان ویران کرد که‌با زمین هموارشدوحال آنکه درآن بیست هزارمرد جنگی بود وتا امروزهم ویران است.

پس در معرّة النعمان و تّل منّس[۱] و توابع آن از اقلیم حمص حواری بن حنطان تنوخی (استیلا یافت) و در حماة وتوابع آن حراق بهرانی ، و در شیزر و توابع آن‌بنی بسطام، ودرشهرحمص بنوالسمط ، ودرمصیصه و اذنه و توابع آن از مرزهای شام‌ثابت‌بن نصرخزاعی که عامل [امین] بود وپس ازپیش‌آمدی که برای امین بود ، برآن ناحیه استیلایافت، ودردمشق واردن و فلسطین جماعتی ازدیگر قبایل اقامت گزیدند ، و درمصر درقصبهٔ فسطاط وصعید، سری ، و درقسمت سفلای مصرعبدالعزیزجروی، ودردوحوف قیسیها ویمنیها، ولخم وبنومدلج بر اسکندریه تسلط یافتند ورئیس لخم مردی بود بنام : احمدبن رحیم لخمی، و سپس اندلسیها مسلط شدند و ابتدای‌کار اندلسیها آن بود که ایشان با چهارهزار کشتی‌رسیدند و دربندراسکندریه درریگ لنگر انداختند و در حدود سه هزار مرد بودند، پس درساحل‌دریااقامت گزیدند ونه[.....] سپس بعضی ازیاران شاه برمردی از ایشان

۱ـ حصنی‌نزدیك معرة‌النعمان درشام، یکی‌ازقرای حمص.

حمله‌برد و عصبیتی پیش آمد واندلسیها بر فضل‌بن‌عبدالله برادر مطلب‌بن‌عبدالله هجوم بردند ورئیس پلیس او را کشتند وسنگر گرفتندو بامردم اسکندریه جنگیدند تا آنان رااز خانه‌هاشان آواره ساختندو دیار واموال (شان) را تصرف کردند و مردی را بنام ابوعبدالله صوفی که خونها را می‌ریخت و مسلمانان را می کشت بر خود سروری دادند، سپس او را عزل کردند و مردی را معروف به «کنانی» بریاست خویش بر گزیدند وبنی‌مدلج ولخم را ازشهر آواره ساختندوتمام شهر بدست ایشان افتاد، و دربرقه مسلم‌بن نصراعورانباری (مستولی) بود.

پس چون مأمون حسن‌بن سهل‌را بحکومت عراق بر گزید، حسن جانشین خود ذوالعلمین علی‌بن ابی سعید را فرستاد و مأمون به طاهربن حسین نوشت که رهسپار جزیره شود و با نصربن شبث بجنگد، پس‌چون ذوالعلمین به‌عراق رسید برطاهر دشوار آمد و گفت: امیرالمؤمنین دربارهٔ من انصاف نداد. و سپس رهسپار جزیره شد وبا نصر جنگیدوحسن‌بن‌سهل به‌عراق آمد ودرنهروان‌فرودآمدوهرثمه بسوی ابوالسرایا پیش رفت و در دهم جمادی الآخرهٔ‌سال ۱۹۹ درناحیهٔ کوفه بر خورد کردند ومیان آنان جنگهایی روی داد، پس هرثمه بازگشت و [زهیر بن مسیّب ضبّی بجنگ ابوالسرایا] شتافت [و از وی شکست خورد وبقصرابن هبیره بازگشت وآنگاه حسن‌بن سهل، عبدوس‌بن محمدبن ابی‌خالد را برسروی فرستاد] با سپاهی عظیم، پس درجایی بنام«جامع» در میان بغداد و کوفه ۱۲ شب مانده از رجب همین سال با ابوالسرایا روبرو شد و ابوالسرایا اورا کشت وبرادرش هارون [ابن‌محمد] ابن‌ابی‌خالدوجماعتی از همراهان وی را اسیر گرفت و خبر به‌زهیر رسید پس ازقصرابن هبیره‌به‌بغداد بازگشت و هرثمه دیگربار با لشکرهایی عظیم بجنگ بازآمد وبا ابوالسرایا روبرو شد وپیوسته درکار بود تا به کوفه رسید و با وی نبردی سخت کردچنانکه عموم یاران ابوالسرایا راکشت و هرثمه به کوفه‌در آمد وابوالسرایا شکست‌خورده بیرون رفت‌تا به‌واسط رسیدوسپس به‌اهواز رفت،

پس حسن‌بن علی بادغیسی معروف به«مأمونی» با وی جنگید و او را شکست داد و ابوالسرایا شکست یافته به «روستقباد» بازگشت و از بیماری شکم‌درد سخت رنجور بود و حماد خادم معروف به «کند غوش» از جای وی با خبرشد و بر او هجوم برد و اورا گرفت وهمراه‌وی نیزمحمدبن محمد علوی و ابوالشوك غلامش را دستگیر کرد وآنان را درنهروان نزد حسن‌بن‌سهل‌برد وچون برویدر آمدند، ابوالسرایا باوگفت: خدا امیررا توفیق دهد، مرا نگه‌دار. گفت : خدا مرا زنده نگذارد اگر تورا زنده گذارم. پس فرمان داد تا او را گردن زدند و دو پاره کردند و بر دو پل بغداد بدار آویختند و محمد بن محمد علوی را که نزد وی آوردند، او را مقرب داشت و نوازش کرد و باوگفت : بیمی بر تو نیست ، خدا لعنت کند کسی را که فریبت داد. و خالد بن یزید بن مزید را بر کوفه حکومت داد.

حسن بن سهل به‌مدائن رفت و عبدالله بن سعید حرشی را بجنگ محمد بن حسن «سلق» فرستاد ودرواسط درطرف شرقی‌دجله برخورد کردند وسلقی‌هزیمت یافت وسپاهش درهم شکسته شد. ونیزعیسی‌بن یزید جلودی را بر سر محمد بن جعفر علوی که برمکه‌مستولی شده وداود بن عیسی هاشمی را بیرون رانده بود، فرستاد وچون جلودی به‌مکه رسید ،محمد با وی بجنگید و ازوی امان‌خواست ، پس‌جلودی‌اورا گرفت‌وخود اورا نزدمأمون به‌مروبرد وپسرخودرا درمکه‌جانشین گذاشت‌وچون‌به گرگان رسید محمدبن‌جعفر وفات کردو نامهٔ مأمون به‌جلودی رسید که اورا فرمان‌بازگشت به‌حجازداده بود پس بازگشت.

وحمدویةبن علی بن عیسی بن ماهان را به‌یمن فرستاد که ابراهیم‌بن موسی ابن جعفرعلوی بر آن مستولی بود پس ابراهیم با همراهانی که ازیمن داشت، بجنگ وی‌برخاست‌ونبردهای سختی روی داد که ازطرفین کشته می‌شدوحمدویه، یزیدبن محمد بن حنظلهٔ مخزومی را در مکه جانشین گذاشته بود، پس ابراهیم

ابن موسی از یمن بقصد مکه بیرون آمد و یزید بن محمد خبر یافت و برای جلوگیری از وی پیرامون مکه خندق کند، و نزد دربانان (کعبه) فرستاد و اندوختههای طلایی راکه مأمون از خراسان فرستاده بود و بت پادشاه تبت را گرفت وآنها را دینارو درهم سکه زد، وپولیازاعراب گرفت وبآنانمال پرداخت.

ابراهیم بهمکه رسید ویزید با یاران خودبرویوی ایستاد وابراهیمبنموسی بعضیازیارانخود را فرستاد تا از(طرف)کوه داخل(مکه)شد ویزیدبهزیمت رفت وبعضی یارانش اورادریافت و کشتوابراهیم بهمکه درآمدوبرآن مستولی گشتو آنجا اقامت گزید وحمدویه درناحیهای ازیمن (مقیمشد).

رضاعلیبن موسیبن جعفرعلیهالسلام را مأمون از[مدینه] بهخراسانآورد و فرستادهاش نزد آنحضرت رجاء بن [ابی] الضحاك خویشاوند فضلبن سهل بود، پسوارد بغداد شد وسپسآن بزرگوارا ازراه[ماه] بصره[1] آوردند تا بهمرورسید و مأمون در روز دوشنبه هفتم ماه رمضان سال ۲۰۱ بولیعهدی پس از خود با وی بیعتنمود ومردمرا بجای سیاه، سبزپوش کرد وفرمانآنرا باطراف ونواحینوشت وبرای رضا بیعت گرفت و بنام وی بر منبرها خطبه خواندند و دینار و درهم بنام آنحضرت سکه زدند و کسی نماند که لباس سبزنپوشد مگراسماعیل بن جعفربن سلیمانبن علی هاشمی که عامل مأمون دربصره بود وازپوشیدن لباس سبزامتناع ورزید و گفت: این نقض (بیعت) است هم با خدا وهم با او. و نافرمانی را آشکار ساخت،پس مأمون عیسیبن یزید جلودی را برسروی فرستاد وچون نزدیك بصره رسید، اسماعیل بدون جنگ ونبردی گریخت و جلودی داخل صره شد و آنجا اقامت گزید و اسماعیل نزد حسن بن سهل رفت، پس حسنوی را زندانی کرد و دربارهٔ وی ازمأمون کسب تکلیف کرد و مأمون نوشت که او را روانهٔ مرو کنند،

۱ـ هریك ازهمدان ونهاوند وقمرا ماه بصره، ودینوررا ماهکوفه گویند.

پس روانه‌اش کرد وچون نزدیك مرو رسید، مأمون دستور داد که به گرگان باز گردانده و آنجا زندانی شود و اوهمچنان در گرگان زندانی و راندهٔ وی بود تا پس ازمدتی ازاوراضی شد.

مأمون (فرمان) بیعت رضا (علیه‌السلام) را با عیسی جلودی به‌مکه فرستاد وابراهیم‌بن موسی‌بن جعفر درمکه اقامت داشت و شهر بفرمان وی در آمده بود جزاینکه اوخود بنام مأمون دعوت می کرد،پس جلودی با (شعار) سبزوبیعت‌رضا رسید و ابراهیم باستقبال وی شتافت و مردم مکه برای رضا (علیه‌السلام) بیعت کردند ولباس سبز پوشیدند .

حمدویةبن علی‌بن عیسی هنگامی که ابراهیم رهسپارمکه شد ، جماعتی از مردم یمن‌را با خویش همراه ساخته وسپس نافرمان شده بود، پس مأمون فرمان حکومت یمن را به‌ابراهیم بن موسی نوشت و جلودی را دستور داد که همراه‌وی برود و اورا در جنگ با حمدویه یاری دهد، ابراهیم رهسپار شد تا به‌یمن رسید اما جلودی همراه وی بیرون نرفت ، پس پسری از حمدویه بجنگ وی ایستاد وابراهیم‌با وی جنگید و ازیارانش گروهی را کشت و پسرحمدویه بهزیمت رفت و أبراهیم رهسپارصنعا شد ، پس حمدویه خود بروی وی ایستاد و جنگی سخت میان‌آنان روی داد که‌خلقی عظیم ازیاران ابراهیم کشته شدند وابراهیم بهزیمت رفت وتا مکه روی برنتافت ، وجلودی رهسپار بصره شد چه زیدبن موسی برآن دست‌یافته وخانه‌ها ومالهای بسیاری را ازمردم غارت کرده بود وجماعتی ازقیسیها و جز آنان‌همراه وی بودند، و چون جلودی نزدیك بصره رسیدآن روز را با وی جنگیدند وسپس شکست خوردند و زیدهم هزیمت یافت و عیسی او راگرفت و نزد مأمون فرستاد پس‌مأمون بروی‌منت گذاشت واورا رها کرد .

هرثمه در سال ۲۰۱ از عراق رهسپار مرو شد و بقولی بدون اذن مأمون (ازعراق) بازآمد، پس‌چون برمأمون درآمد[....] گفت: از نفرسی(که دارم) و

مرا ممکن نیست که (جز) در تخت روان راه روم؛ و با مأمون بدرشتی سخن گفت و یحیی بن عامر بن اسماعیل حارثی نیز باوی درآمد و گفت: سلام برتو باد ای امیر کافران. پس در حضور مأمون شمشیرها بر وی فرود آمد تا کشته شد، آنگاه هرثمه گفت: این مجوس را[1] بر دوستان و یاوران خود مقدم داشتی. پس مأمون فرمان داد تا پای هرثمه را کشیدند و بزندانش بردند و سه روز در حبس مأمون بود و مرد.

منصور بن عبدالله بن یوسف «برم» در خراسان خروج کرد، پس مأمون (کس) بجنگ وی فرستاد و (منصور بن) عبدالله را مجال نداد و او را کشت.

محمد بن [ابی] خالد و مردم حربیّه بر حسن بن سهل شوریدند تا او را از بغداد بیرون کردند و زهیر بن مسیّب ضبّی را اسیر گرفتند چه او با محمد بن ابی خالد بود [......] و نزد محمد بن صالح بن منصور آمدند و گفتند: ما یاوران دولت شمائیم و بیم داریم که این دولت با نقشه ای که از مجوس بدان راه یافته است از میان برود و مأمون برای علی بن موسی الرضا بیعت گرفته است، پس بیا تا با تو بیعت کنیم، چه راستی می ترسیم که این امر از میان شما بیرون رود. محمد در پاسخ آنان گفت: من خود با مأمون بیعت کرده ام ــ و محمد بن صالح نخستین هاشمی بود که در بغداد با مأمون بیعت کرد ــ و من بکار (خلافت) شما نمی آیم. حسن بن سهل به واسط رفت و محمد بن ابی خالد و (مردم) حربیّه و ابناء او را تعقیب کردند و در قریهٔ ابو قریش نرسیده به واسط برخورد کردند و میان آنان جنگی سخت روی داد و محمد بن [ابی] خالد را تیری از پا در آورد و او را به «جبل»[2] بردند و چند روزی زنده ماند و مرد و بسوی بغداد حمل شد و عیسی بن ابی خالد فرماندهی سپاه را در عهده گرفت.

۱- یعنی فضل بن سهل سرخسی.   ۲- بفتح جیم و تشدید باء مضمومه، شهری کوچک در کنار شرقی دجله میان نعمانیه و واسط (مراصدالاطلاع).

محمد بن ابی خالد، زهیر بن مسیّب ضبّی را اسیر گرفته بود، پس چون مردهٔ محمد بن ابی خالد را به بغداد آوردند ابناء بر زهیر بن مسیب که زندانی بود تاختند و او را کشتند و ریسمانی بپایش انداختند و او را در کوچه‌های بغداد کشیدند و مثله‌اش کردند، پس فرماندهان حربیه فراهم آمدند و در پنجم محرم سال ۲۰۲ با ابراهیم بن مهدی معروف به «ابن شکله» بیعت کردند و او را خلیفه خواندند و «مرضی» لقب یافت و در «رصافه» منزل کرد و در بغداد در مسجد مدینه با مردم نماز گزارد و در کلواذی اردو زد و فضل بن ربیع و عیسی بن محمد بن ابی خالد و سعید بن ساجور و ابوالبط همراه وی بودند و احکام فرمانداریها را نوشت و پرچمها بست و کارها برای وی روبراه شد و ابناء و مردم حربیه و دیگران بفرمان وی در آمدند مگر آنان که بفرمان مأمون بودند و همراه حمید بن عبدالحمید طائی طوسی می‌جنگیدند و فریاد می‌زدند: ای خوشه، ای آوازه خوان. و بدان جهت ابراهیم را «خوشه» می‌خواندند که خیلی سیاه و بدقیافه بود و در یکطرف صورتش خالی سیاه داشت.

سپس اسد حربی که از یاران ابراهیم بود با جماعتی از (مردم) حربیه شورش کردند و ابراهیم را خلع کرده بنام مأمون دعوت نمودند و عیسی بن ابی خالد، اسد حربی و پسری از وی را گرفت و آن دو را کشت و بدار آویخت، و حمید بن عبدالحمید که در جایی بنام «خان الحکم» در (کنار) رودخانهٔ «صرصر» منزل گزیده بود، با عیسی بن ابی خالد مکاتبه کرد تا فراهم شوند سپس حمید به بغداد آمد و ابن ابی رجاء قاضی نماز جمعه گزارد و آنگاه باردو گاه خود باز گشت. مهدی بن علوان خارجی در ناحیهٔ «عکبرا» خروج کرد و مطلب بن عبدالله بر سر وی رفت لیکن مهدی پیوسته با وی جنگید تا او را شکست داد و مطلب شکست خورده به بغداد باز آمد و آنگاه ابواسحاق بن رشید بجنگ مهدی بیرون رفت و با وی نبرد کرد تا او را شکست داد و پیوسته او را تعقیب کرد تا دستگیرش نمود،

۴۶۹ ایام مأمون

پس مأمون براو منت گذاشت و اورا ملازم دربارخویش ساخت وجامهٔ سیاه بروی پوشاند وپیوسته ملازم دربارمأمون بود تامرد .

مأمون درسال ۲۰۲ ازمرو رهسپارعراق شد و ولیعهدش رضا عليه السلام ووزیرش فضل‌بن سهل ذوالریاستین همراه وی بودند و(تعهد) نامه‌ای را که «کتاب شرط و حباء[۱]» نامید ، مشتمل برتوصیف فرمانبری وخیرخواهی وپندونصیحت و صمیمیت و ازدنیا گذشتگی وبرتری‌فضل‌وی ازآنچه از اموال وتیولها وگوهر و املاك‌بوی بخشیده است، برای فضل نوشته و درآن تعهد کرده بود که هرچه‌را فضل بخواهد و خواستار شود بی‌دریغ و جلوگیری بوی دهد و مأمون بخط خودآن را توشیح کرد وبرخویش گواه گرفت،پس‌چون‌مأمون به‌قومس‌رسید[۲] فضل بن سهل درحمام کشته شد بدین‌ترتیب که غالب‌رومی وسراج خادم با شمشیرها بروی درآمدند[۳]و مأمون‌هردورا کشت‌وجماعتی را نیزباآندو گردن زد وذوالعلمین علی‌بن ابی سعید پسرخالهٔ فضل بن سهل را کشت وسرش را برای حسن‌بن سهل به عراق فرستاد و گفت:همواست که‌نقشهٔ کشتن فضل‌راطرح کرده‌است، وخلف‌بن عمربصری معروف به«حف»وموسی بصری وعبدالعزیزابن‌عمران طائی و غالب رومی و سراج خادم را کشت و جماعتی از فرماندهان خود را که آنان را «شامته»[۴] نامید تبعید کرد و برفضل سخت بی‌تابی نشان داد وفضل را نه‌مالی بود و نه مزرعه‌ای و نه اسبی و نه ظرفی بجز پنج غلام و یك اسب‌و یك یابو .

غسان‌بن عباد گفت: روزی‌به‌فضل گفتم : ای امیر، کاش می‌فرمودی تا برایت مزرعه‌هاومستغلاتی تهیه می‌شد. گفت: وای برتو، چرا؟! گرآنچه بدست‌دارم‌بماند،

۱ـ تعهدوبخشش‌نامه. ۲ـ فضل‌بن سهل‌درحمام سرخس‌کشته‌شد . ۳ـ طبری، فضل ابن سهل دردوم شعبان سال ۲۰۲درحمام سرخس‌کشته شد وکشندگان وی چهارنفر از حشم وخدم مأمون بودند؛ غالب مسعودی وقسطنطین رومی وفرج دیلمی و موفق‌صقلبی ،ومأمون بوسیلهٔ عباس‌بن هیثم‌بن بزرگمهر دینوری آنان را دستگیر کرد وچون گفتند تو خود ما را بدین کار امرکردی، آنان‌راگردن زد. ۴ـ سرزنش‌کنندگان.

دنیا همه‌اش مزرعه و مستغل من است ؛ و اگر ازدست برود ، پس آنچه دارم جز بنابودی ازدست نخواهدرفت.

ابوسمیر گفت : در ایام مأمون از فضل بن سهل می‌شنیدم که بسیار می گفت :

لئن نجوت اونجت رکائبی من غالب و من لفیف غالب
انی لنجاء من الکرائب

«هر آینه اگر ازغالب وازدستهٔ غالب نجات پیدا کنم و یاشتران من نجات یابند، راستی که من ازبلاهای سخت ، بسیارنجات یابنده‌ام».

و او نمی‌دانست که غالب کیست و (ذهن او) جز به‌قریش نمی‌رفت تا آنکه غالب رومی رکابدار مأمون بر وی در آمد و او را کشت ، پس فضل بوی گفت : تو را صد هزاردینار می‌دهم ٠ گفت : وقت چاپلوسی ورشوه (دادن) نیست . و او را کشت .

مأمون بهر شهری که می گذشت در آن اقامت می گزید تا وضع آنجا را اصلاح کند و بمصالح مردم آن ناحیه بنگرد و هنگام بیرون رفتن از خراسان ، رجاء بن ابی ضحاك خویشاوند حسن بن سهل را جانشین گذاشت و خراسان رام وآرام شده بود وپادشاهانش همگی بفرمان آمده بودند و پادشاه تبت اسلام آورده و در [....] بر مأمون وارد شد و بت زرین خود را بر تختی زرین و گوهر نشان (پیشکش آورد) پس مأمون آن را بسوی کعبه فرستاد تا مردم بدانند که خدا پادشاه تبت را هدایت کرده است. وناحیه‌ای از نواحی خراسان باقی نماند که از نافرمانی آن بیمناك باشد، اما چون مأمون ازخراسان بیرون‌رفت مدارای رجاءبن ابی‌ضحاك کم شد وضعف‌تدبیر نشان دادودر کارهای خود دوراندیش‌نبود پس مأمون ترسید که‌خراسان آشفته گردد واورا عزل کردوغسان‌بن‌عبادرا برسرکار آورد واو خوشرفتاری را پیشه کرد وازپادشاهان نواحی دلجویی نمود.

وفات علی‌الرضا

چون مأمون به‌طوس رسید، رضا علی بن موسی بن‌جعفر بن محمد علیهما السلام در قریه‌ای که بآن «نوقان» گفته می‌شود، در اول سال ۲۰۳ وفات کرد و بیماری آنحضرت بیش ازسه روزنبود و گفته شده که‌علی‌بن هشام انارمسمومی‌باوخورانید ومأمون بروی سخت‌بی‌تابی نشان‌داد.

خبرداد مرا ابوالحسن‌بن‌ابی عبادوگفت: مأمون را دیدم که قبایی سفید در برداشت و در (تشییع) جنازهٔ رضا سربرهنه میان دو قائمهٔ نعش پیاده می‌رفت و می گفت؛ ای ابوالحسن پس ازتو بکه دلخوش باشم؟ و سه روز نزد قبرش اقامت گزید وهرروزقرصی نان‌ومقداری نمك برای اومی‌آوردند وخوراکش همان‌بود، سپس درروزچهارم بازگشت.

سن‌رضا (علیه‌السلام) چهل وچهارسال‌بود.[1]

ابوالحسن بن ابی عباد گفت: از رضا علیه‌السلام، شنیدم که فرمود: ان مشی‌الرجال مع‌الرجل فتنة للمتبوع و مذلة للتابع، «همانا راه رفتن مردان همراه مرد، برای پیشروفتنه است وبرای پیروخواری».

وازوی شنیدم که می گفت: ان فی‌صحف ابراهیم: ایهاالملك المغرور انی‌لم ابعثك لتبنی‌البناء ولالتجمع‌الدنیا ولکن بعثتك لتردّعنی دعوةالمظلوم فانی‌لااردّها ولو کانت من کافر، «درصحف ابراهیم بود که: ای پادشاه مغرور، من تو را بر نینگیختم تا کاخ بسازی و نه برای آنکه دنیا را فراهم کنی، لیکن تو را بر انگیختم تا دعای مظلوم را ازمن باز گردانی، چه من‌آن‌را اگرچه ازکافری باشد رد نمیکنم».

۱ـ کذا.

وبمأمون گفت: ماالتقت فئتان قطالانصرالله اعظمهما عفوا، «هرگزدو گروه با یکدیگر نبرد نکنند، مگر آنکه خدا باگذشت‌ترشان را نصرت دهد».

وگفت: انما یؤمر بالمعروف وینهی عن‌المنکر مؤمن فیتّعظ، فاماصاحب‌سیف وسوط فلا، ان من‌تعرّض لسلطان جائر فاصابته منه بلیة لم یوجر علیها ولم یرزق الصبر فیها.

«تنها مؤمنی امربمعروف ونهی ازمنکرمی‌شود که پندپذیرباشد، نه‌صاحب شمشیروتازیانه، همانا کسی که‌با پادشاه ستمگری‌درافتد وازاوبلایی بوی رسد، بر آن اجری نخواهدیافت وتوفیق شکیبایی برآن‌را هم نخواهدداشت».

مأمون در ماه ربیع‌الاول سال ۲۰۴ وارد مدینة السلام (بغداد) شد و لباس خود ولباس فرماندهان سپاهش ومردم همه سبز بود، پس‌یك هفته (همچنان) ماند وسپس آن را ازتن درآورد ولباس سیاه را ازسر گرفت. وابراهیم‌بن مهدی ناپدید گشت و دانسته نشد که او کجا است، از خانه‌اش بیرون رفت و عبدالله‌بن صاعد منشی وی ونیز زنی ازبستگانش همراه وی بودند وچون روبراه نهاد به‌عبدالله‌بن صاعد گفت: برگرد نزد مادرم و از او بخواه که گوهری را که نزد وی است بدهد. پس عبدالله بازگشت واورهسپارشدوجایش پنهان گشت.

فضل بن ربیع به‌بصره گریخت و نزد یزید بن منجاب مهلبی پنهان شدو مأمون فرمان داد تا مزرعه‌ها و دارایی و آب و زمینش مصادره شود، سپس بدرخواست‌امان بدربارمأمون آمد و مأمون خبر یافته بود که او مرده است و جماعتی بر مرگ وی نزد اوگواهی داده بودند. پس چون به‌مأمون گفته شد که این فضل بن ربیع است، گفت: اگر از آخرت مبعوث شده است قطعاً رشید هم با وی بر انگیخته شده، سپس او را در آورد و امانش داد و براو منت گذاشت و شبی او را فراخواند وگفت: فرض کن دربارهٔ محمد عذر آوری که او را از رشید درگردنت بیعتی بود، اما دربارهٔ این شکله عذرت چیست که

مقامش مقام آوازه‌خوانان و سفیهان است ، وچون بیعت من بگردنت آمد عزم او را دربارهٔ خروج وخلع من تقویت کردی؟ پس گفت : ای امیرالمؤمنین ، دلم را درجایش نمی‌یابم (دلم ازجا کنده شده) و جرم من بزرگتر از آن است که عذر خواهی کنم، وگناهم بالاتراز آن که پوزش طلبم وجزازوسعت‌عفوت‌امیدبزندگی ندارم ، پس‌خون مرا بحرمتی که ازپدرانت کسب کرده‌ام ببخش.

مأمون ازوی درگذشت ومزرعه‌ای ازاملاکش را که سیصد و هشت هزار درهم در آمد داشت بوی باز داد و آن را برای معیشت خود و خانواده‌اش کافی دانست.

مأمون محمدبن صالح‌بن منصور را بپاداش آنکه در بیعت و اطاعت مأمون شتاب ورزیده وازبیعت ابراهیم امتناع کرده بود درخانهٔ فضل‌بن ربیع منزل‌داد و خدیجه دختررشید را بوی تزویج کرد وفرمود تا دومیلیون درهم بوی دهند و او را ازسوارشدن (وآمدن) بدرباروشرفیابی عمومی‌معاف گردانید وبجای وی جعفر ابن وهب منشی اوسوار می‌شد.

مأمون دخترخود ام‌الفضل را بتزویج محمدبن رضا علیه‌السلام در آورد و فرمود تا دو میلیون درهم بوی دهند وگفت : من دوست دارم که جد مردی باشم که پیامبرخدا و علی‌بن ابی‌طالب علیهما‌السلام‌پدران او باشند، لیکن ام الفضل ازآن حضرت‌فرزندی‌نیاورد .

صالح‌بن رشید را والی بصره قرار داد و او ابوالرازی محمدبن عبدالحمید را جانشین گرفت ، ونیز عیسی[1] بن رشیدرا والی کوفه ساخت و او محمدبن‌لیث را جانشین گرفت.

و طاهر بن حسین در جزیره بجنگ با نصر بن شبث سرگرم بود ، پس

۱ـ ن، ابوعیسی‌بن‌رشید.

فرمان حکومت جزیره و شام و مصر را برای وی فرستاد و دینار بن عبدالله را بحکومت عراق عجم منصوب کرد وپیش ازآن حسن‌بن سهل‌بامرمأمون، حسن‌بن عمروستمی را بحکومت آنجابر گزیده‌بود، وحسن یاغی شده و نافرمانی را علنی ساخته‌بود وچون دینار از راه رسید با وی جنگید و اورا اسیر کرد و نیزعلی‌بن بهلول را دستگیر ساخت.

مأمون،نصربن حمزةبن مالك خزاعی را بمرزها[1] [که رشید حکومت آنها را به‌ثابت بن‌نصر بن مالك خزاعی داده بود] و بیم نافرمانی اومیرفت فرستاد، پس نصربن حمزه مرزها را ازوی تحویل گرفت و والی ثغور گردید ، و ثابت بن نصر کمترازیك هفته زنده بود ومرد،وگفته‌اند که نصربن حمزة بن مالك اورا مسموم کرد مأمون عیسی‌بن یزید جلودی را بریمن که حمدویةبن علی بن عیسی پس از بیرون رفتن ابراهیم بن موسی بن جعفر علوی بیاغیگری و نافرمانی برآن مسلط بود، حاکم‌فرستاد واوچون به‌مکه‌رسیدابراهیم‌بن‌موسی‌را به‌بغداد فرستادوبفرمان مأمون عبیدالله بن حسن علوی را بجای وی بحکومت مکه برگزید و [جلودی] رهسپاریمن شد وحمدویه بجنگ وی شتافت ودرپنجم جمادی‌الاولی سال ۲۰۵ با یکدیگر روبرو شدند وجلودی او را باطاعت دعوت نمود وزیربارنرفت و جنگ میان آنان درگرفت و از یاران حمدویه خلقی عظیم کشته شدند و حمدویه هزیمت یافت تا بشهر صنعا در آمد و جلودی وی را تعقیب کرد تا بهمانخانه‌ای که‌آنجا منزل کرده بود رسید و درحالی که جامهٔ کنیزی ـ ازکنیزان خود[2] ـ را برتن داشت جلودی‌اورا دستگیر کرد وباو گفت : بدابحالت ، فرمانده پسرفرمانده که باخلیفه نبرد می کند و آنگاه باین صورت از مرگ می گریزد ، خدا تو را برجانت امان داده است تا نزد امیرالمؤمنین برسی‌وآنچه بخواهد دربارهٔات حکم

۱ـ ن: مرز. ۲ـ ن: ندارد.

کند. و اورا نزدمأمون فرستاد.

طاهربن حسین دررقه سر گرم جنگ با نصربن شبث بود که سپاه بر اوشورش کرد و طاهر به بغداد آمد و بجای خود یحیی بن معاذ را حکومت داد و یحیی در رقه اقامت داشت تا در گذشت.

مأمون ریاست پلیس را به طاهر داد و او یکسال بر سر کار ماند و سپس خستگی ماندن در دربار و اشتیاق خود را ببیرون رفتن از بغداد نزد احمدبن ابی خالد احول منشی مأمون اظهار کرد، و میان آندو دوستی و رفاقت بود و سه میلیون درهم برای وی (جایزه) قرار داد. پس احمد بن ابی خالد حیله‌ای بکار برد بدین ترتیب که از قول غسان بن عباد عامل خراسان نامه‌ای به مأمون نوشت که در آن نوشته بود: مرا از خراسان معاف دار. مأمون گفت: بخدا قسم در کشور جز خراسان را نمی‌شناسم و نمی‌دانم که این نادان را چه چیز باستعفا وادار کرده است، جز آنکه راستی خود را برای خراسان لایق ندانسته باشد.

پس احمدبن ابی خالد باو گفت: حکومت خراسان را به طاهر واگذار.

پس در اول سال ۲۰۶ بجای غسان بن عباد، طاهر بن حسین را بر خراسان حکومت داد و همان دم حمزهٔ خارجی در خراسان خروج کرده بود، پس طاهر لشکری پس از لشکری بر سر وی فرستاد و سپس حمزه مرد و پس از وی پسرش ابراهیم بن (حمزهٔ)[1] تمیمی بپاخاست و در ایام طاهر همچنان بود.

غسان بن عباد از خراسان (به بغداد) آمد و مأمون یک ماه[2] او را بار نداد و سپس که حسن بن سهل دربارهٔ وی چیزی نوشت او را پذیرفت، پس گفت: ای امیرالمؤمنین، خدا مرا فدایت قرار دهد، گناه من چیست؟ گفت: همین که از حکومت خراسان استعفا می‌دهی با آنکه تمام کشور همان خراسان است [.....]

۱ـ در کتاب مقروء نیست.   ۲ـ ن، چندماه.

پس غسان (بردروغ بودن آن برای مأمون سوگنـد خورد ومأمون برنقشهٔ احمدبن‌ابی‌خالد وقوف یافت .)

مأمون عبدالله‌بن طاهررا برجزیره و شام ومصرومغرب حکومت داد و همهٔ توابع‌آن را بوی[1] واگذار کرد واو را فرمود تابا یاغیان‌آنجا بجنگد ، عبدالله‌در سال۲۰۶ دوماه‌پس‌ازرفتن پدرش‌به‌خراسان، رهسپارشد وبه‌رقه‌آمد وبانصربن‌شبث نصری یاغی در کیسوم و توابع‌آن ازناحیهٔ جزیره ، نبرد کردو بدیگر یاغیان در نواحی جزیره وشامات نامه‌نوشت وفرستادگان برای کمك نزد آنان فرستاد. پس همگی بوی‌نوشتند که بفرمانند وازوی خواستند که‌برای ایشان امان‌نامه‌بنویسد واوهم پیشنهادآنان را پذیرفت.

مأمون، خالدبن یزیدبن مرید شیبانی را با سپاهی به‌مصر فرستاد و عمربن فرج رخجی را همراه وی ساخت وآن دورا فرمود که بایکدیگرهمفکری کنند و آنگاه که فتح بلاد کردند ، عمربن فرج رخجی ناظر درامرخراج، وامر کمکها وجائزه‌ها درعهدهٔ خالدباشد ، پس از عراق رهسپارشدند و راه بادیه را در پیش گرفتند تا به‌فلسطین رسیدند و سپس وارد مصر شدند و (درآن هنگام) علی بن عبدالعزیز جروی درناحیهٔ سفلای مصر[2] یاغی بود و چون بوی‌نزدیك شدند بآندو نوشت که شنوا وفرمانبراست وخود وپدرش پیوسته فرمانبردار بوده‌اندونامه‌های آن‌دو برآن اساس بوده است ، پس خالد بن یزید و عمربن فرج بناحیهٔ سفلای مصر رفتند وچندماهی بمکاتبهٔ با عبیدالله بن سری گذراندند ، پس خالد بجنگ وی شتافت و عمردرجای خود ماند و عبیدالله برای جنگ با خالد از خیمهٔ خود بیرون آمد و چون با یکدیگر روبرو شدند ، همراهان خالد که جروی آنها را باوی فرستاده بود ، دست ازیاری‌وی بداشتند وخالدساعتی با غلامان ونزدیکان

۱ـ ن: مردم آن‌را. ۲ـ مراصد الاطلاع ، بعضی دانشمندان گفته‌اند که مصر ، ۲۳۹۵ قریه‌دارد: صعید ۹۵۷ قریه واسفل‌ارض ۴۳۹قریه.

خود جنگید وعبیدالله بروی پیروز شد و اورا دستگیر کرد و(چندی) درآسایش و خوشی وآبرومندی نزد وی ماند وسپس او را از راه دریا فرستاد و توشهٔ وی‌را تا رسیدن به‌عراق فراهم ساخت وخالد می گفت: ازهیچکس چنان سپاس گزارنشدم که ازعبیدالله‌بن‌سری ، راستی که با من‌هر گونه نیکی کرد، جزآنکه مرا از راه دریافرستاد .عمربن فرج در ناحیهٔ سفلای مصراقامت گزید تا موسم‌حج رسیدوابن جروی او را تا مکه بدرقه کرد .

خبرگزار خراسان نوشت و گزارش داد که طاهر بن‌حسین در روز جمعه منبر رفته و برای مردم خطبه خوانده و برای امیرالمؤمنین دعا نکرده است . پس مأمون شبانه احمد بن‌ابی خالد را خواست و باو گفت: مرا بسه میلیون‌درهم که از طاهر گرفتی فروختی. گفت : من خودم نزد وی می‌روم و امر اورا کفایت می کنم.پس اورا فرمود تا بارسفر ببندد، وسپس نامهٔ طاهربه‌احمدبن ابی‌خالد رسید که ازوی خواسته بود تا محمد بن فرخ عمرکی راکه طاهر از همه کس بیشتر او را دوست می‌داشت و بوی اعتماد داشت ، نزد وی فرستد ، پس احمدبن ابی خالد به‌مأمون گفت: ای امیرالمؤمنین، محمدبن فرخ عمرکی‌همانچه را من باید انجام می‌دادم ، انجام می‌دهد ، پس چندین تیول بوی داده شد و مالی فراوان جایزه گرفت و رهسپارخراسان شد اما ماهی نزد طاهرنماند که در گذشت‌وگفته می‌شود که برادر زادهٔ عمرکی اورا زهرخورانیدو کشت.

طاهربن حسین درسال ۲۰۷ در چهل و هشت سالگی بدرود زندگی گفت و مأمون حکومت خراسان را بپسرش طلحةبن طاهرداد و احمد بن ابی خالد را با سپاهی که همراه وی ساخته‌بود گسیل داشت تا به‌خراسان آمد و افشین حیدربن کاوس اشروسنی وعده‌ای ازشاهزادگان خراسان‌را همراه‌وی آورد.[1]

۱ـ ن: همراه وی‌آمدند.

مأمون خبر یافت که بشربن داود مهلبی عامل سند یاغی شده است ، پس حاجب‌بن صالح را بجای وی عامل‌برسند فرستاد و اوچون‌به‌مکران رسیدبرادری از بشربن داود را یافت وباو گفت : کار را تحویل ده ، زیرا که باید بشر فرمان حکومت رابخواند ودستور تحویل را بنویسد .

گفت : من مأموری ازطرف بشر بیش نیستم و بشر درمنصوره است و میان تو واودوروز(راه) است پس هر گاه بوی رسیدی و بمن نوشت که واگذار کنم ، بتوواگذار خواهم کرد . پس میان آندو نزاع درگرفت و خبر وی را به‌مأمون نوشت که بشرنافرمان شد، و سرجنگ دارد ، پس مأمون محمدبن عباد مهلبی را که درزمان خود سرورمردم بصره بود احضار کرد و گفت : بشر یاغی شده است . گفت : پناه‌بخدا. گفت : هم اکنون با غسان‌بن عباد رهسپارشو . وبا غسان‌جماعتی ازفرماندهان ونیزموسی بن‌یحیی‌بن‌خالد برمکی را فرستاد و او را فرمود تاموسی رابحکومت سند گماردوچون غسان‌ببلاد سند رسید بشرباستقبال وی‌شتافت‌وبدون جنگ و نزاعی بفرمان وی درآمد ، پس‌او را (به عراق) فرستاد وموسی‌بن یحیی را حکومت سند دادوموسی همچنان درآنجا برسرکار بود تا مردو پسرش عمران ابن موسی جای وی را گرفت . چون بشر بن داود و کسانی که ازخاندان مهلب همراه وی بودند، به‌عراق‌آمدند، مأمون همه‌شان رارها کرد وبا آنهانیکی نمود.

مأمون دراول سال۲۰۸ برابن‌شکله ، ابراهیم‌بن‌مهدی ظفریافت، شبانه بروی دست‌یافت ودرهمان شب جلوس کرد و بارعام داد واورابدون بند نزد احمدبن‌ابی خالد زندانی کرد و او را بنیکی با وی مأمور کرد [سپس] ابراهیم‌درحالی که شك نداشت که اورا می کشد ، ازمحبس [نامه‌ای به‌مأمون نوشت و در آن گفت] ای امیرالمؤمنین ، صاحب خون در قصاص کردن فرمانرواست[1] و بخشیدن بپرهیزکاری نزدیکتراست[2]. هر کس بوسعت عافیتی که نصیب او شده است ،

۱ـ اشاره بآیهٔ ۳۳ سورهٔ۱۷.   ۲ـ اشاره بآیهٔ ۲۳۷ سورهٔ۲.

مغرور شود، خود را رهگذر بلای روزگار گرداند و خدا تو را بر تر از هر باگذشتی قرارداده،همچنانکه هر گنهکاری را فروترازمن نهاده است، پس اگر در گذری از فضل تو است و اگرعقوبت کنی حق‌تو. مأمون باخط خود در نامهٔ وی نوشت : قدرت (برانتقام) خشم را می‌برد وپشیمانی توبه است ، و عفو خدا درمیان آن دو است، و آن از همان چیزها است که بیشتر خواستارآنیم .آنگاه آزادش کرد واورا بخشید و گفت:من با همهٔ اصحاب خودحتی‌بابرادرم ابو اسحاق وپسرم عباس دربارهٔ تو مشورت کردم و همه‌شان نظردادند که تو را بکشم اما خود بجز آنکه از تودر گذدرم تن ندادم . پس گفت : یا این است که تو را در بزرگداشت خلافت و تدبیرسلطنت نصیحت کرده‌اند، که (خوب) کرده‌اند ، لیکن تو نخواستی ازراهی که تو را بدان دعوت کردند،نصرت خدا را بدست‌آوری . و مأمون باهمه اصحابش در بارهٔ وی مشورت کرده بود و همگی پیشنهاد کشتن اورا داده بودند، وبآنان گفته بود: اگراو را بکشم پیرو پادشاهان‌پیش ازخودخواهم‌شد درآنچه‌با دشمنان ومخالفان‌خود کرده‌اند، واگر ازوی در گذرم‌بتنهایی امتی خواهم بود .

ابن عایشه : ابراهیم‌بن محمدبن عبدالوهاب‌بن ابراهیم بن محمدبن علی‌بن عبدالله بن عباس با جماعتی همراهان خود از جمله مالك بن شاهی‌نفّری از مردم سواد ، و محمد بن ابراهیم افریقائی یاغی شدند و دیوانها پرداختند و اسامی مردان را (در آنها) ثبت کردند و عاملان برگزیدند ، پس مأمون بروی ظفر یافت و او را در زندان زیر زمینی حبس کرد . ابراهیم بن عایشه زندانیان را با خود همراه ساخت تا آنکه وادارشان کرد که شورش کردند و غوغا براه انداختند ونصرانی شدندوزنارها بکمرشان‌بستند وصلیبها بگردن خود انداختند، و محمد بن عمران عامل برید خبرشان را گزارش داد ، پس مأمون شبانه سوار شد و بزندان رفت و گزارش را درست یافت و جماعتی از فرماندهان خود را احضار کرد و ابراهیم‌را خواست واورا گردن‌زد وهمراهان‌وی یعنی‌افریقی‌وفرج

بغواری را کشت‌وابن‌عایشه را سه‌روزدربغداد بدارزدوسپس‌او را فرودآورد، واین (حادثه) درسال۲۱۰ بانجام رسید.

[مأمون] از بغداد رهسپار فم‌الصلح شد که خانهٔ حسن‌بن سهل بود وبوران دخترحسن‌بن‌سهل‌را تزویج کرد وهمانجا باوی عروسی‌نمودوچنان عروسیی‌بود که مانندش‌دیده نشده، وحسن‌بن‌سهل درایام اقامت مأمون ازاووهمهٔ‌همراهانش یعنی خانواده‌اش‌ومنشیان واصحابش وهمه خدم وحشمی که درسپاه وی بودند، پذیرایی کرد ومزرعه‌ها وقریه‌هاو کنیزان وغلامان واسبان و چارپایان برآنان نثار کرد بدین‌ترتیب که نامهای این گونه چیزها دررقعه‌های کوچك نوشته ودر گلوله‌های مشك نهاده می‌شد و بر سر مردم نثار میگردید و هر گاه یکنفر گلوله‌ای را بر می‌گرفت، برقعه‌ای که درمیان‌آن بود می‌نگریست وسپس‌آن را ازو کلا تحویل میگرفت ، سپس درهمها و دینارها و نافه‌های مشک وپاره‌های عنبر برمردم نثار شد ومأمون چهل روزاقامت داشت‌وسپس باز گشت .

درهمین سال ۲۱۰ بود که عبدالله بن طاهر کیسوم را فتح کرد و بر نصربن شبث ظفریافت و او را نزد مأمون فرستاد ، چه ابن منصور بن زیاد که عامل برید عبدالله‌بن طاهر بود ، گزارش داد وخبرش را به‌مأمون نوشت که: عبدالله‌بن طاهر هرشب ازاردوگاه خود بیرون می‌رود و نصربن شبث هم نزد وی می‌آید و با هم ملاقات می کنند وسخن می گویند . پس مأمون عمروبن مسعده را خواست و او را فرمود تا بیماریی اظهار کند که بدان جهت باید در خانه‌اش بماند و آنگاه چنانکه احدی آگاه نگردد بر پانزده ستور از ستوران برید بیرون رود تا نزد عبدالله بن طاهر برسد و بوی بگوید : ای پسر زن بدکاره، امیرالمؤمنین تصمیم گرفته است که غلامی سیاه را مأمور کند و سپس او را بجای تو بفرستد و تو را ستوربان وی قراردهد. و به‌عمرو دستور داد که بر وی سلام نکند و ازوی پاسخی نشنود ، پس عمرو بیرون رفت و چون با عبدالله ملاقات نمود، بر

وی سلام نکرد تا درحضور مردم پیام را بوی ابلاغ کرد وسپس باز گشت و از وی پاسخی نشنید . پس چون روزچهلم از رفتن عمرو رسید ، نصربن شبث واردشد.

آنگاه عبدالله رهسپار شد و شهر بشهر شام را جستجو می کرد و برهیچ ناحیه‌ای نمی گذشت مگر آنکه از رؤسای قبایل و عشایر و دزدان و راهزنان میگرفت وقلعه‌ها وباروهای شهرهارا ویران ساخت وبسیاه وسفید وسرخ امان‌داد وهمه را پذیرفت ودرمصالح شهرها نظر کرد و از بعضی آنها خراج را برداشت ، پس مخالف و نافرمانی نماند مگر آنکه از قلعه و پناهگاه خود بیرون آمد و عبدالله باهمهٔ آنان‌بسوی مصررهسپار شد و علی‌بن عبدالعزیز جروی یاغی درناحیهٔ سفلای مصر، باوی ملاقات کرد و باو اعلام داشت که خود و پدرش پیوسته‌بفرمان بوده‌اند، پس گفتار وی‌را پذیرفت و او را با خود رهسپار ساخت تا دربلبیس‌فرود آمد و با عبیدالله بن سری چندین نبرد کرد و یاران عبیدالله اندك اندك امان می‌خواستند تاآنکه ازیاران مورد اعتمادش کسی با وی باقی نماند و چون چنین دید خواستار امان شد بدان شرط کـه هرچه گرفته است مال وی باشد و دو ماه نیز درجمع‌آوری خراج صعید(مصر) آزاد گذاشته شود ، عبدالله پیشنهاد وی را پذیرفت و او را امان داد و گفت : اگرشرط می کرد که گونه‌ام را برای وی بر زمین‌نهم تا پا برآن بگذارد ، می‌پذیرفتم وانجام‌آن‌درراه جلوگیری‌ازخونریزی که‌برهمه چیز مقدم می‌شمارم نزدمن اندك بود. پس ده‌روزمانده ازصفرسال۲۱۱ عبیدالله نزدوی‌آمد.

عبدالله‌بن طاهرداخل فسطاط شد وگزارش فتح را نوشت و عبدالله‌بن طاهر برای دو ماه عبیدالله‌بن سری را در صعید برسرکار گذاشت و سپس او را رهسپار عراق ساخت و آنگاه عباس‌بن هاشم [بن] باتیجوررابحکومت‌آن ناحیه‌برگزید.

قومی ازاندلس در اسکندریه یاغی شده بودند ، پس عبدالله بجنگك ایشان شتافت وآنان را سخت محاصره کردوسپس امانشان داد ودرسال ۲۱۲ اسکندریه

را فتح نمود وحکومت آن را به‌الیاس بن‌اسد خراسانی داد وبه‌فسطاط بازگشت و سپس رهسپارعراق شد وجروی وجماعتی ازاهل مصروشام را با خودبردوعیسی‌بن یزید جلودی را بحکومت مصرجانشین گذاشت.

احمدبن محمد عمری ازاولاد عمربن خطاب دریمن یاغی شده و محمدبن نافع را بیرون کرده وبربیت‌المال دست یافته بود، پس مأمون، ابوالرازی محمد ابن عبدالحمید را بریمن حکومت داد و چون (محمد) از راه رسید، عمری از درزاری در آمد و امان خواست و محمد بوی امان داد، سپس ابوالرازی با او مکر کرد و خود و جماعتی از خاندان و فرزندانش راگرفت و آنان را در بند آهن کرد وبدربار مأمون فرستاد. ومردم یمن راگرفت تا دو خراج راکه عمری جمع‌آوری کرده‌بود، بپردازند ونزدابراهیم‌بن‌ابی‌جعفرحمیری معروف‌به«مناخی» که در کوهی سخت دشوار سنگر گرفته بود پیام فرستاد واز وی‌خواست تا تسلیم شود لیکن او تسلیم نشد و ناچار محمد بجنگ وی شتافت وچون بکوه رسید راه تنگی‌را درپیش گرفت‌وابن‌ابی‌جعفربیرون‌آمد ومحمدوجمعی‌ازیاران وی‌را کشت وگروهی را اسیر گرفت ودست‌وپا برید و رها کرد و ابراهیم بن ابی‌جعفربر‌یمن دست‌یافت وشهرحاکم‌نشین را ویران ساخت واین حادثه‌درسال ۲۱۲بانجام رسید.

در ذی‌الحجهٔ همین سال عبدالله‌بن مالک خزاعی وفات کرد و دراین سال در کرخ آتش سوزی بسیارشد.

مأمون طاهربن محمد صنعانی‌را حکومت ارمنستان وآذربایجان داده بود وبقولی هرثمة‌بن اعین هنگامی که رهسپار عراق بود، ازهمدان او را فرستاد پس تا ورثان یکی ازتوابع آذربایجان‌آمد و ازآنجا با فرماندهان ارمنستان و سران سپاهش مکاتبه کرد و در نتیجه برای مأمون بیعت کردند و عامل آنجا از طرف مخلوع اسحاق‌بن سلیمان بود، وعمروحزون ونرسی و عبدالرحمان بطریق‌اران و جماعتی از بطریقان همراه وی بودند و بقصد حملهٔ بر مردم برذعه که پسرش را

بیرون کرده بودند روی نهاد، پس طاهر عامل مأمون ، زهیربن‌سنان تمیمی را با لشکری انبوه‌برسرایشان فرستاد و بروی هم ایستادند وتمام روزشان‌را جنگیدند، سپس اسحاق بن سلیمان و اصحابش هزیمت یافتند و پسرش جعفربن اسحاق‌بن سلیمان اسیرشد و(زهیر) او و اسیران دیگررا نزد مأمون فرستاد وطاهرصنعانی جز چند روزی نماند که عبدالملك‌بن جحاف سلمی ازدریاغیگری بروی خروج کرد وبهمراهی مردم بیلقان شورش نمود ، پس طاهر را در شهر برذعه محاصره کردند وچند ماه درمحاصره ماند وچون مأمون خبر یافت سلیمان بن احمد بن سلیمان هاشمی را بحکومت برگزید و هنگامی بآنجا رسید که طاهر هنوز محاصره بود، پس اورا (ازمحاصره) درآورد و باز گردانید وبه‌عبدالملك نیزامان داد وآن خطه رامو‌آرام گشت.

سپس حاتم‌بن هرثمة‌بن اعین را بحکومت ارمنستان برگزید و او هنگامی رسید که میان معتزله واهل سنت عصبیت ودشمنی پیش آمده بود و یکدیگر را چنان میکشتند که نزدیك بود نابود شوند سپس سازش نمودند و حاتم‌بن هرثمه جز چندروزی درشهر(برذعه) نماند که از مردن‌پدرش‌هرثمه‌وچگونگی مردن‌وی خبریافت وآنگاه ازبرذعه بیرون آمد تا درکسال منزل کرد و آنجا پناهگاهی ساخت ونقشهٔ یاغی شدن راکشید و با بطریقان و سران مردم ارمنستان و نیز با بابك‌وخرمیان مکاتبه کرد و امر (قدرت و شوکت) مسلمانان را نزد آنان ناچیز نشان داد، پس بابك و خرمیان جنبش کردند و بابك در ناحیهٔ آذربایجان پیروز شد و مأمون خبر یافت و یحیی بن معاذ بن مسلم مولای بنی ذهل را حکومت ارمنستان داد [......] پس چنان کرد و یحیی بن معاذ چندین نبرد کرد که در هیچیك از آنها بر وی پیروز نشد و مأمون غیسی‌بن محمدبن ابی خالد فرمانده جنگجوی ایام مخلوع را امارت داده بود ، پس چون‌کار یحیی را نپسندیدعیسی را بر ارمنستان و آذربایجان حکومت داد و او را فرمود که سپاهیان را مجهز

کند و از مال خود جیره‌شان را بپردازد، پس عیسی‌بن محمد آنان را با مال خود براه انداخت و آنان همانها بودند که در ناحیهٔ مدینة‌السلام سکونت داشتند و آنگاه براه افتاد و بیرون رفت واحدی از سپاهیان حربیه که در (ایام) فتنه بودند در بغداد باقی نماند، و چون بمحل خدمت رسید محمدبن روّاد ازدی و همهٔ رؤسای آن بلاد نزد وی آمدند و برای جنگ بابك آماده گشت و از راهی تنگ پیش می‌رفت که بابك با وی برخورد کرد و اورا هزیمت داد و عیسی بی آنکه بچیزی بازنگرد میگریخت که بعضی از عیاران حربیه اورا فریاد زد که: ای ابو موسی بکجا (می‌گریزی؟) گفت: ما را در جنگ اینان بختی نیست، تنها درجنگ با مسلمانان است که از ما می‌ترسند. و از آذربایجان به ارمنستان رفت و به سوادةبن عبدالحمید جحافی که یاغی شده بود پیشنهاد حکومت ارمنستان داد و او جز بجنگ با وی تن نداد، پس با او جنگید و او را بعد از سختی و پافشاری هزیمت داد و ارمنستان برای عیسی‌بن محمد رام و آرام گشت و کار بابك در بذ بسی بالا گرفت، پس مأمون زریق‌بن علی‌بن صدقهٔ ازدی را حکومت داد، لیکن کاری نکرد و مأمون حکومت را بپسر حمید طوسی سپرد و چون زریق از عزل خود خبر یافت یاغی شد و نافرمانی را آشکار ساخت و محمدبن حمید از راه رسید و زریق با وی جنگید، اما محمد همراهان او را کشت و سپس خود زریق امان خواست و محمد او را امان داد و نزد مأمون فرستاد، و محمدبن حمید اقامت گزید تا آنکه آن بلاد را از هر که بیم سر کشی او می‌رفت پاك کرد و چون برای جنگ بابك نیرو یافت، برای نبرد وی آماده گشت و بسوی او پیش رفت و با او سخت جنگید و در همه حال پیروز بود، سپس بتنگنای ناهمواری رسید و ابن حمید و جماعتی از همراهانش پیاده شدند و اصحاب بابك بر ایشان حمله بردند، پس محمد و جماعتی از سران اصحابش کشته شدند و سپاه وی هزیمت یافت و مهدی‌بن اصرم خویشاوند ابن حمید فرمانده سپاه شد و این حادثه در اول

ایام مأمون ۴۸۵

سال ۲۱٤ بانجام رسید.

چون محمد بن حمید کشته شد ، مأمون عبدالله بن طاهر را بحکومت برگزید و او را برنواحی جبال و ارمنستان و آذربایجان امارت داد و بقاضیان و عاملان خراج نوشت تا بفرمان او باشند ، پس عبدالله بیرون رفت و در دینور اقامت گزید و به‌مهدی بن اصرم و محمدبن یوسف و عبدالرحمان بن حبیب، همان فرماندهانی که همراه محمدبن‌حمید بودند،نوشت که در جاهای خود بمانند. و طلحةبن طاهر در خراسان در گذشت ومأمون بجای وی عبدالله را برگزید و فرمان حکومت وی را با اسحاق بن ابراهیم و یحیی بن اکثم قاضی القضات فرستاد ، پس عبدالله در همین سال به‌خراسان رفت ومأمون برای حکومت آذربایجان وجنگیدن‌با بابك علی‌بن هشام را مأمور ساخت و عبدالأعلی‌بن‌احمد ابن یزید بن اسید سلمی را حکومت ارمنستان داد و او هنگامی رسید که‌محمد بن عتّاب بر جرزان تسلط یافته وصناریه هم‌باو پیوسته بودند، پس بجنگ‌محمد شتافت و ابن عتاب او را شکست داد چه تدبیری نداشت و از جنگ بی اطلاع بود ، پس مأمون خالد بن یزید بن مزید را بحکومت (ارمنستان) برگزید و او هر که را ازعشیره‌اش در عراق‌زندانی‌بود، درآورد وراه جزیره‌را درپیش گرفت وخلقی عظیم ازربیعه همراه وی شدند، وسپس‌به‌ارمنستان رفت‌و چون واردخلاط شد سوادةبن عبدالحمید جحافی نزد وی آمد، پس او را امان داد وسپس رهسپار نشوی شد که یزید بن حصن مولای بنی محارب در آنجا یاغی شده بود ، پس یزید بن‌حصن گریخت وخالدرهسپار کسال‌شدوآنجا اقامت گزید، ونیزنزد محمد ابن‌عتاب فرستاد و اوخواستار امان‌نزد وی‌آمد و اظهار انقیاد کرد [پس] خالد [او را امان داد] سپس گفت : صناریه بفرمان تواند. پس محمد بن عتاب باو گفت: نه، آنان بفرمان من نیستند. پس خالد بجنگ آنان شتافت ودر جرزان با

آنان نبرد کرد وشکستشان داد و مواشی[1] آنها را گرفت، سپس پیشنهاد صلح داد و بر هزار اسب و یابو و بیست هزار گوسفند با ایشان صلح کرد، اما جز اندك زمانی (بدین حال) نماندند که [....] و قیسیان نیز همراهشان شورش کردند وبر خالد فتنه انگیختند وعلی‌بن یحیی‌ارمنی درمیان ایشان‌بود، پس‌خالدعلی‌بن‌یحیی و جماعتی را اسیر گرفت و آنان را نزد مأمون فرستاد و مأمون آنها را در ناحیهٔ ابواسحق معتصم قرار داد و آنان را همراه وی ساخت وبرای ایشان‌حقوقی برقرار ساخت.

سپس مأمون، بجای خالد، عبدالله‌بن مصاد اسدی را حکومت (ارمنستان) داد و خالد را نزد خویش خواست، پس خالد ترسید که (از او) نزد وی سعایت کرده باشند، و چون از راه رسید، مأمون، وی را همراه برادرش معتصم ساخت‌و عبدالله بن مصاد اسدی وارد ارمنستان شد وجز اندك زمانی (برسر کار) نماند که مرد و پسر خود علی را جانشین گذاشت، پس ارمنستان بهم خورد و مأمون حسن بن علی بادغیسی معروف به «مأمونی» را حکومت داد و او هنگامی رسید که ارمنستان بهم خورده بود، پس بااهل قلعهٔ«لباهین» جنگید و آن را فتح کرد و به‌دبیل بازگشت و آنجا اقامت گزید و به اسحاق‌بن اسماعیل‌بن شعیب تفلیسی نوشت تا حمل اموال کند، لیکن اسحاق امروز و فردا کرد و فرستادگانش را بازفرستاد، پس (حسن) روی به‌تفلیس‌نهاد وچون نزدیك‌آن رسید اسحاق‌باستقبال وی شتافت ومالی باو پرداخت و او هم از همانجا بازگشت.

مأمون در سال ۲۱۴ برادر خود ابو اسحاق (معتصم) را برمصر ومغرب، و پسر خود عباس را برجزیره حکومت داد و عباس هنگامی وارد جزیره شد که بلال خارجی شورش کرده بود، پس عباس و ابو اسحاق و جماعت فرماندهان که

---

۱ ـ شتر و گاو و گوسفند.

همراهشان بودند، همداستان بروی تاختند و بر او ظفر یافتند و او را کشتند، و هم قیسیان و یمنیها در ناحیهٔ حوف مصر شورش کردند و عیسی بن یزید جلودی باآنان جنگید و نه یکبار او را شکست دادند، پس ابواسحاق بجای جلودی، عمیر ابن ولید را بحکومت مصر فرستاد وبا آنان جنگید و از آنها بسیار کشتار کرد و سپس کشته شد، پس مأمون ابواسحاق را فرمود تاخود برسر ایشان رود و اواز رقه بسوی ایشان رهسپارشد وبآنان پیشنهاد امان کرد، لیکن ازوی نپذیرفتندپس باآنها جنگید وبرآنان ظفر یافت وعبدالله بن جلیس هلالی رئیس قیسیان وعبدالسلام جذامی رئیس یمنیها را اسیر گرفت و گردن زد و برپل مصر بدار آویخت و گروهی بسیار از آنان اسیر گرفت و به بغدادشان فرستاد.

یحیی بن اکثم نزدمأمون از معتصم سعایت کرد وباو گفت: خبر یافته‌ام که معتصم بفکر نافرمانی است. پس فرمانی برای وی فرستاد که به‌بغداد آید وبماند تا خود مأمون برسد و او هم عبدویة بن جبله را در فسطاط جانشین گذاشت و بر دویست استر که آنهارا خریده و موی دم کنده بود رهسپارشد.

مأمون در محرم سال ۲۱۵ رهسپار روم شد و درجنگ تابستانی آنقره را، نیمی باصلح و نیمی باشمشیر، گشود و آن را ویران ساخت و منویل‌بطریق[1] از آن گریخت، ونیز قلعهٔ شمال رافتح کرد[2] وسپس بازگشت و در دمشق فرودآمد، سپس خبر یافت که اهل بشرود از نواحی‌مصرشورش کرده‌اند، پس برادر خود ابواسحاق را فرمود که افشین حیدربن کاوس را بفرستد و (معتصم) او را فرستاد تا شر آنها را دفع کرد و آنگاه بسوی برقه که مردمش نافرمان شده بودند، پیش رفت وآن را فتح کرد ومسلم بن نصربن اعور را اسیر گرفت و در سال ۲۱۶

---

۱ ـ سرهنگ روم که ده هزار مرد جنگی در زیر حکم او باشند. ۲ ـ طبری: در سال ۲۱۵ مأمون بجنگ روم رفت و حصن قره را محاصره کرد و آن را بزور گشود و ویرانش‌کرد و دو نفر بر سر حصن سنان فرستاد و صاحب آن بفرمان آمد و اطاعت کرد.

هنگامی به‌مصر بازآمد که اهل حوف و مردم بشرود باردیگر نافرمان شده‌بودند پس باآنان‌جنگید.

مأمون در سال ۲۱۶ بجنگ روم رفت و دوازده قلعه و چندین مطموره[1] را فتح کرد و خبر یافت که پادشاه روم بجنگ برخاسته است، پس عباس پسر خود را فرستاد تا با وی نبرد کرد و او را شکست داد و خدا مسلمین را فاتح ساخت و توفیل پادشاه روم اسقف[2] ملازم خود را نزد وی فرستاد و نامه‌ای بوی نوشت که در آن نام‌خود را مقدم داشت، پس‌مأمون گفت: نامه‌ای را که نام خود را درآن مقدم داشته است نمیخوانم وآن را باز پس فرستاد ، پس توفیل بن میخائیل باو نوشت : به‌عبدالله شریفترین مردم پادشاه عرب ، از توفیل بن میخائیل پادشاه روم، کسی که پذیرفته است [....] و درخواست کرد که صد هزار دینار و هفت هزار اسیری را که نزد وی بودند ، از وی بپذیردوآنچه را از شهرها و قلعه‌های روم فتح کرده است بایشان واگذارد و پنج سال ازجنگ با ایشان‌دست بدارد. اما مأمون پیشنهاد وی را نپذیرفت و به‌کیسوم‌جزیره از دیار مضر بازگشت .

روز دوشنبه، چهار روز مانده از جمادی الاولی سال ۲۱۶ ام جعفر [دختر جعفر] بن منصور بدرود زندگی گفت ودر همین روز خبر مرگ عمروبن‌مسعده که در اذنه مرده بود ، رسید و در همین سال طوق بن مالك ربعی در ماه رمضان درگذشت .

کسانی که از اهل حوف و بیما و بشرود از نواحی سفلای مصر با افشین نبردمیکردند سخت نیرومند شدند ومأمون خود بنواحی مصر رهسپارشد وافشین را بجنگ با مردم حوف پیش داشت و آنگاه خود بسوی آنان تاخت و آنان را کشت و (مردم) بیما را که همان قبطیان بشرود باشند اسیر گرفت، و در این‌باب

۱ ـ نهان خانهٔ زیر زمین که در وی طعام نهند یا عام است . ۲ ـ بضم و تشدید فا ، پیشوای ترسایان در دین یا دانشمند ایشان یا بالاتراز قسیس وکمتر ازمطران.

از فقیهی مالکی در مصر بنام حارث بن مسکین استفتانمود، پس گفت اگر برای ستمی که بدانها رسیده است خروج کرده باشند، (ریختن) خونها و (گرفتن) مالهاشان حلال نیست. مأمون گفت: تو تکه‌ای و مالك از توتکه‌تر بود، اینان کافران ذمی هستند که هر گاه بر آنها ستم شود، باید نزد امام دادخواهی کنند و آنان را نمیرسد که از (شمشیر های خود) کمك بگیرند و نه آنکه خونهای مسلمانان را در دیار خود بریزند. پس مأمون رؤسای آنها را اخراج کرد و به‌بغدادشان فرستاد.

محمدبن ابوالعباس‌طوسی و احمدبن ابی‌دؤاد بمنظورتقرب جستن به‌معتصم، نزد مأمون از یحیی‌بن‌اکثم سخن چینی وسعایت کردند، پس مأمون بروی خشم گرفت و فرمود تا او را از اردویش تبعید کنند و (شعار) سیاه را از تن او کنند و او را به‌بغداد فرستاد و بوی دستور داد که از خانه‌اش بیرون نرود، پس از مصراخراج شد و کسانی را موکل بروی فرستاد، ونیز برعیسی‌بن منصور فرمانده رافقی خشم گرفت و او را ازاردوی خویش بیرون‌راند وخشم گرفتن بر آند و در یکروز بود.

اقامت مأمون در مصر ۴۷ روز بود، چه در دهم محرم سال ۲۱۷ وارد شد و سه روز مانده بآخرماه‌صفر بیرون رفت ودر بازگشت ازمصر به‌دمشق آمد و چند روزی اقامت گزید و سپس رهسپار مرز شد و در اذنه فرود آمد و اردو زد.

ابوسعید محمد بن یوسف طائی وعبدالرحمان بن حبیب وجز آن دو که از اصحاب محمد بن حمید طوسی در آذربایجان بودند، بدربار مأمون رفته و[بر] علی‌بن هشام سخن چینی و سعایت کرده و او را بناسازی و نافرمانی متهم کرده بودند، پس عباس بن سعید جوهری عامل برید علی بن هشام نیز چنان گزارشی نوشت و درنتیجه مأمون،عجیف بن عنبسه‌را که از بزرگترین فرماندهانش بود، و احمد بن هشام را فرستاد و عجیف، علی را به‌اذنه فرستاد و مأمون فرمود تا او و

برادرش حسین بن هشام را گردن زدند و این کار بدست خواهر زادهٔ[1] آن دو احمدبن خلیل بن هشام بانجام رسید و سرعلی‌بن‌هشام چندروزی‌برنیزه‌ای زده شد، پس آن را به‌برقه فرستادند تا در منجنیق نهاده و سپس بدریا انداختند.

مأمون درهمین‌سال ۲۱۷ بجنگ روم‌رفت وبسوی دژی ازدژهای رومیان که آن‌را لؤلؤه می گفتند[رهسپار گردید] وچندی‌برسر آن ماند وفتحش‌نتوانست، و آنگاه برسر آن دو بنای استوارساخت و ابواسحاق ومردان‌را درآنها جای داد وسپس‌بسوی قریه‌ای بنام‌سلغوس باز گشت و احمدبن‌بسطام‌را برسر دژآن‌جانشین گذاشت و ابو اسحاق نیز محمدبن فرج بن ابواللیث بن فضل را برسردژ خویش بجا گذاشت و خرجی یکسال را نزد ایشان نهاد و مأمون عجیف بن عنبسه را بر همهٔ سپاه بفرماندهی گذاشت، پس رومیان اهل لؤلؤه با عجیف بن عنبسه مکر کردند و او را اسیر گرفتند ویکماه در دست ایشان گرفتار ماند وبا پادشاه خود مکاتبه کردند تا بسوی ایشان رهسپار گردید، پس خدا او را بدون جنگ‌هزیمت داد و مسلمانان دو دژ برسپاه وی ظفریافتند وآنچه را دراردوی وی بود بچنگ آوردند و چون مردم لؤلؤه چنان دیدند و از محاصره زیان دیدند، مهترشان خواست تاحیله‌ای بکاربرد و به‌عجیف گفت: تورا بدان شرط رها می کنم که‌برای من از مأمون امان بخواهی و چون عجیف آن را برای وی تعهد کرد، آنگاه گفت: گروی می‌خواهم. گفت: اکنون دوپسرم را نزد توحاضرمیکنم. پس نزد جانشین خود فرستاد که دو فراش نصرانی زره پوشیده و آراسته با جماعتی از غلامان نصرانی درهیئت مسلمانان نزد وی فرستد و اوچنان کرد و عجیف آنان را بوی سپرد و بیرون رفت و چون باردوگاه رسید بآنان نوشت: کسانی که بدست شما اسیرند، نصرانی‌اند و شما دربارهٔ آنها مخیرید. پس رئیس آنها بوی نوشت

۱ـ ظاهراً: برادرزاده.

وفا کردن نیکو است و آن ازدین شما نیکوتر است. پس عجیف برای آنها امان گرفت و آنجا را فتح کرد و مسلمین را در آن ساکن نمود.

مأمون در سال ۲۱۸ به دمشق رفت و مردم را دربارهٔ عدل و توحید امتحان کرد و نوشت تا فقها را از عراق و جز آن احضار کنند و آنان را دربارهٔ مخلوق بودن قرآن امتحان نمود و هر که را از گفتن اینکه قرآن مخلوق نیست، امتناع ورزید کافر شمرد و نوشت تا گواهی اوپذیرفته نگردد و جز چند نفری همگی بدان قائل شدند.

مأمون در سرنامه‌های خود نوشت: بسم‌الله‌الرحمن‌الرحیم، و نخستین کس بود که بسم‌الله را در سرنامه‌های خلفا نگاشت، و بعد از هر نمازی تکبیر گفت و آن سنت گشت و باقی ماند، و در اوقات نمازها پرچم را بگردانید و مقصوره‌ها[1] را از مساجد جامع برداشت و گفت: این روشی است که معاویه آن را احداث کرده است.

بشر بن ولید کندی قاضی مأمون در بغداد، مردی را که بدشنام دادن ابوبکر و عمر متهم شده بود، زد و او را بر شتری گردانید، پس چون مأمون از راه رسید فقها را احضار کرد و گفت: ای بشر، من در قضیهٔ تو نظر کردم و چنان یافتم که در این کار پانزده خطا کرده‌ای. سپس روی به فقها آورد و گفت: آیا در میان شما کسی هست که بر آن واقف باشد؟ گفتند: ای امیرالمؤمنین آن چیست؟ گفت: ای بشر، چرا این مرد را حد زدی؟ گفت: بدشنام دادن ابوبکر و عمر. گفت: طرفهای او نزد تو حاضر شدند؟ گفت: نه. گفت: تو را وکالت داده‌اند؟ گفت: نه. گفت: حاکم را می‌رسد که متهم را بدون حضور خصمی حد زند؟ گفت: نه. گفت: مطمئن بودی از آنکه بعضی صاحبان حق، حصهٔ خود را ببخشد و حد باطل شود؟

۱- مقصورهٔ مسجد، جای امام از آن.

گفت: نه. گفت: ما در آن دو کافرند یا مسلمان ؟ گفت :کافر، گفت در (قذف) زن کافرحد(قذف) زن‌مسلمان جاری می‌شود ؟ گفت: نه. گفت:اکنون چنان فرض کن که‌این‌کاررا برای حق واجب ابوبکروعمر کردی،آیا دوشاهد عادل نزدتوشهادت می‌دهند؟ گفت: یکی ازدوشاهد ستوده شده . گفت:آیا می‌شود با نبودن دوشاهد عادل اجرای‌حد کرد؟ گفت : نه. گفت: علاوه حدرا درماه رمضان جاری کرده‌ای، آیا حدود درماه رمضان جاری میشوند ؟ گفت : نه . گفت : بعد از اینها ، او را ایستاده حدزده‌ای،آیا حدخورده راایستاده‌ای دارند ؟ گفت: نه گفت: سپس‌اورابعقابین بر کشیده‌ای،آیا حد خورده(بعقابین) کشیده می‌شود؟ گفت: نه. گفت : علاوه اورا برهنه حدزده‌ای ، آیا حدخورده برهنه می‌شود؟ گفت: نه. گفت : سپس او را بر شتری نشانده و گردانده‌ای ،آیا حدخورده را می گردانند ؟ گفت : نه . گفت : علاوه‌پس‌ازجاری کردن حداورا زندانی کرده‌ای ،آیا حدخورده پس‌ازاجرای‌حد زندانی می‌شود؟ گفت : نه. گفت : خدا مرا نبیند که‌بگناهت تن دهم ودرجرمت با تو شریك گردم ، جامه‌هایش را ازتن وی‌بر گیرید وحد خورده را حاضر کنید تا حق خود را ازوی بگیرد . پس فقهایی که حاضربودندباو گفتند : سپاس‌خدایی را که تو را عامل بحقوق و عارف باحکام خود قرارداد ، حق را می گویی وآن را بکارمی‌بندی وبعدالت امرمیکنی وهر که را از آن روی بگرداند ادب‌می‌فرمایی، ای امیرالمؤمنین ، این‌حا کمی است که در رأی خود شتاب ورزیده و خطا کرده است ، پس حا کمان‌را بواسطهٔاورسوا مکن وقاضیان را بوی بی‌آبرو مساز. پس بامر مأمون درخانه‌اش زندانی شد تا مرد .

جماعتی ازفرزندان حسن وحسین نزد مأمون شکایت بردند و یادآورشدند که فدك را پیامبرخدا به فاطمه بخشیده بود، وفاطمه پس از وفات رسول خدا از ابوبکر خواست که آن را بوی تسلیم کند پس ابوبکر از فاطمه خواست که بر مدعای خود شهودی بیاورد و اوهم علی وحسن و حسین وام ایمن را شاهد آورد .

مأمون فقها را فرا خواند و از آنـان راجع به [.....] پرسش کرد (و) روایت کردند که فاطمه این(سخن) را گفته بود واینان برای وی شهات دادند وابوبکر شهادت ایشان را نپذیرفت . مأمون گفت: دربارهٔام ایمن چه‌می گویید ؟ گفتند : زنی است که رسول خدا ببهشتی بودن وی شهادت داده است . پس مأمون دراین باره بسیارسخن گفت و آنان را برآن داشت که گفتند : علی و حسن و حسین جز بحق گواهی نداده‌اند. وچون براین سخن اجماع نمودند، فدك را بفرزندان‌فاطمه باز گردانید وفرمان آن را نوشت‌تا به‌محمدبن یحیی‌بن‌حسین‌بن‌زیدبن علی‌بن‌حسین ابن‌علی‌بن ابی‌طالب، ومحمدبن عبدالله‌بن‌حسن‌بن‌علی‌بن‌حسین‌بن‌علی‌بن‌ابیطالب ﷺ تحویل داده شد.

مأمون درسال ۲۱۸ درحالی که آهنگ بلادروم کردبرای‌محاصرهٔ عموریه آماده گشته بود و گفت : در پی عرب می‌فرستم وآنان را از بادیه ها می‌آورم و سپس آنهارا درهرشهری که‌فتح کنم سکونت میدهم تادرقسطنطنیه اقامت گزینم[1] پس‌فرستادهٔ پاشاده روم باپیشنهاد صلح ومتارکه وتسلیم کردن اسیرانی که دربند دارد ، نزد وی‌آمد ، لیکن مأمون نپذیرفت و چون نزدیك لؤلؤه رسید (بدانجا) روی نهاد وچند روزی اقامت گزید و درجایی بنام بدندون میان لؤلؤه و طرسوس وفات کرد[2] ومرگك او روز پنجشنبه سیزده روز [مانده از رجب سال] ۲۱۸ روی داد وسنش چهل‌وهشت سال‌وچهارماه بود، وبرادرش ابو اسحاق بروی نماز گزارد و در طرسوس در سرای خاقان خادم دفن شد، و خلافتش از روزی که درحیات مخلوع بر وی بخلافت سلام شد تا مرد ، بیست سال و پنج ماه و بیست و پنج روز بود .

کارخلافت مأمون بیشتر بدست ذوالریاستین و سپس جماعتی ازجمله‌حسن

۱ــ تابرسر قسطنطینیه فرود آمد. ۲ ـ مراصدالاطلاع : مأمون در بذندون مرد ، ودر طرسوس که یك روز راه فاصله دارد دفن شد .

ابن سهل واحمدبن ابی‌خالد واحمدبن یوسف بود ، ریاست پلیس او را عباس بن مسیّب‌بن زهیرداشت ، سپس اورا عزل کرد وطاهربن‌حسین وسپس عبدالله‌بن‌طاهر را بر سرکار آورد . وآنگاه که عبدالله ، اسحاق بن ابراهیم را در بغداد جانشین گذاشت ، اسحاق برادرخود [طاهر] بن‌ابراهیم را بجانشینی خود بریاست‌پلیس وی فرستاد . فرمانده نگهبانان وی شبیب بن‌حمیدبن قحطبه بود ، پس اورا عزل کرد و حکومت قومس داد و بجای وی هرثمة بن اعین و سپس عبدالواحد بن سلامهٔ طحلازی خویشاوندهرثمه ، و سپس علی بن‌هشام وپس‌از کشتن اوعجیف‌بن عنبسه را برسرکارآورد. وحاجبی اورا احمدبن هشام وعلی‌بن صالح صاحب مصلی داشتند .

مأمون شانزده‌پسر بجای گذاشت که عبارت بودند از: محمد، اسماعیل،علی، حسن، ابراهیم ، موسی ، هارون ، عیسی ، احمد ، عباس ، فضل ، حسین ، یعقوب ، جعفر، محمداکبر که پسر معلله‌است و[در]حیات‌مأمون درگذشت، ومحمداصغر وعبیدالله که مادرشان ام عیسی دخترموسی‌هادی بود.

دوران معتصم بالله[1]

ابواسحاق محمدبن رشید که مادرش کنیزی‌بودبنام: مارده،بحکومت‌رسیدو روزجمعه‌دوازده شب مانده ازرجب‌سال۲۱۸ فرماندهان‌وسپاهیانی که‌همراه‌مأمون بودند برای وی بیعت نمودند، و عباس‌بن مأمون نیز باوی بیعت‌کرد وخورشیددر آن روز در ۱۳ درجه و ٤۰ دقیقهٔ اسد بود ، وزحل در۵درجه و٤۰ دقیقهٔمیزان، ومشتری دریك درجه و۱۰ دقیقهٔ قوس ، و مریخ در ٤ درجه و ۳۵ دقیقهٔ قوس ، وعطارد در۲٦ درجه و ۲۰ دقیقهٔ اسد در حال رجوع ، و زهره در ۸ درجه و ۲۰ دقیقهٔ سنبله درحال رجوع ، ورأس در۱۰ دقیقهٔحمل.

بعضی فرماندهان بخاطرعباس‌بن مأمون ازبیعت امتناع ورزیدند وعباس از خیمه‌اش بسوی ایشان‌بیرون‌آمد وبا آنان چنان سخن گفت که وی را بدان‌سخن احمق شمردند و او را دشنام دادند و برای ابواسحاق بیعت نمودند.

معتصم بقصدعراق ازمرز بازگشت وچون به‌رقه رسید، غسّان‌بن‌عبّاد راوالی جزیره و قنسرین‌وعواصم گردانید ورهسپار بغداد شد وروز شنبه غرهٔ ماه رمضان وارد آن شد و برسپاهیان او دیبای زرنگار بود و سه ماه عمال مأمون را بر سر کارشان بداشت وسپس آنان‌را عوض کرد .

محمره[2] در(بلاد)جبل[3]خروج کردندو کشتندوراهزنی کردند وره(گذران)

۱ـ ل، ص۵۷۴. ۲ـ محمره کمحدثه، گروهی ازخرمیه مخالف مبیضه. ۳ـ بلاد الجبل،شهرها استمیان آذربایجان وعراق عرب‌وخوزستان وفارس‌وبلاددیلم.

را ترسانیدند و سر راه بر حاجیان خراسان گرفتند و آنان را هزیمت کردند و جماعتی ازایشان را کشتند ، پس معتصم ، هاشم‌بن باتیجوررا (برایشان)فرستاد و میان او و آنان جنگی روی داد که درنتیجه هاشم را شکست دادند، پس معتصم ، اسحاق‌بن ابراهیم را با سپاهی گسیل داشت و اسحاق برادرخود طاهر را بریاست پلیس جانشین گذاشت و رهسپار شد و بر آنان تاخت و از ایشان کشتاری عظیم کرد و (همانجا) اقامت گزید تاآن ناحیه‌را پس‌ازآنکه ازآنان سختیی دید ، رام وآرام ساخت .

محمدبن قاسم‌بن علی‌بن عمربن علی‌بن حسین‌بن علی درطالقان شورش کرد وجماعتی او را پیروی کردند، پس‌عبدالله بن طاهر بعضی عمال خود را بر سر وی فرستاد وچون برسراورسید، محمدبن قاسم از طالقان به‌نیشابور گریخت ویادآور شد که مردم اورا واداشته‌اند وخود او را دراین‌کارتصمیمی نبوده است پس عبدالله ابن طاهر او راگرفت و نزد معتصم فرستاد و معتصم او را در کاخ خود زندانی کرد ، لیکن درشب (عید) فطر سال ۲۱۹ از وی گریخت و او را جستند و بر او دست نیافتند.

زطها[1] در بطایح میان بصره و واسط شورش نمودند و رهزنی کردند ، پس معتصم احمدبن سعیدبن [سلم‌بن‌قتیبهٔ] باهلی را برسرآنان فرستاد و اوراشکست دادند، سپس‌معتصم درجمادی‌الاولی سال۲۱۹ عجیف را فرمان داد و آنان از وی امان خواستند وتسلیم فرمان معتصم پیش‌وی‌آمدند،عجیف آنان‌را وارد بغداد کرد ومعتصم امانشان داد و درخانقین ساکنشان گردانید .

معتصم برفضل‌بن مروان وزیرخود خشم گرفت وبرجماعتی از اصحاب خود سخت گرفت و اموال‌آنها را مصادره کرد و فضل را به‌بغدا نزد اسحاق بن‌ابراهیم

۱ـ زط بضم : گروهی از هند معرب جت بالفتح .

فرستاد و دستور داد تا مال آنان را[1] مطالبه کند، پس او را سوار کرده بخانه‌اش برد و از آن مالی عظیم در آورد وسپس تبعید شد. راشد بن اسحاق دربارهٔ وی گفته است:

یکفیك من غیر الأیام ما صنعت   حوادث الدهر بالفضل بن مروان

«تو را کفایت است از سختیها وبلاهای زمانه، همانچه پیش آمدهای روزگار با فضل بن مروان کرد».

معتصم(درمسئلهٔ) خلق قرآن، احمدبن حنبل را امتحان کرد، احمد گفت: من مردی هستم که دانشی تحصیل کرده‌ام و در علم خود این را ندانسته‌ام. پس برای (مناظرهٔ با) وی فقها را حاضر نمود واحمد با عبدالرحمان بن اسحاق وجز او مناظره کرد و ازاینکه بگوید: قرآن مخلوق است، امتناع ورزید و چندین تازیانه بر او زدند، پس اسحاق بن ابراهیم گفت: ای امیرالمؤمنین مناظرهٔ با وی را بمن واگذار. گفت: باوی مناظره کن. پس اسحاق گفت: این دانشی که‌داری، فرشته‌ای آن را برتو نازل کرده یا آن را ازرجال آموخته‌ای؟ گفت: بلکه‌آن‌را از رجال آموخته‌ام. گفت: اندك اندك، یا بیکبار؟ گفت: اندك اندك آن را آموخته‌ام. گفت: چیزی مانده است که هنوزندانسته باشی؟ گفت:آری مانده است. گفت: پس همین مسئله از آن‌چیزهایی است که ندانسته‌ای و اکنون امیرالمؤمنین‌آن را بتومی آموزد. گفت: من هم بقول امیرالمؤمنین قائلم. گفت: در (مسئلهٔ) خلق قرآن؟ گفت: آری در(مسئلهٔ) خلق قرآن. پس بروی گواه گرفت و او را خلعت بخشید و بخانه‌اش فرستاد.

معتصم در نیمهٔ ذی القعدهٔ سال ۲۲۰ رهسپار قاطول[2] شد و گرداگرد جای شهری که بنا کرد خط بر کشید (وحدودآن را معین کرد) وبمردم زمینها بخشید

۱ـ ظ: مال وی را.   ۲ـ نهری بوده درجای سامره پیش ازبنای شهرکه رشیدآن را حفر کرده بود.

و درکار ساختمان کوشش کرد تا مردم کاخها وسراها بنا کردند وبازارها بپاشد. سپس ازقاطول به‌سامره کوچ کرد ودرهمان جایی که دارالعامه است توقف کرد وآنجا دیری ازنصاری بود ، پس زمین را از اهل آن دیر خرید وگرداگرد آن خط بر کشید وآنگاه بجای قصرمعروف به«جوسق» در کنار دجله رفت و آنجا چندین کاخ برای فرماندهان ومنشیان بنا کردوآنها را باسمهای آنان نامید و در طرف شرقی دجله نهرها کند و عمارتها ساخت و دولابها و چرخابها بر سرنهرها نصب کرد و خرمابن ونهالها ازدیگرشهرها بآنجا حمل نمود ، و آغاز آن کار در سال ۲۲۱ بود ، وقریه‌ها ساخت و از هر سرزمینی مردم را بآنها منتقل ساخت و بایشان دستورداد تا شهرخود را عمارت کنند ومردمی‌را برای ساختن‌کاغذازمصر آورد اما کاغذی که ساختند بخوبی‌کاغذ مصر درنیامد .

پس از آنکه نیروی بابك بالا گرفت و محمد بن بعیث هم از وی پیروی کرد، و عصمت کردی فرمانروای مرندهم بفرمان وی بود، معتصم طاهربن‌ابراهیم برادراسحاق‌بن‌ابراهیم عامل‌شهررا فرستادواورا دستورجنگ باآنان‌داد،پس‌چون ازراه رسید ، ابن بعیث به‌معتصم نوشت و گزارش داد که بفرمان وی و در فکر چارهٔ کار بابك ویاران او است، سپس با عصمت کردی فرمانروای مرند مکر کرد و دختر او را تزویج نمود و رهسپار مرند شد ، پس او را بخانهٔ خود دعوت نمود و درحال میگساری بر او و همراهانش حمله برد و چون مست شدند شبانه آنان را بقلعه‌ای بنام « شاهی » حمل کرد و سپس آنها را نزد معتصم فرستاد ، پس معتصم اورا جایزه داد و عطیه بخشید ، چه او طاهربن ابراهیم را ازکارخود با خبرساخته و ازاو خواسته بود که برای فرستادن ایشان آهن و استر نزد وی فرستد وطاهرچنان کرد پس‌آنان را نزد معتصم فرستاد و خبرایشان را بوی‌نوشت ومعتصم با اسحاق درشتی کرد و گفت : نزد برادرت چیزی نمی‌بینم ومردانگی را جزنزد ابن‌بعیث نمی‌بینم.

افشین حیدربن کاوس اشروسنی را (بدفع بابك) فرستاد و او را بر هر ناحیه‌ای که از آن عبور کند فرمانروا ساخت ومالها و خزینه‌های اسلحه با وی فرستاد، پس چون افشین به (بلاد) جبل رسید رهزنان و سران آنجا را گرفت و پیش رفت ومیان او و بابك جنگهایی روی داد و سپاهش درجایی بنام «برزند» بود، پس بجایی بنام سادارسب منتقل شد و یك سال درجنگ باوی بود تـا برفها زیاد شد و سپس به‌برزند باز گشت و جانشین خود را به سادارسب فرستاد و پیش رفت ودرهر نـاحیه‌ای .... قرار داد و بد [روذ] رود[1] رفت وخندقی کند وبارویی ساخت و کمینها نهاد و روزپنجشنبه نهم رمضان سال ۲۲۲ بسوی بذّ[2] پیش رفت و بابك نزد وی فرستاده خواستار شد تا با او سخن گوید، پس با این پیشنهاد موافقت کرد و میان آندو نهری فاصله بود.

افشین بروی امان عرضه داشت واودرخواست کرد که آن روزرا بوی مهلت دهد، پس باو گفت منظوری جز آن نداری که شهرخود را استوارسازی، راستی اگر امان می‌خواهی از رودخانه عبور کن. پس بابك باز گشت و جنگ بسختی کشید و مسلمین بشهر بذّ درآمدند و بابك باشش نفرازیارانش گریخت و اسیران مسلمین که هفت هزاروششصد نفربودند از شهربذ بیرون آورده شدند و بابك در حالی که جامه‌های پشمین پوشیده بود، سواربراستری رهسپارشدوافشین‌ببطریقان ارمنستان وآذربایجان نوشت تا وی را تعقیب کنند و تعهد کرد که بهر کس اورا تسلیم کند یك‌میلیون درهم بدهد و ازبلادشان صرف‌نظر کند، پس بابك‌نزدمردی ازبطریقان بنام سهل‌بن سنباط رفت، و سهل اورا دستگیر کرد وبه‌افشین گزارش داد و او کس فرستاد تا وی را تحویل گرفت ومژدهٔ فتح و تدبیری را که بکاربرده بود نوشت.

پس گزارش فتح خوانده و باطراف و نواحی نوشته شد، در .... تا بلاد را

۱ ـ کذا.　　۲ ـ کوره‌ای‌میان آذربایجان واران (مراصدالأطلاع).

اصلاح کرد و رهسپار شد و منکجور فرغانی خالوی فرزندان خود را جانشین گذاشت و در سامره بر معتصم وارد شد ، پس فرماندهان و مردم چندین منزل باستقبال وی شتافتند ودردوم صفرسال ۲۲۳ در حالی که بابك پیش روی اوسوار فیل بود ، وارد سامره‌شد تـا برمعتصم درآمد، معتصم دستورداد تا دودست‌و دوپای بابك را بریدند و سپس او را کشت و در سامره بدار زد و برادرش عبدالله را به‌بغدادفرستاد تا اسحاق بن ابراهیم او را کشت‌و در طرف شرقی بغداد بر سر پل بدار آویخت .

هنگامی که‌افشین به‌آذربایجان‌آمده‌بود، محمدبن سلیمان ازدی‌سمرقندی راحکومت ارمنستان داده بود، وازطرفی سهل‌بن سنباط درران یاغی شده و بر آن ناحیه دست یافته وداخل‌آن بلاد شده بود، پس سهل برمحمد شبیخون زد واورا شکست داد ، ونیز محمدبن عبیدالله ورثانی درورثان یاغی شد و افشین منکجوررا بر سر او فرستاد تا با وی بجنگد و علی بن یحیی ارمنی دربارهٔ او شفاعت کرد تامعتصم اورا امان داد ، پس علی‌بن یحیی او راآورد، سپس افشین محمدبن خالد بخارا خذاه را حکومت ارمنستان داد وچون واردشد با صناریه جنگیدورهسپار تفلیس شد، پس اسحاق بن اسماعیل با وی نیکی کرد و او را صله داد ، سپس حکومت ارمنستان‌رابه‌علی‌بن حسین‌بن سباع قیسی دادومردم‌ارمنستان اوراچنان زبون شمردند که ازناتوانی‌وزبونی«یتیم» نامیده می‌شد.

پس معتصم خالدبن یزید را والی ارمنستان و ناحیه‌ای اردیار ربیعه قرار داد و چون خبرش‌به‌ارمنستان رسید هررئیسی که آنجا بود متحصن گشت وسخت ازوی بیمناك شدند و راه نافرمانی را در پیش گرفتند، و چون منصور بن عیسی سبیعی عامل برید ارمنستان(گزارش) آن را به‌معتصم نوشت، معتصم خـالد را باز گردانید و دستور داد تا علی بن حسین بر سر کار باشد ، لیکن چند روزی بیش نکشید که سپاهیان در بردعه بر وی فتنه انگیختند و جیره‌های خود را مطالبه

کردند . پس گفت : من چیزی ندارم و مالها نزد اهل شهر است و از مردم‌شهر مطالبه کرد، اما مردم فرمان وی را نبردند و در قلعه های خود متحصن شدند ، سپس بیکدیگر پیام فرستادند و فراهم شدند و او را در برذعه محاصره کردندو آنگاه معتصم ، حمدویة بن علی بن فضل را بحکومت آن بلاد فرستاد و او رهسپار نشوی[1] شد و یزیدبن حصن امان یافته نزد وی آمد [. . . . .] پس از بیم آنکه بر او چیره شوند آنان را برنمی انگیخت (و با ایشان مدارا می کرد) .

در سال ۲۲۳ رومیان داخل زبطره شدند و هر که را در آن بود، کشتند و اسیر گرفتند و بیرونشان بردند ، پس چون خبر به معتصم رسید بیدرنگ از جای خویش برخاست تا آنکه روی‌زمین نشست و مردم را بجهاد فراخواندوعطیه‌هاداد و همان روز در جایی بنام عیون در طرف غربی دجله اردو زد واشناس ترکی را بر مقدمه‌اش پیش فرستاد و روز پنجشنبه ششم جمادی‌الاُولی‌سال ۲۲۳ بیرون‌رفت وداخل کشور روم شد و آهنگ سرزمین عموریه کرد که از بزرگترین شهرهای آنان بود و جمعیت و مردان‌بیشتری‌داشت و آنرا سخت محاصره کرد پس‌پادشاه روم خبر یافت و با سپاهی عظیم پیش آمد و چون نزدیك شد ، معتصم افشین رابا سپاهی عظیم پیش فرستاد تا با شاه‌رومیان روبروشد و بروی تاخت و او راشکست داد واز سپاه وی کشتاری‌عظیم کرد، سپس پادشاه روم از طرف خود نمایندگانی را با این پیام نزد معتصم فرستاد که آنان که با زبطره چنان کرده اند ، ازفرمان من تعدی کرده‌اند و من آن را با مال و مردان خود بنا می کنم و هر کس را از مردم آن گرفته‌اند باز می‌دهم و همهٔ اسیرانی راکه در بلاد روم هستند رها می کنم و مردمی‌را که با زبطره چنان کرده اند روی گردنهای بطریقان نزد تو

۱ ــ کسکری ، شهری است به آذربایجان و آن را نخجوان و نخشوان و نقشوانگویند.

می‌فرستم .

معتصم روزسه شنبه ۱۳ روز مانده از ماه رمضان سال ۲۲۳ عموریه را فتح کرد و هر که را در آن بود کشت و اسیر گرفت و یاطس خالوی پادشاه روم را دستگیر کرد و بهر شهری از شهرهای آنان عبور کرد آنرا ویران ساخت و آتش زد وسپس باز گشت‌وچون به اذنه رسید، عباس بن مأمون را بزندان انداخت، چه از نافرمانی و ناسازی و فراهم آمدن فرماندهانی نزد وی خبر یافته‌بود، و برصدو شانزده هزار دینار او دست یافت و دستور داد [که] بر سپاهیان بخش گردد و امر شوند که او را لعنت کنند ، پس احصائیهٔ آنان بهشتاد هزار رسید و دو دینار دودینار بآنها پرداخته شد و معتصم کمبود آن را از خود پرداخت و عباس را در بند به افشین سپرد تا وی‌را تبعید کند ،پس چون به حمد رأس رسید درگذشت و بقولی افشین در روزی بسیار گرم خوراك پر نمکی باو خورانید و آب را از وی دریغ داشت ، پس بسوی منبج حمل گردید و آنجادفن شد .

معتصم بر عجیف بن عنبسه که سبب نافرمانی عباس شده بود ، خشم گرفت و او را در (بند)آهن سنگینی ، در حالی که در دهانش نمد هایی بود که بر آن دوخته شده بود و غل عظیمی‌بگردنش‌نهاده بود، از اذنه سوار کرد و چون‌بجایی بنام باعیناثا در یکمنزلی نصیبین رسید ، مرد و همانجا دفن شد وپسرش صالح بن عجیف درخواست کرد که باو نسبت داده نشود و او را صالح معتصمی بخوانند ، و پدرش را لعنت کرد و از وی بیزاری جست .

مازیار محمدبن قارن‌بن بنداد هرمز اسپهبد طبرستان پس از آنکه پدرش مرد و مملکت طبرستان بدست عمویش افتاد نزد مأمون آمد ، ومأمون او را بر دو شهر از شهرهای طبرستان حکومت داد و بعمویش نوشت تاآندو را بوی تسلیم کند ، مازیار رهسپار شد و چون خبر بعمویش رسید ، او را بخشم آورد و

نگرانش ساخت و چنانکه گویی باستقبال وی می‌شتابد، بیرون آمد و با مازیار غلامی هوشمند از پدرش همراه بود؛ پس گفت که : عمویت باین هیئت بیرون نیامده است مگر برای آنکه تو را غافلگیر بکشد پس هر گاه باو نزدیك شدی و از یارانش بر کنار ماندی، من حربه را بتو می‌دهم و آن را در سینه‌اش فرو بر. مازیار چنان کرد و عموی خود را کشت و مملکت بدست وی افتاد و کار حکومت را بدست گرفت و به‌مأمون نوشت که عمویش با حکومت وی مخالف بود. و چون کارش بالا گرفت نوشت : از گیل گیلان اسپهبد [اسپهبدان بشوار] خرشاد محمدبن قارن مولای امیرالمؤمنین. سپس خود را برترازآن دانست که مولای امیرالمؤمنین بگوید، و چون کارش بالا گرفت نافرمانی را آشکار ساخت و یاغی گشت و بقولی افشین با وی مکاتبه کرد و او را بیاغیگری واداشت، پس معتصم محمدبن‌ابراهیم را با سپاهی بجنگ وی فرستاد و به‌عبدالله‌بن طاهر نوشت [که] او را با لشکرها کمك دهد، پس محمدبا وی جنگید و عبدالله بر فرستادن لشکرها بسوی او اصرار ورزید: تا محمدبا وی بجنگ ایستاد ودره‌ها وپشته‌ها را (بروی) گرفتند ومازیار شبانه بیرون‌رفت تا دست خود را در دست خویشاوندی‌از عبدالله نهاد و او را درسال۲۲۶ (به‌بغداد) آورد، پس تازیانه‌ها بر او زده شد تا مرد و درپهلوی‌بابك بدارزده شد.

محمد بن عیسی مرا خبر داد و گفت : مازیار را آوردند و در همان وقت افشین هم زندانی شده بود، پس ابن ابی دؤاد آن دو را با هم روبرو کرد و به مازیار گفت : این همان افشین است که می‌گفتی تو را بنافرمانی وادار کرده است. پس افشین باو گفت : بخدا قسم که دروغ از رعایا ناپسند است تا چه رسد بپادشاهان، بخدا قسم دروغت تورا از کشته‌شدن‌رهایی نمی‌دهد پس دروغ را پایان امر خود قرار مده. مازیار گفت : بخدا قسم بمن چیزی‌ننوشته

و پیامی نداده جز آنکه ابوالحارث وکیل من، مرا خبر داد که چون بر او وارد شده، با وی نیکی کرده و گرامیش داشته است. پس افشین بزندان باز گردانیده شد و مازیار را آنقدر زدند که مرد. و نخستین جهت حبس افشین آن بود که منکجور فرغانی خالوی فرزندان افشین و جانشین او در آذربایجان، در همانجا یاغی شد و اصحاب بابك را نزد خویش فراهم ساخت و رهسپار ورثان گشت ومحمد بن عبیدالله ورثانی و جماعتی از هوا خواهان سلطان‌را کشت، پس معتصم به‌افشین گفت: منکجور را احضار کن. افشین ابوالساج معروف به دیو داد را با سپاهی عظیم نزد وی فرستاد و سپس معتصم خبر یافت که منکجور بدستور افشین یاغی شده و ابوالساج را تنها بمنظور کمك نزد وی فرستاده است، پس محمد بن حماد را بریاست (ادارهٔ) برید فرستاد وبغای ترکی راگسیل داشت تا با منکجور جنگید و چون در نبرد با وی پافشاری کرد منکجور از درزاری خواستار امان شد و بغا وی را امان داده به‌سامره آورد و پیش از آن افشین در سال ۲۲۶ زندانی شده بود، سپس در حبس بدرود زندگی گفت و در سامره نزد باب العامه ساعتی از روز برهنه بدار زده شد و آنگاه او را فرود آورده بآتش سوزانیدند.

کار خلافت معتصم بیشتر بدست احمدبن [ابی] دؤادایادی قاضی القضات و فضل‌بن مروان منشی‌بود، سپس بر فضل خشم گرفت و او را تبعید کرد و دارایی او را گرفت و محمد بن عبدالملك زیّات در وی نفوذ یافت. ریاست پلیس معتصم را اسحاق بن ابراهیم داشت، و فرمانده نگهبانان او عجیف بن عنبسه و سپس افشین و پس از او اسحاق بن یحیی بن معاذ بود و جماعتی از ترکان از جمله: وصیف وسیما دمشقی وسیماشرابی و محمدبن حماد بن [دیمس] برای وی حاجبی کردند.

معتصم روز پنجشنبه یازده شب مانده از ماه ربیع الأول سال ۲۲۷ بدرود

زندگی گفت و پسرش هارون بروی نماز گزارد و درقصر خود کـه معروف بـه «جوسق» بود دفن شد و سن او ٤٩ سال و حکومتش ٨ سال بود و شش پسر بجای گذاشت: هارون واثق، جعفرمتوکل، محمد، احمد، علی وعباس.

ایام هارون واثق بالله[1]

الواثق بالله هـارون بن ابی اسحاق که مادرش کنیزی بنام قراطیس بود ، درهمان روز مرگ معتصم یعنی روز پنجشنبه یازده شب مانده ازربیع‌الأول‌سال ۲۲۷ بحکومت رسید و آن‌روز مصادف بودباکانون‌آخر ازماههای عجم، وآن روز خورشید در۱۵ درجه و۲۲ دقیقهٔ جدی‌بود.

اسحاق‌بن‌ابراهیم درهمان ساعتی که بیعت کرد روی به‌بغداد نهاد وتمام‌شب را راه‌پیمود وپیش‌ازطلوع‌فجربه‌بغداد رسیدوبراطراف(شهر)وزندانها(مأمورینی) گماشت و فرماندهان وسران (پایتخت) را احضار کرد و از آنان بیعت گرفت .

تودهٔ سپاهیان و اوبـاش برشعیب‌بن سهل قاضی طرف‌شرقی بغدادشوریدند وسرای اورا غارت نمودند، پس اسحاق، جعفر[معشه] وابراهیم دیزج وجماعتی را همراه آندو فرستاد تا شیعب‌بن سهل را بیرون آوردند و او را بسرای اسحاق رساندند و واثق که دراین سال ارادهٔ حج‌داشت و تصمیم اوقطعی شده بود ، حجش بتأخیر افتاد و مادرش را اذن داد تا (بقصد حج) بیرون رفت و جعفر بن معتصم همراه وی بود ، اما چون به کوفه رسید درگذشت و واثق برادر خود جعفر را اذن حرکت داد واوهم رهسپارشد وبامردم‌حج گزارد.

نخستین کس از فرماندهان معتصم که فرمان حکومت وی را صادر نمود ،

۱ـ ل ، ص ۵۸۴ .

اشناس ترکی بود که معتصم اورا از دربارخویش تا آخرین نقطهٔ مغرب حکومت داد و اوهم عمال خود را فرستاد و فرمان حکومت مغرب را از طرف خود برای محمدبن ابراهیم اغلب نوشت وتدبیر امرش بدست احمدبن خصیب بود.

واثق ایتاخ ترکی را برخراسان وسند ونواحی دجله حکومت داد ودرآن موقع سند بهم‌خورده و عمران‌بن موسی‌بن یحیی‌بن خالد عامل سند کشته‌شده بود، پس ایتاخ عنبسة‌بن اسحاق ضبی را به سند فرستاد و او هنگامی رسید که چندین پادشاه برآن بلاد غلبه‌یافته بودند، اما چون عنبسه ازراه رسید، شنیدند وفرمان بردند و همگی بجز عثمان نزد وی آمدند .... پس عنبسه بسوی وی رهسپار شد [....] و نه سال بعنوان حکومت درسند [اقامت داشت].

ابن بیهس کلابی باگروه بسیاری از طوایف قیس در دمشق شورش کرد و نیز مردی که اورا تمیم لخمی می گفتند و معروف به ابو حرب و ملقب به مبرقع بود بهمراهی لخم و جذام و عامله و بلقین در فلسطین یاغی گشت و بشهرستان [اردن] رفت، و قومی بربری بهمراهی قومی ازقریش ازبنی‌اسیدبن [ابی]العیص دربرقه نافرمان شدند و برعامل خود محمدبن عبدویة‌بن جبله تاختند، پس واثق رجاء بن ایوب حضاری را فرستاد واو ابتدا به دمشق رفت و برابن بیهس حمله‌برد و اورا دستگیر کرد و آنگاه رهسپار فلسطین شد و با تمیم لخمی جنگید واو را اسیر نمود و به سامره فرستاد تا اورا درباب‌العامه نگه داشته باصدای بلند معرفی کردند. رجاء در سال ۲۲۸ رهسپار مصرشد و در جیزه فرودآمد و سپس متوجه برقه شد وهرکه آنجا بود گریخت وبرجماعتی ازآنان ظفریافت وآنهارا فرستاد و سپس بازگشت.

عبدالله‌بن طاهر درسال ۲۳۰ درسن ٤۷ سالگی‌درخراسان درگذشت، وی‌در نیشابور خراسان منزل داشت و حکومتش چهارده سال بود، پس واثق طاهربن

عبدالله را حکومت داد ، عبدالله بن طاهر خراسان را چنان منظم و رام و آرام کرده بود که هیچکس چنان توفیقی نیافته بود و همهٔ بلاد (خراسان) بفرمان وی در آمده و بی اختلاف حکم اورا گردن نهادند .

طوایف قیس در راه حجاز دست بتبهکاری زدند و رهزنی کـردنـد تا آنکه مردم از حج باز ماندند و مردی از سلیم بنام عزیزهٔ خفافی بر گـزیدند و بر وی بخلافت سلام دادند ، پس واثق بغای کبیر را در سال ۲۳۰ فرستاد و بوی دستور داد که باهر که از اعراب بیابد نبرد کند، بغا پیش از موسم حج براه افتاد و قیس از هر ناحیه ای فراهم آمدند و بیشترشان بنی سلیم بودند و رئیس شان عزیزه بود ، بغا با آنان روبرو شد و با وی بنبرد ایستادند ، پس خلقی عظیم از آنان کشت و آنها را بر درخت آویخت و بسیاری از آنان را اسیر گرفت و در سرای یزیدبن معاویه در مدینه زندانی کرد ، اما نقب زدند و بر مردم مدینه تاختند ، پس اهل مدینه بر آنها حمله بردند و بیشترشان را کشتند و بقیه را بغا ، غل کرده فرستاد ، و اسحاق بن ابراهیم در آن سال حج را بر گزار کرد .

واثق بر ابراهیم بن رباح خشم گرفت و این ابراهیم در ایام حکومت واثق بمنزلتی که نزد وی داشت (بردیگران) مقدم بود و واثق دیوان ضیاع را بدست وی سپرد ، پس بلهو (ولعب) سر گرم شد و کار خود را به نجـاح بن سلمه منشی خود و یمان بن ... نصرانی واگذار کرد و آن دوهم برای خاطر مردم از مالهای بسیاری صرف نظر کردند ، وبد گویان وی نزد واثق بسیار شدند و دستور داد که مستغلات و دارایی اورا ضبط کنند و کار اورا هم به عمر بن فرج رخجی واگذار کرد .

اشناس ترکی والی نواحی جزیره و شامات و مصر و مغرب ، و تدبیر کار بدست احمد بن خصیب منشی وی بود، و به واثق خبر دادند که احمد مالهای بسیاری فراهم ساخته است پس بر وی خشم گرفت و مالهای او و مالهای برادرش ابراهیم را گرفت و هم آن دو و هم مادرشان شکنجه شدند .

اشناس درهمین سال (۲۳۰) بدرود زندگی گفت و مقام و بیشتر مناصب او به‌ایتاخ ترکی رسید و مستغلات و دارایی او برای فرزندانش بحال خود گذاشته شد وصاحبکاری آنها درعهدهٔ عبدالله‌بن صاعد قرار گرفت و تاروزی که مرد بآنها رسیدگی می کرد.

ارمنستان بهم خورد و قومی از عرب و بطریقان و یاغیان شورش کردند و پادشاهان جبال و باب‌الأبواب برنواحی مجاور خویش دست یافتند و کار سلطان بسستی کشید ، پس واثق خالدبن یزیدبن مزید را حکومت (ارمنستان) داد و او را دستور بسیج فرمود و چند ناحیه از نواحی دیار ربیعه‌راضمیمهٔ (حکومت) وی ساخت . خالد باسپاهی عظیم رهسپارشد وچون یاغیان آن بلاد از(حکومت) وی خبریافتند ، بیمناك شدند وبیشترشان نوشتند و یاد آور شدند که پیوسته بفرمان بوده‌اند وهدیه‌ها فرستادند . خالد گفت ؛ جزهدیهٔ کسی‌راکه خود نزد من‌آید، نمی‌پذیرم. واین سخن برترس ووحشت‌آنان افزود ، آنگاه به‌اسحاق بن اسماعیل نوشت و او را فرمود تا نزد وی آید لیکن اسحاق فرمان نبرد و خالد بسوی وی پیش رفت ونزدیك بود اسحاق تسلیم شود که خالد [رنجور] شد وچندروزی بود و مرد و در تابوتی بسوی دبیل حمل شد و آنجا دفن گردید و یارانش پراکنده گشتند و ارمنستان ببدترین وضعی برگشت ، پس واثق ، محمدبن خالد را بجای پدرش حکومت داد ومحمد گزارش باز گشتن (و پراکندگی) اصحاب پدرش را نوشت و خواستار شد که آنان را نزد وی بازگرداند ، پس احمد بن بسطام را بسوی نصیبین فرستاد تازد وحبس کرد وخانه‌ها را آتش زد و در نتیجه اصحاب و موالی پدرمحمد نزد وی فراهم‌آمدند وبا صناریه واسحاق جنگید تا اورا بیرون کرد وآنان راشکست داد وبلاد ارمنستان را تابود بخوبی منظم داشت .

واثق مردم را در (مسئلهٔ) خلق قرآن امتحان کرد و بقضات نوشت تا در سایر شهرها چنان کنند و جز شهادت کسی راکه قائل بتوحید باشد نپذیرند واز

این راه بسیاری ازمردم را بزندان انداخت .

پادشاه روم درنامهٔ خود ضمن گزارش بسیاری اسیران مسلمین که در دست وی گرفتارند ، پیشنهاد (پذیرفتن) سربها کرد و واثق هم پیشنهاد وی را پذیرفت و خاقان خادم را فرستاد [....] معروف به‌ابورمله ، ودیگر جعفربن احمد حذّاء که امیرلشکربود، واحمدبن سعیدبن‌سلم باهلی‌را برمرزحکومت‌داد، پس رهسپار جائی بنام نهرلامس دردومنزلی‌طرسوس شدند و در آن سرخرید بجز کسانی که نیزه نداشتند هفتاد هزار نیزه‌دار حاضر بودند ، و ابورمله و جعفر حذاء بر پل رودخانه ایستاده بودند و هر گاه مردی از اسیران عبور می کرد وی را در بارهٔ قرآن امتحان می کردند وهر کس می گفت که قرآن مخلوق است ، سربهای او داده می‌شد و دو دینار و دو جامه بوی می‌دادند ، پس شمارهٔ کسانی که سرخرید شدند بپانصد مرد و هفتصد زن رسید و این پیشامد درمحرم سال ۲۳۱ بود.

احمدبن نصربن مـالك خزاعی برای کاری که داشت نزد ابن ابی دؤاد رفت وجواب ردشنید ودرحالی که وی را نکوهش میکرد بازگشت و سپس دربارهٔ وی زبان درازی می کرد و بکفر وی گواهی می‌داد ، پس‌جمعی از ایشان بااو همراه شدند وشك‌نداشتند که‌آن‌خشمی‌است برای دین ودلهاشان بسبب‌قرآن بنافرمانی مایل شد و قومی خروج کردند وطبلی زدند وبناحیهٔ صحرای ابوالسری‌شتافتند و چون دستگیرشدند بروی اقرار کردند پس واثق به‌اسحاق‌نوشت تا وی را بفرستد و اسحاق اورا فرستاد وبا واثق بدرشتی سخن گفت وجمعی حاضر شدند و بروی شهادتهایی دادند و او را بقرآن امتحان کرد و از اینکه بگوید قرآن مخلوق است امتناع ورزید و چون واثق او را دشنام داد ، وی را جواب گفت پس اورا گردن زد و در سامره بدار آویخت و سرش‌را فرستاد تادرطرف شرقی بغدادنصب گردید .

محمدبن‌عمروشیبانی‌خارجی دردیار ربیعه خروج کرد و ابو سعید محمدبن

یوسف که آنجا بود باسپاه بجنگ وی شتافت ومحمدبن عمرو باسیصد یاچهارصد نفر از خوارج بود، پس بطرف سنجاررفت وسپس بناحیهٔ موصل هزیمت یافت و ابوسعید وی‌را تعقیب کرده اسیرنمود واورا سواربر گاوی داخل نصیبین کرد ونزد واثق.... فرستاد و باو نوشت که کشتنش سزاوار نیست چه مادامی که زنده است هرگز خارجیی خروج نخواهد کرد، ودرایام واثق پیوسته بزندان بود.

واثق مالهای بسیاری در مکه و مدینه و دیگر شهرها بر هاشمیان و سایر قریش و همهٔ مردم بخش کرد و در میان مردم بغداد براهل خانواده‌ها و برعموم مردم تفسیمات بسیاری یکی پس ازدیگری نمود وآتش‌سوزی دربغداد بسیار شد و برجمعی از بازرگانان مالهای‌بسیاری تقسیم کرد و برای جماعتی(خانه)ساخت و ده یکی راکه ازهرکه وارد دریای چین شود گرفته می‌شد، بخشید.

چیره برواثق احمد بن ابی‌دؤاد بود و محمد بن عبدالملك و عمر بن فرج رخجی، و رئیس پلیس او اسحاق بن ابراهیم، و فرمانده نگهبانان او اسحاق بن یحیی بن‌سلیمان بن‌یحیی بن‌معاذ.

واثق بیمار شد و بیماری او بسختی کشید تا آنکه برای او چاله‌ای مانند تنور در زمین کنده شد و باهیزم گز گرم گردید و چندین بار در آن نهاده شد، و در بیماری خود می گفت: آرزو می کنم که از لغزش می گذشتم و بار بری بودم که روی سرم بارمی کشیدم. وچون‌بیعت پسرش باو پیشنهاد شد گفت: خدا مرا نبیند که زنده ومرده آن را بعهده گیرم. واثق از کاخهای معتصم منتقل شده وبرای خوددر کناردجله کاخی بنام «هارونی» ساخته‌وبرای‌آن دو سکو یکی غربی ودیگری شرقی قرار داده‌بود، و مرگ او روزچهارشنبه شش روز مانده از ذی‌الحجهٔ سال ۲۳۲ روی داد، و سن او در آن موقع ۳۴ سال، و خلافتش پنج سال‌ونه‌ماه وسیزده‌روزبود، وشش‌پسربجای گذاشت: محمد، علی، عبدالله،ابراهیم، احمد ومحمداصغر.

دوران جعفر متوکل[1]

بیعت جعفر بن معتصم که مادرش کنیزی بنام شجاع بود، روز چهارشنبه شش روز مانده از ذی‌الحجهٔ سال ۲۳۲ بانجام رسید ونخستین کس که باوی بیعت نمود سیمای ترکی معروف به‌دمشقی بود و وصیف ترکی، و همان ساعت سوار شد وبکاخ (سلام) عمومی آمد و دستور داد حقوق هشت ماه سپاهیان پرداخت شود و فرزندان هفت خلیفه فراهم بروی سلام کردند: منصور بن مهدی و عباس بن‌هادی و ابواحمد بن رشید وعبدالله‌بن امین و موسی بن مأمون و برادرانش و احمد بن معتصم وبرادرانش ومحمدبن واثق.

متوکل کارها را چهل روزچنانکه بود گذاشت وسپس برمحمدبن‌عبدالملك خشم گرفت و اموال او را ضبط کرد وشکنجه شد تا مرد و کارهایی بسیاربروی شمرده می‌شد.

محمد مردی سخت باقساوت و کم عاطفه بود، مردم را بتندی از نزدخویش می‌راند و بآنان اهانت می‌رساند، ودیده نشد که احسان او بکسی رسد ویا دربارهٔ احدی نیکی کند، ومی گفت که: حیا شکستگی است، ومهربانی زبونی، وسخاوت احمقی. پس چون وی را نکبت رسید ، کسی دیده نشد جز آنکه او را شماتت می کرد و بنکبت وی خوشحال بود.

متوکل به‌علی‌بن محمدبن علی‌بن موسی‌الرّضابن جعفربن محمد علیه‌السلام نوشت‌تا ازمدینه‌رهسپار (سامره) شود، چه‌عبدالله‌بن‌محمدبن داود هاشمی‌نوشته‌و

---

۱ ـ ل ؛ ص ۵۹۱

گزارش داده بود که جماعتی می‌گویند او امام است. پس از مدینه بیرون‌آمد ویحیی بن هرثمه همراه وی رهسپار شد تا به‌بغداد رسید و چون بجایی رسید که آن را یاسریّه[1] می‌گفتند، آنجا فرود آمد و اسحاق بن ابراهیم برای استقبال وی سوار شد واشتیاق مردم و فراهم آمدنشان را برای دیدن وی مشاهده کرد و تا شب ماند وآنحضرت را شبانه وارد (بغداد) کرد وپاسی از آن شب را دربغداد ماند و سپس رهسپار سامره شد.

متوکل مردم را از بحث در بارهٔ قرآن نهی کرد و زندانیان شهرها و کسانی را که در خلافت واثق دستگیر شده بودند، آزاد کرد وهمه رارهانمود وهمگان را خلعت پوشانید و نامه‌هایی در نهی از جدال و خصومت باطراف‌نوشت و مردم (ازجدل) باز ایستادند.

متوکل بر عمربن فرج رخّجی و بربرادرش محمد خشم گرفت و محمددر آنموقع عامل‌مصر بود، پس فرمان فرستادن وی‌را فرستاد و اموال آندورا گرفت وآن در سال ۲۳۳ انجام یافت وعمر ــ دربغداد ومحمد[2] در سامره زندانی بود ودو سال (در زندان) ماندند.

احمد بن‌ابی‌دؤاد را بیماری فلج گرفت و متوکل پسرش‌محمد معروف به ابوالولید را بجای وی قرار داد و در آن وقت [....] ابوالعیناء گفت: بدانجهت زندانی شده که زبانش از کار افتاد وسخن نمی‌گفت.

متوکل برفضل‌بن مروان خشم گرفت و مزارع واموالش را مصادره کرد وخودش را تبعید نمود، سپس از وی خشنود گشت و او را باز گرداند.

و نیزدرسال ۲۳٤ براحمد بن‌خالد معروف‌به ابوالوزیر خشمناك‌شدواموال وی‌را گرفت و سپس از او راضی گشت، وچون متوکل برمنشیان خشم گرفت

۱ـ دهی است به‌بغداد، از آن ده است جماعتی از زهاد و نضربن حکم و عثمان بن مقبل واعظ‌محدثان. ۲ـن، افتاده دارد.

به‌اسحاق بن ابراهیم گفت: برای من دو مرد را در نظر گیر، یکی برای دیوان خراج و دیگری برای دیوان‌ضیاع. پس گفت: بنظر من آن‌دومرد یحیی‌بن‌خاقان وموسی بن عبدالملك‌بن هشام است. و یحیی برای اموالی که بواسطهٔ حکومتش در فارس از وی مطالبه می‌شد، نزد اسحاق زندانی بودو موسی نیز در زندان‌جای داشت پس آن‌دو را حاضر ساخت و یحیی‌بن خاقان را سرپرست دیـوان خراج و موسی را متصدی دیوان ضیاع ساخت.

متـو کل در ذی‌القعدهٔ سال ۲۳۴ امر کرد و باطراف نوشت که مردم بر پسرش محمد بامارت سلام کنند و برای وی بر منبرها دعا شود، ودر همین سـال ایتاخ تـرکی اذن رفتن بحـج خواست و پس از آنکه او را اذن داد در بهترین هیأتی رهسپار شد و متـو کل خبر یافت که می‌خواسته است باوی حیله‌ای بکار برد و چون بر آن دست نیافته خواستار حج‌شده است پس به‌جعفربن دینارمعروف به خیاط که عامل یمن بود، نوشت تا به‌مکه رود و ایتاخ را بگیرد که زود باز گردد، پس‌چون (ایتاخ) به‌مکه‌آمد جعفر بوی رسیدو او هم به‌عراق باز گشت و (متو کل) سعیدبن صالح‌حاجب را بسوی وی فرستاد تا در کوفه او را دیدار کرد وچون نزدیك بغداد رسید، اسحاق بدیدار وی پیش آمد و او را بکندن سیاهی وشمشیر و کمربند امر کرد و در قبایی سفید و عمامه‌ای سفید داخل بغداد شد تا او را بقصر خزیمه که بر سرجسراست آورد و بزندانش انداخت و در بندش‌نمود و مزارع و اموالش گرفته شد و دو منشی او سلیمان بن وهب و قدامةبن زیاد وپسرش منصـور را به‌بغداد فرستاد تا باوی روبرو شدند و او را بدانچه کرده بود سرزنش و توبیخ کردند وپسرش منصوررا امر کرد تا بروی اوخدو اندازد، لیکن (ازاین‌کار)امتناع‌ورزیدو گفت: امیرالمؤمنین‌را غلامانی است که می‌تواندآنان را بآنچه دوست دارد امر کند. ایتاخ چند روزی (درزندان) ماند وسپس مردوبدجله انداخته شد. و چون متو کل خبر یافته بود که هرثمةبن نصر عامل (مصر) باایتاخ

مکاتبه داشته و باوی همداستان بوده است، اموال وی را نیز گرفت و آنچه را از نواحی مصر بدست ایتاخ اداره می‌شد، به‌ابواسحاق واگذار کرد، وچون عنبسةبن اسحاق عامل ایتاخ برسند خبر یافت، رهسپار عراق شد و متوکل بجای‌اوهارون ابن‌ابی‌خالد را حکومت (سند) داد و به‌عنبسه‌کاری‌نگرفت.

حسن بن سهل در همین سال (۲۳۴) درگذشت وپیش ازآن در خانه‌اش نشسته بود و در هیچکاری از کارهای دولتی تصرفی نداشت.

محمدبن بعیث برناحیه‌ای از آذربایجان بنام‌مرند مستولی بود، پس‌حمدویة ابن علی عامل‌آذربایجان باوی درافتاد و سپس..... پس او را بدربار خلیفه‌فرستاد و چون از راه‌رسید‌علیه‌حمدویة بن علی گزارش داد وبدان جهت‌حمدویه را زدند ومالهایی که بدست وی رسیده بود، گرفته شد وابن بعیث رها گردید وپس‌ازچند روزی که ماند از سامره به‌مرند گریخت ورهزنان آن ناحیه را نزدخویش‌فراهم ساخت ونافرمانی وناسازی را آشکار نمود، پس حمدویة بن علی را [از حبس] در آورده بحکومت آذربایجان برگزیدند و (محمد) بسوی وی رهسپار شد و با او جنگید و او را کشت وکار ابن بعیث نیرو گرفت وزیرك ترکی برسروی فرستاده شد وبا او جنگید و سپس عتّاب بن‌عتّاب بجنگ وی شتافت و حکومت بدست‌بغای صغیر بود، پس چند ماهی در جنگ با وی پایداری کرد و سپس باو امان داد وچون نزد وی آمد او را بدربار خلیفه فرستاد تا در سال ۲۳۵ بدست اسحاق زندانی شد و اندکی در حبس ماند و مرد و یحیی بن روّاد را نیز فرستاد و باو فرماندهی و عنوانی‌داده شد.

در همین سال متوکل اهل ذمه را امر کرد تا فوطه‌های عسلی بپوشند و استرها وخرها را با رکابهای چوبی وزینهای گوی‌دارسوارشوند وبراسبها ویابوها سوار نشوند و بردرها (ی خانه‌ها)ی خود چوبهایی قرار دهند که پیکر شیاطین در آنها باشد.

متوکل برای پسر خود محمد و سپس برای دو پسرش ابوعبدالله معتزّبالله وابراهیم مؤیّدبالله بولیعهدی پس ازخود بیعت نمود و سران مردم را ازهر شهری به‌سامره فراخواند و آنان را بربیعت جائزه‌ها داد وحقوق ده‌ماه سپاهیان را پرداخت کرد و خطیبان را فرستاد تا خطبهٔ آن را بخوانند.

در همین سال، محمد منتصر حج گزارد و مادر متوکل همراه وی‌بود ودر موسم با مردم حج گزارد و اخلاق و رفتار وی در این سفر ستوده بود [....]

متوکل بهریك از ولیعهدها ناحیه‌ای از کشور را واگذارد کرد ، مصر و مغرب را به‌منتصرداد ومنشی او احمدبن خصیب بود، وخراسان و عراق عجم‌را به ابوعبداللهمعتز بالله واگذاشت‌ومنشی وی‌احمدبن‌اسرائیل بود، وشامات وارمنستان وآذربایجان را به ابراهیم مؤیدبالله سپرد و منشی او محمدبن علی معروف بود.

در همین وقت متوکل امر کرد که در هیچیك از کارهای دولتی ازاحدی از اهل ذمــه کومك نخواهند و کنشتها و کلیساهای تازه ویران شود واز عمارت ساختن ممنوع شدند وآن (فرمان) را باطراف نوشت .

اسحاق بن‌ابراهیم درگذشت و(متوکل)آنچه‌از مشاغل خراج‌نواحی سواد (عراق) و اطراف مصر ونواحی دجله‌وجزآن‌درعهدهٔ وی بود ، باضافهٔ توابع[....] و فارس‌را درعهدهٔ پسرش‌محمد قراردادو هفت روزدر هر روزی هفت‌خلعت بروی پوشانید وپرچمهای‌بسیار برای وی بست و نزد او برترین‌منزلت‌را داشت.[محمد] عمال پدرش رابرسرکاربگذاشت و منشیان اوبرخراج علی‌بن عیسی‌بن ازدادرود، وبرنامه‌هامیمون‌بن ابراهیم، وبرمظالم اسحاق‌بن یزیدخویشاوند هارون‌بن‌جیغویه بود.حسین‌بن‌اسماعیل رابجای عمویش‌محمدبن‌ابراهیم به‌فارس‌فرستاد وبوی‌دستور داد.تااورا آن‌قدرشکنجه دهد که اموالی‌را که بدست وی‌افتاده‌است، درآورد،پس محمدزیرشکنجه مرد. عبدالواحد بن یحیی‌معروف‌به حوط خویشاوند طاهرعامل خراج‌مصرو کومکهای‌آن‌بودومحمدبن‌اسحاق‌اورابفرماندهی سپاه‌خویش گذاشت

دوران جعفر متوکل ۵۱۷

محمد پس ازپدرش یکسال زنده بود وسپس در گذشت و(متوکل) عبدالله ابن اسحاق را تنها بفرماندهی پلیس بجای وی نهاد و اومنشیان محمد بن اسحاق را که منشیان پدرش نیزبودند بدربارمتوکل فرستاد و عمال وی را زد و علی بن عیسی منشی اسحاق بن ابراهیم برنواحی سواد (عراق) را از سامره فرا خواند و دیوان اعظم خراج‌را بوی سپرد وچون دوماه برسرکار ماند اورا برداشت‌واحمد ابن محمدبن مدبررا بجای‌وی‌بر سرکارآورد و اموال حسین و اسماعیل پسران او گرفته شد و احمدبن محمدبن مدبرعمال اوبرنواحی سوادرا گرفت‌وبر(پرداخت) اموال بسیاری باآنان مصالحه کرد، و(متوکل) احمدبن محمدبن مدبر را برهفت دیوان‌سرپرستی داد: دیوان خراج ، ومزارع ، وهزینه‌های خصوصی،وهزینه‌های عمومی، وزکاتها ، وبردگان‌وغلامان، و سپاهیان ومزدوران . پس دارایی فراوانی فراهم ساخت .

محمدبن عبدالله‌بن طاهر در سال ۲۳۷ ازخراسان به‌بغداد آمد و آنچه در دست اسحاق‌بن ابراهیم بود در عهدهٔ وی قرار گرفت و حکومت نواحی مصر از طرف منتصر به‌عنبسة‌بن اسحاق ضبّی داده شد و جز چند ماهی در مصر نماند که رومیان درهشتادوپنج کشتی برسردمیاط فرودآمدند وجماعتی ازمسلمین‌را کشتند وهزار وچهار صد خانه را آتش زدند و رئیس آنان را ابن قطونا[1] میگفتند و از زنان مسلمان هزاروهشتصد وبیست زن، واز زنان مصری هزار زن و از یهودیان صدزن اسیر گرفتند وآنچه اسلحه دردمیاط وسقط بود بدست آنان افتاد و مردم روبگریز نهادند و درحدود دوهزار نفر در دریا غرق شدند و (رومیان) دو روز و دو شب ماندند و سپس باز گشتند.

متوکل برمحمدبن فضل منشی دیوان توقیع بجهت وقوف یافتن بر امری

۱ـ ر.ک. تاریخ طبری ج ۷ ص۳۷۱.

که از وی سرزده بود، خشم گرفت وعبیدالله‌بن یحیی‌بن خاقان را بجای وی قرار داد واورابرتری دادو مرتبه ومقامش را بالا برد و اورا برسرکارآورد وبااینکه مولای ازد بود، دستورش داد که مولای امیرالمؤمنین بنویسد و نیز او را فرمود [که] منشیان دیوانها را دستوردهد تا نامه‌ها را بنام وی تاریخ گذاری کنند، لیکن ازمتوکل خواست تا وی را از این کار معاف دارد جز اینکه عمال خراج ومزارع وبرید وکومکها و قضات را درتمام دنیا اوبرسر کارمی‌فرستاد و با وجود او دیگران هیچکاره بودند ومع‌ذلك نزد مردم ستوده‌بود و پدرخود را سرپرست مظالم‌قرارداد و سپس که‌اومرد عموی‌خود عبدالرحمان را بجای وی نهاد.

متوکل برمحمد بن احمد بن ابی‌دؤاد و بر پدرش (احمد) خشم گرفت و یحیی‌بن اکثم تمیمی را قاضی‌القضات قرارداد و املاك و اموال‌ابن ابی‌دؤاد گرفته شد وبه‌بغداد احضار گردید و جز اندك زمانی (زنده) نبود که‌مرد [....] بزرگان اولادش و یحیی [اندکی] بر سر کارماند و [سپس] جعفربن عبدالواحد هاشمی بجای‌وی [آمد].

متوکل در سال ۲۳۸ رهسپار مدینة‌السلام گردید و درشمّاسیه[۱] در خیمه‌ها فرودآمد و سپس داخل بغداد شد و ازمیان شهر گذشت تا برای گردش و تفریح به‌مدائن رفت.

درارمنستان آشوبی پدیدآمد وجماعتی ازبطریقان وجزآنان درآن ناحیه بجنبش آمدند و برنواحی‌خود مسلط شدند، پس متوکل ابوسعید محمدبن‌یوسف را والی (ارمنستان) گردانید و بقصدآنجا رهسپار گردید و جامه‌های خود و یك لنگ موزهٔ خودرا خواست وپوشید وبی‌هیچ بیماری افتاد و مرد، وآنگاه متوکل پسرش یوسف را ولایت داد و اورهسپار شدتا به‌ارمنستان آمد وبا بطریقان مکاتبه

۱ـ موضعی‌است نزدیك رصافهٔ بغداد.

کرد وبعضشان ویرا اجابت کردند و بقراط‌بن اشوط با امان نزد وی آمد و او را نزد متوکل فرستاد و ..... پس سوان‌بن‌الىف باوی جنگید واورا کشت‌وارمنستان را تباهی گرفت، پس‌متوکل بغای کبیررا فرستاد وچون تاارزن رسید، موسی‌بن زراره یاغی بدلیس[1] باامان نزد وی‌آمدوبغا او را دربند کرد ونزد متوکل‌فرستاد و سپس بجایی رفت که آن را باق می گفتند و اشوط بن حمزه راکه آنجا بود محاصره کرد وسپس اورا امان داد و به سامره فرستاد تابرباب‌العامه گردن زده و بدارآویخته شد. وبه‌اسحاق‌بن اسماعیل یاغی تفلیس نوشت که نزدوی‌آید و اودر پاسخ نوشت که دست از اطاعت[خلیفه] بر نداشته است پس اگر خواستار اموال است تا اورا بدادن اموال کمك نماید واگربمردانی نیازدارد تا آنان را نزد‌وی فرستد، اماآمدن خودش امکان پذیر نیست. پس بغا بسوی وی پیش رفت و با او جنگید و براوظفریافت و اوراگردن زد و سرش را نزد خلیفه فرستاد و آنگاه برسر صناریه تاخت و با آنان جنگید، اما صناریه او را شکست دادند و هزیمت کردند وهزیمت یافته ازایشان بازگشت و هر کس را امان داده بود تعقیب کرد وآنان را دستگیرنمود و جماعتی ازآنها گریختند وبا پادشاه روم وامیران خزر وصقالبه مکاتبه کردندوباخلقی‌عظیم‌فراهم‌آمدند وگزارش‌آن را به‌متوکل نوشت تا محمدبن خالدبن‌یزیدبن مزید شیبانی‌را بحکومت ارمنستان برانگیخت وچون اورسید ، شورشیان‌آرام شدند وازنوبآنها امان داد .

در سال ۲۴۰ مردم حمص شورش نمودند و عامل خود راکه ابوالبعیث موسی‌بن‌ابراهیم بود بیرون کردند واوبسوی حماةرفت، پس‌متوکل عتّاب بن‌عتّاب ومحمدبن عبدویة‌بن جبله را فرستاد ومحمد را حاکم شهر قرارداد و او مردم را آرام ساخت وچندین ماه دردیارشان اقامت گزید، سپس‌شورشی بپا کردند و علیه

۱ـ بکسر، شهری است خوش‌نزدیك خلاط .

وی فتنه انگیختند. و دیگر بار آرامشان ساخت و فریبشان داد و جماعتی از سرانشان را دستگیر کرد و آنها را بزنجیر کشید و نزد متوکل فرستاد و سپس آنان را نزد خودش باز آوردند و آنقدر تازیانه بر ایشان زد که مردند و هریك را بر درخانه‌اش بدار آویخت و رجال فتنه انگیز را تعقیب کرد و نابودشان ساخت.

متوکل احمدبن محمد را سر پرست خراج دمشق و اردن قرار داد، چه منشیان دیوانها که ازوی بیمناك بودند علیه اوحیله‌ای بکاربردند و گفتند که آن ناحیه احتیاج بتعدیل دارد و کارتعدیل هم جزازکسی که متصدی دیوان خراج باشد راست نیاید، پس درسال ۲۴۰ برای تعدیل دمشق واردن رهسپارشد و برهر زمینی هرچه درخورآن‌بود بارکرد.

هارون بن ابی‌خالد عامل سند در سال ۲۴۰ درگذشت و عمربن عبدالعزیز سامی‌منسوب به‌سامة‌بن‌لوی که آنجا کلان‌محل‌بود کتباً گزارش‌داد که اگروالی آن بلاد شود از عهدهٔ اداره کردن ونگهداری‌آن برخواهدآمد، متوکل‌پیشنهاد وی را پذیرفت واودرطول دوران‌متوکل برسرکاربود.

پادشاه روم فرستادگانی وهدیه‌هایی ناچیزتقدیم داشت، پس متوکل چند برابرآن را برای وی فرستاد وشنیف خادم راکه مورد اعتماد خلیفه بود گسیل داشت وریاست بازخرید (اسیران) را بوی داد و او در سال۲۴۱ وارد طرسوس شد و عامل مرزها احمد بن یحیی ارمنی بود[1] و بسوی پل لامس رهسپار شد و اسیران‌را سربهاداد[2] وازهرشهری اسیران روم را حمل کرده وبردگان نصرانی‌را

۱ـ التنبیه والاشراف ص۱۶۲، جعفربن عبدالواحد هاشمی‌قرشی قاضی وعلی‌بن‌یحیی ارمنی فرماندار مرزهای شامی درآن جریان حاضربودند.

۲ـ طبری، روز ۱۲ شوال سال ۲۴۱، ۷۸۵ اسیرمسلمان که ۱۲۵ نفر آنان زن بودند بازخریدشدند التنبیه ص۱۶۲؛ دراین مرتبه در ۷ روزدوهزارودویست مرد وبقولی دوهزارمردو۲۰۰زن سربهای آنان‌داده شد.

خریده بود[۱].

متوکل کاخهایی بنا کرد که اموالی هنگفت هزینهٔ آنها نمود، از جمله: شاه، وعروس[۲] و شبداز[۳] وبدیع وغریب، وبرج که یکمیلیون و هفتصد هزار دینار هزینهٔ آن ساخت. وفرود آمدن ستارگان درشب پنجشنبه غرهٔ جمادی‌الآخرهٔ سال ۲۴۱ بود و پیوسته از اول شب تا طلوع فجر ستاره فرو می‌افتاد، و در سال ۲۴۲ درقومس ونیشابوروتوابع آن زلزله‌ها روی داد که درقومس خلقی بسیاربمردندو روزشنبه یازده‌شب مانده ازشعبان (زمین) لرزه‌ای بآنها رسید که دراثر آن‌دویست هزارنفر مردند و پس ازآن شهرهایی در خراسان بزمین فرو رفت و درهمین ماه مردم فارس را شعاعی رسید که ازناحیهٔ قلزم برآمد، وابربی‌آبی که راه نفس بر مردم گرفت و مردم و چارپایان تلف شدند و درختان بسوخت و مردم مصر بزمین لرزه‌ای‌همه‌جایی گرفتارشدند که‌ستونهای مسجدبلرزیدوخانه‌ها ومسجدها ویران گشت وآن‌درذی‌الحجهٔ‌همان سال روی‌داد.

متوکل تصمیم گرفت که رهسپاردمشق گردد چه گرم مزاج بودو سردی هوای آن را برای وی توصیف کردند، پس به‌محمد بن احمد بن مدبر نوشت و دستورش داد که قصرها بسازد و خانه‌ها آماده سازد و نوشت تا راه را اصلاح کنند و منازل ومراحل را برای پذیرایی آماده سازند وآنگاه روز دوشنبه ده روزمانده ازذی‌القعدهٔ سال۲۴۳ ازسامره رهسپارشد و روز چهار شنبه هشت روز مانده ازصفرسال ۲۴۴ دردمشق فرودآمد ودرآن کاخها منزل کرد و سی و هشت روز اقامت گزید و ازبعضی غلامان ترك چیزی شنید که آن‌را خوش نداشت، پس از دمشق رهسپار عراق شد و در (دوران) حکومت خود غیر از این سفرمسافرتی نکرد مگر برای شکار و گردش، و در این سفر خود هم‌رأیی نداد و بکار احدی

۱ـ ر. ك. التنبیه والاشراف ص ۱۶۰ـ۱۶۶.
۲ـ مراصد: متوکل ۵۰ میلیون درهم صرف بنای آن کرد.
۳ـ مراصد: شبدیز هم‌گفته می‌شود.

توجه نکرد و تمام شامات دوچار زلزله شد چنانکه لاذقیه و جبله از میان رفت و جهانی از مردم مردند و کار بآنجا کشید که مردم سر ببیابان نهادند و از خانه‌های خود و هر چه در آن بود دست کشیدند و چندین ماه از سال ۲۴۵ زلزله ادامه داشت.

متوکل بجایی بنام ماحوزه[۱] در سه فرسخی کاخ سامره منتقل شد و آنجا شهری بنا کرد و آن‌را جعفریّه نامید و نهری از قاطول[۲] بدان جاری ساخت و منشیان و دیوانها و همهٔ مردم را بآنجا نقل داد و در آن (شهر) قصری بنا کرد که مانند آن شنیده نشد و آن در محرم سال ۲۴۶ بود.

متوکل بر نجاح بن سلمهٔ منشی که پس از عبیدالله بن یحیی از همه منشیانش بر او غالبتر بود، خشم گرفت چه او پیوسته اموال مردم را می‌ربود، پس او را به موسی بن عبدالملك بن هشام متصدی دیوان خراج و حسن بن مخلد ابن جراح سرپرست دیوان مزارع که دومیلیون دینار از وی ضمانت کرده بودند، تسلیم کرد و موسی بن عبدالملك چند روزی او را شکنجه کرد تا در دست او مرد و املاك و خانه‌ها و اموالش گرفته شد، و آن در ذی القعدهٔ سال ۲۴۶ انجام یافت.

متوکل بر پسرش محمد منتصر جفا کرده بود، پس او را علیه وی بر انگیختند و بفکر تاختن بر وی افتادند و چون روز سه شنبه سوم شوال ۲۴۷ رسید، جماعتی از ترکان ازجمله، بغای صغیر، و اوتامش ملازم منتصر، و باغر، وبغلوا، و یرند، و واجن، و سعلفه، وکنداش برمتوکل که درمجلسی خلوت کرده بود، در آمدند و بر او تاختند و اورا با شمشیرهای خود کشتند، و فتح بن خاقان را نیز با وی بقتل رسانیدند. خلافت متوکل چهارده سال ونه‌ماه ونه روز، و سن او ۴۲ سال بود و در قصر خود که معروف به «جعفری» بود و آن را «ماحوزه» نامید

۱ـ معجم البلدان: ماحوزه. کامل التواریخ: ماخوره. ۲ ـ قاطول کطاوس: موضعی است بردجله.

بخاك سپرده شد .

چیره بر متوکل ، فتح بن خاقان بود و عبیدالله بن یحیی منشی ، و رئیس پلیس وی اسحاق بن ابراهیم و پس از او محمد بن اسحاق و بعد از وی محمد بن عبدالله بن طاهر ، و فرمانده نگهبانانش اسحاق بن یحیی بن معاذ و پس ازوی رجاء ابن ایوب وسپس سلیمان بن یحیی بن معاذ ، و حاجبانش وصیف و بغا .

ایام محمد منتصر[1]

بیعت محمد منتصر پسر جعفر متوکل که مادرش کنیزی رومی بنام «حبشیه» بود، در همان شبی که پدرش در آن کشته شد یعنی شب چهار شنبه چهارم شوال سال ۲۴۷ بانجام رسید، و خورشید در آن روز در ۱۵ درجه و ۵۲ دقیقهٔ عقرب بود، و قمر در ۲۶ درجه و ٤ دقیقهٔ میزان؛ و زحل در ۲۱ درجه و ۲۰ دقیقهٔ سنبله، ومشتری در۲درجه و۳۵ دقیقهٔ ثور،ومریخ در۲۵ درجه‌و۲ دقیقهٔ قوس، وزهره در۲ درجه و ۲۵ دقیقهٔ عقرب،و عطارد در۳ درجه‌و۲۲دقیقهٔ عقرب.

منتصر دو برادرخود ابوعبدالله معتزّبالله و ابراهیم مؤیّد را احضار کرد و از آندو و همه مردمی که حاضر بودند بیعت گرفت و سواره رهسپار دارالعامه[2] شد و جیرهٔ ده‌ماه سپاهیان را پرداخت کرد و از «جعفری» به‌سامره منتقل شد و دستور ویران ساختن آن کاخهارا صادر نمود و مردم را از آنجا منتقل ساخت و آن شهر را خالی گذاشت‌تا ویران شد ومردم بخانه‌های خود در سامره باز گشتند و برادران خود معتز و مؤید را خلع کرد و برآندو بخلع خویشتن گواه گرفت واحمدبن محمدبن‌مدبررا ازشامات‌به‌مصر انتقال‌داد ومشاغل (دولتی) شامات را بر جماعتی‌تفریق کرد. جیرهٔ‌بروی‌اوتامش‌بودواحمدبن خصیب، وشش‌ماه خلافت کرد و روز شنبه چهارم ماه ربیع‌الآخرسال ۲۴۸در گذشت، و سن وی بیست و پنج‌سال وشش ماه بود.

---

۱ ـ ل،ص ۶۰۲. ۲ ـ کاخی‌که سلام عمومی درآن بانجام می‌رسید.

ایام احمد مستعین[1]

بیعت احمد بن محمد بن[2] معتصم[3] درهمان روزی که منتصر در گذشت یعنی روز شنبه چهارم ماه ربیع الآخر انجام یافت، وخورشید در آن روز در ۱۵ درجه و ۱۱ دقیقهٔ جوزا بود ، وزحل در ۱۶ درجه و ۷ دقیقهٔ سنبله، ومشتری در ۱۵ درجه و ۷ دقیقهٔ جوزاء ، و مشتری در ۱۵ درجهٔ جوزا ، و مریخ در ۳ درجه و ۲۷ دقیقهٔ جوزا ، و زهره در ۱۴ درجه و ۲۲ دقیقهٔ سرطان ، و عطارد در ٤ درجه و ۲۲ دقیقهٔ سرطان .

مستعین را اهلیت خلافت نبود لیکن چون منتصر بدرود زندگی گفت ترکان ازاولاد متوکل بیمناك شدند و ازپایان کارترسیدند ، پس احمد بن خصیب ایشان را دستور داد تا با احمدبن محمد[بن] معتصم بیعت کنند و چنان کردند و بعضی فرماندهان ازبیعت تن زدند و میان ترکان و ایرانیان خصومتهایی روی داد که سه‌روزبا هم‌جنگیدند وسپس کارایرانیان بزبونی کشید، ومستعین درمیان‌مردم اموال بسیاری‌بخش کرد وکارهای وی روبراه شد و اوتامش ترك و شجاع‌بن قاسم منشی اوتامش و احمدبن خصیب چنان برکار وی چیره شدند که با وجود ایشان احدی را اختیاری نماند، سپس ترکان براحمدبن خصیب فشار آوردند و مستعین بروی خشم گرفت و او را [پس] از چهار ماه ازحکومت خود بمغرب تبعید کرد

۱ـ ل، ص۶۰۳. ۲ـ تاریخ‌الخلفا، احمدبن معتصم‌بن رشید برادرمتوکل. ۳ـ تاریخ الخلفا ، مادرش‌کنیزی بود بنام «مخارق».

و ازراه دریا بجزیرهٔ افریطش[1] وپس به‌قیروان فرستاده شد.

اصحاب مستعین ازهیچکس چنان بیمناك نبودند که از امیر خراسان ، اما طاهربن عبدالله‌بن طاهردررجب سال ۲۴۸ درچهل‌وچهار سالگی در گذشت وترس از دلشان رفت و بر آن شدند که محمد بن عبدالله را از عراق به‌خراسان بیرون فرستند و مستعین باو گفت [که] رهسپار خراسان گردد ، پس گفت که برادرم پسرش را جانشین ساخته است و بیم دارم که با رفتن من کار خراسان تباه گردد. آنگاه مستعین به‌محمدبن‌طاهربن عبدالله نوشت تابجای‌پدرش والی خراسان‌باشد.

ابوعمود خارجی‌درهمین سال در دیارربیعه‌خروج کرد ومستعین بلکاجور[2] فرغانی را بر سر وی فرستاد تا با وی جنگید و او را کشت و جمعش را پراکنده ساخت.

وچون طاهروفات کرد وپسرش محمد که هنوز جوان بود بحکومت رسید جماعتی ازخوارج و جزآنان در خراسان جنبش کردند و خارجیان چنان بسیار شدند که نزدیك بود برسیستان مسلط شوند، پس‌یعقوب‌بن لیث معروف به «صفار» ازدلیران وپهلوانان بدان (مهم) قیام کرد و ازمحمدبن طاهر دستوری خواست تا داوطلبان را فراهم سازد و بجنگ خوارج رود ، محمد وی را در (انجام) آن اذن داد ورهسپار سیستان شد و خوارج آنجا را راند وسپس بسوی کرمان پیش رفت وچنان کرد تا آنکه شهرها را ازآنان پاك گردانید و منزلتی بزرگ یافت ، پس [مستعین] به‌محمد نوشت [که] او را والی کرمان کند و یعقوب در کرمان (برسرکار) ماند و در(آن) بلاداثری نیکو داشت .

مردی از لخم در اردن یاغی گشت و چون حاکم اردن وی را تعقیب نمود رهسپارمابلسق شد و گریخت و مردی از عمالش معروف به «قطامی» جای وی را

۱ـ بفتح اول، جزیره‌ای است دردریای روم . ۲ـ ن، منکجور.

گرفت وجمعیتش بسیار گردید و خراج را جمع آوری کرد و لشکرهایی را که حاکم فلسطین بر سر وی می‌فرستاد یکی پس از دیگری شکست داد و پیوسته وضعش همین بود تاآنکه مزاحم‌بن خاقان ترك با جمعی ازترکان وجزآنان رسید و جمعشان را پراکنده ساخت وآنها را ازشهرها راند.

مردم حمص بر عامل خود کیدربن عبدالله اشروسنی تاختند و او هم با جماعتی ازسپاهیان بجنگ ایشان بیرون‌آمد لیکن مردم آنان را شکست‌دادندو خودش به‌حماة گریخت وجماعتی از سپاهیان را کشتند و بدار زدند ، پس مستعین عبدالرحمان بن حبیب ازدی را حکومت حمص داد واو هم رهسپار گردید و در چهارمنزلی حمص وفات کرد وآنگاه(مستعین) فضل‌بن قارن طبری را حکومت‌داد وبشهرآمد ومردم حمص باوی ازدر شنوایی وفرمانبری پیش‌آمدند وازرفتارزشت کیدر باخود شکوه کردند، پس چند روزی ماند وشهرآرام بود، سپس خبریافت که می‌خواهند براو بتازند، پس جماعتی از ایشان را گرفت وآنان را گردن زد.

مستعین‌عبیدالله‌بن‌یحیی را به‌مکه وسپس ازآنجا به‌برقه تبعید کرد وآن در اول سال ۲۴۹ روی داد.

سپاهیان چند بارپشت سرهم در سامره شورش کردند و باهم‌جنگیدند و بس اوتامش حمله بردند و گفتند که جیره‌های ما را گرفته وپایه‌های مارا ازبین برده است وجماعتی ازترکان وغلامان بسوی کرخ رفتند ، واوتامش برسرایشان رفت تا آرامشان کند، پس‌اورا ومنشی اوشجاع‌بن قاسم را کشتندوآن درماه ربیع‌الآخر ۲۴۹ بود وخانه‌های‌آن دو با موافقت مستعین غارت گردید و باطراف نوشت تاوی رالعن کنند.

مستعین در سال۲۴۹ جعفر خیاط را بغزوهٔ تابستانی (روم) فرستاد و عمر بن عبدالله اقطع عامل ملطیه همراه وی بود ، پس چون داخل بلاد روم شد ، عمر از وی اذن خواست تا (در خاك روم) پیش رود و هشت هزار نفر سپاهی همراه

داشت ، اما دشمن او را محاصره کرد و خود و همراهانش در رجب سال ۲۴۹ کشته شدند .

مستعین درهمین سال علی‌بن یحیی ارمنی را والی ارمنستان که وضعش بهم خورده بود ساخت واورهسپارمیافارقین شد ورومیان غارت بردند ودر بلاد مسلمین پیش رفتند، پس جماعتی ازمردم آن ناحیه نزد علی بن یحیی فراهم آمدند و در بارۀ جنگ با رومیان با وی سخن گفتند و اورا (بفرماندهی) برداشتند تا بهمراه آنان بیرون رفت و با سپاه روم روبرو شد و نبردی سخت کرد و کشته شد و رومیان پیکر او را ربودند و چون آنان را غمناك ساخته بود ، آن را گشایشی عظیم شمردند .

در همین سال مردم حمص بر فضل بن قارن‌طبری عامل خود تاختند و از طوائف کلب علیه اولشکرفراهم نمودند ودرقصرخالدبن یزیدبن معاویه که‌آن‌را ازنو ساخته بود از(بیم) آنان متحصن گشت ، پس اورا محاصره کردند و کسی که همراه وی بود او را غافلگیر کرد و بدست دشمن داد ، پس او را گرفتند و سر بریدند و بردروازۀ رستن[1] بدارزدند و چون او را کشتند از عامل دمشق نوشری ابن ط جیل‌ترکی بیمناك شدند و بسوی او پیش رفتند ، پس لشکری از بابکیان وجز آنان برسرایشان فرستاد و آنان را هزیمت کردند تا به‌حمص باز گشتند و مستعین موسی‌بن [بغای] کبیر را با شش هزار نفر ازموالی برسر حمص فرستاد وچون‌بآنجا رسیدمردی که اورا دابرالعفار می گفتندباگروهی بسیارازکلب‌وجز آنان بسوی‌وی بیرون آمده باوی جنگید و جنگ علیه مردم تمام شد و موسی بقهروغلبه داخل حمص‌شد وسه‌روز آن‌را (برلشکریان خود)مباح گردانیدتا دست بغارت بردند وبخانه‌های شهرآتش انداخته‌شدواموال‌تجاربغارت‌رفت ویاغی حمص

۱- بروزن‌جعفر، شهری است میان‌حماة وحمص، ازآن‌شهراست عیسی‌بن سلیم‌رستنی.

غطیف بن نعمهٔ کلبی بود.

در معرّه نیز یوسف بن ابراهیم تنوخی معروف به «قصیص» یاغی گشت و جمعیتهایی از تنوخ فراهم ساخت و به‌شهر قنسرین رفت و آنجا متحصن گشت و همانجا بود تا محمد مولد مولای امیرالمؤمنین رسید و از وی دلجویی نمود و غطیف بن نعمه را نیز دلجویی کرد تا نزد وی رفت و سپس بر غطیف بن نعمه تاخت و او را کشت و قصیص گریخت و رهسپار «جبل‌الاسود» شد و قبیله های کلب علیه مولد در ناحیهٔ حمص فراهم آمدند، پس مولد بر سر ایشان تاخت و با آنان نبرد کرد و علیه ایشان تمام شد، سپس بر او تاختند و او را هزیمت دادند و گروهی بسیار از یاران وی را کشتند و شکست خورده به‌حلب باز گشت و قصیص به‌قنسرین باز آمد و میان او و کلبیان جنگی روی داد و مولد عزل شد و ابوالساج اسروشنی والی گشت و به‌قصیص (نامه) نوشت و او را امان داد و راه ونگهبانی (رهگذران) را بوی‌سپرد وسپس او را برلاذقیه و ناحیهٔ‌آن والی گردانید.

یحیی‌بن عمر بن یحیی بن حسین‌بن زید بن علی بن حسین‌بن علی‌بن ابیطالب علیه‌السلام در سامره بود و برای کاری نزد بعضی حکمرانان رفت و او با یحیی برخوردی کرد که وی‌را خوش نیامد، پس‌به کوفه رفت ومردم بروی گردآمدند و در کوفه شورش کرد و در زندان را گشود و هر که را در آن بود آزاد کرد و عامل کوفه را بیرون راند و کارش نیرو گرفت وپیروانش بسیار شدند، پس مستعین مردی ازترکها را فرستاد که باوکلکاتکین گفته می‌شد و محمدبن عبدالله‌بن طاهر نیزحسین بن اسماعیل خویشاوند خود راگسیل داشت و یحیی بن عمر باگروهی انبوه و جماعتی بسیار پیش تاخت و درجایی میان کوفه و بغداد که آن را «شاهی»می گفتند، سیزده روز مانده از رجب سال ۲۴۹ برخورد نمودند و نبردی سخت کردند و سپس یاران یحیی ویرا گذاشته هزیمت شدندوخودش در معرکه

کشته‌شد و سرش را نزد محمد بن عبدالله بن طاهر برده پیش روی او در سپری نهادند و مردم برای تهنیت وی در آمدند، پس مردی از بنی هاشم باو گفت: تو را بچیزی تهنیت می گویند که اگر پیامبر زنده بود، بدان تعزیت داده‌می‌شد[1].

درهمین‌سال (۲۴۹) سپاه‌فارس بریاست‌علی‌بن‌حسین‌بن‌قریش بخاری برعامل خودحسین‌بن‌خالد تاختند وبروی فتنه انگیختندوبرمالی که‌حمل شده‌بود حمله بردند و جیره‌های خود را از آن برداشتند و فارس ضمیمهٔ (قلمرو حکومت) محمدبن عبدالله‌بن طاهربود، پس چون(ازپیشامد) خبریافت عبدالله‌بن اسحاق را امارت داد و او با ساز و برگ و سپاه رهسپار فارس گردید و چون وارد فارس شد سپاهیان بفرمان وی آمدند و منظورش ابن قریش بود، لذا، او را شکنجه داد و سپس از وی خشنود گشت و جنگ با قومی از خوارج را در ناحیهٔ فرش‌وروذان که حد میان فارس و کرمان است، در عهدهٔ وی نهاد، پس ابن قریش بناحیهٔ اصطخر رفت و با سپاه مکاتبه کرد و بآنان اعلام کرد که می‌خواهد بر عبدالله بن اسحاق بتازد، و در اثر آنکه عبدالله با ایشان بد رفتاری کرده و جیره‌های آنان را نداده بود، بیاری وی برخاستند و علی بن حسین باز گشت و برعبدالله حمله برد و او را از خانه‌اش بیرون کرد و اموال و اثاثش را غارت نمود و علی‌بن حسین را برخود امارت دادند و عبدالله به بغداد باز گشت ومحمدبن عبدالله‌بن نصربن‌حمزهٔ خزاعی فرستاده‌شد وچون ازراه رسید باعلی‌بن حسین‌طرح‌دوستی‌افکند وچون‌کاری ازپیش‌نبرد رمیده ازوی‌درناحیه‌ای ازبلوك‌فارس اقامت گزید.

اسماعیل‌بن یوسف طالبی[2] بجهت پیشامدی که میان او و والی مدینه روی داده و در وقفی که داشت والی بروی ستم کرده بود، یاغی گشت و دسته‌ای از

۱ـ ر.ك. مقاتل‌الطالبیین.

۲ ـ طبری: اسماعیل‌بن یوسف بن‌ابراهیم بن عبدالله بن حسن بن‌حسن‌بن‌علی بن ابی‌طالب.

اعراب را فراهم ساخت وسپس بناحیهٔ روحاء روی نهاد و مالی از دولت راکه ازبعضی جاها حمل شده بود گرفت ، سپس به‌مکه رفت و با جعفربن فضل[1] معروف به «بشاشات» عامل مکه نبرد کرد و او را شکست داد وبه‌مکه در آمد و سه روز اقامت گزید ، سپس [به] مزدلفه رفت و بامدادان به‌منا رسید در حالیکه مردم گریخته بودند وهمراهان‌ابن یعقوب به‌مکه درآمدند و اهل‌مکه چنان‌پنداشتند که‌ایشان یاران اسماعیل‌اند وباشمشیرها بروی ایشان‌ایستادند وازایشان کشتاری عظیم کردند و اسماعیل به‌مکه روی نهاد و اهل مکه او را از ورود بشهر مانع شدند ، پس یارانش شمشیردرمیان آنان نهادند تا به‌مکه در آمد و طواف کرد و سعی نمود و بر گشت وطواف کرد وسپس به‌منارفت، و درمکه مردی بود که اورا محمدبن‌حاتم‌می گفتند وعامل‌هزینه‌های‌مصانع‌بود، پس به‌یعقوب گفت: آنچه‌طلا و نقره بردودربند وآستانهٔ خانه است، تمام را بکن وبمردم بده وبا اسماعیل‌جنگ کن، پس‌آن‌طلاها راکندواسماعیل روزهای منا را در منا ماند وسپس‌باز گشت .

[....] و درسال ۲۵۲ نرخها در بغداد و سامره چنان گران شد که قفیزی صد درهم رسید و جنگ ادامه یافت و راه ورود خواروبار بسته شد و قحطی پدید آمد و نمایندگان میان آنان[2] رفت و آمد کردند ، پس مستعین خواستار صلح شد که خود را خلع کند و امر (خلافت) را به‌معتز واگذارد و خود بشهری برود و آنجا اقامت گزیند و خود و فرزندانش در امان باشند مشروط بآنکه مالی معین و املاکی که زندگی وی راکفایت کند باو داده شود ، پیشنهاد مستعین پذیرفته شد و خود را خلع کرد و محمد بن عبدالله بیعت نمود ومستعین کتاب‌خلع‌را علیه خود نوشت‌وبرآن گواه گرفت وبا مادروفرزندان ودیگر بستگانش‌بواسط رفت تاآنجا رااقامتگاه خویش‌قراردهد.

---

۱ ـ طبری ، جعفربن فضل بن عیسی بن موسی . ۲ ـ میان مستعین ومعتز.

ایام معتز بالله[1]

بیعت با ابو عبدالله المعتز بالله بن متوکل که مادرش کنیزی بود بنام «قبیحه» روز پنجشنبه هفتم محرم سال ۲۵۲ در سامره بانجام رسید و بهمهٔ عمال نوشت وولیعهدی ابراهیم مؤید را یادآور شد و آنان را امر کرد تا پس از وی برای او دعا کنند و عمال شهرها با خبر یافتن از بیعت محمد بن عبدالله بن طاهر وهر که در بغداد است، برای معتز بیعت نمودند بجز ابن مجاهد امیر شمشاط، وعیسی بن شیخ درفلسطین، و یزید بن عبدالله درمصر، وعمران بن مهران دراصفهان، که اینان توقف کردند، پس معتز حاتم بن زریك را به شمشاط فرستاد تا بر ابن مجاهد واهل شمشاط حمله برد و اووجماعتی از سران آنجا را دستگیر کرده به آمد آورد و آنان را گردن زد، و نوشری بن طاجیل ترك عامل دمشق بر سر عیسی بن شیخ رفت، و نیز عامل فلسطین عیسی بسوی وی پیش آمد و درادرن برخورد کردند ومیان آندو جنگهایی سخت روی داد که پسر نوشری کشته شد و سپاهیان از دور عیسی بهزیمت رفتند و او را تنها گذاشتند وخودش [به] فلسطین گریخت وهرچه توانست از آنجا حمل کرد ودرهسپار مصر گردید ونوشری به رمله در آمد.

معتز مردی از ترکان را برای انجام بیعت به مصر فرستاد و عامل مصر یزید بن عبدالله چندروزی اورا درعریش نگه داشت وسپس باو اذن ورود داد وخود وهر که نزد وی بود وعیسی بن شیخ برای معتز بیعت کردند.

۱ـ ل، ص ۶۱۰.

چون خبر عیسی‌بن شیخ و پیشامدی که میان او و نوشری بوده است به‌معتز رسید، مردی از ترکان بنام محمد بن مولد را به‌فلسطین فرستاد و چون محمد بن مولد به‌حمص آمد غطیف کلبی را که برآنجا تسلط یافته بود، باطاعت دعوت‌نمود و اورا امان داد و او هم پیشنهاد وی را پذیرفت؛ اما چون تسلیم شد گردن اورا زد، پس (قبیلهٔ) کلب از هرسو بر اوتاختند و هزیمتش کردند و محمد بن مولد به‌فلسطین آمد وچون وارد شد نوشری ازآنجا بـاز گشت و عیسی بن شیخ آماده ازمصر رهسپارشد وچون به‌فلسطین رسید درقصری که آن را میان رمله‌ولدساخته بود فرودآمد و [ابن] مولد دروی فرصتی نیافت و هریك ازآندو ازدیگری بیم داشتند وسپس‌هردوبه‌عراق باز گشتند.

مزاحم‌بن‌خاقان‌را به‌ملطیه‌فرستاد که رومیان چندین باربرآن تاخته‌بودند.

مردی از کنانه بنام جابرمعروف به «ابوحرمله» در مصر یاغی گشت [.....] پس اورا بناحیهٔ سفلای مصر فرستاد وخود بجای وی ایستاد، پس جمعیتش انبوه گشت وخراج را جمع آوری کرد.

صفوان عقیلی چنانکه یادآورشدیم، در دوران مستعین در دیار مضر یاغی شده وبرای معتز دعوت کرده و با محمدبن داود معروف به «ابن الصغیر» جنگیده بود، پس چون اتفاق کلمه پیش‌آمد وعمالی که دررافقه‌بودند بیعت کردند، محمد ابن اشعث خزاعی عامل برید دردیارمضر، به‌معتز گزارشی‌نوشت که صفوان‌روشی ناپسند دارد و درمقام نافرمانی است، پس سیمای صعلوك را برسر وی فرستاد تا اورا بدربار معتزببرد ودرهمان وقت دومرد،یکی از اولاد ابولهب ودیگری‌اموی درحرّان جنبش کرده وهر کدام بخویشتن دعوت می‌نمودندوسیمادرآغازبکارآندو پرداخت تاایشان‌را دستگیر کرد و سپس به‌رافقه‌رفت و(دید که) صفوان‌عقیلی بر محمدبن اشعث خزاعی تاخته و اورا کشته است،آنگاه سیما با ابن عبدوس روبرو شد و میان آندو جنگهایی روی داد، سپس ابن عبدوس پیشنهاد صلح داد بدان

شرط که برشهرخود امارت یابدونهصدهزاردرهم بوی داده شود.

موسی‌بن بغا،درهمدان اقامت گزید و جانشینی ازخودرا بناحیهٔ کوکبی بن ارقط فرستاد ومیان‌آندو نبردهایی روی داد ، و موسی (خودش) بر سر عمران بن مهران، یاغی مسلط براصفهان رفت و باوی جنگید، سپس منصرف شد و درشهر جانشین گذاشت وبه همدان باز گشت.

محمدبن عبدالله بن طاهر در ذی‌القعدهٔ سال۲۵۳ دربغداد وفات کرد ومعتز برای عبیدالله‌بن‌عبدالله‌بن‌طاهر فرمان حکومت‌اورا بر(ادارهٔ)پلیس‌ودیگر کارها که درعهدهٔ برادرش بود، نوشت‌وسن‌محمد درروزی که مرد چهل‌وچهارسال بود. سپس طاهربن محمد بن‌عبدالله بن‌طاهر امیر خراسان که‌از بهم خوردن اوضاع و چیره شدن وصیف‌وبغا ودیگر ترکان برامرخلافت خبریافته بود، عموی خود سلیمان‌بن عبدالله را گسیل داشت و گفته می‌شود که معتز بوی چنان نوشت، پس سلیمان با جماعتی‌بسیارازسپاه‌خراسان‌به‌بغدادرفت‌وسپس‌به‌سامره‌داخل‌شدومردم‌شك‌نداشتند که بزودی غلبه خواهد یافت ، پس (معتز) [ویرا] خلعت پوشانید و وصیف و بغا تدبیری کردند که وی‌را (ازسامره) دور سازند پس‌مأمورشد که بسوی بغداد باز گردد وروزسه‌شنبه چهارده شب مانده ازماه‌ربیع‌الآخرسال ۲۵٤ وارد بغدادشد.

بغا عیسی‌بن شیخ را برای جنگ رهسپار سپاه فلسطین ساخت و ترکان در کمین وی شدند تا اورا بجای ابن نوشری که وی را درآردن کشته بود، بکشند ، پس روز باران باری پوشیده درمیان اسب سوارانی که پیاده‌ای همراه نداشتند بیرون رفت تا ازدست ایشان رهید و به‌فلسطین رسید و آنجا اموالی یافت که از مصرحمل شده بودوآنها را ضبط کرد وبخششهایی باعراب‌دادو گروهی‌از ربیعه را نزدخویش فراهم ساخت‌واز(قبیلهٔ)کلب زن گرفت و دربیرون‌شهررمله دژی‌ساخت که‌آن‌را «حسامی» نامید.

وچون درسال ۲۵۳ فتنه و آشوب بسیار شد رسیدن اموال شهرها بتأخیر

افتاد و آنچه در بیت‌المالها بود بمصرف رسید و ترکان در کرخ سامره شوریدند و چون وصیف برای آرام کردن ایشان برسر ایشان رفت، بطرف او (تیر) اندازی کردند واو را کشتند و سرش را بریدند و تدبیر کار تنها بدست بغا افتاد، سپس صالح بن وصیف جنبش کرد و یاران پدرش گرد وی فراهم شدند و جای او را گرفت و کار معتز چنان بناتوانی کشید که دیگر اورا امرونهیی نبود واطراف (کشور) بهم‌خورد و در دیار ربیعه مردی از خارجیان که او را مساور بن عبدالحمید می گفتند و معروف به «ابوصالح» وازبنی شیبان بود، خروج کرد وسپس به‌موصل رفت وعامل آنجا را بیرون راند ورهسپارشد تا نزدیك سامره رسید و در محمدیه (سه فرسخ بقصرهای خلیفه) فرودآمد و داخل قصرشد وروی فرش نشست وبحمام رفت ومعتز پشت سرهم فرماندهی وسپاهی برسروی می‌فرستاد و اوشکستشان می‌داد تا آنکه جمعیتش انبوه گشت وسخت نیرومند شد.

مزاحم‌بن‌خاقان درپنجم‌محرم سال ۲۵٤ وفات کرد وپسرش‌احمد جای‌وی‌را گرفت، اماچندروزی‌بیش‌نماند که سخت بیمارشد و درگذشت‌وامارتش‌سه‌ماه‌بود ودرماه‌ربیع‌الآخروفات کردوارخوزبن‌اولغ طرخان[1] ترك، فرمانروای‌مصر گردید.

وفات امام علی هادی علیه‌السلام[2]

علی‌بن محمدبن علی‌بن موسی‌بن جعفربن محمدبن [علی‌بن] حسین بن علی ابن ابی‌طالب علیه‌السلام روزچهارشنبه سه‌روزمانده ازجمادی‌الآخرهٔ‌سال ۲۵٤ در سامره وفات کرد و معتزبرادرخود احمدبن متوکل را فرستاد تا در کوی معروف به «شارع ابواحمد» بروی نماز گزارد و چون مردم بسیار شدند و فراهم گشتند،

---

۱ ـ النجوم ج۲ص ۳٤۱، ارخوز. معجم الانساب ص۴۲، یرکوج (اوارجوز اوارغوز) بن اولغ طرخان‌الترکی. ۲ ـ ل‌ص ۶۱۴.

گریه وشیونشان بسیارشد، پس نعش (امام) را بخانه‌اش باز گرداندند و در همانجا دفن شد ، سن آنحضرت چهل سال بود و دو پسر بجای گذاشت: حسن وجعفر.

معتز بابغا بی‌مهری گرفت و صالح و بابکباك را بر گزید و مشاغل (ادارهٔ) کمکها را درمصر درعهدهٔ وی قرارداد و بابکباك از طرف خود احمد بن طولون را سرپرست آنها ساخت واحمدبن طولون درماه رمضان سال ۲۵٤ وارد فسطاط شد ومعتز خبریافت که بغا تصمیم دارد بروی بتازد پس بفکر کشتن وی افتادوچون بغا ازتدبیر معتز خبریافت بناحیهٔ موصل گریخت و چنان تصورمی کرد که بیشتر ترکان وجز آنان بوی خواهند پیوست لیکن احدی باو نپیوست ودر کشتی کوچکی بازمی گشت که مأمورین پادگان اورا گرفتند و چون خبر وی به‌معتز نوشته شد دستورداد که اورا گردن زنند، پس درسال ۲۵٤ گردن وی زده شد وخانه‌اش بغارت رفت وپسرش فارس بمغرب تبعید گردید و چون معتز ازشورش ترکان ترسید، هر که را از هاشمیان از خلیفه زادگان وجز آنان در سامره بود، به‌بغداد فرستاد تا ترکان کسی ازایشان را نربایند.

احمدبن طولون و احمدبن مدبر که عامل خراج مصربود باهم درافتادند و شقیرخادم معروف‌به «ابوصحبه» سرپرست (ادارهٔ) بریدواملاکی ازاملاك نواحی و آنچه فرش ولباس برای خلیفه ساخته‌می‌شد، که دبیقی شقیری منسوب باو است ، میان آن دورا بهم‌زد وهریك ازآندو دربارهٔ دیگری گزارشی نوشت. پس بابکباك که برکار خلیفه چیره بود بکمك حسن بن مخلدبن جراح و ابو نوح عیسی بن ابراهیم‌بن نوح، احمدبن طولون را یاری کردند و(خلیفه) فرمان عزل ابن مدبرو برسرکارآمدن مردی ازاهل مصر بنام محمدبن هلال رانوشت ومحمد امرخراج را بدست گرفت وابن طولون، ابن مدبررادستگیر کرد و دربند نمود وجبهٔ پشمی بروی پوشانید ودر آفتاب نگهش داشت وسه‌ماه براین حال ماند.

چون کاریعقوب‌بن لیث صفاربالا گرفت رهسپارفارس شد و علی‌بن حسین‌بن

قریش را که بر آنجا مسلط بود شکست داد و لشکرش را هزیمت کرد و خودش را اسیر گرفت و برفارس تسلط یافت.

صالح بن وصیف ترک بر احمد بن اسرائیل منشی وزیر معتز و بر حسن بن مخلد سرپرست دیوان ضیاع[1] وبر عیسی بن ابراهیم بن نوح [وعلی بن نوح] تاخت و بزندانشان افکند و اموال و املاک شان را گرفت و بانواع شکنجه ها شکنجه شان کرد و برکار مسلط شد و معتز تصمیم گرفت ترکان را فراهم سازد، سپس (صالح) بروی درآمد و او را از جایش دور ساخت ودر اطاقی توقیف شد و خلعنامهٔ خود (از خلافت) را از وی گرفتند و پس از دو روز در سه‌شنبه سه روز مانده ازرجب سال ۲۵۵ در گذشت و مهتدی بروی نماز گزارد و حکومتش از روزی که بیعت وی بانجام رسید، تا روزی که خود را خلع کرد چهار سال و نه ماه، و از روزی که مستعین خلع شد و هر که در بغداد بود با وی بیعت نمود، سه سال و هفت ماه، و سنش بیست و دو سال بود، و سه پسر بجای گذاشت: عبدالله، محمد و مهتدی.

۱- دفتر ادارهٔ املاک.

ایام محمد مهتدی پسر هارون واثق‌بالله[1]

فرماندهان اتفاق کردند که در اولاد خلفا از محمد بن واثق که مادرش کنیزی بود که‌او را «قرب»[2] می گفتند، کسی برترو خردمندتر نیست و از کسانی بود که درایام معتز به‌بغداد فرستاده شده بودند ، پس وی را فرا خواندند و چون رسید با اوبیعت کردند و بروی‌اتفاق‌کلمه حاصل شد وبیعت بااوروزسه‌شنبه‌سه‌روز مانده ازرجب سال ۲۵۵ بانجام رسید وروزپنجشنبه پس از آنکه بیعت وی انجام شده بود ، برای مردم جلوس کرد و درنامه‌ها از خلع معتز خویش را یاد آوری کرد واورا «خلع کنندهٔ خویش» نامید،وازمهتدی رفتاری نیك وروشهایی ستوده بظهوررسید وخود برای دادرسی نشست و شخصاً بکارها رسیدگی کرد و شکایات وگزارشها رابخط خودتوشیح نمود و(آلات) لهوولعب‌را ازمیان برد ودانشمندان را مقدم داشت وچنان بود که یك‌روزجامه‌ای می‌پوشید وروزهای بسیاری همان رادر برداشت و عوضش نمی کرد و صالح و بابکباك بر کاراو چیره بودند و صالح احمدبن اسرائیل و عیسی بن ابراهیم‌بن نوح را از زندان به «باب‌العامه» آورد و آنقدر بآنهازدند که‌هردوشان‌مردند، وحسن‌بن مخلد گریخت‌واحمدبن‌مدبردیگر باربرخراج‌مصر گماشته‌شدوپس ازنودروز نامهٔ‌بابکباك به‌احمدبن‌طولون‌رسید که‌ابن مدبررااز‌کاربر کنار کندوهمچنان‌محمدبن‌هلال‌رابرسر کارآوردواحمدچنان کرد.

اهل‌حمص بر محمد بن اسرائیل شوریدند و او گریزان بیرون رفت و ابن

---

۱ ـ ل، ص ۶۱۷.   ۲ـ تاریخ‌الخلفاء، وردة.

عگاردرتعقیب وی رسید و میان آندو جنگی روی داد که ابن‌عگار در آن کشته شد و ابن اسرائیل بفرمانروایی شهر بازگشت.

مهتدی قبیحه مادرمعتز وابواحمد و اسماعیل پسران متوکل و عبدالله بن معتزرا به‌مکه تبعید کرد وسپس به‌عراق بازآورده شدند، وبهمهٔ شورشیان ویاغیان امان نامه‌نوشت وبه‌عیسی‌بن‌شیخ‌ربعی نیزچنان نوشت و اورا دستور داد تاهرچه‌را ازاموال مصروجزآن نزد وی است حمل کند وچون‌عیسی امتناع ورزید، به‌ابن طولون نوشت تابرسروی رود و اوهم رهسپارشد وچون به‌عریش‌آمد نامه‌ای بوی رسید که بازگردد، پس بازگشت و جنگی روی نداد و ابن شیخ با اماجور ترك عامل دمشق روبروشدواماجوراورا هزیمت کرد وپسرش منصوررا کشت وابن‌شیخ برگشت و خانوادهٔ خود را به‌صور برد وآنجا متحصن گشت.

مردی ازطالبیان ازاولاد عمربن علی که اورا ابراهیم‌بن محمد می گفتند و معروف به «صوفی»بود درناحیهٔ صعیدمصر یاغی‌شد، ونیز درهمان ناحیه مردی که می گفت عبدالله‌بن عبدالحمیدبن عبدالله‌بن عبدالعزیزبن عبدالله‌بن عمر بن خطاب است، یاغی گشت و با دولت جنگید، وامریاغی بصره قوت گرفت ورهسپار ابله شد وآن‌را ویران ساخت. ومیان اهل بصره عصبیت روی داد تا آنجا که بعضشان خانهٔ بعضی‌راآتش زدند.

مهتدی ازترکان رمید و تصمیم گرفت ایرانیان را پیش دارد وچون ترکان ازآن خبر یافتند ازوی بیمناك شدند وبدگویی‌وی‌را آشکارساختند، پس جماعتی ازآنان ازجمله بابکباك رئیسشان‌را احضار کرد و گردن زد وآنگاه ترکان فراهم شدند و فتنه انگیختند ومهتدی سلاح پوشیده‌درحالی که قرآن بگردنش‌آویخته بود بجنگ ایشان بیرون‌آمد وتودهٔ (مردم) را بسیج داد وجان‌ومال ترکان‌وغارت خانه‌هاشان را بر مردم مباح گردانید، پس ترکان بر وی چیره شدند و توده از (پیرامون) وی پراکنده گشتند چنانکه تنها باقی ماند و چندین زخم برداشت و

راه‌باز گشت رادرپیش گرفت تا بخانهٔ مردی از فرماندهان که اورا احمدبن‌جمیل میگفتند درآمد و درتعقیب وی رسیدند و او راگرفتند وبراسبهای خودش سوار کردند و اززخمهای وی خون جاری بود، آنگاه از وی خواستند که خود را خلع کند و امتناع ورزید و پس ازدوروزمرد ومرگش روزسه شنبه چهارده شب مانده ازرجب‌سال ۲۵٦ روی‌داد، وخلافتش یازده‌روز کمتر از یکسال بود.

ایام احمد معتمد علی‌الله[1]

بیعت با احمد معتمد علی‌الله پسر جعفر متوکل[2] در روز سه‌شنبه چهارده شب مانده از رجب سال ۲۵۶ درهمان روزی که مهتدی کشته‌شد ، و ازماههای عجم‌در حزیران بانجام‌رسید، وخورشید آن‌روز در۲۷ درجه و ۱۸ دقیقهٔ اسد بود، و قمر در۸درجه و۲۲ دقیقهٔ دلو، وزحل در ۲۵ درجه و ۳۰ دقیقهٔ قوس درحال رجوع ، ومریخ در۳درجه و۴۰ دقیقهٔ اسد، وزهره در۱ درجه‌و ٤٤ دقیقهٔ اسد، وعطارد در ۹ درجه و۳۳ دقیقهٔ جوزا.

معتمد، عبیدالله‌بن یحیی‌بن خاقان را وزیر(خویش) گردانید وکارهای خود را درعهدهٔ وی‌نهاد وفرمان بیعت‌را باطراف‌نوشت، پس درخراسان محمدبن‌طاهر ابن عبدالله‌بن‌طاهر،ودربلوك فرات مالك‌بن طوق تغلبی، ودردیارمضرودیار ربیعه‌و استان قنسرین ابوالساج‌بن دیو داد اسروشنی[3] ، ودرمصراحمدبن‌طولون ترك‌بیعت کردند، ودرفلسطین عیسی‌بن‌شیخ‌بن شلیل ربعی[4] ازبیعت امتناع‌ورزید، پس‌مردی از ترکان راکه باو اماجور گفته می‌شد با هفتصد نفر ترك (بر سر وی) فرستاد و اماجوربه‌دمشق آمد و عیسی بن شیخ ازفلسطین بسوی او پیش تاخت تا در دروازهٔ دمشق فرودآمد و آن را محاصره کرد و چون کار محاصرهٔ دمشق بسختی کشید اما جورو یارانش از شهر بیرون آمدند و پسری از عیسی‌بن‌شیخ بنام منصور و

---

۱ ـ ل ؛ ص ۶۱۹.   ۲ ـ تاریخ‌الخلفا ؛ مادرش کنیزی بود رومی بنام ؛ فتیان .

۳ـ فتوح‌البلدان، دیودادبن‌دیودست.   ۴ـ فتوح‌البلدان، سلیل شیبانی.

جانشینی [از وی] بنام ظفربن یمان معروف به «ابوالصهبا» در تعقیب وی رفتند پس اماجور و یارانش برآندو حمله بردند و منصور بن عیسی بن شیخ کشته شد و معروف به «ابوالصهبا» اسیر گردید وآنگاه گردن زده و بدار آویخته شد و عیسی‌بن شیخ به رمله بازگشت.

یاغی‌بصره که خود را به‌آل ابی‌طالب نسبت می‌داد ونامش علی‌بن محمد بود، بسوی ابله‌پیش رفت وآن را غارت کرد وویران ساخت وبآتش سوزانید وسعیدبن صالح بسوی او روی‌نهاد و در (کنار) نهر [ابو] الخصیب[1] با وی نبرد کرد.

نامه‌هایی از معتمد برای احمدبن طولون عامل مصر رسید که او را دستور میداد تامشاغل‌خراج راکه محمدبن هلال‌تصدی‌آن را داشت دیگر بار به‌احمدبن محمدبن‌مدبر که‌در دست وی زندانی بود بسپرد، واحمد روزشبنه هفت شب مانده از ذی‌القعدهٔ سال ۲۵۶ پس از آنکه نه ماه و بیست‌و پنج روز زندانی بود آزاد شد و متصدی خراج گردید.

در همین سال (۲۵۶) قومی از بنی هلال و قومی از اهل مکه در موقف عرفات بجان هم افتادند و جماعتی از اینان و گروهی از آنان کشته شدند و امیر موسم حسین‌بن اسماعیل طاهری بود، پس احمدبن اسماعیل‌بن یعقوب که «کعب‌ـ البقر» لقب داشت حج را برای مردم بپای برد.

بابکباك‌ترك‌در گذشت‌ومعتمدآنچه را ازکارهای‌مصروجز آن‌درعهدهٔ‌وی‌بود، به‌یارجوج[2] ترك‌واگذاشت و یارجوج‌ترك فرمانی برای احمدبن طولون‌ترك عامل مصر نوشت‌تا بر سرکار خویش بماند، ومعتمد محمدبن هرثمة‌بن‌اعین را والی‌برقه ساخت‌واو درماه ربیع‌الآخرسال ۲۵۷ وارد فسطاط شدو(از آنجا) رهسپار برقه‌شد.

معتمد، حسین‌خادم‌معروف به«عرق‌الموت»را نزد عیسی‌بن‌شیخ که یاغی شده

۱ـ مراصدالاطلاع، ابوالخصیب غلام منصورو نام وی مرزوق‌بود، و نهرابو الخصیب دربصره است.
۲ ـ طبری، یارجوخ . کامل، یارکوج.

و بر فلسطین تسلط یافته بود فرستاد با پیشنهاد در امان بودن خود و دارایی و فرزندانش و گذشت از آنچه کرده است و فرمان امارت ارمنستان، پس عیسی چنان کرد و در جمادی الآخرهٔ سال ۲۵۷ از فلسطین بیرون رفت و آنچه رابدست وی بود به ماجورترك سپرد و از اموال درهمی هم پس نداد.

و در آسمان آتشی عظیم پدید آمد که از مشرق تا مغرب را گرفت وسپس بر طرف شد و در پی آن صدایی سخت و زمین لرزه‌ای روی داد و این پیشامد همراه باطلوع فجر هشت روز مانده از رجب و از ماههای عجم در حزیران بود.

احمدبن طولون آنچه‌را دربیت‌المال مصر فراهم آمده بودبسوی امیرالمؤمنین معتمد حمل کرد و مبلغ آن دومیلیون وصد هزار درهم بود واسبها براه انداخت و طراز و جامه‌های کتان و شمع حمل نمود و شخصاً با آنها همراه بود تا آنهارا سنجیده به اماجورترك تسلیم کرد و بر وی گواه گرفت و به‌فسطاط باز گشت. معتمدفرمان حکومت اسکندریه رابجای اسحاق‌بن دینار‌بن‌عبدالله برای احمدبن طولون نوشت واحمدبن طولون درماه رمضان‌سال ۲۵۷ به‌اسکندریه رفت. واحمد معتمد بالله، احمد بن مدبر را سرپرست خراج شامات قرار داد و او را ازخراج مصر برداشت واحمدبن محمد شجاع معروف به «ابن اخت وزیر» را بر خراج‌مصر گماشت و او در ماه رمضان همین سال وارد فسطاط شد. و شقیر خادم معروف به «ابوصحبه» را از (سرپرستی) برید مصر برداشت و بجای وی احمدبن حسین اهوازی را نهاد و او در شوال همین سال وارد (مصر) شد. در همین سال احمد بن طولون مردی ازترکان را که باو «ماطعان» گفته می‌شد با هزارسوار همراه‌حاجیان مصرفرستاد واو را دستور داد که مسلح ومجهز به‌مدینه ومکه درآید ودر عرفات نیزچنان کند و او چنان کرد و با علمها و طبلها و مسلح به‌عرفات آمد.

ودر همین سال (۲۵۷) مدعی به‌بصره درآمد و دست بغارت برد و مسجد جامع را آتش زد و مردی از ترکان که او را محمد مولد می گفتند بقصد وی پیش

تاخت اما مدعی با شنیدن این خبر باز گشت و محمد او را نیافت .

و درهمین سال کار (یاغی) معروف به ابوعبدالرحمان عمری آغاز شد وبرای جنگ با یاران خلیفه سر بلند کرد و با شعبة‌بن حرکان ملازم احمدبن طولون روبرو شد و در اسوان با وی جنگید .

و در همین سال دشمنی و نزاعی در فلسطین میان لخم و جذام روی داد و جنگی کردند که هردو گروه را صدمه زد .

ودر همین سال فضل‌بن عباس‌بن حسن‌بن اسماعیل‌بن عباس‌بن محمد با مردم حج گزارد، واحمدبن محمدبن مدبر در محرم سال ۲۵۸ بقصد شامات از فسطاط بیرون آمد و کار شامات را انجام داد وآهنگ شهر دمیاط کرد و مشاغل خراج را به‌عهده گرفت.

ودر همین سال محمد مولد ترك داخل بصره شدومدعی‌انتساب بآل‌ابیطالب[1] و یارانش را ازبصره‌بیرون کرد وجماعتی باز گشتند لیکن خانه‌ای برای سکونت نیافتند .

و در همین سال سپاه برقه بر محمدبن هرثمة‌بن اعین عامل‌معونه تاختند و او رااز برقه بیرون کردند .

فا .... رو بسوی فسطاط

ودر همین سال احمدبن طولون طالبیان را از مصر به‌مدینه بیرون رانـد و کسی همراهشان فرستاد تاآنان‌را برساند و بیرون رفتنشان در جمادی‌الآخره‌بود و مردی از اولاد عباس‌بن علی تخلف ورزید و خواست بمغرب روی نهد که احمد ابن طولون او راگرفت و صدو پنجاه تازیانه زدو او را در فسطاط گرداند.

ودر همین سال درعراق وبا افتاد وبسیاری از مردم مردند ومرد از خانه‌اش

---

۱ ـ علی‌بن محمد یاغی بصره که خود را بآل ابیطالب نسبت می‌داد .

بیرون می‌رفت وپیش از بازگشتن می‌مرد،وگفته می‌شود که در یك‌روز در بغداد دوازده‌هزار نفرمردند. ودرهمین‌سال ابوایوب احمدبن محمد خواهرزادهٔ وزیر، عامل خراج مصر بر مسجد جامع مصر در آخر مسجد افزود .

و در همین سال ابواحمدبن متوکل علی‌الله با سپاهی انبوه بسوی مدعی انتساب به‌آل‌ابی‌طالب که دربصره‌خروج کرده بود روی نهاد ولشکر وزاد وبرگ واسلحه در میان کشتیها جای داشت ، پس کشتیها آتش گرفت وسوخت وابواحمد (ناچار) منصرف شده بازگشت .

و در این سال احمد بن طولون سپاهیان و مزدوران و مستمندان وغلامان و باقی مردم راگرفت تا با وی بیعت کنند که از همه مردم هر که را دشمن دارد دشمن بدارند و هر که را دوست دارد دوست بدارند و با هر که با وی بجنگد بجنگند .

ودر این سال محمدبن علی‌بن یحیی ارمنی به‌جنگ روم رفت وشنیف‌خادم غلام متوکل برای سربها رسید ودرنهرلامس فراهم‌آمدند واسیران‌راباز‌خریدند (ومبادله کردند) وبرای رومیان صلح چهارماه را شرط کردند وآن در ماه‌رمضان سال ۲۵۸ بود .

ودرهمین سال یارجوج‌ترك در سامره کشته شد و برای احمد بن موفق بن متوکل با لقب معتضد به‌ولیعهدی بیعت شدوکارهای یارجوج از مصر وجز آن‌در عهدهٔ او قرار گرفت و بر منبرهای مصر برای وی دعا کردند .

فضل‌بن عباس با مردم حج گزارد و بادیه‌نشینان به‌زلزله‌ها وبادها وتاریکی گرفتار آمدند [....] از کسانی که پیرامون مدینه بودند از بنی سلیم وبنی‌هلال و جزآنان از طوائف قیس و دیگر مردم شهر، پس به‌مدینه ومکه گریختند وبه قبر رسول خدا صلی‌الله‌علیه وآله وسلم و کعبه پناه می‌بردند وقسمتی را از اثاث حاجیانی که راه را برایشان گرفته بودند حاضر کردند ، و گفته‌اند که از ایشان

خلقی عظیم در بادیه بهلاکت رسیدند و آن در سال ۲۵۹ بود.

و در این سال آب نیل مصر چنان دگرگون شد که بهزردی مایل می‌شد و چند روز بدین حال ماند، سپس به‌حال اولش بازگشت.

و در همین سال ابو صحبه شقیر خادم و ابن مطهر صنعانی رئیس (ادارهٔ) برید مصر درگذشتند.

بحمدالله تعالی ساعت ۹ شب یکشنبه ۱۲ شهریور
ماه ۱۳٤۰، ۲۲ ربیع‌المولود ۱۳۸۱
ترجمهٔ تاریخ یعقوبی بانجام‌رسید

تم الموجود من تاریخ ابن واضح الکاتب العباسی رحمه‌الله تعالی و عفا عنه و الحمدلله رب العالمین وکان الفراغ من تحصیل هذا الکتاب المبارك فی سرنهار الربوع فی سلخ شهر ربیع الآخر الذی هو من شهور سنة ۱۰۹٦ و ذلك برسم سیدی ومولای الأکرم النقی التقی البر الوفی العالم العامل العلامة والخیرة من الشیعة الکرام غفرالله له ولوالدیه وتقبل منه حسناته و تجاوز عن سیاتی و حشرنا و ایاه فی زمرة نبینا محمد صلی‌الله علیه وآله وسلم وذلك بخط الجانی المسیء الی مولاه کثیر الذنوب الراجی رحمة علام الغیوب افقر عبادالله الیه واحوجهم الی غفره الغنی به عمن سواه احمد بن حسین بن احمد بن علی النهدی الاشتی غفرالله له ولوالدیه ولمن دعا له بالمغفر و لجمیع المؤمنین والمؤمنات و صلی‌الله علی سیدنا محمد و علی آله و سلم تسلیما ولاحول ولا قوة الا بالله العلی العظیم

فهرستها

۱ـ فهرست اعلام اشخاص

۲ـ فهرست اعلام قبایل وطوایف وسلسله‌ها وخاندانها

۳ـ فهرست اعلام امکنه

٤ـ فهرست مآخذ حواشی ومقدمه

فهرست اعلام اشخاص

آ

آدم ۶۵، ۶۶، ۱۲۰، ۲۶۷
آزاد شدهٔ پسر آزاد شده = معاویه
آزادمرد ۲۶

الف

ابان بن عبدالعزیز بن مروان ۳۳۹
ابان بن عثمان ۷۳، ۲۳۴
ابان بن مروان ۲۰۰
ابان بن ولید بجلی ۲۹۵
ابان بن ولید بن عقبة بن ابی معیط ۲۳۴
ابان (مولای رشید) ۴۲۷
ابراهیم خلیل ۱۶، ۶۵، ۶۲ح؛ ۳۵۹، ۴۷۱
ابراهیم بن جعفر حمیری مناخی ۴۸۲
ابراهیم بن اغلب بن سالم ۴۱۷
ابراهیم بن تمیم ۴۶۰
ابراهیم بن جعفر بن ابی جعفر ۴۰۴
ابراهیم بن حمزهٔ تمیمی ۴۷۵
ابراهیم بن خصیب ۵۰۸
ابراهیم بن رباح ۵۰۸
ابراهیم بن سعد زهری ۴۰۵، ۴۴۵
ابراهیم بن سلمه ۲۷۳ح، ۳۲۳ح
ابراهیم بن سلیمان عبدی ۴۰۰
ابراهیم بن عایشه = ابراهیم بن محمد بن عبدالوهاب
ابراهیم بن عبدالرحمان حجبی ۴۲۷
ابراهیم بن عبدالله بن حسن بن حسن ۳۶۹-۳۷۲
ابراهیم بن عثمان = ابومسلم خراسانی
ابراهیم بن عثمان بن نهیك ۴۴۳، ۴۴۴
ابراهیم بن علی بن سلمه = ابن هرمه
ابراهیم بن قاسم ۴۴۴
ابراهیم بن مالك اشتر ۲۰۲، ۲۰۲ح، ۲۱۷
ابراهیم بن مأمون ۴۹۴
ابراهیم بن متوکل = المؤید بالله
ابراهیم بن محمد (صوفی) ۵۳۹
ابراهیم بن محمد بن ابراهیم امام ۴۱۸
ابراهیم بن محمد بن ابی الحسن اسلمی ۴۰۵، ۴۴۴
ابراهیم بن محمد بن عبدالوهاب بن ابراهیم بن علی ابن عبدالله بن عباس ۴۷۹، ۴۸۰
ابراهیم بن محمد بن علی بن الحسین ۲۹۱
ابراهیم بن محمد بن علی بن عبدالله بن عباس (ابراهیم امام) ۳۰۰، ۳۰۷، ۳۱۸، ۳۲۰، ۳۲۳ح، ۳۳۰، ۳۳۲، ۳۴۴ح، ۳۴۸
ابراهیم بن موسی بن جعفر علوی ۴۲۱، ۴۶۱، ۴۶۴

ـ ٤٦٦، ٤٧٤	ابن ام كلاب ٧٨
ابراهيم بن مهدى ٤٠٤، ٤٤٣، ٤٥٦، ٤٦٨، ٤٧٢، ٤٧٣، ٤٧٨	ابن بعيث = محمد بن بعيث
ابراهيم بن ميسرة ٣٢٨	ابن بيهس كلابى ٥٠٧
ابراهيم بن واثق ٥١١	ابن جروى = على بن عبدالعزيز
ابراهيم بن وليد ٢٤٨، ٣١٠ـ ٣١٢	ابن حجر ٤٤٥ ح
ابراهيم بن هشام بن اسماعيل مخزومى ٣٠٠، ٣٠١، ٣٠٢، ٣٠٥	ابن حراش عيسى ٢٣٥
	ابن حزم ٧٢
ابراهيم بن هشام بن عبدالملك ٣٠٨	ابن حميد = محمد بن حميد طوسى
ابراهيم بن يحيى بن محمد بن على ٣٨٥، ٣٨٨، ٤٠٤	ابن دراج = عبدالله بن دراج
ابراهيم بن يزيد تيمى ٢٣٥	ابن دورقيه = وكيع بن عمير.
ابراهيم بن يزيد نخعى ٢٣٠، ٢٤٨، ٣٨٨	ابن زبير = عبدالله بن زبير
ابراهيم ديزج ٥٠٦	ابن زياد = عبدالله بن زياد
ابرش بن وليد كلبى ٣٠١	ابن زياد = مسلم بن زياد
ابضعه (شاه كنده) ١١، ١١ ح	ابن شبرمه = عبدالله بن شبرمه
ابن ابى جعفر = ابراهيم بن ابى جعفر حميرى	ابن شكله = ابراهيم بن مهدى
ابن ابى الحديد ٨٧ ح، ٣٤٦ ح	ابن شيخ = عيسى بن شيخ ربعى
ابن ابى دؤاد = احمد بن ابى دواد	ابن الصفير = محمد بن داود
ابن ابى رجاء قاضى ٤٦٨	ابن ضبارة = عامر بن ضبارة
ابن ابى زائده = يحيى بن ابى زائده	ابن طباطبا = محمد بن ابراهيم بن اسماعيل
ابن ابى سفيان = معاويه	ابن طولون = احمد بن طولون
ابن ابى صعصعه ٣٤٩	ابن عامر = عبدالله بن عامر
ابن ابى طوالة انصارى ٣٤٩	ابن عايشه = ابراهيم بن محمد بن عبدالوهاب
ابن ابى معيط ٤٨ ح	ابن عباس = عبدالرحمان بن عباس
ابن اختوزير = احمد بن محمد شجاع	ابن عباس = عبدالله بن عباس
ابن الأزور (پسر ازور) = ضرار بن ازور	ابن عبدوس ٥٣٣
ابن اسرائيل = محمد بن اسرائيل	ابن عتاب = محمد بن عتاب
ابن اشعث = عبدالرحمان بن محمد	ابن عديس بلوى = عبدالرحمان بن عديس
	ابن عرار = يزيد بن عرار

فهرست اعلام اشخاص

ابن عساکر ۱۷۰ ح	ابو احمد بن هارون رشید ۴۴۳،۵۱۲
ابن عضاه اشعری = عبدالله بن عضاه	ابوادریس ۲۴۹
ابن عطاء اشعری ۱۸۵ ح	ابواسحاق ۶۲
ابن عکار ۵۳۸، ۵۳۹	ابواسحاق = ابراهیم بن عبدالله بن حسن بن حسن
ابن علانة عقیلی ۴۰۲	ابواسحاق ۵۱۵
ابن عمیش = عمر بن عمیش	ابواسحاق = معتصم
ابن قریش = علی بن حسین بن قریش	ابواسحاق سبیعی ۲۴۸، ۲۷۴، ۲۸۲، ۳۰۴
ابن قطونا ۵۱۷	ابوالأسود دئلی ۱۲۱
ابن کلبی ۹۲، ۲۴۵ ح	ابواشهب عطاردی ۳۸۹، ۴۰۵
ابن کوا ۹۳	ابوالأصبغ ۳۵۲ ح
ابن مجاهد ۵۳۲	ابوالأعور سلمی ۸۹، ۹۱، ۹۹، ۹۹ ح
ابن مدبر = احمد بن مدبر	ابو امیه = عمرو بن سعید
ابن مسعده = عبدالله بن مسعده	ابو ایوب ازدی ۲۴۸
ابن مسعود = عبدالله بن مسعود	ابو ایوب انصاری ۷۴، ۱۰۵
ابن مطهر صنعائی ۵۴۶	ابو ایوب خوزستانی ۳۸۶
ابن مطیع = عبدالله بن مطیع	ابو ایوب = احمد بن محمد
ابن مقاتل = محمد بن مقاتل	ابو ایوب بن هارون ۴۴۳
ابن مفنع ۳۵۷	ابو بحریة کندی = عبدالله بن قیس
ابن ملجم = عبدالرحمن بن ملجم	ابوالبختری بن وهب فرشی ۴۴۴
ابن منصور بن زیاد ۴۸۰	ابو بردة بن ابوموسی اشعری ۱۶۳ ح
ابن مولد = محمد بن مولد	ابوالبط ۴۶۸
ابن مینا ۱۸۹	ابوالبعیث = موسی بن ابراهیم
ابن هبیره = عمر بن هبیره	ابوبکر بن ابی قحافه ۱، ۲، ۴-۱۲، ۱۴، ۱۵، ۱۷-۲۲، ۴۱، ۴۲، ۴۷، ۴۹، ۵۱، ۵۳، ۵۴، ۵۶، ۶۶، ۸۴، ۱۷۳، ۱۹۷، ۲۱۴، ۲۱۵، ۴۹۱-۴۹۳
ابن هبیره = یزید بن عمر	
ابن هرمه (ابراهیم) ۳۱۹، ۳۱۹ ح	
ابن الیسع کندی ۴۰۲	
ابن یعقوب ۵۳۱	ابوبکر بن اسد بن عبدالله خزاعی ۳۴۷
ابو احمد بن متوکل ۵۳۹، ۵۴۵	ابوبکر بن حزم = ابوبکر بن محمد بن عمرو بن حزم

ابوحر مله = جابر کنانی	ابوبکر بن حسن ۱۵۹
ابوالحسن = حسن بن قحطبه	ابوبکر بن عبدالرحمان بن حارث ۱۷۶، ۲۳۵، ۲۳۹
ابوالحسن = علی بن ابی طالب	ابوبکر بن علی ۱۳۹
ابوالحسن = علی بن موسی	ابوبکر بن عمروبن حزم = ابوبکر بن محمدبن عمروبن حزم
ابوالحسن بن عباد ۴۷۱	ابوبکر بن عیاش ۲۹۸ ح، ۴۴۳ ح
ابوحسن بن عبد عمرو ۷۹	ابوبکر بن محمد بن عمروبن حزم ۲۴۸، ۲۵۲،
ابوالحسن مدنی = محمدبن عمروبن علقمه	۲۵۷، ۲۵۸، ۲۶۰، ۲۷۴، ۲۷۸، ۲۷۹
ابوالحسین انطاکی = عبدالله بطال	ابوبکر بن نسربن حرب ۳۲۸، ۳۵۰
ابوحمزه ثمالی ۲۹۰، ۳۴۹، ۳۸۹	ابوبکر هذلی ۳۴۷
ابوحمزه = عمروبن اعین	ابوبکره ۳۰، ۴۷، ۱۶۲
ابوحمزه خارجی = مختاربن عوف	ابوتراب = علی بن ابی طالب
ابوحمید = محمدبن ابراهیم	ابوتمیم حمینی ۲۴۸
ابوحنیفه ۳۵۵	ابوجحیفه = وهب بن عبدالله
ابوحنیفه = نعمان بن ثابت	ابوجعفر منصور (عبدالله بن محمدبن علی) ۲۵۶،
ابوالحویرث مرادی ۳۲۸	۲۶۹ ح، ۳۱۸ ح، ۳۲۳ ح، ۳۳۰، ۳۳۲ -
ابوحیان = یحیی بن سعید تیمی	۳۳۵ - ۳۳۷، ۳۴۱ ح، ۳۴۲، ۳۴۷،
ابوخازم قاضی ۳۴۹	۳۴۹ ح، ۳۵۱، ۳۷۳ - ۳۷۸، ۳۹۰ - ۳۹۳،
ابوخالد = جعفربن حنظلة بهرانی	۳۹۵، ۳۹۹، ۴۱۶، ۴۲۷، ۴۵۷، ۵۴۲ ح
ابوخالد کابلی ۲۶۴	ابوجعفر = محمدبن علی بن الحسین
ابوخالد والبی ۱۰۹	ابوجمیل ۴۱۳
ابوخبیب = عبدالله بن زبیر	ابوجهم بن عطیة باهلی وزیر ۳۲۳ ح، ۳۳۰،
ابوالغصیب = مرزوق	۳۴۲، ۳۴۵، ۳۴۷
ابوالخطاب = عبدالاعلی بن سمح معافری	ابوحاتم = یعقوب بن تمیم کندی
ابوداود = خالدبن ابراهیم	ابوالحارث (وکیل مازیار) ۵۰۴
ابودجانة انصاری ۸، ۸ ح	ابوحازم اعرج ۲۷۴، ۳۰۴
ابوالدرداء ۵۲، ۷۳	ابوحدیدة سلمی ۳۲۵
ابودلف عجلی ۴۶۲	ابوحرب = تمیم لخمی
ابودلفاء شیبانی ۳۱۴، ۳۱۴ ح	

فهرست اعلام اشخاص

ابوذر غفاری ٥٥، ٦٥-٦٩
ابوالرازی = محمد بن عبدالحمید
ابورباح = میسرة نبال
ابورغال (پدر ثقیف) ٢٢٥، ٢٢٥ ح
ابورملة ٥١٠
ابوزبیر = محمدبن مسلم
ابوزعزعه ٢١٩ ح، ٢٣٣
ابوزناد = عبدالرحمان بن ذکوان
ابوزیاد مرادی ٢٢٦
ابوزیاد مولای ثقیف ١٣ ح
ابوالساج اسروشنی ٥٠٤، ٥٤١، ٥٤١ ح، ٥٢٩
ابوالساج (عامل ابوجعفر) ٣٨١
ابوسارنساى = هرار بن مره
ابوالسرایا ٤٦١، ٤٦٣، ٤٦٤
ابوالسری ٥١٠
ابوسعید خدری ٥٢، ٧٣، ٧٤ ح، ٧٥ ح
ابوسعید = محمدبن یوسف طائی
ابوسعید = مهلب بن ابی صفره
ابوسفیان (صخر بن حرب) ٤٠، ٦٢،٦٣، ٦٩، ٨٨، ٩٥،٩٦، ١٤٦، ١٦٢، ١٨٢ ح، ١٩٦، ٢١٨
ابوسفیان بن یزید ١٩٣
ابوسلمة بن عبدالرحمان بن عوف ٢٣٥، ٢٤٨، ٢٧٤
ابوسلمة خلال (حفص بن سلیمان) ٢٨٨، ٣٢٣، ٣٢٩، ٣٣٠، ٣٣٤
ابوسلیمان (خالد بن ولید) ٤٦

ابوسلیمان بن یزید بن عبدالملك ٢٨١
ابوسلیمان (مولای هارون) ٤١٥
ابوسمیر ٤٧٠
ابوسنان (زندانیان) ٥٧
ابوسوید ٣٦٩
ابوسهل اسود ٢٠٠
ابوشاکر = مسلمة بن هشام
ابوشراحیل ٣٣٠
ابوالشعثا = سلیمان بن اسود
ابوالشوك ٤٦٤
ابوشهاب کوفی ٤٤٥
ابوصالح = مساور بن عبدالحمید
ابوالصباح ٤٣٧
ابوصحبه = شقیر خادم
ابوصغر = کثیر بن عبدالرحمان
ابوالصهبا = ظفر بن یمان
ابوطالب ٢٦٧
ابوطریف = عدی بن حاتم
ابوالطفیل = عامر بن واثله
ابوطلحة بن زید بن سهل انصاری ٥٠
ابوطواله = عبدالله بن عبدالرحمان
ابوظبیان = حصین بن جندب
ابوالعاس ١٣٩
ابوالعباس سفاح (عبدالله بن محمد بن علی بن عبدالله بن عباس) ٢٥٦، ٢٦٩ ح، ٢٧٣، ٢٩٣، ٣٠٧، ٣١٨، ٣١٩، ٣٢٣-٣٢٥، ٣٢٩-٣٣٢، ٣٣٤، ٣٣٥، ٣٣٩-٣٤٣، ٣٤٥-٣٤٧، ٣٤٩، ٣٤٩ ح، ٣٥٠، ٣٥٢

۳۵۳، ۳٦۰، ۳٦٥، ۳۸٥، ۳۹٤، ٤٠٤	ابوعلی کوفی ۱٤۹
ابوالعباس بن هارون ٤٤۳	ابوعلی هروی = شبل بن طهمان
ابوالعباس طوسی ۳۸۷، ٤٠۲	ابوعمرو = عبدالرحمان بن سکن
ابوعبدالرحمان عمری ٥٤٤	ابوعمرو = عثمان بن عفان
ابوعبدالرحمان = مغیرة بن شعبه	ابوعمر ۱۳۰ ح
ابوعبدالله جدلی ۲۰٦	ابوعمود خارجی ٥۲٦
ابوعبدالله = جعفر بن محمد	ابوعوانه ٤٤٥
ابوعبدالله = حسین بن علی	ابوعون = عبدالملک بن یزید
ابوعبدالله = زبیر بن عوام	ابوعیاش کهائی ۲۳۳
ابوعبدالله صوفی ٤٦۳	ابوعیسی بن هارون رشید ٤٤۳، ٤۷۳ ح
ابوعبدالله = عبدالله بن عمر	ابوالعینا ٥۱۳
ابوعبدالله = عمرو بن عاص	ابوغانم = عبدالحمید بن ربعی
ابوعبدالله = معتز	ابوغانم طائی ۳٥۲ ح
ابوعبدالملک = مروان بن محمد	ابوغسان = یزید بن زیاد
ابوالعبر ۲۳۱	ابوفدیک ۲۲۲، ۲۲۲ ح، ۲۲۳
ابوعبیدالله (وزیر مهدی) ٤٠۱، ٤٠۲	ابوالفرج ۱۷۳، ۳٤٦ ح، ٤۳۳ ح
ابوعبیدالله بن عمر ٥۱	ابوالفضل = عباس بن عبدالمطلب
ابوعبیدبن مسعود ثقفی ۲٤، ۲٥	ابوالفضل = مصقلة بن هبیره
ابوعبیدة بن جراح ۱۱۲، ۱۸، ۲۰ - ۲٤، ۲۸، ۳۱، ۳٥، ۳٦	ابوقبیل معافری ۲۷٤، ۳۰٤
	ابوقتاده ۱۰
ابوعبیدة بن عبدالرحمان بن ازهر ۳٦۷	ابوقحافه ۱۸
ابوعبیدة بن ولید ۲٤۸	ابوقلابه = عبدالله بن زید
ابوعبیده (حاجب سلیمان بن عبدالملک) ۲٥۹	ابوالکنود ۱۱۰
ابوعبیدة خارجی ۳۱٤	ابولؤلؤه ٤۹، ٥۱
ابوعثمان ۳۳۲	ابولهب ٥۳۳
ابوعقیل = اسماعیل بن جعفر	ابومجرم = ابومسلم
ابوعکرمة سراج ۲۷۳	ابومحمد = حسن بن علی
ابوعلی بن هارون ٤٤۳	ابومحمد سفیانی = یزید بن عبدالله

فهرست اعلام اشخاص

ابومحمدصادق ۲۷۳ ح، ۳۰۷ ح
ابومحمد = عبدالله بن حسن بن حسن
ابومحمد = عبدی
ابومحمدبن؟ ۴۰۵
ابومحمدبن عبدالله بن یزید بن معاویه ۳۱۰
ابومخارق ۱۷۴، ۱۷۴ ح
ابومخنف ۴۰۵
ابومرة بن عروة بن مسعود ثقفی ۱۸۴
ابومریم سلولی ۱۴۶، ۱۴۷
ابومریم قرشی مکی ۱۲۱
ابومستورد = معاذ بن جوین
ابومسعود انصاری خزرجی ۱۵۹
ابومسلم خارجی ۴۳۸
ابومسلم خراسانی ۳۰۰، ۳۰۶ ح، ۳۰۸ـ ۳۱۶، ۳۲۰، ۳۲۲، ۳۳۲، ۳۳۴، ۳۳۶ ح، ۳۴۷، ۳۵۱، ۳۵۳ـ۳۵۶، ۳۸۷
ابومسلم نخعی ۲۱۲ ح
ابومعاویه = محمد بن حازم
ابومعبد ۲۲۶
ابومعتمر = سلیمان تیمی
ابومعشر = زیاد بن کلیب
ابومعشر سندی ۴۴۴
ابومغیره = خالد بن کثیر
ابوملیح بن اسامه هذلی ۲۳۵، ۲۴۹
ابوموسی اشعری ۳۰، ۳۶، ۴۰، ۴۶، ۵۱، ۵۲، ۵۹، ۷۳، ۷۷، ۷۹، ۹۰، ۹۲، ۹۳، ۱۴۶
ابوموسی = عیسی بن محمد بن ابی خالد
ابوموسی = عیسی بن موسی

ابوموسی ۲۰۲ ح
ابومهاجر (دینار) ۱۶۱، ۱۶۱ ح
ابوناتل = رباح بن عبد
ابونجم = عمران بن اسماعیل
ابونصر = مالک بن هیثم خزاعی
ابونعامه ۲۲۷
ابونوح = عیسی بن ابراهیم بن نوح
ابودرد بن کوثر بن زفر ۳۳۶
ابووزیر = احمد بن خالد
ابوولید = محمد بن احمد بن ابی دؤاد
ابوهاشم بن عقبة بن ربیعه ۱۹۵
ابوهاشم = عبدالله بن محمد بن علی بن ابی طالب
ابوهریره ۴۱، ۴۶، ۵۲، ۱۰۹، ۱۷۳
ابوهریره = محمد بن فروخ ازدی
ابوهیثم بن تیهان ۷۴
ابوهیذام = عامر بن عمار ثمری
ابویعقوب بن هارون ۴۴۳
ابویوسف = یعقوب بن ابراهیم
ابی بن کعب ۱۹، ۲۲، ۵۱، ۷۳
اجلح بن عبدالله کندی ۳۵۰، ۳۸۸
احمد بن ابی خالد احول ۴۷۵، ۴۷۶، ۴۷۷، ۴۷۸، ۴۹۴
احمد بن ابی دؤاد ایادی ۴۸۹، ۵۰۳، ۵۰۴، ۵۱۰، ۵۱۱، ۵۱۳، ۵۱۸
احمد بن اسد ۳۹۷
احمد بن اسرائیل ۵۱۶، ۵۳۷، ۸۳۸
احمد بن اسماعیل بن علی ۴۱۸، ۴۲۷
احمد بن اسماعیل بن یعقوب ۵۴۲

احمدبن نصر بن مالک خزاعی ۵۱۰	احمد بن بسطام ۴۹۰، ۵۰۹
احمد بن واثق ۵۱۱	احمد بن جمیل ۵۴۰
احمد بن هشام ۴۸۹، ۴۹۴	احمد بن حسین اهوازی ۵۴۳
احمد بن یحیی ارمنی ۵۲۰	احمد بن حنبل ۴۵۴ ح، ۴۹۷
احمد بن یزید بن اسید سلمی ۴۳۹	احمد بن خالد ۵۱۳
احمد بن یوسف ۴۹۴	احمد بن خصیب ۵۰۷، ۵۰۸، ۵۱۶، ۵۲۴،
احنف بن قیس ۶۰، ۸۱، ۱۷۶، ۲۱۱	۵۲۵
احنف = عبدالله بن علی بن عبدالله بن عباس	احمد بن خلیل بن هشام ۴۹۰
اخشید = شاه سغد	احمد بن رحیم لخمی ۴۶۲
ادریس بن ادریس بن عبدالله بن حسن ۴۰۷	احمد بن سعید بن مسلم بن قتیبة باهلی ۴۹۶، ۵۱۰
ادریس بن عبدالله بن حسن بن حسن بن علی ۴۰۷،	احمد بن طولون ۵۳۶، ۵۳۸، ۵۳۹، ۵۴۱، ۵۴۵
۴۰۷ ح	احمد بن عبدالرحمان کلبی ۴۵۳
ادریق (شاه اندلس) ۲۳۹	احمد بن علی بن عبدالله بن عباس ۲۹۲
ادهم بن محرز باهلی ۳۲۰، ۳۴۲	احمد بن عمر بن خطاب ربعی ۴۶۱
ارخوز بن اولغ بن طرخان ترک ۵۳۵، ۵۳۵ ح	احمد بن عیسی بن زید بن علی بن الحسین ۴۳۳،
ارطیاس (ارطباس) ۳۰۴، ۳۰۴ ح	۴۳۳ ح
ارقم بن عبدالله کندی ۱۶۳ ح	احمد بن مأمون ۴۹۴
اروی (مادر عثمان) ۵۳	احمد بن متوکل = معتمد
اسامة بن زید ۱، ۲، ۷۵ ح	احمد بن محمد شجاع ۵۴۳، ۵۴۵
اسباط ۴۵۹	احمد بن محمد عمری ۴۸۲
اسپهبد طبرستان (شاه طبرستان) ۲۲۶، ۲۲۷،	احمد بن (محمد بن) معتصم = مستعین
۲۵۵، ۳۹۸	احمد بن محمد بن مدبر ۵۱۷، ۵۲۰، ۵۲۴، ۵۳۶،
استادسیس ۳۷۳	۵۳۸، ۵۴۲، ۵۴۳، ۵۴۴
استرخان خوارزمی ۳۶۲ ح	احمد بن مدبر = احمد بن محمد بن مدبر
اسحاق ازرق ۴۵۹	احمد مزاحم بن خاقان ۵۳۵
اسحاق بن ابراهیم ۳۲۳ ح	احمد بن معتصم ۵۰۰، ۵۱۲
اسحاق بن ابراهیم ۴۸۵، ۴۹۴، ۴۹۶-۴۹۸،	احمد بن موسی بن جعفر ۴۲۱
۵۰۰، ۵۰۴، ۵۰۶، ۵۰۸، ۵۱۱، ۵۱۳-	احمد بن موفق بن متوکل = معتضد

فهرست اعلام اشخاص

اسحاق بن اسماعیل بن شعیب نفلیسی ٤٨٦، ٥٠٠، ٥٠٩، ٥١٠، ٥١٩
اسحاق بن دینار بن عبدالله ٥٤٣
اسحاق بن سلیمان بن علی هاشمی ٤١٣، ٤٤٤، ٤٤٩
اسحاق بن سلیمان ٣٩٨ ح، ٤٨٢، ٤٨٣
اسحاق بن سوید عذری ٣٥٠
اسحاق بن علی بن عبدالله بن عباس ٢٩٢
اسحاق بن عیسی بن علی بن عبدالله بن عباس ٤٢٧، ٤٤٦
اسحاق بن مسلم عقیلی ٣٠٣ ح، ٣١١، ٣١٤، ٣٢٥، ٣٣٧، ٣٤١، ٣٥٤، ٣٨٦
اسحاق بن موسی بن جعفر ٤٢١
اسحاق بن موسی هادی ٤٢٧
اسحاق بن مهدی ٤٠٤
اسحاق بن یحیی بن (سلیمان بن یحیی بن) معاذ ٥٠٤، ٥١١، ٥٢٣
اسحاق بن یزید ٥١٦
اسحاق بن یعقوب ٨٢، ٧٩٧
اسد بن عبدالله قسری ٢٨٨، ٣٠٣ ح
اسد بن هاشم بن عبد مناف ٧٤، ٢٠٧، ٣٥٩، ٣٥٩ ح
اسد بن یزید بن مزید شیبانی ٤٤٠ ح، ٤٤٩
اسد حربی ٤٦٨
اسد (مولای منصور) ٣٨٠
اسقف دمشق ٢٢
اسکندر ٢٣٤ ح
اسلم بن زرعه ١٧٢

اسماء خثعمی ١، ١٨، ٤١، ١٣٩
اسماء (دختر عبدالله بن عبیدالله بن عباس) ٣٦٨
اسماء (دختر نعمان بشیر) ٢٠٩
اسماء (مادر عبدالله بن زبیر) ١٩٧، ٢١٤، ٢١٥
اسماعیل بن جعفر بن سلیمان بن علی هاشمی ٤٦٥
اسماعیل بن جعفر بن محمد ٣٧٨
اسماعیل بن جعفر (فقیه) ٤٤٤
اسماعیل بن شعیب ٤٤٩
اسماعیل بن صبیح حرائی ٤٢٧، ٤٣٠، ٤٤٢، ٤٥٨
اسماعیل بن عبدالله قسری ٣٢٥
اسماعیل بن علی بن عبدالله بن عباس ٢٩٢، ٣٢٣ ح، ٣٣٠، ٣٤٨، ٣٥٧، ٣٧٠، ٣٧٨، ٣٧٩، ٣٨٧، ٤١٣
اسماعیل بن علی بن عبدالله بن عباس (اسماعیل اصغر) ٢٩٢
اسماعیل بن علی بن عیسی ٥١٧
اسماعیل بن علیه ٤٥٩
اسماعیل بن قاسم ٤٤٤
اسماعیل بن مأمون ٤٩٤
اسماعیل بن متوکل ٥٣٩
اسماعیل بن موسی بن جعفر ٤٢١
اسماعیل بن موسی هادی ٤١٠
اسماعیل بن یعقوب ٨٢، ٢٩٧
اسماعیل بن یوسف طالبی ٥٣٠، ٥٣٠ ح، ٥٣١
اسود بن کعب عنسی ٤، ٦٠٦ ح
اسود بن مالک حارثی ٢٣٥
اسید بن عبدالله خزاعی ٣٦١

اشتر (مالک) ٢٤، ٦٨، ٧٤، ٧٦، ٧٧، ٨٣، ٨٨-٩١، ٩٩، ١٠٠، ٢٠٢

اشج بنی‌امیه = عمربن عبدالعزیز

اشرس بن حسان بکری ١٠٣

اشعث بن ابی الشعثاء ٣٠٤

اشعث بن قیس ٤، ١١، ١١ح، ١٨، ٥٧، ٨٨، ٩٠، ٩١، ١١٠، ١١١، ١٣١ح، ١٣٨

اشناس ترک ٥٠١، ٥٠٦، ٥٠٨، ٥٠٩

اشندرابید ٢٨٤

اشوط بن حمزه ٥١٩

اصبغ بن ذؤاله ٣١٣ح

اصبغ بن نباته ١٤٠، ٣٤٦ح

اصبغ کلبی (پدر زن عبدالرحمان بن عوف) ٦٣

اصفح بن عبدالله کلبی ٢٨٩

اصغر = ابوالسرایا

اعنق = عباس بن عبدالله بن عباس

اعور = عبدالله بن یحیی کندی

اغلب بن سالم تمیمی ٣٨٢

افریقی = محمدبن ابراهیم

افشین ٣٩٨، ٤٧٧، ٤٧٨، ٤٨٨، ٤٩٩، ٥٠٠، -٥٠٤

افشین سمرقند ٢٤٢

افعی پسرافعی = ریاح بن عثمان

اکاف ٢٤٧

اکیدربن حمام لخمی ١٩٩

الیاس ٢٢ح

الیاس بن اسدخراسانی ٤٨٣

الیاس بن حبیب فهری ٣٤٠، ٣٤٠ح، ٣٨٢

الیون بن قسطنطین ٣٠٤، ٣٠٤ح

ام ابیها (دختر عبدالله بن جعفر) ٢٩٢

ام ایمن ٤٩٢، ٤٩٣

اماجور ترک ٥٣٩، ٥٤١-٥٤٣

امام قائم ٢٧٢

امام هادی = علی بن محمد

امامه (دختر ابوالعاص) ١٣٩

ام بشیر (مادر زید بن حسن) ١٥٩

ام البنین کلابی ١٣٩

ام جعفر (دختر جعفربن منصور) ٤٤١، ٤٤٦، ٤٤٧، ٤٨٨

ام جمیل ٣٠

ام حبیب بکری ١٣٩

ام حبیبه ٤٠، ٦٣، ١٦٢

ام حجاج (مادر ولیدبن یزید) ٣٠٥

ام الحکم = جویریة کنانی

ام الحکم (دختر ابوسفیان) ٢١٨

ام سلمه ٧٨، ١٠٥، ١١٢، ١٨٢، ١٨٣

ام سلمه (دختر موسی بن جعفر) ٤٢١

ام عاصم (مادر عمربن عبدالعزیز) ٢٦١

ام عبد (مادر عبدالله بن مسعود) ٤١

ام عبدالله (دختر امام حسن) ٢٦٧، ٢٨٩

ام عیسی (دختر موسی هادی) ٤٥١، ٤٩٤

ام فروه (زن اشعث) ١١

ام فروه (مادر جعفربن محمد) ٣٧٣

ام الفضل ٤٧٣

ام کریم ٣٧١

فهرست اعلام اشخاص

ام کلثوم (دختر امیرالمؤمنین) ٣٥
ام کلثوم (دختر عبدالله بن عامر) ١٦٠، ١٦١
ام کلثوم (دختر عقبة بن ابی معیط) ٤١
ام موسی (مادر مهدی) ٣٨٦، ٣٩٠
ام هاشم (مادر معاویة بن یزید) ١٩٥
ام هشام (مادر هشام بن عبدالملک) ٢٨٣
ام یزید ٣٩٤
امیر آل محمد = ابومسلم
امیر بن احمر یشکری ٦٠
امیر دمشق ٢١
امیر مسقط ٢٨٦ ح
امیر وضاحیه = وضاح بر بری
امین آل محمد = ابومسلم
امین = محمد بن هارون
امیة بن عبدالله بن خالد بن اسید بن ابی العیص بن امیه ٢٢٠-٢٢٣ ح
انس بن مالک ٢٢٦، ٤٤٥ ح
انوشیروان ٢٨٦
اونامش ٥٢٢، ٥٢٤، ٥٢٥، ٥٢٧
اوزاعی = عبدالرحمان بن عمرو
اوس بن ثعلبة تمیمی ٦٠، ١٩٣
اول مؤمنان = علی بن ابی طالب
اهبان بن صیفی ٧٤
ایاس بن عبدالله بن فجاء ة سلمی ١٤، ١٤ ح
ایتاخ ترک ٥٠٧، ٥٠٩، ٥١٤، ٥١٥
ایوب بن جعفر بن سلمان هاشمی ٤٠٧، ٤١٤
ایوب بن سلمة بن عبدالله بن ولید مخزومی ٣٦٧
ایوب بن مروان ٢٠٠

ایوب سختیانی ٣٠٤

ب

بابک خرمی ٣٦١ ح، ٤٨٣-٤٨٥، ٤٩٨-٥٠٠، ٥٠٣، ٥٠٤
بابکباک ٥٣٦، ٥٣٨، ٥٣٩، ٥٤٢
با تیجور ٣٨٣
باذام (باذان) ٢٤٠، ٢٤٠ ح
باغر ٥٢٢
باقر = محمد بن علی بن الحسین
بحیر بن ورقا ٢٢٠ ح
بحدل کلبی ١٧٧
بدر طاخان (شاه ختل) ٣٠٣ ح
براء بن ابی زائدة همدانی ٣٨٨
برد بن لبید یشکری ٣٧٠
برم = یوسف بن ابراهیم
بسر بن ابی ارطاة ٤٥، ١٠٤، ١١٠-١١٠، ١٧٥
بسر بن ابی رهم = بشر بن ابی رهم
بسطام (پسر نرسی) ٤١
بسطام بن سلس ربعی ٤٦٢
بسطام بن عمرو ٣٦٤، ٣٩٨ ح
بسطام = شوذب حروری
بسوس ٥، ٥ ح
بشاشات = جعفر بن فضل بن عیسی بن موسی
بشر بن ابی رهم ٢٧، ٢٧ ح
بشر بن داود مهلبی ٤٧٨
بشر بن صفوان کلبی ٢٨٠، ٢٨٧، ٢٨٧ ح
بشر بن علی بن عبدالله بن عباس ٢٩٢

بشر بن مروان ۲۰۰، ۲۲۱	بهلول بن عمیر شیبانی ۲۹۳
بشر بن ولید ۲۴۷، ۲۴۸، ۳۱۰، ۳۱۲	بهمن جادویه = ذوالحاجب
بشر بن ولید کندی ۴۹۱	بیان خارجی ۲۹۳ ح
بشر حافی ۴۵۴ ح	
بشیر (نبای منصور) ۳۵۱ ح	**پ**
بطال (عبدالله) ۳۰۲، ۳۰۳، ۳۰۳ ح	پادشاه تبت (شاه تبت) ۳۹۸، ۴۶۵، ۴۷۰
بطروی (جادوگر) ۵۷	پادشاه ترک = نیزک، خاقان
بعیث بن حلیس ۳۶۲	پادشاه ختل = بدر طاخان
بغا (صغیر و کبیر) ۵۰۴، ۵۰۸، ۵۱۹، ۵۲۲، ۵۲۳، ۵۳۴-۵۳۶	پادشاه خزر = خاقان، طرخان
بغلوا ۵۲۲	پادشاه دیبل ۲۲۸
بقراطین اشوط ۵۱۹	پادشاه دیلم (شاه دیلم) ۲۵۵، ۴۱۲، ۴۳۶ ح
بقیة بن ولید حمصی ۴۰۵	پادشاه روم ۱۲، ۳۴، ۴۲، ۱۴۵، ۱۷۵، ۲۳۸، ۲۶۶، ۳۰۴، ۳۱۰ ح، ۳۴۹، ۵۰۱، ۵۰۲، ۵۱۰، ۵۱۹، ۵۲۰
بکار بن عبدالملک ۲۳۳	
بکر بن عبدالله مزلی ۳۰۴	
بکری ۲۱۳	پادشاه سریر ۲۸۶
بکیر بن ماهان ۲۸۸	پادشاه سند = داهر
بکیر بن وساج (وشاج) نقفی ۲۲۰، ۲۲۰ ح، ۲۲۱	پادشاه سیستان = رتبیل
بلاذری ۱۷۱ ح، ۳۶۴ ح	پادشاه سغد (شاه سغد) ۲۲۷، ۲۴۲، ۳۹۸
بلال بن ابی بردة بن ابی موسی اشعری ۱۶۳، ۲۹۵	پادشاه طبرستان = وندادهرمز
بلال ۲۱، ۳۱	پادشاه طخارستان = شروین
بلال خارجی ۴۸۶	پادشاه فرغانه (شاه فرغانه) ۳۸۳، ۳۹۸
بلکاجور فرغانی ۵۲۶	پادشاه کابل شاه ۳۹۸
بنداد هرمز ۴۳۶	پسر ابی بکر ۲۴۱
بوران (دختر حسن بن سهل) ۴۸۰	پسر ابی رغال = حجاج
بوران (دختر خسرو پرویز) ۲۴	پسر ابی سفیان = معاویه
بویطی (صاحب شافعی) ۴۰۸ ح	پسر ابی طالب = علی
بهلول بن بشر ۲۹۳ ح	پسر أثال نصرانی ۱۵۲، ۱۵۳
	پسر اشتر = ابراهیم بن مالک

فهرست اعلام اشخاص

پسر اشعث = عبدالرحمان بن محمد | پسر طریفه = طریفه
پسر اشعث = محمد بن اشعث خزاعی | پسر عامر = عبدالله
پسر ام سلمه = عمر بن ابی سلمه | پسر عباس = عبدالرحمان
پسر باذام ۲٤۰ | پسر عباس = عبدالله
پسر بشیر انصاری = نعمان | پسر عبدالله بن عمیر لیثی ۲٤۱ ح
پسر پیامبر خدا = امام حسن | پسر عبید = زیاد
پسر پیامبر خدا = امام حسین | پسر عثمان بن حیان = ریاح بن عثمان
پسر پیامبر خدا = علی بن الحسین | پسر عرار ۲۹۵
پسر جحدم فهری = عبدالرحمان | پسر عضاء اشعری = عبدالله
پسر حارثیه = ابوالعباس سفاح | پسر عطیه = عبدالملک
پسر حجامتگر (عبدالرحمان بن ضحاک) ۲۷۹ | پسر عمر = عبدالله
پسر حدیج کندی = معاویه | پسر عموی پیامبر خدا = علی بن ابی طالب
پسر حنتمه = عمر | پسر عمیش = عمر
پسر خازم سلمی = عبدالله | پسر کاهنه ۱۶۱
پسر خاقان ۲۷۹، ۲۸۵ | پسر ماهان = بکیر
پسر خطاب = عمر | پسر مرجانه = عبیدالله
پسر خواهر نمر ۱۳ ح | پسر مسعده = عبدالله
پسر دختر پیامبر = امام حسن | پسر ملجم = عبدالرحمان
پسر دو بار حد خورده = ریاح بن عثمان | پسر مهلب = مروان بن یزید بن مهلب
پسر زبیر = عبدالله | پسر مهلب = یزید
پسر زن جگرخوار = معاویه | پسر نابغه = عمرو بن عاص
پسر زن حجامتگر = یزدگرد | پسر نغیر خان ٤۱ ح
پسر زن نصرانی = خالد بن عبدالله قسری | پسر نوشری (ابن نوشری) ۵۳۲، ۵۳٤
پسر زیاد = عبدالله | پسر وصی پیامبر = امام حسن
پسر سلام = ابوجعفر منصور | پسر هبیره = یزید بن عمر
پسر سمره = عبدالرحمان | پسر هند (ابن هند) = معاویة بن ابی سفیان
پسر سوار = عبدالله | پسر یزید = معاویه
پسر شهاب زهری ۲۰۵ | پیامبر خدا = رسول خدا

ت

ترارخدا ۳۵۲ح
تماضر ۶۳
تمام بن تمیم تمیمی ۴۱۷
تمام بن ولید بن عبدالملك ۲۴۷
تمیم بن زید عتبی ۲۹۵ح
تمیم داری ۲۲
تمیم لخمی ۵۰۷
توفیل بن میخائیل ۴۸۸
تومانشاه ۲۸۷، ۳۰۳ح

ث

ثابت بن اقرم ۶ح
ثابت بن قیس بن شماس انصاری ۵، ۷۶
ثابت بن نصر بن مالك خزاعی ۴۵۹، ۴۶۲، ۴۷۴
ثابت بن نعیم جذامی ۳۱۱، ۳۱۳ح، ۳۱۵
ثمامة بن ولید عبسی ۴۰۴، ۴۰۵

ج

جابان ۹
جابر بجلی ۱۴۹
جابر بن اسود بن عوف زهری ۱۹۹
جابر بن اشعث خزاعی ۴۵۴
جابر بن اشعث طائی ۴۱۳
جابر بن عبدالله انصاری ۵،۱۰۰،۱۵۶،۲۲۲،۲۸۹، ۲۹۰
جابر بن یزید جعفی ۳۲۱، ۳۲۸، ۳۵۰
جابر کنانی ۵۳۳
جاریة بن قدامة سعدی ۱۰۶-۱۱۰
جالینوس ۲۴
جبرئیل ۶ح، ۱۴۰، ۱۸۳
جبریل بن یحیی بجلی ۳۶۲
جبلة بن ایهم غسانی ۲۳، ۲۴، ۳۲
جبلة بن عبدالرحمان کندی ۳۴۷
جبیر حاجب ۳۱۱
جبیر بن مطعم بن نوفل بن عبدمناف ۴۰، ۴۳، ۷۳
جدیع بن علی کرمانی ازدی ۳۰۷، ۳۰۸، ۳۱۰، ۳۱۷
جراح بن سنان ۱۴۲
جراح بن عبدالله حکمی ۲۲۶، ۲۶۲، ۲۷۳، ۲۷۹، ۲۸۲، ۳۰۲، ۳۰۳
جرادة صفرا = یزید بن مهلب
جرجی زیدان ۱۴ح
جرجیس ۵۸
جرشانشاه ۲۸۶ح
جروی = علی بن عبدالعزیز
جری بن ولید ۲۴۸
جریر ۲۸۰
جریر بن حازم ازدی ۴۰۵
جریر بن عبدالحمید کوفی ۴۴۵
جریر بن عبدالله بجلی ۲۵، ۲۸، ۵۷، ۷۳، ۸۳، ۸۴، ۳۵۴
جریر بن یزید بجلی ۴۴۹
جساس ۵ح
جعد بن درهم ۲۸۶ح
جعدة بن هبیرة بن ابی وهب مخزومی ۸۲، ۱۵۹
جعدی = مروان بن محمد

فهرست اعلام اشخاص

جعفر؟ ٥٠٦
جعفربن‌احمد حذاء ٥١٠
جعفربن‌اسحاق‌بن‌سلیمان ٤٨٣
جعفربن‌جعفربن منصور ٤٢٧
جعفربن حنظلهٔ بهرانی (ابو خالد) ٢٨٨، ٣٠٠، ٣٧١، ٣٧٢، ٣٨٠
جعفربن حیان‌عطاردی = ابواشهب عطاردی
جعفربن‌دینار (جعفر خیاط) ٥١٤، ٥٢٧
جعفربن سایمان فقیه ٤٤٥
جعفربن سلیمان‌بن عبدالله‌بن عباس ٣٣٠، ٣٧٠، ٣٧٩
جعفربن عبدالواحد هاشمی‌قرشی ٥١٨، ٥٢٠ ح
جعفربن‌عتاب ٤٠٥، ٤٤٥
جعفربن علی ١٣٩
جعفربن‌علی‌بن محمد ٥٣٦
جعفربن‌غطریف ٤٠٥
جعفربن فضل‌بن عیسی‌بن‌موسی ٥٣١، ٥٣١ ح
جعفربن کلاب ٢، ٢ ح، ٤٣٥
جعفربن‌مأمون ٤٩٤
جعفربن‌محمدبن اشعث ٤٤٢
جعفربن محمدبن علی‌بن حسین‌بن علی‌بن ابی‌طالب (ابوعبدالله) ١٥٧ ح، ٢٩١، ٣٢٩، ٣٥٨، ٣٧٣، ٣٧٤، ٣٧٨
جعفربن‌معتصم = متوکل
جعفربن‌منصور (جعفراصغر) ٣٨٦ ح
جعفربن‌منصور (جعفراکبر) ٣١٨، ٣٣٠، ٣٧٩، ٣٨٦، ٣٨٧، ٤٤١، ٤٤٦، ٤٨٨
جعفربن‌موسی‌بن جعفر ٤٢١

جعفربن‌موسی هادی ٤٠٨، ٤١٠، ٤٢٧
جعفربن‌وهب (نبای‌یعقوبی) ٤٧٣
جعفربن‌یحیی‌بن‌خالد ٤١٥، ٤٣٠، ٤٣١، ٤٣٦، ٤٤١
جعفر حنفی ١٣٩
جفینهٔ‌عبادی ٤٢
جلندی‌بن‌مسعود ازدی ٣١٤
جلودی = عیسی‌بن‌یزید
جلیح خجندی ٢٧٧، ٢٧٧ ح
جمدی‌بن‌معدی کرب (شاه‌کنده) ١١، ١١ ح
جمیل (پسر بصیهری) ٤١
جنادةبن ابی‌امیة ازدی ١٧٦
جندب بن جنادة ربذی = ابوذر غفاری
جندب‌بن کعب‌ازدی ٥٧
جنیدبن خالدبن‌هریم تغلبی ٣٦١ ح
جنیدبن‌عبدالرحمان ٢٨٣، ٢٨٤
جویریه ٤٠٨
جویریة‌بن اسماعیل ٣١٨
جویریة کنائی ١٠٧، ١٠٧
جویریة‌بن مسهر ١٤٠
جهوربن مرارعجلی ٣٥٧
جهیزه (مادر شبیب‌خارجی) ٢٢٥
جیغویه (شاه‌خر لخیه) ٣٩٨، ٤٥٠
جیفر ٩ ح
جیلویة کردی ٤٤٥

ح

حاتم بن زریک ٥٣٢

حاتم بن هرثمة بن اعین ٤٥٤، ٤٨٣	حبیب بن عبدالرحمان بن حبیب فهری ٣٨٢
حاتم بن نعمان باهلی ٦٠	حبیب بن مرة فهری ٣٤٠
حاجب بن صالح ٤٧٨	حبیب بن مسلمة فهری ٤٤، ٦١، ٦٤، ١٧٥
حاجب عمر = برفأ	حبیب بن مهلب ٢٥٥
حارث اعور همدانی ١٤٠، ١٧٦	حبیبه (زن ابوبکر) ١
حارث تمیمی (پدر سجاح) ٤	حبیش بن دلجة قینی ١٩٠، ١٩١، ١٩٩
حارث بن ابی ضرار ١٧٣	حجاج بن ارطاة نخعی ٣٨٨، ٤٠٥
حارث بن ابی العاص ثقفی ٥٢	حجاج بن عبدالملک ٢٣٣، ٢٧٢، ٣٠٢ ح
حارث بن حوط رانی ١٣٢، ١٣٣	حجاج بن عتیک ثقفی ٣٠، ٣٠ ح
حارث بن سلیمان بن عبدالملک ٢٦٠	حجاج بن منصور ٣٨١
حارث بن سوید تمیمی ٢٣٥	حجاج بن یوسف بن حکم ثقفی ٩، ٧٤ ح، ١٧١،
حارث بن عبدالرحمان حرشی ٣٨٦، ٣٩٥	١٩٩، ٢١٣، ٢١٥، ٢٢١ – ٢٢٣، ٢٢٥ –
حارث بن عبدالله بن ابی ربیعة ١٩٧، ١٩٩	٢٣٤، ٢٣٦، ٢٣٩ – ٢٤٧، ٢٥٢، ٢٥٣،
حارث بن عمرو طائی ٣٠٢	٢٦٦، ٢٦٧، ٢٧٤ ح، ٢٩٤ ح، ٣٨٤
حارث بن عمیر زبیدی ١٧٦	حجر بن عدی کندی ١٠٣؛ ١٦٢ – ١٦٤
حارث بن قیس جعفی ١٧٦	حذیفة بن محصن حمیری ٩، ٩ ح، ١٩، ٢٧
حارث بن مسکین ٤٨٩	حذیفة بن یمان عبسی ٢٣، ٣٩، ٥٧، ٦٢، ٦٤، ٦٨
حارث بن نوفل بن حارث بن عبدالمطلب ٢٩٩ ح	حرین بن یزید ١٧٩
حارث بن هشام ٢٣٥	حراد ٤١٨
حارث (مولای رشید) ٤٢٧	حرار (دختر یزدجرد) ١٨٤، ٢٦٤
حاضر (ملازم احمد بن عیسی) ٤٣٣، ٤٣٣ ح	حراق بهرانی ٤٦٢
حاکم طبرستان ٣٨	حرشی = سعید بن عمرو
حبشیه (مادر منتصر) ٥٢٤	حرشی = یحیی بن سعید
حبّ عرنی ١٤٠	حرملة حجام تکبر ٢٦٩ ح
حبیب بن ابی ثابت ٢٧٤، ٢٨٢، ٣٠٤	حریث (از اسیران عین التمر) ١٣ ح
حبیب بن ابی رباح ٢٨٢	حریث بن قطبه ٢٢٧
حبیب بن جهم ٤٦٢	حریش بن محمد نهلی ٣٦١ ح
حبیب بن نویب ٧٤ ح	حریش حاجب ٣٠١

فهرست اعلام اشخاص

حریش ۲۹۲

حزام (پدر ام البنین) ۱۳۹

حسان بن بحدل کلبی ۱۹۳، ۱۹۷، ۲۰۰،

حسان بن ثابت ۳، ۵، ۷۴ ح، ۷۵ ح

حسان بن نعمان غسانی ۲۲۸، ۲۳۴

حسان نبطی ۲۷۶، ۲۹۴

حسن بن ابی الحسن بصری ۱۸۴، ۲۳۰، ۲۴۸، ۲۷۴

حسن بن اسد ۴۲۰

حسن بن حرب ۳۸۲

حسن بن حسن ۱۰۹، ۲۶۹ ح

حسن بن حسن بن حسن ۳۴۰

حسن بن راشد ۴۰۲

حسن بن زید ۳۷۲

حسن بن سهل ۴۶۱، ۴۶۳- ۴۶۵، ۴۶۷، ۴۶۹،
۴۷۰، ۴۷۴، ۴۷۵، ۴۸۰، ۴۹۳، ۵۱۵

حسن بن عبدالله نخعی ۳۸۸

حسن بن علی بن ابیطالب ۴۰، ۶۷، ۷۹، ۱۰۹،
۱۳۹- ۱۴۲، ۱۴۷، ۱۵۴- ۱۶۰، ۱۷۳ ح، ۱۸۰،
۲۶۳ ح، ۲۶۷، ۲۶۹ ح، ۲۸۹، ۳۴۹ ح،
۴۹۲، ۴۹۳

حسن بن علی بن الحسین ۲۶۷

حسن بن علی بن محمد ۵۳۶

حسن بن علی بادغیسی (مأمونی) ۴۶۴، ۴۸۶

حسن بن عماره ۳۵۰، ۳۸۹

حسن بن عمر قمیمی ۳۵۰، ۳۸۸

حسن بن عمرو رستمی ۴۷۴

حسن بن قطبة طائی ۳۲۰، ۳۲۲، ۳۲۳، ۳۳۴،
۳۳۶، ۳۴۷، ۳۶۲، ۳۸۰، ۳۹۷، ۴۰۰

حسن بن مأمون ۴۹۴

حسن بن مخلد جراح ۵۲۲، ۵۳۶- ۵۳۸

حسن بن مصعب ۴۰۹

حسن بن موسی بن جعفر ۴۲۱

حسین بن اسماعیل طاهری ۵۱۶، ۵۲۹، ۵۴۲

حسین بن خالد ۵۳۰

حسین بن علی بن ابی طالب ۴۰، ۶۷، ۱۳۹، ۱۴۸،
۱۵۴، ۱۵۵، ۱۵۹، ۱۶۰، ۱۶۴، ۱۷۷-
۱۷۹، ۱۸۱- ۱۸۸، ۱۹۳، ۱۹۹، ۲۰۱-
۲۰۳، ۲۰۷، ۲۱۲ ح، ۲۶۳ ح، ۲۶۴، ۲۷۹
۳۳۸، ۳۴۴، ۳۵۹ ح، ۳۶۰، ۴۹۲، ۴۹۳

حسین بن علی بن حسن بن حسن بن علی بن
ابی طالب ۴۰۷

حسین بن علی بن الحسین (حسین اصغر) ۲۶۷

حسین بن علی بن الحسین ۲۶۷

حسین بن علی بن عیسی ۵۱۷

حسین بن علی بن ماهان ۴۵۴، ۴۵۵، ۴۵۶

حسین بن مأمون ۴۹۴

حسین بن موسی بن جعفر ۴۲۱

حسین بن هشام ۴۹۰

حسین (از کسان هارون) ۴۴۳

حسین خادم ۵۴۷

حسین بن جندب ۲۳۵

حسین بن کثیر عبدی ۴۰۷

حسین بن منذر ۲۵۴

حسین بن نمیر سکونی ۱۹۱، ۱۹۳، ۱۹۷، ۲۰۲،
۲۰۳، ۲۱۷

حف = خلف بن عمر بصری

حمزه بن بیض حنفی ٢٤٥ ح	حفص بن سلیمان = ابوسلمه
حمزه بن عبدالله بن زبیر ٢١٠	حفص بن عمر بن عبدالله بن عوف زهری ٣٦٧
حمزه بن عبدالمطلب ٤ ح، ٣٤٤ ح	حفص بن ولید حضرمی ٣١١
حمزه بن مالك ٤٠٢	حفصه ٤٠، ٤٦، ٥١، ١٧٣
حمزه بن موسی بن جعفر ٤٢١	حکم بن ابی العاص ٥٦، ٦٢، ٦٩
حمزه بن نجیح ٤٤٥	حکم بن ایوب بن حکم ثقفی ٢٢٦، ٢٥٢
حمزه خارجی ٤٧٥	حکم بن عمرو غفاری ١٥١
حمید بن عبدالحمید طائی طوسی ٤٦٨، ٤٨٤	حکم بن عوانة کلبی ٢٨٥، ٢٩٥ ح، ٣٠٨
حمید بن قحطبة طائی ٣٢١، ٣٢٢، ٣٥٢، ٣٥٢ ح، ٣٥٣، ٣٦٨، ٣٧٠، ٣٨٨	حکم بن عیینة کندی ٣٠٤
	حکم بن ولید ٣٠٥
حمید بن قیس بن اعرج ٣٤٩	حکم بن ولید بن یزید ٣٠٩، ٣١٣
حمید بن معیوف ٤٤٤	حکیم بن ابی حازم ٢٤٨
حمید طویل ٣٥٠، ٣٨٩	حکیم بن (امیة بن حارثة بن) اوقص ٤١، ٤١ ح
حمیراء = عایشه	حکیم بن حزام ٧٣
حنتمه ٢٠، ٢١، ٧٠	حلو بن عوف ازدی ١٠٠
حنحل = پادشاه کابلشاه	حماد بن ابی سلیمان ٣٠٤
حنظلة بن ابی سفیان ٣٨٨	حماد بن زید ٣٨٩، ٤٤٥
حنظلة بن صفوان کلبی ٢٨٧، ٢٨٨	حماد بن سلمه ٣٨٩، ٤٠٠
حنظلة بن عراده ١٩٢٠ ح	حماد بن عمرو ٤٠٩
حواری بن حنطان تنوخی ٢٦٢	حماد بربری ٤١٨، ٤١٩
حوشب بن یزید ٢٢٥	حماد خادم ٤٦٤
حوط = عبدالواحد بن یحیی	حمار = مروان بن محمد
حویطب بن عبدالعزی ٧٣	حمدویة بن علی بن عیسی بن ماهان ٤٦٤ - ٤٦٦، ٤٧٤
حهورن = شاه تبت	
حیاش بن حبیب ٣٥٢ ح	حمدویة بن علی بن فضل ٥٠١، ٥١٠
حیان عطار ٢٧٣	حمده ٤١٩
حیان نبطی ٢٤٠، ٢٥٤	حمران بن ابان ١٣ ح، ٦٣، ٦٩
حیدر بن کاوس اسروشنی = افشین	حمزة بن اصبغ بن ذواله ٣١٣ ح

فهرست اعلام اشخاص

حیون بن نجم بن هاشم ۴۳۹
حیی بن اخطب ۱۷۳

خ

خاتون بخارا ۱۷۱، ۱۷۲، ۱۹۲
خارجه (پدرزن ابوبکر) ۱
خارجه بن حذافه ۳۳، ۱۳۸
خارجة بن زید بن ثابت ۲۳۵، ۲۵۸، ۲۷۴
خازم بن خزیمۀ تمیمی ۳۳۶، ۳۶۳ ح، ۳۷۳، ۳۷۹
خاقان ترک (شاه تغزغز، شاه خزر) ۳۸ ح، ۶۱، ۲۴۷، ۲۵۵، ۲۷۹، ۲۸۶، ۳۰۲، ۳۰۳ ح، ۳۱۰ ح، ۳۹۸، ۴۱۱، ۴۱۲، ۴۳۹
خاقان خادم ۴۹۳، ۵۱۰
خالد حاجب ۲۸۱
خالد بن ابراهیم (ابوداود) ۳۰۷ ح، ۳۶۱ ح
خالد بن اسید ۳۷۱
خالد بن برمک ۳۲۰
خالد بن دیان ۲۴۷، ۲۵۹
خالد بن دینار ۴۰۵
خالد بن سعید ۱۲
خالد بن صفوان ۳۴۷
خالد بن عبدالرحمان بن خالد بن ولید ۱۵۲، ۱۵۳
خالد بن عبدالله بن خالد بن اسید ۱۷۰، ۲۲۲
خالد بن عبدالله قسری ۲۳۸، ۲۳۹، ۲۴۵، ۲۵۱، ۲۵۲، ۲۸۰، ۲۸۱، ۲۸۳، ۲۸۵، ۲۸۸، ۲۸۸ ح، ۲۸۹، ۲۹۳-۲۹۵، ۲۹۷، ۳۰۰، ۳۰۵، ۳۰۸، ۳۰۹

خالد بن عبدالملک بن حارث بن حکم ۳۰۲
خالد بن عثمان ۷۳
خالد بن کثیر (ابوالمغیره) ۳۶۱ ح
خالد بن مهران ۳۸۹
خالد بن ولید ۵-۱۰، ۱۲، ۱۳، ۱۸، ۱۹، ۲۱، ۲۳، ۲۸، ۳۱، ۴۶
خالد بن ولید بن عبدالملک ۲۴۷
خالد بن ولید بن عقبة بن ابی معیط ۲۷۶ ح
خالد بن یزید بن اسید سلمی ۴۳۸
خالد بن یزید بن مزید ۴۶۴، ۴۷۶، ۴۷۷، ۴۸۵، ۴۸۶، ۵۰۰، ۵۰۹
خالد بن یزید بن معاویه ۱۹۳، ۱۹۸، ۲۰۰، ۵۲۸
خالد بن یزید فقیه ۴۴۵
خالد (پسر جبهری) ۴۱
خالد (مولای رشید) ۴۲۷
خبیب بن عبدالله بن زبیر ۲۳۷، ۲۳۸
خدیجه (دختر خویلد) ۲۰۷
خدیجه (دختر رشید) ۴۷۳
خراشۀ حروری ۴۱۶
خریت بن راشد ناجی ۹ ح، ۱۰۰
خزیمة بن ثابت انصاری ۷۶
خزیمة بن خازم تمیمی ۳۶۳، ۴۲۷، ۴۳۷، ۴۴۰، ۴۴۰ ح، ۴۴۲، ۴۵۶
خسرو (آسیابان) ۳۸ ح
خسرو (پرویز) ۱۳، ۲۴، ۲۵
خطیب انصار = ثابت بن قیس
خفاف گرگانی ۳۵۷ ح
خفاف مرورودی ۳۵۲

تاریخ یعقوبی

خلال = ابوسلمه
خلف بن عمرو بصری ٤٦٩
خلیل بن عبدالله حنفی ١٧٢
خلیل بن سکن ٤٣٨
خوارزمی ١٨٢
خوشه = ابراهیم بن مهدی
خوله (دختر حارث) ١٧٣
خوله (دختر حکیم) ٤١
خولهٔ حنفی (مادر محمد بن حنفیه) ١٣٩
خولهٔ فزاری ١٥٩
خویلد بن قارظ ١٠٧ ح
خیاط = جعفر بن دینار
خیبری ٣١٤
خیزران ٣٩٩، ٤٠٦، ٤٠٩، ٤١١

د

دابر العفار ٥٢٨
داود ٣٤، ٤٢٠، ٤٢١
داود بن زبرقان ٤٤٥
داود بن سلیمان بن جعفر ٤٢٧
داود بن سلیمان بن عبدالملک ٢٦٠
داود بن علی ٢٥١
داود بن علی بن عبدالله بن عباس ٢٩٢، ٣٢٣ ح، ٣٣٠-٣٣٣، ٣٤٩
داود بن عیسی بن موسی هاشمی ٤٢٧، ٤٥٨، ٤٥٩، ٤٦٤
داود بن مروان ٢٠٠
داود بن نعمان ٤٤٤

داود بن یزید بن حاتم مهلبی ٤١٤، ٤١٦، ٤٥٤
داود بن یزید بن عبدالملک ٢٨١
داود بن یزید بن عمر بن هبیره ٣١٨، ٣٣٦
داهر (ذاهر) ٢٤٤، ٢٤٤ ح، ٢٤٥، ٢٤٥ ح
دحیة بن اصبغ بن عبدالعزیز ٤٠٨
دختر آزادمرد ٢٦
دختر ابوذر ٦٧-٦٩
دختر پیامبر خدا (رقیه) ٦٣
دختر جارود ١١٩
دعبل ٢٦٩ ح
دقاقة بن عبدالعزیز ٤٢٧
دینار = ابومهاجر
دینار بن دینار ٢٣٤
دینار بن عبدالله ٤٧٤
دیوداد = ابوالساج

ذ

ذؤابة بن ولید بن یزید ٣٠٩
ذوالاُصبع = طلحة بن عبیدالله
ذوالتاج = لقیط بن مالک
ذوالثدیه ٩٧
ذوالثفنات = علی بن الحسین
ذوالحاجب ٢٥، ٢٥ ح، ٤٤ ح
ذوالخمار = اسود عنسی
ذوالریاستین = فضل بن سهل
ذوالشهادتین = خزیمة بن ثابت
ذوالعلمین = علی بن ابی سعید
ذؤالة بن اصبغ بن ذؤاله ٣١٣

٥٦٩ فهرست اعلام اشخاص

ر

راشدبن اسحاق ٤٩٧

راشدبن سعد معری ٢٧٤، ٣٠٤

راشدبن عمرو جدیدی ازدی ٦٠، ١٦٨

رافع بن خدیج ٧٤ح، ٧٥ح

رافع بن لیث بن نصر بن سیار لیثی ٤٣٦، ٤٤٩، ٤٥٠

راء ٢٨٤، ٢٩٦

راس طرخان ٣٦٢

رای = شاه‌سند

رباح حاجب ١٧٤

رباح بن عبد غسانی ٢٤٧

ربعی بن عامر ٢٧

ربیع بن خیثم ثوری ١٧٦

ربیع بن زیاد حارثی ١٥١، ٣٨٠

ربیع بن زیاد بن سابور ٣٠٠

ربیع بن عبدالله حارثی ٤٠٠، ٤٠٧

ربیع بن یونس ٣٨٠، ٣٨٧، ٣٩٠، ٣٩٣، ٣٩٥، ٤٠٢

ربیعهٔ مکری ١٣٩

ربیعة بن ابی عبدالرحمان = ربیعة الرأی

ربیعة الرأی ٣٠٤، ٣٤٩، ٣٨٨

ربیعة بن حارثه ٢٦٨ح

ربیعة بن عبدالرحمان فقیه ٣٠٥

ربیعة بن قیس حرشی ٤٥٥

رتبیل ٢٢١، ٢٢٩ـ٢٣١، ٢٤١، ٣٩٨

رجاء بن ابی ضحاک ٤٦٥، ٤٧٠

رجاء بن ایوب حضاری ٥٠٧، ٥٢٣

رجاء بن حیوه ٢٤٩، ٢٥٩، ٢٧٠، ٢٧٣، ٢٧٤

رجاء بن سلام بن روح بن زنباع جذامی ٣٩٩

رجاء خادم ٤٤٦

رزین ٣٨٠

رستم ٢٤ ـ٢٨

رسول خدا (رسول‌الله؛ رسول اکرم؛ محمد، پیغمبر، پیامبر ، پیامبرخدا) ١ـ ٨، ١٠، ١٢، ١٤، ١٥، ١٧، ١٨، ٢٠، ٢٢، ٢٧، ٢٩، ٣٠، ٣٢، ٣٤ ـ ٣٦، ٣٩ـ٤٣، ٤٥، ٤٧، ٤٨، ٥٠، ٥١، ٥٣ـ٥٦، ٥٨، ٥٩، ٥٩ح، ٦٣، ٦٥ـ٧٢، ٧٦ ـ ٧٩، ٨١، ٨٢، ٨٤، ٨٨، ٨٩، ٩١، ٩٥ـ٩٧، ١٠٥، ١١٢، ١١٢ح، ١٢١ح، ١٣٧، ١٣٩، ١٤٢، ١٤٤، ١٤٦، ١٤٩، ١٥١، ١٥٢، ١٥٤ ـ ١٥٦، ١٥٨، ١٥٩، ١٦٢، ١٦٤، ١٧٣، ١٧٤، ١٨٠، ١٨٢، ١٨٢ح، ١٨٣، ١٨٦، ١٨٧، ١٨٩، ١٩٠، ١٩٤، ١٩٥، ٢٠١، ٢٠٢، ٢٠٤ ـ ٢٠٨، ٢١٥، ٢١٧، ٢٢٢، ٢٣٣، ٢٣٨، ٢٥٧، ٢٦٦ـ ٢٦٩ح، ٢٨٩، ٢٩٠، ٢٩٧، ٣٢١، ٣٣٠، ٣٣٣، ٣٣٩، ٣٤٤ح، ٣٤٨، ٣٥٩، ٣٥٩ح، ٣٧٣، ٣٧٤، ٣٨٥، ٣٨٦، ٣٩٦، ٤٠٤، ٤١٣، ٤١٥، ٤٢٢، ٤٢٦، ٤٢٩، ٤٣٣، ٤٤٦، ٤٤٧، ٤٥٣، ٤٧٣، ٤٩٢، ٤٩٣، ٥٢٩، ٥٤٥

رشید (هارون) ٣٠٣، ٣٨٣، ٣٩٦ح، ٤١٧ـ ٤٤٣، ٤٤٦ـ٤٥٠، ٤٥٨، ٤٦٠، ٤٩٧ح

رشید هجری ١٤٠

رضا = علی بن موسی

رفاعة بن شداد ١٤٦، ١٦٥

رفیل ۴۲ح

رفادازدی ۲۳۱ح

رماحس بن عبدالعزیز ۳۱۵، ۳۱۵ح

روادبن مثنی ازدی ۳۶۱

روح بن حاتم مهلبی ۳۶۳، ۳۸۰، ۳۹۸، ۴۱۶

روح بن زنباع جذامی ۱۹۰، ۱۹۳، ۱۹۸، ۱۹۹، ۱۹۹ح، ۲۱۸، ۲۳۳

روح بن ولید ۲۴۷

روح بن یزید سکسکی ۲۷۳

ریا (مادر مروان حمار) ۳۱۳

ریاح بن عثمان بن حیان مری ۳۶۶–۳۶۸

ریطه (دختر حارث بن نوفل) ۲۹۹ح

ریطه (دختر سفاح) ۳۴۹، ۳۶۵، ۴۰۴

ریطه (مادر سفاح) ۲۷۲، ۳۲۹

ریطه (مادر یحیی بن زید) ۲۹۹ح

ز

زائدة بن معن بن زائده ۳۸۰، ۳۸۱

زبیر بن عباس ۳۹۸

زبیر بن عوام ۵، ۳۳، ۴۱ح، ۴۸، ۵۰، ۷۲، ۷۴، ۷۷–۸۱، ۸۳، ۸۷، ۸۷ح، ۸۸، ۱۳۲، ۱۵۳

زبیر ۲۹۵

زحاف طائی خارجی ۱۶۵، ۱۶۵ح

زربن حبیش ۱۷۶

زرعه ۲۹۲

زریق بن علی بن صدقهٔ ازدی ۴۸۴

زفر بن حارث کلابی ۱۹۱، ۱۹۷–۱۹۹، ۲۱۸

زفر بن عاصم هلالی ۳۸۸

زفر بن هذیل ۳۵۰

زمخشری ۳۶ح

زن ابو نذر ۶۷

زن حجاج بن عتیک = ام جمیل

زن داهر (ملکهٔ سند) ۲۴۵

زن لیزک ۲۴۱

زن یزید بن عبدالملک ۲۷۴ح

زهری (محمد بن مسلم بن شهاب) ۲۷۱

زهیر بن سنان تمیمی ۴۸۳

زهیر بن عبدشمس ۲۸

زهیر بن قیس ۱۸۱

زهیر بن مسیب ضبی ۴۵۵، ۴۵۷، ۴۶۳، ۴۶۷، ۴۶۸

زهیر خثعمی ۳۷

زیاد ۲۲۷

زیاد اعجم ۲۴۵

زیاد بن ابی سفیان = زیاد بن عبید

زیاد بن ابی طفیل ۴۰۵

زیاد بن صالح خزاعی ۳۳۶

زیاد بن عبید ۳۰، ۱۲۰، ۱۴۶–۱۴۸، ۱۵۱، ۱۶۱، ۱۶۳ح، ۱۶۵، ۱۶۸، ۱۷۱ ح، ۳۸۴

زیاد بن عبیدالله حارثی ۳۴۹، ۳۵۸، ۳۷۹

زیاد بن کلیب ۳۰۴

زیاد بن لبید بیاضی انصاری ۱۰، ۱۱، ۵۲، ۵۵ح

زیاد همدانی ۱۴۶

زید ۲۱۳

زید بن اسلم ۳۴۹

زید بن ثابت ۱۹، ۴۳، ۵۱، ۶۲، ۷۳، ۷۵ح

زید بن حارثه ۴۱ح

فهرست اعلام اشخاص

زیدبن حسن ۱۵۹
زیدبن خطاب عدوی ۴۳۷
زیدبن علی بن الحسین ۲۶۷، ۲۹۷-۲۹۹، ۳۴۴،
۳۴۴ ح
زیدبن عمر ۵۱
زیدبن عمر بن عبدالعزیز ۲۷۴
زید بن موسی بن جعفر بن محمد ۴۲۱، ۴۶۱،۴۶۶
زیدبن نوفل ۲۷۴
زیدبن وهب همدانی ۱۷۶، ۲۳۵
زیدبن هارون ۴۵۹
زبرکترکی ۵۱۵
زینب (دختر امیرالمؤمنین) ۱۸۰
زینب (دختر زبیر) ۴۱ ح
زین العابدین = علی بن الحسین
سائب بن یزید ۱۷۶، ۲۳۵
سابق خوارزمی ۳۲۳ ح
ساریه ۴۵
سالم افطس ۳۲۸، ۳۵۰
سالم بن ابی الجعد ۲۳۵، ۲۴۸، ۲۷۴
سالم بن عبدالله بن عمر ۲۳۵، ۲۵۸، ۲۷۴، ۲۸۲،
۳۰۴
سالم یونسی ۴۱۳
سامة بن لوی ۱۰۱، ۳۴۱، ۵۲۰
سباع بن معمر ازدی ۳۲۰
سپهبد طبرستان = اسپهبد
سجاح ۴، ۸
سجاد = علی بن الحسین
سخاوی ۱۶ ح

سدیدحاجب ۱۹
سدیف بن میمون ۳۳۳، ۳۴۳، ۳۴۴ ح، ۳۷۱،
۳۷۱ ح
سراب (شتر بسوس) ۵ ح
سری بن حکم بلخی ۴۵۴، ۴۶۰، ۴۶۲
سری بن منصور شیبانی = ابوالسرایا
سری بن عبدالله بن تمام بن عباس بن عبدالمطلب
۳۷۹
سری بن عبدالله بن حارث بن عباس بن عبدالمطلب
۳۸۷، ۳۸۸
سطیح بن عمرو تغلبی ۳۹۸، ۳۹۸ ح
سعار (سعاد، مادر ابراهیم بن ولید) ۳۱۲، ۳۱۲ ح
سعد ۱۸۵ ح
سعد بن ابی وقاص ۵، ۶، ۲۶-۳۰، ۳۷، ۳۸، ۴۳،
۴۴، ۴۶، ۴۸، ۵۰، ۵۲، ۵۷، ۷۴، ۷۵،
۸۷، ۸۷ ح، ۱۷۳، ۱۷۳ ح
سعد بن زید ۲۲
سعد بن مالک ۱۴۴
سعد بن مسعود ثقفی ۱۱۱
سعد بن نمران همدانی ۱۶۳ ح
سعد بن هیثم بن شعبة بن زهیر نمیمی ۴۴۰
سعید حاجب ۲۴۷
سعید بن اسبوع ۳۰۴
سعید بن اسلم بن زرعة کلابی ۲۲۸، ۲۲۸ ح
سعید بن أیاس ۲۰۵
سعید بن جبیر ۲۳۰، ۲۴۸
سعید بن خالد بن عمرو بن عثمان بن عفان ۲۸۱
سعید بن زید ۵۰

سعید بن ساجور ٤٦٨	سفاح = ابو العباس
سعید بن سرح ٤٤٩	سفاح (عبدالله بن علی بن عبدالله بن عباس) ٢٩٢
سعید بن سلم بن قتیبة باهلی ٤١٣، ٤٣٩، ٤٤٠	سفیان ٣٧٣
سعید بن سلیمان بن عبدالملک ٢٦٠	سفیان ٤٠٨
سعید بن صالح ٥١٤، ٥٤٢	سفیان بن ابرد کلبی ٢٢٥، ٢٢٧
سعید بن عاص ١٥، ٥٧، ٥٩، ٧٥، ١٥٥، ١٧٣، ١٧٥	سفیان بن حسن حمانی ٤٠٥، ٤٤٥
سعید بن عبدالعزیز جمحی ٤٠٥، ٤٤٤	سفیان بن سعید ثوری ٣٨٩، ٤٠٥
سعید بن عبدالعزیز بن حارث بن حکم بن ابی العاص ٢٧٦-٢٨٨	سفیان بن عوف غامدی ٦٢، ١٠٣، ١٦٠، ١٧٥
سعید بن عبدالله حنفی ١٧٨	سفیان بن عیینة ٤٤٥، ٤٥٩
سعید بن عبدالملک ٢٣٣، ٢٨٢، ٣٠٢	سفیان بن معاویة بن یزید بن مهلب ٣٦٩
سعید بن عثمان بن عفان ٧٣، ١٧١، ١٧٢، ١٧٧ح	سفیان بن مهلب ٣٢٣
سعید بن عمرو بن جعده ٣٢٥	سفیان بن یزید عمی ٣٦٩
سعید بن عمرو حرشی ٢٧٧ح، ٢٧٨ح، ٢٨٥، ٢٨٦ح، ٤٠٠	سفیانی = یزید بن عبدالله
سعید بن قیس ١٠٣	سقلاب (غلام مروان حمار) ٣٢٥
سعید بن محمد حرانی لهبی ٤٣٧	سکسک بن وائله ٢٨١ح
سعید بن مسیب ١٦٦، ١٧٦، ١٩٤، ٢٣٢، ٢٣٤، ٢٣٥، ٢٣٧، ٢٣٨، ٢٤٨، ٢٦٤، ٢٨٣ح	سکسک بن اشرس ٢٨١ح
	سکن بن موسی بلقانی ٤٣٨، ٤٣٩
	سلام بن سلیم ٣٣٥ح
سعید بن ولید بن یزید ٣٠٩	سلام (غلام یزید بن ولید) ٣١١
سعید بن ونوفار ٢٤١	سلامة بربری (مادر منصور) ٣٥١، ٣٥٤، ٣٠٩
سعید بن هشام ٣٠١، ٣٠٢	
سعید بن یسار ٢٧٤، ٢٨٢	سلق (سلقی) = محمد بن حسن
سعید خذینه = سعید بن عبدالعزیز	سلم بن احوز هلالی ٣٠٦
سعید (مولای کلب) ١٩٣	سلم بن زیاد ٢٢٠
	سلم بن سالم تمیمی ٤٥٩
	سلم بن قتیبة باهلی ٣٨٠
	سلمان بن ربیعة باهلی ٦١، ٧٣
	سلمان فارسی ٣٧، ٤٦

فهرست اعلام اشخاص

سليمان بن عمر بن عبدالعزيز ۲۷٤	سلمة الأحمر ٤٠٠، ٤٤٠، ٤٤٥
سليمان بن فليح ٤٤٤	سلمة بن علقمة ٤٠٠
سليمان بن كثير خزاعي ۲۸۸، ۳۰۰، ۳۰۷، ۳۰۷ ح	سلمة بن كميل (كهيل) ۳۲۸، ۳۲۸ ح
سليمان بن موسى بن جعفر ٤۲۱	سلمة بن محمد ۳۲۳ ح، ۳۳۰
سليمان بن موسى هادي ٤۱۰	سلمى (مادر ابوبكر) ۱
سليمان بن مهاجر ۳۳٤	سليط بن عبدالله ۲٤٦، ۳٥٦
سليمان بن مهران كاهلي ۳۸۸	سليط بن عبدالله حنفي ۲٦۲
سليمان بن وهب ٥۱٤	سليم حاجب ۳۲٥
سليمان بن هشام بن عبدالملك ۳۰۱، ۳۰٤، ۳۱۰، ۳۱۲، ۳۱٤، ۳٤۲، ۳٤٤	سليم ناصح ۲٤۰
	سليمان ۱۹۳
سليمان بن يحيى بن معاذ ٥۲۳	سليمان بن ابوجعفر منصور ۳۸٦ ح، ٤۰۷، ٤۱۰، ٤۱٤، ٤۲٦، ٤٤۱، ٤٤۳، ٤٤٤، ٤٥٦
سليمان بن يزيد بن اصم عامري ٤٤۰	
سليمان بن يزيد بن عبدالملك ۲۸۱	سليمان بن احمد بن سليمان هاشمي ٤۸۳
سليمان بن يسار ۲۳٥، ۲٤۸	سليمان بن اسود ۲۳٥، ۳۲۳ ح
سليمان بن يزيد حارثي ٤۰۰	سليمان بن جعفر بن سليمان ٤۲۷
سليمان تيمي ۳٥۰، ۳۸۹	سليمان بن حبيب محاربي ۲۷٤
سليمان نوفلي ۳٤۷	سليمان بن حبيب بن مهلب ۳۱۷، ۳۸٦
سماك بن حرب ذهلي ۳۰٤	سليمان بن داود ۱٥۸، ۲۳۹
سماك بن خرشه (سماك بن اوس بن خرشه) = ابودجانه	سليمان بن صرد خزاعي ۱٥۹، ۱۹۹، ۲۰۰، ۲۰۲، ۲۱۷
سماك بن مخرمة اسدي ۸۸	سليمان بن عبدالله بن اصم ٤۲۷
سمر ۱٦٥۰ ح	سليمان بن عبدالله بن طاهر ٥۳٤
سمط بن ثابت بن اصبغ بن نؤاله ۳۱۳	سليمان بن عبدالملك ۲۳۲-۲۳٤، ۲٤۳، ۲٤٥، ۲٥۰-۲٥٥، ۲٥۷، ۲٦۲، ۲٦۷، ۲٦۸، ۲۷۳، ۲۷٥، ۳۰٤ ح
سميه (مادر زياد) ۱٤۸، ۱۸۱	
سنان بن سلمة هذلي ۱٦۸، ۱۷۱، ۲٤۹	
سنان بن مكمل غنوي ۲۲۰ ح	سليمان بن علي بن الحسين ۲٦۷
سنباد ۳٥٦، ۳٥۷	سليمان بن علي بن عبدالله بن عباس ۲۹۲، ۳۳۰، ۳٤۹، ۳٥۷، ۳۷۰، ۳۷۹
سندى بن شاهك ۳٥۳، ٤۱۰، ٤۱۹	

سواد بن عبدالحمید جحافی ٤٨٤، ٤٨٥	شبل بن طهمان (ابوعلی) ٣٠٧ ح
سواده بن عبیدالله نمیری ٢٢٠ ح	شبل بن عبدالله ٣٤٤ ح
سوار بن عبدالله عنبری ٣٨١، ٣٨٧، ٣٨٩	شبل بن معبد عجلی ٣٠، ٣٠ ح
سوار بن همام ١٦٨	شبیب بن بجرة اشجعی ١٤٩
سودان بن حمران ٧٢	شبیب بن حمید بن قحطبه ٤٩٤
سورة بن اشیم نمیری ٢٢٠ ح	شبیب بن شیبه ٣٩٣
سورة بن حر دارمی ٢٧٧	شبیب بن واج ٣٥٥
سورة بن محمد بن عزیز کندی ٣٠٦ ح	شبیب بن یزید شیبانی حروری ٢٢٥، ٢٢٦
سوید ٩٢، ٩٣	شجاع بن قاسم ٥٢٥، ٥٢٧
سوید بن غفلة جعفی ١٧٦	شجاع بن ورقا ١٤
سوید بن قطبه ١٩	شجاع (مادر متوکل) ٥١٢
سهل بن حنیف ١١٦	شداد بن اوس ٢١
سهل بن سعد ساعدی ٢٢٢	شریک بن شیخ مهری ٣٣٦
سهل بن سنباط ٤٩٩، ٥٠٠	شراحیل ٣٢٣ ح
سهیل بن عمرو ٩١، ٩٥، ٩٦	شرحبیل بن حسنه ٧، ١٢، ٢٢، ٣٧
سیحان بن صوحان ٩ ح	شرحبیل بن ذی الکلاع حمیری ١٩٨، ٢٠٢
سیدالشهدا = حمزة بن عبدالمطلب	شروانشاه ٢٨٦ ح
سید بن انس ٤٦١	شروین (شاه طخارستان) ٣٩٨، ٤٣٦
سیرین (پدر محمد) ١٣ ح	شریح بن حارث کندی ١٧٦، ٢٣٥
سیما دمشقی ٥٠٤، ٥١٢	شریک بن شداد حضرمی ١٦٣
سیما شرابی ٥٠٤	شریک بن عبدالله نخعی ٣٨٧، ٤٠٢، ٤٠٥، ٤٤٠
سیما صعلوک ٥٣٣	شعبة بن حجاج عبدی ٣٨٩، ٤٠٥
سیوطی ١٦ ح، ٢٢ ح، ١٤٤ ح، ١٦٦	شعبة بن حرکان ٥٤٤
	شعبة بن مره ٢٧
ش	شعبی = عامر بن شراحیل
شافعی ٤٠٨ ح	شعیب بن سهل قاضی ٥٠٦
شاهفرید (مادر یزید بن ولید) ٣١٠، ٣١٠ ح	شعیب بن صفوان ٤٤٥
شبث بن ربعی ٩٣	شقیر خادم (ابوصحبه) ٥٣٦، ٥٤٣، ٥٤٦

فهرست اعلام اشخاص

شقیق بن سلمه ۱۷٦، ۲٤۸
شکله ٤٥۷
شمیر خثعمی ۹۸
شنیف خادم ۵۲۰، ٥٤٥
شوذب حروری ۲۷۱، ۲۷۱ح، ۲۷۲
شهرستانی ۱٦ح
شیبان بن عبدالعزیز یشکری = ابودلفا
شیبة بن عثمان ۱٤۰
شیخ مفید ۱۷۰ح
شیر (شاه بامیان) ۳۹۸
شیرویه بن کسری ۳۱۰ح

ص

صاحب اشهب (عنزی خارجی) ۲۹۳ح
صاحب البلاغه = محمد بن لیث
صاحب الرحبه ۱۷۰ح
ساعد (مولای منصور) ۳۸۰
صالح بن ابی جعفر منصور ۳۸٦، ۳۹۰، ۳۹۵، ٤۰٤
صالح بن ابی عبیدالله ٤۰۱
صالح بن صبیح کندی ۳٤۱
صالح بن عبدالقدوس ٤۰۱
صالح بن عجیف بن عنبسه ٥۰۲
صالح بن علی بن عبدالله بن عباس ۲۹۲، ۳۲۳ح، ۳۲٤-۳۲٦، ۳۳۰، ۳۳۲، ۳٥۲، ۳۷۹، ۳۸٤، ۳۸۷، ۳۸۸
صالح بن عمرو ۱۷٤
صالح بن کیسان ۳۲۸
صالح بن محمد ۳۳۹
صالح بن وصیف ٥۳٥ـ ٥۳۸
صالح بن هارون رشید ٤٤۳، ٤۷۳
صالح (پیامبر) ۱۸۲
صالح معتصمی = صالح بن عجیف
صباح ٤۱۸، ٤۱۹
صخر (نیای ابوبکر) ۱
صخر بن حرب = ابوسفیان
صدقة بن ولید ۲٤۸
صدقة بن یسار جزری ۳٤۹، ۳٤۹ح
صعصعة بن صوحان ۷٦، ۱۱۸، ۱۹
صغیر (غلام مهدی) ٤۰٤
صفار = یعقوب بن لیث
صفر بن لیث عتبی ۳٦۲
صفوان بن امیه ٦۹ح
صفوان حاجب ۱۹۳
صفوان عقیلی ٥۳۳
صفیه ٤۰، ۱۷۳
صلت بن حجاج ٤٤٥
صلة بن اشیم عدوی ۱۹۲ح
صوفی = ابراهیم بن محمد
صهیب بن سنان ٥۰، ۷٥ح
صیفی بن فسیل شیبانی ۱٦۳

ض

ضحاک بن قیس حروری ۳۱۳ـ۳۱٥
ضحاک بن قیس فهری ۱۰۲، ۱۰۳، ۱۷٤، ۱۹۷، ۱۹۸
ضرار بن ازور اسدی ٦ح، ۱۰، ۱۰ح

ط

طارق بن ابى زیاد ۲۹۵

طارق بن زیاد ۲۳۹، ۲٤۸ ح، ۲۵۲

طالب الحق = عبدالله بن یحیی کندی

طاوس یمانى ۲۷٤، ۲۸۲، ۳۰٤

طاهر بن ابراهیم ٤۹٤، ٤۹٦، ٤۹۸

طاهر بن حسین بن مصعب بوشنجى ٤۵۲-٤۵۷، ٤٦۳، ٤۷۳، ٤۷۵، ٤۷۷، ٤۹٤، ۵۱٦

طاهر بن عبدالله بن طاهر ۵۰۷، ۵۲٦

طاهر بن محمد بن عبدالله بن طاهر ۵۳٤

طاهر بن محمد صنعانى ٤۸۲، ٤۸۳

طبرسر انشاه ۲۸٦ ح

طرخان (شاه خزر، شاه ترك) ۳٦۲، ۳۹۸

طرخون (شاه سغد) ۱۹۲، ۲۲۰، ۲٤۰، ۲٤۷

طریفة بن حاجز ۱٤، ۱٤ ح

طفیل بن حارثه ۳۱۳ ح

طفیل غنوى ۲ ح

طلب بن حجاج ٤٤۵ ح

طلحة بن حسن ۱۵۹

طلحة بن داود حضرمى ۲۵۱

طلحة بن زریق خزاعى ۳۰۷ ح

طلحة بن طاهر ٤۷۷، ٤۸۵

طلحة بن عبدالله بن خلف خزاعى ۸۲، ۱۹۲

طلحة بن عبیدالله تیمى ۵، ٤۸، ۵۰، ۷۲، ۷٤، ۷۷ - ۸۰، ۸۳، ۸۷، ۸۷ ح، ۸۸، ۱۳۲، ۳۸٦ ح

طلحة بن مالك طائى ۲۷۳

طلحة بن مصرف همدانى ۳۰٤

طلحة الطلحات = طلحة بن عبدالله بن خلف

طلیحة بن خویلد اسدى ٤-٦ ح

طوق بن مالك كربعى ٤۸۸

طیفور بن عبدالله بن منصور حمیرى ٤۱۳

ظ

ظفر بن یمان ۵٤۲

ع

عاتکه (مادر احمد بن عیسى) ٤۳۳ ح

عاتکه (مادر یزید بن عبدالملك) ۲٦۹ ح، ۲۷۵

عامر بن وائل سهمى ٤۵

عاصم بن ولید بن یزید ۳۰۹

عاصم بن جمیل اباضى ۳۸۲

عاصم بن عبدالله بن یزید هلالى ۳۱۱، ۳۱٤

عاصم بن عمر بن خطاب ۵۱، ۲٦۱

عاصم بن عمر بن عبدالعزیز ۲۷٤

عاصم بن عمر بن قتاده ۲۷٤، ۲۸۲، ۳۰٤

عاصم بن عمرو تمیمى ۲٦

عاصم بن عوف بجلى ۱٦۳ ح

عاصم بن یزید هلالى ۳۰۲

عاصم بن یونس عجلى ۳۰۰

عاصم حبشى ۲۷۲ ح

عافیة بن یزید ازدى ٤۰۲

عالیه (دختر عبیدالله بن عباس) ۲۹۲

عامر بن اسماعیل حارثى ۳۲۵ ح، ۳٦۲، ۳٦۳

عامر بن شراحیل شعبى ۲۳۰، ۲۳۲، ۲۳۵، ۲٤۷، ۲٤۸، ۲۷٤

فهرست اعلام اشخاص

عامربن ضباره‌نمری ۳۰۷، ۳۱۴، ۳۱۷، ۳۱۸، ۳۲۰، ۳۲۲، ۳۳۴
عامربن عمارنمری ۴۱۵
عامربن واثله ۱۴۰، ۲۷۲
عایشه ۴۰، ۶۴، ۷۱، ۷۲، ۷۷، ۷۹-۸۱، ۸۳-۸۳، ۸۷، ۸۸، ۱۳۲، ۱۵۵، ۱۶۴، ۱۷۳، ۲۰۴
عایشه (دختر عبدالله‌بن عبدالمدان) ۱۰۷ ح
عایشه (مادر عبدالملک) ۲۱۷
عباد ۹ ح
عبادبن عباد مهلبی ۴۴۰
عبادبن عبدالله‌بن زبیر ۲۰۴
عبادبن محمد ۴۵۴، ۴۵۵
عبادة بن صامت ۳۳
عباس‌بن جریربن یزیدبن جریربن عبدالله بجلی ۴۳۸
عباس‌بن جزءعبسی ۲۳۶، ۲۵۰
عباس‌بن جعفر ۳۷۸
عباس‌بن زفر هلالی ۴۴۱، ۴۶۲
عباس‌بن سعید ۴۱۸
عباس‌بن سعید جوهری ۴۸۹
عباس‌بن عبدالله‌بن جعفربن ابی‌جعفر ۴۴۴
عباس‌بن عبدالله‌بن عباس ۲۰۸
عباس‌بن عبدالمطلب ۳۴، ۳۶-۴۰ ح، ۳۳۱، ۳۳۱، ۳۳۳
عباس‌بن علی ۱۳۹، ۵۴۴
عباس‌بن فضل ۴۲۷
عباس‌بن مأمون ۴۷۹، ۴۸۶، ۴۸۸، ۴۹۴، ۴۹۵، ۵۰۲
عباس‌بن محمدبن علی‌بن عبدالله‌بن عباس ۳۳۰، ۳۷۹، ۳۸۴، ۳۸۷، ۳۸۸، ۴۰۲، ۴۰۷، ۴۴۱
عباس‌بن محمدبن موسی جعفری ۴۶۱
عباس‌بن مسیب‌بن زهیر ۴۹۴
عباس‌بن معتصم ۵۰۵
عباس‌بن موسی‌بن جعفر ۴۲۱
عباس‌بن موسی هادی ۴۱۰، ۴۴۳، ۵۱۲
عباس‌بن موسی‌بن عیسی هاشمی ۴۴۳، ۴۵۹-۴۶۱
عباس‌بن ولید ۲۴۷، ۲۴۸، ۲۴۸ ح، ۲۷۶، ۲۸۱، ۳۰۱، ۳۱۰
عباس‌بن ولیدبن یزید ۳۰۹
عباس‌بن هاشم‌بن باتیجور ۴۸۱
عباس‌بن هیثم‌بن بزرکمهر دینوری ۴۶۹ ح
عباس‌بن یعقوب ۳۹۴
عبدبن حکیم‌بن کون ۴۰۵
عبدالاعلی‌بن احمدبن یزیدبن اسیدسلمی ۴۸۵
عبدالاعلی‌بن سمح معافری ۳۸۲
عبدالجباربن عباس همدانی ۳۵۰، ۳۸۹
عبدالجباربن عبدالرحمان ازدی ۳۴۷، ۳۶۰، ۳۶۱، ۳۸۷
عبدالجباربن یزیدبن عبدالملک ۲۸۱
عبدالحمیدبن ربعی ۳۲۳ ح، ۳۳۰
عبدالحمیدبن عبدالرحمان ۲۷۲ ح
عبدالحمیدبن یحیی منشی ۳۲۵
عبدالحمید مدنی ۴۰۵
عبدربه‌بن عبدالله‌بن عمیر لیثی ۲۴۱
عبدربه بزرک ۲۲۶

عبدربه کوچک ۲۲٦

عبدالرحمان = ابومسلم خراسانی

عبدالرحمان بن ابی بکر، ۱۹، ۱٦۰

عبدالرحمان بن ابی بکره ۱٤٥

عبدالرحمان بن ابی لیلی ۲۳٥، ۳٤۷

عبدالرحمان بن اسحاق ٤۹۷

عبدالرحمان بن ام حکم ۱٤۲، ۱٦٤، ۱٦٥

عبدالرحمان بن بدیل بن ورقاء خزاعی ۸۰

عبدالرحمان بن جبله ٤٥۳

عبدالرحمان بن جبیر ۳۰٤

عبدالرحمان بن جحدم فهری ۱۹۷، ۱۹۹

عبدالرحمان بن حاطب ۱۷٦، ۲٤۸

عبدالرحمان بن حبیب ازدی ٤۸٥، ٤۸۹، ٥۲۷

عبدالرحمان بن حبیب بن ابی عبیدة بن عقبة بن نافع فهری ۳٤۰، ۳٤۰ح

عبدالرحمان بن حرملة اسدی ۳٤۹

عبدالرحمان بن حسان عنزی ۱٦۳

عبدالرحمان بن حسل جمحی ٦۹ح

عبدالرحمان بن حسن ۱٥۹

عبدالرحمان بن حصین بن سوید ۹۲

عبدالرحمان بن حمید کلبی ۳۰۹

عبدالرحمان بن حنبل صحابی ٦۹، ٦۹ح

عبدالرحمان بن حیان مری ۲٥۲

عبدالرحمان بن خاقان ٥۱۸

عبدالرحمان بن خالد بن ولید ۱٥۳، ۱۷٥

عبدالرحمان بن ذکوان ۳۲۸

عبدالرحمان بن زیاد ۱۷۱، ۱۷۱ح، ۱۷۲

عبدالرحمان بن سائب ۱۷۰ح

عبدالرحمان بن سعید بن قیس همدانی ۲۰۲

عبدالرحمان بن سکن ۳٦۰

عبدالرحمان بن سلیمان بن عبدالملک ۲٦۰

عبدالرحمان بن سلیمان کلبی ۲۸۲

عبدالرحمان بن سمرة بن حبیب بن عبدشمس بن عبد مناف بن قصی ٥۹، ٥۹ح

عبدالرحمان بن شبیب ۱۰٤

عبدالرحمان بن ضحاک بن قیس فهری ۲۷۸، ۲۷۹، ۲۸۱

عبدالرحمان بن عباس بن ربیعة هاشمی ۲۳۰، ۲۳۱

عبدالرحمان بن عباس بن عبدالمطلب ۱٥۳

عبدالرحمان بن عبدالله بن عباس ۲۰۸

عبدالرحمان بن عبدالله عمری ٤٤٤

عبدالرحمان بن عبدالملک بن صالح ٤۳٤، ٤٤۸

عبدالرحمان بن عبیدالله بن عباس ۱۰۷

عبدالرحمان بن عثمان ثقفی ۲۱۸

عبدالرحمان بن عدیس بلوی تجیبی ۷۰، ۷۱ح، ۷۲

عبدالرحمان بن علی بن عبدالله بن عباس ۲۹۲

عبدالرحمان بن عمر ٥۱

عبدالرحمان بن عمر بن عبدالعزیز ۲۷٤

عبدالرحمان بن عمرو اوزاعی ۳٥۰، ۳۸۹، ٤۰۹

عبدالرحمان بن عوف ۱۷، ٤۱ح، ٤٦، ٥۰، ٥۳، ٦۳، ۷۳، ۸۷ح

عبدالرحمان بن مالک ٤۰٥

عبدالرحمان بن محمد بن اشعث بن قیس ۲۲۹، ۲۳۱-۲۷٦

عبدالرحمان بن مسلم باهلی ۲٤۲

فهرست اعلام اشخاص

عبدالرحمان بن مسهر ٤٥٩
عبدالرحمان بن مصاد ٣١٠
عبدالرحمان بن ملجم مرادی ١٣٨، ١٣٩، ١٤١، ١٤٩، ٣٤٦ ح
عبدالرحمان بن نعیم غامدی ٢٦٢، ٢٦٣
عبدالرحمان بن ولید ٢٤٨
عبدالرحمان بن هشام ٣٠١
عبدالرحمان بن یزید نخعی ٢٣٥
عبدالرحمان بن یسار ٦٢
عبدالرحمان بطریق ٤٨٢
عبدالرحمان عتبی قینی ١٧٥، ١٧٥ ح
عبدالرحمان (والی سند) ٤١٤
عبدالسلام بن عبدالملک دمشقی ٤٠٥
عبدالسلام جذامی ٤٨٧
عبد شمس بن امیه ٣٣٨
عبدالصمد بن علی بن عبدالله بن عباس ٢٩٢، ٣٢٣ ح، ٣٣٠، ٣٥٣، ٣٥٤، ٣٥٧، ٣٧٨، ٣٨٧، ٣٨٨، ٤١٣، ٤٤١، ٤٤٣
عبدالعزیز بن ابی حازم ٤٠٥، ٤٤٤
عبدالعزیز بن ابی رواد ٣٨٨
عبدالعزیز بن حاتم بن نعمان باهلی ٢٦٣
عبدالعزیز بن حجاج بن عبدالملک ٣١١، ٣١١ ح، ٣١٣
عبدالعزیز بن عبدالصمد ٤٤٥
عبدالعزیز بن عبدالله بن خالد بن اسید ٢٦٠
عبدالعزیز بن عبدالله بن عمرو بن عثمان بن عفان ٣١٥
عبدالعزیز بن علی بن عبدالله بن عباس ٢٩٢
عبدالعزیز بن عمر بن عبدالعزیز ٢٧٤، ٣١١، ٣١١ ح، ٣١٢، ٣٢٧
عبدالعزیز بن عمران طائی ٤٦٩
عبدالعزیز بن محمد درآوردی ٤٤٤
عبدالعزیز بن مروان ١٩٩، ٢٠٠، ٢٢١، ٢٢٨، ٢٣٢، ٢٣٣، ٢٦٩، ٢٦٩ ح
عبدالعزیز بن وزیر جروی ٤٦٠-٤٦٢
عبدالعزیز بن ولید ٢٤٣، ٢٤٨، ٢٦١
عبدالقاهر (عبدالقهار) ٣٩٨، ٣٩٨ ح
عبدالکبیر بن عبدالحمید ٤٣٧
عبدالکریم بن سلیط بن عطیة حنفی ٢٩٩، ٣٢٨، ٣٥٠
عبدالکریم حجبی ٤٢٧
عبدالکعبه = عبدالرحمان بن سمره
عبدالله بن ابی بردة بن ابوموسی اشعری ٢٨٩
عبدالله بن ابی بکر ١٨
عبدالله بن ابی بکر بن محمد بن عمرو بن حزم ٢٧٤، ٢٨٢
عبدالله بن ابی رافع ٩١
عبدالله بن ابی ربیعه ٥٢
عبدالله بن ابی سرح = عبدالله بن سعد بن ابی سرح
عبدالله بن ابی عبدالله کرمانی ٢٤٢
عبدالله بن ابی نجیح ٣٠٤، ٣٢٨
عبدالله بن ادریس اودی ٤٤٥
عبدالله بن اسحق بن ابراهیم ٥١٧، ٥٣٠
عبدالله بن اصلم کندی ٤٤٥
عبدالله بن امیة بن عبدالله ٢٢١، ٢٤١
عبدالله بن اهتم تمیمی ٢٥٣
عبدالله بن بدیل بن ورقاء خزاعی ٤٦، ٨٠

عبدالله بن سعد بن ابی سرح ٥٦، ٥٨، ٦٩، ٧١، ٧٣	عبدالله بن بسام ٣٢٣ ح، ٣٣٠
عبدالله بن سعید حرشی ٤٦٤	عبدالله بن جارود ٤١٦
عبدالله بن سلام ٧٤ ح، ٧٥ ح	عبدالله بن جعفر بن ابیطالب ٦٧، ٢٢٨، ٢٢٩، ٢٩٢
عبدالله بن سلیمان بن عبدالملك ٢٦٠	
عبدالله بن سلیمان بن علی ٤٠٠	عبدالله بن جعفر بن محمد ٣٧٨
عبدالله بن سوار ١٦٨، ١٦٨ ح	عبدالله بن جعفر مدینی ٤٤٤
عبدالله بن شبرمه ٣٤٧، ٤٤٥	عبدالله بن جلیس هلالی ٤٨٧
عبدالله بن شبیل احمسی ١١٥، ١١٦	عبدالله بن حارث ٨٩
عبدالله بن شجرهٔ کندی ٣١١	عبدالله بن حسن بن حسن ٢٦٩ ح، ٢٧٩ ح، ٣٢٩، ٣٤٥، ٣٤٦، ٣٥٩، ٣٦٠، ٣٦٠ ح، ٣٦٦
عبدالله بن شخیر ١٧٦، ١٧٦ ح	
عبدالله بن ساعد ٤٧٢، ٥٠٩	عبدالله بن حمید بن قحطبهٔ طائی ٤٥٤
عبدالله بن صالح بن علی بن عبدالله بن عباس ٣٣٠، ٣٧٩	عبدالله بن حنظلة بن ابی عامر انصاری ١٩١
	عبدالله بن حویة سعدی ١٦٣ ح
عبدالله بن صفوان جمحی ٣٨٧	عبدالله بن خازم ٥٩، ٦٠، ١٤٥، ١٩٢، ١٩٣، ١٩٧، ٢٢٠، ٤٠٩، ٤٤٢، ٤٥٨
عبدالله بن طاوس ٣٤٩	
عبدالله بن طاهر ٤٧٦، ٤٨٠، ٤٨١، ٤٨٥، ٤٩٤، ٤٩٦، ٥٠٣، ٥٠٧، ٥٠٨	عبدالله بن خالد بن اسید ٦٢
	عبدالله بن خباب بن ارت ٩٤
عبدالله بن عامر بن کریز ٥٩، ٦٠-٦٢، ٦٤، ٧٣، ١٤٢، ١٤٥، ١٤٧، ١٦٠، ١٦٨ ح	عبدالله بن خلف خزاعی ٨٢
	عبدالله بن دراج ١٤٥
عبدالله بن عامر ٢٣٠، ٢٤١ ح	عبدالله بن دینار ٢٧٤، ٢٨٢
عبدالله بن عامر نبهی ٢٨٩	عبدالله بن ربیع حارثی ٣٦٣، ٣٨٦، ٣٩٤، ٤٢٧
عبدالله بن عامر همدانی ١٩٣	عبدالله بن رباح ١٩٣
عبدالله بن عباس (ابن عباس، پسر عباس) ٤٧-٤٩، ٥٢، ٧٣، ٨١، ٩٠، ٩٢، ٩٤، ٩٥، ١٢١، ١٢٢، ١٤٠، ١٤٨، ١٥٧، ١٥٥، ١٧٢، ١٧٦، ١٨٥، ١٨٦، ٢٠٣، ٢٠٥، ٢٠٧، ٢٠٨، ٢٠٨ ح، ٢٣٥، ٢٤٦، ٢٤٨، ٢٧٤	عبدالله بن زبیر (ابن زبیر، پسر زبیر) ٥٨، ٧٩، ٨١، ١٤٨، ١٦٠، ١٧٧، ١٨٤ - ١٨٧، ١٩١-١٩٣، ١٩٧-١٩٩ ح، ٢٠١، ٢٠٣-٢٠٧ ح، ٢٠٩، ٢١٠، ٢١٣ - ٢١٧، ٢٢٠-٢٢٢، ٢٢٤، ٢٣٣
	عبدالله زید ٢٤٩، ٢٧٤
عبدالله بن عباس بن محمد ٤٤٣	

فهرست اعلام اشخاص

عبدالله بن عباس بن موسی بن عیسی هاشمی ٤٦٠، ٤٦١
عبدالله بن عبدالاعلی ١٣ ح
عبدالله بن عبدالحمید بن عبدالله بن عبدالعزیز بن عبدالله بن عمر بن خطاب ٥٣٩
عبدالله بن عبدالرحمن ٣٤٩ ح
عبدالله بن عبدالمدان حارثی ١٠٧، ١٠٧ ح
عبدالله بن عبدالملك ٢٣٣، ٢٣٤ ح، ٢٧٢، ٣٢٤، ٣٨٣
عبدالله بن عبیدالله بن عباس ٣٦٨
عبدالله بن عثمان بن خیثم ٣٤٩
عبدالله بن عثمان بن عامر = ابوبکر
عبدالله بن عضاه اشعری ١٨٥، ١٨٥ ح
عبدالله بن عقیل ثقفی ١٥١
عبدالله بن علی بن ابیطالب ٢٥ ح، ١٣٩،
عبدالله بن علی بن الحسین ٢٦٧
عبدالله بن علی بن عبدالله بن عباس ٢٩٢، ٣٢٣ ح، ٤٢٤، ٣٣٠، ٣٣٧، ٣٤٠-٣٤٩، ٣٥١-، ٣٥٤، ٣٥٧، ٣٥٨
عبدالله بن علی بن عبدالله بن عباس (عبدالله اصغر) ٢٩٢، ٣١٢
عبدالله بن علی بن عبدالله بن عباس (عبدالله اوسط) ٢٩٢
عبدالله بن علی مرادی ٤٠٨
عبدالله بن عمر ٤٠، ٥٠، ٥١، ٧٣-٧٥ ح، ٩٢، ١٤٨، ١٦٠، ١٦٢، ١٦٦، ١٧٦، ١٨٥، ٢٠١، ٢١٥، ٢٣٥، ٢٥٨، ٢٧٤، ٣٠٤
عبدالله بن عمر بازیار (نازیار) طبرستانی ٢٦٩ ح، ٢٧٠ ح
عبدالله بن عمر بن حفص بن عاصم بن عمر بن خطاب

عبدالله بن عمر بن عبدالعزیز ٢٧٤، ٣١٣
عبدالله بن عمر لیثی ١٩١، ٢٧٨ ح
عبدالله بن عمر بن ولید ٢٦٠
عبدالله بن عمر و بن عاص ٨٤، ٨٥، ٩٢، ١٥١
عبدالله بن عمرو بن عثمان بن عفان ٢٥٢
عبدالله بن عمرو حضرمی ٧٣
عبدالله بن عون مزنی ٣٨٩
عبدالله بن قنفذ تیمی ٦٩
عبدالله بن قیس ٤٤ ح، ١٧٦
عبدالله بن قیس = ابوموسی اشعری
عبدالله بن لهیعة حضرمی ٣٨٧، ٤٠٢، ٤٠٥،
عبدالله بن مالک خزاعی ٤٠٢، ٤٠٩، ٤١٩، ٤٣٦، ٤٤٢، ٤٨٢
عبدالله بن محرز ٣٨٩
عبدالله بن محمد امین ٤٥٨، ٥١٢
عبدالله بن محمد بن ابراهیم زینبی ٤٠٠
عبدالله بن محمد بن داود هاشمی ٥١٢
عبدالله بن محمد بن علی بن ابیطالب (ابوهاشم) ٢٥٥-٢٥٧، ٢٩٩، ٣٤٨ ح
عبدالله بن محمد بن علی بن الحسین ٢٩١
عبدالله بن محمد بن علی بن عبدالله بن عباس = ابو جعفر منصور
عبدالله بن محمد بن علی بن عبدالله بن عباس = ابو العباس سفاح
عبدالله بن محمد بن عمران تیمی ٤٠٢
عبدالله بن مروان بن حکم ٢٠٠، ٣١٤
عبدالله بن مروان بن محمد ٣٢٥-٣٢٧، ٣٣٢، ٣٩٤

عبدالله بن مسعدة بن حذيفة بن بدر فزاري ١٠٣، ١٠٤، ١٧٥، ١٩١
عبدالله بن مسعود ١٩، ٣٧، ٤١ ح، ٥١، ٥٥، ٦٤، ٦٥، ٧٣
عبدالله بن مصاد اسدى ٤٨٦
عبدالله بن مصعب زبيرى ٤١٨
عبدالله بن مطيع ١٩٧، ٢٠١، ٢٠٢
عبدالله بن معاوية بن ابى سفيان ١٧٤
عبدالله بن معتز ٥٣٧، ٥٣٩
عبدالله بن معمر يشكرى ٢٦٢
عبدالله بن موسى بن جعفر ٤٢١
عبدالله بن موسى لخمى ٢٨٠
عبدالله بن موسى هادى ٤١٠
عبدالله بن مهدى ٤٢٧
عبدالله بن نمير ٤٥٩
عبدالله بن وائق ٥١١
عبدالله بن وهب راسبى ٩٣
عبدالله بن هارون = مأمون
عبدالله بن هشام ٣٠١
عبدالله بن هيثم بن سام ٤٢٢
عبدالله بن يحيى كندى ٣١٥، ٣٢٧، ٣٢٧
عبدالله بن يزيد بن عبدالملك ٣٢٤
عبدالله بن يزيد بن معاويه ١٩٣
عبدالله بن يزيد حكمى ٢٣٣
عبدالله (برادر بابك) ٥٠٠
عبدالله = بطال
عبدالله طائى ٣٢٣ ح
عبدالله = نيزك طرخون

عبدالمطلب ١٨٩
عبدالملك بن جحاف سلمى ٤٦١، ٤٨٣
عبدالملك بن جريج ٣٤٩، ٣٨٨
عبدالملك بن خليفة حرشى ٤٣٨
عبدالملك بن شهاب مسمعى ٣٩٨
عبدالملك بن صالح بن على هاشمى ٤١٦، ٤٣٣-٤٣٥، ٤٤٤، ٤٤٧، ٤٤٨، ٤٥٥
عبدالملك بن عثمان ٧٣
عبدالملك بن عطية سعدى ٣١٥، ٣١٦
عبدالملك بن على بن عبدالله بن عباس ٢٩٢
عبدالملك بن عمير بن سويد لخمى ٢١٢ ح
عبدالملك بن عمير ليثى ٣٢٨، ٣٤٩
عبدالملك بن محمد بن عطية سعدى ٣٢٧، ٣٢٧ ح
عبدالملك بن مروان ٧٤، ١١٢ ح، ١٤٤ ح، ١٩٧ ح، ٢٠٠، ٢٠١، ٢٠٤، ٢٠٥، ٢١١-٢١٣، ٢١٧-٢٢٥، ٢٢٨، ٢٣٠، ٢٣٢ - ٢٣٦، ٢٥٨، ٢٦٦، ٢٦٧، ٢٧٠، ٢٧٥، ٢٨٣ ح، ٢٨٨ ح
عبدالملك بن مروان بن محمد ٣٢٥، ٣٨٤
عبدالملك بن مسلم عقيلى ٢٨٥
عبدالملك بن ميسرة هلالى ٢٧٤، ٢٨٢، ٣٠٤
عبدالملك بن يزيد (ابوعون) ٣٢١، ٣٢٥ ح
عبدالملك بن يعلى ليثى ٢٧٤
عبدالمنعم بن نعيم ٤٤٠
عبدالواحد بن سلامة طحلازى ٤٩٤
عبدالواحد بن سليمان بن عبدالملك ٢٦٠، ٣١٥، ٣٢٧
عبدالواحد بن عبدالله بن بشر نصرى ٢٧٩، ٢٨١
عبدالواحد بن عمر بن هبيره ٣٢٣

فهرست اعلام اشخاص

عبدالواحد بن يحيى ٥١٦
عبدالوارث بن حبيب ٣٤٠ح
عبدوس بن محمد بن ابى خالد ٤٦٣
عبدالوليد بن هشام ٢٨١
عبدالوهاب بن ابراهيم بن محمد بن على بن عبدالله بن عباس ٣٢٣ح، ٣٣٠، ٣٧٩، ٣٨٧
عبدالوهاب بن بخت ٣٠٣ح
عبدالوهاب ثقفى ٤٥٩
عبدوية بن جبله ٤٨٧
عبدى = محمد بن حصين
عبيد بن ابى سبيع ٢٣١
عبيد (پدرزياد) ١٤٧، ١٤٨، ١٧٨
عبيدالله بن ابى بكره ١٦٥، ٢٤٠ح
عبيدالله بن حبحاب ٢٨٧
عبيدالله بن حسن ١٥٩
عبيدالله بن حسن علوى ٤٧٤
عبيدالله بن حسن عنبرى ٤٠٢، ٤٤٥
عبيدالله بن زياد ١٧٠، ١٧١، ١٧٨، ١٧٩، ١٨١، ١٨٢، ٢٠٠–٢٠٣، ٢١٢، ٢١٧
عبيدالله بن زياد بن ظبيان ٢١٢، ٢١٢ح
عبيدالله بن سرى ٤٧٦، ٤٧٧، ٤٨١
عبيدالله بن عباس ٧٧، ١٠٥، ١٠٧، ١٤١، ٢٩٢
عبيدالله بن عبدالرحمان ازدى ٣٦١
عبيدالله بن عبدالله بن طاهر ٥٣٤
عبيدالله بن عبدالله بن عتبة بن مسعود ٢٧٤، ٣٠٤
عبيدالله بن (عبدالله بن) عبدالمدان حارثى ٢٧٢، ٣٢٩
عبيدالله بن على ١٣٩، ٢٠٩
عبيدالله بن على بن عبدالله بن عباس ٢٩٢

عبيدالله بن عمر ٥١، ٥٥، ٧٠
عبيدالله بن عمر بن عبدالعزيز ٢٧٤
عبيدالله بن مأمون ٤٩٤
عبيدالله بن محمد بن على بن الحسين ٢٩١
عبيدالله بن مروان ٢٠٠
عبيدالله بن مروان بن محمد ٣٢٥
عبيدالله بن معمر تيمى ٥٩
عبيدالله بن موسى بن جعفر ٤٢١
عبيدالله بن مهدى ٤٠٤، ٤٢٧ح، ٤٣٧ح
عبيدالله بن يحيى بن خاقان ٥١٨، ٥٢٢، ٥٢٣، ٥٢٧، ٥٤١
عبيدالله بن يزيد خطمى ١٧٦، ٢٣٥
عبيدة بن عبدالرحمان قيسى ٢٨٧، ٢٨٧ح
عبيدة بن قيس سلمانى ١٧٦، ٢٣٥
عتاب بن اسيد ١٩
عتاب بن عتاب ٥١٥، ٥١٩
عتبة بن ابى سفيان ١٥١، ١٧٤، ١٧٥
عتبة بن اخنس سعدى ١٦٣ح
عتبة بن حميد ضبى ٤٤٥ح
عتبة بن ربيعة بن عبد شمس ١٤٣
عتبة بن غزوان ٢٦، ٢٩، ٢٩ح، ٧٣
عتبة نميرى ٢٢٠
عثمان (؟) ٥٠٧
عثمان بن ابى العاص ثقفى ١٤، ١٩، ٥٧
عثمان بن اسود ٣٤٩، ٣٨٨
عثمان بن افكل ٤٦١
عثمان بن ثمامة عبسى ٤٦٢
عثمان بن حنيف ٣٩، ٤٠، ٧٧، ٧٩، ٨٠، ٢٨٠

تاریخ یعقوبی ۵۸۴

عثمان بن حیان مری ۲۴۶، ۲۵۲، ۲۷۸، ۲۷۹، ۲۸۲، ۳۶۶	عرفجة بن هرثمة ازدی ۲۵، ۲۷
عثمان بن زیاد ۳۲۱	عرق الموت = حسین خادم
عثمان بن سلیمان بن عبدالملک ۲۶۰	عروة بن عدیة تمیمی ۹۲
عثمان بن عروة بن محمد بن عمار بن یاسر ۳۱۸	عروة بن زبیر ۱۷۶، ۲۳۵، ۲۴۸
عثمان بن عفان (ابوعمرو) ۵، ۱۳ ح، ۱۷، ۳۱، ۴۱ ح، ۴۶، ۴۸-۵۱، ۵۳-۷۳، ۷۵-۷۸، ۸۰، ۸۶، ۸۷، ۸۷ ح، ۹۲، ۱۵۰-۱۵۳، ۱۹۸	عروة بن ولید صدفی ۳۴۰
	عزّه (دختر جمیل) ۲۶۸ ح
	عزیزة خفافی ۵۰۸
عثمان بن عفان ثقفی ۱۶۷	عصمة بن ابو عصمة سبیعی ۴۰۱، ۴۰۸
عثمان بن علی ۱۳۹	عصمة بن مقشعر ۳۱۳ ح
عثمان بن علی (عثمان اصغر) ۱۳۹	عصمة کردی ۴۹۸
عثمان بن علی بن عبدالله بن عباس ۲۹۲	عطاء بن ابی رباح ۲۷۴، ۲۸۲، ۳۰۴
عثمان بن عمر بن عبدالعزیز ۲۷۴	عطاء بن یزید ۴۴۰
عثمان بن عمر تمیمی ۳۸۷	عطاء بن یسار ۱۷۶، ۲۳۵، ۲۴۸
عثمان بن محمد بن ابی سفیان ۱۷۵، ۱۸۹	عطیة بن اسود حنفی ۲۲۶
عثمان بن مروان ۲۰۰	عطیة بن سعد بن جنادة عوفی ۲۳۰ ح
عثمان بن مظعون ۴۱	عطیة بن عبدالرحمان ۲۹۶
عثمان بن مقبل ۵۱۳ ح	عطیه (مولای منصور) ۳۸۰
عثمان بن نهیک ۳۵۰، ۳۸۷	عقبة بن ابی معیط ۴۱
عثمان بن ولید ۳۰۵	عقبة بن ابی هلال نمری ۱۳
عثمان بن ولید بن یزید ۳۰۹، ۳۱۳	عقبة بن اسلم (سلم) هنائی ۳۷۹، ۳۸۱، ۳۹۶، ۷
عجیف بن عنبسه ۴۸۹ - ۴۹۱، ۴۹۴، ۴۹۶، ۵۰۲، ۵۰۴	عقبة بن عمرو ۷۴، ۷۷
	عقبة بن قدامة تجیبی ۲۸۷
عدی بن ارطاة فزاری ۲۶۲، ۲۷۴ - ۲۷۶	عقبة بن مسلم ۳۶۴
عدی بن حاتم ۵۷، ۱۰۱، ۱۰۲، ۱۶۶	عقبة بن نافع فهری ۴۵، ۶۱
عدی بن عبدالله ۴۴۰ ح	عقیل بن ابی طالب ۴۰
عذاب = میمون مولای حوشب	عکاشة بن ایوب فزاری ۲۸۸
عرفجة بارقی ازدی ۹ ح	عکاشة بن محصن ۶ ح
	عکرمة بن ابی جهل ۹ ح، ۱۱

فهرست اعلام اشخاص

عکرمه (مولای ابن عباس) ٢٤٨، ٢٧٤
عکی = مقاتل بن حکیم
علاء بن حضرمی ٩، ١٤، ١٩
علاء بن زیاد ٢٤٩
علاء (مولای منصور) ٣٨٠
علانه ١٣ ح
علقمة بن عبدالرحمان حکمی ٢٢٥
علقمة بن عبدالله مزنی ٢٧٤
علقمة بن قیس خثعمی ١٧٦
علقمة بن مجزز مدلجی ٤٤
علی بن ابی سعید ٤٦٣، ٤٦٩
علی بن ابی طالب ١٢١، ١٢٢، ١٣٢، ١٣٧-
١٤١، ١٤٤، ١٤٦، ١٤٩، ١٥٢، ١٥٣،
١٦٢، ١٦٣، ١٧٠، ١٨٠، ١٩٨، ٢٠٦،
٢٠٨، ٢٣٣ ح، ٢٥٦، ٢٦٨، ٢٦٩، ٢٧١،
٢٧٢، ٢٩٢، ٣٢٩، ٣٣١، ٣٣٦ ح، ٣٤٩ ح،
٣٦١ ح، ٣٧٩، ٤٤٣ ح، ٤٤٦، ٤٧٣،
٤٩٢، ٤٩٣
علی بن بهلول ٤٦٢، ٤٧٤
علی بن جراح خزاعی ٤٤٧
علی بن جعفر بن اسحاق بن علی بن عبدالله بن جعفر بن ابی طالب ٤٦١ ح
علی بن جعفر ٣٧٨
علی بن الحسین (امام) ١٧٩، ١٨٢، ١٨٤،
١٩٠، ٢٠٢، ٢٠٣، ٢٣٧، ٢٦٣ ح، ٢٦٤،
٢٦٧، ٢٦٩ ح
علی اصغر ١٨٤
علی اکبر ١٨٤

علی بن حسین بن سباع قیسی ٥٠٠
علی بن حسین بن قریش بخاری ٥٣٠، ٥٣٦
علی بن ریطه ٤٠٤
علی بن سلیمان بن علی ٣٩٩، ٤٠٠
علی بن صالح ٤٩٤
علی بن ظبیان ٤٤٠
علی بن عاصم ٤٥٩
علی بن عبدالعزیز جروی ٤٧٦، ٤٧٧، ٤٨١، ٤٨٢
علی بن عبدالله بن خالد بن یزید بن معاویه ٤٥٤
علی بن عبدالله بن عباس ٢٠٨، ٢٢٤، ٢٤٦، ٢٩١،
٢٩٢، ٣٢٣ ح، ٣٣٠، ٣٤٠، ٣٥٦، ٣٥٧
علی بن عبدالله بن مصاد اسدی ٤٨٦
علی بن علی بن الحسین ٢٦٧
علی بن عیسی بن ماهان ٤٠٩، ٤٣٦، ٤٤٠، ٤٤٩-
٤٥٣
علی بن عیسی (عامل خراج) ٥١٦، ٥١٧
علی بن مأمون ٤٩٤
علی بن محمد بن علی بن الحسین ٢٩١
علی بن محمد بن علی الرضا بن موسی بن جعفر بن محمد (امام هادی) ٥١٢، ٥٣٥
علی بن محمد بن عیسی بن نهیک ٤٥٦
علی بن محمد (یاغی بصره) ٥٤٢-٥٤٥
علی بن مرطائی ٤٦١
علی بن مسهر ٤٠٠، ٤٤٥
علی بن معتصم ٥٠٠
علی بن موسی بن جعفر (رضا) ٤٢١، ٤٦٥-٤٦٧،
٤٦٩، ٤٧١
علی بن مهدی ٤٠٤

علی بن نوح ۵۳۷	۲۸۰، ۲۸۲، ۴۹۱، ۴۹۲
علی بن واثق ۵۱۱	عمر بن دینار ۳۰۴
علی بن هارون رشید ۴۴۳، ۴۵۹	عمر بن سعد بن ابی وقاص ۱۷۹، ۲۰۳
علی بن هاشم فقیه ۴۴۵	عمر بن سلیمان بن عبدالملک ۲۶۰
علی بن هشام ۴۷۱، ۴۸۵، ۴۸۹، ۴۹۰، ۴۹۴	عمر بن عامر سلمی ۳۸۷
علی بن یحیی ارمنی ۴۸۶، ۵۰۰، ۵۲۰ ح، ۵۲۸	عمر بن عبدالرحمان ازدی ۳۶۰، ۳۸۷
علی بن یقطین ۴۰۲، ۴۰۳	عمر بن عبدالعزیز ۲۳۷، ۲۳۸، ۲۴۷، ۲۴۸، ۲۵۰، ۲۵۸، ۲۵۹، ۲۶۱ - ۲۶۳، ۲۶۷ -
عمار بن عبدالعزیز جشمی ۲۲۰ ح	۲۷۰، ۲۹۵ ح، ۳۰۴ ح
عمار بن عمیر لیثی ۲۳۵	عمر بن عبدالعزیز سامی ۵۲۰
عمار بن یاسر ۴۳، ۶۵، ۶۷، ۶۹، ۷۹، ۸۹، ۳۱۸	عمر بن عبدالله اقطع ۵۲۷
عمارة بن تمیم لخمی ۲۳۱	عمر بن عبدالله بن عبدالملک بن مروان ۳۱۱
عمارة بن حمزه ۳۸۰	عمر بن عبیدالله بن معمر تمیمی ۵۹، ۱۹۲، ۲۲۲
عمر بن ابی خالد حمیری ۴۱۸	عمر بن عثمان ۷۳
عمر بن ابی ربیعة مخزومی (عمرو بن ابی ربیعه) ۲۱۰، ۲۱۰ ح	عمر بن علا ۳۸۳، ۳۹۸
عمر بن ابی سلمة مخزومی ۱۱۲، ۱۲۲ ح	عمر بن علی ۱۳۹، ۵۳۹
عمر بن اسماعیل حارثی ۳۲۵	عمر بن عمیش بن مسعود ۱۰۲، ۱۰۲ ح
عمر بن ایوب کنانی ۴۳۷	عمر بن فرج رخجی ۴۷۶، ۴۷۷، ۵۰۸، ۵۱۱، ۵۱۳
عمر بن جمیع ۴۴۵	
عمر بن حسن ۱۵۹	عمر بن مروان ۲۰۰
عمر بن حفص بن عثمان بن ابوصفره ۳۶۳، ۳۶۴، ۳۶۴ ح، ۳۸۰	عمر بن مسلمة ارحبی ۱۱۷، ۱۱۷ ح
	عمر بن ولید ۲۴۷، ۲۴۸، ۲۴۸ ح، ۳۱۰
عمر بن حفص مهلبی = عمر بن حفص بن عثمان	عمر بن هبیرة فزاری ۲۵۸-۲۶۰، ۲۷۸، ۲۷۸ ح، ۲۸۰، ۲۸۱، ۲۹۵
عمر بن خطاب ۱، ۲، ۶، ۱۰، ۱۲، ۱۵، ۱۷ - ۲۶، ۲۹-۳۷، ۳۹-۴۷، ۴۹، ۵۷، ۵۹، ۶۶، ۷۰، ۷۱، ۸۴، ۸۷، ۹۲، ۹۳، ۱۲۸، ۱۴۶، ۱۵۰، ۱۵۱، ۱۷۳، ۱۹۶، ۲۶۴،	عمر بن یزید ۳۸۸
	عمران بن اسماعیل (ابوالنجم) ۳۰۷ ح
	عمران بن خالد ۴۴۵
	عمران بن فضیل برجمی ۶۰، ۱۹۲

فهرست اعلام اشخاص

عمران بن موسی بن یحیی بن خالد برمکی ۴۷۸، ۵۰۷
عمران بن مهران ۵۳۲، ۵۳۴
عمره (خواهر شاه کنده) ۱۱ ح
عمرو بن اعین (مولای خزاعه) ۳۰۷ ح
عمرو بن بجیر ۲۸۹
عمرو بن جرموز تمیمی ۸۱، ۱۵۳
عمرو بن حمق خزاعی ۷۲، ۱۶۲ - ۱۶۵
عمرو بن دینار ۳۲۸
عمرو بن زبیر ۲۱۰
عمرو بن زرارهٔ قسری ۳۰۶
عمرو بن سعید بن عاص ۱۲، ۱۹۴، ۱۹۸، ۲۰۰، ۲۰۱، ۲۱۰، ۲۱۸، ۲۱۹
عمرو بن سفیان = ابوالأعور سلمی
عمرو بن سلیمان بن عبدالملک ۲۶۰
عمرو بن شرحبیل ۱۷۶
عمرو بن عائذ بن عمران بن مخزوم ۳۵۹
عمرو بن عاص ۳، ۳ ح، ۴، ۱۲، ۲۱، ۲۲، ۲۴، ۳۱-۳۴، ۴۱ ح، ۴۲، ۴۵، ۴۶، ۵۱، ۵۲، ۵۶، ۷۰، ۷۲، ۸۳، ۸۴، ۸۶، ۸۷، ۸۹ - ۹۲، ۹۸، ۹۹، ۱۳۸، ۱۵۰، ۱۵۱، ۱۶۱، ۱۶۷، ۱۷۴
عمرو بن عبدود ۴۸
عمرو بن عبید ۳۵۰، ۳۸۹
عمرو بن عتبة بن فرقد ۱۷۶
عمرو بن عثمان بن عفان ۷۳، ۱۵۸، ۲۲۲، ۲۶۹ ح
عمرو بن قیس کندی ۲۵۸، ۲۶۰، ۲۶۳، ۲۷۴، ۲۷۴ ح، ۳۸۹

عمرو بن لحی ۲۶۸ ح
عمرو بن مالک خزاعی ۶۰
عمرو بن محمد بن قاسم ثقفی ۲۸۵، ۲۹۵، ۲۹۶، ۳۰۸
عمرو بن مرة جهنی ۱۷۶
عمرو بن مسعده ۴۸۰، ۴۸۱، ۴۸۸
عمرو بن مسلم ۲۴۰
عمرو بن میمون اودی ۱۷۶، ۲۳۵
عمرو بن هشام فقیه ۴۴۵
عمرو بن یزید جهنی ۱۷۶
عمرو حزون ۴۸۲
عمرو یشکری ۲۹۳ ح
عمری = احمد بن محمد
عمیر (از اسیران عین التمر) ۱۳ ح
عمیر بن سعد انصاری ۵۲
عمیر بن عباد کنانی ۹۱
عمیر بن ولید ۴۸۷
عمیس خثعمی ۱، ۱۸، ۴۱، ۱۳۹
عنبسة بن اسحاق ضبی ۵۰۷، ۵۱۵، ۵۱۷
عنبسة بن سعید ۲۱۹
عنبسة بن عبدالملک ۲۳۳
عنزی (بختری) ۲۹۳ ح
عوام بن یزید بن عبدالملک ۲۸۱
عون بن عبدالله بن عتبة بن مسعود ۴۴۵، ۴۰۹
عیاض بن حارث ۱۷۶
عیاض بن عمرو ۲۳۰
عیاض بن غنم فهری ۳۶، ۳۷
عیاض بن همیان بن هشام سدوسی ۲۳۰

عیاض حرشی مذحجی ۱۹۹
عیسی‌بن ابراهیم‌بن نوح ۵۳۶ - ۵۳۸
عیسی‌بن ابی‌خالد = عیسی‌بن محمدبن‌ابی‌خالد
عیسی‌بن اعین ۳۰۷ح
عیسی‌بن‌جعفر‌بن‌منصور ۴۱۴، ۴۲۷، ۴۴۲، ۴۴۴
عیسی‌بن رشید ۴۷۳
عیسی‌بن‌روضه ۳۸۷
عیسی‌بن سلیم رستنی ۵۲۸ح
عیسی‌بن شیخ‌بن شلیل‌ربعی ۵۳۲ - ۵۳۴، ۵۳۹، ۵۴۱ - ۵۴۳
عیسی‌بن‌صالح‌بن‌علی ۴۲۷
عیسی‌بن علی‌بن عبدالله‌بن عباس ۲۹۲، ۳۲۳ح، ۳۳۰، ۳۴۷، ۳۴۸، ۳۵۱، ۳۵۲، ۳۵۷، ۳۹۴، ۳۹۹، ۴۰۴
عیسی‌بن مأمون ۴۹۴
عیسی‌بن محمدبن ابی‌خالد ۴۶۷، ۴۶۸، ۴۸۳، ۴۸۴
عیسی‌بن مریم ۱۴۰
عیسی‌بن معقل عجلی ۳۰۰
عیسی‌بن منصور ۳۸۶ح
عیسی‌بن منصور افقی ۴۸۹
عیسی‌بن موسی خراسانی ۳۸۲
عیسی‌بن موسی‌بن محمدبن علی‌بن عبدالله بن عباس ۳۲۳ح، ۳۳۰، ۳۴۹، ۳۵۴، ۳۵۷، ۳۵۸، ۳۶۸، ۳۷۰ - ۳۷۳، ۳۷۹، ۳۸۴، ۳۹۵
عیسی‌بن موسی‌هادی ۴۱۰، ۴۲۷، ۴۴۳
عیسی‌بن یزید جلودی ۴۶۴ - ۴۶۶، ۴۷۴، ۴۸۲، ۴۸۷
عیسی عنزی ۳۰۶ ح
عیهلة‌بن کعب = اسود عنسی
عیینة بن حصن فزاری ۴، ۵، ۶ح
عیینة‌بن موسی‌بن کعب تمیمی ۳۶۳، ۳۶۴

غ

غالب‌بن عبدالله عقیلی ۳۸۹
غالب رومی ۴۶۹، ۴۷۰
غالب مسعودی ۴۶۹ح
غزاله (دختر یزدگرد) ۴۶۴
غزاله (زن شبیب خارجی) ۲۲۵
غزوان (مولای منصور) ۳۸۰
غزوان ۷۳ح
غسان‌بن‌عباد ۴۶۹، ۴۷۰، ۴۷۵، ۴۷۶، ۴۷۸، ۴۹۵
غطریف‌بن‌عطا (دایی‌هارون) ۳۹۹، ۴۰۰، ۴۰۶
غطیف‌بن نعمهٔ‌کلبی ۵۲۹، ۵۳۳
غلام ثقفی = یوسف‌بن‌عمر
غمر‌بن یزیدبن عبدالملک ۲۸۱، ۳۰۴
غوث‌بن سلیمان حضرمی ۴۰۳
غوزك طرخون ۲۴۲
غیاث‌بن ابراهیم ۱۰۹، ۱۰۹ح، ۱۱۶، ۱۱۹
غیلان‌بن جامع محاربی ۳۲۸

ف

فارس بن‌بغا ۵۳۶
فازی‌بن ربیعهٔ حرشی ۲۴۷
فاطمه (دختر اسدبن هاشم) ۷۴، ۲۰۷، ۳۵۹،

فهرست اعلام اشخاص

309 ح

فاطمه (دختر امام حسین) 279، 359، 360
فاطمه (دختر رسول خدا) 1، 17، 35، 139،
159، 180، 181، 207، 269، 269 ح،
359، 359 ح، 492، 493
فاطمه (دختر علی بن جعفر بن اسحاق) 461 ح
فاطمه (دختر عمرو بن عائذ مخزومی) 207، 359
فاطمهٔ طلحیه (دختر محمد) 371، 386، 386 ح
فتح بن خاقان 522، 523
فتح بن ولید بن یزید 309
فتیان (مادر معتمد) 541 ح
فجاءة سلمی 17
فراصة بن اصبغ بن نذاله 313
فرج بنواری 479
فرج دیلمی 469 ح
فردوسی 38 ح
فرزدق 24 ح
فرعون 16، 234، 272
فرمانروای بجه 326
فرمانروای نوبه 326 ح
فروة بن نوفل اشجعی 144
فضالة بن عبید 75 ح، 175
فضل بن اسحاق بن سلیمان 449
فضل بن ربیع 409، 427، 442، 446، 447،
450، 458، 468، 472، 473
فضل بن روح بن حاتم مهلبی 416
فضل بن سهل سرخسی (ذوالریاستین) 452، 465،
467، 469، 469 ح، 470، 493

فضل بن صالح بن علی بن عبدالله بن عباس 330، 379،
387، 388، 402، 405، 408، 444
فضل بن عباس بن حسن بن اسماعیل بن عباس بن
محمد 544، 545
فضل بن عباس بن عبدالمطلب 3، 3 ح، 37
فضل بن عباس بن محمد بن علی 444
فضل بن عبدالرحمان بن عباس بن ربیعة بن حارث بن
عبدالمطلب 433 ح
فضل بن عبدالله خزاعی 463
فضل بن عبدالله بن عباس 208
فضل بن قارن طبری 527، 528
فضل بن مأمون 494
فضل بن محمد 444
فضل بن مروان 496، 497، 504، 513
فضل بن موسی بن جعفر 421
فضل بن موسی بن عیسی 455
فضل بن یحیی بن خالد برمکی 411، 412، 437،
438، 441
فضیل بن عیاض 422
فطر بن خلیفه 109
فغفور چین 38 ح، 398
فلانه (دختر حریش) 292
فور (شاه هند) 398
فهر بن ولید بن یزید 309
فیرزان (فیروزان) 24، 25
فیروز بن یزدجرد 41، 310، 310 ح
فیروز دیلمی 7، 167
فیلانشاه 61 ح، 286 ح

فيلكان ٢٩	قثم بن عبيدالله بن عباس ١٠٧
	قحطبة بن شبيب طائى ١٣٠٠، ٣٠٧، ٣٠٧ ح، ٣٢٠ـ ٣٢٢، ٣٣٤
ق	
قارظ ١٠٧	قدامة بن زياد ٥١٩
فارن بن بنداد هرمز ٤٣٦، ٤٣٦ ح	قدامة بن مظعون ٧٤ ح، ٧٥
قاسم بن ثعلبة بن عبدالله بن حسن طائى ٢٤٥ ح	قدد بن اصغر ٣٤٧ ح
قاسم بن حسن ١٥٩	قراطيس (مادر واثق) ٥٠٦
قاسم بن ربيع ٤٢٧	قرب (مادر مهتدى) ٥٣٨
قاسم بن ربيعة ثقفى ٧٣	قرظة بن كعب انصارى ٤٦، ١١٨
قاسم بن سليمان بن عبدالملك ٢٦٠	قرفة بن زاهر تيمى وائلى ٢٧، ٢٧ ح
قاسم بن عبدالرحمان ٣٠٤	قريب ازدى خارجى ١٦٥، ١٦٥ ح
قاسم بن مالك مزنى ٤٤٥	قريش بن هشام ٣٠١
قاسم بن مجاشع تميمى ٣٠٧ ح	قريش دندانى ٤٥٧
قاسم بن محمد بن ابى بكر ١٥٥، ١٧٦، ٢٣٥، ٢٤٨، ٢٥٨، ٢٧٣، ٢٧٤	قسطنطين ٣٠٣، ٣٤٩
	قسطنطين رومى ٤٦٩ ح
قاسم بن محمد بن اشعث ٢٣١ ح	قصى بن وليد بن يزيد ٣٠٩
قاسم بن محمد بن جعفر بن محمد ٤٢١	قصيم = يوسف بن ابراهيم تنوخى
قاسم بن موسى بن جعفر ٤٢١	قطامى ٥٢٦
قاسم بن نصر بن مالك ٤٤٢	قطرى ٢٢٦، ٢٢٧
قاسم بن هارون رشيد ٤٣٣، ٤٣٥، ٤٤٣، ٤٤٤	قطرى (غلام وليد) ٣٠٩
قبيحه (مادر معتز) ٥٣٢، ٥٣٩	قطن (دربان وليد) ٣٠٩
قبيصه بن جابر ٢٣٥	قعقاع بن زراره ١٤٠
قبيصة بن ضبيعة عبسى ١٦٣	قمامة بن يزيد ٤٣٤، ٤٤٨
قتادة بن دعامة سدوسى ٣٠٤	قنبر ١٣٥
قتيبة بن مسلم ٢٢٨، ٢٣٩ـ ٢٤٤، ٢٤٧، ٢٥٣، ٢٥٤	قيس بن سعد فقيه ٣٢٨
	قيس بن سعد بن عباده ٧٧، ٨٧، ١١٥، ١١٦، ١٤١، ١٤٣، ١٤٤
قثم بن عباس بن عبدالمطلب ١٧، ١٣٩، ١٤٠، ١٧٢، ١٧٢ ح، ٣٩٨	
	قيس بن طريف بن حسان هلالى ١٩٨

فهرست اعلام اشخاص

قیس بن هیثم بن صلت سلمی ۶۰، ۶۱
قیس بن عبد یغوث = قیس بن مکشوح
قیس بن مکشوح مرادی ۷، ۷ح
قیصر ۳۱۰ح
فیل ۲۴۲

ک

کابل شاه ۳۹۸
کثاره = بهلول بن بشر
کثیر بن حصین عبدی ۳۶۸
کثیر بن سلم بن قتیبه ۴۱۳، ۴۱۴
کثیر بن صلت ۱۷۰ح
کثیر بن عبدالرحمان (کثیر عزه) ۲۶۸، ۲۶۸ح
کدام بن حیان عنزی ۱۶۳
کراچکی ۱۷۰ح
کرمانی ۱۶ح
کرمانی = جدیع بن علی
کریز بن ربیعة بن حبیب بن عبدشمس ۵۳
کریم بن عفیف خثعمی ۱۶۳ح
کسری ۱۴۵
کعب بن حامد عبسی ۲۴۷، ۲۵۹، ۲۸۱، ۳۰۱
کعب بن عجره ۷۵ح
کعب بن مالک ۷۴ح، ۷۵ح، ۱۲۰، ۳۸۷
کعب البقر = احمد بن اسماعیل بن یعقوب
کلبی ۲۶۸ح
کلثوم بن عیاض ۲۸۷، ۲۸۷ح، ۳۰۳ح
کلدة بن حنبل ۶۹ح
کلکاتکین ۵۲۹

کلیم ۱۶ح
کمیل بن زیاد ۱۲۲-۱۲۴
کنانة بن بشر تجیبی ۷۱، ۷۲
کنائی ۴۶۳
کنداش ۵۲۲
کندغوش (کندگوش) = حماد خادم
کنیز بنی عجلان = سمیه
کنیز یزید بن عبدالله بن زمعه ۱۹۱
کوثر بن اسود غنوی ۳۲۵
کوکب الصبح = یحیی بن سعید
کوکبی بن ارقط ۵۳۴
کیدر بن عبدالله اشروسنی ۵۲۷

ل

لاهز بن قریظة (قریظ) تمیمی ۳۰۷ح، ۳۱۹
لحی = ربیعة بن حارثه
لقمان ۱۵
لقیط بن مالک ازدی ۹، ۹ح
لوط ۱۸۹
لوط بن یحیی = ابومخنف
لؤی بن غالب ۳، ۴
لؤی بن ولید بن یزید ۳۰۹
لیث بن طریف ۳۹۹، ۴۱۳
لیث (مولای منصور) ۳۸۳
لیرانشاه ۲۸۶ح
لیلی حنظلی تمیمی ۱۳۹
لیلی (دختر ابومره) ۱۸۴

م

ماجور ترك ٥٤٣
مادر ابن زبير = اسماء
مادر خالد بن يزيد ٢٠٠
مادر سليط بن عبدالله ٢٤٦
مادر شيرويه ٣١٠ ح
مادر عبدالله بن مسعود ٤١ ح
مادر فيروز بن يزدگرد ٣١٠ ح
مادر مادر فيروز ٣١٠ ح
مادر يزدگرد ٢٦، ٢٧
مارده (مادر معتصم) ٤٩٥
مازيار ٤٣٦، ٥٠٢-٥٠٤
ماطعان ترك ٥٤٣
مالك بن انس ٤٤٤، ٤٨٩
مالك بن حارث نخعى = اشتر
مالك بن شاهى نفرى ٤٧٩
مالك بن طوق تغلبى ٥٤١
مالك بن عبدالله خثعمى ١٧٥، ١٧٦، ١٩٤
مالك بن عبدالله بن عبدالمدان ١٠٧
مالك بن فضيل ٤٠٥
مالك بن كعب ارحبى ١٠١
مالك بن لبيد يشكرى ٤٥٤
مالك بن مسمع ٢١١، ٢٢٢
مالك بن نويرة يربوعى تميمى ٩، ١٠، ١٠ ح
مالك بن هبيرة سكونى ١٧٤
مالك بن هيثم خزاعى ٣٠٠، ٣٠٧، ٣٠٧ ح، ٣٢٠، ٣٢٣، ٣٥٥
مالك (مولى حمير) = ابومخارق

مأمون (عبدالله بن هارون) ٢٦٩ ح، ٤١١، ٤١٣، ٤٢١-٤٢٧، ٤٣٥، ٤٤٣، ٤٤٩-٤٥٦، ٤٦٠، ٤٦١، ٤٦٣-٤٨٠، ٤٨٠-٤٨٢، ٤٩٠-٤٩٥، ٥٠٢، ٥٠٣
مأمونى = حسن بن على بادغيسى ٤٦٤
ماهان ٢٣
ماهويه (ماهوى) ٨٢، ٨٣ ح
مبرقع = تميم لخمى
مبشر بن على بن عبدالله بن عباس ٢٩٢
مبشر بن وليد ٢٤٨
متمم بن نويره ١٠
متوكل (جعفر بن معتصم) ٢٦٩ ح، ٤٣٠ ح، ٥٠٠، ٥٠٦، ٥١٢-٥٢٠، ٥٢٥، ٥٣٩، ٥٤١، ٥٤٥
مثنى بن حارثة شيبانى ١٢، ١٣، ١٩، ٢٤، ٢٥
مجاشع بن حريث انصارى ٣٦١، ٣٦١ ح
مجاشع بن مسعود سلمى ١٤ ح، ٢٩، ٢٩ ح
مجاعة بن سعر تميمى ٢٢٨
مجاعة بن مرارة بن سلمى (سليم) ٧٠٧ ح، ٨٠
مجالد بن سعيد ٣٥٠، ٣٨٨
مجاهد بن جبير (مولاى بنى مخزوم) ٢٤٨، ٢٧٤
مجشر بن مزاحم سلمى ٢٧٨ ح
مجيب عامرى ٣٦٨
محرز بن شهاب تميمى ١٦٣
محرق = بسر بن ابى ارطاة
محسن بن على ١٣٩
محمد صلى الله عليه وآله وسلم = رسول خدا
محمد بن ابراهيم بن على ٣٨٧، ٣٨٨
محمد بن ابراهيم بن محمد بن على بن عبدالله بن

فهرست اعلام اشخاص ۵۹۳

عباس (ابوحمید) ۳۲۳، ۳۲۳ ح، ۳۳۰، ۳۷۹، ۴۰۲، ۴۰۴، ۴۰۵، ۴۴۳، ۴۴۴
محمدبن ابی‌بکر ۱۹، ۷۱، ۷۲، ۹۹، ۱۰۰
محمدبن ابراهیم ۵۰۳
محمدبن ابراهیم افریقایی ۴۷۹
محمدبن ابراهیم بن اسماعیل بن حسن بن حسن بن علی بن ابی‌طالب ۴۶۱، ۴۶۱ ح
محمدبن ابراهیم بن اغلب ۵۰۷، ۵۱۶
محمدبن حارث تیمی ۲۷۴، ۲۸۲
محمدبن ابوالعباس سفاح ۳۳۰
محمدبن ابوالعباس طوسی ۴۸۹
محمدبن ابی‌بکربن محمدبن عمروبن حزم ۳۰۴، ۳۲۷
محمدبن ابی حذیفه ۷۱، ۷۲
محمدبن ابی‌خالد ۴۵۴، ۴۶۷، ۴۶۸
محمدبن احمدبن ابی دؤاد ۵۱۳، ۵۱۸
محمدبن احمدبن مدبر ۵۲۱
محمدبن اسحاق‌بن ابراهیم ۵۱۶، ۵۱۷، ۵۲۳
محمدبن اسحاق‌بن یسار ۳۴۹
محمدبن اسرائیل ۵۳۸
محمدبن اشعث خزاعی ۳۲۰، ۳۷۹، ۳۸۲، ۵۳۳
محمدبن بعیث ۴۹۸، ۵۱۹
محمدبن جابر یمامی ۴۰۵
محمدبن جریربن عبدالله بجلی ۲۷۲ ح
محمدبن جعفر علوی ۳۷۸، ۴۶۱، ۴۶۴
محمدبن حاتم ۵۳۱
محمدبن حازم نابینا ۴۰۹
محمدبن حسن (سلق) ۴۶۱، ۴۶۴

محمدبن حسن (فقیه) ۴۴۵
محمدبن حسین عبدی ۳۲۳ ح، ۳۳۷، ۳۵۱، ۳۷۰
محمدبن حماد ۵۰۴
محمدبن حمزه‌بن مالک ۴۵۸
محمدبن حمید طوسی ۴۸۴، ۴۸۵، ۴۸۹
محمدبن حمید همدانی ۴۶۱
محمدبن حنفیه = محمدبن علی
محمدبن خالد بخاراخذاه ۵۰۰
محمدبن خالدبن عبدالله قسری ۳۲۲، ۳۲۲ ح
محمدبن خالدبن یزیدبن مزید شیبانی ۵۰۹، ۵۱۹
محمدبن خنیس ۲۷۳
محمدبن داود (ابن الصغیر) ۵۳۳
محمدبن راشد ۴۴۵
محمدبن رضا ۴۷۳
محمدبن رواد ازدی ۴۶۱، ۴۸۴
محمدبن زکریا ۳۳۹
محمدبن زهره ۴۶۲
محمدبن زهیربن مسیب ضبی ۴۴۱
محمدبن سائب کلبی ۳۸۸
محمدبن سعیدبن سرح کنانی ۴۴۹
محمدبن سلیمان ازدی سمرقندی ۵۰۰
محمدبن سلیمان بن علی هاشمی ۳۹۸، ۳۹۸ ح
محمدبن سلیمان‌بن علی بن عبدالله‌بن عباس ۳۳۰، ۳۷۰
محمدبن سیرین ۱۳ ح، ۲۴۸، ۲۷۴
محمدبن صالح‌بن منصور ۴۶۷، ۴۷۳
محمدبن صغیر ۴۵۵

محمدبن صول ٣٤١، ٣٤١ ح	محمدبن عبدالملك زیات ٥٠٤، ٥١١، ٥١٢
محمدبن طاهربن عبداللهبن طاهر ٥٢٦، ٥٤١	محمدبن عبدویةبن جبله ٥٠٧، ٥١٩
محمدبن طلحه ٧٩	محمدبن عبیدالله ورثائی ٥٠٠، ٥٠٤
محمدبن عباد مهلبی ٤٧٨	محمدبن عتاب ٤٦١، ٤٨٥
محمدبن عبدالحمید (ابورازی) ٤٧٣، ٤٨٢	محمدبن عدی ثعلبی ٤١٤
محمدبن عبدالرحمان ٣٩٥، ٤٢٧	محمدبن علی (محمدبن حنفیه) ١٣٩، ١٥٤،
محمدبن عبدالرحمان بن ابی ذئب ٣٨٨، ٤٠٥	٢٠١، ٢٠٥–٢٠٨، ٢١٦
محمدبن عبدالرحمان بن ابی طواله ٣٨٨	محمدبن علی (محمد اصغر) ١٣٩
محمدبن عبدالرحمان بن ابی لیلی ٣٥٠، ٣٨٨	محمدبن علی بن الحسین (ابوجعفر) ٢٦٧، ٢٨٩،
محمدبن عبدالرحمان ١٧٥	٢٩٠، ٢٩١
محمدبن عبداللهبن حسن بن حسن ٣٢٩، ٣٣٠ ح،	محمدبن علی بن سلیمان نوفلی ٣٤٧
٣٣٥، ٣٤٥، ٣٤٦، ٣٥٩، ٣٦٠، ٣٦٥،	محمدبن علی بن عبداللهبن عباس ٢٥٦، ٢٥٧،
٣٦٦، ٣٦٨، ٣٦٩، ٣٧١	٢٧٣، ٢٨٨، ٢٩٢، ٢٩٣، ٣٠٠، ٣٠٧،
محمدبن عبداللهبن حسن بن علی بن حسین بن علی بن	٣٠٧ ح، ٣٢١
ابی طالب ٤٩٣	محمدبن علی بن یحیی ارمنی ٥٤٥
محمدبن عبداللهبن طاهر ٥١٧، ٥٢٣، ٥٢٦،	محمدبن علی معروف ٥١٦
٥٢٩–٤٣٢، ٥٣٤	محمدبن عمربن واقد ٤٥٩
محمدبن عبداللهبن عباس ٢٠٨	محمدبن عمران ٤٧٩
محمدبن عبداللهبن عمروبن عثمان ٣٦٦	محمدبن عمران بن ابراهیم ٤٤٤
محمدبن عبدالله عزمی ٣٨٨	محمدبن عمروبن عاص ٨٤، ٨٥
محمدبن عبداللهبن محمدبن علی بن عبداللهبن عباس	محمدبن عمروبن علقمة بن وقاص لیثی ٣٤٩، ٣٤٩ ح،
= مهدی	٣٨٨
محمدبن عبداللهبن نصربن حمزة خزاعی	محمدبن عمرو شیبانی خارجی ٥١٠، ٥١١
محمدبن عبدالله قاری ٢٢٤	محمدبن عمرو تغیبی تغلبی ٣٥٤
محمدبن عبدالله قسری = محمدبن خالدبن عبدالله	محمدبن عیسی ٥٠٣
قسری	محمدبن فرج بن ابی اللیث بن فضل ٤٩٠
محمدبن عبدالملک بن مروان ٢٢١، ٢٣٣، ٣١٠،	محمدبن فرج رخجی ٥١٣
٣٢٧	محمدبن فرخ عمرکی ٤٧٧

فهرست اعلام اشخاص ۵۹۵

محمدبن فروخ ازدی ۴۰۸
محمدبن فضیل منشی ۵۱۷
محمدبن قارن بن بنداد هرمز = مازیار
محمدبن قاسم بن علی بن عمر بن علی بن حسین بن علی ۴۹۶
محمدبن قاسم بن محمد بن حکم بن ابی عقیل ثقفی ۲۴۳، ۲۴۶، ۲۵۵
محمدبن کثیر کوفی ۴۵۹
محمدبن کعب قرظی ۲۷۴، ۲۸۲، ۳۰۴
محمدبن لیث ۴۰۲، ۴۷۳
محمدبن مالک ۱۷۵
محمدبن مأمون (محمد اصغر) ۴۹۴
محمدبن مأمون (محمد اکبر) ۴۹۴
محمدبن مأمون ۴۹۴
محمدبن متوکل = منتصر
محمدبن محمدبن زیدبن علی بن الحسین ۴۶۱، ۴۶۱ح، ۴۶۴
محمدبن مروان ۲۰۰، ۲۳۴، ۲۴۸
محمدبن مروان بن محمد ۳۲۵
محمدبن مروان سدی ۴۰۵، ۴۴۰
محمدبن مسروق قاضی ۴۴۰
محمدبن مسلم بن شهاب زهری ۲۷۴، ۲۸۲، ۳۰۴، ۳۲۸
محمدبن مسلمة بن عبدالملک ۳۳۶
محمدبن مسلمة انصاری ۷۴ح، ۷۵ح
محمدبن مسیب ۴۰۸
محمدبن معاویة بن ابی سفیان ۱۷۴
محمدبن معتز ۵۳۷

محمدبن معتصم ۵۰۵
محمدبن مقاتل عکی ۴۱۷
محمدبن منصور = مهدی
محمدبن موسی بن جعفر ۴۲۱
محمدبن موسی ثقفی ۳۰۹
محمدبن مولد ۵۳۳
محمدبن مهلب ۲۵۵
محمدبن نافع ۴۸۲
محمدبن واثق ۵۱۱، ۵۱۲
محمدبن واثق (محمد اصغر) ۵۱۱
محمدبن ولید ۲۴۷
محمدبن هارون (امین، مخلوع) ۴۱۱، ۴۱۳، ۴۲۱ - ۴۲۳، ۴۲۶ - ۴۳۰، ۴۳۵، ۴۴۳، ۴۴۶، ۴۴۷، ۴۴۹ - ۴۵۸، ۴۶۰، ۴۶۲، ۴۷۲، ۴۸۲، ۴۸۳، ۴۹۳
محمدبن هارون = معتصم
محمدبن هارون بن ذراع نمری ۲۲۸، ۲۲۸ح
محمدبن هرثمة بن اعین ۵۴۲، ۵۴۴
محمدبن هشام بن اسماعیل مخزومی ۳۰۲، ۳۰۲ح، ۳۰۶
محمدبن هشام بن عبدالملک ۳۰۱، ۳۰۸
محمدبن هلال ۵۳۶، ۵۳۸، ۵۴۲
محمدبن یحیی بن حسین بن زیدبن علی بن حسین بن علی بن ابی طالب ۴۹۳
محمدبن یزیدبن حاتم ۴۵۵
محمدبن یزیدبن عبدالملک ۲۸۱
محمدبن یزیدبن مزید شیبانی ۴۴۰ح
محمدبن یزید (مولای قریش) ۲۵۲

مرزبان مرو = ماهويه	محمدبن يزيد واسطى ٤٤٠
مرضى = ابن شكله	محمدبن يوسف ٤٨٥
مرقال = هاشم بن عتبه	محمدبن يوسف ثقفى ٢٧٤ح، ٣٠٠
مروان بن حكم بن ابى العاص ٥٨،٦٧- ٦٩، ٧٢، ٧٤ - ٧٦، ٨٠، ٨٣، ٨٦، ١٥٢، ١٥٥، ١٧٣، ١٧٥، ١٧٧، ١٨٥، ١٩٠، ١٩٣، ١٩٦- ٢٠١، ٢١٠، ٢١٧، ٢٦٩،٢٦٩، ٢٧٥، ٣١٠ح، ٣٦٧	محمدبن يوسف طائى (ابوسعيد) ٤٨٩، ٥١٠، ٥١١، ٥١٨
	محمد مولد ترك ٥٢٩، ٥٤٣، ٥٤٤
	مخارق (مادر مستعين) ٥٢٠ح
	مخارق بن غفار ٣٥٢ح
مروان بن عبدالملك ٢٣٣	مختار بن ابى عبيد ١١١، ٢٠١-٢٠٣، ٢٠٥، ٢٠٦، ٢٠٩، ٢١٠، ٢١٢، ٢١٥
مروان بن محمد بن مروان بن حكم (مروان حمار) ٢٨٦-٢٨٨، ٣٠٣، ٣٠٤، ٣١١-٣١٩ح، ٣٢٢، ٣٢٤- ٣٢٧، ٣٣٠ - ٣٣٢،٣٣٤، ٣٣٧، ٣٤٠، ٣٤١، ٣٤٤ح ٣٥٢، ٤٤٩	مختار بن عوف حرورى اباضى ٣١٥، ٣٢٧ح
	مخرمة بن نوفل ٤٠
	مخلد بن يزيد بن مهلب ٢٥٥، ٢٦٢
مروان بن مهلب ٢٧٦	مخلوع = امين
مروان بن وليد ٢٤٨	مخموس (مخوس، شاه كنده) ١١،١١ح
مروان بن هشام ٣٠١	مدرك بن مهلب ٢٥٥
مروان بن يزيد بن مهلب٢٩٦	مدعى انتساب به آل ابى طالب (مدعى) = على بن محمد ياغى بصره
مرة بن ابى ردينى ٤٦٢	
مرة بن شراحيل همدانى ٢٣٥	مذعور بن عدى عجلى ٢٧، ٢٧ح
مريد (مولاى منصور) ٣٨٠	مر بن على طائى ٣٦١
مريم ١٦	مراجل (مادر مأمون) ٤٦٠
مزاحم بن خاقان ٥٢٧، ٥٣٣، ٥٣٥	مرار بن انس ضبى٣٣٤
مسافر بن كثير ٣١٤، ٣٤١	مراد بن انس ضبى٣٣٤ح
مساور بن عبدالحميد٥٣٥	مرجانه (مادر عبيدالله) ١٨٨
مساور بن هند بن قيس ٢٠٩	مرزبان بن جستان ٤٣٦ح
مستعين ٥٢٥ - ٥٢٩، ٥٣١، ٥٣١ح، ٥٣٣، ٥٣٧	مرزوق (ابوالخصيب) ٣٨٠، ٥٤٢،٥٤٢ح
	مرزبان مذار ٢٥، ٢٥ح
مستورد بن علفة تيمى١٤٩	

فهرست اعلام اشخاص

مسرور بن وليد ٢٤٨، ٣١٢
مسرود خادم ٤١٩، ٤٤٣
مسروق بن اجدع ١٧٦
مسعده ١٨٥ ح
مسعر بن كدام ٣٥٠، ٣٨٩
مسعود بن ابى مسعود ١٧٦
مسعود تميمى ١٣٩
مسعودى ٤٤٣ ح
مسلم بن زياد ١٩٢
مسلم بن سعيد كلابى ٢٧٨، ٢٧٨ ح
مسلم بن عقبه مرى ١٨٩، ١٩٠، ١٩١، ٣٦٦
مسلم بن عقيل ١٧٨، ١٧٩
مسلم بن قتيبة باهلى ٣٢٣، ٣٧٠
مسلم بن نضر(بن) اعور انبارى ٤٦٣، ٤٨٧
مسلمة بن خالد ٧٥ ح
مسلمة بن عبدالملك ٢٣٣، ٢٣٦، ٢٤٨، ٢٤٨ ح، ٢٥٨، ٢٦٠، ٢٦٣، ٢٧٣، ٢٧٦، ٢٧٦ ح، ٢٧٧، ٢٨٥، ٢٨٥ ح، ٢٨٦، ٢٨٦ ح، ٣٠٢، ٣٠٣، ٣٠٣ ح
مسلمة بن عمر بن عبدالعزيز ٢٧٤
مسلمة بن مخلد ٣٣، ٧٥ ح، ٨٩، ١٦١ ح
مسلمة بن هشام ٣٠١- ٣٠٣
مسور بن مخرمة زهرى ١٧٦، ٢٣٥
مسيب بن زهير ضبى ٣٨٠، ٣٨٧، ٤٤٢
مسيب بن نجبة فزارى ١٠٣، ١٠٤، ١٩٩
مسيح ٤٠٧ ح
مسيلمة بن حبيب حنفى (مسيلمة كذاب) ٤، ٧، ٨
مشرح بن معدى كرب (شاه كنده) ١١، ١١ ح، ٢٩٢

مصعب بن زبير ٢٠٩- ٢١٣، ٢٢٠، ٢٢٢
مصعب زبيرى ٢٨٢ ح
مصقلة بن هبيرة شيبانى ١٠٠، ١١٣، ١١٤
مضاع بن علوان ٢١٢
مضارب بن يزيد عجلى ٢٧، ٢٧ ح
مطرف بن طريف حارثى ٣٥٠
مطرف بن عبدالله بن شخير ١٧٦، ١٧٦ ح
مطلب بن عبدالله خزاعى ٤٥٥، ٤٦٠، ٤٦٣، ٤٦٨
مطلب بن وداعة سهمى ٢٩٩ ح
معاذ بن جبل ١٩، ٢٢، ٣٧، ٥١
معاذ بن جوين طائى (ابوالمستورد) ١٤٩
معاوية بن ابى سفيان بن حرب ٣٧، ٤٠، ٤٦، ٥٢، ٥٨، ٦٢، ٦٦، ٦٧، ٧٢، ٧٣، ٧٧، ٨٣- ٩٢، ٩٤، ٩٨- ١٠١، ١٠٣- ١٠٥، ١١٣، ١١٦، ١٣٨، ١٤١- ١٥٣، ١٥٥، ١٥٦، ١٥٨، ١٦٠- ١٦٨، ١٧٠- ١٧٦، ١٨٢ ح، ١٨٩، ١٩٥، ٢٦٩، ٢٦٩ ح، ٢٧٥، ٣٨٤، ٤٩١
معاويه بن حديج كندى ٤٢، ٩٩، ٩٩ ح، ١٠٦
معاوية بن صخر = معاوية بن ابى سفيان
معاوية بن عبدالله = ابوعبيدالله
معاوية بن عبدالله سكسكى ٣١٣، ٣١٣ ح
معاوية بن عبدالملك ٢٣٣
معاوية بن مروان ٢٠٠
معاوية بن مغيرة بن ابى العاص بن اميه ٢١٧
معاوية بن هشام ٣٠١- ٣٠٣
معاوية بن يزيد ١٩٣، ١٩٥، ١٩٨

معاویة بن یزید بن مهلب ۲۷٦	مفضل بن فضالة قتبانی ٤٠۳
معبد بن خلیل مزنی تمیمی ۳٦۱ ح، ۳٦٤	مفضل بن مهلب ۲۲۸، ۲۳۹، ۲٤۰
معبد بن مرة ۲۷ ح	مقاتل بن حکیم عکی ۳۲۰، ۳۲۰ ح، ۳۵۲ ح
معتز (ابوعبدالله) ۵۱٦، ۵۲٤، ۵۳۱-۵۳۹	مقداد بن اسود = مقداد بن عمرو
معتصم (ابواسحاق بن رشید) ۳٦۱ ح، ٤٤۳، ٤٦۸، ٤۷۹، ٤۸٦، ٤۸۷، ٤۸۹، ٤۹۰، ٤۹۳، ٤۹۵-٤۹۸، ۵۰۰-۵۰٤، ۵۰٦، ۵۱۱	مقداد بن عمرو ۳۳، ۵٤، ۵۵، ٦۵
	مقتدر ۲۷۰ ح
	مقریزی ٤۱ ح
معتضد (احمد بن موفق) ۲۷۰ ح، ۵٤۰	مقوقس ۳۳، ۳٤
معتمد (احمد بن متوکل) ۵۳۰، ۵٤۱-۵٤۳	مکتفی ۲۷۰ ح
معتمر بن سلیمان ٤٤۰	مکحول دمشقی ۲۷٤، ۳۰٤
معدان حمصی ٤۳۸	ملکهٔ بخارا = خاتون
معدی کرب کندی ۱۱ ح	ملکهٔ فرغانه ۲۷٦
معقل بن قیس ریاحی ۱۰۰	مناخی = ابراهیم بن ابی جعفر حمیری
معلله ٤۹٤	مناره (مولای منصور) ۳۸۰، ۳۹۰
معلی بن زیاد ۳٤٦ ح	منصور (محمد بن متوکل) ۵۱٤، ۵۱۷، ۵۲۲، ۵۲٤، ۵۲۵
معمر بن عیسی عبدی ٤۱٦	
معن بن زائدة شیبانی ۲۹٦، ۲۹٦ ح، ۳٦۳، ۳۷۹-۳۸۱، ۳۹۷ ح	منذر بن جارود عبدی ۱۱۸، ۱۱۹، ۱۷۱، ۱۷۱ ح، ۲۱۱
مغلس ۳۱٦، ۳۱۷	منذر بن حسان ۲۵
مغود ۳۲۵ ح	منذر بن عبدالملک ۲۳۳
مغیرة بن سعید خارجی ۲۹۳ ح	منذر بن زبیر بن عوام ۱۵۳
مغیرة بن سلیمان ۳٦۰	منصور بن ایتاخ ۵۱٤
مغیرة بن شعبه ۲۷، ۲۹، ۳۰، ۳٦، ٤۳، ٤۵، ٤۹، ۵۲، ۵۵، ٦۲، ۷٤ ح، ۷۵ ح، ۷۷، ۱٤۲، ۱٤٦-۱٤۹، ۱٦۱، ۱٦۲	منصور ابن جعونة کلابی ۳٦۰
	منصور = ابوجعفر عبدالله بن محمد بن علی
	منصور بن جمهور ۳۱٦، ۳۱۷، ۳٤۱، ۳٤۱ ح، ۳٤۲
مغیرة بن فزع سعدی ۳۷۰	منصور بن زیاد ٤۸۰
مغیرة بن مهلب ۲۲۷	
مغیرة بن یزید بن حاتم مهلبی ٤۱٤	منصور بن عبدالله بن ذی سهم بن یزید حمیری ۳۸٤

فهرست اعلام اشخاص

منصور بن عبدالله بن یوسف برم ٤٦٧
منصور بن عیسی بن شیخ ٥٣٩، ٥٤١، ٥٤٢
منصور بن عیسی سبیعی ٥٠٠
منصور بن معتمر سلمی ٣٥٠
منصور بن مهدی ٤٠٤، ٤٤٣، ٤٥٥، ٥١٢
منصور بن یزید بن منصور حمیری ٤٠٠، ٤٣٦
منظور بن جمهور ٣١٦، ٣١٧
منظور فزاری ١٥٩
منقذ (پدر بسوس) ٥ ح
منکجور فرغانی ٥٠٠، ٥٠٤، ٥٢٦ ح
منویل بطریق ٤٨٧
منیع تنوخی ٤٦٢
منیه (مادر یعلی) ٧٣، ٧٣ ح
مورق عجلی ٢٤٩، ٢٧٤
موسی بن ابراهیم (ابوالبعیث) ٥١٩
موسی بن بغا کبیر ٥٢٨، ٥٣٤
موسی بن جعفر ٣٨٧، ٤١٩، ٤٢٠، ٤٢١
موسی بن خازم تمیمی ٤١٦
موسی بن داود بن علی بن عبدالله بن عباس ٣٢٣ ح، ٣٣٠
موسی بن زراره ٥١٩
موسی بن عبدالله بن خازم سلمی ٢٢٠
موسی بن عبدالملک بن هشام ٥١٤، ٥٢٢
موسی بن عبیده بن ابی صعصعه ربذی ٣٤٩، ٣٨٨
موسی بن عقبه ٣٤٩
موسی بن علی بن رباح ٤٠٠
موسی بن عمران ١٦، ١٤٠، ٢٣٤، ٣٤٥-٣٧٧، ٤٢١
موسی بن عیسی بن موسی هاشمی ٣٩٩، ٤٠٧، ٤١١، ٤٣٩، ٤٤٣
موسی بن کعب تمیمی ٣٠٧ ح، ٣٢٣ ح، ٣٣٠، ٣٣٦، ٣٣٧، ٣٤١، ٣٤١ ح، ٣٤٧، ٣٤٩، ٣٥٢، ٣٦٣، ٣٨٧
موسی بن مأمون ٤٩٤، ٥١٢
موسی بن مبارک بشکری ٤٦١
موسی بن محمد امین ٤٥٠، ٤٥٨
موسی بن مصعب ٤٠٢، ٤٠٨
موسی بن موسی هادی (موسی اعمی) ٤١٠
موسی بن مهدی (هادی) ٢٦٩ ح، ٣٤٩ ح، ٣٨٣، ٣٩٠، ٣٩٥، ٣٩٩، ٤٠٠، ٤٠٢، ٤٠٤، ٤٠٦- ٤١١، ٤٢٧، ٤٣٧، ٤٥١، ٤٩٢
موسی بن نصیر لخمی ١٣ ح، ٢٢٨، ٢٣٩، ٢٤٨، ٢٤٨ ح، ٢٥٢، ٢٨٠
موسی بن ولید بن یزید ٣٠٩
موسی بن یحیی بن خالد برمکی ٤٧٨
موسی بصری ٤٦٩
موفق صقلبی ٤٦٩ ح
مولد = محمد مولد
مؤید (ابراهیم بن متوکل) ٥١٦، ٥٢٤، ٥٣٢
مهاجر بن ابی امیه ١١
مهتدی بن معتز ٥٣٧
مهتدی (محمد بن واثق) ٥٣٧-٥٣٩، ٥٤١
مهدی بن اصرم ٤٨٤، ٤٨٥
مهدی بن علوان خارجی ٤٦٨
مهدی (محمد بن منصور) ٢٦٩ ح، ٣١٨، ٣٢٧ ح، ٣٣٠، ٣٤٩، ٣٤٩ ح، ٣٦٠، ٣٦١، ٣٦٣، ٣٦٥، ٣٧٢، ٣٧٣، ٣٨٠، ٣٨٣، ٣٨٦،

٣٨٨، ٣٩٠،٣٩٣ - ٤٠٨، ٤١١، ٤٢٧، ٤٣٣ح، ٤٣٧، ٤٥٠، ٤٥٧	نباتة بن حنظلة كلابی ٣٠٧،٣١٧،٣١٨، ٣٢٠، ٣٢٦، ٣٣٤
مهدی بن مأمون ٤٠٥	نجاح بن سلمه ٥٠٨، ٥٢٢
مهران ٢٥	نجدة بن عامر حروری ٢٠٩،٢١٦، ٢٢٢،٢٢٢ح
مهلب بن ابی صفره ١٥١، ١٩٢، ٢١٠، ٢١١، ٢٢١، ٢٢٦، ٢٢٧، ٢٤٧، ٤٧٨	نجم بن هاشم ٤٣٩
مهلهل نعیمی ٤٣٨	نحاب ٤٣٩، ٤٤٠
مهلهل خارجی ٣٧٨	نخیرخان ٤٤١، ٤٤١ح
میثم تمار ١٤٠	نرسی ٤٨٢
میسرة بن مسروق عبسی ٤٤	نرسی (دهگان بابل) ٤٢
میسره ٢٥٦	نصر بن حبیب مهلبی ٤١٦، ٤٤٠
میسرة نبال (ابورباح) ٢٥٧، ٢٧٣، ٢٧٨	نصر بن حمزة بن مالک خزاعی ٤٧٤
میسون ١٧٧	نصر بن سیار کنانی ٢٧٨، ٢٩٩، ٢٩٩ح،٣٠٠، ٣٠٦-٣٠٨، ٣١٧-٣١٩
میمون بن ابراهیم ٥١٦	نصر بن شبث نصری ٤٦٢، ٤٦٣، ٤٧٣، ٤٧٥، ٤٧٦، ٤٨٠، ٤٨١
میمون بن مهران ٢٧٣،٢٧٤، ٣٠٤	نصر بن مالک ٤٠٢
میمون (مولای حوشب) ٢٢٥	نصر بن محمدبن اشعث خزاعی ٣٢٧ح، ٣٩٨
ن	نصیر (پدر موسی) ١٣ح
	نصیر خادم ٤٠٦
نائله ٧٥ح	نصر بن حکم ٥١٣ ح
نابغه ٧١	نعمان بن بشیر انصاری ٧٤ح، ٧٥ ح، ٨٩، ١٠١، ١٦٧، ١٩٣، ١٩٧، ١٩٨، ٢٠٩
نائل بن قیس جذامی ١٩٧، ١٩٩، ١٩٩ح، ٢١٧	نعمان بن ثابت (ابوحنیفه) ٣٨٨
نافع بن ازرق ٢١١، ٢٢١	نعمان بن عجلان ١١٢، ١١٢ ح
نافع بن حارث ٣٠، ٥٢	نعمان بن عدی بن حرثان ٤٧
نافع بن عمرو خزاعی ٤٧	نعمان بن مقرن مزنی ٢٦، ٤٤
نافع بن کلده ٣٠ح	نعمان بن منذر بن ساوی تمیمی ٩
نافع (مولای عبدالله بن عمر) ٢٧٤، ٢٨٢،٣٠٤	نعمان بن یزید بن عبدالملک ٣٠٤ ، ٣٣٧
ناقص = یزید بن ولید بن عبدالملک	

فهرست اعلام اشخاص

نعمان (شاه حیره) ۹

نعیم بن ابی هند اشجعی ۳۰٤

نقاد گردن‌شکن (نقاد گردن‌دار) ۱۷۰، ۱۷۰ ح

نمیلة بن مرّة اسعدی ۳۷۰

نوح ۱۶، ۶۵، ٤۵۷

نوشری بن طاجیل ترکی ۵۲۸، ۵۳۲ - ۵۳٤

نیزك طرخان ۳۸، ۳۸ ح، ۲٤۰، ۲٤۱

و

وائق (هارون بن معتصم) ۵۰۰ - ۵۱۱، ۵۱۳، ۵۳۸

واجن ۵۲۲

واصل بن ولید بن یزید ۳۰۹

واضح ۳۶۳، ۳۸۰، ۳۹۵

واقدی ۲۲، ٤۶، ۲۳۸

وحشی ۸

ورد بن صفوان سامی ۳٤۱

وردان ۸۵، ۸۶، ۱۵۰

ورده (مادر مهتدی) ۵۳۸ ح

ورقاء بن سمی بجلی ۱۶۳ ح

ورقاء بن نصر باهلی

وزیر آل محمد = ابوسلمه

وزیر سختیانی ۲۹۳ ح

وصیف ترك ۵۰٤، ۵۱۲، ۵۲۳، ۵۳٤، ۵۳۵

وضاح بربری ۳۰۲

وکیع بن ابی سود تمیمی ۲۵٤

وکیع بن جراح ٤٤۵، ٤۵۹

وکیع بن عمرو (عمیرة قریعی) ۲۲۰، ۲۲۰ ح

ولاده (مادر ولید) ۲۳۶، ۲۵۰

ولید بن جشم ٤۳۶

ولید بن سعد ازدی ۳۲۳، ۳۲۹

ولید بن طریف حروری ٤۱۶

ولید بن عبدالملك ۲۳۲، ۲۳٤، ۲۳۷ - ۲۳۹، ۲٤۳، ۲٤۵ - ۲۵۰، ۲۵۲، ۲۵۳، ۲۶۳ ح، ۲۷۵، ۳۱۲

ولید بن عتبة بن ابی سفیان ۱۷۵، ۱۷۷، ۱۹٤

ولید بن عثمان ۷۳

ولید بن عروة بن (محمد بن) عطیة سعدی ۳۲۷ ح، ۳۳۲

ولید بن عقبة بن ابی معیط ٤۱، ۵۷، ۷۰، ۷۵

ولید بن قعقاع عبسی ۳۰۳ ح

ولید بن مسلم ٤۵۹

ولید بن معاویة بن مروان بن عبدالملك ۳۲٤، ۳۳۹

ولید بن ولید بن یزید ۳۰۹

ولید بن هشام ۲۸۱ ح

ولید بن هشام معیطی ۲۷٤ ح

ولید بن یزید بن عبدالملك ۲۷۵، ۲۸۰، ۲۸۱، ۲۹۸ ح، ۳۰۰، ۳۰۲ - ۳۰٤ ح، ۳۰۶ - ۳۰۸، ۳۱۱ - ۳۱۳

ونداهرمز ٤۳۶ ح

وهب بن عبدالله عامری اسدی ۲۳۵

وهب بن مسعود خثعمی ۱۰۶، ۱۰۷

ه

هـادی = علی بن محمد بن علی

هادی = موسی بن مهدی

هارون بن ابی خالد ۵۱۵، ۵۲۰

هارون بن جیفویه ۵۱۶

هارون رشید ۲۶۹ ح، ۳۴۹ ح، ۳۹۵، ۳۹۶، ۳۹۹، ۴۰۰، ۴۰۴ - ۴۱۶، ۴۷۲، ۴۷۴
هارون بن سعدعجلی ۳۷۰
هارون بن مأمون ۴۹۴
هارون بن محمد بن ابی خالد ۴۶۳
هارون بن معتصم = واثق
هارون بن موسی بن جعفر ۴۲۱
هاشم بن اشتاخنج خراسانی ۳۸۲
هاشم بن بائیجور ۴۹۶
هاشم بن صلت ۴۴۴
هاشم بن عبدالرحمان بن حدیج سکونی ۴۰۲
هاشم بن عتبة بن ابی وقاص ۲۲، ۲۸ ، ۴۵
هاشم بن مغیرة بن عبدالله بن عمر بن مخزوم ۲۰
هاشم بن یزید بن عبدالملك ۲۸۱
هانی بن عروه ۱۷۸، ۱۷۹
هانی بن قبیصة بن هانی بن مسعود شیبانی ۴۶۱ ح
هانی بن هانی ۱۷۸، ۱۷۸ ح
هدبة بن عامر سعدی ۲۹۹
هذیل بن عمران ۱۳
هرار بن مره ۳۵۰، ۳۵۰ ح، ۳۸۸، ۳۸۸ ح
هرثمة بن اعین ۴۱۵، ۴۱۷، ۴۲۷، ۴۳۶، ۴۴۲، ۴۴۴، ۴۴۹، ۴۵۰، ۴۵۵ - ۴۵۷، ۴۶۳، ۴۶۶، ۴۶۷، ۴۸۲، ۴۸۳، ۴۹۴
هرثمة بن نصر ۵۱۴
هرقل ۳۴، ۴۲
هرمزان ۴۱، ۵۱، ۵۵، ۶۹
هزارمرد = عمر بن حفص مهلبی
هشام بن ابراهیم ۳۲۳
هشام بن اسماعیل بن هشام بن ولید بن مغیرة مخزومی ۲۳۲ - ۲۳۴، ۲۳۷، ۲۴۸، ۲۸۳
هشام بن عبدالملك ۲۳۳، ۲۵۹، ۲۷۵، ۲۸۰، ۲۸۱، ۲۸۳ - ۲۸۸، ۲۹۳، ۲۹۴، ۲۹۶، ۲۹۷، ۲۹۹ - ۳۰۶، ۳۰۸، ۳۳۹، ۳۴۰، ۳۴۴ ح، ۳۶۰
هشام بن عروة بن زبیر ۳۴۹، ۳۸۸
هشام بن عمرو تغلبی ۳۶۴، ۳۶۴ ح، ۳۷۹، ۳۸۰، ۳۸۶
هشام بن عمرو عقیلی ۳۵۴
هشام بن مصاد ۳۱۳ ح
هلال بن علفه ۲۸
هلال بن احوز مازنی ۲۷۶
هند (دختر مهلب) ۲۲۸
هند (مادر معاویه) ۸۴، ۱۴۳
هود ۱۵
هیثم بن محمد بن ابی بکر ۳۰۴
هیصم بن عبدالحمید همدانی ۴۱۸، ۴۱۹

ی

یا رجوج (یار کوج) ۵۴۲، ۵۴۲ ح، ۵۴۵
یاطس ۵۰۲
یاغی بصره = علی بن محمد
یتیم = علی بن حسین بن سباع قیسی
یحیی بن ابی اسحاق هنائی ۴۴۵، ۴۴۵ ح
یحیی بن ابی زائده ۴۰۵، ۴۴۵
یحیی بن اشعث بن محمد مدینی ۴۵۴
یحیی بن اکثم تمیمی ۴۸۵، ۴۸۷، ۴۸۹، ۵۱۸

فهرست اعلام اشخاص

يحيى بن بحر ۳۳۸، ۳۳۹
يحيى بن برمك = يحيى بن خالد
يحيى بن جعفر بن تمام ۳۲۳ ح
يحيى بن حكم ۲۳٤
يحيى بن خاقان ٥۱٤
يحيى بن خالد بن برمك ٤۰۹، ٤۲۷، ٤٦۰، ٤۳۲،٤٤۱
يحيى بن زيد بن على ۲۹۸ ح، ۲۹۹،۳۰٦،۳۰٦
يحيى بن سعد ٤٤۹
يحيى بن سعيد انصارى ۳٤۹، ۳۸۷، ۳۸۸
يحيى بن سعيد تيمى (تميمى) ۳۸۸، ۳۸۸ ح
يحيى بن سعيد حرشى ٤۳۸، ٤۳۸ ح، ٤۳۹
يحيى بن سعيد قطان ٤۰۹
يحيى بن سلمة بن كهيل ۳۸۹، ٤۰٥
يحيى بن سليمان طائفى ٤۰۹
يحيى بن صفوان جمحى ۲۱٦
يحيى بن عامر بن اسماعيل حارثى ٤٦۷
يحيى بن عبدالرحمان بن حاطب ۲۷٤،۲۸۲
يحيى بن عبدالله بن حسن بن حسن ٤۱۲، ٤۱۳
يحيى بن على ۱۳۹
يحيى بن على بن عبدالله بن عباس ۲۹۲
يحيى بن عمر بن يحيى بن حسين بن زيد بن على بن حسين بن على بن ابى طالب ٥۲۹
يحيى بن عيسى بن موسى ٤۲۷
يحيى بن قيس غسانى ۲۰۰
يحيى بن محمد بن على بن عبدالله بن عباس ۳۲۳ ح، ۳۳۰، ۳۳٤ ح، ۳٤۱، ۳۷۹
يحيى بن معاذبن مسلم ٤۷٥، ٤۸۳

يحيى بن موسى كندى ٤۱۷
يحيى بن وليد ۲٤۸
يحيى بن هرثمه ٥۱۳
يحيى بن يزيد بن عبدالملك ۲۸۱
يحيى بن يعمر عدوانى ۱۹۲ ح
يحيى خارجى ۳۹۷
يرفأ ۲۰، ۲۰ ح، ٤۹
يزدگرد (يزدجرد-خسرو) ۲٥-۲۷، ۲۹، ۳۷ ح، ۱۸٤، ۲٦٤
يزيد بن ابى سفيان ۱۲، ۲۱، ۲٤، ۳۷
يزيد بن ابى كبشة سكسكى ۲۳۳، ۲٤۷، ۲۸۱
يزيد بن ابى مسلم ۲٤۷، ۲٥۲، ۲۸۰
يزيد بن اسحاق ٤٥۹
يزيد بن اسد بجلى ۸٦، ۹۸
يزيد بن اسد سلمى ۳٤۲،۳٦۱،۳٦۲، ۳۸۰،۳۸۸
يزيد بن اصم ۲۷٤، ۳۰٤
يزيد بن انس ۲۰۲
يزيد بن بلال يمنى ٤٦۱
يزيد بن ثابت ۷٤ ح
يزيد بن جرهم داعى ۲۷۸
يزيد بن حاتم مهلبى ۳۳٥ ح، ۳٦۱، ۳۷۹، ۳۸۲، ۳۸۳، ٤۱٦
يزيد بن حرعبسى ۱۷٤
يزيد بن حسن ٤۸٥، ٥۰۱
يزيد بن خالد بن عبدالله قسرى ۳۱۱،۳۱۳،۳۱٤
يزيد بن زريع ٤٤٥
يزيد بن زياد ۳٤۷، ۳٥۲
يزيد بن سليمان عبدالملك ۲٦۰، ۳۱۰

يزيد بن منجاب مهلبى ٤٧٢	يزيد بن شجره ١٧٦، ١٧٦ ح
يزيد بن منصور حميرى ٣٨١، ٣٩٩، ٤٠٤،	يزيد بن شجاع لخمى ٣١١
يزيد بن مهلب ٢٢٧، ٢٢٨، ٢٣٩، ٢٤٢،٢٤٣	يزيد بن عاتكه = يزيد بن عبدالملك
٢٥٢-٢٥٥، ٢٦٢، ٢٧٣-٢٧٧	يزيد بن عبدالله ٣٨
يزيد بن وليد ٢٤٨، ٢٧٥، ٣٠٩-٣١٢	يزيد بن عبدالله ٥٣٢
يزيد بن وليد بن يزيد ٣٠٩	يزيد بن عبدالله بن زمعه ١٩١
يزيد بن هانى ٣٢٥ ح	يزيد بن عبدالله بن شخير ٣٠٤، ٣٢٨
يزيد بن هبيره = يزيد بن عمر بن هبيره	يزيد بن عبدالله بن يزيد بن معاوية بن ابى سفيان ٣٣٦
يزيد بن هشام ٣٠١، ٣٠٢	يزيد بن عبدالملك بن مروان ٢٣٣-٢٦٩، ٢٦٩ح،
يسير بن عمرو سلولى ٢٣٥	٢٧٣-٢٨٢، ٣٠٠، ٣٠٤ح، ٣٤٨
يعقوب ٥٣١	يزيد بن عرار ٢٩٦، ٣٠٨، ٣١٦
يعقوب بن ابراهيم (ابو يوسف) ٤٤٥	يزيد بن عمر بن هبيرة فزارى (ابن هبيره) ٣١٤،
يعقوب بن تميم اباضى = يعقوب بن تميم كندى	٣١٧، ٣١٨، ٣٢٠-٣٢٣، ٣٣٤، ٣٣٥ ح،
يعقوب بن تميم كندى (ابو حاتم) ٣٨٢،٣٨٣	٣٦١، ٣٦٣، ٣٦٦
يعقوب بن داود ٤٠١، ٤٠٢	يزيد بن عنسبة حرشى ٤٤٤
يعقوب بن صالح هاشمى ٤٦٢	يزيد بن غريف همدانى ٢٨٨
يعقوب بن على بن عبدالله بن عباس ٢٩٢	يزيد بن غزوان ٤٤٤
يعقوب بن فضل بن عبدالرحمان بن عباس بن ربيعة بن	يزيد بن قيس ارحبى ١١١
حارث بن عبدالمطلب ٣٧٠	يزيد بن مالك ٤٥٩
يعقوب بن ليث صفار ٥٢٦، ٥٣٦	يزيد بن محمد بن حنظلة مخزومى ٤٦٤،٤٦٥
يعقوب بن مأمون ٤٩٤	يزيد بن مروان ٣٣٢
يعقوب بن منصور ٣٨٦، ٤٤٣	يزيد بن مزيد بن زائدة شيبانى ٣٨٠، ٣٩٧،٤١٦
يعقوب بن مهدى ٤٠٤	٤٣٨-٤٤٠
يعقوبى ٨٧ ح	يزيد بن معاويه ٧٤ ح، ١٤٧،١٤٨، ١٦٠،١٦١،
يعلى بن اميه = يعلى بن منيه	١٦٧ح، ١٧٣ح-١٧٩، ١٨٢،١٨٢ح-١٨٤،
يعلى بن منيه تميمى ٤٧، ٥٢، ٧٣، ٧٣ح، ٧٨	١٨٧، ١٨٩-١٩٤، ١٩٦، ١٩٧، ٢٠١،
يقطين بن موسى ٣٥٤، ٣٩٥	٢٢٠، ٢٦٩ ح، ٢٧٥
يمان؟ نصرانى ٥٠٨	يزيد بن معاوية بن مروان بن عبدالملك ٣٣٩

يوسف بن ابراهيم تنوخی (قمیص) ۵۲۹	يوسف بن عمر بن شبرمه ۲۹۹ ح
يوسف بن ابراهيم (برم) ۳۹۷	يوسف بن محمد بن يوسف طائی ۵۱۸
يوسف بن حكم ثقفی ۱۹۹	يوسف بن محمد ثقفی ۳۰۶
يوسف بن راشد سلمی ۴۳۷	يوسف بن يعقوب ۱۶
يوسف بن عطیه ۴۴۵	يونس بن ابی اسحاق سبیعی ۳۸۸، ۴۰۵
يوسف بن عمر ثقفی ۲۵۲، ۲۸۵، ۲۹۴ـ ۳۹۰، ۳۰۵، ۳۰۸، ۳۱۳	يونس بن عبید ۳۵۰
	يونس بن متی ۱۶

فهرست اعلام قبایل وطوایف و سلسله‌ها وخاندانها

آ

آل ابراهیم ٦٥
آل ابوسفیان ١٩٦
آل ابی‌طالب ٥٤٢، ٥٤٤، ٥٤٤ح، ٥٤٥
آل ابی‌معیط ٣٠٧ح
آل‌بیت ابی‌طالب ٣٧١ح
آل حرب ٢٦٧
آل خطاب ٤٥، ٥٠
آل عمران ١٥، ٦٥، ٢٢٥
آل محمد (آل پیامبرخدا) ١٥٦،٢٠٢، ٢٠٦، ٢٠٩، ٢٣٧، ٢٩٩، ٣٠٨، ٣٢٠، ٣٣٤، ٣٣٤ح، ٣٣٦
آل مروان ١٥٥
آل مهلب ٢٧٧، ٤٤٢

الف

اباضیان ٣٨٢
ابناء ٤٥٤، ٤٥٦، ٤٦٧، ٤٦٨
احزاب ١٥، ١١٢، ١١٣، ١٤٦
اخباریان ٢٩٨ح
ازارقه ٢١١، ٢٢١، ٢٢٦، ٢٢٧
ازد ٥٧، ٨٠، ٢٢١، ٢٥٤، ٢٥٧، ٤٠٨، ٥١٨
اسد ٦ح، ٧٩
اشعریان ٤٠٢
اصحاب ابن اشعث ٢٣١
اصحاب بابك ٥٠٤
اصحاب پیامبرخدا (اصحاب رسول‌خدا ، اصحاب محمد) ٢٩، ٣٠، ٣٩، ٤٣، ٥٠، ٧٩، ١٥١
اصحاب علی (اصحاب امیرالمؤمنین) ٨٠ ، ٨١، ٨٩، ٩١، ٩٧، ٢٧٢
اصحاب کسا ١٥٤
اصحاب کهف ١٠٥، ١٣٧
اصحاب مدین ١٨٩
اصحاب معاون ٣٨٧
اصحاب معاویه ٨٩
اکراد ١٦٠
امت محمد ٧٨، ٣٣٩
امهات مؤمنین (زنان پیامبر خدا) ٤٠، ٤٦، ٧١، ٧٣، ٢٣٧
امیران خزر ٥١٩
امیه = بنی‌امیه

فهرست اعلام قبایل وطوایف ۶۰۷

ابیا ۱۱۵
اندلسیها ۴۶۲، ۴۶۳
انصار ۲،۳ ح۳، ۱۵، ۱۸، ۱۹، ۴۰، ۷۴،
۷۴ح، ۷۵ح، ۷۶ح، ۸۳ح، ۸۸، ۸۹، ۱۵۲،
۱۶۱، ۲۵۷
اهل اردن ۹۸
اهل بدر ۶۹، ۸۹
اهل بشرود (مردم بشرود) ۴۸۷، ۴۸۸
اهل بصره (مردم بصره) ۴۰، ۷۸، ۱۶۵، ۲۲۳،
۳۶۹، ۴۷۸، ۵۳۹
اهل بیت پیامبر خدا ۱۹۴، ۲۰۱
اهل بیت نبوت ۲۰۳
اهل بیعت رضوان ۲۹
اهل تومان ۲۸۷ ح
هل جزیره (مردم جزیره) ۳۱۲
اهل جمل ۹۷ ح
اهل حره ۱۹۱، ۱۹۳
اهل حمص (مردم حمص) ۲۳، ۲۴، ۱۹۱، ۱۹۸،
۳۱۰، ۳۱۱، ۳۱۳، ۳۱۶، ۴۴۱، ۵۱۹،
۵۲۷، ۵۲۸، ۵۳۸
اهل حوف (مردم حوف) ۲۰۲، ۴۰۸، ۴۵۵،
۴۸۸
اهل دمشق (مردم دمشق، دمشقیان) ۲۱، ۹۸،
۳۱۲-۳۱۴
اهل ذمه (ذمیان، کافران ذمی) ۱۱۱، ۱۱۸،
۳۹۰، ۵۱۵، ۵۱۶
اهل سنت ۴۸۳
اهل شام (مردم شام) ۸۳، ۸۳ح، ۸۶، ۸۸، ۱۰۱،

۱۰۲، ۱۱۲، ۱۹۱ - ۱۹۳، ۱۹۸، ۲۰۱،
۲۰۴، ۲۱۳، ۲۴۳، ۲۷۰، ۳۲۰، ۳۲۶،
۳۵۲، ۳۶۲، ۴۱۵، ۴۱۷
اهل شمشاط ۵۳۲
اهل شوری ۸۷
اهل عراق (مردم عراق) ۱۰۲، ۱۷۸، ۲۲۳،
۲۵۶، ۲۷۰، ۲۹۷
اهل فیوم ۴۰۸
اهل قبله ۳۷۹
اهل قرآن ۹۰
اهل کتاب ۱۱۷
اهل کوفه (مردم کوفه) ۴۳، ۷۴، ۷۹، ۱۰۱، ۱۰۲،
۱۴۴، ۱۴۷، ۱۴۸، ۱۷۸، ۱۸۱، ۲۲۲،
۲۳۰، ۲۷۲ ح، ۲۹۹، ۴۰۲
اهل لؤلؤ (مردم لؤلؤ) ۴۹۰
اهل مدینه (مردم مدینه) ۴۰، ۱۰۴، ۱۰۵،
۱۰۹، ۱۱۶، ۱۸۷، ۱۹۰، ۱۹۱، ۲۰۳،
۲۲۴، ۲۳۷، ۲۳۹، ۲۴۶، ۲۵۷، ۳۱۱،
۳۱۵، ۳۶۶، ۳۶۷، ۳۶۹، ۴۲۲، ۵۰۸،
اهل مرو (مردم مرو) ۶۰
اهل مصر (مردم مصر) ۷۰، ۹۹، ۱۵۰، ۱۹۷،
۳۱۱، ۴۰۳، ۴۸۲، ۵۲۱،
اهل مکه (مردم مکه) ۴۰، ۱۰۹، ۱۸۷،
۲۵۱، ۴۶۶، ۵۳۱، ۵۴۲
اهل موصل (مردم موصل) ۳۴۱
اهل هرات ۶۰
اهل یمن (مردم یمن) ۴۰، ۹۹، ۳۰۷، ۳۰۸،
۳۶۳، ۴۱۸، ۴۱۹، ۴۶۶، ۴۸۲

۶۰۸   تاریخ یعقوبی

ابرانیان ۵۲۵، ۶۳۹ | بنی جمح ۳۹۵
| بنی حارث بن کعب ۱۴۹
ب | بنی حسن ۲۶۹ ح
| بنی حمان بن سعد ۴۰۰ ح
بابکیان ۵۲۸ | بنی حنیفه ۶، ۲۰۶، ۳۰۷ ح
باهله ۱۹۸ | بنی ذهل ۴۸۳
بجیله ۲۵، ۳۸، ۱۴۹ ۲۹۳ | بنی سلیم ۵۰۸، ۵۴۵
بربرها (بربریان) ۲۸۷ ح | بنی سمط ۴۶۲
بطریقان آذربایجان و ارمنستان ۴۹۹، ۵۰۹، | بنی شیبان ۲۷۲ح، ۵۳۵
۵۱۸ | بنی شیبه ۳۹۵
بلفین ۵۸، ۵۸ح، ۵۰۷ | بنی ضبه ۸۰
بنی ابی معیط ۴۸ | بنی عامر بن لوی ۱۰۴
بنی اسد ۶ ح، ۱۴، ۷۴، ۳۵۱ ح | بنی عامر ۲
بنی اسد بن عبدالعزی بن قصی ۲۰۷ | بنی عباس (عباسیان) ۲۹۶،۳۱۳، ۳۲۴، ۳۴۰،
بنی اسرائیل ۹۳، ۱۹۹ | ۳۴۳، ۳۴۴، ۳۴۹ ح، ۳۶۸، ۴۴۳ ح
بنی اسید بن ابی العیص ۵۰۷ | ۴۴۷
بنی امیه ۴۸، ۵۶، ۶۳، ۶۷، ۷۵ ح، ۱۸۹، | بنی عبدالاشهل ۷۴ح
۱۹۷، ۱۹۸، ۲۰۰، ۲۰۵، ۲۰۹،۲۱۴، ۲۱۶، | بنی عبدالمطلب ۱۸۷، ۱۸۸
۲۴۶، ۲۵۱، ۲۶۱، ۲۷۵، ۲۸۶، ۲۸۸، | بنی عبد مناف ۴۰، ۴۱، ۷۵
۲۹۳، ۲۹۹، ۳۰۱، ۳۰۲ ح، ۳۰۷،۳۱۳، | بنی عجلان ۱۴۶
۳۱۸، ۳۲۰ – ۳۲۲، ۳۲۴، ۳۲۷، ۳۳۳، | بنی عدی ۴۹
۳۳۷، ۳۳۹،۳۴۰، ۳۴۰،۳۴۲ ح،۳۸۶، | بنی عمرو بن شیبان بن ذهل ۳۰۷ ح
بنی اود ۳۲۳ | بنی فاطمه ۲۶۹ ح
بنی بسطام ۴۶۲ | بنی قیس بن ثعلبه ۲۲۲ ح
بنی تغلب ۱۳ | بنی القین = بلفین
بنی تمیم ۲۹۸ح، ۳۶۱ ح | بنی کنانه ۱۰۷
بنی تیم بن مره ۱ | بنی لیث ۳۲۳
بنی ثقیف ۲۱۵، ۲۱۵ ح | بنی مازن بن عمرو بن تمیم ۲۷۶ ح
بنی جعفر بن کلاب ۲، ۲ ح، ۴۳۵ |

فهرست اعلام قبایل و طوایف

بنی‌محارب ٤٨٥
بنی‌مخزوم ٦٩ ، ٢٤٨
بنی مدلج ٤٦٢ ، ٤٩٣
بنی‌مروان ٢٦٩ ح
بنی مره ٤١٥
بنی‌منذر ٤٣١،٤٣٢
بنی‌ناجیه ٩٠،١٠٠ ، ١٠٠ ح
بنی نجار ٧٩
بنی وضاح ٣٠٢ ح
بنی‌هاشم (هاشم، هاشمیان) ١٢، ٣٥، ٨١،١٥٢
٢٠٣ ، ٢٩٥، ٢٠٧،٢٥١، ٢٦٩،٢٦٩ح،
٢٧٠ ، ٢٧٨، ٢٨٨،٣٠٠،٣٠٧،٣٠٧ ،
٣٠٨ ، ٣١٧،٣١٩،٣٢٢، ٣٢٣، ٣٢٣ح،
٣٣٠ ٣٣٧ ٣٤٣ ، ٣٤٤ ، ٣٤٤ح، ٣٤٦،
٣٤٧ ، ٣٤٩ ٣٥٧ ، ٣٦١ ، ٣٧٨ ، ٣٩٦،
٤١٢ ، ٤١٣ ، ٤٢٢ ، ٤٣٢ ، ٤٣٠ ، ٤٤٣،
٤٥٠، ٤٥٦، ٥١١، ٥٢٩، ٥٣٦
بنی‌هلال ٣٠ ، ٥٤٢ ، ٥٤٥
بنی‌یشکر ٢٧١ ح ، ٢٧٢ ح

پ

پادشاهان اندلس = گتها
پادشاهان ایران ١٦٧
پادشاهان جبال ٢٨٦ ح
پادشاهان جبال و باب‌الأبواب ٥٠٩
پادشاهان روم ٣٠٤ ح
پادشاهان عجم ٢٨٦
پارسیان ٢٥ ، ٢٦ ، ٢٧ ، ٢٩ ، ٣٧،٣٨

پسران جمدة‌بن هبیره ١٥٩
پسران فاطمه‌ها ٢٠٦ ، ٢٠٦ ح
پیمبران ٩١ ، ٩٦ ، ١١٥ ، ١٨٨
پیمبرزادگان ١٨٨

ت

تابعین ٣٤٩ ح
ترسایان ١٠٨، ١١٧ ، ٤٨٨ ح
ترکها (ترک ، ترکان) ٣٨ ح، ١٩٣، ٢٤٠،
٢٤٧، ٢٤٨، ٢٥٥،٢٦٢، ٢٦٣، ٢٧٨
٢٧٩، ٢٨٢،٣٠٢، ٣٠٣،٣٠٣ح،٣١٠،
٣٩٨، ٤١١، ٤١٢، ٤٥٠، ٥٠٤، ٥٢١،
٥٢٢، ٥٢٥، ٥٢٧،٥٢٩، ٥٣٢ ـ ٥٣٧،
٥٣٩،٥٤١، ٥٤٣
تغزغز ٣٩٨ ، ٤٠٠
تغلب ٨٨
تمیم ٢٥٤ ، ٢٥٦
تنوخ ٣٩٩ ، ٥٢٩
تیم‌الرباب ١٤٩

ث

ثقیف ١٣ح، ٢٢٥ح، ٣٩٧
ثمود ١٨٩ ، ٢٢٥ ح

ج

جتها (جت) ٣٩٨، ٣٩٩، ٤٩٦ ح
جذام ٣٦، ٣٧، ٢٥٥، ٥٠٧، ٥٤٤
جراجمهٔ الطاکیه ٢٣٦

جهینه ۷۰	خراسانیان مقیم ارمنستان ۴۳۹
چ	خرلخیه (خرلخیها) ۳۹۸، ۴۵۰
چهار پادشاه کنده ۲۹۲	خرمیان (خرمیه) ۴۸۳، ۴۹۵ ح
ح	خزاعه ۳۰۷، ۳۱۵، ۳۵۰
حبشیان ۳۲۶، ۳۲۷ ح	خزر ۶۱، ۲۷۹، ۲۸۵، ۲۸۶، ۳۶۲، ۴۳۹، ۵۱۹
حروریه (حروریان) ۹۳، ۳۱۵	خلفای بنی امیه ۲۸۶ ح
حمیر ۱۷۴، ۱۹۸	خلفای بنی عباس ۳۴۹ ح، ۴۴۷
خ	خلفای بنی هاشم ۳۴۹
خارجه ۹۹	خلفای محمودی علوی اندلس ۳۴۹ ح
خارجیان = خوارج	خلفای فاطمی مصر ۳۴۹ ح
خاندان ابراهیم ۶۵	خوارج ۹۲ - ۹۴، ۹۷، ۱۴۴، ۱۴۹، ۱۶۵، ۲۱۱، ۲۲۲، ۲۲۶، ۲۸۸، ۲۹۳، ۳۱۴، ۳۱۵، ۳۸۰، ۳۸۱، ۵۱۱، ۵۲۶، ۵۳۰، ۵۳۵
خاندان ابوطالب ۲۶۷	
خاندان ابی عقیل ۲۷۴ ح	
خاندان برمک ۴۳۱	
خاندان پیامبر ۵۴، ۶۶، ۱۵۷، ۲۳۳، ۳۳۰، ۳۳۳، ۳۴۸	خوارج کرمان ۲۲۱
خاندان سلیمان بن عبدالملک ۲۵۹	**د**
خاندان عبدالله بن حسن ۳۶۰	داعیان بنی هاشم ۲۹۹، ۳۰۷
خاندان عمر ۴۶	دوازده نفر نقیب ۳۰۷ ح
خاندان عمران ۶۵	دو تبعید شدهٔ پیامبر خدا = حکم و مروان
خاندان فسر ۲۹۳	دو حکم (دو داور) ۹۱-۹۴
خاندان کسری ۱۴۵	دو دختر یزدگرد ۲۶۴
خاندان مروان ۳۳۲	**ر**
خاندان مهلب ۴۷۸	ربیعه ۷ ح، ۲۸، ۴۱، ۱۱۴، ۱۱۹، ۱۶۷، ۲۱۲، ۲۲۱، ۲۵۶، ۲۹۹، ۳۰۷، ۳۰۸، ۳۶۳، ۳۸۱، ۳۹۶، ۳۹۷، ۴۱۴، ۴۱۶،
خشم ۳۷	

فهرست اعلام قبایل وطوایف

437، 480، 500، 509، 510، 526،
534، 535، 541

رومیان (روم) 12، 13، 15، 22-24ح، 34،
44، 62، 145، 160، 194، 234،236
258، 273، 274، 281، 282ح، 303،
303، 349، 383، 388، 396، 404،
410، 433، 441، 444، 488، 490،
501، 517، 527، 528، 533، 545

ز

زطها (زط) 496، 496ح
زنان پیامبرخدا = امهات مؤمنین
زنان هجرت کننده 41
زندایان طالبیان 394
زندیقان 401
زبیده 370

س

سپاه برقه 544
سپاه بنی امیه 320
سپاه خراسان 388
سپاه روم 404
سپاه شام 388
سپاه صالح بن علی 325
سپاه محمد بن عبدالله بن حسن 368
سپاه مسلم بن عقبه 190
سپاهیان ایران 24
سپاهیان تبت 450

سپاهیان جزیره وشام ومصر ومغرب 408
سپاهیان حبشه 326، 326ح
سپاهیان خسرو 13
سپاهیان عباس 339ح
سپاهیان علی درجنگ بامعاویه 88ح
سرخ پرچمان = محمره
سعدهوازن 327ح
سغدیان 277، 277ح
سقلبیان = صقلبیان
سکاسک 281ح
سلیم 508
سیاه پوشان 324، 368

ش

شیعه (شیعیان، شیعیان علی بن ابی طالب، شیعیان
بنی هاشم ، شیعیان عراق) 159، 160،162،
170، 199، 201، 306، 355، 361،
407، 433
شیعیان خراسان 299
شیعیان مروان 201

ص

صحابهٔ رسول خدا 11، 36، 176ح، 222،
234ح
صحابهٔ علی 140
صقلبیان (صقالبه) 258، 260، 260ح، 519
صنارِبه 362، 363، 440،441، 485،500،
509،519

ط

طالبیان ۳۳۴، ۴۰۶، ۴۱۹، ۵۳۹، ۵۴۴
طیء ۷۹، ۱۰۱، ۱۰۴

ع

عامله ۵۰۷
عبد شمس ۳۴۳، ۳۴۴
عبدالقیس ۹، ۱۴، ۸۲، ۲۲۶
عثمانیان ۷۵ح
عجم (عجمها)۹، ۲۰، ۲۴، ۲۹، ۴۴،۴۵، ۷۴
۱۴۹، ۱۶۶، ۱۶۸، ۱۸۲، ۲۴۰، ۲۵۳،
۲۵۴، ۲۸۳، ۲۸۶ ، ۴۰۳، ۴۱۱، ۴۴۶،
۵۰۶ ، ۵۴۱، ۵۴۳
عجمهای میسان ونواحی دجله ۲۹
عرب (اعراب) ۴، ۵ح ، ۹، ۱۲، ۲۰، ۲۴، ۲۷
۳۲، ۳۹، ۴۸ ، ۸۵، ۸۶، ۱۰۵ ، ۱۴۹ ،
۱۵۰، ۱۶۸، ۲۱۲، ۲۷۷، ۲۸۴، ۲۸۶ح
۲۹۷، ۳۴۱، ۳۷۹، ۳۸۱، ۴۸۸، ۴۹۳،
۵۰۸، ۵۰۹، ۵۳۱، ۵۳۴
عرب اصلی ۸۲
عك ۳۲
علویان ۳۲۹، ۳۶۶
عنزه ۳۰۶ ح
عنس ۶ح

غ

غطفان ۴، ۶ح

ف

فاطمه‌ها ۲۰۶، ۲۰۶ح، ۳۵۹
فاطمیان= فرزندان فاطمه
فرزندان اسحاق (ولداسحاق) ۸۲
فرزندان اسماعیل (ولد اسماعیل) ۸۲، ۲۹۷
فرزندان جعفربن‌محمد ۳۷۸
فرزندان حسین‌بن علی ۱۸۴
فرزندان سمیه ۱۸۱
فرزندان علی‌بن‌ابی‌طالب ۳۶۱ح
فرزندان علی‌بن‌الحسین ۲۶۷
فرزندان فاطمه‌ها ۱۸۱، ۲۶۹، ۲۶۹ح
فرزندان مهلب ۲۴۰ ، ۲۴۲
فرماندهان ارمنستان ۴۸۲
فرماندهان ازد ۴۰۸
فرماندهان حربیه ۴۵۴
فرماندهان خراسان (خراسانی) ۳۵۲ح ، ۳۵۳
۳۶۱ح ، ۳۷۲، ۳۷۳
فرماندهان شام (فرماندهان‌لشکر های‌شام) ۳۱
۱۴۵
فرماندهــان مصر ۴۵۴
فرماندهان و یاران مروان ۳۳۴
فقهای دوران امین ۴۵۹
فقهای دوران حکومت یزیدبن عبدالملك۲۸۲
فقهای دوران مهدی ۴۰۵
فقهای دوران ولید ۲۴۸، ۲۶۰
فقهای دوران هارون ۴۴۴
فقهای زمان‌ابوالعباس ۳۴۹

فهرست اعلام قبایل و طوایف

فقهای زمان سلیمان ۲۶۰
فقهای زمان عمر بن عبدالعزیز ۲۷۴
فقهای زمان مروان ۳۱۷
فقهای زمان معاویه ۱۷۶
فقهای زمان منصور ۳۸۸
فقهای زمان هشام ۳۰۴
فقهای دوران عثمان ۷۳
فقهای زمان عمر ۵۱
فهر ۳

ق

قاریان قرآن (حاملان قرآن) ۱۵
قاسطین (قاسطون) ۹۷
قبطیان بشرود ۴۸۸
قبیله‌های عرب ۱۲
قبیله‌های یمن ۱۲، ۳۶۱
قحطانیان ۳۷۱
قدریه ۳۱۱ ح
قریش ۲، ۵-۷، ۱۲، ۱۵، ۴۰، ۴۷، ۴۹، ۵۴، ۵۹، ۷۴، ۷۵، ۸۰، ۸۶، ۸۷، ۹۲، ۱۳۵، ۱۸۹، ۱۹۰، ۱۹۸، ۲۰۴، ۲۰۶، ۲۵۲، ۲۵۷، ۳۱۵، ۴۱۴، ۴۲۰، ۴۰۹، ۴۷۰، ۵۰۷، ۵۱۱
قضات منصور ۳۸۷
قضات مهدی ۴۰۲
قضاعیه ۳۹۹
قوم سبا ۴۶۲
قوم لوط ۱۸۹

قیس (قیسیان، قیسیها) ۲۵۶، ۲۹۹، ۴۱۴، ۴۶۱، ۴۶۲، ۴۶۶، ۴۸۶، ۴۸۷، ۵۰۷، ۵۰۸، ۵۴۵
قیسبهای دمشق ۳۲۴

ک

کارمندان هشام ۳۰۵
کارمندان عجم ۲۴
کافران (کافرون) ۱۴، ۱۶
کشندگان عثمان ۷۲، ۷۵، ۸۰
کلب (کلبیان) ۵۸، ۱۹۳، ۵۲۸، ۵۲۹، ۵۳۳، ۵۳۴
کنانه ۱۰۷، ۵۳۳
کنده ۱۱ ح، ۱۱، ۳۸، ۳۸ ح، ۲۹۲
کودکان سرّامی ۳۶
کوفیان ۷۹
کیسانیه ۲۰۷ ح

گ

گتها (پادشاهان اندلس) ۲۳۹

ل

لخم ۳۲، ۲۵۵، ۴۶۲، ۴۶۳، ۵۰۷، ۵۲۶، ۵۴۴
لشکر ابوعبیدة بن جراح ۲۸
لشکر ترک ۲۴۲
لشکر روم (لشکریان روم، لشکر رومیان) ۲۲، ۲۳، ۳۳

تاریخ یعقوبی

لشکر شام (لشکرهای شام) ۱۹، ۳۱
لشکریان پارس ۳۸
لشکریان رستم ۲۸
لشکریان معاویه ۸۸ ح

م

مارقین (مارقون) ۹۷
مبیضه ۴۹۵ ح
محارب ۲۴۷، ۲۵۹
محمره ۳۹۸، ۴۹۵، ۴۹۵ ح
مذحج ۶ ح
مراد ۳۴۶، ۳۴۶ ح
مرتدان ۹، ۲۰
مرتدان یمن ۱۰
مردم اعرابی ۲۹
مردم شهرنشین ۲۹
مروانیان ۳۲۶
مسلمانان ماوراءالنهر ۲۶۳
مسلمین (مسلمانان) ۶ ح، ۹ ح، ۱۳، ۱۷، ۱۸،
۲۱-۳۳، ۳۵، ۳۶، ۴۴، ۴۵، ۴۷، ۵۰، ۵۵، ۶۹،
۷۲، ۷۵، ۷۷، ۹۲، ۱۱۰، ۱۱۱، ۱۱۳،
۱۱۶، ۱۱۸، ۱۶۰، ۱۶۲ –۱۶۳، ۱۸۵،
۱۹۲، ۲۰۶، ۲۲۰، ۲۲۴، ۲۴۲، ۲۴۵،
۲۵۸، ۲۶۳، ۲۷۰، ۲۷۱، ۲۷۷، ۲۸۵،
۲۹۶، ۳۰۳ ح، ۳۴۸، ۳۶۲، ۳۶۳، ۳۹۰،
۳۹۲، ۳۹۳، ۳۹۶، ۴۰۰، ۴۰۴، ۴۲۳،
۴۲۶، ۴۲۷، ۴۳۹، ۴۵۰، ۴۵۷، ۴۶۳،
۴۸۳، ۴۸۴، ۴۸۸ – ۴۹۱، ۴۹۹، ۵۱۰،
۵۱۷، ۵۲۸
مسوده ۳۳۹
مشرکان ۲۳۰، ۲۹ ح
مشرکان مکه ۹۶
مضر (مضریان) ۲۸، ۴۱، ۱۱۴، ۱۶۷، ۳۰۷،
۴۳۷، ۴۶۲، ۴۸۸، ۵۳۳، ۵۴۱
مطففین ۱۵
معتزلیان(معتزله)۳۱۱ح، ۴۸۳
منافقان ۱۲
منشیان نصرانی ۱۶۵
موالی ۸۲، ۱۴۹، ۱۶۸، ۲۶۲، ۳۴۱، ۳۸۱
موالی بنی‌هاشم ۴۱۲
مؤمنان (مؤمنین) ۱۵، ۱۷، ۴۰، ۷۶
مهاجران ۵، ۷۴، ۸۳، ۸۸، ۸۹

ن

ناکثین (ناکثون) ۹۷
نزار (نزاریها ، نزاریان) ۳۶۲، ۴۱۳، ۴۱۴
۴۳۷، ۴۴۰
نصاری (نصرانیان) ۳۱، ۱۱۷، ۱۵۲، ۴۹۸
نمر بن قاسط ۸۸
نوبه (نوبیان) ۴۵، ۳۲۵

و

وفد بنی‌اسد ۶ ح

ه

هاشم = بنی‌هاشم

هاشمیان ۳۵۱، ۳۶۷، ۳۹۰، ۴۱۹، ۴۴۶	یمنیها (یمنیان، یمن) ۹۹، ۲۵۴، ۳۰۷ - ۴۰۹، ۳۶۱، ۴۱۳ - ۴۱۵، ۴۳۷، ۴۴۰، ۴۶۲، ۴۸۷
همدان ۱۰۳، ۱۴۹	
هوازن ۳۲۷ ح	
ی	یهودیان (یهود) ۱۳، ۳۱، ۱۱۷، ۵۱۷
یمنیان دمشق ۲۴۳	

فهرست اعلام امکنه

آ

آذربایجان ٤٥، ١١٠، ١١٥، ١٦٦، ٢٠٢
٢٤٨ ح، ٢٧٩، ٢٨٥، ٢٨٥ ح، ٢٨٦ ح
٣٠٢، ٣٤١ ح، ٣٤٢، ٣٦١، ٣٦١ ح،
٣٦٢، ٣٦٣، ٤٣٨، ٤٤٠، ٤٦١، ٤٨٢ـ
٤٨٥، ٤٨٩، ٤٩٥ح، ٤٩٩، ٤٩٩ح، ٥٠٠
٥٠٤، ٥١٥، ٥١٦

آمد ٤٦، ٥٣٢

آنقره (آنکارا) ٤٠٤، ٤٨٧

الف

ابرشهر ٦٠، ٢٥٦، ٣٠٦

ابرقباد ٢٦

ابله ٢٦، ٣٦٥، ٥٣٩، ٥٤٢

اجنادین ١٣، ١٤

احجارالزیت ٣٣٠، ٣٣٠ح

احد ٨ح، ٦٣، ٣٤٤ح

احهیر ٢٩٢

ادرولیه ٢٤٨

اذرح ٢٩٢

اذنه ٤٦٢، ٤٨٨، ٤٨٩، ٥٠٢

اران ١٣٢ح، ٣٦١ح، ٤٨٢، ٤٩٩ح، ٥٠٠

اردبیل ٢٧٩ح، ٣٠٢، ٣٠٣ح، ٣٦١ح

اردشیر خره ١١٣

اردن ٢٢، ٢٤، ٣٧، ٩٨، ١٦٧، ١٩٠، ١٩٧
٢٠٠، ٣١٠، ٣١٥، ٣٣٧، ٣٧٩، ٤٦٢
٥٠٧، ٥٢٠، ٥٢٦، ٥٣٢، ٥٣٤

ارزن ٥١٩

ارسوف ٣٣٧ح

ارمائیل (ارمئیل) ٢٤٤، ٢٤٤ح

ارمنستان ٤٦، ٦١، ٦١ح، ٦٢، ٢٠٢، ٢٢١
٢٨٥، ٢٨٥ ح، ٢٨٦ح، ٣٠٤، ٣١١
٣١٢، ٣١٤، ٣٤١، ٣٤٢، ٣٦١ ـ ٣٦٣
٤٣٧، ٤٣٨ ـ ٤٤١، ٤٤٩، ٤٥٨، ٤٦١
٤٨٢ ـ ٤٨٦، ٤٩٩، ٥٠٠، ٥٠٩، ٥١٦
٥١٨، ٥١٩، ٥٢٧، ٥٤٣

ارمنستان چهارم ٢٨١، ٣٠٣

ارمنستان میانه ٢٢١ح

استان دمشق ٢٤٦

استان عال ٢٤٢ح

استان قنسرین ٥٤١

اسروشنه ٣٩٨، ٤٥٠

فهرست اعلام امکنه

اسفزار ۲۸۹ح
اسکندریه ۳۳، ۳٤، ٤۲، ٥٦، ٤٦۲، ٤٦۲، ٤۸۱، ٥٤۳
اسوان ٥٤٤
اشروسنه = اسروشنه
اشمون ۳۲٤
اصطخر فارس ٤٦، ٥۹، ۱۱۸، ٥۳۰
اصفهان ۳۸، ۳۸ ح، ٤٤، ٤٦، ۲۳۹، ۲۹٥، ۳۲۰، ٥۳۲، ٥۳٤
اطحار ۲۳٤
اعماق ۲۳٤، ۲۳٤ح
افریقا ٤٥، ٤٥ ح، ٥۸، ۱٦۱، ۲۲۸، ۲٥۲، ۲۸۰، ۲۸۷،۲۸۷ح، ۲۸۸، ۳۰۳ح، ۳٤۰، ۳٤۰ح، ۳٤۷، ۳٤۸، ۳۸۲، ۳۸۳، ٤۱٦، ٤۱۷، ٤۱۸
افریطش ٥۲٦
اقلیم حمص ٤٦۲
الان ۲۸۲، ۲۸٦ح، ۳۰۲
اماسیه ۲٤۸
امدنین ۳۳
انبار ۱۳، ٤۲ح، ۱۰۳، ۲۱۱، ۳٤۲، ۳٤۲ح، ۳٤۸، ۳٥۱، ۳٥۳، ٤۳۰، ٤٥٦
اندلس ۲۳۹، ۲٤۸، ۲٥۲، ۳٤۹ ح، ٤۰۷، ٤۸۱
انطاکیه ۱٦۷ح، ۱۷٥، ۲۳٤ح، ۲۳٦، ۲۸۱
انطاکیهٔ سودا ۱۷٥
اور ۲٤٥، ۲٤٥ح
اهناس ٤۰۸
اهواز ٤٦، ۱٦٦، ۲۲٥، ۲۲۹، ۳۱۷، ۳۲۳، ۳۷۰، ٤٥٥، ٤٦۳
ایران ۲٤، ۱٦٦، ۱٦۷، ٤۲۳ح
ایله ٤۲ح
ایلیاء (بیت‌المقدس) ۲٤، ۲٤ح، ۳۱، ۳٤

ب

باب ۳٥۲
باب‌الابواب ٥۰۹
باب بصره ۳٦٥
باب بنی‌جمح ، ۳۹٥
باب بنی‌شیبه ۳۹٥
باب بنی‌هاشم ۳۹٦
باب حطه ۱۳٦، ۱۳۷
باب خراسان ۳٦٥
باب‌الذهب ۳٦٦
باب شام ۳٦٥
باب‌الشام (بغداد) ٤٥٤
باب صفا ۳٥۹، ۳٥۹
باب‌العامه (سامره) ٥۰٤، ٥۰۷، ٥۱۹، ٥۳۸
باب کوفه ۳٦٥
باب واق ۳٦۲
بابل ٤۲
باختر ۱۳٤
باخمرا ۳۷۰
بادغیس ٦۰، ۳۰٦، ۳۷۳
بادوریا ٤۲ح، ۱٤۹
بادیهٔ شام ۲۸۳ح

تاریخ یعقوبی ۶۱۸

باروسما (بالاوپائین) ۲۵، ۲۵ ح
باعیناثا ۵۰۲
باق ۵۱۹
بالس ۳۱۴ ح
بامیان ۳۹۸
بانقیا ۸
بشر میمون ۳۸۶
بجه ۳۲۶
بحرین ۹، ۱۴، ۱۴ ح، ۱۹، ۴۱، ۴۷، ۵۲، ۶۴، ۱۱۲، ۱۱۲ ح، ۱۱۳، ۱۶۶، ۲۲۲، ۲۲۲ ح، ۲۲۳، ۲۲۶، ۳۸۱، ۳۹۶
بخارا ۱۷۱، ۱۷۲، ۱۷۲ ح، ۱۹۲، ۲۴۰، ۳۳۶، ۳۶۱ ح، ۳۹۷، ۴۰۰
بخرا ۳۰۹
بدر ۸ ح، ۲۹، ۴۰، ۴۸، ۶۳، ۷۵، ۸۹، ۱۰۲، ۱۵۲
بد = بذ
بدلیس ۵۱۹
بدندون ۴۹۳، ۴۹۳ ح
بدیع (کاخ متوکل) ۵۲۱
بذ ۳۶۱، ۳۶۴، ۴۸۴، ۴۹۹
برج (کاخ متوکل) ۵۲۱
بردان ۳۹۹
برذعه ۶۱، ۲۸۵، ۴۳۷، ۴۳۸، ۴۸۲، ۴۸۳، ۵۰۰، ۵۰۱
برزند ۴۹۹
برقه ۴۵، ۴۶۳، ۴۸۷، ۴۹۰، ۵۰۷، ۵۲۷، ۵۴۲، ۵۴۴
برکةالقسری ۲۵۱

بروس ۲۸۴، ۲۸۴ ح
بزاخه ۶ ح، ۱۸
بزاعه ۲۱۸ ح، ۳۵۲ ح
بست ۲۲۹ - ۲۳۱، ۲۳۱، ۳۸۰
بستان ۴۵۷
بشرود ۴۸۷، ۴۸۸
بصبهری ۴۱
بصره ۸، ۹، ۱۹، ۲۵ ح، ۲۶، ۲۹، ۲۹ ح، ۳۰، ۴۰، ۴۷، ۵۲، ۵۸، ۵۹، ۵۹ ح، ۶۱-۶۴، ۶۷، ۷۳، ۷۷-۸۰، ۸۲، ۸۳، ۱۰۷، ۱۲۱، ۱۴۵، ۱۴۶، ۱۴۸، ۱۶۱، ۱۶۵، ۱۶۵ ح، ۱۷۱، ۱۹۷، ۱۹۹، ۲۱۰، ۲۱۱، ۲۲۱، ۲۲۳، ۲۲۳ ح، ۲۲۶، ۲۲۹-، ۲۳۱، ۲۳۳، ۲۳۳ ح، ۲۴۶، ۲۶۴، ۲۷۴، - ۲۷۶، ۲۸۸ ح، ۲۹۰، ۳۲۳، ۳۲۵، ۳۴۲، ۳۵۱ ح، ۳۵۴ ح، ۳۵۷، ۳۶۱، ۳۶۳، ۳۶۵، ۳۶۸-، ۳۷۰، ۳۷۹، ۳۸۱، ۳۸۷، ۳۹۹، ۴۰۲، ۴۰۵ ح، ۴۱۳، ۴۳۳، ۴۴۳، ۴۶۰، ۴۶۱، ۴۶۵، ۴۶۵ ح، ۴۶۶، ۴۷۲، ۴۷۳، ۴۷۸، ۴۹۱، ۵۳۹، ۵۴۲-۵۴۵
بصری ۱۳
بطایح ۴۹۶
بطحا ۱۸۷
بطنان ۲۱۸
بطن رابغ ۲۵۷
بطن نخل ۵۸
بعلبک ۲۲، ۲۲ ح، ۳۱۲ ح
بغداد ۲۵ ح، ۴۱ ح، ۱۲۰، ۱۴۹ ح، ۳۶۱

فهرست اعلام امکنه

۳٦٤- ۳٦٦، ۳٦٩، ۳۷۱- ۳۷۳، ۳۷۹-
۳۸۱ - ۳۹۰، ۳۹۹، ٤۰۰، ٤۰۳، ٤۱۹
٤۳۰، ٤۳۳، ٤۳٦، ٤٤٦، ٤۵۳ - ٤۵۷
٤٦۳ - ٤٦۵، ٤٦۷، ٤٦۸، ٤۷۲، ٤۷٤
٤۷۰، ٤۸۰، ٤۸٤، ٤۸۷، ٤۸۹، ٤۹۱
٤۹٤-٤۹٦، ٥۰۰، ٥۰۳، ٥۰٦، ٥۱۰
٥۱۳، ٥۱٤ح، ٥۱۷، ٥۱۸، ٥۱۸ح
٥۲۹، ٥۳۲ح، ٥۳٤، ٥۳٦- ٥۳۸، ٥٤۰
٥٤٥

بقاع (بقاع کلب) ۲۲، ۲۲ح
بقیع ۱٤، ۱٥٥، ۱۷۳
بقیع غرقد ٤۷، ۲٦۳ح
بلاد ارمنستان ۲۸٦ح، ٥۰۹
بلاد اسلامی ۳٦۲
بلاد ترکستان ۲٥۳ح، ۳۹۷ح
بلاد جبل ٤۹٥، ٤۹٥ح، ٤۹۹
بلاد خاقان ۳۰۳ح
بلاد خراسان ٥۰۸
بلاد دیلم ٤۹٥ح
بلاد رتبیل ۲۲۹
بلاد خزر ۲۸٥، ۲۸٦ح
بلاد روم ۲۳٤ح، ۳۰۲ح، ۳۰۳ح، ۳۹٦ح
٤٤۱، ٤٤٤، ٤۹۳، ٥۰۱، ٥۲۷
بلاد سند ۲٤٥، ۲٥٥، ۲۸٤، ۳٦۳، ٤۷۸
بلاد صغد ۲۲۷
بلاد مسلمین ٥۲۸
بلاد مصر ٤۲
بلاد ملتان ۳٦٤
بلاد نوبه ۳۲٥، ۳۲٦

بلاد هند ۱٦۸، ۲۸٥
بلبیس ٤٦۱، ٤۸۱
بلخ ۳۸، ۳۸ح، ٦۰، ۱٤٥، ۱۷۱، ۱۷۲
۲۲۷، ۲٥٥، ۲۷۸، ۲۸۸، ۲۹۹، ۳۰٦
۳۹۸ح، ٤٥۰
بلقا ۲۸۱
بلنجر ٦۱، ۲۷۹، ۳۰۳
بلوك فرات ٥٤۱
بندر جار ٤۲، ٤۳
بندر جحفه ٤۲ح
بوشنج (بوشنگ) ٦۰، ٤٥۲
بوصیر ۳۲٤، ٤۰۸ح
بوقان ۱۷۱
بویط ٤۰۸، ٤۰۸ح
بهقباد (اسفل و اعلی و اوسط) ۱۲۰ح
بهقبادها ۱۲۰، ۱۲۰ح
بیت‌الله = ایلیا
بیت‌الله = کعبه
بیت‌المال ۳٤، ۳٦، ٦۲
بیت‌المال بصره ٦۲، ۷۹، ۱۲۱، ۳۷۰
بیت‌المال مصر ٥٤۳
بیت‌المال یمن ٤۸۲
بیت‌المقدس ۲٤، ۲٤ح، ۳۱، ۳٤، ۳٦ح، ۲۰۰
۲٥۰ح، ۲٥۸، ۳٥۹، ۳۸۲، ۳۹۹
بیلقان ٦۱، ۲۸٦ح، ۳٤۱، ٤۳۸، ٤۸۳
بیلمان ۲۸٤، ۲۸٤ح
بیما ٤۸۸
بیورد ۲٥٦

تيما ١٠٤	بيهق ابرشهر ٣٠٦
ث	**پ**
ثبير (ثبيرا عرج) ٢٥١، ٢٥١ح	پارس ١٣٨، ٣٨ح
ثبيرغينى = حراء	پل بزرگ = جسر كبير
ثقبه ٢٥١	پل بغداد ٥٠٠
ثنبةالعقاب ١٣	پل دجيل ٢٢٥
ج	پل كر ٤٣٩
جابيه ٢١،٢٤، ٣١، ١٩٨	پل‌لامس ٥٢٠
جار = بندرجار	پل مصر ٤٨٧
جامع ٤٦٣	**ت**
جاوه ٣٢٦	تبت ٢٦٢، ٣٩٨، ٤٥٠، ٤٦٥، ٤٧٠
جبال ٤٨٥، ٥٠٩	تبريز ٣٦١
جبانة سالم ٣٨ح	تدمر ٢٣، ١٠٣
جبانة سبيع ٣٨ح	تركستان ٢٥٣ح
جبانة عزم ٣٨ح	تفليس ٦١ح، ٢٨٥ح، ٣٦٣، ٤٤٠، ٤٨٦، ٥٠٠، ٥١٩
جبانة كنده ٣٨، ٣٨ح	
جبانة ميمون ٣٨ح	تل منس ٤٦٢
جبل ٤٩٠، ٤٩٠ح، ٤٩٩	تل موزن ٤٦
جبل‌الاسود ٥٢٩	تنعيم ٢٠٤؛ ٢١٥
جبل ٤٦٧	تنكه قسطنطنيه ٦٢
جبله ٥٢٢	تنيس ٤٦١
جحفه = بندر جحفه	توج ١٤، ١٤ح
جرز ٢٨٤، ٢٨٤ح	توما ٢١
جرزان ٦١، ٢٨٥، ٤٤٩، ٤٨٥	تومان ٢٨٧ح
جرش ٣٩٩	تونس ٣٤٠ح
جرف ٢٥٧، ٣١٦	نهامه ٢١٣

فهرست اعلام امکنه

جرن‌الصدقه (جرن‌الضیفه) ۱۵۶، ۱۵۶ح
جزیره ۳۶۰، ۴۲، ۴۷، ۶۴، ۸۸، ۱۴۱، ۱۶۷:۲۵۸،
۲۸۰، ۲۸۳، ۳۱۲، ۳۱۴، ۳۲۴، ۳۳۶،
۳۳۷، ۳۴۲، ۳۵۲ح، ۳۵۳، ۳۵۹، ۳۶۷،
۳۶۵، ۳۷۹، ۳۸۳، ۴۰۸، ۴۱۰، ۴۱۶،
۴۳۴، ۴۴۷، ۴۵۰، ۴۶۳، ۴۷۳، ۴۷۴،
۴۷۶، ۴۸۵، ۴۸۶، ۴۹۵، ۵۰۸
جسر بغداد ۴۳۶، ۴۵۷، ۵۱۴
جسر کبیر ۳۶۳
جعفری (قصر متوکل) ۵۲۲، ۵۲۴
جعفریه ۵۲۲
جولا ۳۷، ۳۲۰
جند (شهر) ۵۲ح
جند (ولایت) ۵۲، ۵۲ح
جوخی ۲۲۶، ۲۷۱ح
جوزجان ۱۵۱، ۳۰۶
جوسق (قصر معتصم) ۴۹۸، ۵۰۰
جیحان ۲۳۴ح، ۳۹۶
جیرو ۴۵، ۵۰۷
جیشان ۱۰۸
جیلان = کیلان

چ

چاچ ۴۵۰
چغانیان ۴۵۰
چین ۳۷ح، ۲۴۷، ۲۸۴، ۳۹۸، ۵۱۱

ح

حاضر ۴۶۲
حبشه ۴۴ح، ۱۱۲، ۳۲۶، ۳۲۶ح
حجاز ۱۱، ۱۰۷، ۱۰۹، ۱۶۱، ۱۹۹، ۲۰۱،
۲۲۳، ۲۴۶، ۲۶۶، ۲۶۷، ۲۶۹ح، ۳۱۴ح،
۳۳۲، ۴۶۱، ۴۶۴، ۵۰۸
حجر (اسماعیل) ۳۴، ۲۰۴، ۲۲۱
حجرالاسود ۲۰۴، ۲۰۴ح، ۲۵۱
حجرهٔ زمزم ۲۰۵، ۲۰۶
حجره‌های زنان پیامبر ۲۳۷
حدث ۳۹۶، ۳۹۶ح، ۴۴۴
حدیبیه ۹۱، ۹۵، ۹۶
حرا ۲۵۱ح
حراز ۴۱۸
حران ۳۶ح، ۴۶، ۲۵۵ح، ۳۱۲، ۳۱۴، ۳۱۹،
۳۳۶، ۳۴۱، ۳۴۴، ۳۴۴ح، ۳۵۲، ۳۵۲ح،
۴۳۷، ۵۳۳
حربیه ۴۵۴، ۴۶۷، ۴۶۸، ۴۸۴
حرف ۴۳۰
حرم پیامبر خدا = مدینه
حرم خدا، حرم مکه = مکه
حرمذ ۲۸۴، ۲۸۴ح
حرورا ۹۳
حرهٔ واقم ۱۹۰، ۱۹۰ح، ۱۹۱، ۱۹۳
حسامی ۵۳۴
حش کوکب ۷۳
حصن حدید ۲۶۰، ۲۶۰ح
حصن سنان ۴۳۳، ۴۶۲، ۴۸۷ح
حصن صفصاف ۴۴۴
حصن عوف ۲۶۰ح

حصن قره ۴۳۳، ۴۸۷ح
حصن مرأه ۲۶۰
حصن مشقر ۲۲۳ح
حضرموت ۵۲ح
حلب۲۳، ۲۴، ۱۶۷ح، ۲۱۸ح، ۲۵۸ح،۲۷۱، ۲۷۱ح،۳۰۳ح،۳۱۲، ۳۱۴، ۳۵۲ح،۴۶۲، ۵۲۹
حلوان ۳۷، ۳۹، ۱۴۵، ۱۶۶، ۳۲۰، ۳۵۴، ۳۵۵، ۴۵۳، ۴۵۴
حماة ۴۶۲، ۵۱۹، ۵۲۷، ۵۲۸ح
حمام‌سرخس ۴۶۹ ح
حمان ۴۰۵ح
حمد رأس ۵۰۲
حمراء = حدث
حمزین ۲۸۷، ۴۳۷
حمص ۲۱، ۲۳، ۲۴، ۳۷، ۴۶، ۵۲، ۱۰۳، ۱۵۲، ۱۵۳، ۱۶۷، ۱۹۱، ۱۹۷، ۱۹۸، ۲۵۸، ۲۷۱، ۳۰۵، ۳۱۰ - ۳۱۳، ۳۱۶، ۳۷۹، ۳۸۷، ۴۱۵، ۴۴۱، ۴۶۲، ۴۶۲ح، ۵۱۹، ۵۲۷ - ۵۲۹، ۵۳۳
حمیمه ۲۴۶، ۲۴۶ح، ۲۵۶، ۲۹۲، ۳۱۸
حوارین ۱۹۳
حوران ۱۳، ۳۴۰، ۴۱۵
حوض پیامبر خدا ۸۸
حوف ۹۹، ۹۹ح، ۴۰۲، ۴۰۸، ۴۵۵، ۴۶۱، ۴۶۲، ۴۸۷، ۴۸۸
حیار ۴۶۲
حیره ۹، ۲۹۳ح، ۳۰۵ح، ۳۲۴، ۳۴۲، ۳۵۳، ۳۵۷، ۳۶۰، ۳۶۵، ۴۳۰

خ

خان‌الحکم ۴۶۸
خانقین ۴۹۶
خانهٔ سلیمان‌بن صرد ۱۵۹
خانهٔ عباس‌بن عبدالمطلب ۳۴
خانهٔ فاطمه ۱۷
خانهٔ کعبه = کعبه
خانهٔ مروان ۳۶۷
ختل ۳۰۳ح، ۴۵۰
خجنده ۲۵۳ح، ۲۷۷، ۲۷۷ح، ۴۵۰
خذقذونه = غذقذونه
خراسان۵۹، ۶۰، ۶۱، ۸۲، ۱۴۵، ۱۵۱، ۱۷۱، ۱۷۱ح، ۱۷۲، ۱۹۲، ۱۹۳، ۱۹۷، ۲۱۰، ۲۱۱، ۲۲۰، ۲۲۱، ۲۲۷، ۲۲۸، ۲۳۹، ۲۴۱ح، ۲۴۴، ۲۵۳، ۲۵۴، ۲۵۶، ۲۶۲، ۲۶۳، ۲۷۳، ۲۷۶، ۲۷۸، ۲۷۸ح، ۲۸۵، ۲۸۸، ۲۸۸ح، ۲۹۴ح، ۲۹۵ح، ۲۹۸ح، ۲۹۹، ۲۹۹ح، ۳۰۰، ۳۰۷، ۳۰۸، ۳۱۶، ۳۱۷، ۳۳۲، ۳۳۴، ۳۳۶، ۳۴۷، ۳۵۲ح، ۳۵۷، ۳۶۰، ۳۶۱، ۳۶۵، ۳۷۲، ۳۷۳، ۳۸۰، ۳۸۲، ۳۸۷، ۳۸۸، ۳۹۷، ۴۰۶، ۴۱۱، ۴۱۲، ۴۱۷، ۴۲۳ - ۴۲۵، ۴۲۷، ۴۲۸، ۴۳۶، ۴۴۰، ۴۴۲، ۴۵۰ - ۴۵۳، ۴۵۷، ۴۵۸، ۴۶۵، ۴۶۷، ۴۷۰، ۴۷۵، ۴۷۶، ۴۷۷، ۴۸۵، ۴۹۶، ۵۰۷، ۵۰۸، ۵۱۶، ۵۱۷، ۵۲۱، ۵۲۶، ۵۳۴، ۵۴۱

فهرست اعلام امکنه

خرس ۳۶۲
خریبه ۸۰
خساف ۳۱٤
خسرو شاپور ۹ ح
خطرنیه ٤۲ ح
خلاط ۲۲۱، ٤۸۵، ۵۱۹ ح
خلد (کاخ امین) ٤۵۷
خلیج قسطنطنیه ۲۵۹، ۲۶۰، ٤۰۰
خناصره ۲٤۸ ح، ۲۷۱، ۲۷۳ ح
خنجره ۳۰۲
خوارزم ۱۵۱، ۱۹۲، ۲٤۱، ٤۰۰
خورنق ۹
خوزستان ٤۹۵ ح
خیبر ۶۹، ۶۹ ح، ۳۳۳
خیزان ۲۸۵ ح

د

دابق ۲۵۸، ۲۵۹، ۲۶۱
دارابگرد ۵۹
دارالعامه ٤۹۸، ۵۲٤
دارالندوه ۳۵۹
دبا ۹ ح
دباب‌البین ۳۱٤
دبیل ٤۳۸، ٤۸۶، ۵۰۹
دجله ۲۵، ۲۶، ۲۹، ۱۲۰، ۱۶۶، ۳٤۱، ۳۶۵، ٤۵۷، ٤۶٤، ٤۶۷ ح، ٤۹۸، ۵۰۱، ۵۰۷، ۵۱۱، ۵۱٤، ۵۱۶، ۵۲۲
دجیل ۲۲۵

درب ۲٤، ٤٤، ٤٤٤
دربند آذربایجان (دربند) ۲٤۸ ح، ۲٤۸ ح، ۲۸۲ ح، ۲۸۵ ح، ۲۸۶ ح، ۲۸۷ ح، ۳۱۱، ۳۱٤، ۳٤۹، ٤۳۷، ٤۳۹
دربندالان ۲۸۲، ۳۰۲
دروازهٔ ابیار ٤۵۶
دروازهٔ بغداد ٤۵۶
دروازهٔ توما ۲۱
دروازهٔ جابیه ۲۱
دروازهٔ چین سمرقند ۲٤۲
دروازهٔ خراسان بغداد ٤۵۷
دروازهٔ دمشق ۶۶، ۵٤۱
دروازهٔ رستن ۵۲۸
دروازهٔ شام ۳۶۹
دروازهٔ شرقی دمشق ۲۱
دروازهٔ صغیر دمشق ۲۱
دروازهٔ کرخ ٤۳۳
دروازهٔ کش سمرقند ۲٤۲
دروازه‌های رقه ۸۸
دریاچهٔ مهران ۲۹۵ ح
دریای چین ۵۱۱
دریای خزر ۶۱ ح، ۲۸۶ ح
دریای روم ۵۲۶ ح
دریای شام ۲۵۸
دریای شور ۳۳۷ ح
دریای قلزم ٤۲ ح
دشت اردبیل ۲۷۹ ح
دلوک ۳۵۲

دماوند = دنباوند
دمشق ١٣، ٢١–٢٣، ٣١، ٦٦، ١٤٧، ١٦٠ح
١٦٣، ١٦٥، ١٦٧، ١٧٤، ١٧٧، ١٩٠،
١٩٣، ١٩٧، ١٩٨، ٢٠٠، ٢٠١، ٢١٨،
٢٢٤، ٢٣٣، ٢٣٧، ٢٤٣، ٢٤٦، ٢٤٦ح
٢٤٧، ٢٥٠، ٢٦١، ٢٧١، ٢٧٦، ٢٨١،
٢٨٣، ٢٩٢، ٣٠٥، ٣٠٩، ٣١١ – ٣١٣،
٣٢٤، ٣٣٨، ٣٧٩، ٣٨٧، ٤١٤، ٤١٥،
٤٦٢، ٤٨٧، ٤٨٩، ٤٩١، ٥٠٧، ٥٢٠،
٥٢١، ٥٢٨، ٥٣٢، ٥٣٩، ٥٤١
دمیاط ٥١٧، ٥٤٤
دنباوند (دماوند) ٣٨٣، ٤٣٦، ٤٣٦ح
دوحرم = مکه و مدینه
دوطبس ٥٩، ٣٢٠ح
دوعراق = بصره و کوفه
دومة‌الجندل ٩٢
دهنج ٢٨٤، ٢٨٤ح
دیار ربیعه ١٦٧، ٤١٦، ٥٠٠، ٥٠٩، ٥١٠،
٥٢٦، ٥٣٥، ٥٤١
دیار مضر ١٦٧، ٤٣٧، ٤٦٢، ٤٨٨، ٥٣٣
٥٤١
دیبل ٢٢٨، ٢٤٤، ٢٤٤ ح، ٢٨٤ ح، ٣١٦،
٣٦٤
دیرجاثلیق ٢١١
دیر جماجم ٢٣٠
دیرسمعان ٢٧١، ٢٧٣
دیرالعالیه ٣١٢
دیر عمر ٤٣٠، ٤٣١
دیر مران ١٦٠، ١٦١، ٢٤٧
دیلمان (دیلم) ٣٨٣، ٤١٢، ٤٣٦
دینور ١٦٦، ٤٦٥ح، ٤٨٥
ذات‌المطامیر = مطامیر
ذی‌الحلیفه ٢٢٤
ذی قار ٧٩
ذی‌القصه ٤

ر

رافقه ٣٤٢، ٣٤٢ ح، ٣٦٠، ٤٢٢، ٤٣٣،
٥٣٣
ران = اران
رأس عین ٤٦ح، ٤٦٢
ربذه ٦٧، ٦٨، ٣٦٦
رخج ٢٣١، ٣٦٤
رن ٤٠٣، ٤٠٤
رستن ٥٢٨
رسله ٢٨٢ح
رصافه ٢٨٣، ٢٨٣ ح، ٣٠١، ٣٣٩، ٣٦٠،
٤٦٨، ٥١٨ح
رضوی ٢٠٧
رفح ٣٣
رقه ٣٦، ٤٦، ٨٨، ٢٨٣ ح، ٣٤٢، ٣٤٢ح،
٣٦٠، ٤٠٩، ٤١٦، ٤٣٦ح، ٤٤٣ح، ٤٥٤،
٤٥٥، ٤٧٥، ٤٧٦، ٤٨٧، ٤٩٥
رکن حجرالاسود ٢٥١
رکن یلملم ٤٣٥
رمله ٢٥٠، ٣٣٧ح، ٥٣٢، ٥٣٤، ٥٤٢

فهرست اعلام امکنه

روحا ٥٣١
رودخانهٔ اران ٢٧٩
رودخانهٔ دبیل ٢٧٩
رودخانهٔ سند ٣٦٤
رودخانهٔ طرسوس ٤١٥
رودخانهٔ مهران ٢٤٤، ٢٩٦ح، ٣١٦
رود سند ٢٤٤
روذان ٥٣٠
روستقباد ٤٦٤
روم ١١، ١٢، ٢٢، ٢٣، ٣٢ - ٣٤، ٤٢، ٤٤، ١٤٤، ١٤٥، ١٦٠، ١٦٠ح، ١٦١، ١٧٥، ١٧٥ح، ١٧٦، ٢١٨، ٢٣٤ ح، ٢٣٨، ٢٤٨ح، ٢٥٣، ٢٦٠، ٢٦٣، ٢٦٦، ٣٠٢، ٣٠٤ح، ٣٠٤، ٣١٠ح، ٣٤٩، ٣٥٧، ٣٥٥، ٣٦٢، ٤٢٣ح، ٤٢١، ٤٤١ح، ٤٤٤، ٤٨٧، ٤٨٧ح، ٤٨٨، ٤٩٣، ٥٠١، ٥٠٢، ٥١٠، ٥١٩، ٥٢٠
رومیهٔ مداین ٣٠٤، ٣٥٥، ٣٥٦ح
رویان ٤٣٦ح، ٤٣٨
رها ٣٦، ٤٦
ری ٣٨ح، ٤٤، ٤٦، ٥٥، ١٦٦، ٢٢٧، ٢٢٨، ٢٣٩، ٢٤٠، ٢٩٥، ٣٢٠، ٣٢٠ح، ٣٦١، ٤٣٠، ٤٣٦، ٤٣٦ح، ٤٤٧، ٤٥٧

ز

زاب (زاب موصل) ٣١٢، ٣٢١، ٣٢٤
زاب مغرب ٣٢٤
زاره ١٤
زالق ٢٤١
زاویه ٢٣٠
زبطره ٥٠١
زبید ٣٢٧ح، ٤١٨ح
زرنج ٥٩، ٢٣٠، ٢٣١
زریکران ٢٨٧
زقاق‌الحوف ٩٩
زکیه ٣٥١
زمزم ٢٥١، ٤٤١
زنجان ١٣٢ح
زندان برذعه ٢٨٥
زندان‌هاشمیه ٣٦٠ح
زورا (سرای عثمان) ٥٨، ٣٢٠ح
زوبله ٤٥ح
زیتونه ٢٨٣

س

ساباط کسری ١٤٢ح، ١٤٩
سامره ٤٩٧ح، ٤٩٨، ٥٠٠، ٥٠٤، ٥٠٧، ٥١٠، ٥١٢، ٥١٣، ٥١٥ - ٥١٧، ٥١٩، ٥٢١، ٥٢٢، ٥٢٤، ٥٢٧، ٥٢٩، ٥٣١، ٥٣٢، ٥٣٤ - ٥٣٦، ٥٤٠
ساوه ٣١٩
سبیطله ٥٨
سدوسان ٣١٦
سرای خاقان خادم ٤٩٣
سرای عثمان = زورا
سرای یزیدبن معاویه ٥٠٨

سرحد هند ۱۶۸ح
سرخس ۶۰، ۳۰۶، ۴۶۹ح
سردانیه ۲۶۰ ح
سرزمین دیلم ۴۱۲
سرزمین روم ۲۴ح ، ۳۲، ۳۰۳ح، ۳۰۴
سرزمین مصر ۳۲
سرزمین نوبه ۴۵، ۵۸
سرست ۲۸۴
سرغ ۳۵
سروج ۳۶، ۴۶ح
سریر ۲۸۶، ۲۸۶ح
سغد۱۷۲، ۱۹۲، ۲۲۰، ۲۲۷، ۲۴۰ - ۲۴۲
۲۴۲ح، ۲۷۶، ۳۹۷، ۳۹۸، ۴۵۰
سقط ۵۱۷
سلفوس ۴۹۰
سلمیه ۲۴۸ح
سمالو ۳۹۶، ۴۱۵
سمرقند ۱۷۲، ۱۷۲ح، ۲۴۲، ۲۵۳ح، ۲۵۵
۲۷۶، ۴۳۶، ۴۴۹، ۴۵۰
سمیساط ۳۳۶، ۴۰۴
سمیرا ۶ح
سناباد ۴۴۳
سنجار ۵۱۱
سنح۱
سند ۱۶۸، ۱۶۸ح، ۲۲۸، ۲۴۳ - ۲۴۵ح،
۲۵۵، ۲۷۶ح، ۲۸۴، ۲۹۵، ۲۹۶، ۲۹۶ح
۳۰۸، ۳۱۶، ۳۱۶ ح ، ۳۴۱، ۳۴۲ ح،
۳۴۷، ۳۴۸، ۳۶۳، ۳۶۴، ۳۶۴ح، ۳۹۸
۳۹۸ح، ۳۹۹، ۴۱۳، ۴۱۴، ۴۵۴، ۴۷۸
۵۰۷، ۵۱۵، ۵۲۰
سند رود ۲۴۴ح
سندره ۳۰۳ ح
سواد ۲۶، ۳۷، ۴۲ ح، ۱۲۰، ۱۶۶، ۲۲۵،
۲۸۰، ۴۵۴، ۴۷۹، ۵۱۶، ۵۱۷
سواد بغداد ۲۵ح
سواد کوفه ۳۹، ۱۴۵
سوریا (سوریه) ۱۹۴، ۲۴۸
سهبان (سهیان) ۲۴۴، ۲۴۴ح
سیستان ۵۹، ۲۲۱، ۲۲۶، ۲۲۹، ۲۳۰، ۲۴۱
۲۴۱ح ، ۲۸۸، ۲۸۹ ، ۲۸۹ ح ، ۳۱۶،
۳۶۴ ، ۳۹۸ ، ۵۲۶
سیبیه ۴۶۲
سیوط ۴۰۸ ح

ش

شابران ۶۱
شاپور ۵۷، ۵۹
شارع ابواحمد ۵۳۵
شام (شامات)۳۱۵، ۳۲۰، ۳۲۴، ۳۲۶، ۳۵۲
۳۵۲ح، ۳۵۳، ۳۵۹، ۳۶۲، ۳۶۵، ۳۶۹،
۳۸۳، ۳۸۸، ۳۹۶ح، ۳۹۹، ۴۰۸، ۴۱۵-
۴۱۷، ۴۳۴، ۴۴۱ح، ۴۵۴، ۴۶۲، ۴۶۲ح
۴۶۴ ، ۴۷۶، ۴۸۱، ۴۸۲، ۵۰۸، ۵۱۶،
۵۲۲، ۵۲۴ ، ۵۴۳، ۵۴۴
شاه (کاخ متوکل) ۵۲۱
شاهی ۵۲۹

فهرست اعلام امکنه

شاهی (قلعه) ٤٩٨
شبداز (کاخ متوکل) ٥٢١، ٥٢١ح
شحم = مرج‌الشحم
شراة ٢٤٦، ٢٥٦، ٢٧٣ح، ٣٢٩
شروان ٦١، ٦١ح، ٢٨٦، ٣٦٢ح، ٤٤٠
شریعهٔ بصره ٣٦٥
شریعهٔ فرات ٨٩
شقی ٢٦٠ح
شماسیه ٥١٨
شمشاط ٥٣٢
شهرزور ١٤٤، ٣٢١
شهرستان احص ٢٧١ح
شهرستان استان ١٤٩ح
شهرستان اهواز ٤٦
شهرستان بوشنج ٤٥٢
شهرستان حمص ١٦٧
شهرستان سواد ١٢٠
شهرستان قنسرین ٢٧١، ٣٥٢، ٤٤٧، ٢٥٥
شهرستان نهر عیسی ١٤٩ح
شهرستانهای پائین مصر ٤٦١
شهرستانهای دجله ١٦٦
شهرستانهای شام ٣٢٤
شهرستان‌های عواصم ٤٦٢
شهرستانهای قنسرین ٤٦٢
شهرصقلبیان ٢٥٨، ٢٦٠، ٢٦٠ح
شیراز ٢٤٣
شیزر ٤٦٢

ص

صحار ٩، ٩ح
صحرای ابوالسری ٥١٠
صحرای بویط ٤٠٨
صحن مسجد کوفه ٥٧
صراة ٣٦٥
صرصر (رودخانه) ٤٥٦، ٤٦٨
صعده ٣١٦، ٤١٨ح
صعید مصر ٣٢٤، ٣٢٥، ٤٠٨، ٤٦١، ٤٦٢، ٤٧٦، ٤٨١ح، ٥٣٩
صغد = سغد
صفا ٣٩٥، ٣٩٦،٣٩٦ح
صفین ٦٩ح، ٨٨، ٨٩، ٩٤، ٩٧-٩٧ح، ١٩٨
صفیه ٣٥١
صنبره ٢٠٠
صنعا ٥٢، ٥٢ح، ١٠٥، ١٠٨، ٣١٦، ٣٢٧ح، ٤٠٨، ٤١٨، ٤٦٦، ٤٧٤
صور ٥٣٩

ط

طائف ١٩، ٧٣، ١٠٧، ١٤٦، ٢٠٧، ٢٢٢، ٢٧٩، ٣٠٢ح، ٣٠٦، ٣٣٣، ٤٤٧
طاقهای ابوسوید ٣٦٩
طالقان ٦٠، ١٩٣، ٢٤٠، ٣٨٣، ٤١١، ٤١٢، ٤٩٦
طبرستان ٣٨، ٢٢٦، ٢٢٧، ٢٥٥، ٢٦٠ح، ٣٦٣، ٢٨٣، ٣٩٨، ٤٣٦، ٤٣٦ح، ٥٠٢

طبرسران (طبرستران) ۲۸۶، ۲۸۶ ح | ۵۴۳
طبریه ۲۲ | عرفه ۲۳۹
طبس ۵۹ | عروس (کاخ متوکل) ۵۲۱
طبس خرما ۳۲۰ ح | عریش ۳۳، ۳۳ ح، ۵۳۲، ۵۳۹
طبس عناب ۳۲۰ ح | عسقلان ۳۳ ح، ۴۶
طبسین ۳۲۰ | عسکر مهدی ۴۵۷
طخارستان ۶۰، ۶۱، ۲۴۰، ۳۲۰، ۳۹۸، ۴۳۶ | عشتان ۴۱۸
۴۰۰ | عقبه ۴۰۴
طرابلس افریقا (طرابلس غرب) ۴۵، ۴۵ ح، ۳۸۷، ۳۸۳، ۴۱۷ | عکبرا ۴۶۸
طرسوس ۲۴ ح، ۱۶۰ ح، ۱۶۷ ح، ۱۷۶، ۴۱۵، ۴۹۳، ۴۹۳ ح، ۵۱۰، ۵۲۰ | عمان ۹، ۱۹، ۵۲، ۹۹ ح، ۱۰۰، ۲۲۲، ۳۱۴
طلیطله ۲۳۹ | عمر = دیر عمر
طوانه ۲۴۸ ح | عمق (اعماق) ۲۳۴، ۲۳۴ ح، ۳۰۳
طوس ۶۰، ۲۵۶، ۴۴۳، ۴۴۶، ۴۷۱ | عمواس ۳۶، ۳۶ ح، ۳۷
 | عموریه ۲۳۴، ۴۹۳، ۵۰۱، ۵۰۲
ع | عواصم ۱۶۷، ۱۹۷، ۳۵۲، ۳۷۹، ۴۲۷، ۴۵۵، ۴۶۲
عال = استان عال | عیساباد ۴۰۶، ۴۱۰
عانات ۱۰۳، ۳۷۹ | عین التمر ۱۳، ۱۰۱، ۲۹۳
عذیب ۲۸، ۱۲۰، ۲۹۸ | عین الجر ۳۱۲
عراق ۴۰۶، ۴۱۵، ۴۱۷، ۴۳۷، ۴۶۱، ۴۶۳، ۳۶۶، ۴۶۹، ۴۷۶ - ۴۷۸، ۴۸۱، ۴۸۲، ۴۸۵، ۴۹۱، ۴۹۰، ۴۹۰ ح، ۵۱۴-۵۱۷، ۵۲۱، ۵۲۶، ۵۳۳، ۵۳۹، ۵۴۴ | عین الزاره ۱۴ ح
 | عین الورده ۱۹۹
 | عیون ۵۰۱
عراق عجم ۱۶۶، ۲۲۵، ۳۶۵، ۴۰۳، ۴۰۵، ۴۶۲، ۴۷۴، ۵۱۶ |
عرض ۲۲۲ | **غ**
عرفات ۲۰۸، ۲۱۶، ۳۱۵، ۴۴۷ ح، ۵۴۲، | غریب (کاخ متوکل) ۵۲۱
 | غذقذونه ۱۶۰، ۱۶۰ ح، ۱۶۱
 | غری ۱۳۹
 | غزنه ۳۹۸ ح

فهرست اعلام امكنه

غوطهٔ دمشق ۱۳

ف

فارس ۱۴ ح، ۱۱۲ ح، ۱۲۰، ۱۴۶، ۱۶۶، ۲۴۳، ۲۹۰، ۳۱۷، ۳۲۰، ۳۶۵، ۳۷۰، ۳۷۸، ۳۷۹، ۴۵۵، ۴۹۵ ح، ۵۱۴، ۵۱۶، ۵۲۱، ۵۳۰، ۵۳۶، ۵۳۷

فاریاب ۶۰

فاس ۴۰۷

فحل ۱۳، ۲۲

فخ ۴۰۷

فدک ۱۵۲، ۲۶۹، ۲۶۹ ح، ۴۹۲، ۴۹۳

فرات ۸ ح، ۳۹، ۸۸، ۸۹، ۹۳، ۱۰۲، ۱۲۰ح، ۱۷۹، ۲۹۸، ۲۹۹، ۳۰۷، ۳۲۲، ۳۴۲، ۳۴۲ح، ۳۶۵، ۳۷۹، ۵۴۱

فرات بادقلی ۹

فرش ۵۳۰

فرغانه ۲۵۳، ۲۷۶، ۲۷۸، ۳۸۳، ۳۹۷، ۳۹۸

فرما ۳۳

فرمانداری بصره ۳۶۹

فزان ۴۵

فسا ۵۹

فسطاط ۳۳ ح، ۴۵ ح، ۱۰۰، ۴۵۵، ۴۶۱، ۴۶۲، ۴۸۱، ۴۸۲، ۴۸۷، ۵۳۶، ۴۵۲-۵۴۴

فلسطین ۱۳، ۲۲، ۳۳، ۳۶ ح، ۳۷، ۴۲، ۸۶، ۹۸، ۱۶۷، ۱۸۹، ۱۹۰، ۱۹۷، ۱۹۹، ۱۹۹ح، ۲۱۷، ۲۱۸، ۲۵۰، ۲۵۵، ۳۱۰

۳۲۴، ۳۲۷، ۳۳۷، ۳۳۷ح، ۳۷۹، ۴۴۹، ۴۶۲، ۴۷۴، ۵۰۷، ۵۲۷، ۵۳۲-۵۳۴، ۵۴۱، ۵۴۳، ۵۴۴

فلوجه ۴۱، ۲۲۶

فلوجهٔ بالا ۳۲۱

فم‌الصلح ۴۸۰

فنزبور (قنزبور، قتربون) ۲۴۳، ۲۴۳ ح

فیلان ۶۱

فیوم ۴۵ح، ۴۰۸

ق

قادسیه ۶ ح، ۲۶، ۳۰-۲۸، ۲۹۸ ح

قاطول ۴۹۷، ۴۹۸، ۵۲۲، ۵۲۲ ح

قاع ۴۰۴ ح

قاهره ۳۳ ح

قبر رسول خدا ۱۵۵، ۳۹۶، ۵۴۵

قبر مهدی ۴۱۱

قبر عبدالله بن علی بن ابی طالب ۲۵ ح

قبر عبدالله بن مسعود ۶۵

قبرس ۵۸، ۲۴۸، ۴۴۴

قبله ۲۸۵

قدید ۱۹۱ح، ۳۱۵

قرقیسیا ۱۹۸، ۲۱۸

قرموسی ۴۰۸

قریهٔ ابوقریش ۴۶۷

قسطنطینیه ۶۲، ۱۶۱، ۱۷۶، ۲۵۸ - ۲۶۰، ۳۹۶، ۴۰۰، ۴۹۳، ۴۹۳ح

قصدار ۲۷۶ ح

۶۳۰ تاريخ يعقوبی

قصرابن‌هبيره ۳۶۱، ۳۶۶، ۴۶۳
قصر حجاج ۲۲۵
قصر خالدبن يزيدبن معاويه ۵۲۸
قصر خزيمه ۵۱۴
قصرسعدبن‌ابی‌وقاص ۱۷۳
قصر عذيب ۲۸
قصرقطن ۲۸۲
قصر كوفه ۲۰۹
قصه ۲۸۵
قطربل ۴۲ح
قطقطانه ۱۰۲، ۱۷۹
قلزم ۴۲، ۴۲ح ، ۱۰۰، ۵۲۱
قلعهٔ حديد ۲۴۸
قلعهٔ خيزان ۲۸۵ح
قلعهٔ سوريه ۲۴۸
قلعهٔ شمال ۴۸۷
قلعهٔ كلاب ۳۴۱، ۴۳۸
قلعه‌های تومانشاه ۳۰۳ ح
قلعه‌های سمرقندو ... ۱۷۲ح
قلونيه ۱۷۵
قم ۳۲۰، ۴۶۵ح
قندابيل ۲۷۶، ۳۱۶، ۳۴۱
قندهار ۳۶۴، ۳۶۴ح
قموص خيبر(قموس) ۶۹، ۶۹ح
قنسرين ۲۳، ۲۴، ۳۷، ۴۲، ۱۶۷، ۱۹۱، ۱۹۷، ۲۱۸، ۲۵۸، ۲۷۱، ۲۷۳، ۳۱۰، ۳۱۲، ۳۵۲، ۳۷۹، ۳۸۷، ۳۹۹، ۴۴۷، ۴۵۵، ۴۶۲، ۴۹۵، ۵۲۹، ۵۳۹
قورس ۴۶۲
قومس (كومش) ۴۴، ۵۹، ۲۹۵، ۳۲۰، ۴۳۶، ۴۳۶ح، ۴۶۹، ۴۹۴، ۵۲۱
قهستان ۳۶۱ح
قهندز سمرقند ۱۷۲
قهندز مرو ۲۹۹، ۳۰۶
قيروان ۱۶۱، ۳۸۲، ۳۸۳، ۴۱۷، ۵۲۶
قيساريه ۳۷
قيقان ۱۶۸، ۱۷۱

ك

كابل ۱۴۵، ۲۶۴
كاخ ابوالعباس ۳۳۴، ۳۴۲، ۳۴۳، ۳۴۸
كاخ امارت رمله ۲۵۰
كاخ سامره ۵۲۲
كاخ سلام عمومی سامره ۵۱۲، ۵۲۴ح
كاخ فرمانداری كوفه ۳۸
كاخ مهدی ۳۹۷
كاخهای معتصم ۵۱۱
كازرون ۱۴ح
كاسان ۳۹۷
كاشغر ۳۸۳
كر (رودخانه) ۴۳۹
كربلا ۱۳۹، ۱۷۹، ۱۸۴، ۳۴۴ح
كرخ ۳۶۴، ۴۳۳، ۴۸۲، ۵۲۷
كرخ‌سامره ۵۳۵
كرمان ۳۸ح ، ۶۱، ۲۲۱، ۲۲۶، ۲۸۹ح ، ۵۲۶، ۵۳۰

فهرست اعلام امکنه ۶۳۱

كرمانشاه ۴۳۵، ۴۴۷ | ۲۳۰، ۲۳۱، ۲۳۳، ۲۴۶، ۲۵۷، ۲۷۷ح،
كسال ۴۸۳، ۴۸۵ | ۲۷۶، ۲۹۳، ۲۹۵، ۲۹۷ - ۲۹۹، ۳۱۴،
كسف ۲۴۲ | ۳۲۱- ۳۲۳، ۳۲۵، ۳۲۹-۳۳۲، ۳۴۷ح،
كسكر ۹، ۳۷۰ | ۳۴۴ح ۳۵۳، ۳۶۵، ۳۶۶، ۳۶۹، ۳۷۱،
كش ۲۲۷، ۲۴۷ | ۳۷۲، ۳۷۹، ۳۸۷، ۳۹۴، ۳۹۹، ۴۰۲،
كشور تركان ۳۰۳ | ۴۰۴، ۴۵۵، ۴۶۱، ۴۶۳-۴۶۵، ۴۷۳،
كشور روم (روميان) ۳۴، ۱۶۰ | ۵۰۶، ۵۱۴، ۵۲۹
كعبه (بيت الله، خانه) ۲۸، ۳۴، ۹۵، ۹۶، ۱۵۱ | كوه حلوان ۳۹
۱۵۱ح ، ۱۶۴ ، ۱۷۴ ، ۱۸۷ ، ۱۸۸ ، | كوههای بلنجر ۳۰۳ح
۱۹۱-۱۹۳، ۱۹۶، ۲۰۳ - ۲۰۵ ، ۲۱۳، | كوههای طائف ۴۴۷ح
۲۲۱، ۲۲۴، ۲۳۸، ۲۵۹، ۳۰۸، ۳۳۳، | كوههای عرفات ۳۱۵
۳۵۸، ۳۰۸ح، ۳۵۹، ۳۸۵، ۳۹۵، ۴۲۲، | كوههای قبق ۲۸۶ح
۴۲۶ ، ۴۲۷ ، ۴۲۹، ۴۳۰، ۴۴۷، ۴۶۵، | كويفة ابن عمر ۵۵
۴۷۰، ۵۴۵ | كيرج ۲۸۴، ۲۸۴ح
كفر توثا ۴۶۲ | كيسوم ۴۶۲، ۴۷۶، ۴۸۰، ۴۸۸
كلواذی ۴۵۷، ۴۶۸ |
كمخ ۳۶۲ | **گ**
كناسة كوفه ۲۹۸ح |
كنشت يهودان ۱۳ | كردنهٔ حلوان ۳۰۰
كورهٔ سواد ۱۲۰ | گرگان ۲۵۴، ۲۵۵، ۲۶۰، ۳۲۰ح، ۳۹۸،
كوفه ۸، ۹ح، ۱۹، ۲۵، ۳۵، ۳۶، ۳۸-۴۰، | ۴۰۶، ۴۴۰، ۴۴۷، ۴۶۴، ۴۶۶
۴۲، ۴۳، ۴۶، ۵۲، ۵۵، ۵۷، ۵۹، ۶۴، | گورهای بنی امیه ۳۳۹
۶۷، ۷۰، ۷۳، ۷۴، ۷۹، ۸۲، ۸۸، ۹۰، | گیلان ۳۰۴
۹۳، ۹۴، ۹۷، ۱۰۰-۱۰۲، ۱۰۴، ۱۰۷، |
۱۰۹، ۱۱۲، ۱۳۸، ۱۳۹، ۱۴۳- ۱۴۵، | **ل**
۱۴۷-۱۴۹ ، ۱۵۹ ، ۱۶۱، ۱۶۲، ۱۶۵- | لاذقيه ۲۵۸، ۵۲۲، ۵۲۹
۱۶۹، ۱۷۸، ۱۷۹، ۱۸۱- ۱۸۲، ۱۸۷، | لد ۲۵۰، ۵۳۳
۱۹۷، ۲۰۱ ، ۲۰۹، ۲۲۲، ۲۲۳، ۲۲۵، | لكز ۶۱، ۲۸۶
 | لؤلؤه ۴۹۰، ۴۹۳

م

ماءالجواميس ٢٨٤ ح
ماءالحوأب ٧٩
ماحوزه (قصر متوكل) ٥٢٢،٥٢٢ح
ماسبذان ٤٠٣، ٤٠٦،٤١١
مالبه (مالیه) ٢٨٤،٢٨٤ ح
ماوراء کوههای بلنجر ٣٠٣ ح
ماوراء مکران ١٤
ماوراءالنهر ٢٥٣ح، ٢٦٢، ٢٦٣،٤٥٠
ماه بصره = همدان
ماه كوفه = دینور
محراب مسجد کوفه ٥٧
محفوظه ٢٨٥، ٢٩٥ ح
محمدیه ٣٦٢
محمدیة (سامره) ٥٣٥
مخاضه (مخاض) ٢٨١، ٢٨١ ح
مخلافهای جند ٥٢ ح
مخلافهای حضرموت ٥٢ح
مخلافهای صنعا ٥٢ ح
مداین ٩،٢٩، ٣٧، ٨٨، ١١١، ١٤٢، ١٤٢ح
٣٥٤،٣٥٤ ٣٥٦ح،٤٦٤، ٥١٨
مدین ١٨٩
مدینه ١، ٢، ٤ح، ٦، ٦ح، ١٠،١٢، ١٣، ٣٠ـ
٣٢، ٣٧، ٤٠، ٤٢، ٤٦، ٤٧، ٥٥ ـ ٥٨،
٦٢ ـ ٦٥، ٦٧، ٦٩، ٧١،٧٣، ٧٨، ٧٩،
٨٢،١٠٣ ـ ١٠٦، ١٠٩، ١١٢ح، ١١٦،
١٥٧، ١٦٢، ١٦٨، ١٧٣،١٧٣ح،١٧٧،
١٧٨، ١٨٢، ١٨٣، ١٨٥، ١٨٧، ١٨٩،

ـ ١٩١ـ١٩٤، ١٩٧، ١٩٩، ٢٠٢،٢٠٣،
٢٠٧ح ٢١٧، ٢٢٤، ٢٢٥، ٢٢٨،٢٣٢،
٢٣٧ ـ ٢٣٩، ٢٤٦،٢٤٦ح، ٢٥٢،٢٥٧
٢٦٣ ٢٦٧-٢٦٩،٢٧٨، ٢٧٩،٣٠٢ح،
٣٠٦، ٣٠٦ح، ٣١١، ٣١٥، ٣٢٧،
٣٣٠، ٣٣٣،٣٤٦،٣٥٩، ٣٦٥ـ٣٦٩،
٣٧٣، ٣٧٩، ٤٠٢، ٤١١، ٤٢٢، ٤٦٥،
٥٠٨، ٥١٠ ـ ٥١٣، ٥٣٠، ٥٣٤،٥٤٤
٥٤٥
مدینة ابوجعفر ٣٥٧،٣٦٥
مدینةالسلام (بغداد) ٤٤٣، ٤٨٤،٥١٩
مذار ٢٥، ٢٥ ح
مراغه ١٣٢ح
مربد بصره ٣٨١
مرج راهط ١٩٨، ١٩٩ ح
مرج‌الشحم ٢٣٤، ٢٣٤ح
مرج‌صفر ٢١
مرج عذراء ١٦٣، ١٦٤
مرز هند ١٦٨، ١٧١ ح
مرزهای شام ٤٦٢
مرعش ٣٠٣، ٣٩٦
مرغاب ٢٩ ح
مرمذ = حرمذ
مرند ٤٩٨، ٥١٥
مرو ٣٨، ٣٨ح، ٦٠، ٦١، ٨٢، ١٧٢،٢٢٠ح
٢٢٧، ٢٤٠، ٢٥٥، ٢٥٦، ٢٦٣، ٢٩٩،
٣٠٦، ٣٣٢، ٣٦١، ٤٣٦، ٤٤٣، ٤٥٢،
٤٥٣، ٤٦٤ ـ ٤٦٦، ٤٦٩

فهرست اعلام امکنه

مرو رود ٦٠، ٢٥٦، ٣٠٦	مشاش ٤٤٧
مروه ٣٩٦،٣٩٦ح	مشرق ١٨، ٢٩٤ح
مزدلفه ٥٣١	مشعر ٢٢٤
مسجد بصره ٢٦، ١٦٥	مشلل ١٩١،١٩١ح
مسجد بیت المقدس ٢٠٥	مصر ٣٢، ٣٣، ٤٠، ٤٢، ٤٢ح، ٤٦، ٥٢،
مسجد جامع رمله ٢٥٠	٥٦، ٦٤، ٧٠، ٧١، ٧٣، ٧٧، ٨٦، ٨٧
مسجد جامع طایف ٢٠٧	٩٨، ٩٩، ٩٩ح، ١٣٨، ١٥٠، ١٥١،
مسجد جامع مصر ٥٤٥	١٦١،١٦١ح، ١٦٧، ١٦٧ح، ١٩٧،١٩٩،
مسجد جامع ملطیه ٢٣٤ح	٢٠٠،٢٢١، ٢٢٨، ٢٣٢، ٢٣٣، ٢٨٧ح،
مسجد جامع موصل ٣٤١ح	٣١١، ٣٢٤،٣٢٥ ح، ٣٣٦، ٣٤٧،٣٤٩ح،
مسجد الحرام ٣٤، ٥٦، ١٥١، ١٥٢ح، ٢٠٠،	٣٥٢، ٣٦٣ح، ٣٦٥، ٣٨٣، ٣٨٧، ٣٩٠،
٢٠٦، ٢٢٤، ٢٥١، ٣٥٨، ٣٥٩،٣٨٥،	٣٩٦، ٤٠٢، ٤٠٣، ٤٠٨، ٤٠٨ح، ٤١٧
٣٩٠، ٣٩٦، ٤٠٤	٤٢١، ٤٥٤، ٥٠٠، ٤٦٠، ٤٦١، ٤٦٢،
مسجد حمیمه ٣١٨	٤٧٤، ٤٧٦، ٤٧٦ح، ٤٧٧، ٤٨١، ٤٨٢،
مسجد دابق ٢٥٩	٤٨٦-٤٨٩، ٤٩٨، ٥٠٧، ٥٠٨، ٥١٤-
مسجد دمشق ٢٣٧، ٢٧١، ٣٣٩	٥١٧، ٥٢١، ٥٢٤ ٥٣٢ - ٥٣٦، ٥٣٨،
مسجد خیف ٣٥٩	٥٣٩، ٥٤١ - ٥٤٦
مسجد شام ١٥٢	مصر سفلی ٤٧٦، ٤٧٦ح، ٤٧٧
مسجد کوفه ٣٨، ١٠٣، ١٣٨، ١٤١، ١٧٠،	مصیصه ١٦٠ ح، ١٦٧ح، ٢١٨، ٢٣٤، ٢٨٣،
٢٢٥، ٢٩٤،٣٢١، ٣٢٤ح، ٣٣٠	٣٩٦ح ٤٦٢
مسجد مدینه (مسجد پیامبر خدا) ٢،٣،٣٧،	مطامیر ٤٤١، ٤٤١ح، ٤٤٤ح
٥٤، ٥٨، ٦٤، ٦٥، ١٥٨، ٢٠٥، ٢٣٧،	مظلم ساباط ١٤٢، ١٤٢ ح
٢٣٨، ٣٩٦،٤٠٤	معرة النعمان ٤٦٢،٤٦٢ ح
مسجد مدینةُ (بغداد) ٤٦٨	معره ٢٨١ح، ٥٢٩
مسقط ٦١، ٢٨٦، ٢٨٦ ح	معری ٣٤٦
مسکن ٤٢ح، ٢٣٠ح، ٧٧٦	مغان ٣٠٤
مسناة ٩٩	مغرب ١٨، ١٥٠، ١٦١، ١٦١ح، ٢٢١، ٢٢٨،
مسور ٤١٨	٢٣٣، ٢٥٧، ٢٨٧، ٣٢٤، ٣٦٥، ٣٨٢،

٦٣٤ تاریخ یعقوبی

٤٠٧، ٤٠٨، ٤١٦، ٤١٧، ٤٧٦، ٤٨٦،
٥٠٦-٥٠٨، ٥١٦، ٥٢٥، ٥٤٤
مقابر قریش ٤٢٠
مقام ٣٤
مقبرهٔ بشر حافی ٤٥٤
مقصورهٔ مسجد شام ١٥٢
مقصورهٔ مسجد مدینه ٣٦٧
مکران ١٤، ١٤٨، ٢٢٨، ٢٢٨ ح، ٢٤٣،
٢٤٤ح، ٤١٣، ٤٧٨
مکه (حرم خدا) ١٩، ٢٩، ٣٤، ٤٠، ٤٧،
٥٢، ٥٩ح، ٦٤، ٦٧، ٧٣، ٧٧، ٧٨، ٨٧
٩٦، ١٠٣، ١٠٦، ١٠٩، ١٦٨، ١٧٢،
١٧٨، ١٨٤، ١٨٧، ١٩١، ١٩٤، ١٩٧
٢٠٣، ٢٠٥-٢٠٧، ٢١٠، ٢١٠ح، ٢١٥
٢١٧، ٢٢٤، ٢٣٨، ٢٣٩، ٢٥١، ٢٥١ح،
٢٥٧، ٢٥٨، ٣٠٠ ٣٠٢ ح، ٣٠٦،
٣٠٦ح، ٣١٥، ٣١٥ح، ٣١٦، ٣٢٧،
٣٣٢، ٣٣٣، ٣٥١، ٣٧٩، ٣٩٠، ٣٩٤،
٣٩٥، ٤٠٤، ح، ٤١١، ٤١٩، ٤٢٢، ٤٢٧،
٤٣٠، ٤٤٧، ٤٤٧ح، ٤٥٩، ٤٦٤ -
٤٦٦، ٤٧٤، ٤٧٧، ٥١١، ٥١٤، ٥٢٧،
٥٣١، ٥٣٩، ٥٤٢، ٥٤٣، ٥٤٥
ملتان ٢٤٥ح، ٣٦٤، ٣٦٤ح، ٤١٤
ملطیه ٢٣٤، ٢٦٠، ٣٠٣، ٣٤٩، ٥٢٧، ٥٣٣
منا ٣١٥، ٣٥٩، ٥٣١
منارهٔ سبز ٣٩٦
منارهٔ مسجد مدینه ٣٦٨
منبج ٢٤، ١٦٧ح، ٢١٨ح ٣٥٢ح، ٤٤١، ٥٠٢

مندب ٣٢٧، ٣٢٧ح
مندل ٢٨٤، ٢٨٤ح
منصوره ٢٤٤ح، ٢٩٦، ٣١٦، ٣٦٢، ٣٩٩، ٤١٤،
٤٧٨
موته ٤١
موصل ٤٢، ٤٢ح، ١٤١، ١٦٣، ١٦٤، ١٦٦
٢٠٢، ٢٢١، ٢٩٣، ٢٩٥ح، ٣١٤، ٣٢٤
٣٤١، ٣٤٢، ٣٦٢، ٣٦٥، ٣٧٩، ٤٥٥،
٤٦١، ٥١١، ٥٣٥، ٥٣٦
موقان (موغان) ٣٠٤
مهراس ٣٤٤، ٣٤٤ ح
مهران ٢٤٤، ٢٤٤ح، ٢٤٥ح، ٢٥٥، ٢٩٥ح،
٢٩٦ح، ٣١٦، ٤١٣
میا فارقین ٤٦١، ٥٢٨
میانه ٣٦١
میسان ٢٥ح، ٢٦، ٢٩، ٤٧، ٣٧٠

ن

نابلس ٣٣٧ح
نجد ٣ح
نجران ١٠٧، ١١٠، ٢٢٣ح
نجف ٢٧
نجیر ١١ح
نخجوان (نخشوان، نقشوان) ٥٠١ح
نخیله ٢٥، ١٠٢، ١٤٤
ندهه ٢٧٤ ح
نریز (نریر) ٣٦١، ٣٦١ح
نشوی ٤٨٥، ٥٠١

فهرست اعلام امکنه

نصیبین ۳۱۴،۳۶، ۳۰۴،٤٦١،٣٥٤، ۰۰۲، ۰۱۱،۰۰۹

نعمابیه ٤٦٧ ح

نوبه ٤٥٩، ٥٨، ٣٢٥، ٣٢٦

نوقان ٤٧١

نهاوند ٦ ح، ۳۸ ح، ٤٤، ٤٥، ١٦٦، ٣٢٠، ٣٦٥، ٤٦٥ ح

نهر ابوالخصیب ٥٤٢، ٥٤٢ ح

نهر ابوفطرس ٣٣٧

نهر بلخ ٦٠، ١٧١، ١٧٢

نهر بلنجر ٦١

نهربن ٤٥٦

نهر روباس ٢٧٩

نهر سند = مهران

نهرسیحون ٣٩٧ ح

نهر صراة = صراة

نهر عیسی ٤١، ١٤٩ ح

نهر لامس ۰۱۰، ٥٤٠

نهر ملك ٤١، ٤١ ح

نهر مهران ٢٤٥ ح

نهروان ٩٧، ٩٧ ح، ٤٥٦، ٤٦٣، ٤٦٤

نیرون (نیروز، بیرون) ٢٤٤، ٢٤٤ ح

نیشابور ٥٩، ٦٠، ١٧٢ ح، ١٩٢، ٢٥٥، ٢٥٦، ٣٠٦، ٣١٩، ٣٥٦، ٤٩٦، ٥٠٧، ٥٢١

نیل مصر ٣٣ ح، ٥٤٦

نبه ٢٨٩

و

وادی السباع ٨١

وادی مکه ٣٥٩

وادی یمامه ٢٢٢ ح

واسط ۲٥ ح، ۲۳۰، ۲۷۵، ۲۷٦، ۳۱۳، ۳۲۱، ۳۳٤، ۳۳٦، ۳۵۱، ۳۷۰، ٤٥٥، ٤٦١، ٤٦٤، ٤٦٧، ٤٦٧ ح، ٤٩٦، ٥٣١

وادی القری ٣١٥

واسط قصب ٩ ح

واقصه ٤٠٤ ح

ودان ٤٥

ورثان ٢٨٦، ٤٨٢، ٥٠٠، ٥٠٤

وضاحیه ٣٠٢، ٣٠٢

هـ

هارونی (کاخ) ٥١١

هاشمیه ٣٣٤، ٣٤٢،٣٤٢ ح، ٣٦٠ ح، ٣٦٥

هجر ٨٩، ٢٢٢

هرات ٤٨، ٦٠، ١٥١، ١٧٢، ١٩٣، ٢٢١، ٢٣١، ٢٨٩ ح

هرقله ٤٤١، ٤٤٤

همدان ٤٦، ٥٥، ٧٣، ٨٣، ١٦٦، ٣٢٠، ٣٢٠ ح،٤٣٦ح، ٤٥٣ح،٤٦٥ح،٤٨٢،٥٣

هند ١٦٨، ١٦٨ ح، ١٧١، ١٧١ ح، ٢٢٨، ٢٤٥، ٢٨٤، ٢٨٥، ٢٨٥ ح، ٢٨٨، ٢٩٥ ح،٣٦٤، ٣٩٨، ٤٩٦ ح

هیطل ٢٥٣ ح

ی

یاسریه ٥١٣

يافا ۳۳۷ح	۱۰۷، ۱۱۰، ۱۶۷، ۲۷۰، ۲۸۱ح، ۲۹٤
يرموك ۲۳، ۲٤	۲۹٤، ۲۹٦ح، ۳۰۷، ۳۰۸، ۳۱٦، ۳۱٦ح
يلملم ٤۳٥	۳۲٦، ۳۲۷ح، ۳٦۱، ۳٦۳، ۳۸۰، ۳۸۱
يمامة ٤، ۷، ۸، ۲۸ح، ۱٥، ۱۹، ۷۷، ۱٦٦،	۳۹۹، ٤۰۰، ٤۰۷، ٤۱۸، ٤۱۸ح، ٤۱۹،
۲۲۲، ۳۸۱، ۳۹٦، ۳۹۷	٤۲۹، ٤٦۱، ٤٦٤ – ٤٦٦، ٤۷٤، ٤۸۲
يمن۳ح، ٤، ۱۰، ۱۲، ۲٥، ٤۷، ٥۰، ٥۲،	٥۱٤
٥۷ح، ٦٤، ۷۳، ۷۷، ۷۸، ۹۹، ۱۰٥ –	ينبع ۲۰۷ح

فهرست مآخذ حواشی ومقدمه و ترجمه

قرآن مجید	
الأتقان فی علوم القرآن (قاهره ۱۳۶۸ هـ)	سیوطی: عبدالرحمان بن ابی بکر متوفی ۹۱۰هـ.
احیاء العلوم (قاهره ، مطبعة الأستقامه)	غزالی : ابوحامد محمدبن محمدمتوفی ۵۰۵هـ.
اخبار الدول و آثار الأول	قرمانی : ابوالعباس احمدبن سنان دمشقی ف ۱۰۱۹ هـ.
اخبار الزمان (مصر ۱۳۵۷هـ - ۱۹۳۸م)	مسعودی: علی بن حسین، متوفی ۳۴۵هـ.
اخبار الطوال (مصر، مطبعة عبدالحمید احمد)	دینوری : ابوحنیفه احمد بن داود متوفی حدود ۲۹۰ هـ.
اخلاق محتشمی (تهران، تیرماه ۱۳۳۹)	خواجه نصیرالدین طوسی : محمدبن محمدبن حسن ، ف ۶۷۲ هـ.
ارشاد (چاپ سنگی)	مفید : محمدبن محمد متوفی ۴۱۳ هـ.
الأستیعاب (ر.ک. الأصابه)	ابن عبدالبر : یوسف بن عبدالله اندلسی، ف۴۶۳هـ.
اسد الغابه فی معرفة الصحابه (چاپ افست، مطبعة اسلامیه)	ابن اثیر : علی بن ابی الکرم جزری، ف ۶۳۰هـ.
الأصابة فی تمییز الصحابه (مصر ۱۳۵۸- ۱۹۳۹)	ابن حجر: ابوالفضل احمد بن علی عسقلانی، ف۸۵۲هـ.
اعجاز القرآن (ر. ک. الأتقان)	باقلانی : قاضی ابوبکر محمدبن طیب بصری بغدادی متوفی ۴۰۳هـ.
الأعلاق النفیسه (لیدن ۱۸۹۱)	ابن رسته : ابوعلی احمدبن عمربن رسته
اعلام الوری (تهران ۱۳۳۸هـ)	طبرسی ، امین الأسلام فضل بن حسن بن فضل ف ۵۴۸ هـ.
اعیان الشیعه (چاپ اول)	امین عاملی : سید محسن
اغانی	ابو الفرج : علی بن حسین اصفهانی، ف ۳۵۶هـ.

امالی مرتضی (غررالفوائد و دررالقلائد، مصر ۱۳۷۳هـ - ۱۹۵۴م)	سید مرتضی : علی بن حسین موسوی علوی، ف ۴۳۶ هـ.
امالی مفید (نجف، طبع سوم)	مفید : محمدبن محمدبن نعمان عسکری بغدادی ف ۴۱۳ هـ.
الامامة والسیاسه (مصر ۱۳۵۶هـ - ۱۹۳۷م)	ابن قتیبه: عبدالله بن مسلم، ف ۲۷۶هـ.
امتاع الأسماع (قاهره ۱۹۴۱)	مقریزی : احمدبن علی متوفی ۸۴۵ هـ.
انجیل برنابا (ترجمهٔ عربی از انگلیسی، مصر ۱۳۷۳هـ - ۱۹۵۴م)	مترجم : دکتر خلیل سعاده
انجیل لوقا (ر.ك. کتاب مقدس)	
انجیل متی (ر.ك. کتاب مقدس)	
انجیل مرقس (ر.ك. کتاب مقدس)	
انجیل یوحنا (ر.ك. کتاب مقدس)	
انسان العیون فی سیرة الأمین المأمون (مصر، مطبعهٔ مصطفی محمد)	حلبی : علی بن برهان الدین حلبی شافعی ف ۱۰۴۴ هـ.
ایام العرب فی الأسلام (مصر ۱۳۶۹هـ - ۱۹۵۰م)	محمد ابوالفضل ابراهیم، وعلی محمد البجادی.
ایام العرب فی الجاهلیة (مصر ۱۳۷۲هـ - ۱۹۵۳م)	محمداحمد جادالمولی بك، علی محمدالبجادی، و محمد ابوالفضل ابراهیم.
ایران باستان (تهران ۱۳۳۱)	پیرنیا : مشیرالدوله حسن
ایران در زمان ساسانیان (ترجمه، تهران ۱۳۳۲)	کریستن سن - رشید یاسمی
ایران قدیم (تهران ۱۳۱۰)	پیرنیا: مشیرالدوله حسن
بحار الأنوار (تهران، چاپ حروفی)	مجلسی، محمدباقربن محمدتقی، ف ۱۱۱۱هـ.
برهان قاطع (تهران ۱۳۱۷)	برهان : محمد حسین بن خلف تبریزی قرن ۱۱ هجری.
بلاغات النساء (نجف ۱۳۶۱هـ)	ابوالفضل: احمدبن ابی طاهر بغدادی متوفی ۲۸۰هـ.
البلدان (اروپا ۱۸۶۰م، اروپا ۱۸۶۱م، اروپا ۱۸۹۱م، نجف مطبعهٔ حیدریه)	یعقوبی
بلدان الخلافة الشرقیه (ترجمهٔ عربی، بغداد ۱۳۷۳هـ. ۱۹۵۴م)	کی لسترانج - بشیر فرنسیس و کورکیس عواد

تاریخ آداب اللغة العربیه (چاپ دکتر شوقی ضیف)	جرجی زیدان، ف ۱۹۱۴م.
تاریخ ابن عساکر	ابن عساکر: ابوالقاسم علی بن حسن، ف ۵۷۱ه.
تاریخ ابوالفدا (مصر، مطبعة حسینیه)	ابوالفدا: عمادالدین اسماعیل بن علی، ف ۷۳۲ه.
تاریخ الامم والملوک (قاهره ۱۳۵۸ه-۱۹۳۹م)	طبری: محمدبن جریر، ف ۳۱۰ ه.
تاریخ التمدن الاسلامی (مصر ۱۹۵۸ م)	جرجی زیدان، ف ۱۹۱۴م.
تاریخ الخلفا (مصر ۱۳۷۱- ۱۹۵۲)	سیوطی: عبدالرحمان بن ابی‌بکر ف ۹۱۰ه.
تاریخ دمشق = تاریخ ابن عساکر	
تاریخ رم (تهران، آذر ۱۳۳۲)	آلبرماله و ژول ایزاک ـ غلامحسین زیرک‌زاده
تاریخ سنی ملوک الارض والانبیاء (برلین ۱۳۴۰)	اصفهانی: حمزة بن حسن، ف پیش از ۳۶۰ه.
تاریخ علوم (تهران، مردادماه ۱۳۳۵)	پیرروسو ـ حسن صفاری.
تاریخ علوم عقلی در تمدن اسلامی (تهران ۱۳۲۹-۱۳۳۱)	صفا: دکتر ذبیح‌الله
تاریخ فخری (چاپ شالون ۱۸۹۴)	ابن طقطقی موصلی: فخرالدین محمدبن علی‌الحسنی، ف ۷۰۹ ه
تاریخ الفلسفة الیونانیه (مصر ۱۳۷۳ه-۱۹۵۳م)	یوسف کرم
تاریخ ملل شرق و یونان (آبان ۱۳۳۲)	آلبرماله و ژول ایزاک ـ عبدالحسین هژیر
تاریخ ملل قدیم آسیای غربی (۱۳۳۳)	بهمنش: دکتر احمد
تاریخ یعقوبی (اروپا ۱۸۸۳، نجف مطبعة حیدریه، بیروت ۱۳۷۹)	یعقوبی
تأسیس الشیعة الکرام لعلوم الاسلام (۱۹۵۱م - ۱۳۷۰ ه.)	صدر: سیدحسن سیدهادی، ف ۱۳۵۴ه.
تحف العقول عن آل الرسول (تهران ۱۳۷۶ه)	ابن شعبه: حسن بن علی، قرن چهارم هجری
تقریب التهذیب (هند ۱۲۵۶)	ابن حجر: احمدبن علی بن حجر عسقلانی ف، ۸۵۲ه.
التنبیه والاشراف (مصر ۱۳۵۷-۱۹۳۸)	مسعودی: علی بن حسین، ف ۳۴۵
تقویم البلدان (پاریس ۱۸۴۰م)	ابوالفدا: عمادالدین اسماعیل بن علی دمشقی حموی، ف ۷۳۲ ه.
تنزیه الانبیاء (ایران ۱۲۹۰)	سیدمرتضی: علی بن حسین موسوی علوی، ف ۴۳۶ه.
توراة = عهدعتیق	

تهذیب التهذیب (هند)	ابن حجر : احمد بن علی بن حجر عسقلانی، ف ۸۵۲هـ.
جمهرة اشعار العرب (۱۳۰۸)	ابوزید بن ابی الخطاب
جمهرة انساب العرب (مصر)	ابن حزم : علی بن احمد بن سعید بن حزم اندلسی
جمهرة خطب العرب (مصر ۱۳۵۲هـ ۱۹۳۳م)	احمد زکی صفوت
جمهرة رسائل العرب (مصر ۱۳۵۶هـ - ۱۹۳۷م)	« « «
حیاة الحسن بن علی (نجف ۱۳۷۳هـ - ۱۹۵۴م)	باقر شریف القرشی
حیاة الحیوان (قاهره ۱۳۷۴هـ - ۱۹۵۴م)	دمیری : کمال الدین محمد بن موسی، ف ۸۰۸هـ.
خریدة العجائب (چاپ دوم مصر)	سراج الدین: ابوحفص عمر بن الوردی، ف ۷۴۹هـ.
خزانة الأدب (۱۲۹۹)	شیخ عبدالقادر بن عمر بغدادی
خصال (تهران ۱۳۰۲)	صدوق: محمد بن علی بن بابویه، ف ۳۸۱هـ.
الخطط و الآثار (لبنان)	مقریزی : تقی الدین احمد بن علی، ف ۸۴۵ هـ.
دائرة المعارف اسلامی (انگلیسی)	
دائرة المعارف الاسلامیه (عربی)	
دلائل الصدق (نجف ۱۳۷۲هـ - ۱۹۵۳م)	مظفر : شیخ محمد حسن بن شیخ محمد مظفر
دیوان عبید بن ابرص	
دیوان ناصر خسرو (ایران)	ناصر: خسرو بن خسرو بن حارث علوی، ف ۴۸۱هـ.
روضات الجنات (تهران ۱۳۶۷)	صاحب روضات : سید محمد باقر بن میر زین - العابدین موسوی خوانساری، ف ۱۳۱۳هـ.
زبدة الصحائف فی اصول المعارف (بمبئی ۱۳۰۸هـ)	نوفل افندی نعمة الله نوفل طرابلسی
سرمایهٔ سخن (تهران ۱۳۳۹)	سید محمد باقر سبزواری - محمد ابراهیم آیتی
سفینة البحار (نجف ۱۳۵۵ هـ)	محدث قمی : عباس بن محمد رضا، ف ۱۳۵۹
سیرة ابن هشام = سیرة النبی	
سیرة حلبی = انسان العیون فی سیرة الأمین المأمون	
سیرة زینی دحلان = السیرة النبویة و الآثار المحمدیه	
السیرة النبویة و الآثار المحمدیه (ر.ك. انسان العیون)	دحلان : سید احمد بن زینی بن احمد دحلان ف ۱۳۰۴
سیرة النبی (مصر ۱۳۵۶ـ ۱۹۳۷)	ابن هشام : عبدالملک بن هشام، ف ۲۱۸
سی فصل (ایران ۱۲۸۳)	خواجه نصیر : محمد بن محمد بن حسن، ف ۶۷۲هـ.

شرح نهج البلاغه (مصر ۱۳۲۹ ه)	ابن ابی الحدید: عبدالحمید بن محمد، ف ۶۵۵ ه.
شعراء النصرانیه (بیروت ۱۸۹۰)	اب شیخو
الشعر والشعرا (قاهره)	ابن قتیبه : عبدالله بن مسلم بن قتیبهٔ دینوری ف ۲۷۶ ه .
صحیح بخاری (مصر ۱۳۲۷)	بخاری : محمد بن اسماعیل، ف ۲۵۶ ه.
صحیح مسلم « «	مسلم بن حجاج نیشابوری، ف ۲۶۱ ه .
طبقات فحول الشعرا (۱۹۵۲)	محمد بن سلام جمحی، ف ۲۳۱ ه.
الطبقات الکبری (بیروت ۱۳۷۶ه ـ ۱۹۵۷م)	ابن سعد : محمد بن سعد زهری، ف ۲۱۸ ه.
عرائس المجالس (مصر ۱۳۷۴ه ـ ۱۹۵۴م)	ثعلبی : ابواسحاق احمد بن احمد نیشابوری ف حدود ۴۲۷ ه.
العرب والروم ترجمهٔ عربی (مصر)	واسیلیف ـ دکتر محمد عبدالهادی شعیره ، و دکتر فؤاد حسینعلی
العقد الثمین فی الشعراء الستة الجاهلین (۱۸۷۰)	
عهد جدید (ر. ک . کتاب مقدس)	
عهد عتیق (ر. ک . کتاب مقدس)	
عیون الأنباء فی طبقات الأطباء (۱۲۹۹ه-۱۸۸۲م)	ابن ابی اصیبعه : علی بن ابی اصیبعهٔ خزرجی انصاری مصری، ف ۶۶۸ ه .
الغدیر (تهران ۱۳۷۲ه)	امینی : عبدالحسین
غرر الفوائد و درر القلائد = امالی مرتضی	
غیاث اللغات (هند)	غیاث الدین : محمد بن جلال الدین شرف رامپوری قرن ۱۳ ه .
فتوح البلدان (مصر ۱۳۵ ـ ۱۹۳۲)	بلاذری : احمد بن یحیی، ف ۲۷۹ ه .
الفخری فی الآداب السلطانیة والدول الاسلامیة = تاریخ فخری	
فرق الشیعه (نجف ۱۳۵۵ ـ ۱۹۳۶)	نوبختی : ابومحمد حسن بن موسی، قرن سوم هجری
فرهنگ قصص قرآن (چاپ اول)	بلاغی
فصول (ایران)	بقراط
فهرست (مصر ۱۳۴۸ه.)	ابن ندیم : محمد بن اسحاق بغدادی، ف ۳۸۵ ه.

فهرست بروکلمان ، ضمیمهٔ اول (اروپا)	بروکلمان
قاموس (ایران)	فیروزآبادی : ابوطاهر محمدبن یعقوب ف حدود ۸۱۷ هـ .
قاموس کتاب‌مقدس (بیروت ۱۹۲۸)	مسترهاکس امریکائی
قانون (ایران)	ابن‌سینا : شیخ‌الرئیس ابوعلی حسین بن عبدالله‌بن سینا ، ف ۴۲۷ هـ .
قصص الأنبیاء = عرائس المجالس	
قمر بنی‌هاشم (نجف ۱۳۶۹ هـ - ۱۹۵۰م)	مقرم : عبدالرزاق موسوی
کافی (تهران ۱۳۳۴-۱۳۷۵هـ)	کلینی : محمدبن یعقوب، ف ۳۲۹ هـ.
الکامل (مصر ، مصر، مطبعهٔ منیریه)	ابن‌اثیر :علی‌بن ابی الکرم جزری، ف ۶۳۰ هـ.
الکامل فی‌اللغة والأدب (مصر ، مصطفی محمد)	مبرد: ابوالعباس‌محمدبن یزیدنحوی، ف ۲۸۵هـ.
کتاب مقدس (ترجمهٔ فارسی عهد عتیق و عهد جدید ، لندن ۱۹۵۴)	
کشف‌الظنون (استانبول ۱۹۴۱ - ۱۳۶۰)	حاجی خلیفه : کاتب چلبی مصطفی بن عبدالله، ف ۱۰۶۷هـ .
کلیله ودمنه (تهران،ازروی‌چاپ امیرنظام گروسی)	ابوالمعالی : نظام الدین نصرالله بن محمد بن عبدالحمید منشی، ف ۵۱۲هـ .
کنزالفوائد (ایران ۱۳۲۲)	کراچکی :قاضی‌ابوالفتح محمدبن‌علی،ف۴۴۹هـ.
الکنی والألقاب (صیدا ۱۳۵۸ هـ)	محدث قمی : عباس بن‌محمدرضا، ف ۱۳۵۹هـ.
گاهنامهٔ ۱۳۱۱	تهرانی : سید جلال‌الدین
اللباب فی‌تهذیب الأنساب (قاهره ۱۳۵۷)	ابن اثیر : عزالدین ابوالحسن علی‌بن محمدبن محمدبن‌الأثیر، ف ۶۳۰هـ.
لغت نامه (تهران)	دهخدا :علی‌اکبر
المؤتلف والمختلف	آمدی : ابوالقاسم حسن بن بشیر کاتب نحوی بصری، ف ۳۷۱ هـ.
مجالس مفید = امالی مفید	
مجمع‌الأمثال	میدانی:ابوالفضل‌احمدبن‌محمدنیشابوری،ف۵۱۸هـ.
محبوب القلوب (۱۳۱۷ هـ)	اشکوری : قطب الدین محمد بن علی لاهیجی

	ف حدود ۱۰۷۵ه .
مجمع البیان (صیدا ۱۳۳۳)	طبرسی : ابوعلی‌فضل‌بن‌حسن‌بن‌فضل،ف۵۴۸ ه.
مجمل التواریخ والقصص (تهران ۱۳۱۸شمسی)	تألیف سال ۵۲۰ هجری
المختصر فی‌اخبارالبشر = تاریخ ابوالفدا	
مختصرکتاب‌البلدان (لیدن ۱۳۰۲)	ابن‌فقیه : ابوبکر احمدبن محمد همدانی ، نیمهٔ دوم قرن سوم
مدخل سارتن (اروپا)	جرج سارتن
مراصدالأطلاع(مصر ۱۳۷۳-۱۹۵۴)	صفی الدین بغدادی : عبد المؤمن بن عبدالحق ف ۷۳۹ ه .
مروج‌الذهب (مصر ۱۳۶۷-۱۹۴۸)	مسعودی:علی‌بن‌حسین، ف ۳۴۵ ه .
مشاکلةالناس لزمانهم (بیروت ۱۹۶۲م)	یعقوبی
مصباح الأسرار فی الکلام علی مشکاة الأنوار (مصر ۱۳۲۲هـ ۱۹۰۳م)	سیدمحمد عثمان مرغنی‌مکی، ف ۲۷۶ه.
معارف (مصر ۱۳۵۳هـ - ۱۹۳۴م)	ابن‌قتیبه : عبدالله‌بن مسلم، ف ۲۷۶ ه .
معانی‌الأخبار (تهران ۱۳۷۹ه)	صدوق : محمدبن علی‌بن بابویه، ف ۳۸۱ه .
معجم الأدبا (چاپ دکتوررفاعی)	حموی : یاقوت‌بن عبدالله بغدادی، ف ۶۲۶ه .
معجم‌الأعلام‌الشرق والغرب (ر.ك. المنجد)	فردینان توتل
معجم‌الأنساب،ترجمه (مصر ۱۹۵۱ م)	زامباور-دکتورزکی‌محمدحسن‌بك، وحسن احمد محمود
معجم البلدان (لایپزیك)	حموی : یاقوت
معجم قبائل‌العرب (۱۳۶۸هـ - ۱۹۴۹م)	عمر رضا کحاله
معجم‌المؤلفین (دمشق ۱۳۷۶هـ - ۱۹۵۷م)	عمررضا کحاله
معجم المطبوعات (مصر ۱۹۲۸م)	یوسف‌الیان سرکیس
مفاتیح‌الأسرارو مصابیح‌الأبرار(خطی)	شهرستانی : محمدبن عبدالکریم، ف۵۴۸ه .
مقاتل‌الطالبیین (قاهره ۱۳۶۸- ۱۹۴۹)	ابوالفرج : علی‌بن‌حسین اصفهانی، ف ۳۵۶
مقدمهٔ‌تاریخ یعقوبی (نجف ۱۳۵۸ه)	م. ص.
مقدمهٔ تاریخ یعقوبی (اروپا ۱۸۸۳)	هونسما،ف ۱۹۴۳م.
مقدمهٔ مجمل‌التواریخ (ر.ك. مجمل التواریخ)	قزوینی : محمد

مقدمة مشاكلة الناس لزمانهم (۱۹۶۲م)	ویلیام میلوارد
مقولات و آراء مربوط به آن (۱۳۴۳)	مترجم
مكارم الأخلاق (ایران ۱۳۱٤)	طبرسی : حسن بن فضل بن حسن بن فضل، قرن ششم هجری
ملل قدیم آسیای غربی = تاریخ ملل قدیم آسیای غربی	
ملل و نحل (قاهره ۱۳٦۸هـ - ۱۹٤۸م)	شهرستانی : ابوالفتح محمد بن عبدالکریم، ف ۵٤۸هـ.
منتهی الآمال (تهران ۱۳۷۱ - ۱۳۳۱)	محدث قمی
منتهی الأرب (تهران ۱۳۷۷هـ)	صفی پوری : عبدالرحیم بن عبدالکریم
المنجد (بیروت ۱۹۵٦م)	لویس معلوف، ف ۱۹٤٦م.
میزان السماء فی تعیین مولد خاتم الأنبیاء (ایران)	نوری: حاج میرزا حسین بن محمدتقی، ف ۱۳۲۰هـ.
ناسخ التواریخ	سپهر: محمد تقی خان لسان الملک، ف ۱۲۹۷ هـ.
النجوم الزاهره فی ملوك مصر و القاهره (قاهره ۱۳٤۸هـ - ۱۹۲۹م)	جمال الدین ابی المحاسن یوسف بن تغری بردی - الأتابکی
نهایه (ایران)	ابن اثیر : مجدالدین مبارك بن ابی الکرم محمد ف ٦۰٦ هـ.
نهایة الأرب فی فنون الأدب (قاهره ۱۹۳۵)	شهاب الدین :احمد بن عبدالوهاب نویری، ف ۷۳۲هـ.
نهج البلاغه (ر ك. شرح نهج البلاغه)	سیدرضی، ابوالحسن محمد بن حسین، ف ٤۰٦هـ.
الوزراء والكتاب (۱۳۵۷هـ - ۱۹۳۸م)	جهشیاری: ابوعبدالله محمد بن عبدوس، ف ۳۳۱هـ.
وفیات الأعیان (قاهره ۱۳٦۷ - ۱۹٤۸)	ابن خلکان : ابو العباس احمد بن محمد اربلی ف ٦۳۳هـ .
یتیمة الدهر (اروپا)	ثعالبی : ابومنصور عبدالملك بن محمد نیشابوری ف حدود ٤۲۵ هـ .